ULRICH ELFRATH u. a.

DIE DEUTSCHE KRIEGSMARINE

1935 – 1945

QUELLEN- UND LITERATURNACHWEIS ZU TEIL 1

Becker, "Kampf und Untergang der Kriegsmarine", Hannover 1953
Bredemeier, "Schlachtschiff SCHARNHORST", Jugenheim 1962
Brennecke, "Schlachtschiff BISMARCK", Jugenheim 1960
Brennecke, "Schlachtschiff TIRPITZ", Hamm 1953
Breyer/Koop, "Von der EMDEN zur TIRPITZ" – 2 Bände, Koblenz/Bonn 1981
Breyer, "Schlachtschiffe und Schlachtkreuzer 1905 – 1970", München 1970
Gröner, "Die Deutschen Kriegsschiffe 1815 – 1945", Band 1, München 1965
Hansen, "Die Schiffe der Deutschen Flotten 1848 – 1945", Oldenburg 1973
Hümmelchen, "Die Deutschen Seeflieger 1939 – 1945", München 1976
Köhler, "Schlachtschiff GNEISENAU", Herford 1979
Potter/Nimitz/Rohwer, "Seemacht", München 1974
Rohwer/Hümmelchen, "Chronik des Seekrieges 1939 – 1945", Oldenburg 1968
Ruge, "Der Seekrieg 1939 – 1945", Stuttgart 1954
Schmalenbach, "Die Geschichte der Deutschen Schiffsartillerie", Herford 1968
Schmalenbach, "Schwerer Kreuzer PRINZ EUGEN", München 1982
Strohbusch, "Kriegsschiffbau seit 1848", Bremerhaven 1977
Taylor, "German Warships of World War II", London 1966
"Weyers Taschenbuch der Kriegsflotten", verschiedene Jahrgänge.

Der Text zu den Kriegseinsätzen und Verbleib der einzelnen Kriegsschiffe wurde Lohmann/Hildebrand, "Die Deutsche Kriegsmarine", 3 Bände, Bad Nauheim, 1956 – 1961, entnommen.

DANKSAGUNG:

Für die Bereitstellung von Bildmaterial und die wertvolle fachliche Unterstützung bei der Herstellung des Buches danken Verlag und Autor den Herren Viktor Gernhard, Pfaffenhofen, Karl Gogg, Salzburg-Elsbethen, Dietrich Herrmann, Grafschaft Esch und Rudolf Kabath, Flensburg.

BILDNACHWEIS ZU TEIL 1

Bundesarchiv Koblenz: S. 4, S. 6, S. 8, S. 14, S. 15, S. 20 a.l., S. 27., S. 28 o.l., S. 28 u.r., S. 29 o.l., S. 29 u.r., S 30 o.l., S. 30 o.r., S. 30 u.r., S. 31, S. 32 o.l., S. 32 o.r., S. 32 m., S. 33, S. 34 o.l., S. 34 o.r., S. 35, S. 36 o.r., S. 37 o.l., S. 37 u.r., S. 38 u.l., S. 38/39, S. 42 o.l., S. 42 o.r., S. 42 u.l., S. 43, S. 49, S. 51 o.r., S. 51 u.l., S. 52, S. 53, S. 57, S. 58, S.59, S. 60, S. 62, S. 63 o.r., S. 63 u.l., S. 64 o.r., S. 64 u.l., S. 72, S. 74, S. 75 o.r., S. 77 o.r., S. 78 o.l., S. 81, S. 82 o.l., S. 82 u.l., S. 90, S. 94, S. 96, S. 99, S. 100, S. 102 o.l., S. 102 u.r., S. 106, S. 110, S. 112, S. 113, S. 114 o.l., S. 114 u.r., S. 115 o.r., S. 115 u.l., S. 116 a.l., S. 116 o.r., S. 117 o.r., S. 117 u.l., S. 118 a.l., S. 118 a.r., S. 119 o.r., S. 119 u.r., S. 120, S. 125 a.r., S. 126, S. 128 o.l., S. 128 m., S. 129 a.l., S. 129 a.r., S. 130 o.l., S. 130. u.r., S. 131 a.r., S. 132 o.l., S. 132 u.l., S. 133 o.r., S. 133 u.r., S. 134 o.l., S. 135 o.l., S. 135 o.r., S. 136 a.l., S. 136 a.r., S. 137 o.r., S. 137 u.r., S. 139 o.r., S. 140 o.l., S. 140 u.l., S. 146 a.l., S. 146 a.r., S. 147, S. 149, S. 152 a.l., S. 152 a.r., S. 153 a.r., S. 155, S. 158, S. 159, S. 160-161, S. 163, S. 164, S. 167 o.r., S. 168, S. 172/173, S. 176, S. 177 o.l., S. 177 u.l., S. 177 o.r., S. 178 o.l., S. 178 u.l., S. 178 o.r., S. 179 o.l., S. 179 m., S. 179 o.r., S. 180 o.l., S. 180 u.l., S. 181, S. 182 a.l., S. 183 o.r., S. 183 u.r., S. 184 o.l., S. 184 u.l., S. 185 o.r., S. 185 u.l., S. 186 o.l., S. 186 u.r., S. 187
Viktor Gernhard, Pfaffenhofen: S. 9., S. 10, S. 11. u.r., S. 11. o.r., S. 12-13, S. 22, S. 23, S. 24-25 (Hoyer), S. 36 u.l., S. 75 u.l., S. 89 o.r., S. 105, S. 150, S. 156-157, S. 171 o.r.
Propaganda-Zeitschrift der Deutschen Kriegsmarine 1942: S. 20 o.r., S. 170, S. 182
Deutsches Verlagshaus Bong: S. 125 u.l., S. 134 o.r., S. 151 u.r., S. 162, S. 167 u.l., S. 169

Genehmigte Lizenzausgabe für
Weltbild Verlag GmbH, Augsburg, 1998

Umschlaggestaltung: Peter Engel, Grünwald
Gesamtherstellung: Wiener Verlag, Himberg bei Wien
ISBN 3-8289-5314-X

Die Deutsche Kriegsmarine legte besonderen Wert auf eine gründliche seemännische Ausbildung ihres Offiziersnachwuchses. Die GORCH FOCK mit einer Wasserverdrängung von 1.354 t war eines der bekanntesten Segelschulschiffe. Auf ihren weltumspannenden Fahrten war sie gleichzeitig Repräsentant der Deutschen Kriegsmarine.

The German Navy paid particular attention to thoroughly training their officers in seamanship. The GORCH FOCK with a displacement of 1,354 tons was one of the best known sailing training ships. On her world-wide voyages, she was, at the same time, a representative of the German Navy.

DIE DEUTSCHE KRIEGSMARINE

ULRICH ELFRATH

Teil 1 1935 - 1945

Schiffe · Bewaffnung · Männer · Ausrüstung · Einsätze · Schlachtschiffe · Panzerschiffe · Schwere Kreuzer · Leichte Kreuzer

Mit dem Flugzeugträger GRAF ZEPPELIN versuchte die Deutsche Kriegsmarine eigene Vorstellungen durchzusetzen, die von den bisher in Dienst gestellten ausländischen Trägern abwichen, wie z. B. Katapultanlagen. GRAF ZEPPELIN wurde jedoch nur zu 85 Prozent fertiggestellt. Wegen der geänderten Kriegslage wurde sie aber nicht in Dienst gestellt, da dem Bau von U-Booten der Vorrang gegeben wurde.

With the aircraft carrier GRAF ZEPPELIN, the German Navy attempted to carry out its own ideas which differed from those of carriers serving in foreign navies such as using catapults. However, GRAF ZEPPELIN was only 85 percent completed. Due to the change in the situation of the war, she was not commissioned as building U-boats was given priority.

INHALT VON TEIL 1

Schlachtschiff "BISMARCK",
ein Bild geballter Kampfkraft.

VORWORT ZU TEIL 1

Die Erinnerung an die Deutsche Kriegsmarine der Jahre 1935–1945 beginnt für alle, die damals auf den Schiffen Dienst taten, die gefahren sind und das Inferno des Zweiten Weltkrieges überlebten, genau wie für jene Männer, die ihre Pflicht als Angehörige der Kriegsmarine an Land zu erfüllen hatten, mit der dahingehenden Zeit zu verblassen. Was an Eindrücken und Gedanken Jahrzehnte danach bei denen, die damals dabei waren, jedoch unvergessen bleibt, ist die selbstverständliche, heute kaum mehr vorstellbare Kameradschaft und das Gefühl, einer besonderen Gemeinschaft anzugehören. Das klingt heute, nach dem gewaltigen Geschehen des Zweiten Weltkrieges, fast etwas banal, vielleicht auch pathetisch.
Wer in die Jahre 1939 bis 1945 als Soldat hineingestellt war, wird bestätigen, daß neben allem anderen, neben dem Schrecken des Krieges an sich, wohl dies die stärksten Eindrücke gewesen sind, die uns noch heute bewegen.
Und natürlich der Gedanke an jene, die aus dem Krieg nicht mehr zurückkamen; ein Gedanke, der heute längst nicht mehr nur die Angehörigen der ehemaligen Kriegsmarine umfaßt, sondern auch die Männer der anderen Seite, die in jenen Jahren gefallen sind.
Den Männern, die im Krieg neben uns standen, gilt unsere Erinnerung – und dann natürlich auch den Schiffen, "unseren" Schiffen. In diesem Buch werden viele davon noch an uns vorüberfahren: Die Schlachtschiffe, die immer wieder ein gewaltiger, imposanter Eindruck waren, die Panzerschiffe, die damals bei ihrem ersten Auftreten in der Welt Aufsehen erregten, die Schweren Kreuzer mit ihren kühnen Linien und ebenso kühnen Einsätzen, die Leichten Kreuzer sowie die kleineren Einheiten, die U-Boote, Schnellboote und Minensuchboote, die einen so wesentlichen Anteil am Kriegsgeschehen zur See hatten.
Teil 1 vermittelt außerdem einen bleibenden Eindruck von der damals eingesetzten Technik und den Geräten, die von den Männern der Kriegsmarine beherrscht werden mußten.
Noch einmal eine Parade also, ein Vorüberziehenlassen vor unseren Augen und in der Erinnerung. Wer dabei war, empfindet sicher Wehmut, oft auch Trauer, gewiß aber auch Stolz.

Der Erste Weltkrieg bewies bereits die hohe Wirksamkeit der U-Boote. Deutsche U-Boote versenkten durch Torpedos oder mittels ausgelegter Minen 5.234 Handelsschiffe mit insgesamt 12.284.757 Bruttoregistertonnen. Hinzu kommen noch zehn Schlachtschiffe, 18 Kreuzer, 20 Zerstörer und neun U-Boote. Demgegenüber stand der Verlust von 187 Booten. Dessen ungeachtet wurde zwischen den beiden Weltkriegen der Neubau von U-Booten bei allen Kriegsmarinen vernachlässigt. Maritime Kraft sowie wirtschaftliche Stärke der seefahrenden Nationen wurde nach wie vor durch Großkampfschiffe dargestellt.
Die Abbildung zeigt das Schlachtschiff BISMARCK in seinem Ausrüstungszustand vom September 1940 nach der ersten Passage durch den Kaiser-Wilhelm-Kanal in der Kieler Bucht.

The First World War had already shown the effectiveness of submarines. With torpedoes or by laying mines, German U-Boats sank 5,234 merchant ships, a total of 12,284,757 tons. To that is added ten battleships, 18 cruisers, 20 destroyers and nine submarines. To be set against that are the German losses – 187 U-Boats. In the inter-war period, this was not taken into account and all navies did not build many U-Boats. The naval and economic strength of the sea-faring nations was displayed by means of battleships.
This illustration shows the battleship BISMARCK in its fitting of September 1940 after its first passage through the Kaiser Wilhelm Canal in the Kiel Bight.

NEUER ANFANG MIT ALTEN SCHIFFEN

Als Folge des Versailler Vertrages mußten die deutschen Kriegsschiffe des Ersten Weltkrieges an die alliierten Mächte ausgeliefert werden. Dazu wurden die Einheiten am 21. November 1918 zu dem britischen Marinestützpunkt Scapa Flow überführt. Noch niemals zuvor wurde eine Kriegsflotte unter derart demütigenden Umständen interniert. Hiermit verband sich die erklärte Absicht der Siegermächte, Deutschlands Seegeltung für alle Zeiten von den Weltmeeren zu entfernen. Die Friedensbestimmungen beließen dem Deutschen Reich lediglich acht Linienschiffe, acht Kleine Kreuzer, zwölf Zerstörer und zwölf Torpedoboote. Nach der Selbstversenkung der deutschen Marine am 21. Juni 1919 wurde der zugelassene Flottenbestand nochmals um fünf Kleine Kreuzer und die zwölf Zerstörer reduziert. Der Gefechtswert der deutschen Restflotte war somit unbedeutend. Aus diesen Beständen, die eigentlich nur für Repräsentationszwecke geeignet waren, entwickelte sich die Deutsche Kriegsmarine, die wirkungsvoller als die Kaiserlich Japanische Kriegsmarine werden sollte.

A NEW BEGINNING WITH OLD SHIPS

As a consequence of the Treaty of Versailles, the German warships of the First World War had to be handed over to the allied powers. That is why units were taken over to the British naval base at Scapa Flow on 21st November 1918. Never before was a navy interned in such humiliating circumstances. The declared intention of the victorious powers was to remove German naval prestige for the oceans of the world for ever. The conditions of peace allowed Germany just eight ships of the line, eight small cruisers, twelve destroyers and twelve torpedo boats. After the scuttling of the German Navy on 21st June 1919, the permitted fleet was reduced by five small cruisers and all twelve destroyers. The battle strength of the small German fleet was thus insignificant. The German Navy developed from these remnants which were only meant for showing the flag. It was intended that it should become stronger than the Imperial Japanese Navy.

Die Linienschiffe SCHLESIEN, HESSEN, HANNOVER, SCHLESWIG-HOLSTEIN und der Kreuzerneubau KARLSRUHE (von links) im Oktober 1941 in Paradeaufstellung in der Kieler Förde. Der Salut gilt dem Reichspräsidenten Hindenburg anläßlich seines Geburtstages.

The ships of the line SCHLESIEN, HESSEN, HANNOVER, SCHLESWIG-HOLSTEIN and the new design of cruiser KARLSRUHE (from left) in October 1931 in parade formation in the Firth of Kiel. They are saluting the elderly Reichspresident Hindenburg on his birthday.

Die acht Linienschiffe, die der Reichsmarine zugestanden wurden, waren zum Zeitpunkt der Gründung der Weimarer Republik älter als zwölf Jahre. Bereits in der Kaiserlichen Marine wurden sie aus den kämpfenden Schiffsverbänden herausgenommen und dienten in der Regel als Exerzier- und Wohnschiffe. Unter dem Zwang der Ereignisse wurden sechs Linienschiffe nach Umbauten in den 20er Jahren wieder aktiviert und gehörten die nächsten Jahre zur Hochseeflotte. Es waren dies die Linienschiffe BRAUNSCHWEIG, ELSASS und HESSEN der Braunschweigklasse sowie die Linienschiffe HANNOVER, SCHLESIEN und SCHLESWIG-HOLSTEIN der Deutschlandklasse. Die Abbildungen zeigen oben die ELSASS und unten die HESSEN in ihrem Bauzustand nach 1925.

The eight ships of the line which were handed over to the Reich Navy when the Weimar Republic was founded were over twelve years old. Furthermore, in the Imperial Navy they had been withdrawn from fighting service and were used mainly as training and dormitory ships. Events forced the reactivation of six ships of the line after conversion in the 1920s and in the following years, the formed part of the High Seas Fleet. These ships were the BRAUNSCHWEIG, ELSASS and HESSEN of the Braunschweig class and the HANNOVER, SCHLESIEN and SCHLESWIG-HOLSTEIN of the Deutschland class. This picture shows the ELSASS (above) and the HESSEN (below) after their refit of 1925.

Die Abbildung zeigt die Linienschiffe BRAUNSCHWEIG, HANNOVER, SCHLESWIG-HOLSTEIN und SCHLESIEN (von links) in der Kieler Förde. Bei den fünf Schiffen der Braunschweigklasse handelt es sich um einen Linienschiffstyp, der auf einen Amtsentwurf von 1900 – 01 zurückgeht. Die nur zwei bis drei Jahre später aufgelegte Serie (Amtsentwurf 1901 – 02) der fünf Linienschiffe der Deutschlandklasse ist praktisch nur die weiterentwickelte Braunschweigklasse.
Optisch sind die Unterschiede nur an der bis etwa 1919 geringfügig veränderten Anordnung der Mittelartillerie erkennbar. Die Panzerung war bei den Schiffen der Deutschlandklasse etwas stärker ausgeführt.

Diese beiden Schiffsklassen unterschieden sich gegenüber den vorher gebauten Linienschiffstypen u. a. durch Erhöhung des Rohrkalibers der Mittelartillerie von 15 cm auf 17 cm und durch stärkere Panzerung, was dann auch zu einer Vergrößerung der Schiffsdimensionen führte.
Mit den Schiffen waren gemessen am damaligen Stand der Technik hervorragende Kriegsschiffe gebaut worden, deren schiffbauliche Qualität und Standfestigkeit von keinem ausländischen Kriegsschiff erreicht wurde. Zum Zeitpunkt ihrer Indienststellung, zwischen 1904 und 1908, entsprach jedoch ihr Kampfwert schon nicht mehr dem des neuen Typs von Großkampfschiffen, der mit der Indienststellung der DREADNOUGHT im Jahr 1906 in Großbritannien geschaffen worden war.

This picture shows the ships of the line BRAUNSCHWEIG, HANNOVER, SCHLESWIG-HOLSTEIN and SCHLESIEN (from left) in the Firth of Kiel. The design of the five ships of the Braunschweig class goes back to 1900-01. The series which followed only two or three years later (Official Design 1901-02), the Deutschland class is in fact only a further development of the Braunschweig class.
The only visible differences are the slightly different positions of the medium guns kept until about 1919. The armour on the ships of the Deutschland class was slightly improved.
Both these classes of ships were different from the previous ships of the line in that the calibre of the medium guns was increased from 15 cm to 17 cm and the armour was thicker, leading to an increase in the size of the ships.
By the standards of technology of the time, these were excellently built ships whose quality and stability were not equalled by any other navy in the world. At the time of their commissioning, between 1904 and 1908, their battle performance could no longer equal of the new type of large battleship introduced by the British with the commissioning of the DREADNOUGHT in 1906.

The old ships of the line were gradually withdrawn from service. As they could not be replaced as quickly by new models, the SCHLESIEN and SCHLESWIG-HOLSTEIN were retained and at least until the beginning of the Second World War belonged to the "hard core" of the German Navy. Until then, they had already served for more than 30 years. Whilst undergoing a thorough refitting and conversion, there was an attempt to increase its battle capabilities. These alterations occured at the same time. By 1915, eight of the twelve coal-fired boilers were converted to oil. There were further refits in 1926/27 and 1935 on the SCHLESIEN and 1925/26, 1930/31 and 1936 on the SCHLESWIG-HOLSTEIN. The most common alteration was the changing of the simple mast into a tubular mast with an artillery top with range finding equipment. Furthermore, the two funnels were joined to form a single funnel. The A/A armament was increased and improved throughout the war. This picture shows the ships of the line SCHLESIEN (left), next to it, the SCHLESWIG-HOLSTEIN and in the background the HESSEN on the roads of Swinemünde in the fit of 1927. The SCHLESWIG-HOLSTEIN differed from the SCHLESIEN mainly by the gun bays at the front of the hull in which 8.8 cm guns were fitted when it was first built.

Die alten Linienschiffe wurden nach und nach ausgesondert. Da sie aber nicht so rasch durch Neubauten ersetzt werden konnten, wurden die SCHLESIEN und SCHLESWIG-HOLSTEIN noch beibehalten und gehörten zumindest bis zu Beginn des Zweiten Weltkrieges zum "harten Kern" der Deutschen Kriegsmarine. Bis zu diesem Zeitpunkt hatten sie bereits mehr als 30 Dienstjahre auf ihren Panzerplatten. Im Rahmen von Grundüberholungen und Umbaumaßnahmen wurde versucht, ihren Gefechtswert zu erhöhen. Diese Veränderungen fanden etwa zur gleichen Zeit statt. Bereits 1915 stellte man acht der zwölf kohlebefeuerten Kessel auf Ölfeuerung um. Weitere Umrüstungen erfolgten 1926/27 und 1934 auf der SCHLESIEN sowie 1925/26, 1930/31 und 1936 auf der SCHLESWIG-HOLSTEIN. Die auffälligste Veränderung war die Umrüstung von einem einfachen Gefechtsmast in einen Röhrenmast, auf den ein Artilleriemars mit E-Messer aufgesetzt worden war. Weiterhin vereinigte man die beiden vorderen Schornsteine zu einem einzigen. Im Verlauf des Krieges wurde die Fla-Bewaffnung ständig verbessert und vergrößert. Die Abbildung zeigt die Linienschiffe SCHLESIEN (links), daneben die SCHLESWIG-HOLSTEIN und im Hintergrund die HESSEN in dem Ausrüstungszustand nach 1927 auf der Reede von Swinemünde. Die SCHLESWIG-HOLSTEIN unterscheidet sich von der SCHLESIEN deutlich durch die Geschützerker im vorderen Teil des Schiffsrumpfes, wo im Erstzustand 8,8 cm Sk untergebracht waren.

The ship of the line SCHLESIEN in the eastern refuge harbour, the military harbour in Swinemünde. This picture was taken between 1933 and 1935. The SCHLESIEN is now sailing under the flag of the National Socialist regime. Together with the SCHLESWIG-HOLSTEIN, it served as a training ship. Both these units were, at that time, the only ships on which naval cadets could be trained on heavy and medium guns, the relevent fire directional equipment and heavy A/A guns. In the course of the Second World War, both ships were affected by the twists and turns of fate. Despite the length of their service, both of these ships belonged to the fighting units of the German Navy right up to their destruction.

Das Linienschiff SCHLESIEN im Osternothafen, dem Kriegshafen von Swinemünde. Die Abbildung entstand zwischen 1933 und 1935. Die SCHLESIEN fährt jetzt unter den Farben der nationalsozialistischen Regierung. Zusammen mit der SCHLESWIG-HOLSTEIN tut sie Dienst als Seekadettenschulschiff. Die beiden Einheiten waren bis 1933 die einzigen Schiffe, auf denen Seekadetten u. a. an Schwerer und Mittlerer Artillerie, den entsprechenden Feuerleitmitteln und Schwerer Flak ausgebildet werden konnten. Im Verlauf des Zweiten Weltkrieges wird beiden Schiffen noch ein wechselhaftes Schicksal beschieden sein. Ungeachtet ihrer langen Dienstzeit gehören sie bis zu ihrer Zerstörung zu den kämpfenden Einheiten der Deutschen Kriegsmarine.

Schulschiff SCHLESIEN

Stapellauf 28.5.1906 bei der Schichau-Werft in Danzig
In Dienst gestellt am 5.5.1908

Haupteinsätze:

31. Mai 1916	Teilnahme an der Skagerrakschlacht. Die SCHLESIEN gehörte zusammen mit der SCHLESWIG-HOLSTEIN zum II. Geschwader.
Ab 1918 bis 1939	Verwendung als Seekadettenschulschiff.
September 1939	In der zweiten Septemberhälfte zusammen mit der SCHLESWIG-HOLSTEIN im Kampf um Hela.
Oktober 1939 bis März 1940	Wieder zur Ausbildung des Offiziernachwuchses eingesetzt. Januar bis März Eisgeleite für Unterseeboote in der Nordsee.
April 1940	Bei der Operation "Weserübung" Einsatz zur Sicherung der Minensuchstreitkräfte im Kleinen Belt. Anschließend wieder Schulschiff bis zur Außerdienststellung im Juli 1940. Dann Wohnschiff in Gotenhafen.
Januar bis März 1941	Einsatz als Eisbrecher mit reduzierter Besatzung.
Mai bis Oktober 1941	Zusammen mit SCHLESWIG-HOLSTEIN und der 6. S-Flottille zur Deckung der Minensperren an den Ostseeausgängen eingesetzt, um erwartete Durchbrüche russischer Kriegsschiffe nach Großbritannien zu verhindern. SCHLESIEN bekam den Seeraum um den Belt zugewiesen (Unterstellung unter den Befehlshaber der Sicherung der Ostsee).
1941 bis 1944	Wohnschiff in Gotenhafen bzw. als Seekadettenschiff in der mittleren Ostsee (Liegehafen Gotenhafen). Das Schiff unterstand dem Chef des Ausbildungsverbandes der Flotte.
1944	Umrüstung auf vermehrte Flakbewaffnung.
März bis April 1945	Einsatz im Kampf um Gotenhafen.
April 1945	Von Gotenhafen zur Ergänzung der Munition nach Swinemünde mit rd. 1.000 Leichtverwundeten an Bord.
3. Mai 1945	Nordwestlich Swinemünde vor Zinnowitz Minentreffer im Vorschiff und vor Swinemünde auf Strand gesetzt.
4. Mai 1945	Während der Räumung von Swinemünde gegen 16.00 Uhr Sprengung der SCHLESIEN. Das Wrack wurde 1949/56 abgebrochen.

Schulschiff SCHLESWIG-HOLSTEIN

Stapellauf 7.12.1906 bei der Germaniawerft in Kiel
In Dienst gestellt am 6.7.1908

Haupteinsätze:

31. Mai 1916	Teilnahme an der Skagerrakschlacht wie SCHLESIEN.
1. September 1939	Um 04.45 Uhr eröffnet die SCHLESWIG-HOLSTEIN das Feuer gegen die Westernplatte in der polnischen Weichselmündung. Mit diesen Schüssen beginnt der Zweite Weltkrieg. Der an Bord befindliche Marinestoßtrupp wird ausgeschifft und nimmt die Befestigungen auf der Westernplatte ein. Zweite Septemberhälfte wie SCHLESIEN.
8. April 1940	Zur Operation "Weserübung" übernahm die SCHLESWIG-HOLSTEIN in der Eckernförder Bucht Heerestruppen und lief abends mit M-Boot und Fischdampfern (Kriegsschiffgruppe 7) in den Langelandbelt und nordwärts in den Großen Belt.
9. April 1940	Während des Unternehmens besetzte die SCHLESWIG-HOLSTEIN mit einige Booten Nyborg.
1941 bis 1944	Wie SCHLESIEN. Das Schiff legte rund 6.000 Seemeilen bei seinen verschiedenen Fahrten zurück.
September bis Dezember 1944	Die SCHLESWIG-HOLSTEIN wurde für ihren Einsatz als Flakschiff vermehrt mit Flak ausgerüstet.
18. Dezember 1944	Herstellung der Gefechtsbereitschaft. Während der Angriffe mehrerer feindlicher Bomberverbände auf Stadt und Hafen Gotenhafen erhielt die SCHLESWIG-HOLSTEIN drei Bombentreffer und sank auf ebenem Kiel bis in zwölf Meter Wassertiefe.
20. Dezember 1944	Größerer Brand an Bord der SCHLESWIG-HOLSTEIN.
25. Januar 1945	Flagge und Wimpel zum letzten Mal niedergeholt. Der größte Teil der Besatzung wurde anschließend bei der Verteidigung der Marienburg aufgerieben. Das Schiff unterstand bis 1940 dem Inspekteur des Bildungswesens der Marine, ab 1941 dem Chef des Ausbildungsverbandes der Flotte.
21. März 1945	Während der Aufgabe von Gotenhafen wurde die SCHLESWIG-HOLSTEIN gesprengt. Das Wrack wurde 1950/56 abgebrochen.

Training ship SCHLESIEN

Launched 28.5.1906 from Schichau Shipyard in Danzig
Commissioned on 5.5.1908

Main Actions:

31st May 1916	*Participated in Battle of Skagerrak. Formed 2nd Squadron with SCHLESWIG-HOLSTEIN.*
1918 – 1939	*Used as training ship.*
September 1939	*Fought at Hela in second half of September with the SCHLESWIG-HOLSTEIN.*
October 1939 – March 1940	*Used to train new officers. Accompanied U-Boats in North Sea January to March.*
April 1940	*During the "Weserübung" operation, used to protect minesweepers off the coast. Then used as a training ship again until withdrawn from service in Juli 1940. Then used as dormitory ship in Gotenhafen.*
January to March 1941	*Used as ice-breaker with reduced crew.*
May to October 1941	*Together with the SCHLESWIG-HOLSTEIN and the 6th Flotilla used to cover minelaying in the Baltic passages done to prevent the expected breakthrough of Russian ships to Britain. SCHLESIEN was sent to the area around the Belt under the Commander of the Security of the Baltic.*
1941 to 1944	*Used both as a dormitory ship in Gotenhafen or as a training ship in the mid-Baltic (home port Gotenhafen). The ship was under the head of the Training Section of the fleet.*
1944	*Additional A/A guns installed.*
March – April 1945	*Used in the Battle for Gotenhafen.*
April 1945	*Moved from Gotenhafen to Swinemünde carrying ammunition and about 1,000 wounded men.*
3rd May 1945	*Hit in the bow by a mine at Zinnowitz, NW of Swinemünde and beached.*
4th May 1945	*Blown up at about 4.00 pm during the evacuation of Swinemünde. The wreck was broken up from 1949 to 1956.*

Training ship SCHLESWIG-HOLSTEIN

Launched 7.12.1906 in the Germania Shipyard in Kiel
Commissioned on 6.7.1908

Main Actions:

31st May 1916	*Participated in Battle of Skagerrak with SCHLESIEN.*
1st September 1939	*At 4.45 am, the SCHLESWIG-HOLSTEIN opened fire against the western flats on the Polish side of the Vistula estuary. These shots opened the Second World War. The naval landing party on board was disembarked and it took the fortifications on the western flats. Remainder of September as the SCHLESIEN.*
8th April 1940	*For operation "Weserübung", the SCHLESWIG-HOLSTEIN took army soldiers from the Eckernförde Bight and sailed during the evening to the Langeland Bight and northwards to the Great Belt with MTBs and fishing craft (Naval Group 7).*
9th April 1940	*During this operation, the SCHLESWIG-HOLSTEIN along with some other boats occupied Nyborg.*
1941 – 1944	*As SCHLESIEN. The ship clocked up about 6,000 nautical miles on its various voyages.*
September – December 1944	*Used as A/A ship, equipped with more A/A guns.*
18th December 1944	*Brought into a battle-ready state. Hit by three bombs during air raids on the town and port of Gotenhafen. Sank to its kiel at a depth of 12 m.*
20th December 1944	*Large fire on board of the SCHLESWIG-HOLSTEIN.*
25th January 1945	*Colours lowered for the last time. Most of the crew was killed in the defence of the Marienburg. The ship was under the orders of the head of the training section of fleet.*
21st March 1945	*During the handing over of Gotenhafen, the SCHLESWIG-HOLSTEIN was blown up. The wreck was broken up from 1950 to 1956.*

Ungeachtet der körperlichen Anstrengungen und der Einbußen an Komfort, der durch die kohlebefeuerten Kesselanlagen gegeben war, vermitteln die qualmenden Schlote auf den gedrungenen Schiffskörpern der Linienschiffe für mindestens eine Dekade Kampfkraft und maritime Entschlossenheit. Solche Bilder gehören zu den schönsten Anblicken für den Schiffsliebhaber.

Forgetting the physical strain and the lack of comfort which resulted from the coal-fired boilers, the smoking funnels on the sturdy hulls of the ships of the line gave them power and maritime supremacy for at least a decade. Such pitures are amongst the best shots for naval enthusiasts.

Rechts nochmals das Linienschiff HESSEN. So zeigte sich die HESSEN anläßlich der Reichsgründungsfeier am 18. Januar 1931 nach ihrem Umbau 1929/30. Die Bewaffnung der MA wurde von 14 auf 12 SK-17,0 cm L/40 reduziert. Dafür erhielt sie vier Flak 8,8 cm L/45. Am Gefechtsmast wurde noch ein zweites Scheinwerferpodest angebracht. So blieb die HESSEN bis 1935 im Dienst, ehe man sie aus der Liste der Kriegsschiffe strich. Danach fand sie jedoch noch bis Ende des Zweiten Weltkrieges als ferngelenktes Zielschiff Verwendung, bevor sie 1946 an die UdSSR ausgeliefert wurde. Über das Schicksal danach ist nichts bekannt.

On the right page, the ship of the line HESSEN again. This is how the HESSEN looked on the anniversary of the founding of the Reich on 18th January 1931 after its refit of 1929/30. The armament was reduced from 14 to 12 x 17 cm L/40 guns.
Four 8.8 A/A guns were added, and a second floodlight platform was added on the forward mast. HESSEN remained like this until 1935 when she was removed from the list of warships. Afterwards, she was used as a radio-controlled target ship until the end of the Second World War. In 1946, she was handed over to the Russians. What happened to her then is not known.

Sein letzter Einsatz: Der Leichte Kreuzer ARCONA als Flak-Kreuzer.

Her last mission: Light cruiser ARCONA as AA cruiser.

Fünf der von den Alliierten zugestandenen leichten Kreuzer waren zwischen 1900 und 1903 gebaut worden. Diese sogenannte Gazelle-Klasse bestand ursprünglich aus zehn Einheiten. Zwei der Kreuzer gehörten zur Städteklasse, die insgesamt sieben Einheiten zählte und die in der Zeit zwischen 1904 und 1907 in Dienst genommen worden waren.
Bereits zu Beginn des Ersten Weltkrieges waren diese Kreuzer mit ihrer 10,5 cm Hauptartillerie, die einzeln aufgestellt war, unterbewaffnet. Bei dem auf dieser Seite gezeigten Leichten Kreuzer handelt es sich um die ARCONA, die zur Gazelle-Klasse gehört. Rechts ist der Leichte Kreuzer BERLIN aus der Städteklasse abgebildet. Die beiden Klassen unterscheiden sich auffällig durch die Zahl der Schornsteine und die Bugform. Die Abbildungen zeigen die Schiffe in ihrem Zustand von 1927/28.

Five of the light cruisers permitted by the Allies were built between 1900 and 1903. This class, the "Gazelle" Class, consisted of ten units. Two of the cruisers belonged to the Town Class which originally consisted of seven units which were commissioned between 1904 and 1907.
By the beginning of the First World War, these cruisers, with their 10.5 cm main armament, mounted individually, were underarmed. The cruisers on this page are the ARCONA of the Gazelle Class, on the right, the light cruiser BERLIN of the Towns Class. These two classes differed mainly by the number of funnels and the shape of the bows. This picture shows the ships after their fitting of 1927/28.

Nachdem die beiden Kreuzer von der Reichsmarine übernommen worden waren, verringerte sich ihr Gefechtswert weiter. Wegen der hohen zu erwartenden Kosten wurden größere Umbauten nicht mehr in Erwägung gezogen. Im Bestand der Reichsmarine schlugen die Kreuzer nur noch zahlenmäßig zu Buche. Die BERLIN wurde noch ab 1923 als Schulkreuzer zu Auslandsreisen eingesetzt. Anfang der 30er Jahre strich man beide Schiffe aus der Liste der Kriegsschiffe. Danach fanden sie bei der Kriegsmarine als Wohnschiffe Verwendung. Der Leichte Kreuzer BERLIN wurde mit Gasmunition 1947 in Skagerrak versenkt. Die ARCONA kam ab 1942 in Wilhelmshaven nach Aufrüstung nochmals als schwimmende Flak-Batterie zum Einsatz. Sie ging am 3. Mai 1945 durch Feindeinwirkung verloren und wurde 1948/49 abgewrackt.

After both these cruisers were taken over by the Reich Navy, their combat worthiness was further reduced. Due to the unexpectedly high costs, major refits could no longer be considered. The cruisers were only in the navy to make up the numbers. The BERLIN from 1923 was used as a school cruiser for voyages overseas. Then she was used as a dormitory ship in the navy. The light cruiser BERLIN was sunk in Skagerrak in 1947 with gas shells. The ARCONA was used again as a floating A/A battery in Wilhelmshaven from 1942 after a refit. Enemy action destroyed her on 3rd May 1945 and she was broken up in 1948/49.

Man ist geneigt, den militärischen Wert der Reichsmarine gegenüber dem der Deutschen Kriegsmarine wesentlich zu unterschätzen. Es darf jedoch nicht vergessen werden, daß die Reichsmarine ca. zwei Jahre länger bestand als die Deutsche Kriegsmarine. In dieser Zeit wurden von der Reichsmarine die personellen Grundlagen für die Kriegsmarine gelegt. Ihr stürmischer Ausbau wäre ohne die hervorragend geschulten Kader der Reichsmarine nicht möglich gewesen, wenn sie materiell auch noch weitgehend – was die Kriegsschiffe angeht – über kein modernes Schiffsmaterial verfügte, sondern auf Material der Kaiserlichen Marine angewiesen war. Das gilt natürlich auch für die Torpedobootswaffe. Die Versailler Bestimmungen beließen der Reichsmarine gerade zwölf Torpedoboote, mit einer Typenverdrängung nicht größer als 800 Tonnen. Damit war dieser Bootstyp im Vergleich zu denen anderer Kriegsmarinen weit unterdimensioniert, zumal hier die T-Boote mehr und mehr durch Torpedobootszerstörer ersetzt wurden, die in der Reichsmarine wie erwähnt gänzlich fehlten.
Unter diesem Zwang mußten die deutschen T-Boote materialmäßig auch die Lücken ausfüllen, die durch das Fehlen der Zerstörer entstanden waren.
Die kleinen Kriegsschiffe vermochten es, sich bei internationalen Beobachtern Respekt zu verschaffen.
Links T-Boote der 1. Torpedobootsflottille bei den Marinemanövern im Jahre 1928. Hier wird noch der klassische Verbund von T-Booten und "Dickschiffen" gezeigt.
Die untere Abbildung zeigt u. a. T-Boot 190 anläßlich der deutschen Flottendemonstration 1930 im Hafen von Vigo (Spanien). Im Hintergrund sind Linienschiffe der Reichsmarine erkennbar.

One could be inclined to underestimate the military value of the Reich Navy when comparing it with the German Navy of later years. It should however not be forgotten that the Reich Navy was in existance for two years more than its successor. Also, throughout its existance, the foundations for the later navy were laid, and its rapid expansion could not have been possible but for the well-trained cadre of the Reich Navy, even if equipment-wise, certainly in terms of ships, it did not have any new, modern ships, but had to use that of the Imperial Navy. That applies to the torpedo boats also. The conditions of the Treaty of Versailles allowed the Reich Navy to have only twelve torpedo boats which were not to be larger than 800 tons and these boats were thus smaller when compared to those of other navies. Moreover, torpedo boats were more and more replaced by torpedo boat destroyers in other navies and the Reich Navy was not permitted to have such ships. Within these restrictions, the German torpedo boats were also required to fill the voids by the lack of destroyers. These small warships were still able to bring respect from international observers. This page left shows torpedo boats of the 1st Torpedo Boat Flotilla in the naval manoeuvres of 1928. The classic joint action of the torpedo boats and the "big ships" is shown here. The picture below shows T-Boat 190 in 1930 in the port of Vigo (Spain) during a visit by a German fleet. In the background, ships of the line of the Reich Navy can be seen.

Wegen des geringen Bestandes an verfügbarem Schiffsmaterial wurden die meisten dieser kleinen Kriegsschiffe von der Deutschen Kriegsmarine zunächst als T-Boote übernommen und dann in Hilfsschiffe umgewandelt. Einige sollten sogar am Zweiten Weltkrieg teilnehmen. T-Boot 190 hatte eine bewegte Vergangenheit. Seine Dienstzeit begann 1911 bei der Kaiserlichen Marine unter der Bezeichnung V-190. In der Reichsmarine, ab 1919, wurde es als T-Boot beibehalten. Ab 1936 kam das Boot unter dem Namen CLAUS VON BEVERN als Schulboot zum Einsatz, ehe es in amerikanische Hände überging, die es 1946 mit Gasmunition im Skagerrak versenkten. Dazwischen lagen noch längere Zeitabschnitte für Umbaumaßnahmen und Umrüstungen, die 1923/24 und 1927 durchgeführt wurden. Diese technischen Maßnahmen sollten dazu dienen, wenigstens einen gewissen technischen Stand beizubehalten. Ihr größter Nachteil, nämlich ihre geringe Abmessung, konnte auch dadurch nur unwesentlich verändert werden. Die Abbildung verdeutlicht das Ausmaß der Raumnot. Bereits unter günstigsten Bedingungen konnte sich das Schiffspersonal nur äußerst beschränkt bewegen. Die alten kaiserlichen T-Boote besaßen zwar eine gute Seefähigkeit, aber ihr größter Nachteil lag darin, daß ihr Waffeneinsatz schon bei mittleren Windstärken (Beaufort 5 bis 7) eingeschränkt, bei größeren (ab Beaufort 8) praktisch unmöglich wurde. Die vorhergehende Abbildung (T-190) macht klar, daß insbesondere die 10,5 cm Schnellfeuerkanone auf dem Vorschiff bereits durch geringe Wellen- und Spritzwassereinwirkung in ihren Waffenleistungen beeinflußt werden konnten.

Due to the lack of suitable ship material, most of these small warships were taken into the later German Navy as torpedo boats and then turned into auxiliary ships. A few are supposed to have participated in the Second World War. T-Boat 190 had its ups and downs. It started in service in 1911 with the Imperial Navy as V-190. From 1919, in the Reich Navy, it was retained as a torpedo boat. From 1936, it was used as a school boat named CLAUS VON BEVERN until it fell into American hands when, in 1946, it was sunk by gas shells in Skagerrak. In between these dates, there were long pauses for refits and re-equipping, 1924/24 and 1927. These technical measures ought to have given it at least a chance to keep up with latest developments. Their biggest disadvantage, their small size, could not be appreciably altered. This picture clearly shows the effects of a lack of room. Even in favourable conditions, the crew had only the most limited room to move. The old Imperial torpedo boats were certainly seaworthy, but their greatest disadvantage lay in that firing was restricted even in medium winds (Beaufort 5 to 7) and in heavier winds (from Beaufort 8) was practically impossible.

DIE DIENSTGRADE DER DEUTSCHEN KRIEGSMARINE

Die Beherrschung der komplizierten und aufwendigen Anlagen und Systeme auf den Schiffen der Deutschen Kriegsmarine erforderten eine sorgfältige Ausbildung und jahrelange Erfahrung. Aus diesem Grund ergab es sich von selbst, daß an das Personal der Kriegsmarine besondere Anforderungen gestellt wurden und es bereits vor der Verwendung bestimmte Voraussetzungen erfüllen mußte.

Wie das "Merkblatt für den Eintritt in die Kriegsmarine" dazu vermerkt, "bedingen die ernsten Aufgaben der Marine, daß nur sittlich, geistig und körperlich hervorragende Bewerber, die neben ihrer sonstigen Eignung Lust und Liebe zum Wehrdienst in der Kriegsmarine haben, eingestellt werden".

Es wurden nur solche Bewerber angenommen, die für ihr "Alter gut entwickelt, kräftig gebaut und frei von solchen Fehlern (insbesondere ansteckenden Krankheiten) waren, die ihre Gesundheit, Beweglichkeit und Ausdauer nennenswert" beeinträchtigten.

Brillenträger wurden nur ausnahmsweise eingestellt. Die Zähne mußten vor der Einstellung auf eigene Kosten in einwandfreien Zustand gebracht werden.

Zu guter Letzt befand ein marineärztliches Gutachten über den körperlichen Zustand des Bewerbers. In einer Aufnahmeprüfung mußte der "Nachweis für ein bestimmtes Maß an geistiger Gewandtheit, rasches Auffassungs- und klares Urteilsvermögen" erbracht werden.

Als besonders qualifiziert galten Seeleute, See- und Haffischer, technisch Vorgebildete aus der Metallindustrie und Handwerker aller Art.

Voraussetzung dabei war eine abgeschlossene Berufsausbildung als Fachhandwerker. Abweichungen davon blieben die seltene Ausnahme. Außerdem mußten die Bewerber im Besitz der deutschen Reichsangehörigkeit, unbescholten und unverheiratet sein. Wer eingestellt werden wollte, mußte sich für vier Jahre zuzüglich einer Berufsförderung, die ein Jahr nicht überstieg, verpflichten. Mit der Übernahme in die Unteroffizierslaufbahn bestand gleichzeitig die Verpflichtung zu einer insgesamt zwölfjährigen Dienstzeit zuzüglich eines Berufsförderungsjahres. Wehrpflichtige wurden nur in dem Maße in den Marinedienst aufgenommen, in dem es galt, personelle Fehlbestände aufzufüllen.

Der längerdienende Freiwillige für den Flottendienst konnte entsprechend seinen beruflichen Neigungen und Fähigkeiten für die nachfolgend genannten Laufbahnen eingestellt und verwendet werden:

Bootsmannslaufbahn,
Kompaniefeldwebellaufbahn,
Signallaufbahn,
Steuermannslaufbahn,
Zimmermannslaufbahn,
Feuerwerkerlaufbahn,
Artillerielaufbahn,
Mechanikerlaufbahn,
Musiklaufbahn,
Maschinisten- und
Funklaufbahn.

Es gab außerdem noch Laufbahnen für den Fernschreib-, Verwaltungs- und Sanitätsdienst. Im Krieg sind dann noch einige weitere Laufbahnen wie z. B. die Nachrichtenfernsprechlaufbahn hinzugekommen. Innerhalb dieser Laufbahnen konnten die Freiwilligen dann bei zwölfjähriger Verpflichtungszeit zunächst Oberbootsmann werden. Ende 1938 wurden im Rahmen einer allgemeinen Stellenanhebung die Feldwebeldienstgrade (zwei nebeneinanderliegende Sterne) um den Stabsfeldwebel und den Oberstabsfeldwebel (drei Sterne) erweitert. Besonders befähigte Angehörige der Unteroffizierslaufbahn konnten in die Offizierslaufbahn aufsteigen.

In der Besoldung herrschten zwischen den Laufbahnen keine Unterschiede. Gleichwohl wurden für die Funk-, Signal-, Fernschreib-, Mechaniker- und die Musikerlaufbahn besondere körperliche und berufliche Eignungen vorausgesetzt.

Die ordnungsgemäß nach Ablauf ihrer Verpflichtungszeit ausscheidenden Berufssoldaten erhielten entweder im öffentlichen Dienst oder in der freien Wirtschaft eine Arbeitsplatzgarantie gesetzlich zugesichert.

Laufbahnangehörige mit einer Dienstzeit von mindestens 12 Jahren hatten die Berechtigung erworben, in den öffentlichen Dienst übernommen zu werden (Zivildienstschein).

Für die Marineoffizierslaufbahn waren nur "geistig hervorragende junge Leute mit den nötigen Fähigkeiten und Kenntnissen" geeignet. Dazu wurde grundsätzlich Hochschulreife verlangt. Die Offiziersanwärter eigneten sich ihre marinedienstlichen Fähigkeiten während ihrer Ausbildung zum Offizier an.

Die nachfolgenden Ausbildungen und Erläuterungen sollen einen Einblick in die Vielfalt der Dienstgrade und Dienststellungen geben, die in den Bekleidungsbestimmungen für die Kriegsmarine von 1938 Ausdruck finden.

THE SERVICE RANKS OF THE GERMAN NAVY

The "Instructions for Entry into the Navy" remarked:
"The serious tasks of the Navy require that only recruits that are morally, spiritually and physically excellent and that, in addition to their other aptitudes, show both desire and love for military service in the Navy, should be enlisted."
The only recruits enlisted were those that were: "well developed for their age, well built and free of weaknesses (especially of contagious diseases) that affected their health, mobility and endurance".
Men needing to wear glasses were recruited only in exceptional circumstances. The teeth had, if necessary at one's own cost, to be in top condition.
Particularly qualified were sailors, sea and shore fishermen, skilled workers from the metal industry and elsewhere. It was, however, a requirement that they had completed their training as a skilled worker. Recruits had to be citizens of the German Reich, without a criminal record and not married. Potential recruits had to sign on for four years plus further professional training which was not to last for more than a year. On starting training as a petty officer, the requirement was increased to twelve years plus one year's professional training. Conscripts were brought into the Navy only to replace losses. The Navy's long serving volunteers could be appointed and employed, depending on his professional capabilities, in one of the following branches:

Boatswain, Company Sergeant-major, Signals Operator, Helmsman, Carpenter, Firework Maker, Gunner, Engineer, Musician, Machine Operator, Radio Operator. There were also career opportunities for telex operators, administrators and medical orderlies. During the war, further branches became available, such as being a news broadcaster. Within his branch, the volunteer could become a petty officer if he signed on for twelve years. At the end of 1938, as part of a general increase in positions, the rank of sergeant-major (Feldwebel) – two adjacent stars – was increased by the addition of the rank of Stabsfeldwebel and Oberstabsfeldwebel – three stars. Petty officers showing particular potential could be promoted to officer rank.
The different branches all received the same pay. Radio, signal and telex operators along with engineers and musicians all had to meet certain physical and professional requirements
The professional soldiers leaving the Navy after completing their contract were legally guaranteed a position in the civil service or in private industry. Those signing on for at least twelve years had the right to a position in the civil service, receiving the so-called "Civil Service Certificate". Those selected to become officers of the Navy were "intellectually excellent young men with the necessary capabilities and knowledge". A high standard of academic achievement was required. The officer cadets gained their knowledge of naval service during their training as an officer.

Großadmiral Raeder nimmt in Begleitung seines Stabes eine Meldung entgegen. Der Großadmiral ist der höchste Dienstgrad der Kriegsmarine und äußerlich durch einen breiten und die vier mittelbreiten Ärmelstreifen gekennzeichnet. Links neben Raeder ein Admiral (drei mittelbreite Streifen). Der Admiral hebt sich gegenüber den anderen Offiziersdienstgraden durch breite Ärmelstreifen ab. Er beginnt beim Konteradmiral mit einem zusätzlichen mittelbreiten Ärmelstreifen. Der Träger (nicht abgebildet) mit zwei mittelbreiten zu den breiten Ärmelstreifen weist sich als Vizeadmiral aus. Beim Heer entspricht der Dienstgrad des Konteradmirals dem Generalmajor, Vizeadmirals dem Generalleutnant, Admirals dem General, Generaladmirals dem Generaloberst und des Großadmirals dem Generalfeldmarschall.
Hinter Raeder zwei Stabsoffiziere mit vier und drei mittelbreiten Ärmelstreifen im Range eines Kapitäns zur See bzw. eines Korvettenkapitäns. Der fünfzackige Stern über den Ärmelstreifen bedeutet, daß diese Offiziere die Seeoffizierslaufbahn eingeschlagen haben.
Grand Admiral Raeder with his staff, receiving a report. A Grand Admiral was the highest rank in the German Navy indicated by one broad and four narrower stripes on the sleeve. Left to Raeder an admiral (three stripes). The admiral differed from other officers with his broad stripes on the sleeve. Beginning with the rank of a counter-admiral with the additional sleeve stripe, the next rank was vice-admiral (not illustrated) with two medium stripes in addition to the broad stripe.
Behind Raeder two staff officers with four and three medium sleeve stripes showing the ranks of a Kapitän zur See and a Korvettenkapitän. The five-cornered star on the sleeve shows that both of these officers are career naval officers.

Ein Oberleutnant zur See (rechts im Bild) und ein Angehöriger der Maschinistenlaufbahn auf dem Achterdeck eines Schnellbootes. Der Offizier ist hier nur durch den Stern auf dem Achselstück erkenntlich. Der Dienstgrad des Unteroffiziers ist nicht erkennbar. Der Leutnant hat hier wahrscheinlich die Dienststellung eines Kommandanten.

On the right of the picture, an Oberleutnant zur See and a machine operator on the after-deck of a speed boat. The officer here can only be identified by the star on his shoulder-strap. The petty officer's rank markings are not distinguishable. The lieutenant here is probably commander of the boat.

Rechts:
Das Bedienungspersonal eines Torpedozielapparates besteht hier aus einem Oberfähnrich zur See (mit Schirmmütze). Durchs Fernglas schaut ein seemännischer Obergefreiter, im Hintergrund wartet ein Matrose (Bü) auf weitere Befehle. Obwohl Offiziersanwärter, ist der Oberfähnrich ein Unteroffizier.
Der Obergefreite trägt, was nicht üblich ist, ein Schiffchen mit einem Edelweißabzeichen. Anläßlich gemeinsamer Unternehmen und dienstlicher Berührungen zwischen den Waffengattungen kam es häufig zum Austausch von Abzeichen. Es ist daher anzunehmen, daß der Träger des Schiffchens an dem Norwegenunternehmen teilgenommen hat.

Right: The crew of a torpedo aiming device which consists here of an Oberfähnrich zur See (in peaked cap). Looking through the telescope is a naval corporal and in the background is a sailor awaiting further orders. Although an officer cadet, the Oberfähnrich holds the rank of a petty officer.
The naval corporal here is wearing an Edelweiss badge on his forage cap which is not usual. Because of combined operations and inter-arm contact, badges were often exchanged. It can therefore be assumed that the wearer of this forage cap took part in the Norway operation.

Ebenso wie die Admirals- und die Unteroffiziersdienstgrade profitierten auch die Mannschaftsdienstgrade vor dem Krieg von einer allgemeinen Stellenanhebung. Dazu wurden die Dienstgradbezeichnungen des Ober- und Stabsmatrosen durch den seemännischen Gefreiten bzw. Obergefreiten ersetzt. Der höchste Dienstgrad im Mannschaftsdienst war jetzt der Matrosenoberstabsgefreite (vorher Stabsgefreiter).
Anfang 1939 wurden eingeführt: Matrosengefreiter, Matrosenobergefreiter, Hauptgefreiter und Stabsgefreiter. Ein Matrosenobergefreiter mit mehr als sechs Dienstjahren war an einem geflochtenen Winkel mit Stern erkennbar. Nach 1940 wurde daraus der Matrosen-Stabsgefreite. Hinzu kam der Matrosen-Stabsgefreite mit zwei geflochtenen Winkeln mit Stern.
Ein General oder Großadmiral in Begleitung eines Vizeadmirals. Der Dienstgrad des Admirals ist auch an dem kornblumenblauen Mantelaufschlag erkennbar. 1936 wurde der Dienstgrad des Generaladmirals eingeführt und 1939 der des Großadmirals.

The ranks of the admirals and petty officers as well of ordinary seamen were raised before the war. The ranks of Obermatrose and Stabsmatrose were replaced by the ranks of Gefreiter and Obergefreiter. The highest rank attainable for an ordinary seaman was that of Matrosenoberstabsgefreiter (formerly Stabsgefreiter).

Hier nimmt gerade ein Obergefreiter der Funklaufbahn einen Funkspruch auf. Auf dem Funkbord ist die Funktaste befestigt. Je nach Erfahrung und Qualifikation konnte ein Funkgast bis zu 360 Buchstaben in der Minute hören bzw. senden. An die Bewerber der Oberfunkmeisterlaufbahn wurden schon vor der Einstellung besondere Anforderungen des Hör- und Auffassungsvermögens gestellt. Außerdem wurde gute und schnelle Handschrift vorausgesetzt. Vorkenntnisse in der Elektrotechnik waren erwünscht. Die Mannschaftsdienstgrade profitierten ebenfalls von einer allgemeinen Stellenanhebung.

Taking down a radio message here is a radio operator with the rank of Obergefreiter. The radio key is fixed to the table. A radio operator could, according to his experience and qualifications, transmit or receive upto 360 letters per minute. Recruits wanting to be radio operators, had to meet special requirements in hearing and intelligence before appointment. Furthermore, they had to be able to write quickly and clearly. Previous knowledge of electrotechnology was preferred.

Die Bordverpflegung bei der Deutschen Kriegsmarine war bekannt wegen ihrer hervorragenden Qualität und der großzügigen Menge, in der sie den Besatzungsmitgliedern zur Verfügung gestellt wurde. Noch zu einer Zeit, im Verlauf des Krieges, als der Normalverbraucher schon gewisse Mängel in Kauf nehmen mußte, brauchte der Marineangehörige auf zwei Sorten Wurst, u. U. sogar zweimaliges warmes Essen am Tag und mit Vorsuppe zum Mittagessen, reichhaltiges Fleischgericht und Nachspeise, oder auf den zeitweiligen Bohnenkaffee nicht zu verzichten. Durch Kostproben sorgte der Verwaltungsmaat – wie hier auf dem Bild – dafür, daß die geforderte Qualität und Quantität auch eingehalten wurde.

Soweit die Abbildung erkennen läßt, schaut hier ein Marineartilleriemaat in das Objektiv der Kamera. Diese Unteroffiziere wurden in der Regel im Küstendienst und nicht an Bord eingesetzt. Kleinere Einheiten wurden oft auch von Unteroffizieren sowohl mit als auch ohne Portepee geführt. Diese kamen meistens aus der Bootsmanns- oder Steuermannslaufbahn.

The rations supplied in the German Navy were well known for their excellent quality and the generous quantities in which they were supplied to the crew. At a time in the course of the war when the normal consumer already had to suffer shortages, the naval personnel had two sorts of sausage available, two hot meals a day with a starter at lunch, a large portion of meat and a dessert. They did not even have to give up coffee. The head of administration checked that the quality and quantity met requirements – as on the picture here – by trying the food himself.

Looking into the camera's lens is a naval artillery mate.
These petty officers were, on the whole, used only for coastal duties and not on board ships. Smaller detachments were often led by petty officers with or without an officers' commission. They were mostly boatswains or helmsmen.

Die Abbildung zeigt einen Vermessungsgefreiten der Vermessungssteuermannslaufbahn. Auf größeren Einheiten wie hier stand der Gefreite dem Obersteuermann u. a. bei navigatorischen Aufgaben zur Verfügung.

This picture shows a corporal helmsman. On larger units like this one, the corporal was under the command of the senior helmsman and used for navigational tasks.

Hier haben sich (von rechts nach links) zwei Bootsmaate, ein Hauptgefreiter und ein Maat in ihren Ausgehuniformen zu einem Gruppenfoto aufgestellt. Der erste Bootsmannsmaat trägt unter seinem Dienstgradabzeichen auf dem Ärmel ein Sonderabzeichen, das ihn als "Geschütz-führer Flak II" ausweist. Das Abzeichen besteht aus einer stilisierten flammenden Granate mit seitlichen Flügeln. Der Maat, der neben ihm steht, trägt das Sonderab-zeichen für den "Geschützführer" GF II. Sein Träger hat eine Sonderausbildung für die Mittelartillerie auf Schiffen (GF IIa) bzw. auf Zerstörern (GF IIb) erfolgreich absolviert. Vor 1940 war dies das Sonder-abzeichen für die Ausbildung an schwerer Schiffsartillerie. Dieses Sonderabzeichen ist wie das Flakführerabzeichen, jedoch ohne Flügel ausgeführt. Die Abzeichen werden rot auf blauem Grund getragen. Die Brustabzeichen sind als Zerstörer-Kriegsabzeichen, als Kriegsabzeichen für Minensuch-, U-Boots-, Jagd- und Siche-rungsverbände sowie als Sportabzeichen erkennbar. Mit dem erfolgreichen Ab-schluß einer Sonderlaufbahn ging häufig eine Beförderung einher. Es ist einleuch-tend, daß es der hierarchischen Ordnung nicht dienlich war, wenn z. B. ein Ge-schützführer nur den Dienstgrad eines seemännischen Gefreiten (Obermatrose) führte.

Posing here in their walking-out uniforms are (from right to left) two boatswains, one senior corporal and a mate. The first boatswain has a special badge under his rank marking on his sleeve which indicates that he is commander of an AA gun. This badge consists of a stylised flaming grenade with wings at the side. The mate, standing next to him, is wearing the badge of a commander of a medium gun. The wearers of that badge were specially trained in the operation of medium guns on ships or destroyers. Prior to 1940, this was the badge worn by those trained to operate the main guns. This badge is similar to that worn by AA gun commanders, but without the wings. This badge was red on a blue background. There were coat badges for the destroyers, mine-sweepers, submarines, hunting and security groups as well as sport badges. On the successful completion of special training, promotion was common. It is interesting to note that the hierarchical order was not very helpful when, for example, a gun commander only had the rank of a naval corporal (Obermatrose).

Diese Aufnahme zeigt einen Teil der Schiffswache neben einem 10,5 cm-Geschütz des Leichten Kreuzers EMDEN. Rechts der Maat der Wache mit der Bootsmannspfeife. Dieser Maat gehört dem Ärmelabzeichen nach in die Laufbahn der Verwaltung. Mit den Schlüsseln hat der Unteroffizier Zugang zu wichtigen Schiffsräumen, z. B. der Waffenkammer. Der Träger mit der weißen Armbinde ist ein Fallreepsgefreiter. Der linke Unteroffizier ist ebenfalls ein Maat. Diese Aufnahme entstand vor dem Zweiten Weltkrieg, denn der Kragenrand zeigt noch nicht die ab 1. Dezember 1939 eingeführte Tresse.

A part of the ship's guard next to a10.5 cm gun on board the light cruiser EMDEN. On the right is the mate of the watch. According to his sleeve badge, this mate is from the administration. The wearer of the white armband is a corporal in charge of a rope-ladder. The petty officer on the left is also a mate, (Photo taken before WW II.)

Ein Oberleutnant zur See (rechts im Bild) im Gespräch mit einem Sonderführer (Anker in den Kragenecken) der Marineartillerie (geflügelte Granate über den Ärmelstreifen) im Range eines Leutnants. Das Brustabzeichen und die Batteriepfeife (an einer Kette) zeigen, daß der Oberleutnant als wachhabender Offizier Dienst tut.

On the right, a naval lieutenant (Oberleutnant zur See) talking to a special commander (anchor on the lapels) of the naval artillery (winged grenade above the sleeve stripes) with the rank of lieutenant. The coat badge and the battery whistle (on the chain) show that the Oberleutnant is on duty as officer of the watch.

Hier sieht man einen Obergefreiten der seemännischen Laufbahn, Backschafter, beim Essenholen. Am rechten oberen Ärmel ist ein Streifen (rot) sichtbar, er drückt aus, daß das Besatzungsmitglied zur Steuerbordwache und zur 1. Division gehört (zwei Streifen – 2. Division). Dieser Uniformbesatz wurde nur in Kampfeinheiten vom Kreuzer aufwärts getragen.

This is a senior corporal seaman fetching the food for his comrades. On the right upper arm is a red stripe which indicates that its wearer is a crew member of the 1st division of the starboard watch. (Two stripes indicate 2nd division). These markings were worn only on fighting units from cruiser upwards.

Ein Obermaschinenmaat bedient ein Fahrventil in einem Maschinenfahrstand auf einem Schweren Kreuzer. Analog der Anzahl von drei Schrauben gibt es drei Fahrstände mit jeweils zwei Fahrventilen für die Vorwärts- und Rückwärtsfahrt. Der Obermaat unterscheidet sich äußerlich vom Maat durch den zusätzlichen Winkel unter dem Ärmelabzeichen und dem zweiten Balken auf dem Kragenspiegel. Ein Stabsobermaschinist neben dem Unteroffizier beobachtet die Anzeigegeräte. Dieser Dienstgrad bei der Marine entsprach dem Dienstgrad Oberstabsfeldwebel des Heeres. In der Rangfolge der Unteroffiziersdienstgrade gehörte der Stabsobermaschinist zu den Stabsfeldwebeln. Auf kleineren Einheiten hatten die Feldwebel die Stellung eines leitenden Ingenieurs.
Die einzelnen Dienstgradgruppen unterscheiden sich durch folgende Merkmale:

- Die Offiziere trugen Schulterstücke und/oder Ärmelstreifen, wobei die Schulterstücke für die Stabsoffiziere aus zwei silbernen Pattschnüren zusammengeflochten waren. Die Schulterstücke der Admirale waren aus zwei goldenen und einer silbernen Schnur geflochten.
- Die Feldwebel hatten anstelle der Schulterstücke Schulterklappen.
- Die Uniformen der anderen Unteroffiziersdienstgrade (Obermaat, Maat) verwendeten Dienstgradabzeichen als Ärmelabzeichen. Diese Abzeichen, die gleichzeitig anzeigten, welcher Laufbahn sein Träger angehörte, waren auch in den Schulterklappen der Feldwebel enthalten.
- Marineangehörige der Mannschaftsdienstgrade waren durch Ärmelabzeichen in Form von Winkeln erkennbar. Das Laufbahnabzeichen wurde darüber getragen.

A senior engineering mate operating an engine vent on the engine control room on a heavy cruiser. Corresponding to the three propellers, there were three control rooms each with two vents for going forwards and backwards. A senior mate was distinguished from an ordinary mate by an additional stripe on the lower sleeve and a second bar on the collar patch. Next to the petty officer is a senior engineer looking at the dials. This rank was the equivalent of an Oberstabsfeldwebel (sergeant-major) in the army. In the order of ranks of petty officers, this senior engineer was equivalent to a sergeant-major. On the smaller ships, this sergeant-major was the chief engineer. The individual service ranks were distinguished by the following markings: – The officers wore shoulder-boards and/or cuff stripes. The shoulder-boards for staff officers consisted of two silver cords woven together. Those of the admirals consisted of two golden and one silver cord. Sergeant-majors had shoulder-straps instead of shoulder-boards. – The uniforms of other petty officers (senior mate, mate) had cuff-markings. These markings also showed which branch the wearer belonged to and were also on the sergeant-major's shoulder-straps – naval members of the ordinary ranks were distinguished by cuff stripes and their branch badge was worn above them.

Offiziere, Unteroffiziere und Mannschaften sind hier zur Musterung angetreten und werden nach der Meldung durch den I.O. begrüßt. Bei dem Träger mit den drei Ärmelstreifen handelt es sich um einen Korvettenkapitän, links und rechts von ihm haben sich zwei Kapitänleutnante aufgestellt. Der schmale Ärmelstreifen wird nur von dem Kapitänleutnant getragen.
Genau wie die Unteroffiziere gehörten die Offiziere verschiedenen Laufbahnen an und wurden hierfür ausgebildet. Bis zum Ende des Krieges unterschied man zwischen neun Laufbahnen. Die Ausbildung bis zur Beförderung z. B. zum Leutnant zur See dauerte viereinhalb Jahre.
Die Offiziersdienstgrade begannen mit dem

- Leutnant zur See, entsprechend einem Leutnant beim Heer. Danach folgte der
- Oberleutnant zur See, entsprechend einem Oberleutnant,
- Kapitänleutnant, entsprechend einem Hauptmann.
- Korvettenkapitän, entsprechend einem Major,
- Fregattenkapitän, entsprechend einem Oberstleutnant,
- Kapitän zur See entsprechend einem Oberst und
- Kommodore, hierfür gab es im Heer keinen entsprechenden Dienstgrad.

Danach begannen die Admiralsdienstgrade.

Officers' ranks began with:
Leutnant zur See, the equivalent of a lieutenant in the army. – Oberleutnant zur See, the equivalent of a 1st lieutenant. – Kapitänleutnant, the equivalent of a captain. – Korvettenkapitän, the equivalent of a major. – Fregattenkapitän, the equivalent of a lieutenant-colonel. Kapitän zur See, the equivalent of a colonel. – Kommodore, for which there was no equivalent in the army. The admirals ranks commenced here.

Ein Oberleutnant zur See und ein Verwaltungsgefreiter mit dem Merkurstab an Bord eines Schweren Kreuzers.

A 1st lieutenant and a corporal from administration on board a heavy cruiser.

Ein aufschlußreicher Einblick in die Brücke eines Zerstörers mit vielfältigen technischen Einrichtungen und verschiedenen Dienstgraden.
Rechts am Brückenrand, durch das Glas schauend, ein Oberleutnant zur See zusammen mit einem Leutnant zur See (links von ihm) und einem Kapitänleutnant. Die Dienststellung des Artillerieoffiziers wurde auf Zerstörern in der Regel von einem Oberleutnant zur See eingenommen. Der Kapitänleutnant (links) unterhält sich mit zwei Feldwebeln, davon ist der rechte ein Stabsobersteuermann und der linke ein Signalmeister. Im Hintergrund warten zwei seemännische Obergefreite. Die Dienststellung der Offiziere, Unteroffiziere und Mannschaften in Beziehung zum Dienstgrad war logischerweise abhängig von der Größe und der Einsatzart der entsprechenden Schiffseinheiten. So wurde z. B. die Tätigkeit des Artillerieoffiziers auf Schweren Kreuzern von einem Korvettenkapitän, auf Torpedobooten hingegen von Leutnanten zur See wahrgenommen. Bei gleicher Dienststellung wurde der Dienstgrad mit abnehmender Schiffsgröße immer niedriger. Selbstverständlich verringerte sich auch der Anforderungsbereich. Dies soll allerdings nicht darüber hinwegtäuschen, daß Bordangehörige auf kleinen Kampf- und Hilfsschiffen wesentlich höheren physischen und psychischen Belastungen ausgesetzt waren.

An informative view of the bridge of a destroyer with its numerous technical devices and men of different ranks.
On the far right of the bridge looking through his binoculars is a 1st lieutenant together with a lieutenant to his left and a junior captain. The senior artillery officer on a destroyer usually held the rank of 1st lieutenant. The junior captain (left) is talking to two petty officers, one a senior helmsman (right) and the other a chief signaler.
In the background are two naval corporals. The relationship of officers, petty officers and men depended logically on the size and nature of the ship. Thus, for example, the role of gunnery officer on heavy cruisers was fulfilled by a Korvettenkapitän, whilst on torpedo boats, it was a Leutnant zur See. The same position was held by more junior ranks if the ship was smaller. Of course, the responsibilities were also less. This should however not obscure the fact that the crew members of the smaller fighting ships and auxiliaries were put under relatively high physical and mental strain.

DIE SCHLACHTSCHIFFE DER DEUTSCHEN KRIEGSMARINE

Im Ersten Weltkrieg hatte sich bereits die Wirksamkeit der U-Boot-Waffe gegenüber Großkampfschiffen herausgestellt. Hinzugekommen war die Bedrohung aus der Luft, die durch die Entwicklung des Torpedobombers und des Sturzkampfflugzeuges unabwendbar geworden war. Durch ihren Einsatz von Flugzeugträgern aus war der Aktionsradius praktisch unbegrenzt. Gleichwohl blieb das Schlachtschiff zumindest bis Anfang des Zweiten Weltkrieges der Maßstab für Seemacht und Kriegsschiffbau.
Verständlich, daß sich die deutsche Marineleitung dieser Auffassung nicht entziehen konnte. Und so entstanden im Rahmen eines Neubauprogramms auf deutschen Werften fast zur gleichen Zeit die ersten beiden Schlachtschiffe nach dem Ersten Weltkrieg: SCHARNHORST auf der Marinewerft in Wilhelmshaven und GNEISENAU bei Blohm & Voss in Hamburg.
Die Abbildungen zeigen den Stapellauf der SCHARNHORST am 3. Oktober 1936 Bereits zwei Monate später, am 8. Dezember desselben Jahres, folgte die GNEISENAU.
Diese beiden Großkampfschiffe werden häufig als Schlachtkreuzer angesprochen. Das ist unrichtig: offiziell wurden sie als Schlachtschiffe geführt.

Die Abbildung entstand am 7. März 1942 und zeigt Schlachtschiff TIRPITZ nach ihrem Auslaufen aus Drontheim. Die Feindfahrt richtete sich gegen die Geleitzüge PQ 8 und PQ 12. Der Angriff mußte jedoch wegen schlechten Wetters abgebrochen werden.

THE BATTLESHIPS OF THE GERMAN NAVY

The effectiveness of the submarine against capital ships was already apparent in the First World War. Added to that was the threat of air attacks which had become inevitable as a result of the development of the torpedo and dive bomber. By deploying them on aircraft carriers, their range had become almost unlimited. Despite that, the battleship, at least at the beginning of the Second World War, remained the symbol of seapower and warship construction.
It is understandable that the German Naval Command could not get away from this thinking, and thus, as part of the naval reconstruction program, the first two battleships built after the First World War appeared from the German dockyards at almost the same time: SCHARNHORST from the Naval Shipyard in Wilhelmshaven and GNEISENAU from Blohm & Voss in Hamburg.
This picture shows the launching of the SCHARNHORST on 3rd October 1936. Only two months later, on 8th December, the GNEISENAU followed.
These two capital ships are usually referred to as battlecruisers, but that is not correct, officially they were considered to be battleships.

Der Kiellegung der beiden Schlachtschiffe waren eingehende Planungsgespräche von mehr als zwei Jahren vorangegangen, insbesondere über die Anzahl der Geschütze. Das Kaliber von 28 cm war dabei zunächst nie in Frage gestellt worden. Erst 1942 wurde die Umrüstung auf sechs 38 cm Geschütze in zwei Doppeltürmen in Betracht gezogen, aber dann wurde die Idee aus wirtschaftlichen Gründen wieder aufgegeben, und die Aufstellung von neun Rohren in Drillingstürmen wurde beibehalten.

Two years of planning discussions preceded the laying down of both these battleships, especially about their armament, although the calibre of 28 cm was never questioned at first. It was 1942 before the re-armament with six 38 cm guns in two double turrets was considered. The idea was dropped on grounds of cost and the current layout of nine guns mounted in threes was retained.

Die SCHARNHORST (im Vordergrund) liegt gemeinsam mit der GNEISENAU vor Anker. Die Aufnahme entstand im Frühjahr 1939 kurz nach der Indienststellung der SCHARNHORST. Bereits im Oktober 1939 werden beide Einheiten zu einem Unternehmen gegen die Northern Patrol in isländische Gewässer auslaufen. Von da an werden sie durch gemeinsame Einsätze verbunden bleiben, bis sie im April 1942 durch Kriegsereignisse getrennt werden.

The SCHARNHORST (in the foreground) laying at anchor together with the GNEISENAU. This photo was taken in spring 1939, shortly after SCHARNHORST was commissioned. As early as October 1939, both ships were sent on an operation against the Northern Patrol in Icelandic waters. From then onwards, they operated as a team until events in the war in April 1942 separated them.

Auf der Abbildung rechts sieht man die GNEISENAU in ihrem Bauzustand Ende 1938, nachdem sie einen Schrägbug und einen abgeschrägten Schornsteinaufsatz erhalten hatte.
Auf der unteren Abbildung ist die SCHARNHORST anläßlich eines Artillerieschießens vor Brest Anfang Februar 1942 zu sehen. Eines der wesentlichen Merkmale deutscher Großkampfschiffe im Zweiten Weltkrieg war der schräge Atlantiksteven, wie die Abbildungen hier deutlich zum Ausdruck bringen. Bei beiden Schlachtschiffen wurde der Schrägbug nachgerüstet. Hierdurch wurde die Seefähigkeit verbessert.
Ein Vergleich der beiden Abbildungen verdeutlicht ein wesentliches Unterscheidungsmerkmal: Die Anordnung der Dreibeinmasten bei der GNEISENAU an der Achterkante des Schornsteins und bei der SCHARNHORST auf dem Achterschiff.

On the picture right is the GNEISENAU as at her fitting of the end of 1938 after the addition of a curved bow and a sloping funnel cover.
On the picture below the SCHARNHORST is firing her guns off Brest at the beginning of February 1942. Although the SCHARNHORST had a curved bow right at the start, the funnel cover was added at a later date.
The differences easily can be seen by comparing these pictures; the position of the tripod mast on the GNEISENAU on the rear end of the funnel and on the stern of the SCHARNHORST.

Kriegseinsätze und Verbleib

Schlachtschiff SCHARNHORST

Stapellauf 3.10.1936 Kriegsmarinewerft Wilhelmshaven
in Dienst gestellt 7.1.1939

Haupteinsätze:

21. – 27. November 1939	Zusammen mit GNEISENAU Vorstoß gegen die Northern Patrol in die Gewässer südlich von Island. Der Verband versenkte am 23.11.1939 den britischen Hilfskreuzer RAWALPINDI.
18. – 20. Februar 1940	Mit GNEISENAU, ADMIRAL HIPPER und Zerstörern Vorstoß nach Norden zur Bekämpfung des Konvoiverkehrs Bergen – England (Operation "Nordmark"). Keine Erfolge.
7. – 12. April 1940	Unternehmen "Weserübung". SCHARNHORST gehörte zur Deckungsgruppe und nahm zusammen mit der GNEISENAU an dem Gefecht mit dem brit. Schlachtkreuzer RENOWN (wurde beschädigt) und dem brit. Kreuzer BIRMINGHAM westlich der Lofoten teil.
4. – 10. Juni 1940	Mit GNEISENAU, ADMIRAL HIPPER und 4 Zerstörern von Kiel aus Vorstoß in das Nordmeer (Operation "Juno"). Der Verband vernichtete am 8.6.1940 den Flugzeugträger GLORIOUS und die Begleitzerstörer ARDENT und ACASTA, den Tankdampfer OILPIONEER, den Truppentransporter ORAMA und den Bewacher JUNIPER (sämtlich britischer Nationalität). SCHARNHORST erhielt einen Torpedotreffer (vom Zerstörer ACASTA), wodurch Mittel- und Steuerbordmaschine ausfielen und der achtere Drillingsturm Caesar außer Gefecht gesetzt wurde. Rückkehr nach Drontheim.
Juni 1940	Notreparatur in Drontheim und Rückkehr in die Heimat. Vergebliche britische Fliegerangriffe. Werftliegezeit.
28. Dezember 1940	Zusammen mit GNEISENAU erster Versuch des Durchbruchs in den Atlantik. Unternehmung abgebrochen, da die GNEISENAU infolge des schlechten Wetters Seeschäden erhielt.
22. Januar – 22. März 1941	22.1.1941 erneutes Auslaufen zum Durchbruch in den Atlantik. Unternehmung glückte, und es wurde am 3.2.1941 die Dänemark-Straße passiert. 8.2.1941 Geleitzug HX-108 gesichtet, der jedoch vom brit. Schlachtschiff RAMILLIES gedeckt wurde. SCHARNHORST versuchte, das Schlachtschiff auf sich zu ziehen und vom Geleit wegzulocken, was aber nicht gelang. Daraufhin Angriffsversuch abgebrochen.
	7./9.3.1941. Der Verband brach bei Sichtung des brit. Schlachtschiffes MALAYA den Angriff auf Geleit SL-67 ab. Zwei Unterseeboote wurden herangeführt und versenkten 5 Handelsschiffe. Am 9.4.1941 wurde ein Einzelfahrer versenkt.
	15./16.3.1941. Südostwärts Neufundlands Geleitzugschlacht.
	22.3.1941. Einlaufen in Brest. Gesamterfolg der Unternehmung: 22 Schiffe mit 115.600 BRT, davon versenkte die SCHARNHORST 8 Schiffe mit 49.300 BRT.
März 1941 – Februar 1942	Liegezeit in Brest, teilweise Werftliegezeit. Starke britische Flugzeugangriffe. 5 Bombentreffer bei Luftangriff vor La Pallice. Schwere Schäden. 3 Bomben schlugen durch sämtliche Aufbauten und Decks bis zum Doppelboden durch, krepierten jedoch nicht.
11. – 12. Februar 1942	Auslaufen aus Brest zum Kanaldurchbruch als Flaggschiff des B.d.S. (V.Adm. Ciliax). SCHARNHORST erhielt zwei Minentreffer und war für eine halbe Stunde manövrierunfähig. Der B.d.S. stieg auf den F.d.Z.-Zerstörer über. Der Schaden wurde mit Bordmitteln soweit behoben, daß SCHARNHORST mit eigener Kraft planmäßig die Deutsche Bucht erreichen konnte und am 12. Februar 1942 in Wilhelmshaven eintraf.
	Anschließend Werftliegezeit und dann in Gotenhafen stationiert (Ausbildung).
März 1943	Unter Führung des Flottenchefs nach zwei vergeblichen Versuchen nach Nordnorwegen in den Westfjord/Altafjord verlegt und der dortigen Kampfgruppe zugeteilt.
6. – 7. September 1943	Die Kampfgruppe mit TIRPITZ, SCHARNHORST und Zerstörern führte ein Unternehmen gegen Spitzbergen durch, wobei der feindliche Stützpunkt zerstört wurde.
September – Dezember 1943	Die SCHARNHORST erhielt den Kafjord als Liegeplatz, später den Langfjord und führte in dieser Zeit keine Unternehmungen aus.
25. Dezember 1943	Die Kampfgruppe unter Konteradmiral Bey mit SCHARNHORST (Flaggschiff) Z 29, Z 30, Z 33, Z 34 und Z 38 lief aus, um einen gemeldeten Geleitzug (Convoy JW-55B), der nach Murmansk bestimmt war, zu stellen. Schwere britische Seestreitkräfte erfaßten mit ihren Radargeräten die SCHARNHORST, die ihre Zerstörer vor dem entscheidenden Gefecht entlassen hatte. Es gelang dem Gegner nach mehrfachen Versuchen, die SCHARNHORST zu stellen und zu vernichten. Gesunken am 26.12.1943, 18.40 Uhr.

Battleship SCHARNHORST

Launched on 3rd October 1936 from the Naval Shipyard in Wilhelmshaven
Commissioned on 7th January 1939

Main Actions:

21st – 27th November 1939	*Together with the GNEISENAU, attacked the Northern Patrol in the waters to the south of Iceland. Sank the British auxiliary cruiser RAWALPINDI on 23rd November 1939.*
18th – 20th February 1940	*A raid in the north on the convoys running between Bergen and England (Operation "Nordmark") with GNEISENAU, ADMIRAL HIPPER and destroyers. No results.*
7th – 12th April 1940	*Operation "Weserübung". SCHARNHORST was part of the squadron covering the operation and along with GNEISENAU took part in the battle with the British battlecruiser RENOWN (damaged) and the cruiser BIRMINGHAM to the west of Lofoten.*
4th – 10th June 1940	*Raid into the North Sea (Operation "Juno") with the GNEISENAU, ADMIRAL HIPPER and 4 destroyers from Kiel. On 8th June, this squadron sunk the aircraft carrier GLORIOUS, its destroyer escorts ARDENT and ACASTA, the tanker OIL PIONEER, the troop transport ORAMA and the observation ship JUNIPER (all British). SCHARNHORST was hit by a torpedo (from the destroyer ACASTA), knocking out the middle and starboard engines and the stern turret "Caesar". Returned to Drontheim.*
June 1940	*Emergency repairs in Drontheim and return home. Unsuccessful air attacks by the British. In dock.*
28th December 1940	*With the GNEISENAU, first attempt to break out into the Atlantic. Operation aborted as the GNEISENAU was damaged by a storm.*
22nd January – 22nd March 1941	*22nd January, further attempt to break out into the Atlantic. The operation succeeded and on 3rd February, the Denmark Street was passed. On 8th February, Convoy HX-108 was sighted, but it was covered by the British battleship RAMILLIES. SCHARNHORST attempted to distract the battleship and draw it away from the convoy but failed to do so. Attempted attack broken off.*
	7th – 9th March. On sighting the British battleship MALAYA, the squadron broke off the attack on Convoy SL-67. Two U-boats were brought in and sank 5 merchantmen. On 9th March, a straggler was sunk.
	15th – 16th March – Attacked a convoy south-east of Newfoundland.
	22nd March – Entered Brest. Total sinking 22 ships, 115,600 t. SCHARNHORST alone sank 8 ships with 49,300 t.
March 1941 – February 1942	*In Brest, partly in dock. Many British airraids. Hit by 5 bombs in airraid on La Pallice. Severe damage. 3 bombs went through all the superstructure and decks to the double hull, but did not explode.*
11th – 12th February 1942	*Left Brest to break through the English Channel as flagship of the B.d.S. (Vice-Admiral Ciliax). SCHARNHORST was hit by two mines and could not manoeuvre for half an hour. The commander transferred to a destroyer. The damage was repaired on board and under her own steam, the SCHARNHORST reached the German Bight as planned and arrived in Weilhelmshaven on 12th February. Then in dock and afterwards in Gotenhafen for training.*
March 1943	*Under the command of the Fleet Commander, transferred to northern Norway after two unsuccessful attempts. Stationed in the West Fjord/Alta Fjord and attached to the squadron there.*
6th – 7th September 1943	*The squadron with the TIRPITZ, SCHARNHORST and destroyers undertook an operation against Spitzbergen, destroying the enemy base.*
September – December 1943	*The SCHARNHORST was stationed in the Kaa Fjord, then the Lang Fjord but did not undertake any operations.*
25th December 1943	*The squadron under Counter-Admiral Bey with SCHARNHORST (flagship), Z 29, Z 30, Z 33, Z 34 and Z 38 (destroyers) left to locate a reported convoy (JW-55B) on its way to Murmansk. Strong British naval forces located the SCHARNHORST on their radar. She had left her escorts behind for the decisive battle and after several attempts, she was located and destroyed. Sunk on 26th December 1943 at 18.40 hrs.*

Bereits der Beginn des Zweiten Weltkrieges zeigte, daß der schiffbauliche und waffentechnische Aufwand, der in Schlachtschiffe investiert worden war, nicht ausreichte, um wirkungsvollen Schutz gegen U-Boot- und Luftangriffe zu gewährleisten. Am 20. Juni 1940 stanzte ein Torpedo des britischen U-Bootes CLYDE dieses Loch durch den Rumpf der GNEISENAU. Es wurden zwar keine wichtigen Schiffselemente außer Betrieb gesetzt, trotzdem war die GNEISENAU zu einem dreimonatigen Werftaufenthalt gezwungen.
Nach dem Atlantikunternehmen "Berlin" wurde am 22. März 1941 von den beiden Schlachtschiffen der Atlantikhafen Brest angelaufen. Da der Kriegshafen innerhalb der Reichweite britischer Kampfflugzeuge lag, waren die Schlachtschiffe seitdem Luftangriffen ausgesetzt.

Right from the beginning of the Second World War, it was apparent that the investment in the construction and weapon technology of the battleships was insufficient to give them effective protection against submarine and air attacks. On 26th June 1940, a torpedo fired from the British submarine CLYDE punched a hole in the hull of the GNEISENAU. Although no important parts of the ship were knocked out, the GNEISENAU still had to spend three months in dock.
After the Atlantic operation, both battleships entered the Atlantic port of Brest. As this port was within the range of British military aircraft, both battleships were exposed to air attacks from then onwards.

Die starken Luftabwehrwaffen des großen Kriegshafens zusammen mit der bordgestützten Luftabwehr der Kriegsschiffe reichten nicht aus, um die Angriffe abzuwehren. Die Schlachtschiffe entgingen nur knapp ihrer Vernichtung.
Die Abbildung auf der vorhergehenden Seite zeigt die GNEISENAU im Dock und die SCHARNHORST am Liegeplatz. Die obere Abbildung macht deutlich, mit welchen Mitteln versucht wurde, den passiven Schutz zu erhöhen.
Die Fla-Waffen sind ständig besetzt, um bei überraschenden Luftangriffen vorbereitet zu sein.

The strong air defences of this large military port together with the shipboard AA guns were insufficient to hold off the attacks. The battleships only just avoided their destruction.
The picture on the previous page shows the GNEISENAU in dock and the SCHARNHORST at her moorings. The picture above shows clearly with what means it was attempted to increase the passive defence. The AA guns were manned all the time so that they were ready for surprise attacks.

Kriegseinsätze und Verbleib

Schlachtschiff GNEISENAU

Stapellauf 8.12.1936 Deutsche Werke Kiel
in Dienst gestellt 21.5.1938

Haupteinsätze:

Oktober 1939	Vorstoß nach Norden (als Flaggschiff von V.Adm. Marschall) mit KÖLN und Zerstörern gegen Skandinavien-England-Verkehr. Ohne Ereignisse.
21. – 27. November 1939	Als Flaggschiff des Flottenchefs (Adm. Marschall) zusammen mit SCHARNHORST Vorstoß in die Gewässer südlich von Island gegen die Northern Patrol. Der Verband versenkte den brit. Hilfskreuzer RAWALPINDI am 23.11.1939. Die GNEISENAU erlitt am 26.11.1939 beim Durchbruch durch die Shetland-Bergen-Enge bei schwerem Sturm starke Seeschäden und ging nach Rückkehr in Kiel in die Werft.
4. Februar 1940	Werftliegezeit beendet, GNEISENAU verlegte nach Wilhelmshaven.
18. Februar bis 20. Februar 1940	Als Flaggschiff des Flottenchefs (Adm. Marschall) zusammen mit SCHARNHORST und ADMIRAL HIPPER sowie Zerstörersicherung Vorstoß nach Norden zur Bekämpfung des Konvoiverkehrs Bergen–England im Zusammenwirken mit Unterseebooten (Operation "Nordmark"). Ohne Ereignisse.
7. – 12. April 1940	Beim Unternehmen "Weserübung" Flaggschiff des Flottenchefs (V.Adm. Lütjens i. V.). Westlich der Lofoten Gefecht mit brit. Schlachtkreuzer RENOWN (wurde beschädigt) und Kreuzer BIRMINGHAM. GNEISENAU erhielt Treffer, 12.4.1940 Rückkehr von GNEISENAU, SCHARNHORST und ADMIRAL HIPPER nach Wilhelmshaven.
4. – 10. Juni 1940	Als Flottenflaggschiff (Adm. Marschall) mit SCHARNHORST, ADMIRAL HIPPER und 4 Zerstörern von Kiel aus Vorstoß in das Nordmeer zur Entlastung der Norwegenkämpfe (Operation "Juno"). 8.6.1940 Versenkung des Flugzeugträgers GLORIOUS, der Begleitzerstörer ARDENT und ACASTA (durch GNEISENAU und SCHARNHORST), des Tankdampfers OILPIONEER (durch GNEISENAU), des Truppentransporters ORAMA (durch ADMIRAL HIPPER) und des Bewachers JUNIPER (durch ADMIRAL HIPPER). Rückkehr nach Drontheim.
10. – 12. Juni 1940	Vorstoß in das Nordmeer mit ADMIRAL HIPPER und 4 Zerstörern. Unternehmen vorzeitig abgebrochen. Rückkehr nach Drontheim.
20. Juni 1940	Auslaufen mit ADMIRAL HIPPER aus Drontheim nach Norden. 40 sm nordwestlich der Insel Halten erhielt GNEISENAU einen Torpedotreffer durch eng. Unterseeboot CLYDE, so daß der geplante Vorstoß Island–Faroer–Orkney abgebrochen wurde. Notreparatur in Drontheim.
25. Juli 1940	Auslaufen der GNEISENAU zum Rückmarsch nach Kiel zusammen mit NÜRNBERG.
28. Juli 1940	Ankunft in Kiel.
Juli – Dezember 1940	Werftliegezeit in Kiel.
28. Dezember 1940	Als Flottenflaggschiff (Adm. Lütjens) mit SCHARNHORST erster Versuch des Durchbruchs in den Atlantik. Abgebrochen wegen schlechten Wetters. Verband lief zurück. GNEISENAU hatte Seeschäden.
22. Januar 1941	Durchbruchsversuch mit SCHARNHORST wiederholt und gelungen.
4. Februar 1941	Höhe südlich Grönland erreicht.
8. Februar 1941	Angriffsversuch auf Convoy HX-108 bei Sichtung des britischen Schlachtschiffes RAMILLIES abgebrochen.
22. Februar 1941	Ostwärts von Neufundland 5 Einzelfahrer durch den Verband versenkt.
7. – 9. März 1941	Angriffsversuche auf den Convoy SL-67 bei Sichtung des brit. Schlachtschiffes MALAYA abgebrochen. Zwei herangeführte Unterseeboote versenkten 5 Handelsschiffe. Am 9.3.1941 wurde ein Einzelfahrer versenkt.
15. – 16. März 1941	Südostwärts Neufundland versenkte der Verband insgesamt 16 Schiffe, dann bei Sichtung des brit. Schlachtschiffes RODNEY abgelaufen. Gesamterfolg dieser Unternehmung Januar – März 1941: 22 Schiffe mit 115.600 BRT, davon versenkte GNEISENAU 14 Schiffe mit 66.300 BRT.
22. März 1941	Einlaufen in Brest.
April 1941	Lufttorpedo- und Bombentreffer in Brest. Anschließend Werftliegezeit.
11. Februar bis 13. Februar 1942	Kanaldurchbruch mit SCHARNHORST, PRINZ EUGEN, Zerstörern, Torpedobooten, Schnellbooten und Sicherungsstreitkräften. Flaggschiff ist die SCHARNHORST. Der B.d.S. (V.Adm. Ciliax) stieg nach Minentreffer auf SCHARNHORST auf die GNEISENAU über. Insgesamt hat die SCHARNHORST zwei, die GNEISENAU einen Minentreffer erhalten. GNEISENAU am 12.2.1942 auf Brunsbüttel Reede zur Fahrt nach Kiel.
26. Februar bis 27. Februar 1942	In der Nacht vom 26. zum 27. Februar 1942 erhielt die GNEISENAU einen schweren Bombentreffer in Kiel. Das Schlachtschiff lag daraufhin einsatzunfähig bis 4. April 1942 in Kiel.
4. April 1942	Nach Gotenhafen zur Außerdienststellung.
1. Juli 1942	In Gotenhafen außer Dienst gestellt.
1943	Umbaustopp
März 1945	In Gotenhafen als Blockschiff gesprengt.
1947 – 1951	Abgebrochen und verschrottet.

Battleship GNEISENAU

Launched 8th December 1936 from the Deutsche Werke in Kiel
Commissioned 21st May 1938

Main Actions:

October 1939	*Raid to the north (as flagship of Vice-Admiral Marschall) with the KÖLN and destroyers against the Britain – Scandinavia trade. No results.*
21st – 27th November 1939	*As flagship of the fleet commander (Admiral Marschall), along with the SCHARNHORST, operations in the waters south of Iceland against the Northern Patrol. The squadron sank the British auxiliary cruiser RAWALPINDI on 23rd November. On 26th November, the GNEISENAU suffered severe damage during a heavy storm when passing the Shetland-Bergen Narrows and returned to Kiel for repairs in dock.*
4th February 1940	*Repairs completed, GNEISENAU was transferred to Wilhelmshaven.*
18th – 20th February 1940	*As flagship of the fleet commander (Admiral Marschall), along with the SCHARNHORST and ADMIRAL HIPPER and a destroyer escort, sailed north to attack the convoy traffic between Bergen and Britain in conjunction with U-boats (Operation "Nordmark"). No results.*
7th – 12th April 1940	*Flagship of the fleet commander (Vice-Admiral Lütjens) during Operation "Weserübung". Fought with the British battlecruiser RENOWN (damaged) and cruiser BIRMINGHAM west of the Lofoten. The GNEISENAU suffered a hit. On 12th April, GNEISENAU, SCHARNHORST and ADMIRAL HIPPER returned to Wilhelmshaven.*
4th – 10th June 1940	*As fleet flagship (Admiral Marschall), sailed into the Polar Sea in support of the invasion of Norway (Operation "Juno") along with SCHARNHORST, ADMIRAL HIPPER and 4 destroyers. On 8th June the aircraft carrier GLORIOUS sank, its destroyer escorts ARDENT and ACASTA (by GNEISENAU and SCHARNHORST), the tanker OIL PIONEER (GNEISENAU), the troop transport ORAMA (ADMIRAL HIPPER) and its escort JUNIPER (ADMIRAL HIPPER). Returned to Drontheim.*
10th – 12th June 1940	*Sailed into the Polar Sea with ADMIRAL HIPPER. Operation prematurely terminated. Returned to Drontheim.*
20th June 1940	*Left Drontheim with ADMIRAL HIPPER for the north. 40 nautical miles north-west of the island of Halten, GNEISENAU was hit by a torpedo fired from the British submarine CLYDE and thus the planned operation between Iceland, the Faeroes and Orkney had to be broken off. Emergency repairs in Drontheim.*
25th July 1940	*GNEISENAU left with NÜRNBERG for Kiel.*
28th July 1940	*Arrived in Kiel.*
July – December 1940	*In dock in Kiel.*
28th December 1940	*As flagship of the fleet (Admiral Lütjens), first attempt to break out into the Atlantic with the SCHARNHORST. Aborted because of the bad weather. GNEISENAU suffered storm damage.*
22nd January 1941	*Repeated attempt to break out with SCHARNHORST. Succeeded.*
4th February 1941	*Reached Southern Greenland.*
8th February 1941	*Attempt to attack Convoy HX-108 broken off on sighting the British battleship RAMILLIES.*
22nd February 1941	*5 stragglers sunk east of Newfoundland by the squadron.*
7th – 9th March 1941	*Attempt to attack Convoy SL-67 broken off on sighting the British battleship MALAYA. Two U-boats directed to the target sank 5 merchantmen. On 9th March, a straggler was sunk.*
15th – 16th March 1941	*The squadron sank a total of 16 ships south-east of Newfoundland but then fled at the sight of the British battleship RODNEY. Total results of this operation from January to March 1941: 22 ships at 115,600 t of which the GNEISENAU sank 14 ships at 66,300 t.*
22nd March 1941	*Entered Brest.*
April 1941	*Hit by aeriel torpedoes and bombs in Brest. Put in dock.*
11th – 13th February 1942	*Broke through the English Channel with the SCHARNHORST, PRINZ EUGEN, destroyers, torpedo boats, speed boats and security forces. SCHARNHORST was the flagship. The commander of the squadron (Vice-Admiral Ciliax) went from the SCHARNHORST to the GNEISENAU after the latter was hit by a mine. The SCHARNHORST was hit by a total of two mines, GNEISENAU by one, on 12th February on the Brunsbüttel Roads on the journey to Kiel.*
26th – 27th February 1942	*During the night of 26th to 27th February, the GNEISENAU was hit by a large bomb in Kiel. The battleship was put out of action and stayed in Kiel until 4th April 1942.*
4th April 1942	*Sent to Gotenhafen to be withdrawn from service.*
1st July 1942	*Withdrawn from service in Gotenhafen.*
1943	*Conversion work stopped.*
March 1945	*Sunk as a block-ship in Gotenhafen.*
1947 – 1951	*Broken up and scrapped.*

Die Konstruktion und der Bau von Schlachtschiffen war eine ständige Auseinandersetzung zwischen Eigenschutz und fremder Waffenwirkung. Dabei wurden alle technischen Möglichkeiten ausgeschöpft, um eine optimale Ausgewogenheit zwischen Standkraft und Schlagkraft zu erzielen.
In die neuesten Schlachtschiffe, die BISMARCK und ihr Schwesterschiff, die TIRPITZ, deren Stapellauf am 14. Februar 1939 bzw. 1. April 1939 erfolgte, investierte die deutsche Rüstungs- und Schiffbauindustrie ihre gesamten Fähigkeiten. Das schwere Gefecht der BISMARCK am 27. Mai 1941 bewies dann, daß die eigene Schutzwirkung gegenüber der fremden Waffenwirkung einen Vorsprung hatte, indem die BISMARCK nur durch eine ungeheure Übermacht niedergerungen werden konnte.
Als dann die TIRPITZ Anfang 1942 zum Einsatz kam, war der Vorsprung schon wieder an die Waffenwirkung abgegeben worden. Von da an wurde die TIRPITZ im wesentlichen nur noch als "Fleet in being" eingesetzt, bevor sie am 12. November 1944 aus der Luft vernichtet wurde.
Die Abbildung zeigt die BISMARCK Mitte September 1940, nachdem sie in die Kieler Förde verlegt hatte. Die Erprobungen und Ausbildungsfahrten haben gerade begonnen. Noch fehlen die Drehhauben mit den Entfernungsmeßgeräten.

The design and construction of battleships was a continual contradiction between self-protection and the effect of enemy weapons. All technical possibilities were exhausted to obtain an optimal balance between defensive protection and fighting power.
The German armaments and ship construction industries invested their entire capabilities in the newest battleships, the BISMARCK and her sister ship the TIRPITZ which were launched on the 14th February 1939 and 1st April 1939 respectively.
The long battle of the BISMARCK on 27th May 1941 showed that her own defences had the advantage over the effectiveness of the enemy's weapons as the BISMARCK could only be put down by a massive superiority in strength.
The picture shows the BISMARCK in the middle of September 1940, after she had been sent to the Kiel Firth. The tests and training voyages had just begun. The turning covers on the range-finders are not yet fitted.

Die Waffenanlagen der Schweren Artillerie, die auf der BISMARCK und der TIRPITZ zum Einsatz kamen, waren die schwersten, die jemals auf deutschen Schiffen installiert worden waren. Die Gesamtlänge eines Rohres betrug 19,6 Meter bei einem Durchmesser von 380 mm. Ein Geschützrohr wog 111 Tonnen, mit Wiege, Verschlußantrieb und Zahnbogen zusammen 152,5 Tonnen. Ein vollständiger Turm (überhöht) hatte ein Gewicht von 1.072 Tonnen. Verschossen wurden Granaten mit einem Gewicht von 800 kg und mit einer Anfangsgeschwindigkeit von 820 m/s über eine max. Schußweite (30 Grad Rohrerhöhung) von fast 36 Kilometern. Dabei wurde eine Mündungsarbeit von 27.400 mt entwickelt.

The guns of the main armament on the BISMARCK and TIRPITZ were the largest ever fitted on German ships. The total length of a barrel was 19.6 metres with a diameter of 380 mm. A gun barrel weighed 111 tons. Including the cradle, breech-block and elevator, it weighed 152.5 tons. An entire turret (elevated) weighed 1,072 tons. The shells it shot weighed 800 kg with a muzzle velocity of 820 m/s and a maximum range at 300 elevation of almost 36 km. The force in the muzzle was 27,400 tons/metres.

Die Leistung der Schweren Artillerie konnte nur in Verbindung mit den hochwertigen optischen Einrichtungen und den leistungsfähigen mechanischen Rechenanlagen erreicht werden. Die gegenüberliegende Abbildung gibt einen Einblick in eine Rechenstelle, wie sie in der BISMARCK und TIRPITZ zum Einsatz kamen. Im Hintergrund der Schußwertrechner C/38.

The potential of the main guns could only be realized when used in conjunction with the best optical devices and the most effective mechanical calculating equipment. The picture opposite shows the calculations room as in the BISMARCK and TIRPITZ. In the background is the C/38 calculator.

Untere Abbildung: Die BISMARCK am 24. Mai 1941, wenige Minuten, nachdem sie den britischen Schlachtkreuzer HOOD vernichtet und das Schlachtschiff PRINCE OF WALES stark beschädigt hatte. Drei Tage später wurde sie selbst von überlegenen britischen Seestreitkräften gestellt und vernichtet.

Picture below: The BISMARCK on 24th May 1941 a few minutes after destroying the British battlecruiser HOOD and severely damaging the battleship PRINCE OF WALES. Three days later she was located and destroyed by a large British naval force.

Kriegseinsätze und Verbleib

Schlachtschiff BISMARCK

Stapellauf 14.2.1939 Blohm & Voss, Hamburg
in Dienst gestellt 24.8.1940

Haupteinsätze:

August 1940 bis Mai 1941	Nach der Indienststellung Erprobung des Schiffes und Ausbildung der Besatzung in der Ostsee.
Mai 1941	Als Flaggschiff des Flottenchefs (Admiral Lütjens) gemeinsam mit dem Schw. Kreuzer PRINZ EUGEN aus Gotenhafen zum Handelskrieg in den Nordatlantik ausgelaufen.
24. Mai 1941	Gefecht mit schweren brit. Streitkräften in der Dänemarkstraße. Brit. Schlachtschiff HOOD versenkt, Schlachtschiff PRINCE OF WALES beschädigt. BISMARCK gleichfalls durch 3 Treffer beschädigt. PRINZ EUGEN vom Flottenchef entlassen.
26./27.Mai 1941	Schweres Gefecht mit überlegenen brit. Seestreitkräften, darunter Schlachtschiff KING GEORGE V und RODNEY, 300 sm nordwestlich Ouessant.
27. Mai 1941	Nach Lufttorpedo- und Artillerietreffern und, nachdem alle Munition verschossen war, vernichtet durch Selbstsprengung und Torpedotreffer vom brit. Kreuzer DORSETSHIRE.

War History & Whereabouts

Battleship BISMARCK

Launched on 14th February 1939 by Blohm & Voss in Hamburg
Commissioned 24th August 1940

Main Actions:

August 1940 – May 1941	*After being commissioned, the ship underwent trials and training of her crew in the Baltic.*
May 1941	*As flagship of the fleet commander (Admiral Lütjens), left Gotenhafen with the heavy cruiser PRINZ EUGEN to raid allied commerce in the North Atlantic.*
24th May 1941	*Battle with British naval forces in the Denmark Street. Sank the British battlecruiser HOOD and damaged the battleship PRINCE OF WALES. BISMARCK suffered three hits. PRINZ EUGEN sent off by the fleet commander.*
26th – 27th May 1941	*Large battle with outnumbering British naval forces including the battleships KING GEORGE V and RODNEY 300 nautical miles north-west of Ouessant.*
27th May 1941	*After being hit by aeriel torpedoes and ship's guns, and after all her ammunition was fired, the BISMARCK was sunk by scuttling and a torpedo from the British cruiser DORSETSHIRE.*

Mit 52.600 ts Einsatzverdrängung hatte die TIRPITZ eine um 2.600 ts größere Wasserverdrängung als die BISMARCK und war somit das größte Kriegsschiff, das auf deutschen Werften gebaut wurde und zum Einsatz kam. Der Bau weiterer Schlachtschiffe sollte damit ursprünglich nicht abgeschlossen sein. Für einen weiteren Flottenausbau, dem "Z-Plan", war bereits die Genehmigung für die Fertigstellung sechs weiterer Schlachtschiffe der H-Klasse erteilt worden. Diese Superschlachtschiffe sollten eine Einsatzverdrängung von über 62.000 ts erhalten. Der für die deutsche Marineleitung zu frühe Ausbruch des Zweiten Weltkrieges erforderte die Aufgabe der Pläne.
Bei der Betrachtung des Bildes fällt auf, daß die Architektur der Schlachtschiffe der BISMARCK-Klasse der der Schweren Kreuzer sehr ähnelt und zwar insbesondere hinsichtlich der paarweisen Aufstellung der schweren Artillerie, der Anordnung des Turmmast-Schornsteins und der Ausführung der abgestumpften Turmmasten, sowie der halbkugelförmigen Fla-Leitstände.

With a full displacement of 52,600 tons, the TIRPITZ displaced 2,600 tons more than the BISMARCK and, as such, was the largest ship built in German shipyards and used in action. The construction of more battleships was originally not going to be stopped there. Further additions to the fleet under the "Z Plan", six further battleships, had been given permission. These super battleships were to have a displacement of over 62,000 tons. The outbreak of the Second World War came to early for the German Naval Command and these plans had to be dropped.
From this picture, it is apparent that the design of the battleship of the BISMARCK class was very similar, particularly the layout of the guns in double mountings, the position of the tower-mast funnel and the short tower-masts.

The Alta Fjord was one of the hiding-places of the TIRPITZ from March 1943 to October 1944. The fog which tended to form around the battleship and its environs and the large number of land and ship-based AA guns did not prevent the British from achieving a successful air attack on the TIRPITZ. The heavily damaged TIRPITZ had to be towed from 15th to 17th October to the Sande Sound. The picture overleaf clearly shows the nets around the TIRPITZ and the area around the Alta Fjord. On 22nd September 1943, British midget submarines (X5, X6 and X7) succeeded in breaking through the nets and attacking the battleship. All three submarines were destroyed. However, X6 did manage to fix a mine under the stern of the TIRPITZ. The mine was detonated and inflicted heavy damage; several turbines broke loose, all three propeller shafts were bent, the rudder was severely damaged, the hull was holed and several rooms were flooded.

Hier eines der Verstecke der TIRPITZ, der Altafjord, in dem sich das Schlachtschiff vom März 1943 bis Oktober 1944 aufhielt. Das Einnebeln des Schlachtschiffes und seiner Umgebung sowie die hohe Anzahl land- und bordgestützter Fla-Geschütze konnte die Briten nicht davon abhalten, erfolgreiche Luftangriffe gegen die TIRPITZ zu fliegen. Sie führten letztlich dazu, daß die TIRPITZ schwer angeschlagen vom 15. bis 17. Oktober 1944 mit Schlepperhilfe in den Sandesund verlegte. Die umseitige Abbildung zeigt deutlich die TIRPITZ im Netzkasten und die nähere Umgebung des Altafjords. Durch diese Netzsperre gelang am 22. September 1943 den britischen Klein-U-Booten X5, X6 und X7 der Angriff gegen das Schlachtschiff. Alle drei U-Boote wurden zerstört. X6 gelang es jedoch, vorher eine Mine unter dem Heck der TIRPITZ zu befestigen. Die Detonation der Mine verursachte schwere Schäden: Mehrere Turbinen waren in den Lagern gelockert, alle drei Schraubenwellen verbogen, Ruder stark beschädigt; die Lager der achteren 38 cm Turm-Anlage wurde beschädigt, es entstanden Risse im Schiffsboden, wodurch einige Räume voll Wasser liefen.

6 22
Hochstand Nebelbatt. „K"
2 cm
Kvalvikbucht →
RAG's
Nymphe
4 cm
Zerstörer
Thetis
Kaafjord

Schlachtschiff TIRPITZ

Stapellauf 1.4.1939 Kriegsmarinewerft Wilhelmshaven
in Dienst gestellt 25.2.1941

Haupteinsätze:

Ab März 1941	Erprobung in der Ostsee.
Januar 1942	TIRPITZ und ADMIRAL SCHEER wurden von Wilhelmshaven nach Drontheim verlegt.
5. – 9. März 1942	1. Feindfahrt vom Einsatzhafen Drontheim als Flaggschiff in das nördliche Eismeer auf einen Geleitzug nach Murmansk (Convoy PQ-8 und PQ-12). Angriff brit. Trägerflugzeuge ohne Erfolg, desgl. Angriff eines brit. Unterseebootes. Einlaufen in die Bogenbucht bei Narvik.
Jahreswende 1942/43	Längere Werftzeit im Loofjord.
März 1943	In die Bogenbucht bei Narvik, kurz darauf in den Kafjord, einen Nebenarm des Altafjords verlegt.
6. – 7. September 1943	TIRPITZ, SCHARNHORST und mehrere Zerstörer führten ein Unternehmen gegen Spitzbergen durch. Zerstörung des alliierten Stützpunktes.
22. September 1943	(siehe vorhergehende Seite).
Sept. 1943 – März 1944	5 volle Monate Reparatur.
5. April 1944	Großangriff brit. Trägermaschinen in mehreren Wellen. TIRPITZ von insgesamt 15 Bomben getroffen. 108 Tote und 284 Verwundete.
17. April 1944	Neuer Flugzeugangriff, aber nur 1 Bombe traf die TIRPITZ. Diese Bombe durchschlug zum ersten und einzigen Male beide Panzerdecks. Sie blieb im E-Schaltraum als Blindgänger stecken.
22. – 29. August 1944	Weiter Angriffe britischer Flugzeuge.
14. Oktober 1944	Aus Nordrußland kommend, griff ein viermotoriges Langstreckenbombergeschwader die TIRPITZ an. Ein Bombentreffer auf dem Vorschiff. TIRPITZ ist nicht mehr einsatzfähig.
17. Oktober 1944	Festmachen im Sandesund.
12. November 1944	Angriff von 32 Lancaster-Langstreckenbomber. Der Jagdverband der Luftwaffe startete zu spät. Die erste Welle der Bomber erzielte bereits 3 Treffer. TIRPITZ erhielt 60 Grad Schlagseite. Bis auf einige leichte Flak fielen alle Waffen aus. Weitere Bomben rissen die Backbord-Bordwand zum Teil weg, und durch den Wassereinbruch drehte sich das Schiff auf insgesamt 135 Grad und schloß damit den größten Teil der unter dem Panzerdeck befindlichen Besatzung ein. Damit war die TIRPITZ vernichtet. Verluste bei diesem letzten Angriff: 902 Mann, darunter 28 Offiziere. Gerettet wurden 806 Mann.

Battleship TIRPITZ

Launched on 1st April 1939 from the Naval Shipyard in Wilhelmshaven
Commissioned 25th February 1941

Main Actions:

From March 1941	*Trials in the Baltic,*
January 1942	*TIRPITZ and ADMIRAL SCHEER transferred from Wilhelmshaven to Drontheim*
5th – 9th March 1942	*First action against the enemy from her base in Drontheim as flagship. Went to the Arctic Ocean to attack shipping going to Murmansk (Convoys PQ-8 and PQ-12). Attacks by British carrier aircraft and submarines were unsuccessful. Sailed into the Bow Bight near Narvik.*
Winter 1942/43	*Long stay in dock in the Loo Fjord.*
March 1943	*Transferred to the Bow Bight near Narvik, then shortly afterwards to the Ka Fjord, a tributary of the Alta Fjord.*
22nd September 1943	*British midget submarines (X5, X6 and X7) broke through the torpedo nets and attacked the TIRPITZ. All three submarines were destroyed. However, X6 did manage to fix a mine under the stern of the battleship which exploded, causing severe damage. Several turbines were broken loose, all three propeller shafts bent and the rudder damaged. Furthermore, the hull was holed and several rooms flooded.*
Sept. 1943 – March 1944	*Five months of repairs.*
5th April 1944	*Attack by several waves of British Carrier planes. TIRPITZ hit by a total of 15 bombs. 108 dead and 284 wounded.*
17th April 1944	*A further air attack. Only one bomb hit the TIRPITZ. It was the first and only to penereate both armoured decks. It did not explode and came to rest in the switch room.*
22nd – 29th Aug. 1944	*Further attacks by British aircraft.*
15th October 1944	*A squadron of four-engined long-range bombers coming from North Russia attacked the TIRPITZ. One bomb struck the front of the ship. The TIRPITZ was put out of action.*
15th October 1944	*TIRPITZ towed out of the Ka Fjord.*
17th October 1944	*Moored in the Sande Sound.*
12th November 1944	*Attacked by 32 Lancaster bombers. The Luftwaffe's fighters took off too late. The first wave of the bombers scored three hits. TIRPITZ listed 60 degrees. All weapons except for a few light AA guns were knocked out. Further bombs ripped part of the port side away. Flooding caused the ship to list 135 degrees and trapped a large part of the crew under the armoured deck. The TIRPITZ was thus destroyed. The losses in this last attack were: 902 men, including 28 officers, 806 men were rescued.*

TECHNISCHE ANGABEN AUF EINEN BLICK

Name	Schiffstyp	Bauwerft	Bauzeit	Schiffsgewicht (ts)	Abmessungen Lg.	Br.	Tfg.	Leistung (PS)	Geschwindigk. (Kn)	Seeausdauer (sm/Kn)	Brennstoffvorrat feste (t)	flüssige (m^3)
1	2	3	4	5	6	7	8	9	10	11	12	13
Schlesien	Linienschiff Schulschiff	F. Schichau Danzig	04-08 26-27 35	14.400 13.400	127,6	22,2	8,25	22.000i	19,1	4.800/12 3.400/16	1.720	200
Hessen	Linienschiff Schulschiff	Germania- Werft Kiel	02-05 23-25 29-30	14.600 13.400	127,7	25,6	8,10	16.000i	18,2	6.500/10 3.470/16	1.670	240
Berlin	Kleiner Kreuzer	Kaiserl. Werft Danzig	02-05 21-23	3.880	111,1	13,3	5,60	12.240 i	23,2	4.270/12	860	–
Arcona	Kleiner Kreuzer	A.G. Weser, Bremen	01-03 11-12	3.230 2.750	105,0	12,4	5,00	8.580i	21,5	4.730/12	710	–
Emden	L. Kreuzer d. Emden Klasse	Reichsmarine- werft Wilhelmshaven	21-25 33-34	6.990 5.600	155,1	14,3	5,90	46.500w	29,4	5.300/18	–	1.266

Bewaffnung					Panzerung				Besatzung	Bemerkungen
Schiffskanonen		Flugabwehrkanonen		Torpedo-rohre	Wasserl.	Deck	Kom.	Art.		
(cm)	(cm)	(cm)	(cm)	(cm)	(mm)	(mm)	(mm)	(mm)		
14	15	16	17	18	19	20	21	22	23	24
4 x 28	12 x 15	4 x 8,8	4 x 3,7 4 x 2,0	4 x 50	240	40	300	280	29.559	Sp. 15 – 17: Stand 1936/1937 zuletzt 6 x 10,5 cm; 10 x 4 cm und 22 x 2 cm. Ohne 15 cm. Sp. 23: zusätzlich 214 Seekadetten, zuletzt ca. 750 Mann
4 x 28	12 x 17 4 x 8,8	4 x 8,8	–	4 x 50	225	40	250	300	35.708	Stand der Bewaffnung etwa 1931
entf.	8 x 10,5	keine	keine	2 x 50	keine	35	100	keine	14.274	Sp. 6: nach Umbau 113,8 Sp. 22: Geschütze hinter Schilden aufgestellt.
entf.	10 x 10,5	keine	keine	2 x 50	keine	25	80	keine	14.243	Sp. 22: Geschütze hinter Schilden aufgestellt Sp. 16/17: Als Flak-Kreuzer mit 5 x 10,5 cm; 2 x 3,7 cm und 4 x 2 cm bewaffnet
8 x 15	–	3 x 8,8	4 x 3,7 14 x 2	2 x 2 - 50,0	50	40	100	20	19.464	Zu Sp. 17: gilt ab 1938/43 Zu Sp. 23: als Schulschiff 29/445 + 162 Seekadetten

Die obigen Daten entsprechen den Angaben aus Erich Gröner, "Die Deutschen Kriegsschiffe 1815 – 1945".

Fortsetzung auf Seite 188

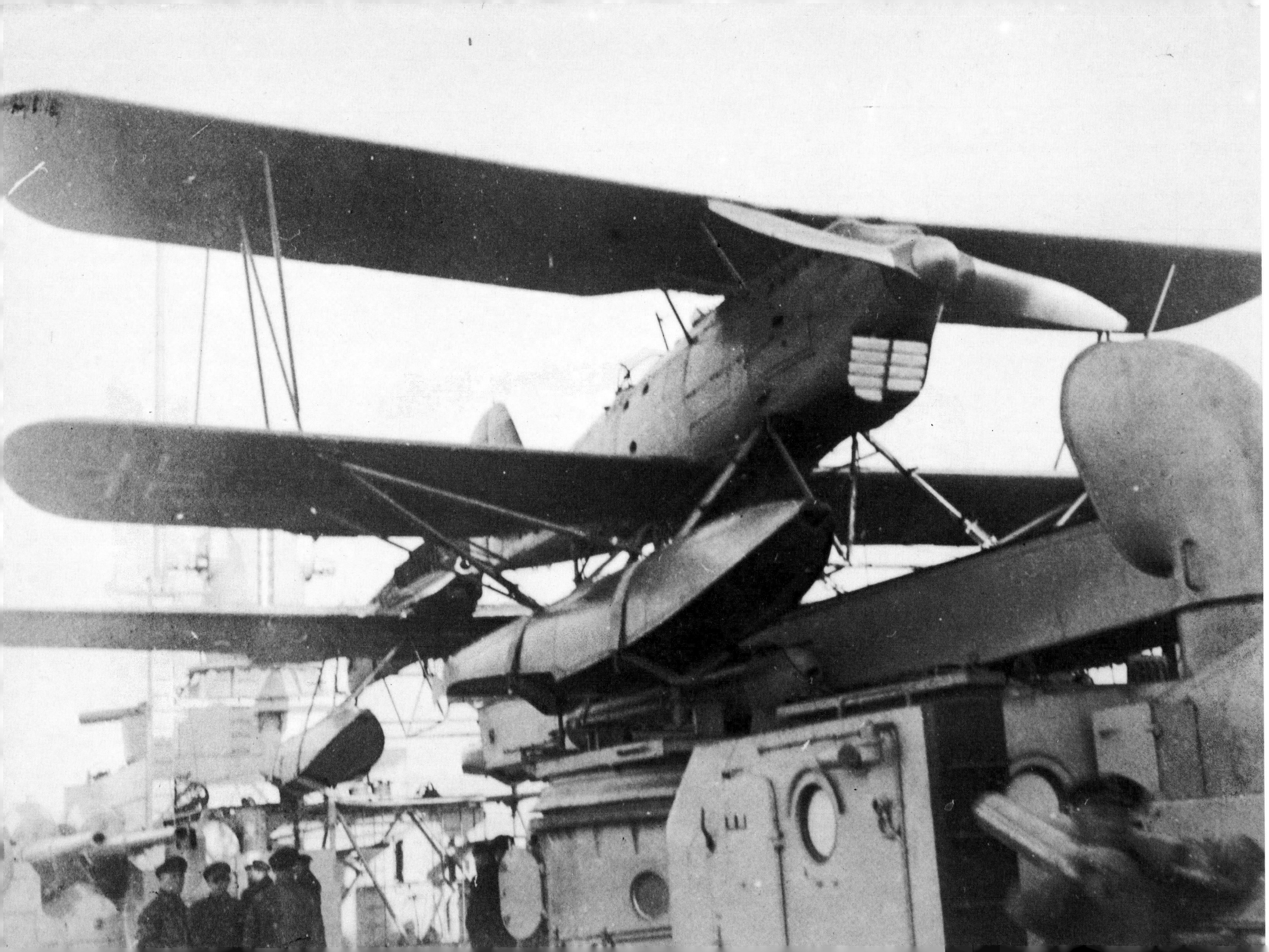

DIE FLUGZEUGEINRICHTUNGEN AUF DEUTSCHEN KRIEGSSCHIFFEN

Die Kriegsmarinen waren seit je her bemüht, ihren Beobachtungsradius zu vergrößern. Zunächst waren es Korvetten und Fregatten, die speziell für diese Aufgaben entwickelt und eingesetzt wurden. Die Fregatten und Korvetten ersetzte man dann gegen Ende des vorigen Jahrhunderts durch Kreuzer. Das Erscheinen der ersten Flugzeuge wurde von den Marinedienststellen zunächst ignoriert. Zu abenteuerlich war der Gedanke, "Flugapparate" für militärische Zwecke und sogar vielleicht von Kriegsschiffen aus starten zu lassen. Dessen ungeachtet bemühten sich einige vorausschauende und energische Männer, Flugzeuge für die Marine dienstbar zu machen. Bereits im November 1910 gelang der erste erfolgreiche Start von einem Schiff.
Es handelte sich hierbei um den leichten US-Kreuzer BIRMINGHAM, der zu diesem Zweck mit einer zum Bug geneigten, 25 Meter langen Rampe ausgestattet worden war. Dieser erste Start erfolgte zwar von einem Kriegsschiff, blieb jedoch einem Zivilisten vorbehalten.
Der erste rein militärische Einsatz eines Flugzeuges von einem Kriegsschiff aus fand anläßlich der Skagerrak-Schlacht am 31. Mai 1916 statt, als ein britisches Wasserflugzeug gegen die deutschen Linien aufklärte. Zunächst mußte das Flugzeug aber noch zu Wasser gelassen werden, um starten zu können. Dieses war der erste Schritt, um die Kriegsschiffe mit "weitreichenden Augen" zu versehen. Abgesehen davon, daß schon ab 1917 die ersten Trägerflugzeuge wirkungsvoll eingesetzt wurden, waren die zuständigen Marinedienststellen ebenfalls bemüht, Flugzeugen auch von knapp bemessenem Schiffsraum aus, Startmöglichkeiten zu geben. Hierzu gehörten insbesondere Leichte bzw. Schwere Kreuzer und Schlachtschiffe. Als Starthilfe wurde bei den Marinen allgemein das luftdruckbetriebene Katapult eingeführt. Die ersten deutschen Kriegsschiffe, die mit diesen Startgeräten ausgestattet wurden, waren die drei Leichten Kreuzer der Königsberg-Klasse. Ab 1934 verfügten sie über je ein Katapult und zwei Schwimmerflugzeuge.
An der Entwicklung und dem Bau von Katapult-Anlagen war der Flugzeugkonstrukteuer Heinkel maßgeblich beteiligt. Die ersten Heinkel-Anlagen wurden bereits in den 20er Jahren auf Kriegsschiffen der Kaiserlichen Japanischen Kriegsmarine erfolgreich erprobt.
Die Abbildung zeigt einen Doppeldecker des Musters He 60. Bei dem Flugzeugtyp im Hintergrund handelt es sich wahrscheinlich um eine W 33 der Flugzeugwerke Junkers. Die Aufnahme entstand auf einem Kreuzer der Königsberg-Klasse.

THE AIRCRAFT USED ON GERMAN WARSHIPS

Navies are always striving to increase their radius of observation. At first, they used corvettes and frigates which had been especially developed for this. Towards the end of the last century, they were replaced by cruisers. Naval staffs at first ignored the appearance of the first aircraft. To think of using "flying machines" for military purposes and even perhaps to fly them off of warships was too fantastic. In spite of that, a few forward-looking and energetic men worked to make planes suitable for the navy. As early as 1910, the first successful take off from a ship was achieved.
This was on the American light cruiser BIRMINGHAM which had been fitted with a 25 m long ramp inclining to the bows for this test. This first take off may well have been from a warship, but it was done by civilians.
The first purely miltary use of an aircraft from a warship took place in the Battle of Skagerrak on 31st May 1916 when a British seaplane scouted out the German line. The plane did have to be set down in the water to take off, but this was the first attempt to equip warships with "far-seeing eyes". Even though the first effective aircraft carriers were introduced, the responsible navy office was still interested in planes that could take off from small areas of a ship, especially heavy and light cruisers and battleships. For take off, all navies used a catapult driven by air pressure. The first German warships to have such apparatus were the three light cruisers of the Königsberg class. From 1934, each of these had one catapult and two floatplanes.
The aircraft designer Heinkel was heavily involved in the development and building of catapult apparatus. The first Heinkel apparatus was successfully tested in the 1920s on warships of the Imperial Japanese Navy.
This picture shows a He 60 biplane. The aircraft in the background is probably a Ju 33 made by Junkers. The photo was taken from a cruiser of the Königsberg class.

Katapultanlage auf dem Schlachtschiff GNEISENAU. Während des Startvorgangs wurden die Scheinwerferstände abgesenkt.

Catapult on the battleship GNEISENAU. The search-light platform was lowered during taking off.

Den größten Einheiten der Deutschen Kriegsmarine standen Bordflugzeuge mit Katapultanlagen zur Verfügung, und zwar erhielten die

- Leichten Kreuzer ab 1934/35 je zwei Bordflugzeuge, (EMDEN ohne)
- Panzerschiffe ebenfalls je zwei Bordflugzeuge mit je einem Katapult,
- Schwere Kreuzer je drei Bordflugzeuge mit ebenfalls je einem Katapult,
- Schlachtschiffe der Scharnhorst-Klasse je vier Bordflugzeuge mit anfänglich zwei, später je einem Katapult,
- Schlachtschiffe der Bismarck-Klasse je sechs Bordflugzeuge mit je einem Doppelkatapult.

Auf den Schlachtschiffen sowie den Schweren Kreuzern wurden Bordflugzeuge teilweise in Bereitschaftshangars untergebracht, andere zur Reserve in demontiertem Zustand mitgeführt.

Nachfolgend eine Beschreibung des Flugbetriebes und der dazugehörigen technischen Einrichtungen auf den Schweren Kreuzern HIPPER und PRINZ EUGEN. Die Flugzeughalle befindet sich zwischen dem Schornstein und dem Großmast. Hier konnten zwei Bordflugzeuge untergebracht werden. Die Abmessungen der Halle betragen in der Breite 5,50 Meter bei einer Länge von ca. 22 Metern. Sie reicht über zwei Decks mit einer Höhe von ca. 4,80 Metern. Der Hangar kann beiderseits vom Mitteldeck aus betreten werden. Aus Platzgründen können die Flugzeuge – Ar(ado) - 196 – nur mit seitlich und nach hinten beigeklappten Tragflächen abgestellt werden. (Siehe Abbildung auf dieser Seite). Die Halle wird so geöffnet, indem ein Teil der Abdeckung nach achtern aus in Richtung des Großmastes geschoben wird. Bei HIPPER werden die schräg angeordneten Seitenwände der Flugzeughalle weggeklappt. Das Flugzeug kann dann hydraulisch angehoben werden (siehe nebenstehende Abbildung).

The larger units of the German Navy all had planes on board with catapults and these were allocated as follows:

- *Light cruisers from 1934/35, two planes each.*
- *Armoured ships also two planes with one catapult.*
- *Heavy cruisers three planes with one catapult.*
- *Battle cruisers of the Scharnhorst class four planes with at first two, then later one catapult.*
- *Battleships of the Bismarck class six planes with one double catapult.*

On both the battleships and the heavy cruisers some of the planes were kept ready in the hangars. Others were carried in store in parts.
Below is a description of the use of aircraft and the equipment on the heavy cruisers HIPPER and PRINZ EUGEN:
The aircraft hangar was placed between the funnel and main mast. Two shipbourne planes could be stored in it. The dimensions of the hangar were 5.50 m wide by about 22 m long. It rose over two decks with a height of about 4.80 m. The hangar could be reached from both sides of the middle deck. Due to lack of space, the aircraft – Arado 196s – could only be towed with the wings folded up to the rear. The hangar was opened in such a way that part of the cover was pushed in the direction of the main mast. On the HIPPER the sloped side walls of the hangar were folded away. The plane was then lifted out hydraulically.

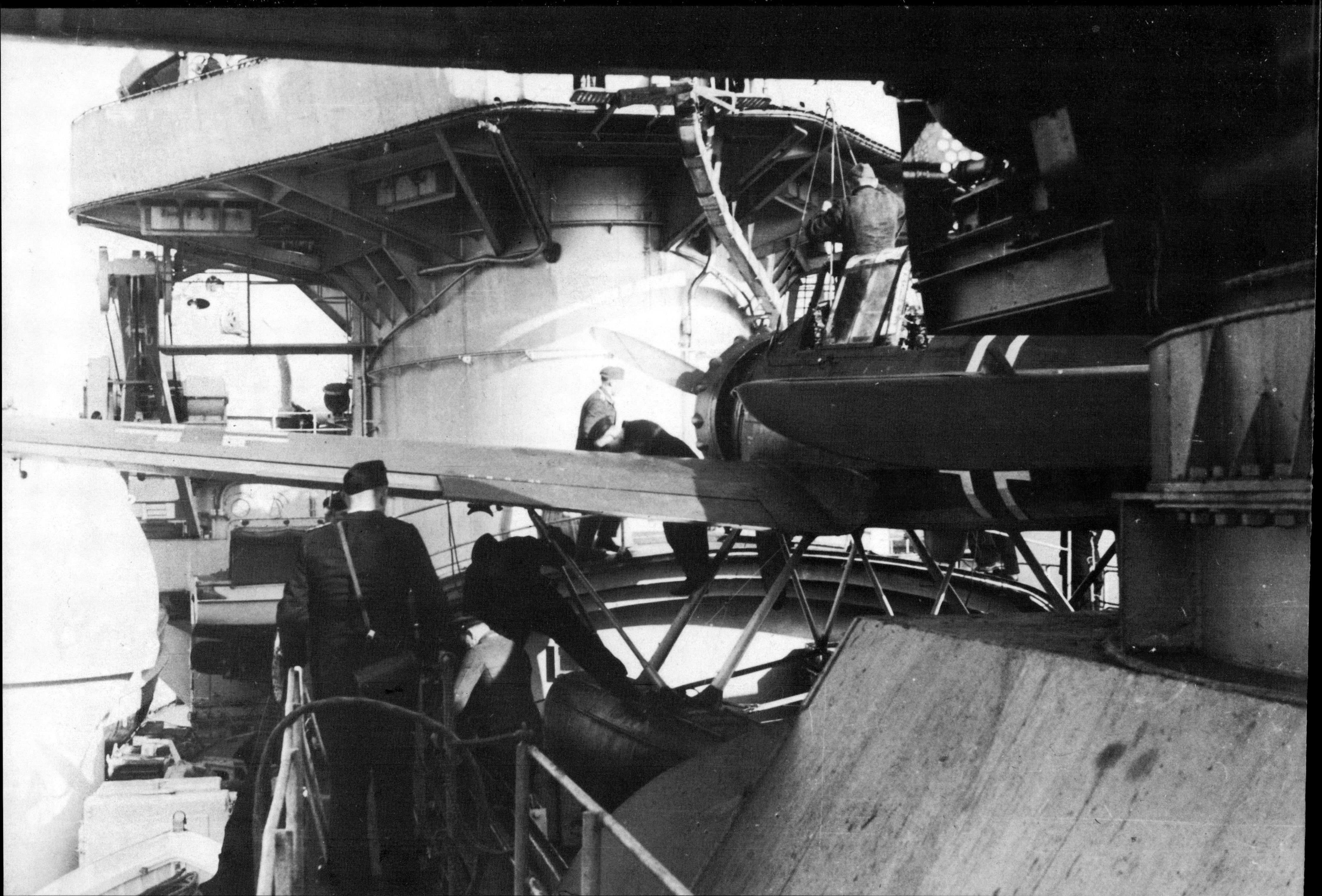

Vorherige Seiten:
Die Tragflächen der "Arado" sind aufgeklappt. Gerade wird das Ladegeschirr angebracht, um das Flugzeug aus der Halle herauszuheben. Die linke Abbildung verdeutlicht Einzelheiten des Schleuderunterbaus. Der Bb-Bordkran hat die Maschine jetzt so weit angehoben, daß sie auf das Katapult gesetzt werden kann (PRINZ EUGEN). Um das Bordflugzeug aus der Halle freizubekommen, muß die Flugzeugschleuder in eine Position um 90 Grad zur Schiffsachse gedreht werden.

Previous page:
The wings of the "Arado" folded up. The loading device is just being connected so that the plane can be lifted out of the hangar. The picture left shows details of the catapult frame. The crane has lifted the machine far enough for it to be loaded onto the catapult (PRINZ EUGEN). To get the plane clear of the hangar, the catapult has to be turned 90° to the axis of the ship.

Links:
Erst in dieser Position (Werftaufnahme – PRINZ EUGEN) wird das Flugzeug aus Sicherheitsgründen betankt und startklar gemacht. Das Flugbenzin wird durch Rohrleitungen von Unterwasserzellen im Achterschiff zur Schleuder gedrückt. Die Abbildung macht deutlich, daß das Flugzeug auf ein Katapultgestell aufgesetzt ist. Zusammen mit dem Flugzeug wird es fast explosionsartig bis zum Endpunkt der Katapultmaschine gerissen. Für den Startvorgang selbst steht der "Arado" auf der Schiene der Flugzeugschleuder eine Strecke von insgesamt 14 Metern zur Verfügung. Um einen sicheren Start zu gewährleisten, muß die Maschine mit einem Abfluggewicht von bis zu 3.730 kp auf dieser kurzen Strecke auf eine Geschwindigkeit von ca. 130 km/h, das sind ca. 36,1 m/sec, beschleunigt werden.

Left:
Only in this position, for safety reasons, the plane can be fueled and made ready for take-off. (Shipyard photo of PRINZ EUGEN). The airplane fuel is pumped through a series of pipes by batteries below the waterline from astern to the catapult. The picture shows clearly how the plane was placed on the catapult device. Together with the plane it was thrown almost like an explosion to the end of the catapult machine. For take-off, the "Arado" had a 14 m length of rail. To achieve a safe take-off, the plane had to have a take-off weight of up to 3,730 kp at a speed of about 130 km/h. For this short distance, it accelerated about 36.1 m/s.

Das Flugzeug ist aufgetankt und aufmunitioniert. Die Katapultanlage hat in den Wind gedreht. Die Maschine ist jetzt startbereit.
Das Staffelzeichen an der Rumpfvorderseite – ein silbernes Seepferdchen auf blauem Grund – weist aus, daß die Maschine zur Bordfliegerstaffel 196 gehört. Diese Luftwaffeneinheit war in Wilhelmshaven stationiert.

The plane is fueled and loaded with ammunition. The catapult is turned towards the wind. The machine is now ready for take-off.
The flight marking is on the front of the fuselage. It is a silver sea horse on a blue field, and indicates that the machine is part of Shipboard Flight 196. This Luftwaffe unit was stationed in Wilhelmshaven.

Der Pilot und der Beobachter sind zwischenzeitlich an Bord der "Arado" gegangen. Die Abbildung zeigt die "Arado" Bruchteile von Sekunden, bevor sie sich von dem Katapultgestell löst. Danach wird sie aufgrund des Eigengewichtes einen leichten Bogen zur Wasseroberfläche hin beschreiben, ehe sie schließlich aufsteigen kann.

The pilot and observer have meanwhile climbed aboard the "Arado". The photo shows the "Arado" split seconds before it was thrown from the catapult. Because of its weight, it then fell in a curve towards the water before it could begin to climb under its own power.

Die beiden Abbildungen vermitteln einen guten Eindruck über die Startanlage eines Schweren Kreuzers (PRINZ EUGEN). Auf dem oberen Bild ist die Katapult-Schiene bereits ausgeschwenkt. Das Bordflugzeug ist auf das Startgestell aufgesetzt worden, und die Besatzung macht sich abflugbereit. Seitlich an der Katapult-Schiene erkennt man einen der Preßluftbehälter, die die erforderliche Energie für den Startvorgang liefern, ferner den Drehkranz des Katapult-Unterbaus mit den notwendigen Bedienungselementen, die von Luftwaffenangehörigen bedient werden.
Die untere Abbildung stellt die Verlängerung der oberen dar. Beide machen deutlich, wie wenig Platz der gesamten Katapultanlage zur Verfügung steht.

Both pictures give a good idea of the take-off apparatus of a heavy cruiser (PRINZ EUGEN). The picture above shows the catapult rails already turned out. The plane has been placed upon the catapult and the crew is preparing it for take-off. At the side of the catapult rails is the bottle of compressed air which provided the power for the take-off. Also to be seen is the turntable of the catapult substructure with its operating attachments which were operated by Luftwaffe personnel.
The lower picture continues on from that above. Both show clearly how little room there was for the catapult equipment.

Photo on page 69:
The battleships BISMARCK and TIRPITZ had, except of course for aircraft carriers, the most comprehensive and numerous aircraft apparatus that have ever been seen on a warship. In the centre of the picture on the right, the double catapult with the take-off equipment which telescoped out for the take-off procedure can be seen. With this apparatus, the planes could take off to port as well as to starboard. When not in use, the catapult was lowered (see illus.) and covered with the deck plates. Astern of it was the large hangar with planes ready for use. The door is half open. Four planes could be stored in it. On both sides of the funnel there was another hangar which is not shown here. The crane visible on the port side of the funnel is also to be found on starboard. The two cranes clearly for the aircraft complete the picture.

Die Linienschiffe SCHLESWIG-HOLSTEIN (Vordergrund) und SCHLESIEN nach ihrem großen Umbau im Jahre 1927. Diese beiden Großkampfschiffe wurden gebaut, als die Prinzipien der Nelsonschen Flottentaktik noch gültig waren. Bereits zu Beginn des Ersten Weltkrieges waren sie veraltet. Gleichwohl verblieben sie noch im Flottenbestand der Kaiserlichen Marine, der Reichsmarine und der Deutschen Kriegsmarine. In der Zeit von etwa 1926 bis 1933 waren sie die beiden einzigen großen Einheiten, die Deutschlands Anspruch auf Seegeltung vertraten.

Ships of the line SCHLESWIG-HOLSTEIN (foreground) and SCHLESIEN after their major refit in 1927. Both these warships were built when the principles of Nelson's tactics were still used. Even at the start of the First World War, they were old-fashioned. Nevertheless, they were kept operational in the Imperial Navy, in the Reich Navy and in the German Navy.
From around 1926 to 1933, they were the last two major warships wich kept Germany's flag flying on the high seas.

Schlachtschiff Bismarck

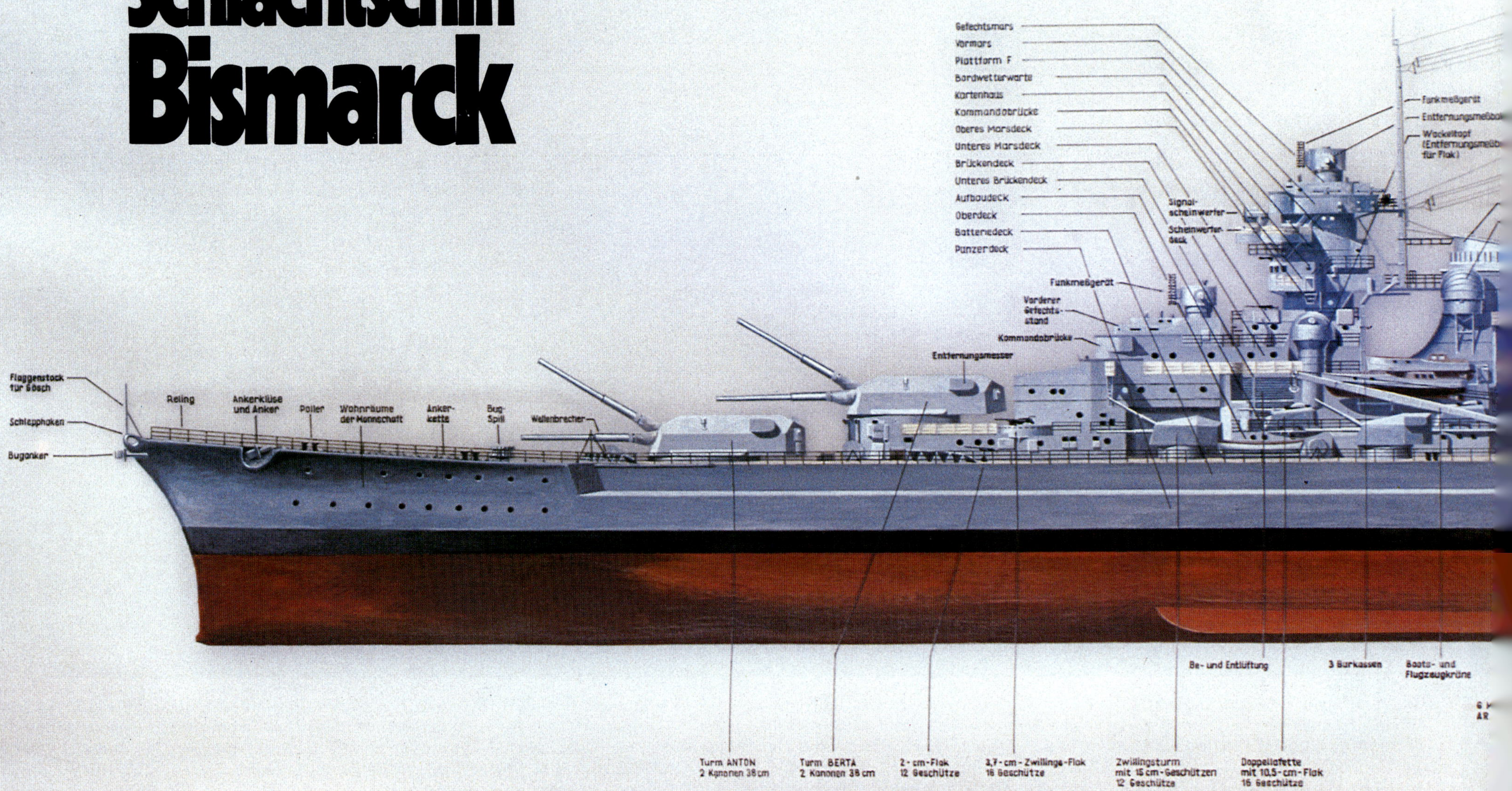

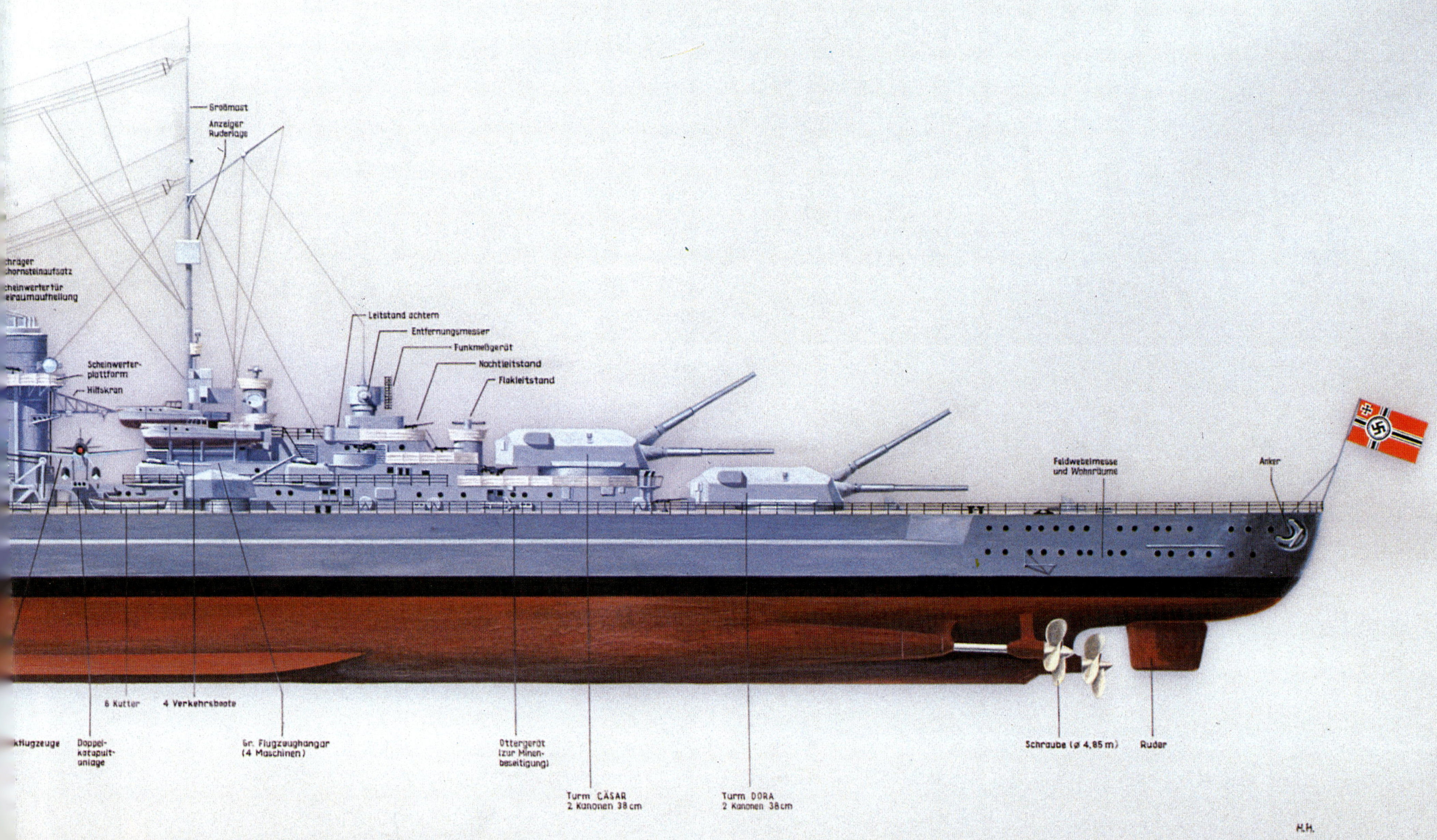

Großmast
Anzeiger Ruderlage
chräger chornsteinaufsatz
cheinwerfer für eiraumaufhellung
Scheinwerferplattform
Hilfskran
Leitstand achtern
Entfernungsmesser
Funkmeßgerät
Nachtleitstand
Flakleitstand
Feldwebelmesse und Wohnräume
Anker
6 Kutter
4 Verkehrsboote
kflugzeuge
Doppelkatapultanlage
Gr. Flugzeughangar (4 Maschinen)
Ottergerät (zur Minenbeseitigung)
Turm CÄSAR 2 Kanonen 38 cm
Turm DORA 2 Kanonen 38 cm
Schraube (ø 4,85 m)
Ruder
H.H.

Schlachtschiff TIRPITZ in einem norwegischen Fjord. *The battleship TIRPITZ in a Norwegian fjord.*

Die Schlachtschiffe BISMARCK und TIRPITZ verfügten, abgesehen von Flugzeugträgern, über die umfangreichsten und aufwendigsten Flugeinrichtungen, die je auf Kriegsschiffen untergebracht worden waren. In der Mitte der rechten Abbildung erkennt man den Doppelkatapult mit dem Startgestell, der für den Startvorgang teleskopartig ausgezogen wird. Auf dieser Anlage können die Bordflugzeuge sowohl zur Steuerbord- als auch zur Backbordseite hin gestartet werden. In ungenutztem Zustand wird die Schleuder versenkt (obere Abbildung) und mit Flurplatten abgedeckt. Achterlich davon befindet sich die große Bereitschaftsflugzeughalle. Das Tor ist halb geöffnet. In der Halle können vier Flugzeuge untergebracht werden. Jeweils an beiden Seiten des Schornsteins befindet sich ein weiterer Flugzeugraum, der hier jedoch nicht abgebildet ist. Der sichtbare Arbeitskran an der Backbordseite des Schornsteins steht ebenfalls an der Steuerbordseite. Die beiden auffälligen Boots-/Flugzeugkräne vervollständigen das Bild.

DIE DEUTSCHE KRIEGSMARINE UND IHRE SEEFLUGZEUGE

Ungeachtet der Versailler Bestimmungen war bereits die Reichsmarine bemüht, eigenes Marineflieger-Personal auszubilden und eigenes Fluggerät zu entwickeln. Anfang der 30er Jahre standen ihr – und dem entsprechenden Personal – schon die ersten Kampfflugzeuge inoffiziell zur Verfügung. Mit der Erklärung der Wehrhoheit am 16. März 1933 nahmen die ersten Marinefliegerabteilungen dann ihren Betrieb auf. Jetzt wurden auch die vorher in Dienst gestellten Leichten Kreuzer der K-Klasse mit Katapultanlagen nachgerüstet.

Die Selbständigkeit der Marineluftwaffe blieb nicht von langer Dauer. Nach dem Motto "Alles, was fliegt, gehört mir" war Hermann Göring von Anfang an bemüht, den Marinefliegeranteil unter seinen Einfluß zu bringen. Mit Unterstützung Adolf Hitlers gelang es ihm, im Januar 1939 bei dem Obersten Befehlshaber der Marine eine Dienststelle des General der Luftwaffe einzurichten; und am 11. Februar desselben Jahres wurden alle selbständigen Fliegerabteilungen von Marine und Heer an die Luftwaffe abgegeben. Von da ab unterstand das Fluggerät sowie das fliegende - und das Wartungspersonal an Bord der Kriegsschiffe der Luftwaffe. Das äußere Merkmal ihrer Zugehörigkeit zu dieser Teilstreitkraft war das Tragen der Luftwaffenuniform. Lediglich die Beobachter, zugleich in der Funktion der Funker, waren zur Luftwaffe abkommandierte Seeoffiziere. Diese konnten von der Schiffsführung in den Borddienst mit einbezogen werden.

Während des Zweiten Weltkrieges wurde deutlich, daß sich die Erwartungen hinsichtlich der Wirkung der Bordflugzeuge nicht erfüllten. So war z. B. ein Schiff, wenn es keine Fahrt mehr hatte, während des Anbordnehmens von gewasserten Bordflugzeugen äußerst gefährdet. Außerdem war ihr Einsatz witterungsbedingt begrenzt. So wurde der Bestand von Bordflugzeugen einschließlich Personal im Verlauf des Krieges immer mehr verringert. Von den Leichten Kreuzern KÖLN, NÜRNBERG und LEIPZIG wurden die Katapultanlagen sogar ganz heruntergenommen.

Nachfolgend die wichtigsten Seeflugzeuge, die in größerer Anzahl für die Deutsche Kriegsmarine entwickelt und geflogen worden sind.

Links:
Diese Abbildung zeigt die große Flugzeughalle auf der BISMARCK, in der vier Ar 196 untergebracht werden konnten. Hier konnten die Flugzeuge auch gewartet und in flugfertigen Zustand (bis auf das Auftanken) gebracht werden.
Das Teleskopkatapult war unsichtbar unter die Decksplatten abgesenkt.

THE GERMAN NAVY AND ITS SEAPLANES

In contravention of the Treaty of Versailles, the Reich Navy trained men for a naval air arm and developed its own planes. At the beginning of 1930s, it, and the necessary personal, already had its first planes – unofficially. With the rescinding of military restrictions on March 16th, 1933, the first naval air units were formed. The light cruisers of the K class which had been in service already were equipped with a catapult apparatus. The independence of the Naval Air Arm did not last long. With the motto "Everything that flies belongs to me", Hermann Göring wanted right from the beginning to bring the Naval Air Arm under his influence. Supported by Hitler, he succeeded. In January 1939, a position for a Luftwaffe general was created in the Supreme Command of the Navy. On 11th February, all independent air sections in both the Army and the Navy were handed over to the Luftwaffe. From then onwards, the machines, the air crews and even the support personnel on board a warship were part of the Luftwaffe. The obvious sign of their allegiance to this arm was the wearing of Luftwaffe uniforms. Even the observers working as radio operators were naval officers attached to the Luftwaffe. They could be included in shipboard duties by the commander of the ship.

During the Second World War it became apparent that the expected effectiveness of the shipboard aircraft was not attained. For example, a ship was put at risk when taking aboard a landed seaplane if it did not have any more speed. Furthermore, its use was restricted by the seasons. The numbers of planes and crew were gradually reduced during the course of the year. On the light cruisers KÖLN, NÜRNBERG and LEIPZIG, the catapult apparatus was removed.

The following are the most important seaplanes which were developed for and flown by the German Navy in large numbers.

Left:
The picture shows the large hangar on the BISMARCK in which four Arado 196s could be stored. The aircraft in it could be prepared ready to fly (except for fueling).
The telescopic catapult was lowered out of sight under the deck plates.

Heinkel He 59
Die He 59 wurde zunächst als Fernaufklärer und mittelschwerer Bomber entwickelt. Als der Doppeldecker Anfang der 30er Jahre erschien, war er den Anforderungen des modernen Luftkrieges nicht mehr gewachsen. Gleichwohl blieb der Typ mit einigen Modifizierungen noch in den Weltkrieg hinein im Bestand der fliegenden Verbände und wurde wegen guter Flugeigenschaften als Transportflugzeug, insbesondere jedoch als Seenotrettungsflugzeug, genutzt. Als Seenotrettungsflugzeug wurde die He 59 ohne Abwehrbewaffnung geflogen.

Heinkel He 59
The He 59 was first developed as a reconnaissance plane and medium heavy bomber. When the biplane made its appearance at the beginning of the 1930s, it was not suitable for the requirements of modern air warfare. In spite of that, this model was used with a few alterations in the World War as a transport plane because of its good handling and especially as an air/sea rescue plane. As such, the He 59 had no defensive armament.

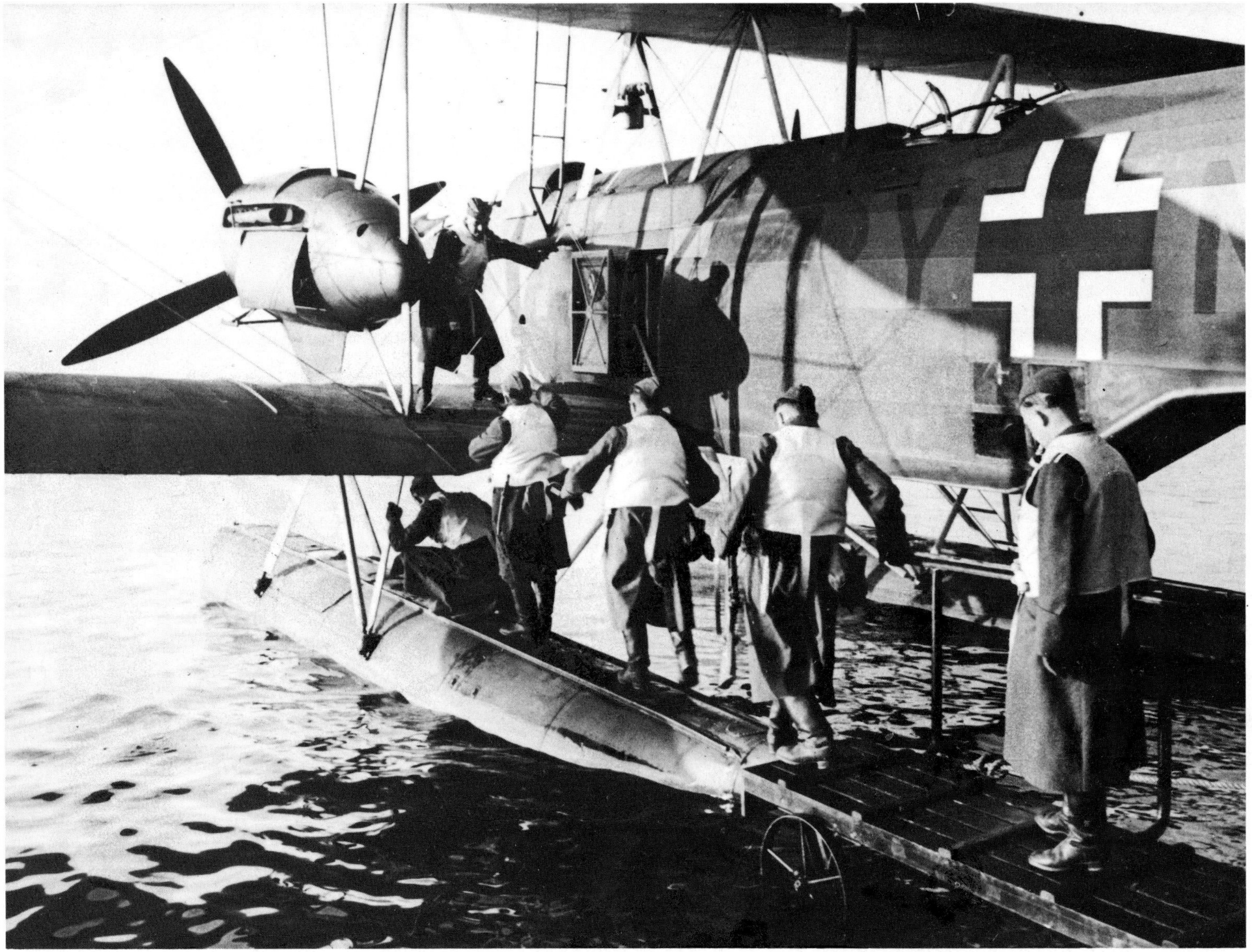

Hier begeben sich gerade sechs Luftwaffenangehörige an Bord einer He 59. Offensichtlich soll ein Personentransport durchgeführt werden, denn die vorgesehene Besatzung besteht sonst aus einem Piloten in einem

- offenen Führersitz,
- einem Navigator, gleichzeitig Schütze in einer offenen Bugkanzel (A-Stand)
- einem Funker/Schützen in dem erkennbaren, ebenfalls offenen rückwärtigen Stand. Die Lafette mit dem MG 15 ist deutlich zu sehen (B-Stand),
- einem ausschließlichen Schützen in dem ebenfalls sichtbaren unteren Stand (C-Stand). Das 7,9 mm MG ist in eine Linsenlafette eingebaut. Dieser Stand war häufig nicht besetzt, da die Maschinen in der Regel so tief flogen, daß die Waffe ohnehin nicht eingesetzt werden konnte.

Six Luftwaffe personnel are climbing on board a He 59. Apparently, it is being used as a passenger plane because the normal crew consisted of a pilot in an open cockpit, a navigator/gunner in an open cockpit (A-Stand), a radio operator/gunner in the likewise open cockpit to be seen at the rear. The carriage with the MG 15 is quite clear (B-Stand) and a gunner in the lower cockpit (C-Stand). The 7.9 mm MG is mounted in a bubble fitting. This position was usually not occupied as the plane was often flown so low that the gun could not be used.

Heinkel He 60
Ausschließlich für die Bedürfnisse der Deutschen Reichsmarine wurde die He 60 entwickelt und gebaut. Dieser Doppeldecker stand ebenfalls Anfang der 30er Jahre zur Verfügung. Die He 60 war die Erstausstattung, die als Bordflugzeuge bei der Deutschen Kriegsmarine Verwendung fand. Sie wurde hauptsächlich als Aufklärungsflugzeug eingesetzt. Zur Zeit der Einführung war der Typ aufgrund fehlender Kampfkraft und mangelnder Flugleistung bereits veraltet. Da jedoch kein anderes Bordflugzeug zur Verfügung stand, mußte die He 60 beibehalten werden, ehe sie 1939 durch die Ar 196 ersetzt werden konnte. Danach blieb die He 60 jedoch im Bestand der Luftwaffe und fand als Übungsflugzeug der Seeflieger bis zur Aussonderungsgrenze Verwendung. Der teilweise mit Stoff bespannte Doppeldecker hat zwei Mann Besatzung, die in offenen Sitzen hintereinander sitzen. Dem Beobachter kann zur Abwehr ein MG 15 mitgegeben werden.

Heinkel He 60
The He 60 was developed and built exclusively for the use of the German Navy. This biplane was also available for use at the beginning of the 1930s. It was also the first plane used on board ships of the German Navy. It was mainly used for reconnaissance. When introduced, this model was already out-of-date due to lack of fitting power and insufficient performance. But as no other shipboard plane was available, the He 60 had to be retained until it could be replaced by the Arado 196 in 1939. The He 60 however remained in service in the Luftwaffe and was used as a trainer for naval pilots until selection. This biplane, partially covered with canvas, had a two-man crew sat one behind the other in open seats. The observer had a MG 15 for defence.

GA DX

"Arado" Ar 196
Im Jahr 1939 wurde die Ar 196 bei der Luftwaffe eingeführt. Sie sollte zunächst nur als Standard-Bordflugzeug für Aufklärungszwecke verwendet werden. Aufgrund ihrer starken Offensivbewaffnung von 20 mm MG FF in den Flügeln und einem 7.9 mm MG 17 auf der Rumpfoberseite hinter der NACA-Verkleidung, sowie Mitnahmemöglichkeit für zwei 70 kp Bomben und der Wasserungseigenschaften eignete sich die Ar 196 jedoch auch ausgezeichnet zur U-Bootaufklärung und Bekämpfung sowie für Geleitschutzaufgaben. Zwei Ar 196 gelang 1940 die Kaperung des leicht beschädigten britischen U-Boots SEAL im Kattegatt.
Insgesamt wurden in den Jahren 1939 bis einschließlich 1943 435 Einheiten gebaut. Die Ar 196 war damit das meistgebaute deutsche Seeflugzeug. Die Abbildung auf der vorhergehenden Seite macht sämtliche Einzelheiten klar erkennbar: Der hintere Teil des Rumpfes war mit Stoff bespannt. Zusätzlich zu der bereits genannten Bewaffnung stand dem Beobachter zur rückwärtigen Verteidigung noch ein 7,9 mm MG 81 Z (Zwilling) zur Verfügung.

Arado Ar 196
In 1939, the Ar 196 was introduced into the Luftwaffe. It was at first only used as the standard shipboard reconnaissance plane. Because of its heavy offensive armament, two 20 mm MGs in the wings and one 7.9 mm MG 17 on the top of the fuselage behind the NACA cover together with the capacity to carry 70 kg bombs, along with its sea landing capability, the Ar 196 was especially suitable for submarine reconnaissance and attacking them as well as for escort duties. Two Ar 196s managed to seize the slightly damaged British submarine SEAL in Kattegatt in 1940. A total of 435 were built between 1939 and 1943 inclusive. Thus the Ar 196 was the German seaplane built in largest numbers. The picture on the previous page shows a number of details. The rear sections of the fuselage were covered with canvas. In addition to the armament mentioned above, the observer had a rearward firing 7.9 mm MG 81 Z.

Eine Ar 196 (PRINZ EUGEN) kurz nach dem Aufsetzen auf dem Wasser. Mit eigener Kraft ist das Flugzeug unter den Kran geschwommen. Der Beobachter sitzt jetzt auf dem Kabinendach und befestigt den Ladehaken des Krans in einer in dem Flugzeugschwerpunkt angebrachten Aufhängevorrichtung.

An Ar 196 (PRINZ EUGEN) shortly after landing at sea. Under its own power, the plane has swum underneath the crane. The observer is sitting on the roof of the cabin and is fixing the hook of the crane onto an attachment fitted into the centre of gravity of the plane.

Auf eine Beziehung der Kriegsmarine zur Luftwaffe sollte noch eingegangen werden, obwohl es hierbei um Flugzeugmuster geht, die im ursprünglichen Sinn nichts mit der Deutschen Kriegsmarine zu tun hatten. Es handelte sich hierbei um die Flugboote, die in der Regel für Aufklärungsaufgaben der Luftwaffe entwickelt und gebaut worden waren. Häufig genug kam es vor, daß diese Flugboote zum Seenotdienst eingesetzt werden mußten. Sei es, daß ärztliche oder technische Nothilfe geleistet werden mußte; häufig geschah das über weite Entfernungen und z. T. unter schwierigsten Wetterbedingungen. Hierbei wurde den Flugbootbesatzungen höchste navigatorische Fähigkeiten abverlangt. Die obere Aufnahme vermittelt nur annähernd einen Eindruck davon. Beide Bilder entstanden im Jahr 1942 in nördlichen Gewässern und zeigen, wie U-Boote des Typs VII von Flugbooten des Musters BV (Blohm & Voss) 138 versorgt werden. Die untere Aufnahme wurde in einem norwegischen Fjord aufgenommen.
Die BV 138 verfügte über eine Besatzung von sechs Mann. Drei Junkers Jumo 205 D flüssigkeitsgekühlte Sechszylinder-Reihenmotoren mit 3 x 700 PS Startleistung verliehen dem Flugboot eine Vmax von 275 km/h. Die Eindringtiefe betrug max. 2.500 km.

A link between the Navy and Luftwaffe had yet to be accomplished although here it is a question of aircraft pattern wich originally had nothing to do with the German Navy. It is a case here of flying boats which were usually developed and built for the Luftwaffe. Often enough, these flying boats were used for sea rescues. It was often the case that medical or technical assistance had to be taken over long distances, sometimes in poor weather and so the highest navigational skills were demanded of the flying boat crews. The picture above gives only a vague impression of this. Both photos were taken in 1942 in the northern waters and they show how submarines of Type VII were supplied by flying boats such as the Blohm & Voss 138. The lower photo was taken in a Norwegian fjord.
The BV 138 had a crew of six. It was powered by three Junkers Jumo 205 D liquid cooled six cylinders inline engines with a take-off power of 3 x 700 hp giving it a top speed of 275 km/h. Its maximum range was 2,500 km.

TECHNISCHE ANGABEN DER FLUGZEUGMUSTER IN TABELLARISCHER ÜBERSICHT

Typ	Triebwerk		Abmessungen				Gewichte		Flugleistungen				Militärische Ausrüstung
	Baumuster	Leistung PS	b (m)	l (m)	h (m)	F (m^2)	Gl (kp)	G (kp)	Vmax (km/h)	Vsteig (m/min)	RW (km)	H (m)	
He 59 W	BMW 6 6,0 ZU	2 x 660	23,7	17,4	7,1	153,2	6.215	9.000	220 bei 0 m	225	1.750	3.500	3 x 7,9 mm MG 15
He 60	BMW 6 6,0 ZU	1 x 660	13,5	11,5	5,3	56,2	2.775	3.400	240 bei 0 m	327	950	5.000	ggf. 1 x 7,9 mm MG 15
Ar 196 A	BMW 132 K	1 x 900	12,4	11,0	4,45	28,4	2.990	3.730	310 bei 4.000 m	300	1.070	7.020	2 x 20 mm MG FF; 1 x 7,9 mm MG 17; 1 x 7,9 mm MG 81 Z; 2 x 70 kp Bomben

Erläuterungen zu den Bezeichnungen:

Gl = Leergewicht
G = Abfluggewicht
Vmax = Höchstgeschwindigkeit in . . . m Höhe
Vsteig = Steiggeschwindigkeit in Bodennähe
F = Flügelfläche

TECHNICAL DETAILS OF THE AIRCRAFT TYPES IN TABULAR FORM

Model	Power plant		Dimensions (in metres)				Weight		Performance				Armament
	Engines	Performance (HP)	width	length	height	aera	empty (kp)	take off (kp)	Max. (km/h)	Climbing (m/min)	Range (km)	Ceiling (m)	
He 59 W	*BMW 6 6.0 ZU*	*2 x 660*	*23.7*	*17.4*	*7.1*	*153.2*	*6,215*	*9,000*	*220 at sea level*	*225*	*1,750*	*3,500*	*3 x 7.9 mm MG 15*
He 60	*BMW 6 6.0 ZU*	*1 x 660*	*13.5*	*11.5*	*5.3*	*56.2*	*2,775*	*3,400*	*240 at sea level*	*327*	*950*	*5,000*	*1 x 7.9 mm MG 15 (according to use)*
Ar 196 A	*BMW 132 K*	*1 x 900*	*12.4*	*11.0*	*4.45*	*28.4*	*2,990*	*3,730*	*310 at 4.000 m*	*300*	*1,070*	*7,020*	*2 x 20 mm MG FF, 1 x 7.9 mm MG 17, 1 x 7.9 mm MG 81 Z, 2 x 70 kp bombs*

Die ADMIRAL SCHEER im Sommer 1938 kurz nach ihrem Einsatz in spanischen Gewässern, wo sie sich an der internationalen Seekontrolle beteiligte.

THE POCKET BATTLESHIPS OF THE GERMAN NAVY

The pocket battleship DEUTSCHLAND was the first large warship ordered by the Reich Navy in 1928. Its design required intensive studies as the Versailles Treaty only allowed a maximum displacement of 10,000 tons, but it would need the greatest fighting power. When the DEUTSCHLAND was launched on 19th May 1931 from the Deutsche Werke in Kiel, she was political dynamite. The mere intention to build this ship caused arguments in the Reichstag (parliament), the so-called "pocket battleship debates". Large sections of the people were against building new ships because of the critical social situation.
By taking advantage of the possibilities provided by the Washington Agreement, the new battleship was designed and built.
Abroad, the new type of ship was disregarded at first and laughed off as a "pocket" battleship. It was however soon generally recognized that a new type of ship had been created here. In May 1937, when exercising international sea control in Spanish waters during the Spanish Civil War, the DEUTSCHLAND was attacked by two Republican bombers. This attack caused 37 facilities on the ship and thus the DEUTSCHLAND was the first warship of the German Navy to become involved in a military conflict.

DIE PANZERSCHIFFE DER DEUTSCHEN KRIEGSMARINE

Panzerschiff DEUTSCHLAND war das erste große Kriegsschiff, das nach dem Ersten Weltkrieg im Jahre 1928 von der Reichsmarine in Auftrag gegeben wurde. Umfangreiche Studien waren vorangegangen, denn entsprechend den Versailler Bestimmungen durfte eine Wasserverdrängung von 10.000 Tonnen nicht überschritten, jedoch sollte ein Höchstmaß an Kampfkraft erreicht werden.
Als die DEUTSCHLAND am 19. Mai 1931 bei den Deutschen Werken in Kiel vom Stapel lief (siehe Abbildung), hatte sie bereits für politischen Zündstoff gesorgt. Die Absicht, dieses Schiff zu bauen, führte im Reichstag zu heftigen Auseinandersetzungen, den sogenannten "Panzerkreuzerdebatten". Wegen der kritischen sozialen Situation in Deutschland wurde dieser Neubau von großen Teilen der Bevölkerung abgelehnt.
Unter Ausnutzung der Möglichkeiten, die die Washingtoner Vereinbarungen zuließen, wurde das neue Panzerschiff nach der Formel – schneller als Schlachtschiffe und kampffähiger als Kreuzer – entworfen und gebaut.
Das führte zur Anwendung neuer Techniken im Kriegsschiffbau und zwar wurden u. a. als Antriebe erstmalig Großdiesel verwendet und in großem Stil die Möglichkeiten der elektrischen Schweißung ausgenutzt.
Im Ausland wurde dieser neue Schiffstyp zunächst kaum beachtet und als "Westentaschen-Schlachtschiff" abqualifiziert. Bald jedoch wurde allgemein anerkannt, daß hier ein Schiffstyp geschaffen worden war, der im Schiffbau neue Maßstäbe setzte. Panzerschiff DEUTSCHLAND sollte das erste deutsche Kriegsschiff sein, das vor dem Zweiten Weltkrieg Verluste an Menschenleben hinnehmen mußte. In Ausübung der internationalen Seekontrolle in spanischen Gewässern während des spanischen Bürgerkrieges wurde die DEUTSCHLAND im Mai 1937 von zwei republikanischen Bombenflugzeugen angegriffen. Diesem Angriff fielen 31 Bordmitglieder zum Opfer. Die DEUTSCHLAND war damit auch das erste Kriegsschiff der Deutschen Kriegsmarine, das in kriegerische Auseinandersetzungen verwickelt wurde.

So zeigte sich die DEUTSCHLAND im Jahr 1937 während ihres Einsatzes im spanischen Bürgerkrieg. Zur Identifizierung sind die Türme mit schwarz-weiß-roten Fliegersichtzeichen markiert worden. Von jetzt ab bis Anfang 1941 wird die DEUTSCHLAND im Zusammenhang mit Werftliegezeiten ihr Aussehen verändern, und zwar werden die 8,8 cm Flak Doppellafetten gegen 10,5 cm Flak Doppellafetten ausgetauscht, wird der Vorsteven angeschrägt, erhält der Schornstein einen hohen abgeschrägten Schornsteinaufsatz und wird auf die Haube des Entfernungsmeßgerätes über dem Röhrenmast ein Funkmeßstand aufgesetzt.
Kurz nach Beginn des Zweiten Weltkrieges, Anfang 1940, fällt auch die Entscheidung, die DEUTSCHLAND in ADMIRAL LÜTZOW (folgend LÜTZOW genannt) umzubenennen. Diese Maßnahme war politisch motiviert und so zu verstehen, daß der Prestigeverlust, ein Kriegsschiff mit dem Namen DEUTSCHLAND zu verlieren, politisch untragbar sein würde. Ab diesem Jahr wird die LÜTZOW als Schwerer Kreuzer geführt.

This is how the DEUTSCHLAND looked in 1937 when being used in the Spanish Civil War. The turrets are marked with black-white-red air identification markings. From then until the beginning of 1941 when in dock, the appearance of the DEUTSCHLAND underwent a number of alterations including the replacing of the double-mounted 8.8 cm AA guns with 10.5 cm double-mounted AA guns, the front of the prow was curved, the funnel received a curved cover and a radio measuring platform was added on the hood of the range-finders above the mast. Just after the beginning of the Second World War, early in 1940, it was decided to rename the DEUTSCHLAND as ADMIRAL LÜTZOW (hereafter LÜTZOW). This was politically motivated in that the loss of prestige in loosing a warship with the name DEUTSCHLAND was politically unacceptable. From that year, the LÜTZOW was used as a heavy cruiser.

11. April 1940 – Die LÜTZOW befindet sich in bewegungslosem und manövrierunfähigem Zustand. Der Kreuzer war durch das britische U-Boot SPEARFISH torpediert worden. Der verhängnisvolle Treffer ließ das Achterschiff abknicken, dadurch gingen Ruder und Schrauben verloren. Erst nach Stunden treffen Boote der 17. U-Jagd- und der 19. Minensuchflottille ein, die den Schutz der LÜTZOW übernehmen. Gerade werden Vorkehrungen getroffen, um das schwer angeschlagene Kriegsschiff nach Kiel abzuschleppen.
Die LÜTZOW befand sich ohne Geleitschutz auf dem Rückmarsch von Oslo durch den Skagerrak, nachdem sie gemeinsam mit BLÜCHER am Norwegenunternehmen "Weserübung" teilgenommen hatte.
Die Abbildungen zeigen, daß der Kreuzer bereits mit dem Funkmeßstand ausgerüstet ist.

11th April 1940 – The LÜTZOW was incapable of moving or turning. The cruiser had been torpedoed by the British submarine SPEARFISH. This disastrous hit broke off the stern of the ship removing the rudder and propeller. Only some hours later did the 17th Anti-Submarine and 19th Minesweeper Flotillas arrive and took over the protection of the LÜTZOW. Only then were precautions taken to tow the heavily damaged warship to Kiel. The LÜTZOW had lacked any escorts on the return voyage through the Skagerrak from Oslo after having taken part in the "Weserübung" together with the BLÜCHER. This picture shows that the cruiser already has the radio measuring platform fitted.

Panzerschiff DEUTSCHLAND/Schwerer Kreuzer LÜTZOW

Stapellauf 19. Mai 1931 Deutsche Werke Kiel
in Dienst gestellt 1. April 1933

Haupteinsätze:

August 1939	Von Wilhelmshaven aus lief Ende August 1939 die DEUTSCHLAND in den Nordatlantik. Dort auf Wartestellung bis Oktober 1939. Anschließend Handelskrieg; drei Schiffe wurden versenkt.
15. Dezember 1939	Rückkehr nach Wilhelmshaven.
7. April 1940	Unternehmen "Weserübung". Durch den Kaiser-Wilhelm-Kanal kommend, trat die LÜTZOW in Kiel zur Kriegsschiffgruppe 5.
8. April 1940	Marsch durch den Großen Belt.
9. April 1940	Erreichen des Oslofjords. In der Droebak-Enge wurde die BLÜCHER vernichtet. Die LÜTZOW, die auch in den Kampf um die Enge eingegriffen hatte, erhielt drei Treffer, die vorübergehend die Gefechtsbereitschaft einschränkten. Nach Ausfall der BLÜCHER führte der Kommandant der LÜTZOW die Gruppe 5.
10. April 1940	Einlaufen in Oslo. Noch am gleichen Tage nachmittags ging die LÜTZOW von Oslo zurück nach Horten, um die Schäden der Artillerietreffer beheben zu lassen, wurde aber nach Kiel zurückbeordert und lief ohne Geleitschutz aus.
11. April 1940	Torpedotreffer des britischen U-Bootes SPEARFISH. Die LÜTZOW verlor beide Schrauben und das Ruder. Manövrierunfähig. Das Schiff wurde von der herbeigerufenen 17. U-Jagdflottille und 19. Minensuchflottille abgeschleppt und erreichte am 13. April 1940 Kiel. Werftreparatur. Anfang 1941 wieder einsatzbereit.
Juni 1941	Am 12. Juni 1941 lief die LÜTZOW zum Torpedoschießen im Drontheimfjord aus Kiel aus. Anschließend war der Durchbruch in den Atlantik geplant. Ein einzelnes britisches Torpedoflugzeug – für ein eigenes Flugzeug gehalten – erzielte am 13.6.1941 auf der Höhe von Egersund auf LÜTZOW einen Treffer, der zum Abbruch der Unternehmung führte. LÜTZOW ging in die Werft.
Mai 1942	Nach Norwegen verlegt; zunächst Lofjord (Drontheimfjord), Anfang Juni 1942 Bogenbucht (Narvik).
Juni 1942	Bei einem Einsatz auf einen englischen Geleitzug mit der TIRPITZ und weiteren Flottenstreitkräften hatte die LÜTZOW Grundberührung im Sandtorgstraumen bei Storboenfeuer (Tjeldsund) mit Wassereinbruch. Von der Bogenbucht in den Lofjord verlegt.
August 1942	Nach Kiel zur Reparatur.
Dezember 1942	Nach der Werftliegezeit Ausbildung in der Ostsee und im Dezember 1942 nach Nordnorwegen in die Bogenbucht, dann in den Kafjord (Altafjord) verlegt.
30. Dezember 1942	Mit ADMIRAL HIPPER und 6 Zerstörern ostwärts der Bäreninseln Angriff auf britischen Geleitzug. Der Verband wurde in ein Gefecht mit der Geleitsicherung, den britischen Kreuzern JAMAICA, SHEFFIELD und dem britischen Zerstörer ACHATES verwickelt. Die ACHATES wurde beschädigt, desgleichen ADMIRAL HIPPER. Zerstörer FRIEDRICH ECKOLDT vernichtet. LÜTZOW keine Schäden. Der B.d.K. brach das Gefecht ab.
September 1943	Bis September 1943 keine größeren Aufgaben. Am 25. September 1943 in die Heimat verlegt. 1. Oktober 1943 an Gotenhafen, von dort nach Libau verlegt zur Überholung an der Werft.
Februar 1944	Ab Februar 1944 Kadettenausbildung.
September 1944	Vorstoß im Flottenverband mit dem Ziel Aalands-Inseln. Abholen von mit deutschen Truppen belegten Transportdampfern.
Oktober 1944	Mit PRINZ EUGEN, Zerstörern und Torpedobooten Einsatz zur Unterstützung des Heeres, Küstenbeschießungen bei Memel und Sworbe.
November 1944	In den Gewässern vor der Halbinsel Sworbe.
Dezember 1944 bis März 1945	Auch weiterhin Einsatz zur Unterstützung des Heeres bei Memel, Elbing und Danzig; zeitweilig Flaggschiff der Kampfgruppe Thiele.
April 1945	Rückmarsch Hela – Swinemünde.
16. April 1945	In der Mellineinfahrt bei Swinemünde vor Anker. Britischer Bombenangriff. Mehrere Treffer. Das Schiff sank, blieb aber auf ebenem Kiel auf Grund liegen. Achterer 28-cm-Turm und Flak, beschränkt auch Mittelartillerie, einsatzbereit.
28. April 1945	Als die einzige noch klare Leckpumpe und damit das letzte E-Werk ausfiel, wurde auf Befehl des Befehlshabers der Festung Swinemünde die 28-cm-Munition auf die russische Dievenow-Stellung verschossen.
4. Mai 1945	Schweres Feuer an Bord. Nur noch wenige Geschütze waren einsatzbereit. Das Schiff wurde gesprengt.

Das Wrack der LÜTZOW wurde von den Russen gehoben und im September 1947 abgeschleppt. Wahrscheinlich verschrottet.

Battleship DEUTSCHLAND/Heavy Cruiser LÜTZOW

Launched on 19th May 1931 in the Deutsche Werke in Kiel
Commissioned on 1st April 1933

Main Actions:

August 1939	*The DEUTSCHLAND left Wilhelmshaven at the end of August 1939 for the North Atlantic. Laid in wait until October 1939. Then sunk three ships in the blockade.*
15th December 1939	*Returned to Wilhelmshaven.*
7th April 1940	*Operation "Weserübung". The LÜTZOW joined 5th Squadron in Kiel after passing through the Kiel Canal.*
8th April 1940	*Sailed through the Great Belt.*
9th April 1940	*Reached the Oslo Fjord. The BLÜCHER was destroyed in the Droebak Narrows. The LÜTZOW, which also participated in the battle for the Narrows, was hit three times which largely reduced the battle capabilities. After the BLÜCHER pulled out, the commander of the LÜTZOW led 5th Squadron.*
10th April 1940	*Entered Oslo. At noon of the same day, the LÜTZOW left Oslo for Horten for the repairs made necessary by the hits but was ordered back to Kiel and sailed without any escort.*
11th April 1940	*Hit by a torpedo from the British submarine SPEARFISH. The LÜTZOW lost both propellers and her rudder, becoming incapable of manoeuvring. The ship was taken in tow by the 17th Anti-Submarine and 19th Minesweeper Flotillas and reached Kiel on 13th April 1940. She underwent repairs in dock and was ready for action early in 1941.*
June 1941	*On 12th June, the LÜTZOW sailed from Kiel for the Drontheim Fjord for torpedo practice. Afterwards, it was planned to break out into the Atlantic. A sole British torpedo bomber – mistaken for a German plane – scored a hit on the LÜTZOW in the Eger Sound on 13th June. This hit led to the operation being cancelled. The LÜTZOW went into dock.*
May 1942	*Transferred to Norway, firstly to the Lo Fjord (Drontheim Fjord), then from the beginning of June to the Bow Bight (Narvik).*
June 1942	*During a raid on a British convoy with the TIRPITZ and other naval forces, the LÜTZOW hit a sandbank near Storboenfeuer (Tjeld Sound) and took on water. Moved from the Bow Bight to the Lo Fjord.*
August 1942	*Returned to Kiel for repairs.*
December 1942	*After having been in dock, training in the Baltic and then, in December 1942, moved to northern Norway to the Bow Bight, then to the Kaa Fjord (Alta Fjord).*
30th December 1942	*Attacked British escorts east of the Bear Islands along with the ADMIRAL HIPPER and six destroyers. This squadron became involved in a battle with the British cruisers JAMAICA and SHEFFIELD and the destroyer ACHATES. The ACHATES was damaged, as was the ADMIRAL HIPPER. The destroyer FRIEDRICH ECKOLDT was sunk. LÜTZOW was not damaged. Naval Command broke off the engagement.*
September 1943	*No important tasks until September 1943. On 25th September, returned home, then on 1st October to Gotenhafen and from there to Libau to be refitted in the dock.*
February 1944	*Used for training cadets.*
September 1944	*Went with other ships to the Aaland Islands to collect transports with German soldiers on board.*
October 1944	*Along with PRINZ EUGEN, destroyers and torpedo boats, bombarded the coast at Memel and Sworbe in support of the army.*
November 1944	*In the waters near the Sworbe peninsula.*
December 1944	*Further use in support of the army at Memel, Elbing and Danzig.*
– March 1945	*For a time, flagship of the Thiele Squadron.*
April 1945	*Sailed back from Hela to Swinemünde.*
16th April 1945	*Anchored in the Mellin entrance at Swinemünde. British airraid. Several hits. The ship sank, but came to rest on her kiel. The stern 28 cm turret and AA guns along with some of the medium guns were still in working order.*
28th April 1945	*When the last pump and with the last generator broke down, the commander of the fortress of Swinemünde ordered that all the 28 cm ammunition should be fired on the Russian Diefenov position.*
4th May 1945	*Large fire on board. Only a few guns left in working condition. The ship was scuttled. The wreck of the LÜTZOW was raised by the Russians and towed away in September 1947. It was probably broken up for scrap.*

Die offizielle Bildunterschrift verlautet hierzu: "1933, Reichskanzler Adolf Hitler geht an Bord der neuen DEUTSCHLAND".
Adolf Hitler identifizierte sich insbesondere mit "seinen" großen Kriegsschiffen. Sie galten ihm als Repräsentanten nationalsozialistischer Politik und sollten gleichzeitig seinen Anspruch auf internationale politische Anerkennung demonstrieren. Er beeinflußte deshalb auch nachhaltig die Flottenaufrüstungen mit Großkampfschiffen, bevor er 1943 durch einen Befehl alle schweren Einheiten außer Dienst stellen ließ.

The official caption of this picture was:
"1933, Reichs Chancellor Adolf Hitler going on board the new DEUTSCHLAND".
Adolf Hitler liked to be identified particularly with "his" large warships. To him, they represented National Socialist politics and, at the same time, demonstrated his wish for international political recognition. That is why he continually influenced naval rearmament with a preference for capital ships before, in 1943, he ordered the withdrawal from service of all heavy units.

Schlachtschiff GNEISENAU
Die Schlachtschiffe werden wohl für immer Gegenstand der Erörterungen von Historikern und Marinefachleuten bleiben. Dem Eindruck solcher Abbildungen kann sich auch der Laie nicht entziehen. Kein anderes Kriegsinstrument als ein Schlachtschiff vermittelt und beinhaltet so viel politisches und militärisches Durchsetzungsvermögen. Dessen ungeachtet haben Schlachtschiffe nie die Rolle gespielt, die ihnen aufgrund der enormen finanziellen und technologischen Investitionen zugestanden hätte. Die spektakulären Einsätze – Schlachtschiff gegen Kriegsschiff – vermögen nicht darüber hinwegzutäuschen, daß diese Großkampfschiffe mehr politische Prestige- als militärische Entscheidungsträger waren. Schlachtschiffe beschlossen die kurze Phase ihrer Beteiligung in den Kriegsmarinen im wesentlichen als Geschützplattformen zur Bekämpfung von Landzielen und zum Schutz großer Flugzeugträger-Kampfgruppen.

Battleship GNEISENAU
The battleships will always be a subject of discussion by historians and naval experts. Even the layman cannot fail to be impressed by such pictures. No other instrument of war than a battleship conveyed and contained the capability of so much political and military achievement. Despite that, battleships have never played the role they should have considering the financial and technological investment put into them. The spectacular battles between battleship and battleship should not hide the fact that these capital ships were more of a political prestige bearer than a military decision maker. For the short time that they were used in the German Navy, they were deployed mainly as gun platforms for engaging land targets and for protecting aircraft carrier squadrons.

Bereits etwa ein Jahr nach ihrer Indienststellung begab sich die EMDEN auf ihre erste große Auslands-Ausbildungsreise. Sie war das aktivste Schulschiff, das unter deutscher Flagge fuhr. Insgesamt absolvierte die EMDEN acht große Auslandsfahrten, die sie durch alle Weltmeere führte. Sie leistete damit nicht nur einen wichtigen Beitrag zur Ausbildung des Offiziersnachwuchses, sondern auch zur völkerverbindenden Idee.

About a year after being commissioned, the EMDEN went on her first overseas training voyage. She was the most active training ship under the German flag.
In all, the EMDEN completed eight long overseas voyages, which covered every ocean in the world. They not only played an important part in training future officers, but also in bringing the nations together.

Das zweite Schiff dieses neuen Typs war die ADMIRAL SCHEER. Sie lief im Mai 1933 bei der Reichsmarinewerft in Wilhelmshaven vom Stapel. Bereits ab Mitte des Jahres 1936 beteiligte sie sich genau wie die DEUTSCHLAND gemeinsam mit Großbritannien, Frankreich und Italien an der internationalen Seekontrolle.
Wie die Abbildung auf der folgenden Seite zeigt, unterscheidet sich die SCHEER zunächst grundlegend von der DEUTSCHLAND durch den mächtigen abgestumpften Turmmast mit der wuchtigen Drehhaube des Entfernungsmeßgerätes darüber. Dieser Aufbau, der Elemente von Brücke und Gefechtsmast vereinigt, soll von nun an mitbestimmend sein für die Architektur aller großen deutschen Kriegsschiffe. Allerdings beeinflußte das hohe Gewicht der Turmaufbauten der SCHEER ungünstig das Toppgewicht. Dies führte dazu, daß anläßlich einer großen Werftüberholung im Jahr 1940 die SCHEER einen Röhrenmast mit den gleichen Merkmalen wie die DEUTSCHLAND/LÜTZOW erhielt. Überhaupt hatte sich während des Krieges das äußere Erscheinungsbild der SCHEER der LÜTZOW sehr stark angenähert. Wichtigstes Unterscheidungsmerkmal blieb jedoch nach wie vor die unterschiedliche Anordnung des Flugzeugkatapults: Bei der SCHEER befand es sich hinter dem Schornstein und bei der LÜTZOW zwischen Röhrenmast und Schornstein.
Die Abbildung auf dieser Seite zeigt ADMIRAL SCHEER im Januar/Februar 1942 auf ihrem Verlegungsmarsch nach Drontheim in norwegische Gewässer. Ein Vergleich dieser und der Abbildung auf der folgenden Seite macht die wesentlichen schiffbaulichen Änderungen deutlich. Seit 1940 wird die SCHEER genau wie die LÜTZOW offiziell zu den Schweren Kreuzern gezählt.

The second ship of this new type was the ADMIRAL SCHEER. She was launched in May 1933 from the Reich Naval Dock in Wilhelmshaven. From the middle of 1936, together with the DEUTSCHLAND, she participated in the international sea control along with Great Britain, France and Italy.
As the picture on the opposite page shows, the main difference between the SCHEER and the DEUTSCHLAND was the large, short tower mast with its heavy turning hood over the range-finder. This design, combining elements of the bridge and fighting mast, was, from then onwards, going to be a pattern for the architecture of all the large German warships. However, the weight of the tower superstructure on the SCHEER affected the centre of gravity. Because of this, the refit of 1940 replaced it with a tubular mast on the DEUTSCHLAND/LÜTZOW. In general, during the course of the war, the appearance of the SCHEER became similar to the LÜTZOW. The most important difference still was the different positions of the aircraft catapult. On the SCHEER it was behind the funnel, whereas on the LÜTZOW it was between the mast and funnel.

The picture on this page shows ADMIRAL SCHEER in January/February 1942 in Norwegian waters sailing to Drontheim. A comparison of this and the picture on the following page clearly show the major differences in construction.
From 1940, the SCHEER, just like the LÜTZOW, was officially counted as a heavy cruiser.

Kriegseinsätze und Verbleib

Panzerschiff/Schwerer Kreuzer ADMIRAL SCHEER

Stapellauf 1.4.1933 Reichsmarinewerft Wilhelmshaven
in Dienst gestellt 12.11.1934

Haupteinsätze:

September 1939	Bei Kriegsausbruch lag das Panzerschiff ADMIRAL SCHEER auf Schillig-Reede und konnte erst beim ersten Luftangriff der Engländer auf Wilhelmshaven eine Vickers-Wellington abschießen.
Winter 1939/40	Werftliegezeit (Turmmast durch Röhrenmast ersetzt, Klippersteven vorgeschuht u. a. m.)
Juli/September 1940	Erprobung in der Ostsee.
23. Oktober 1940	Auslaufen aus Gotenhafen zum Kreuzerkrieg in Übersee (27.10. 1940 ab Brunsbüttel).
31. Oktober 1940	Dänemarkstraße passiert.
5. November 1940	Morgens das brit. Kühlschiff MOPAN (5.389 BRT), einen Alleinfahrer, versenkt. Abends traf ADMIRAL SCHEER auf den Geleitzug HX 84, der von Halifax nach England fuhr und aus 37 Handelsschiffen und dem Hilfskreuzer JERVIS BAY bestand. Der Schwere Kreuzer griff den Geleitzug auf der Höhe 52° 45' N, 32° 13' W an, wobei der Hilfskreuzer hartnäckigen Widerstand leistete und so dem Gros der Handelsschiffe Gelegenheit zum Entkommen gab. Es wurden außer dem Hilfskreuzer JERVIS BAY (14.164 BRT) versenkt: britisches Turbinenschiff MAIDAN (7.908 BRT), brit. D. TREWELLARD (5.201 BRT), brit. D. KENBANE HEAD (5.225 BRT), brit. Turbinenschiff BEAVERFORD (10.042 BRT) und das brit. Motorschiff FRESNO CITY (4.955 BRT), drei weitere Handelsschiffe mit zusammen 27.844 BRT wurden beschädigt.
November 1940	Während ADMIRAL SCHEER am 12.11.1940 aus dem Tanker EUROFELD bunkerte, trafen sich am 14.11. 1940 auf 22° N, 46° 20' W der Schwere Kreuzer mit seinem Troßschiff NORDMARK.
24. November 1940	Südostwärts der Bermudas wurde das britische Motorschiff PORT HOBART (7.448 BRT) versenkt.
1. Dezember 1940	Die brit. D. TRIBESMAN (6.242 BRT) wurde 900 sm westlich von Barthurst gestellt und versenkt.
14. Dezember 1940	Zweites Zusammentreffen mit dem Troßschiff NORDMARK.
16. Dezember 1940	Der Äquator wurde auf Südkurs passiert.
18. Dezember 1940	An diesem Tage wurde das brit. Kühlschiff DUQUESA (8.651 BRT) mit 14,5 Millionen Eiern und ca. 3.000 tons Fleisch gekapert. Das Schiff wurde zunächst Prise und versorgte u. a. die Hilfskreuzer THOR und PINGUIN, das Troßschiff NORDMARK, Prisen und Blockadebrecher. Es wurde später im Februar vom Hilfskreuzer PINGUIN versenkt.
26. Dezember 1940	Im Quadrat "Andalusien" (15° S, 18° W) trafen sich ADMIRAL SCHEER, Hilfskreuzer THOR, Hilfskreuzer PINGUIN, das Troßschiff NORDMARK, die EUROFELD und die DUQUESA;
9. – 12. Januar 1941	ADMIRAL SCHEER suchte vergeblich nach dem Truppengeleitzug WS 5 A, der bereits am 24.12.1940 von dem Schweren Kreuzer ADMIRAL HIPPER vergeblich angegriffen wurde.
17. Januar 1941	Der norwegische Tanker SANDEFJORD (8.038 BRT) wurde gestellt und als Prise nach Bordeaux entlassen, wo er auch wohlbehalten eintraf.
20. Januar 1941	An diesem Tage wurden versenkt der holl. D. BARNEVELD (5.597 BRT) und der brit. Frachter STANPARK (5.103 BRT).
24. – 28. Januar 1941	Erneutes Treffen ADMIRAL SCHEER im Quadrat "Andalusien" mit THOR und NORDMARK. ADMIRAL SCHEER ergänzte Öl und gab Gefangene an die NORDMARK ab.
3. Februar 1941	Es wurde das Kap der guten Hoffnung mit Ostkurs passiert.
14. Februar 1941	Auf der Höhe 13° S, 64° O trafen sich ADMIRAL SCHEER, Hilfskreuzer ATLANTIS, die beiden Atlantis-Prisen SPEYBANK und KETTY BRÖVIG und der deutsche Frachter TANNENFELS (Hansa-Linie), der als Blockadebrecher von Massaua nach Bordeaux unterwegs war.
20. Februar 1941	Im Nordausgang des Mozambique-Kanals versenkte ADMIRAL SCHEER den griechischen Frachtdampfer GREGORIOS (2.546 BRT) und kaperte den brit. Turbinentanker BRITISH ADVOCATE (6.994 BRT). Letzterer erreichte mit Prisenbesatzung wohlbehalten Nantes.
21. Februar 1941	Versenkung des kanadischen Frachtdampfers CANADIAN CRUISER von 7.178 BRT. ADMIRAL SCHEER erhielt Ende Februar 1941 per Funk Befehl zur Rückkehr in die Heimat.
22. Februar 1941	Wenige Stunden nach der Versenkung des indonesischen Dampfers RANTAUPANDJANG (2.542 BRT) wurde ADMIRAL SCHEER in 8° 30' S, 51° 35' O vom Bordflugzeug des brit. leichten Kreuzers GLASGOW gesichtet. Jagd auf SCHEER durch Flugzeugträger HERMES, schwere Kreuzer CANVERRA, AUSTRALIA und SHROPSHIRE, sowie die leichten Kreuzer GLASGOW, CAPETOWN und EMERALD.
3. März 1941	Passieren des Kaps der guten Hoffnung auf Westkurs.
9. – 10. März 1941	Drittes Treffen im Quadrat "Andalusien" mit dem Troßschiff NORDMARK und den Hilfskreuzern PINGUIN und KORMORAN.
11. – 24. März 1941	In dieser Zeit traf ADMIRAL SCHEER nacheinander mit den deutschen Frachtern PORTLAND und ALSTERUFER zusammen. ALSTERUFER fuhr zu dieser Zeit als Versorger.
15. März 1941	Der Äquator wurde auf Nordkurs passiert.

27. März 1941	Durchbruch durch die Dänemarkstraße.
30. März 1941	Bergen erreicht.
1. April 1941	ADMIRAL SCHEER lief in Kiel ein. Gesamterfolg: 14 Schiffe versenkt mit 84.027 BRT 2 Schiffe aufgebracht und als Prise nach Frankreich beordert 15.032 BRT Hilfskreuzer JERVIS BAY versenkt 14.164 BRT zusammen 113.223 BRT
September bis Oktober 1941	Während dieser Zeit gehörte ADMIRAL SCHEER zur sogenannten Baltenflotte, die bei den Aalands-Inseln einen etwaigen Durchbruch der sowjetischen Ostseeflotte zur Internierung nach Schweden verhindern sollte. Die Russen unternahmen einen solchen Versuch nicht.
Januar/Februar 1942	ADMIRAL SCHEER wurde im Rahmen der Flottenkonzentration in norw. Gewässern nach Drontheim verlegt.
Mai 1942	Neuer Liegeplatz Bogenbucht bei Narvik.
Juli 1942	Unter Führung des B.d.K. mit zwei Kampfgruppen Angriff auf den Konvoi PQ-17 im Nordmeer. ADMIRAL SCHEER bildete zusammen mit der LÜTZOW und sechs Zerstörern eine Gruppe. Rückruf des Verbandes, da sich der Konvoi aufgelöst hatte. Unterseeboote und Flugzeuge konnten in der Zeit vom 3. bis 5.7.1942 zwei Drittel der Frachter versenken.
16. – 31. August 1942	Von Narvik aus lief ADMIRAL SCHEER mit 3 Unterseebooten (und Zerstörergeleit bis zur Bäreninsel) in die Karasee aus (Operation "Wunderland"). Am 25.8.1942 wurde der russische Eisbrecher ALEXANDER SIBIRJAKOW bei der Belucha-Insel versenkt. Port Dickson wurde am 27.8.1942 beschossen und dort Landanlagen, der Eisbrecher TAYMIR und der Tanker VALERIAN KUIBISCHEW beschädigt. Der Tanker explodierte später. Rückkehr der SCHEER nach Narvik.
November 1942	ADMIRAL SCHEER nach Deutschland entlassen. Das Schiff traf am 11.11.1942 in Kiel ein.
Januar 1943	Verlegung von Kiel nach Wilhelmshaven, dort längere Werftliegezeit. Anschließend trat ADMIRAL SCHEER als Ausbildungsschiff zum Ausbildungsverband der Flotte mit Hauptstützpunkt in Gotenhafen.
Oktober 1944	Erst im Oktober 1944 wurde das Schiff wieder aktiv eingesetzt.
November 1944 – Februar 1945	Am 22. und 23. November 1944 erfolgte der erste Ostsee-Einsatz des Schiffes bei Sworbe. Weitere ähnliche Einsätze zur Unterstützung und Entlastung des Heeres folgten.
März 1945	Landbeschießung bei Dievenow und Swinemünde. Da die Rohre ausgeschossen waren, wurde ADMIRAL SCHEER zur Reparatur nach Kiel befohlen. In Pillau Aufnahme von ca. 200 Verwundeten und 800 Flüchtlingen.
April 1945	In der Nacht vom 9. zum 10. April 1945 wurde der Schwere Kreuzer in Kiel von Bomben getroffen und kenterte. Das Wrack, das unter Spreng- und Trümmerschutt begraben war, wurde ab Juli 1946 verschrottet.

War History & Whereabouts

Battleship/Heavy Cruiser ADMIRAL SCHEER

Launched 1st April 1933 in the Reich Naval Dockyard in Wilhelmshaven
Commissioned 12th November 1934

Main Actions:

September 1939	*On the outbreak of war, ADMIRAL HIPPER laid off the Schilling Roads and shot down a Wellington bomber in the first British airraid on Wilhelmshaven.*
Winter 1939/40	*In dock. The tower mast was replaced by a tubular mast, a clipper prow was added, etc.*
July/September 1940	*Trials in the Baltic.*
23rd October 1940	*Left Gotenhafen for the cruiser war overseas (27th October 1940 passed Brunsbüttel).*
31st October 1940	*Passed the Denmark Street.*
5th November 1940	*Sunk the stray British refrigerator ship MOPAN (5,389 t) that morning. That evening, ADMIRAL SCHEER came across Convoy HX 84 which was sailing from Halifax to England. It consisted of 37 merchantmen and the auxiliary cruiser JERVIS BAY. The heavy cruiser attacked the convoy at 52° 45' N, 32° 13' W and the auxiliary cruiser put up a determined fight, giving the main body of the convoy an opportunity to escape. Other than the JERVIS BAY, the following ships were sunk: MAIDAN (7,908 t), TREWELLARD (5,201 t), KENBANE HEAD (5,225 t), BEAVERFORD (10,042 t), FRESNO CITY (4,955 t). Another three merchantmen totalling 27,844 t were damaged.*
November 1940	*On 12th November, the ADMIRAL SCHEER refueled from the tanker EUROFELD and on 14th November met its supply ship NORDMARK at 22° N, 46° 20' W.*
24th November 1940	*Sank the British ship PORT HORBART (7,448 t) south-east of the Bermudas.*
1st December 1940	*Located and sank the TRIBESMAN (6,242 t) 900 nautical miles west of Bathurst.*
14th December 1940	*Met the supply ship NORDMARK again.*
16th December 1940	*Crossed the Equator on a southly course.*
18th December 1940	*The British refrigerator ship DUQUESA (8,651 t) was captured with its cargo of 14.5 million eggs and about 3,000 tons of meat. The ship was taken as a prize and used to supply other ships including the auxiliary cruisers THOR and PINGUIN and the supply ship NORDMARK, prizes and blockade breakers. Later, in February 1941, it was sunk by the auxiliary cruiser PINGUIN.*

26th December 1940	*At the "Andalusia" point (15º S, 18º W), ADMIRAL SCHEER met the auxiliary cruiser THOR and PINGUIN, the supply ship NORDMARK, the EUROFELD and the DUQUESA.*
9th – 12th January 1941	*ADMIRAL SCHEER tried without success to intercept the Troop Convoy WS 5 A which had already been attacked by the ADMIRAL HIPPER on 24th December 1940, also without success.*
17th January 1941	*The Norwegian tanker SANDEFJORD (8,038 t) was captured and sent to Bordeaux as a prize where it arrived intact.*
20th January 1941	*Sank the Dutch steamer BARNEVELD (5,597 t) and the British freighter STANPARK (5,103 t).*
24th – 28th January 1941	*A further meeting at "Andalusia" between ADMIRAL SCHEER, THOR and NORDMARK. ADMIRAL SCHEER refueled and passed prisoners over to the NORDMARK.*
3rd February 1941	*The Cape of Good Hope was passed, going on an easterly course.*
14th February 1941	*At 13º S, 64º E, ADMIRAL SCHEER met the auxiliary cruiser ATLANTIS, the two prizes taken in the Atlantic SPEYBANK and KETTY BRÖVIG and the German freighter TANNENFELS (Hansa Line) which was en route from Massaua to Bordeaux as a blockade breaker.*
20th February 1941	*At the northern end of the Mozambique Channel, ADMIRAL SCHEER sunk the Greek freighter GREGORIOS (2,546 t) and captured the British tanker BRITISH ADVOCATE (6,994 t). The latter got to Nantes intact with a prize crew.*
21st February 1941	*Sank the Canadian freighter CANADIAN CRUISER (7,178 t). ADMIRAL SCHEER was ordered by radio at the end of February to return home.*
22nd February 1941	*A few hours after sinking the Indonesian steamer RANTAUPANDJANG (2,542 t), ADMIRAL SCHEER was sighted by a shipbourne plane from the British light cruiser GLASGOW at 8º 30' S, 51º 35' E. SCHEER hunted the aircraft carrier HERMES, heavy cruisers CANBERRA, AUSTRALIA and SHROPSHIRE and light cruisers GLASGOW, CAPE TOWN and EMERALD.*
3rd March 1941	*Passed the Cape of Good Hope on a westerly course.*
9th – 10th March 1941	*Third meeting at "Andalusia" with the supply ship NORDMARK and the auxiliary cruisers PINGUIN and KORMORAN.*
11th – 24th March 1941	*ADMIRAL SCHEER met the German freighters PORTLAND and ALSTERUFER. ALSTERUFER passed over supplies.*
15th March 1941	*The equator was passed on a northerly course.*
27th March 1941	*Passed through the Denmark Street.*
30th March 1941	*Reached Bergen.*
1st April 1941	*ADMIRAL SCHEER ran into Kiel. The record of her success was: Sunk – 14 ships totalling 84,027 t, 2 ships captured and sent to France as prizes totalling 15,032 t, auxiliary cruiser JERVIS BAY sunk, 14,164 t. Grand total 113,223 t.*
September – October 1941	*ADMIRAL SCHEER was part of the so-called Baltic Fleet which was waiting around the Aaland Islands for any attempted break-through by the Russian fleet to be interned in Sweden. The Russians made no attempt to do so.*
January – February 1942	*ADMIRAL SCHEER was transferred to Drontheim as part of the concentration of naval forces in Norwegian waters.*
May 1942	*Positioned in the Bow Bight near Narvik.*
July 1942	*Under the command of the B.d.K., two squadrons attacked Convoy PQ-17 in the Arctic Ocean. ADMIRAL SCHEER together with the LÜTZOW and six destroyers formed one squadron. The squadrons were recalled as the convoy had broken up. U-boats and aircraft sank two-thirds of the freighters from 3rd to 5th July.*
16th – 31st August 1942	*ADMIRAL SCHEER along with 3 U-boats (and a destroyer escort as far as the Bear Islands) to the Cara Sea (Operation "Wunderland"). On 25th August, sank the Russian ice-breaker ALEXANDER SIBIRYAKOV off Belucha Island. Bombarded Port Dickson and its port facilities on 27th August, damaging the ice breaker TAYMIR and the tanker VALERIAN KUIBISHEV. Later, the tanker exploded. SCHEER returned to Narvik.*
November 1942	*ADMIRAL SCHEER was sent to Germany, arriving in Kiel on 11th November.*
January 1943	*Transferred from Kiel to Wilhelmshaven. Went into dock. Afterwards, ADMIRAL SCHEER used as training ship in the Training Section of the Fleet. Main base Gotenhafen.*
October 1944	*Only now the ship was sent back into action.*
November 1944 – February 1945	*On 22nd and 23rd November 1944, used in the Baltic at Sworbe. Further such use to support and relieve the army.*
March 1945	*Bombardments at Diefenov and Swinemünde. As the barrels were worn out ADMIRAL SCHEER was ordered to Kiel for repairs. At Pillau, took on board about 200 wounded and 800 refugees.*
April 1945	*During the night of 9th to 10th April, the heavy cruiser suffered hits from bombs and capsized. The wreck, buried under rubble was broken up from July 1946.*

ADMIRAL GRAF SPEE lief als letztes Schiff dieser Serie am 30. Juni 1934 bei der Reichsmarinewerft in Wilhelmshaven vom Stapel. Sie unterschied sich von der jungen SCHEER hauptsächlich durch die unterschiedliche Anzahl und die Ausführung der an den Seiten des Turmmastes angebrachten Brückennocken und Plattformen.
Fünf Jahre später wird die GRAF SPEE durch ihre Aktivitäten im Handelskrieg im südlichen Atlantik und das schwere Seegefecht im Gebiet der La Plata-Mündung in die Seekriegsgeschichte eingehen.

ADMIRAL GRAF SPEE, the last ship in this series, was launched on 30th June 1934 from the Reich Naval Dockyard in Wilhelmshaven. She differed from the early SCHEER mainly by the different number and type of notches and platforms on the tower mast. Five years later, the GRAF SPEE went down in naval history through her activities in the war of merchant ships in the South Atlantic and especially in the Battle of the River Plate.

Kriegseinsätze und Verbleib

Panzerschiff ADMIRAL GRAF SPEE

Stapellauf 30.6.1934, Reichsmarinewerft Wilhelmshaven
in Dienst gestellt 6.1.1936

Haupteinsätze:

August 1939 — Am 21. August 1939 lief das Panzerschiff ADMIRAL GRAF SPEE aus Wilhelmshaven mit dem Ziel Südatlantik aus. Die SPEE führte bis Ende September 1939 noch keinen Kreuzerkrieg, vielmehr hielt sich das Panzerschiff vom 11.9. bis 25.9.1939 in einem abgelegenen Seegebiet des Südatlantiks, rund 900 sm ostwärts Bahia, auf.

September 1939 — Ab 29. September 1939 erhielt ADMIRAL GRAF SPEE von der Skl. Erlaubnis zur Führung des Handelskrieges. Als erstes Schiff wurde vor Pernambuco am 30.9.1939 der brit. D. CLEMENT (5.051 BRT) angehalten und versenkt.

Oktober 1939 — Auf der Dampferroute Kapstadt – Freetown wurde aufgebracht: Am 5.10.1939 brit. D. NEWTON BEACH (4.651 BRT), am 7.10.1939 brit. D. ASHLEA (4.222 BRT), am 10.10.1939 brit. D. HUNTSMAN (8.196 BRT) und am 22.10.1939 brit. MS. TREVANION (5.299 BRT).
NEWTON BEACH und HUNTSMAN wurden zunächst von einem Prisenkommando besetzt und erst am 8.10. bzw. 17.10. 1939 versenkt.

November 1939 — ADMIRAL GRAF SPEE hielt sich vom 4. bis 19.11.1939 im Indischen Ozean auf und versenkte am 15.11.1939 das brit. MS. AFRICA SHELL von 706 BRT.

Dezember 1939 — Wieder im alten Operationsgebiet konnte das Panzerschiff noch folgende Erfolge verbuchen:
Am 2.12.1939 brit. D. DORIC STAR (10.086 BRT) und am 3.12.1939 brit. Kühlschiff TAIROA (7.983 BRT).
25,5° S, 24,5° W fand am 6.12.1939 das letzte Treffen der SPEE mit seinem Troßschiff ALTMARK (Kapitän Dau) statt. Insgesamt hatte die SPEE neunmal ihren Betriebsstoff aus Vorräten des Flottentroßschiffes ergänzt (erstmals am 1.9.1939). Um seine Absicht, in die Heimat zurückzukehren, zu tarnen, unternahm Kpt. z. S. Langsdorff einen Vorstoß nach Südwesten zum La Plata. Es sollte so eine Verlegung ums Kap Horn in den Pazifik vorgetäuscht werden. Am 7.12.1939 wurde der brit. D. STREONSHALH (3.895 BRT) angehalten und versenkt.

13. Dezember 1939 — ADMIRAL GRAF SPEE wurde von dem brit. schweren Kreuzer EXETER, dem brit. leichten Kreuzer AJAX und dem neuseeländischen leichten Kreuzer ACHILLES gestellt. In dem sich entwickelnden Gefecht wurde die EXETER schwer beschädigt, aber auch ACHILLES, AJAX und die SPEE erhielten Treffer. Das Panzerschiff lief Montevideo zur Reparatur an, jedoch war eine Instandsetzung in der gestellten Frist nicht möglich.

17. Dezember 1939 — Auslaufen aus Montevideo um 18.15 Uhr. Der Kommandant versenkte das Schiff in der La Plata-Mündung am 17.12.1939, 19.52 Uhr.

Insgesamt hatte das Panzerschiff 9 Handelsschiffe mit zusammen 50.089 BRT versenkt.

War History & Whereabouts

Battleship ADMIRAL GRAF SPEE

Launched on 30th June 1934 from the Reich Naval Dockyard at Wilhelmshaven
Commissioned 6th January 1936

Main Actions:

August 1939 — *On 21st August 1939, ADMIRAL GRAF SPEE left Wilhelmshaven for the South Atlantic. No raids until September. From 11th to 25th September, she stayed in and off the beat area of sea around 900 nautical miles east of Bahia.*

September 1939 — *On 26th September, the ADMIRAL GRAF SPEE was given permission to attack merchant ships. Her first victim was the British steamer CLEMENT (5,051 t), stopped and sunk off Pernabuco on 30th September.*

October 1939 — *The following ships were seized on the trade route from Cape Town to Freetown: 5th October – British steamer NEWTON BEACH (4,651 t); 7th October – British steamer ASHLEA (4,222 t); 10th October – British steamer HUNTSMAN (8,196 t); 22nd October – British merchantman TREVANION (5,299 t). NEWTON BEACH and HUNTSMAN were boarded by a prize crew and were sunk later, on 8th and 17th October.*

November 1939 — *ADMIRAL GRAF SPEE was in the Indian Ocean from 4th to 19th November, sinking one British merchantman AFRICA SHELL (706 t) on 15th November.*

December 1939 — *Returning to her former area of operations, the SPEE booked the following successes: 2nd December – British steamer DORIC STAR (10,086 t); 3rd December – British refrigerator ship TAIORA (7,983 t); 6th December – last meeting of SPEE with her supply ship ALTMARK (Captain Dau) at 25.5° S, 24.5° W. 7th December – The British steamer STREONSHALN (3,895 t) was stopped and sunk.*

13th December 1939 — *ADMIRAL GRAF SPEE was cornered by the British heavy cruiser EXETER, the British light cruiser AJAX and the New Zealand light cruiser ACHILLES. In the following battle, the EXETER was badly damaged, as was the ACHILLES and AJAX and the SPEE too was hit. She went into Montevideo for repairs, but could not be brought to a satisfactory condition in the time allowed.*

17th December 1939 — *Left Montevideo at 18.15 hrs. Scuttled in the La Plata estuary at 19.52 hrs. In all, she had sunk nine merchant ships totalling 50,089 t.*

DIE SCHWEREN KREUZER DER DEUTSCHEN KRIEGSMARINE

Anläßlich der Abrüstungskonferenz in Washington im November 1921 wurde der Bau von Großkampfschiffen reglementiert. Das Rüstungspotential der seefahrenden Nationen verlagerte sich daher auf einen neuen Schiffstyp, der in analoger Anwendung des Wortes dann Washington-Kreuzer genannt wurde.
Die Schweren Kreuzer sind somit das Ergebnis einer politischen Entscheidung. Deutschland hatte zunächst keinen Anteil daran, holte dann aber schnell auf. Innerhalb von zwei Jahren, nämlich von August 1935 bis 1937 erfolgte die Kiellegung von fünf Schweren Kreuzern. Es handelte sich hierbei um zwei Typenserien, die Blücher-Klasse mit dem Schwesterschiff ADMIRAL HIPPER und die Prinz Eugen-Klasse mit den Schwesterschiffen SEYDLITZ und LÜTZOW.

Die Abweichungen zwischen den beiden Serien waren gering. Die beiden letztgenannten Schweren Kreuzer wurden nie fertiggestellt. Die LÜTZOW wurde in halbfertigem Zustand 1940 an die UdSSR verkauft. Die Absicht, die SEYDLITZ in einen Flugzeugträger umzurüsten, konnte wegen der veränderten Kriegslage nicht realisiert werden.
Aufgrund bilateraler Flottenabkommen mit Großbritannien im Jahr 1935 hatten sich beide Länder Beschränkungen auferlegt. So sollte die Standardverdrängung nicht über 10.000 ts hinausgehen. Zusätzliche militärische Forderungen führten dann jedoch dazu, daß das Schiffsgewicht um ca. 40 Prozent erhöht werden mußte.
Mit dem Bau der Schweren Kreuzer verfolgte die Deutsche Kriegsmarine die Absicht, ein Kampfschiff zu schaffen, das stärker sein sollte als der gleiche Schiffstyp anderer Marinen und bis zu gewissen Grenzen die Aufgabe von Großkampfschiffen übernehmen konnte.
Im Zusammenhang mit der Schiffsbeschreibung der Schweren Kreuzer PRINZ EUGEN und ADMIRAL HIPPER verweisen wir auch auf deren Abschnitte in diesem Buch.

Die Abbildung auf dieser Seite zeigt die BLÜCHER im Herbst 1939 wenige Wochen nach ihrer Indienststellung in der Kieler Förde. Die BLÜCHER hat bereits den sichelförmigen Atlantiksteven und die abgeschrägte Schornsteinkappe erhalten. Bei den Probefahrten schränkte der vorher gerade Steven die Seefähigkeit ein, und die Rauchgase aus dem vorher geraden Schornstein beeinflußten nachteilig die Feuerleiteinrichtungen im Vormars.

This picture on this page shows the BLÜCHER in autumn 1939 only a few weeks after she was commissioned in the Kiel Firth. The BLÜCHER already had the scythe-shaped Atlantic prow and the sloped funnel cover. On her trials, the prow in its earliest straight form reduced her sea performance and the straight funnel hindered fire control from the foremast.

As a result of the conference on disarmament in Washington in November 1921, the construction of capital ships was regulated. The armament potential of the seafaring nations thus shifted to a new type of ship which became known as the "Washington Cruiser".
The heavy cruisers were therefore the result of a political decision.
At first, Germany did not participate in this, but soon caught up. In a mere two years, that is from August 1935 to 1937, the kiels of five heavy cruisers were laid. These were two classes, the Blücher Class with her sister ship ADMIRAL HIPPER and the Prinz Eugen Class with her sister ships SEYDLITZ and LÜTZOW.
The differences between the two classes were minimal. The last two cruisers mentioned were never completed. The LÜTZOW was sold to Russia in 1940 only half completed. It had been intended to convert the SEYDLITZ into an aircraft carrier, but because of the war, this was not accomplished.
On the basis of the bilateral agreement of 1935 on naval strength with Great Britain, both cruisers had set restrictions. The standard displacement was not to exceed 10,000 tons. Additional military requirements led to the ship's weight being increased by around 40 percent.
By building these heavy cruisers, the German Navy intended to build warships not only more powerful than the same type of ships in other navies, but also, within certain limits, capable of taking over the tasks of capital ships.
Together with the description of the heavy cruisers PRINZ EUGEN and ADMIRAL HIPPER, we also refer to the other sections of this book.

War History & Whereabouts

Heavy Cruiser BLÜCHER

Launched on 8th June 1937 in the Deutsche Werke in Kiel
Commissioned on 20th September 1939

Main Actions:

September 1939 – April 1940 — *Training*

April 1940 — *Preparations in Swinemünde for operation "Weserübung". Took army units on board. BLÜCHER, LÜTZOW and EMDEN together with torpedo boats ALBATROS, MÖWE and KONDOR, the 1st R-Flotilla and two armed whalecatchers formed Warship Squadron 5. The commander of this squadron, Counter-Admiral Kummetz, boarded the BLÜCHER on which the intended Commanding Admiral of Norway, Admiral Boehn, was also.*

9th April 1940 — *Warship Squadron 5 reached the Oslo Fjord. The Squadron tried to press on to Oslo without delay. Resistance was not expected, but at 5.20 (Central European Time), in the narrowest part of the fjord, the fortress of Oskarborg opened fire on the leading ship of the Squadron, the cruiser BLÜCHER. The ship was heavily damaged, receiving hits to the superstructure and being set alight on the upper deck. After two hits from the torpedoes of a Norwegian land-based torpedo battery, the BLÜCHER sank at 7.23. The Squadron's commanders transferred to the LÜTZOW.*

Kriegseinsätze und Verbleib

Schwerer Kreuzer BLÜCHER

Stapellauf 8.6.1939 Deutsche Werke in Kiel
in Dienst gestellt 20.9.1939

Haupteinsätze:

September 1939 – April 1940 — Ausbildung

April 1940 — Bereitstellung in Swinemünde zum Unternehmen "Weserübung". Übernahme von Heereseinheiten. BLÜCHER bildete mit LÜTZOW, EMDEN, den Torpedobooten ALBATROS, MÖWE und KONDOR, der 1. R-Flottille und zwei bewaffneten Walfangbooten die Kriegsschiffgruppe 5. Der Führer dieser Gruppe, Konteradmiral Kummetz, schiffte sich auf dem Kreuzer BLÜCHER ein, auf dem sich u. a. auch der als Kommandierende Admiral in Norwegen vorgesehene Admiral Boehm befand.

9. April 1940 — Die Kriegsschiffgruppe 5 erreichte den Oslofjord. Der Verband versuchte unverzüglich nach Oslo durchzustoßen. Widerstand wurde kaum erwartet, jedoch eröffnete um 5.20 Uhr MEZ in der engsten Stelle des Fjordes, der Dröbakenge, die Festung Oskarborg das Feuer auf das Spitzenschiff des Verbandes, den Kreuzer BLÜCHER. Das Schiff wurde schwer beschädigt; es erhielt Treffer in die Aufbauten und brannte am Oberdeck. Nach 2 Torpedotreffern einer norwegischen Landtorpedobatterie sank die BLÜCHER um 7.23 Uhr MEZ. Die Führung der Kriegsschiffe ging auf den Kommandanten der LÜTZOW über.

Der Schwere Kreuzer ADMIRAL HIPPER (folgend immer nur HIPPER genannt)
– einmal in seinem Aussehen im Sommer 1939 (folgende Doppelseite) in deutschen Gewässern und
– im Februar 1941 vor Brest.

Bereits Ende 1939 hatte dieser Schwere Kreuzer genau wie die BLÜCHER den ausfallenden Vorsteven und eine Schornsteinkappe erhalten. Anläßlich einer Reparatur- und Werftliegezeit im Frühjahr 1940 wurde der alte Großmast gegen einen stärkeren Großmast ausgetauscht. Auf dem neuen Großmast war ein Beobachtungsstand aufgesetzt, der den Beobachtungsbereich des Kriegsschiffes für die vorgesehenen Atlantikunternehmen vergrößern sollte. Diese Mastform hatte sich offensichtlich nicht bewährt, denn später wurde sie wieder von Bord genommen. Schließlich ist die Drehhaube des Entfernungsmeßgerätes höher geworden, um die Antenne des Funkmeßgerätes aufnehmen zu können.

The heavy cruiser ADMIRAL HIPPER (now referred to as the HIPPER):
– As she appeared in summer 1939 (double page following) in German waters.
– Outside Brest in February 1941.

As early as the end of 1939, this heavy cruiser, like BLÜCHER, had the sloped prow and the funnel cover. During a refit in dock in spring 1940, the old main mast was swapped for a stronger one. An observation post was added on the new mast which was designed to provide the increased vision needed for the envisaged Atlantic operation. This type of mast was apparently inadequate as it was later removed. Finally, the turning cover on the range finder has become larger in order to cover the antenna on the range finder.

Diese Aufnahmen entstanden am 12./13. April 1940, unmittelbar nachdem die HIPPER in Wilhelmshaven eingelaufen war. Die Abbildungen vermitteln Einzelheiten der Beschädigungen, die am 8. April durch die Kollision mit dem britischen Zerstörer GLOWWORM entstanden waren. Die Zerstörungen wirkten über ca. ein Drittel der gesamten Steuerbordseite des Schiffsrumpfes und sogar noch über die Deckskante hinaus, wobei u. a. auch der vordere Torpedorohrsatz in Mitleidenschaft gezogen wurde. Während die Beschädigungen im Bereich des Seitenpanzers, wie die untere Abbildung zeigt, verhältnismäßig unbedeutend waren, erwiesen sie sich unterhalb des Panzerschutzes und zugleich unterhalb der Wasserlinie als äußerst schwerwiegend, denn hier wurde die Schiffsaußenhaut über eine Länge von etwa 40 Metern aufgerissen. Dadurch konnten ca. 500 t Wasser in den Schiffsrumpf eindringen. Die Abbildung verdeutlicht, wie die GLOWWORM an dem Panzerschutz der HIPPER zunächst abgerutscht ist und dann immer tiefer unter den Rumpf der HIPPER gedrückt wurde.

Die Abbildung zeigt auch Einzelheiten der Seitenpanzerung. Im Bereich des Rumpfwulstes (Mittelschiff) wird die 80 mm starke Panzerung von dem Wulst weitgehend überdeckt. Im Bereich des Vor- und Achterschiffs wurde die Panzerung in unterschiedlicher Stärke auf die Außenhaut des Schiffsrumpfes aufgebracht und zwar nicht, wie vermutet werden könnte, durch Schweißung sondern durch Nietung.

These pictures were taken on 12th and 13th April 1940 directly after the HIPPER had docked in Wilhelmshaven. They show details of the damage which occurred after the collision with the British destroyer GLOWWORM on 8th April. The damage affected over one third of the entire starboard of the hull and even affected the decks, damaging the front torpedo tubes and other areas. Although the damage to the side armour, as the lower picture shows, was relatively unimportant, it turned out to be extremely problematic being below the armour protection and, at the same time, below the waterline, a tear in the ship's outer skin of around 40 metres in length, 500 tons of water could flow into the hull of the ship through it. It is clear from the picture how the GLOWWORM slid along the armour plate of the HIPPER, pressing deeper and deeper into the hull.

The picture also shows details of the side armour. Around the bulge in the hull amidships 80 mm thick armour is covered by the bulge. At the bow and astern, armour of different thickness was fixed on top of the skin of the ship's hull, but not, as it is often thought, by welding, but by riveting.

Kriegseinsätze und Verbleib

Schwerer Kreuzer ADMIRAL HIPPER

Stapellauf 6.2.1937 Blohm & Voss, Hamburg
in Dienst gestellt 29.4.1939

Haupteinsätze:

Bis Januar 1940	Ausbildung und Erprobung.
6. April 1940	Unternehmen "Weserübung". ADMIRAL HIPPER übernahm ein Gebirgsjägerregiment in Cuxhaven-Steubenhöft.
7. April 1940	Bereitstellung bei Helgoland mit vier Zerstörern als Kriegsschiffgruppe 2.
8. April 1940	ADMIRAL HIPPER unterstützte die Zerstörer BERND VON ARNIM und HANS LÜDEMANN im Gefecht mit dem britischen Zerstörer GLOWWORM, der von ADMIRAL HIPPER vernichtet wurde. Kollision mit dem Wrack.
9. April 1940	Die Gruppe erreichte Drontheim um 5.25 Uhr.
10. April 1940	ADMIRAL HIPPER lief aus Drontheim aus und erreichte Wilhelmshaven am 12. April 1940.
April – Juni 1940	Reparatur und Werftliegezeit in Wilhelmshaven.
4. Juni 1940	Mit GNEISENAU, SCHARNHORST und 4 Zerstörern Vorstoß in den Seeraum von Harstad (Operation "Juno"). ADMIRAL HIPPER und die 4 zugeteilten Zerstörer versenkten den Truppentransporter ORAMA, den Tankdampfer OILPIONEER sowie den U-Bootjäger JUNIPER.
25. Juli – 9. August 1940	Auslaufen zum Handelskrieg zwischen dem Nordkap und Spitzbergen. Rückkehr nach Wilhelmshaven. Ein Dampfer wurde versenkt.
30. November 1940	Auslaufen zum Handelskrieg in den Nordatlantik.
6./7. Dezember 1940	Durchbruch durch die Dänemarkstraße.
24./25. Dezember 1940	Geleitzug W.S. 5 A 700 sm westlich Cap Finisterre angetroffen. Gefecht mit dem britischen schweren Kreuzer BERWICK und Zerstörern. Der britische Kreuzer wurde erheblich beschädigt, desgl. zwei Handelsschiffe, von denen eins mit 6.078 BRT sank.
27. Dezember 1940	Einlaufen in Brest und bis Ende Januar 1941 Werftüberholung.
1. Februar 1941	Auslaufen aus Brest zu neuem Kreuzerkrieg im Atlantik.
11. Februar 1941	Einzelfahrer versenkt.
12. Februar 1941	Morgens in 37° 12' N, 21° 20' W griff ADMIRAL HIPPER den Convoy S.L.S. 64 (19 aus Freetown kommende große Handelsschiffe ohne Kriegsschiffgeleit) an und versenkte nach eigenen Beobachtungen 14 Schiffe. Wegen Brennstoffmangels mußte der Kreuzer die Aktion abbrechen und nach Brest zurücklaufen. Dort eingetroffen 14.2.1941.
März 1941	Rückkehr nach Deutschland. Am 15.3.1941 ab Brest, am 23.3.1941 Dänemarkstraße passiert. Am 28.3.1941 in Kiel eingetroffen.
April bis Ende 1941	Umbauten und Werftliegezeit.
19. März 1942	Von Brunsbüttel trat ADMIRAL HIPPER die Fahrt in die Fjorde bei Drontheim an und ankerte am 21.3.1942 neben der TIRPITZ.
Juli 1942	Operation "Rösselsprung", Angriff auf den Convoy PQ 17. 5.7.1942 Vorstoß von TIRPITZ, HIPPER, SCHEER, 7 Zerstörern und 2 Torpedobooten vom Altafjord aus in das Eismeer. Keine Berührung mit dem Konvoi, jedoch bewirkte die Operation, daß die Geleitsicherung die zu schützenden Handelsschiffe verließ, so daß durch Unterseeboote und Flugzeuge zwei Drittel des Konvois vernichtet werden konnten.
10. September 1942	HIPPER, SCHEER, KÖLN und Zerstörer verlegten von Narvik zum Altafjord.
September und November 1942	Ende September und Anfang November 1942 unternahm ADMIRAL HIPPER je eine Minenunternehmung mit Zerstörern in der Barents-See. Ein russischer Tanker wurde vernichtet.
30. Dezember 1942	Unter Führung von V.Adm. Kummetz liefen ADMIRAL HIPPER (Flaggschiff), LÜTZOW und 6 Zerstörer vom Altafjord zum Angriff auf den Konvoi JW 51 B aus. Der Angriffsplan auf den Konvoi sah einen Zangenangriff vor, wobei ADMIRAL HIPPER mit 3 Zerstörern von NW, LÜTZOW gleichfalls mit 3 Zerstörern von Süden den nach Osten steuernden Konvoi angreifen sollten.
31. Dezember 1942	ADMIRAL HIPPER griff in 73°N, 29°O den Konvoi an. ADMIRAL HIPPER versenkte den Minensucher BRAMBLE und beschädigte den Zerstörer ACHATES. Die Kreuzer SHEFFIELD und JAMAICA griffen die Hipper-Gruppe an und versenkten den Zerstörer FRIEDRICH ECKOLDT. Während des Kampfes der Hipper-Gruppe war die LÜTZOW mit ihren 3 Zerstörern von Süden an den Konvoi herangekommen, beschädigte aber nur einen Frachter. Kurz vor Mittag brach V.Adm. Kummetz das Gefecht ab. ADMIRAL HIPPER hatte einen Treffer erhalten, der die Bordwand durchschlagen hatte.
Februar – März 1943	ADMIRAL HIPPER und KÖLN verlegten von Norwegen in die Ostsee.
1. April 1943	Außer Dienst gestellt und in Pillau aufgelegt.
März 1944	ADMIRAL HIPPER wieder in Dienst gestellt.
Herbst 1944	Bedingt gefechtsbereit und als Ausbildungsschiff verwendet.
30. Januar 1945	ADMIRAL HIPPER lief mit 1.530 Flüchtlingen an Bord aus Gotenhafen zur Reparatur nach Kiel aus.
3. April 1945	Bombentreffer, im Dock der Deutschen Werke, Kiel.
3. Mai 1945	ADMIRAL HIPPER wurde im Dock der Deutschen Werke selbst gesprengt. Später von den Engländern in der Heikendorfer Bucht abgesetzt. 1948/49 abgebrochen.

Heavy Cruiser ADMIRAL HIPPER

Launched 6th February 1937 by Blohm & Voss, Hamburg
Commissioned 29th April 1939

Main Actions:

To January 1940	*Training and trials.*
6th April 1940	*Operation "Weserübung". ADMIRAL HIPPER took a mountain regiment on board in Cuxhaven-Steubenhöft.*
7th April 1940	*Took up positions off Heligoland with four destroyers, forming Warship Squadron 2.*
8th April 1940	*ADMIRAL HIPPER supported the destroyers BERND VON ARNIM and HANS LÜDEMANN in action against the British destroyer GLOWWORM. The latter was totally destroyed by the ADMIRAL HIPPER but she collided with the wreck.*
9th April 1940	*The Squadron reached Drontheim at 5.25*
10th April 1940	*ADMIRAL HIPPER left Drontheim and reached Wilhelmshaven on 12th April 1940.*
April – June 1940	*Repairs in dock at Wilhelmshaven.*
4th June 1940	*Along with GNEISENAU, SCHARNHORST and four destroyers, participated in a raid in the area of Harstad (Operation "Juno"). ADMIRAL HIPPER and the four attacked destroyers sunk the troop transport ORAMA, the tanker OIL PIONEER and the submarine hunter JUNIPER.*
25th July 1940	*At sea between the Northern Cape and Spitzbergen in the trade*
9th August 1940	*war. Returned to Wilhelmshaven. Sank one merchantman.*
30th November 1940	*Put to sea for the Battle of the Atlantic.*
6th – 7th December 1940	*Broke out through the Straits of Denmark.*
24th – 25th December 1940	*Attacked Escort W.S. 5 A 700 nautical miles west of Cape Finisterre. Fought with the British heavy cruiser BERWICK and destroyers. The British cruiser was severely damaged along with two merchantmen, one of which, 6,078 tons sank.*
27th December 1940	*Entered Brest and refitted in dock until the end of January 1941.*
1st February 1941	*Left Brest for the battle in the Atlantic.*
11th February 1941	*That morning at 37° 12' N, 21° 20' W, ADMIRAL HIPPER attacked Convoy S.L.S. 64 (19 large merchantmen coming from Freetown without any warship escort), sinking, according to its own sightings, 14. Due to lack of fuel, the cruiser had to break off the action and return to Brest. She arrived there on 14th February 1941.*
March 1941	*Returned to Germany. Left Brest on 15th March 1941, passed the Straits of Denmark on 23rd March 1941. Arrived in Kiel on 28th March 1941.*
April – End 1941	*Conversions in dock.*
July 1942	*Operation "Rösselsprung", attack on Convoy PQ 17.*
5th July 1942	*Raid by TIRPITZ, HIPPER, SCHEER, seven destroyers and*
September and November 1942	*At end of September and the beginning of November 1942, ADMIRAL HIPPER along with some destroyers laid mines in the Barents Sea. 1 Russian tanker was sunk.*
30th December 1942	*Under the command of Vice-Admiral Kummetz, ADMIRAL HIPPER (Flagship), LÜTZOW and six destroyers left the Alta Fjord to attack convoy JW 51 B. The plan of attack was to make a pincer manoeuvre, ADMIRAL HIPPER and three destroyers from the north-west. LÜTZOW and the other three destroyers from the south, attacking the convoy which was going east.*
31st December 1942	*ADMIRAL HIPPER attacked the convoy at 73° N, 29° E, sinking the mine-seeker BRAMBLE and damaging the destroyer ACHATES. The British cruiser SHEFFIELD and JAMAICA attacked the HIPPER and her squadron, sinking the destroyer FRIEDRICH ECKOLDT. During the battle with the HIPPER and her squadron, the LÜTZOW with her three destroyers, coming from the south, reached the convoy but only damaged one freighter. Just before midday, Kummetz broke off the battle. ADMIRAL HIPPER had suffered one hit which had penetrated the side of the ship.*
February – March 1943	*ADMIRAL HIPPER and KÖLN were transferred from Norway to the Baltic.*
1st April 1943	*Withdrawn from service and laid up in Pillau.*
March 1944	*ADMIRAL HIPPER recommissioned.*
Autumn 1944	*Prepared for action and used as a training ship.*
30th January 1945	*With 1,530 refugees on board, the ADMIRAL HIPPER left Gotenhafen for repairs in Kiel. The ship that preceded her, the WILHELM GUSTLOFF, was torpedoed by a Russian submarine and sank. Because of the danger from the submarine, ADMIRAL HIPPER could do nothing to help. Instead, she proceeded westwards and got to Kiel without further incident.*
3rd April 1945	*Hit by a bomb.*
3rd May 1945	*ADMIRAL HIPPER was blown up in the dock of the Deutsche Werke. She was later moved to the Heikendorf Bight by the British and broken up in 1948/49.*
	two torpedo boats into the Arctic Ocean from the Alta Fjord. No contact with the convoy, but the operation was effective in that the escort left the convoy allowing it to be attacked by U-boats and aircraft which sunk two-thirds of it.
10th September 1942	*HIPPER, SCHEER, KÖLN and destroyers transferred from Narvik to the Alta Fjord.*

Der PRINZ EUGEN war gerade gemeinsam mit SCHARNHORST und GNEISENAU am 13. Februar 1942 der Kanaldurchbruch gelungen. Zum Zeitpunkt, als diese Aufnahme entstand, war gerade etwas mehr als eine Woche vergangen. Zusammen mit ADMIRAL SCHEER und drei Zerstörern befand sich die PRINZ EUGEN auf dem Marsch durch die norwegischen Schären zum Drontheimfjord. Die deutsche Marineleitung beabsichtigte, mit dieser Verlegung deutsche Unterwasserkampfschiffe zu verstärken. Doch am 23. Februar 1942 lief die PRINZ EUGEN zusammen mit vier anderen Booten dem britischen U-Boot TRIDENT vor die Rohre, das vor dem Fjord auf der Lauer lag. Das Torpedo traf das Achterschiff des Schweren Kreuzers, so daß es es auf eine Länge von ca. 14 Meter abknickte. Die Ruderanlage wurde dabei zerstört. Mit den Werkstattmitteln des Marinestützpunktes in Drontheim schuf man dann provisorisch die Voraussetzungen für eine Überführung zu einer Werft mit Dockmöglichkeiten in Deutschland. Unter dem Decknamen "Zauberflöte" wurde der Schwere Kreuzer schließlich nach Kiel überführt, wo er trotz schwerer Luftangriffe durch Torpedoflugzeuge und Hochbomber sicher am 18. Mai 1942 einlief.

The PRINZ EUGEN along with the SCHARNHORST and GNEISENAU successfully broke through the English Channel on 13th February 1942. This photograph was taken just over a week later. The PRINZ EUGEN together with the ADMIRAL SCHEER and three destroyers were on their way to the Drontheim Fjord through the Norwegian skerries. The German Naval Command was intending to re-inforce the German ocean-going warships with this movement of forces, but on 23rd February 1942, the PRINZ EUGEN along with the other four ships ran into the British submarine TRIDENT, which was lying in wait before the fjord, torpedoes ready. One stuck the stern of the heavy cruiser in such a way that about 14 metres of it was broken off. The rudder was therefore destroyed. With the tools available at Drontheim, temporary repairs were made so that the heavy cruiser could sail to a harbour in Germany with proper dock facilities. Under the code-name "Zauberflöte" ("Magic Flute"), she was transferred to Kiel, where, despite air attacks by torpedo planes and high altitude bombers, she arrived safely on 18th May.

In diesem Zustand zeigte sich die PRINZ EUGEN im Spätherbst 1944, nachdem sie bereits mit ca. 2.000 Schuß ihrer schweren Artillerie in die erbitterten Landkämpfe gegen sowjetische Heeresverbände eingegriffen hatte.
Das Aussehen der PRINZ EUGEN blieb während des gesamten Krieges im wesentlichen unverändert. Lediglich auf die Drehhaube des Entfernungsmeßgerätes im Vormars wurde ein Funkmeßstand aufgesetzt und die Scheinwerfer beiderseits des Schornsteins durch zwei 2 cm Flak in Vierlingslafette ersetzt; wie überhaupt die Flakbewaffnung im Laufe des Krieges stark zugenommen hatte. Ungeachtet ihres strapazierten Aussehens vermag die Abbildung noch die Eleganz und Ausgewogenheit dieses architektonisch gelungenen Schiffes auszudrücken.

This is how the PRINZ EUGEN appeared in late autumn 1944 after she had fired about 2,000 rounds from her main armament in the bitter land fighting against the Soviet armies. The appearance of the PRINZ EUGEN remained largely unaltered during all of the war. All that was changed were the turning hood on the range finder on the foremast which had a radio measuring platform added on it and the searchlights on both sides of the funnel which were replaced by two 2 cm AA guns on quad mountings; the AA weaponry was increased throughout the war on all units of the German Navy.
Despite its worn appearance, this picture shows the elegance and balance of this architecturally well-designed ship.

Kriegseinsätze und Verbleib

Schwerer Kreuzer PRINZ EUGEN

Stapellauf 22.8.1938 Germania-Werft, Kiel
in Dienst gestellt 1.8.1940

Haupteinsätze:

Juli 1940	Noch nicht in Dienst gestellt, erhielt PRINZ EUGEN bei britischen Luftangriffen am 1. und 2.7.1940 je einen Bombentreffer bei der Germania-Werft.
August 1940 – April 1941	Ausbildung und Übungen aller Art.
23. April 1941	Grundminentreffer im Fehmarn-Belt.
18. Mai 1941	Von Gotenhafen ausgelaufen, um zusammen mit der BISMARCK in den Atlantik durchzubrechen.
21. Mai 1941	Beide Schiffe ankerten südlich von Bergen im Korsfjord und ergänzten Öl. Hierbei wurden sie von der britischen Luftaufklärung entdeckt. Noch am Abend des gleichen Tages liefen beide Schiffe wieder aus.
23. Mai 1941	Um 08.22 Uhr (MEZ) sichtete der britische Schwere Kreuzer SUFFOLK die deutschen Schiffe nordwestlich von Island im nördlichen Teil der Dänemarkstraße. Rund eine Stunde später stieß die NORFOLK zur SUFFOLK. Beide britischen Schiffe hielten mit dem deutschen Verband Fühlung. Kurzer erfolgloser Schußwechsel zwischen BISMARCK und NORFOLK. In der Nacht verloren die britischen Kreuzer für zweieinhalb Stunden die Fühlung. PRINZ EUGEN setzte sich vor die BISMARCK.
24. Mai 1941	Um 03.47 Uhr (MEZ) hatte SUFFOLK wieder Radarkontakt mit den deutschen Schiffen.
	06.53 – 07.13 Uhr (MEZ). Gefecht mit dem britischen Schlachtkreuzer HOOD und dem britischen Schlachtschiff PRINCE OF WALES unter Viceadmiral Holland. Um 07.00 Uhr explodierte und sank die HOOD auf 63° 20' N, 31° 50' W.
	Beide deutschen Schiffe hatten bei Beginn des Gefechts das Feuer auf HOOD eröffnet. Soweit feststellbar, erzielte PRINZ EUGEN den ersten Treffer des Gefechts, weitere 5 bis 6 Treffer gingen auf Konto der BISMARCK. Nach Vernichtung der HOOD konzentrierte sich das Feuer der deutschen Schiffe auf PRINCE OF WALES, die 4 Treffer der BISMARCK und 3 Treffer der PRINZ EUGEN erhielt. PRINCE OF WALES brach das Gefecht ab und hielt jedoch, wie auch NORFOLK und SUFFOLK, Fühlung mit dem deutschen Verband.
	Zwischen 19.00 und 20.00 Uhr verminderte BISMARCK die Fahrt, kurzer Schußwechsel mit den Verfolgern. PRINZ EUGEN wurde vom Flottenchef zum Handelskrieg im Mittelatlantik entlassen.
26. Mai 1941	PRINZ EUGEN ergänzte Öl aus dem Troßschiff SPICHERN.
26. – 29. Mai 1941	Es wurden keine Handelsschiffe gesichtet.
29. Mai 1941	Maschinenschäden zwangen den Kreuzer, Brest anzulaufen. Dort eingetroffen 1.6.1941.
	15.31 Uhr. Vor der Scheldemündung erster Minentreffer auf dem Schlachtschiff SCHARNHORST. GNEISENAU und PRINZ EUGEN liefen weiter.
	16.43 Uhr. Aus Harwich kommend griffen fünf brit. Zerstörer in Höhe von Rotterdam den deutschen Verband an. Die deutschen Schiffe konnten alle Torpedos ausmanövrieren.
13. Februar 1942	GNEISENAU und PRINZ EUGEN erreichten um 08.00 Uhr die Elbemündung.
	Da die beiden Schiffe beschädigt waren, setzte der Verbandschef, V.Adm. Ciliax, seine Flagge auf PRINZ EUGEN. Zum Verband trat der Schwere Kreuzer ADMIRAL SCHEER.
21. Februar 1942	Verschiedene Täuschungsmanöver des Verbandes in der Nordsee zur Irreführung des Gegners. Flugzeuge sichteten um 12.10 Uhr PRINZ EUGEN, ADMIRAL SCHEER und 3 Zerstörer vor der holländischen Küste auf Nordkurs. Fühlung ging verloren. Erst am 22.2.1942 nachmittags konnte die feindliche Aufklärung die Schiffe im Grimstadfjord ausmachen.
23. Februar 1942	Vor dem Drontheimfjord torpedierte das britische Unterseeboot TRIDENT um 07.00 Uhr die PRINZ EUGEN und beschädigte das Schiff schwer.
Februar/März 1942	Ein Teil des Achterschiffes mußte abgeschweißt werden. Notreparatur.
16. – 18. Mai 1942	Überführung nach Kiel (das Schiff fuhr mit eigener Kraft). In der Höhe von Lister griffen britische Torpedoflugzeuge und Bomber im geschlossenen Verband an. Ein Treffer wurde nicht erzielt.
Oktober 1942	PRINZ EUGEN wieder einsatzbereit, blieb zunächst in Heimatgewässern.
Mai 1943	PRINZ EUGEN trat zum Ausbildungsverband der Flotte.
Herbst 1943	Sonderaufgaben (Weiterentwicklung von Waffen und Gerät).
Juni 1944	Aus den Schweren Kreuzern PRINZ EUGEN und LÜTZOW und der 6. Zerstörerflottille wurde eine Kampfgruppe gebildet. Der Kreuzer wurde in der östlichen Ostsee nordwestlich von Utö eingesetzt.
Juli 1941	In der Nacht vom 1. zum 2.7.1941 Bombentreffer im Dock in Brest.
12. Januar 1942	befahl Hitler die Verlegung der Großkampfschiffe GNEISENAU, SCHARNHORST und PRINZ EUGEN von Brest durch den Kanal nach Norwegen zur Abwehr einer dort befürchteten Invasion.
11. Februar 1942	Auslaufen des Verbandes aus Brest war für 20.30 Uhr (MEZ) geplant. Durch Luftangriffe Verzögerung bis 23.45 Uhr.
12. Februar 1942	Um 11.20 Uhr (MEZ) wurde der deutsche Verband durch die feindliche Luftaufklärung ausgemacht. Die Schiffe standen zu dieser Zeit schon in Höhe der Somme-Mündung.
	13.19 Uhr Passieren der Straße von Dover. Auch jetzt noch keine feindlichen Angriffe oder Störversuche.
	13.25 Uhr erfolgloser Angriff von vier aus Dover kommenden britischen Schnellbooten.
	13.45 Uhr erfolgloser Angriff von 6 britischen Torpedoflugzeugen, die alle abgeschossen wurden. Zwischen 16.40 und 19.00 Uhr verschiedene weitere Angriffe von Torpedoflugzeugen und Bombern. Sämtlichen Angriffen war kein Erfolg beschieden.

19. – 20. August 1944	Vorstoß in den Rigaischen Meerbusen und Beschießung von Tukkum.
15. September 1944	Die Kampfgruppe stand in diesen Tagen in voller Stärke in der Aalandsee und erzwang durch ihre Anwesenheit die kampflose Durchfahrt von 6 aus dem Bottnischen Meerbusen kommenden deutschen Frachtern mit schweren Geräten der deutschen Lapplandarmee an Bord.
Oktober 1944	Einsatz zur Unterstützung der zurückgehenden Heeresverbände bei Memel.
15. Oktober 1944	PRINZ EUGEN rammte nördlich von Hela den Leichten Kreuzer LEIPZIG. 14 Stunden waren die Schiffe ineinander verkeilt.
November 1944	Weiterhin Einsatz zur Unterstützung des Heeres.
8. April 1944	Zusammen mit LÜTZOW lief PRINZ EUGEN nach Swinemünde. PRINZ EUGEN lief weiter nach Kopenhagen.
9. Mai 1945	Unter britischen Befehl gestellt.
22. Mai 1945	Zusammen mit NÜRNBERG nach Wilhelmshaven verlegt.
13. Dezember 1945	PRINZ EUGEN den USA zugesprochen und nach Westermünde überführt.
13. Januar 1946	Nach USA ausgelaufen, 22.1.1946 an Boston.
Sommer 1946	Bei Atomversuchen (Bikini-Lagune) leicht beschädigt, aber schwimmfähig, danach bei dem Kwajalein-Atoll verankert, verrottet und gesunken.

War History & Whereabouts

Heavy Cruiser PRINZ EUGEN

Launched 22nd August 1938 from the Germania-Werft in Kiel
Commissioned on 1st August 1940

Main Actions:

July 1940	*Before being commissioned, the PRINZ EUGEN was hit on 1st and 2nd July 1940 by British bombs in the Germania-Werft.*
18th May 1941	*Left Gotenhafen to break out into the Atlantic with the BISMARCK.*
21st May 1941	*Both ships anchored in the Kors Fjord to the south of Bergen and refueled. They were spotted by British air reconnaissance. That evening, they left the fjord.*
24th May 1941	*06.53 to 07.13, battle with the British battle cruiser HOOD and battleship PRINCE OF WALES under Vice-Admiral Holland. At 07.00, the HOOD exploded and sank at 63° 20' N, 31° 50' W. After destruction of the HOOD, the German ships concentrated their fire on the PRINCE OF WALES which suffered four hits from the BISMARCK and three from the PRINZ EUGEN. The PRINCE OF WALES broke off the battle. PRINZ EUGEN was sent off to the Battle of the Atlantic by the Head of the Fleet.*
26th May 1941	*PRINZ EUGEN took on oil from the supply ship SPICHERN.*
26th – 29th May 1941	*No merchant ships sighted.*
29th May 1941	*Engine problems forced the cruiser to head for Brest, arriving there on 1st June 1941.*
July 1941	*Hit by a bomb in dock in Brest during the night of 1st to 2nd July 1941.*
12th January 1942	*Hitler ordered the transfer of the capital ships GNEISENAU, SCHARNHORST and PRINZ EUGEN from Brest through the English Channel to Norway to help the defence against the feared invasion.*
11th February 1942	*The departure of the ships was planned for 20.30 (CET), but this was delayed to 23.45 by an airraid.*
12th February 1942	*At 11.20 (CET), the German ships were spotted by enemy air reconnaissance. By this time, the ships were already in the Somme estuary. At 13.19, they passed through the Straits of Dover without any enemy attacks or interference. At 13.25, there was an unsuccessful attack by four British MTBs from Dover. At 13.45, there was an unsuccessful attack by six British torpedo planes all of which were shot down. Between 16.40 and 19,00, there were a number of further attacks by torpedo planes and bombers. None of the attacks was successful. At 15.31, in the Schelde estuary, the first hit by a mine on the battleship SCHARNHORST. GNEISENAU and PRINZ EUGEN continued. At 16.43, five British destroyers from Harwich attacked the German ships off Rotterdam. The German ships avoided all the torpedoes.*
23rd February 1942	*Outside the Drontheim Fjord, the British submarine TRIDENT torpedoed and heavily damaged the PRINZ EUGEN.*
16th – 18th May 1942	*Transferred to Kiel (the ship went under its own steam). Outside Loster, British torpedo planes and bombers attacked in force. There were no hits.*
October 1942	*PRINZ EUGEN was again made ready for action, but stayed in home waters.*
May 1943	*PRINZ EUGEN was transferred to the training Section of the Fleet.*
October 1944	*Used to support the retiring German armies at Memel.*
15th October 1944	*PRINZ EUGEN rammed the light cruiser LEIPZIG north of Hela. The ships were stuck together for 14 hours.*
November 1944 – April 1945	*Continued to be used in support of the army.*
8th April 1945	*Along with LÜTZOW, PRINZ EUGEN went to Swinemünde,. PRINZ EUGEN went on to Copenhagen.*
9th May 1945	*Placed under British orders.*
22nd May 1945	*Transferred to Wilhelmshaven along with NÜRNBERG.*
13th December 1945	*Handed over to the US and taken to Wesermünde.*
13th January 1946	*Sent to the US, arriving on 22nd January 1946 in Boston.*
Summer 1946	*Slightly damaged during atomic tests in the Bikini Lagoon. Anchored in the Kwajalein Atoll where she rotted and sank.*

Große Flottenparade am 22. August 1938 in der Kieler Bucht. Die Flotte wurde vom Schlachtschiff GNEISENAU als Flottenflaggschiff angeführt (nicht abgebildet), die wenige Monate zuvor in Dienst gestellt worden war.
Die Abbildung zeigt vorn die ADMIRAL GRAF SPEE, dahinter ADMIRAL SCHEER gefolgt von der DEUTSCHLAND und den Leichten Kreuzern. Es war die bis dahin größte Flottenparade der Deutschen Kriegsmarine und umfaßte den gesamten modernen Schiffsbestand an großen Einheiten, der ihr zur Verfügung stand.

Grand Parade of the Fleet in the Kiel Bight on 22nd August 1938. GNEISENAU, commissioned only a few months previously, as flagship (not on the picture), led the fleet. The picture shows ADMIRAL GRAF SPEE at the front and behind her ADMIRAL SCHEER followed by DEUTSCHLAND and the light cruisers. This was the largest ever Fleet Parade of the German Navy.

HAMBURG-AMERIKA LINIE
HAMBURG-AMERIKA LINIE

DIE ARTILLERIEBEWAFFNUNG
Die Schwere Artillerie

Bis etwa zu Beginn des Zweiten Weltkrieges war die Schiffsartillerie der Hauptträger der Waffenwirkung. Die technischen Anstrengungen der Marinekonstrukteure aller Kriegsmarinen waren darauf gerichtet, die Wirkung der Munition ohne Schaden des eigenen Schiffes an das gegnerische Ziel heranzubringen bzw. Treffer durch Abwehrmittel zu verhindern. Diesem Zweck diente letztlich die gesamte Schiffstechnik wie die

- Panzerung,
- Feuerleiteinrichtungen,
- Antriebsmittel,
- Schiffseinrichtungen u. a. m.

Die einzelnen Komponenten mußten optimal aufeinander abgestimmt sein, um für das Schiff die aussichtsreichsten Bedingungen zu schaffen. Eine Überbewertung einer Komponenten, wie z. B. Geschwindigkeit zu Lasten der Panzerung, konnte einen Schiffstyp in seiner militärischen Leistungsfähigkeit, wie sich immer erst im Ernstfall herausstellte, erheblich beeinträchtigen. Die Technik der Schiffe wurde mit immer mehr militärischen Forderungen belastet, und so entwickelten sich aus den zunächst primitiven, schwimmenden Waffenträgern hochkomplizierte, aufwendige Systeme.
Aus der Waffenleistung und Wirkung kann die technologische Fähigkeit einer Generation abgelesen werden. Was die konventionelle Schiffsbewaffnung angeht, so wurde hier im Verlauf des Zweiten Weltkrieges das Machbare erreicht. Das führte schließlich dazu, daß die Kostenwirksamkeit – die Wechselbeziehung zwischen finanziellem Aufwand und militärischem Nutzen – letztendlich zumindest angezweifelt werden mußte. Ohne Frage gehören jedoch die Artillerie-Turmsysteme der Schiffe der Deutschen Kriegsmarine zu den wirkungsvollsten Waffen, die zum Einsatz kamen. Per Definition ist die Schwere Artillerie die Artillerie, bei der Geschoß und Treibladung nur mit mechanischer Unterstützung gehandhabt werden können. Bei der Deutschen Kriegsmarine begann dies bei dem Kaliber 20,3 cm.
Im Folgenden werden die Schiffsartillerie und der Schießbetrieb der Schweren Artillerie anhand von Lichtbildern der Schweren Kreuzer HIPPER und PRINZ EUGEN eingehend dargelegt. Diese Darstellung gilt ebenfalls für den Schweren Kreuzer BLÜCHER und sinngemäß auch für die Schlachtschiffe BISMARCK und TIRPITZ.

ARMAMENT
The Main Armament

Until around the beginning of the Second World War, the ships' guns were the main component of its weaponry. The technical objective of the designers of all warships was to fire the ammunition effectively from one's own ship against those of the enemy without damaging one's own ship as well as to avoid being hit oneself. The whole design of the ship was centred around this, including: armour, fire directional equipment, power plant, ship's equipment, etc.
The ship's whole performance had to be optimal. To place too much worth in one component as, for example, performance instead of armour could considerably reduce the military value of a class of ships. The technology of ships was burdened with more and more military demands and thus from the primitive floating weapon carriers, highly complicated and expensive systems developed.
On the following picture, the armament and firing mechanisms of the heavy guns of the heavy cruisers HIPPER and PRINZ EUGEN are shown in detail. The illustration is equally valid for the heavy cruiser BLÜCHER and was similar on the battleships BISMARCK and TIRPITZ.

The turrets were in groups of two forward and astern. One turret was raised about the deck level. From forward to astern, the turrets were designated as follows: A = Anton, B = Berta, C = Cäsar, D = Dora and traversed on turntables.
A rear view of the HIPPER with the pair of turrets astern. This picture was taken on 6th April 1940. The HIPPER has moored in Cuxhaven on the Steubenhöft.

Die artilleristische Ausstattung der einzelnen Kriegsschiffstypen war jeweils so ausgelegt, daß sie vergleichbaren gegnerischen Typen zumindest gewachsen, schwächeren Typen überlegen war. Die deutschen Schweren Kreuzer der Hipperklasse waren mit acht 20,3 cm Geschützen ausgestattet. Dieses Kaliber ist jedoch aufgrund der Washingtoner Verträge von 1922 zustandegekommen. Die Geschütze standen paarweise in Doppeltürmen entlang der Schiffsmittellinie. Die Türme waren zu Turmgruppen zu jeweils zwei Türmen vorne und achtern zusammengefaßt. Davon stand ein Turm überhöht auf dem Aufbaudeck. Von vorn nach achtern trugen die Türme die Unterscheidungsmerkmale: A = Anton, B = Berta, C = Cäsar und D = Dora. Die Geschütztürme bewegten sich auf Drehscheibenlafetten.
Die nebenstehende Aufnahme gibt die Heckansicht der HIPPER mit der hinteren Turmgruppe wieder. Es ist der 6. April 1940. Die HIPPER hat an der Anlegestelle Cuxhaven am Steubenhöft festgemacht. Besatzungsmitglieder stehen in Erwartung der an Bord zu nehmenden Gebirgsjäger, die in wenigen Stunden nach Trondheim in Norwegen gebracht werden sollen.

Das Bild zeigt die gestoppt liegende HIPPER kurz vor dem Einlaufen in Brest im Frühjahr 1941. Gerade wird zwischen dem Schlepper und der HIPPER eine Schleppverbindung hergestellt. Auf dem Bild sind wichtige Einzelheiten zu erkennen, die für die Schiffs- und Artillerieführung wesentlich sind. Die offene Brücke umgibt den vorderen Artillerieleitstand. Die Brücke setzt sich nach steuerbord und backbord in zwei Nocken fort, die fast die volle Schiffsbreite erreichen. Diese Anordnung ermöglicht auch einen Blick nach achtern, was besonders bei Ab- und Anlegemanövern von Vorteil ist. Die Nocken werden bei "Klar Schiff" beigeklappt.

Unmittelbar hinter der offenen Brücke liegt der Schiffsführungsstand für den Friedensbetrieb. An ihn nach achtern angebaut ist der Kommandostand. Das ist die Gefechtsstation der Schiffsführung. Hier sind Panzerungen bis zu einer Stärke von 150 mm angeordnet. Man erkennt eine geöffnete Panzertür, die nur durch einen Kurbelmechanismus bewegt werden kann. Ebenso erkennt man eine geöffnete Tür der Friedenssteuerstelle. Hieraus ergibt sich ein guter Vergleich über die verwendeten Materialstärken. Weiter nach achtern angrenzend liegt der ebenfalls stark gepanzerte vordere Artillerieleitstand. Dies ist in der Regel die Gefechtsstation des vierten Artillerieoffiziers, wenn er während des Tages die Station besetzt. Bei den quadratischen Kästen, die aus den Decken der Stände ragen, handelt es sich um die Köpfe von Peilfernrohren für die Schiffsführung und den ersten Torpedooffizier sowie die Hilfsbeobachter des Artillerieoffiziers. Dieser selbst benutzt einen Zielgeber, dessen kastenförmiger, heller Kopf über dem vorspringenden Vorderteil des Artillerieleitstandes zu erkennen ist. Der Artillerieleitstand wird durch das große, hell gepönte Entfernungsmeßgerät mit sieben Meter Basislänge (7 m Bg) überragt.

Im rechten Winkel zu den Seitenwänden des Artillerieleitstandes sind Windfangwände zu erkennen, in die ein Schott eingebaut ist. Diese Wände trennen die offene Brücke vom Nachtleitstand, der so benannt wurde, weil sowohl an der Steuerbord- als auch an der Backbordseite in splittergeschützten, nach oben offenen Ständen die Richtwert- und optischen Geräte für den nächtlichen Artillerie-, Scheinwerfer- und Torpedoeinsatz installiert waren. Sie wurden auch Nachtzielsäulen genannt. Eines der optischen Geräte ist mit einer Persenning abgedeckt.

Im Marinejargon werden die Stände "Badewannen" genannt.

The HIPPER at a halt just before sailing into Brest in spring 1941 with a line between the tug and the HIPPER. The photo shows a number of details important to ship's navigation and fire control. The open bridge surrounds the fire control platform positioned forward. The bridge continued in two notches, one to port, one to starboard. This layout facilitated a view of astern which was particularly useful in docking manoeuvres. These notches were folded back when the decks were cleared.

Die Abbildung zeigt den erhöhten Turm C auf der PRINZ EUGEN. Der Teil der sichtbaren Panzerung heißt Barbett-Panzerung. Er reicht weit in den Schiffsrumpf bis zum Panzerdeck hinunter und schützt alle Baugruppen, die für den Turmantrieb und die Munitionsversorgung wichtig und auf verschiedenen Plattformen untergebracht sind. Unmittelbar unter dem Turm sitzt die Geschützplattform, die fest mit dem Turmgehäuse verbunden ist und jeweils darunter die Maschinenplattform, die Zwischenplattform I, die Zwischenplattform II, die Kartuschplattform und ganz unten, fast auf dem Schiffsboden, die Geschoßplattform. Diese Plattformen sind etwa auf dem gleichen Niveau wie das Aufbau-, das Ober-, das Batterie-, das Panzer-, das obere und das untere Plattformdeck. Der Turmschacht der Türme B und C, in dem die Plattformen untergebracht sind, hat eine Tiefe von etwa 12 Metern und einen maximalen Durchmesser von etwa 5,50 Metern. Bei den Türmen A und D, die auf dem Oberdeck aufgesetzt sind, entfällt eine Zwischenplattform. Außerdem zeigt die Abbildung die Visierscharten, aus denen heraus das zu bekämpfende Ziel direkt angerichtet werden kann. Aus den abgeschrägten Platten des Turmdaches ragen auf beiden Seiten die Turmsehrohre heraus. Sie stehen der Turmführung zum Beobachten des Gefechtsumfeldes zur Verfügung. Die aus der schrägen Turmdecke seitlich herauskragende Haube beherbergt ein 7 m Bg. Die Schutzklappen werden geschlossen, wenn die Optiken durch Einwirkung von außen und vornherein nicht benutzt werden können. Bei den Türmen A und D hat man wegen ihrer niedrigeren und deshalb spritzwassergefährdeten Anordnung auf den Einbau dieser Bg verzichtet.
Ein 20,3 cm Turm hat ein Gesamtgewicht von rund 262.000 kp, dabei wiegt allein die Geschützwiege 8.600 kp, das Rohr 20.700 kp.
Die Energie für das Schwenken der Türme wird von Elektromotoren geliefert, deren Kraft von einem Ritzel auf den großen Turmdrehkranz übertragen wird. Die anderen kraftabhängigen Baugruppen werden elektrohydraulisch angetrieben.

This picture shows the raised 'C' turret on the PRINZ EUGEN. The part of the visible armour is called "Barbette" armour. It reaches far down into the hull to below the armoured deck and protects all the compartments important for the movement of the turret and ammunition supply positioned on different platforms. Directly below the turret is the gun platform which is fixed to the turret fitment. Under each of them is the machine platform, intermediate platform I, intermediate platform II, the cartridge platform and right below, almost in the ship's hull, the shell platform. These platforms were at about the same level as the superstructure deck, the upper deck, the gun deck, the upper and lower platform decks. The turret shaft of 'B' and 'C' turrets in which the platforms were installed, were about 12 metres deep and had a maximum cross-section of about 5.5 metres. There was no intermediate platform for turrets 'A' and 'C' on the upper deck. Furthermore, this illustration shows the viewfinders from which a direct sighting could be taken. On the sloped plates of the roof of the turret, the periscopes protrude from both sides. The turret commander could use them to look at the battle. The hood on the side of the sloped turret roof is concealing a 7 metres long range finding device. The covers were shut when the optics could not be used due to events outside. This type of range finder was not included on turrets 'A' and 'D' due to their low position and the danger of spray.
A 20.3 cm turret weighed around 262,000 kg, the gun cradle weighed 8,600 kg, the barrel 20,700 kg. The turrets were turned by electric motors whose power was passed on by a pinion on the large turret turntable. The other equipment that needed to be powered was driven electrohydraulically.

The 20.3 cm 'B' turret (HIPPER) was turned in the port fitment. From the centre line of the ship, the turrets could turn upto 145° in each direction, a total of 290°. The elevating system moved the barrels, either individually or in tandem, between -10° and +37°.
A look into one of the two ports of the gun sights gives a good impression of the strength of the turret armour. On the front plate here it is strongest with 160 mm armour.

Der 20,3 cm Turm B (HIPPER) ist in Backbord-Hartlage geschwenkt. Die Türme haben von der Schiffsmitte aus gesehen jeweils einen Schwenkbereich von 145 Grad nach jeder Seite, also insgesamt 290 Grad. Das höhenrichtbare System bewegt die Rohre, einzeln oder gekuppelt, zwischen -10 Grad und +37 Grad.
Der Einblick in eine der beiden Scharten für das Zielfernrohr vermittelt einen guten Eindruck der Mächtigkeit der Turmpanzerung. Hier an der Stirnseite ist sie mit 160 mm am stärksten.
Der Abdichtung der Turmöffnungen bedarf es besonderer Aufmerksamkeit, denn die komplizierten Anlagen im Innern des Turmes können durch eindringendes Seewasser empfindlich gestört werden. Auf See erhält jedes Rohr zusätzlich zu dem Mündungspfropfen (s. Abb.) eine Rohrhose aus Leder oder Segeltuch, die auf der einen Seite am Rohr, auf der anderen Seite am Schartenrand möglichst wasserdicht befestigt wird.

Zwei Innenansichten des Entfernungsmeßplatzes im Turm B oder C von PRINZ EUGEN. Jeweils drei Mann E-Meßpersonal sind für die Bedienung der Entfernungsmesser eingesetzt. Von hier aus können unabhängig von der zentralen Feuerleitung die Entfernungen für das indirekte Richten ermittelt werden. Das wird erforderlich, wenn etwa die zentrale Feuerleitung ausfällt. Die Bedienung der Entfernungsmesser verlangt ausgesuchtes, physisch widerstandsfähiges Personal, dessen Gesundheitszustand während der Bordverwendung ständig ärztlich überwacht wird.

Two inside views of the range finding platform in 'B' or 'C' turret on PRINZ EUGEN. They were operated by a team of three men for each sight. From here, independently of the central fire control, the range for indirect settings could passed on. The crews for the range finders had to be selected, physically strong men whose health was closely monitored by doctors on board.

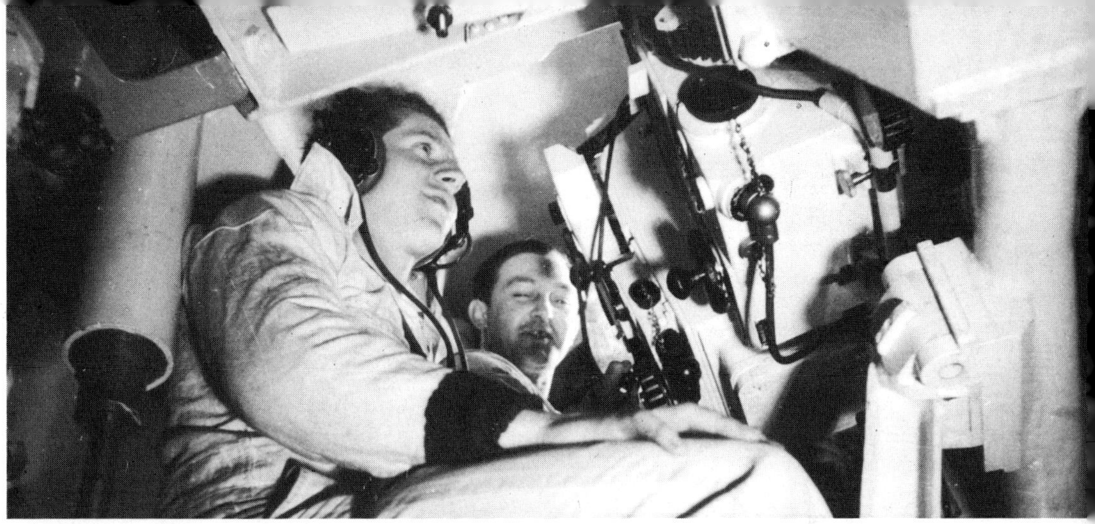

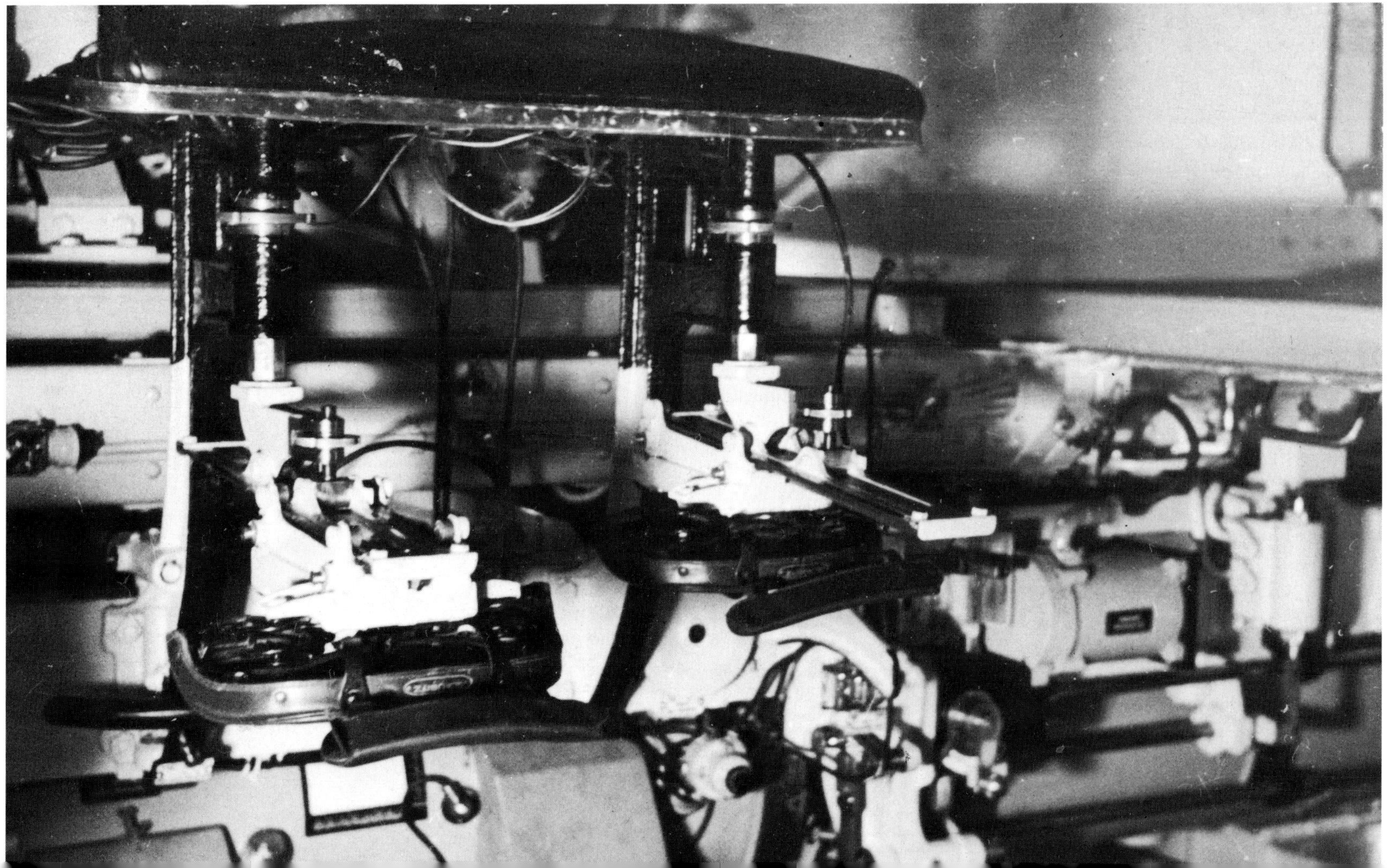

Sind alle anderen Feuerleitmittel ausgefallen, stehen beidseitig der Geschütze noch die Visiereinrichtungen zur Verfügung. Diese werden von einem Geschützführer bedient. Von hier aus können Ziele direkt angerichtet und bekämpft werden. Während man üblicherweise die Geschütze vom Stand, der die Feuerleitung übernommen hat, oder von der Rechenstelle aus abfeuert, so geschieht dies, wenn der Turm unabhängig geführt wird, ausschließlich durch Blasen in den Mundkontakt. Hier befindet sich auch gleichzeitig der Höhenrichtstand für das indirekte Richten. Ein Oberbootsmaat mit Geschützführerausbildung wartet auf das optische Signal zum Feuern. Der Befehl dazu wird vom Turmführer, oder, wenn die Türme in Gruppen feuern, vom Turmgruppenkommandeur erteilt. Der Mundkontakt bietet ein Höchstmaß an Sicherheit. Das unbeabsichtigte Lösen eines Schusses ist praktisch unmöglich.

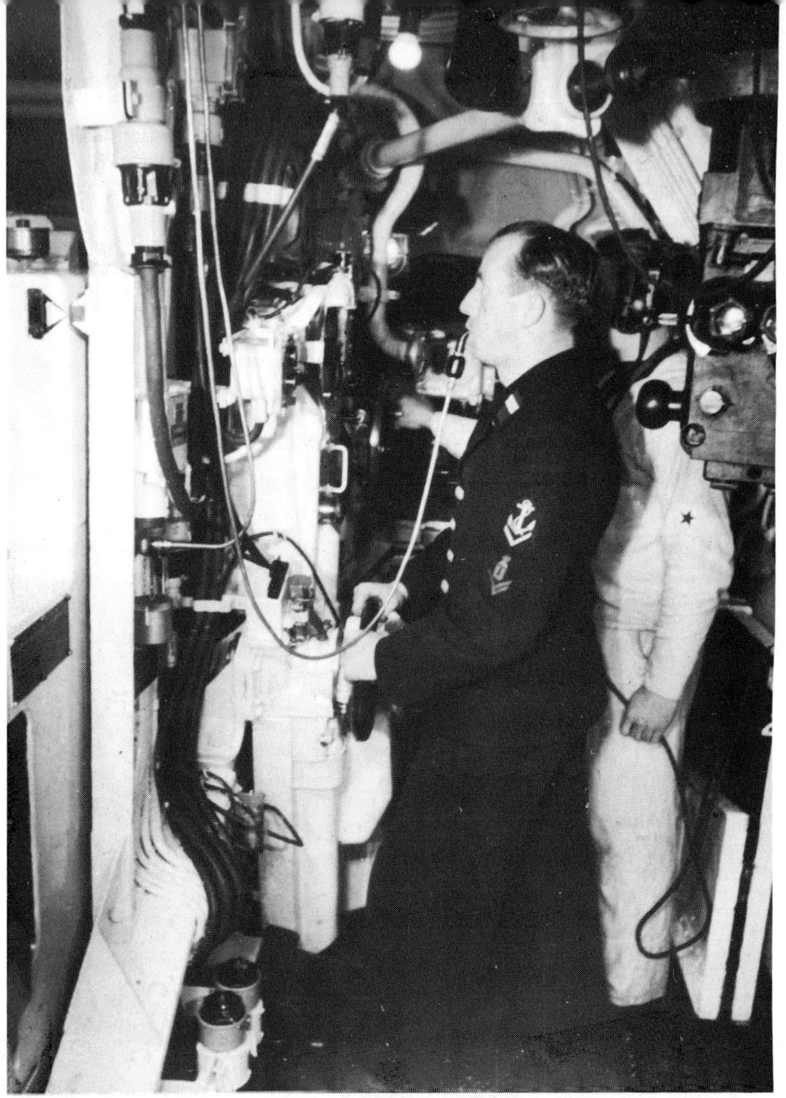

If all fire control devices were out-of-action, then on both sides of the guns there were sights. These were operated by a gunnery officer. From here target could be aimed at and fired at directly. Normally, the guns were fired by the platform that had taken over fire control or from the calculations room, but when the turret was being operated independently, this was done entirely by blowing in the voice tubes. At the same time, the elevating device for indirect fire was situated here. An officer trained in fire control waited for the visual signal to fire.

Ein Oberbootsmaat hat hier seinen Platz am rechten Turmsehrohr eingenommen. Mit diesem optischen Gerät kann das Gefechtsgeschehen beobachtet werden. Sollten alle übergeordneten Feuerleitmittel ausfallen, können die Geschütze von hier aus immer noch eingesetzt werden.
Innerhalb eines Turmes ist der Oberstückmeister, hier ein Portepee Unteroffizier, in der Dienststellung als Turmkommandant, die höchste fachliche Autorität. Er ist für den Zustand des Personals und der Geräte verantwortlich. Trotz des hohen Mechanisierungs- und Automatisierungsgrades der kontinuierlichen Kette von der Zielerfassung bis zur Bekämpfung ist sein Einfluß maßgeblich für die Feuerleistung eines Geschützturmes. Ihm unterstehen 14 Unteroffiziere und 57 Mannschaften, die als Geschützführer, Artilleriemechaniker und Munitionsmänner eingesetzt werden. Insgesamt besteht also eine Turmbesatzung aus 72 Mann, die auf die verschiedenen Turmplattformen verteilt sind. Hierin ist der Turmgruppenkommandeur mit den drei Mann E-Meßpersonal nicht enthalten.

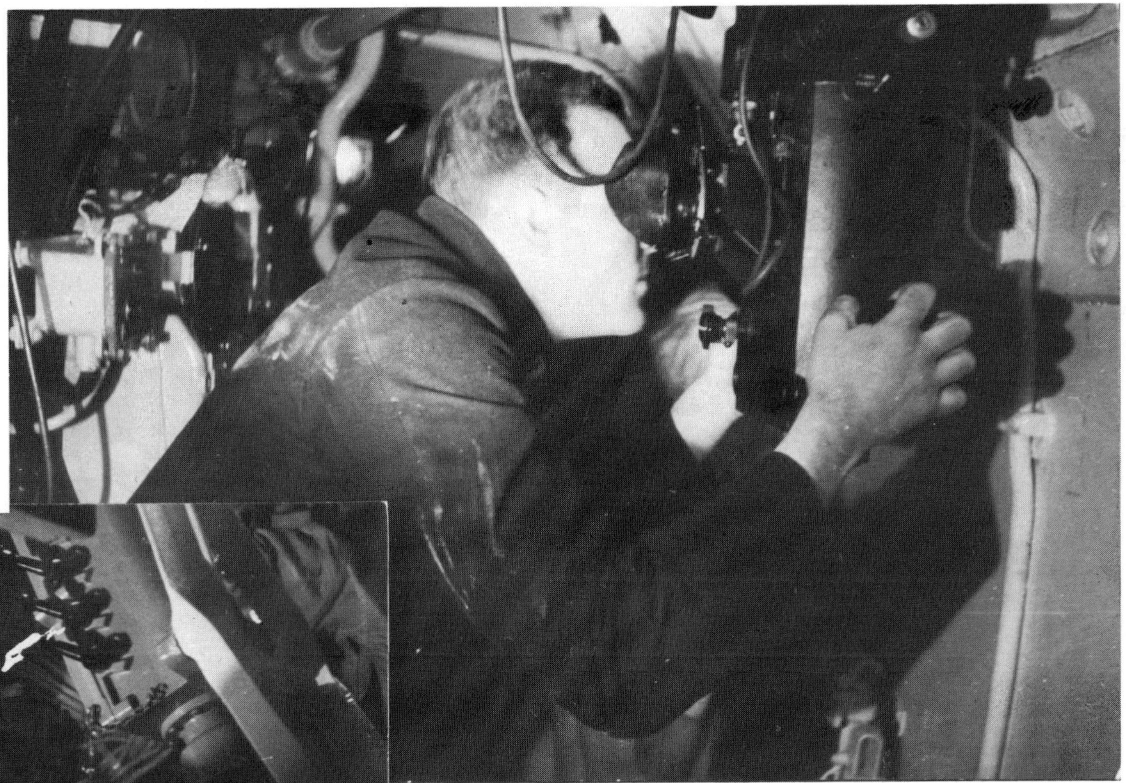

A senior mate has taken his place here on the right turret periscope. The course of the battle can be observed through this optical device. Were all the overriding means of fire control be knocked out, then the guns could still be operated from here. Inside this turret the senior gunnery officer here is a petty officer serving as turret commander, the supreme authority. He is responsible for both the men and the equipment. Despite the high level of mechanisation and automation, the continuous chain from range finding to firing was still greatly influenced by the commander of a gun turret. Below him were 14 petty officers and 57 men whose functions included gun commanders, gun engineers and ammunition carriers. The crew of a turret consisted of 72 men who were distributed over the various turret platforms. The turret commander and the three men operating the range finder are not included in this figure.

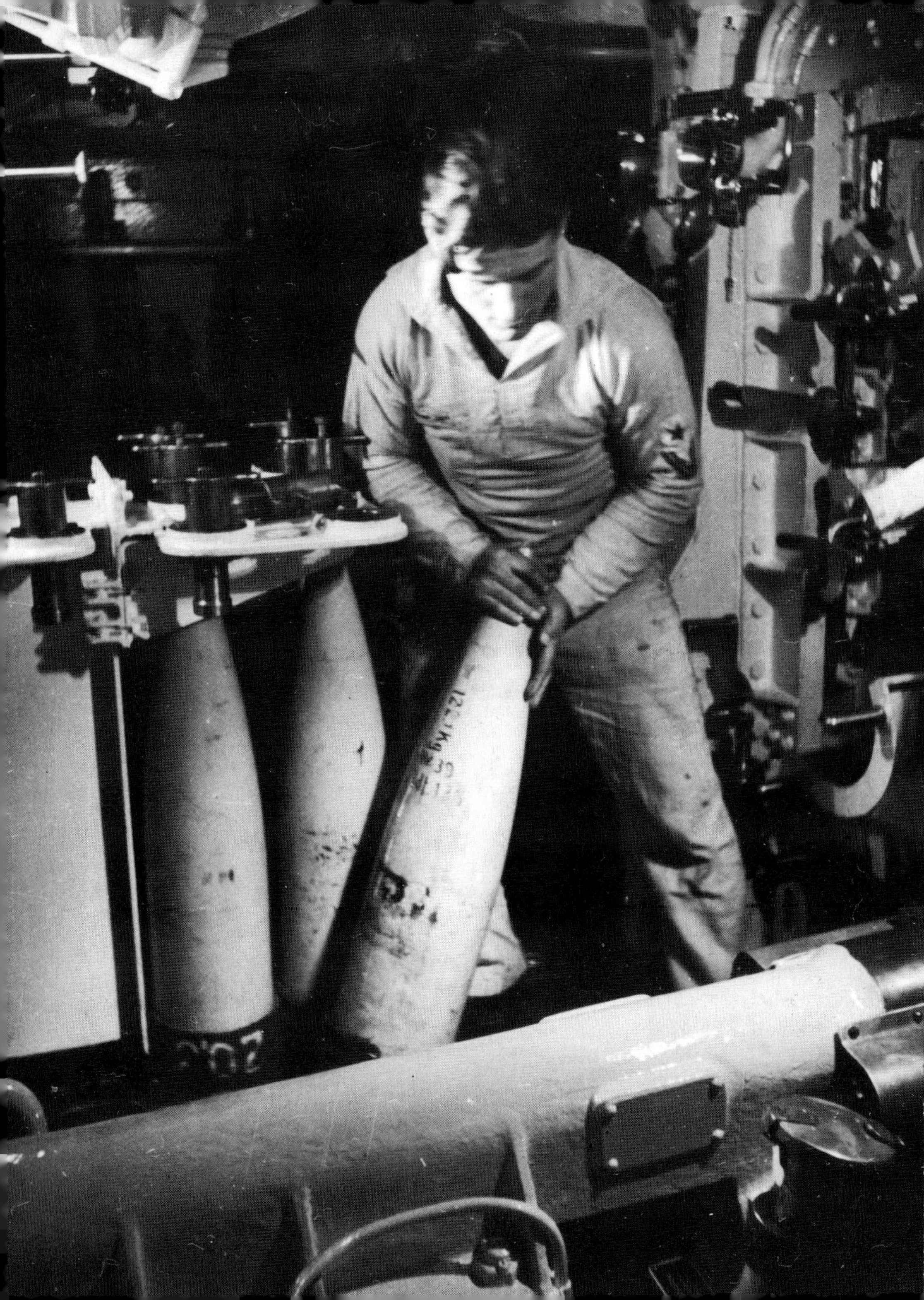

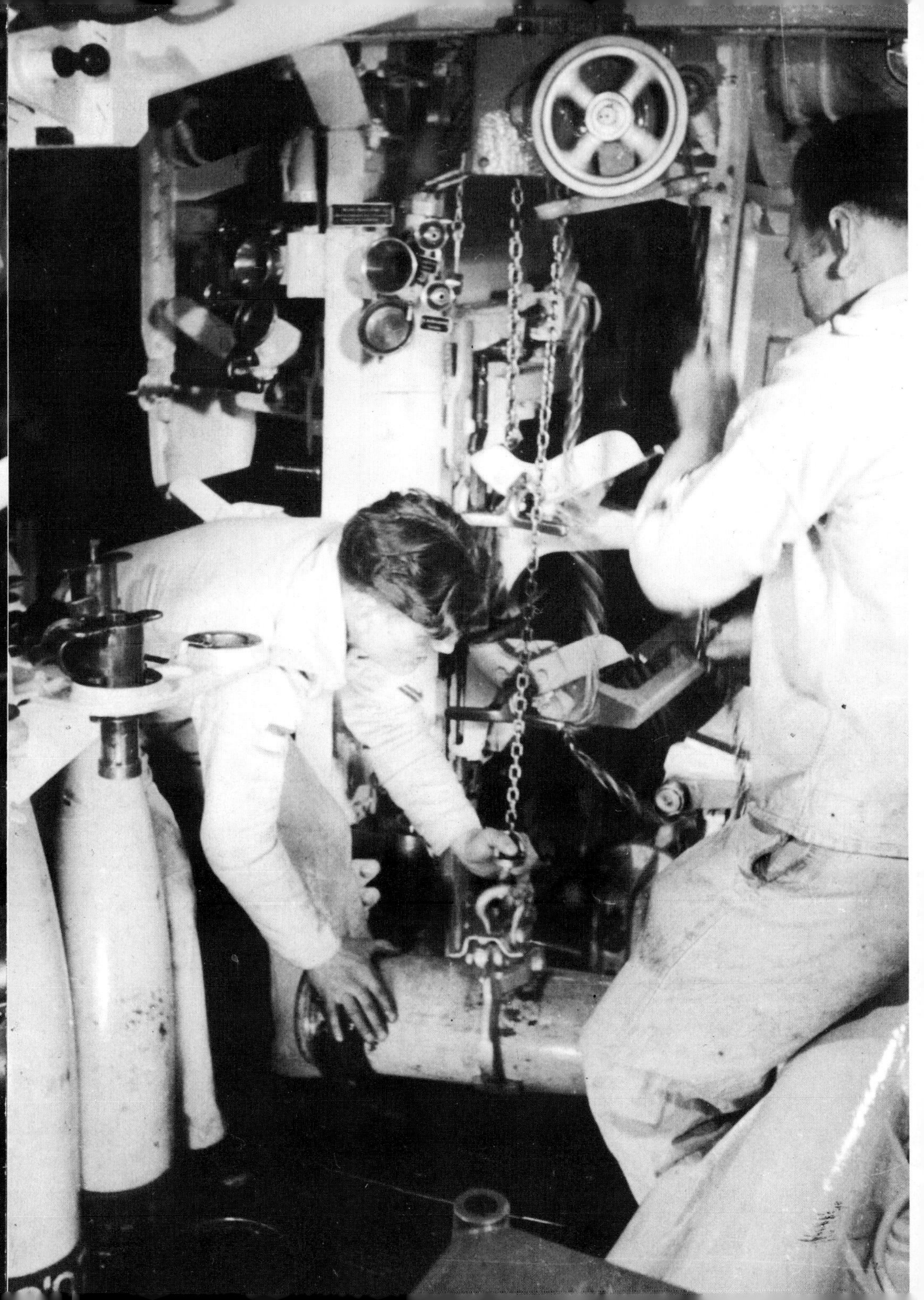

Die nachfolgenden Seiten zeigen die Vorgänge auf der Geschützplattform während des Beladevorgangs eines 20,3 cm Rohres.
Das Geschoß wird dem drehbaren Gestell, in dem die Bereitschaftsmunition aufbewahrt wird, entnommen, mit einem Flaschenzug angehoben und mit einer Laufkatze über die Lademulde transportiert, wo es dann hinter den Verschlußteil ladegerecht hineingelassen wird. Auf die Bereitschaftsmunition wird allerdings in den seltensten Fällen zurückgegriffen. Üblicherweise erfolgt der Transport mit einem Höchstmaß an mechanischer Unterstützung von der Geschoßplattform bis in die Lademulde.

Following pages show the sequence of the events on the gun platform during the loading of a 20.3 cm barrel.
The shell was taken from the turntable on which the emergency ammunition is kept, lifted with a block and tackle and transported over the loading area with a crab. Here, it was then held ready for loading behind the breech. The emergency ammunition was used only on rare occasions. Normally, it was moved from the shell platform into the loading area with a large amount of mechanical assistance.

Die Abbildung gibt einen Einblick in das Innere einer 15 cm-Kasemattgeschützes auf einem Linienschiff. Hier ist der Ladevorgang noch ausschließlich von der manuellen Tätigkeit der Geschützbedienung abhängig.

This picture gives an impression of the inside of a 15 cm turret gun on a ship of the line. Loading here was still done entirely manually by the crew.

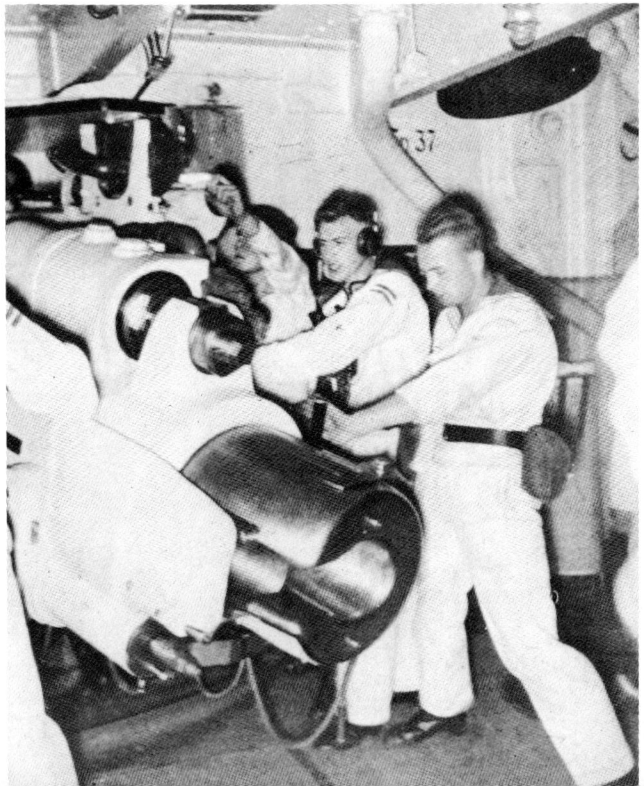

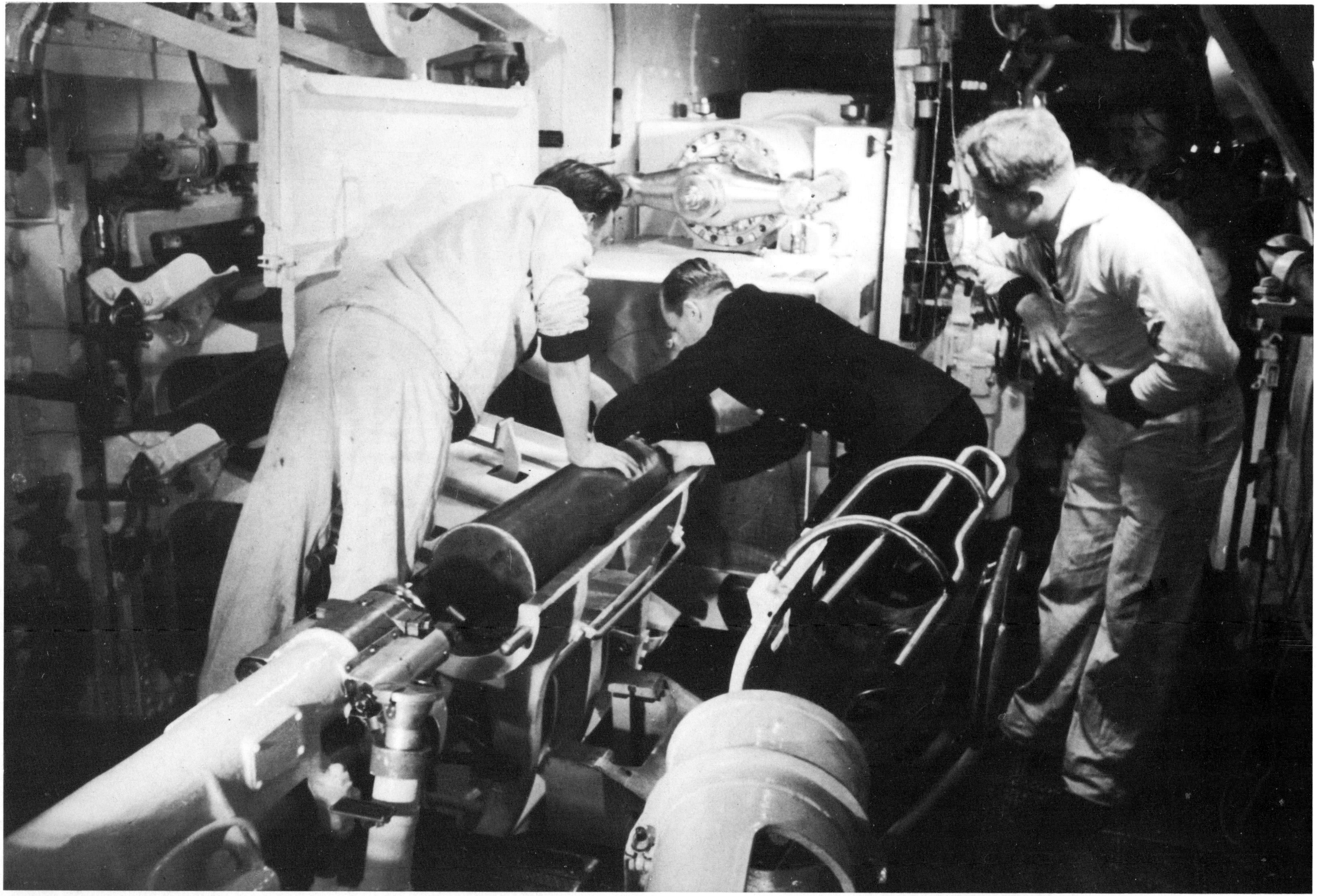

Der Zerstörer, ursprünglich aus dem Gedanken entstanden, als Torpedobootszerstörer eingesetzt zu werden, wurde in zunehmenden Maß in andere Rollen gedrängt. Insbesondere in der Deutschen Kriegsmarine, wo ein Mangel an kampfkräftigen Einheiten herrschte, wurden Zerstörer für alle Kampfaufgaben eingesetzt. Sie waren Hauptträger für Überwasseraufgaben. Die Kriegsmarine ging mit 22 Zerstörern in den Krieg. Insgesamt wurden 42 Zerstörer während des Krieges gebaut.
Die künstlerische Darstellung zeigt Z 31, der nach dem Krieg noch als MARCEAU unter französischer Flagge fuhr. Die Aufstellung und Anzahl der Leichten Flak ist nicht authentisch.

Technische Angaben:

Einsatzverdrängung:	3.691 ts
Länge über alles:	127,0 m
Größte Breite:	12,0 m
Tiefgang:	4,6 m
Leistung:	70.000 PS
Geschwindigkeit:	30,0 kn
Bewaffnung:	3 x 15 cm Seezielkanonen, 1 x 10,5 cm Seezielkanone, 14 x 3,7 cm Flak und 10 x 2 cm Flak und 8 x 53,3 cm Torpedorohre in Vierersätzen.
Besatzung:	bis ca. 330 Mann

The destroyer, originally conceived as a torpedo boat, was increasingly used in other roles. This was especially the case in the German Navy as there was a general lack of battle-worthy units, so the destroyer was used in all battle roles.
The German Navy started the war with 22 destroyers. A total of 42 were built during the course of the war.
The artistic illustration is of destroyer Z 31. After the war, renamed MARCEAU, she sailed under the French flag.
The positions and number of light AA guns are not authentic.

Technical details:

Laden displacement:	*3,691 tons*
Total length:	*127 metres*
Beam:	*12 metres*
Draught:	*4.60 metres*
Performance:	*70,000 horsepower*
Armament:	*3 x 15 cm guns, 1 x 10.5 cm gun, 14 x 3.7 cm AA guns, 8 x 53.3 cm torpedo tubes in quadruple mounts.*
Crew:	*up to 330 men.*

Die Torpedoboote der Raubvogelklasse, die zwischen 1926 und 1928 in Dienst gestellt wurden, gehörten zur ersten neuen Typenserie von Kriegsschiffen, die nach dem Ersten Weltkrieg auf einer deutschen Werft entstanden.
Es waren dies: MÖWE, SEEADLER, GREIF, ALBATROS, KONDOR und FALKE.

Technische Angaben:

Einsatzverdrängung:	1.290 ts
Länge über alles:	88,50 m
Größte Breite:	8,30 m
Tiefgang:	3,70 m
Leistung:	23.000 PS
Geschwindigkeit:	33,00 kn
Bewaffnung:	3 x 10,5 cm Seezielkanonen, 4 x 3,7 cm Flak und (ab 1941) 4 x 2 cm Flak und 6 x 53,3 cm Torpedorohre in Dreiersätzen.
Besatzung:	bis ca. 130 Mann.

The torpedo boat of the Raubvogel Class, which were commissioned between 1926 and 1928 were the first new class of warships to be built in German shipyards after the First World War.
They included:
MÖWE, SEEADLER, GREIF, ALBATROS, KONDOR and FALKE.

Technical details:

Laden displacement:	*1,290 tons*
Total length:	*88.50 metres*
Beam:	*8.30 metres*
Draught:	*3.70 metres*
Performance:	*23,000 horsepower*
Speed:	*33 knots*
Armament:	*3 x 10.5 cm guns, 4 x 3.7 cm AA guns and from 4 x 2 cm AA guns, 6 x 53.3 cm torpedo tubes triples mounted.*
Crew:	*up to 130 men.*

Die letzte Serie von Torpedobooten, die aufgelegt wurden, waren die sogenannten Flotten-Torpedoboote (bis Dezember 1944), von denen insgesamt 15 Einheiten in Dienst gestellt worden sind. Sie wirkten besonders auffällig durch das breit ausgelegte Brückenhaus, das über die gesamte Schiffsbreite reichte. Mit dem Gemälde hat der Künstler T - 23 nachempfunden. Die Aufstellung und die Zahl der Flak ist nicht authentisch.

Technische Angaben:

Einsatzverdrängung:	1.754 ts
Länge über alles:	102,50 m
Größte Breite:	10,00 m
Tiefgang:	3,20 m
Leistung:	29.000 PS
Geschwindigkeit:	32,50 kn
Bewaffnung:	4 x 10,5 cm Seezielkanonen, 4 x 3,7 cm Flak und zahlreiche 2 cm Flak und 6 x 53,3 cm Torpedorohre in Dreiersätzen.
Besatzung:	ca. 210 Mann.

The last series of torpedo boats to be laid down (to December 1944) were the so-called fleet torpedo boats of which a total of 15 units were commissioned. They were particularly distinguished by their wide bridge which reached from one side of the ship to the other.
With this painting, the artist has given his impression of the T-23. The positions and numbers of AA guns are not correct.

Technical details:

Laden displacement:	*1,754 tons*
Total length:	*102.50 metres*
Beam:	*10,00 metres*
Draught:	*3.20 metres*
Performance:	*29,000 horsepower.*
Speed:	*32.5 knots.*
Armament:	*4 x 10.5 cm guns, 4 x 3.7 cm AA guns, numerous 2 cm AA guns and 6 x 53.3 cm torpedo tubes in triple mountings.*
Crew:	*Around 210 men.*

Hier eine Darstellung des Minensuchbootes M 24. Von diesem Typ, ständig modifiziert, wurde ein große Anzahl während des ganzen Krieges gebaut. Diese Kriegsschiffe waren die Arbeitspferde der Deutschen Kriegsmarine. Sie sind aus Mangel an speziellen Schiffstypen als Truppentransporter bis hin zur U-Bootbekämpfung eingesetzt worden.

Technische Angaben:

Einsatzverdrängung:		682 ts
Länge über alles:		68,10 m
Größte Breite:		8,70 m
Tiefgang:		2,70 m
Leistung:		3.500 PS
Geschwindigkeit:		18,20 kn
Bewaffnung:	2 x 10,5 cm Seezielkanonen, 2 x 3,7 cm Flak und bis zu 6 x 2 cm Flak.	
Besatzung:		84 Mann.

This is an illustration of mine sweeper M42. This model, with constant modifications, was built in large numbers throughout the war. This warship was the work-horse of the German Navy. Due to the lack of specialized shipping, they were used in numerous roles from troop transport to submarine hunter.

Technical details:

Laden displacement:	*682.00 tons*
Total length:	*68.10 metres*
Beam:	*8.70 metres*
Draught:	*2.70 metres*
Performance:	*3,500 horsepower*
Speed:	*18.2 knots.*
Armament:	*2 x 10.5 cm guns, 2 x 3.7 cm AA guns and up to 6 x 2 cm AA guns*
Crew:	*84 men*

Schon vorher ist das Geschützrohr in die 3-Grad-Stellung (Ladestellung) zurückgefahren. Die vorseitige Abbildung zeigt den Zeitpunkt, an dem der Ansetzer die Granate bereits hydraulisch in das Rohr gerammt hat. Die Vorkartusche war dem Fahrstuhl entnommen und manuell durch die Verschlußöffnung geschoben worden. Wegen ihres leichteren Gewichtes kann hier auf hydraulische Unterstützung verzichtet werden. Gerade liegt die Hauptkartusche in der Lademulde, um vom Ansetzer (genau hinter dem Kartuschboden) nachgeschoben zu werden. Danach schließt sich der Keilverschluß hydraulisch mit einem schmatzenden Geräusch. Der hintere Teil des Rohres ist damit gasdicht abgeschlossen. Jetzt wird in den Rechenstellen der Zustand "geladen und gesichert" angezeigt. Der Verschlußmann fährt das Rohr danach durch Knopfdruck in die Feuerstellung. Das Rohr wird entsichert und auch gleichzeitig die Feuerbereitschaft des Turmes hergestellt. Durch optische und akustische Signale ergeht der Feuerbefehl: 'Feuern!'

The gun has already been put into the so-called "B° position" (loading position). The picture on the previous page shows the moment at which the loader has already rammed the shell hydraulically into the barrel. The fuse was taken from the lift and put into the breech opening manually. Hydraulic assistance was not necessary as it was so light. The main charge is in the loading block and is about to be pushed up to it by the loader (directly behind the bottom of the charge). The wedge block then shuts hydraulically with a loud bang. The end of the barrel is thereby sealed completely. The condition "loaded and secured" is then reported to the calculations room. The breech man then pressed a button and moved the barrel into its firing position. The barrel was then made ready to fire and simultaneously the turret was ready to fire. By visual and aural signals, the order to "fire" was given.

Anker in Klüse. Ankerboje mit Leine an der Reling.

Anchor in the hawsehole. Anchor buoy with line on the railing.

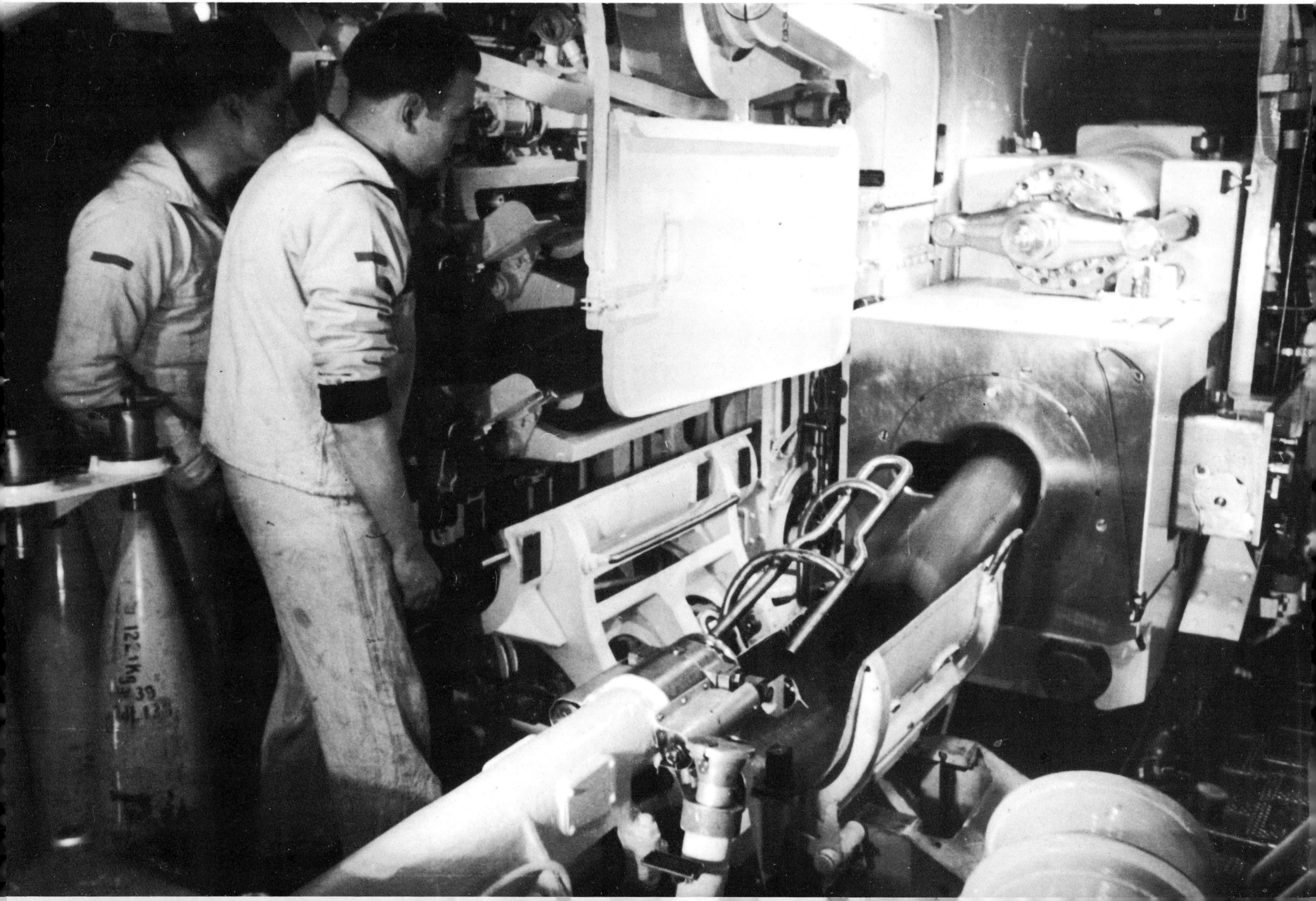

Die Leichte Artillerie

Bei den Beschreibungen der Artillerie soll die Mittelartillerie übergangen werden. Sie diente letztlich dem gleichen Zweck wie die Schwere Artillerie, nämlich der Bekämpfung von Schiffszielen, wobei die Mittelartillerie gegen entsprechend schwächer gepanzerte Schiffsziele eingesetzt wurde. Auf deutschen Kriegsschiffen kamen dafür die Kaliber 15,0 cm und 17,0 cm zum Einsatz. Die Munition für diese Kaliber wurde zwar auch getrennt nach Geschoß und Treibladung gehandhabt, aber hier waren mechanische Ladehilfen noch nicht erforderlich. Auf den Panzer- und Schlachtschiffen der Deutschen Kriegsmarine bestand zwar noch die Dreiteilung zwischen Schwerer, Mittlerer und Leichter Artillerie, aber im Verlauf des Kriegsgeschehens wurde die Mittelartillerie in ihrer Bedeutung gegenüber der Leichten Artillerie immer weiter zurückgedrängt. Bei der Leichten Artillerie waren Geschoß und Treibladung zu einer Patrone zusammengefaßt. Dies und die entsprechend leichtere Bauweise der Waffenanlagen ermöglichten höchste Lade- und Richtgeschwindigkeiten und befähigten die Leichte Artillerie, nachfolgend immer Flak genannt, gleichermaßen zur Bekämpfung von See- und Luftzielen.

Im Laufe des Krieges wurden durch die zunehmende Luftbedrohung die Kriegsschiffe der Deutschen Kriegsmarine in eine immer passivere Rolle gedrängt. Entsprechend vermehrte sich auch die Anzahl der Flak. Verfügte z. B. die PRINZ EUGEN zur Zeit der Indienststellung am 1. August 1940 über nur 32 Rohre der Kaliber 10,5 cm, 3,7 cm und 2 cm, so hatte sich der Bestand bis zum Januar 1945 auf insgesamt 57 Rohre der Kaliber 10,5 cm, 4 cm und 2 cm erhöht.

Auf den deutschen Kriegsschiffen wurden entsprechend ihrer Größe in der Regel Flak der Kaliber 7,9 mm, 2 cm, 3,7 cm, 4 cm, 8,8 cm und 10,5 cm eingesetzt. Bei den nachfolgenden Beschreibungen werden die Flak der Schweren Kreuzer HIPPER und PRINZ EUGEN wieder als Beispiel herangezogen.

Während des Rohrrücklaufs von max. 450 mm wird eine Mechanik in Gang gesetzt, die den massigen Verschlußkeil (beim rechten Rohr nach rechts) öffnet. Eine Kralle greift die Kartusche und wirft sie in die sich zwischen dem Bodenstück und dem Ansetzer befindliche Schwinge. Diese Vorrichtung schwingt nach rechts aus und befördert die Kartusche vor das am rechten Bildrand befindliche Führungsrohr. Durch das Führungsrohr rutscht die Kartusche zum Turmüberhang und fällt durch Klappen auf das Deck. Der beschriebene Lade- und Entladevorgang läuft innerhalb der phantastischen Zeit von ca. 13 Sekunden ab. Mit den Geschützen können Ziele theoretisch bis zu einer Entfernung von 360 Kilometern bekämpft werden. Zum Einsatz kommen: Sprenggranaten mit Kopfzünder gegen leichte, Sprenggranaten mit Bodenzünder gegen leicht gepanzerte und Panzersprenggranaten gegen schwer gepanzerte Ziele. Für Nachtgefechte werden Leuchtgranaten bevorratet.

The Secondary Armament

In this description of the armament, the medium guns are going to be passed over as they were normally used for the same purpose as the main armament, namely for engaging ships, with the medium guns being used for less armoured targets. On German ships, for that purpose, 15 and 17 cm guns were used. The ammunition for these calibres were also handled separately, shell and charge, but no mechanical assistance was necessary. On the battleships of the German Navy, the guns were still divided into three categories – main, medium and light – but during the course of the war, the importance of the medium guns diminished in favour of the light guns. The ammunition of the light artillery was contained in one cartridge, with both shell and charge. That and the lighter construction of the gun emplacements allowed the highest rates of loading and speed of aiming and thus the light guns were used for engaging both air and sea targets. Later, it was called the "Flak".

During the course of the war, the warships of the German Navy were forced into an increasingly passive role by the threat of air attack. As a consequence, the amount of AA guns increased. For example, when commissioned on 1st August 1940, the PRINZ EUGEN had only 32 guns of calibres 10.5 cm, 3.7 cm and 2 cm. By January 1945, this had increased to 57 guns of the calibres 10.5 cm, 4 cm and 2 cm.

The German ships, according to their size, had AA guns of, as a rule, the following calibres: 7.9 mm, 2 cm, 3.7 cm, 4 cm, 8.8 cm, and 10.5 cm. In the following description, the AA guns of the heavy cruisers HIPPER and PRINZ EUGEN are again used as examples.

Picture opposite:
During the recoiling of the barrel which was no more than 450 mm, a mechanism was put into operation which opened the massive breech block. (That of the right barrel was to the right). A claw grasped the cartridge threw it into a swinging arm positioned between the floor and the loader. This device swung to the right and carried the cartridge in front of the tube on the right of the picture. The cartridge slipped through this tube to the turret cover and fell through a flap onto the deck.
The loading and unloading procedure described above lasted the grand total of about 13 seconds. Targets at a range of 360 km could be theoretically engaged.
Ammunition used included
- *Explosive shells with impact fuse against light targets.*
- *Explosive shells with tail fuses against light armoured targets.*
- *Armour penetrating shells against heavily armoured targets.*

Tracer shells were preferred for night-time actions.

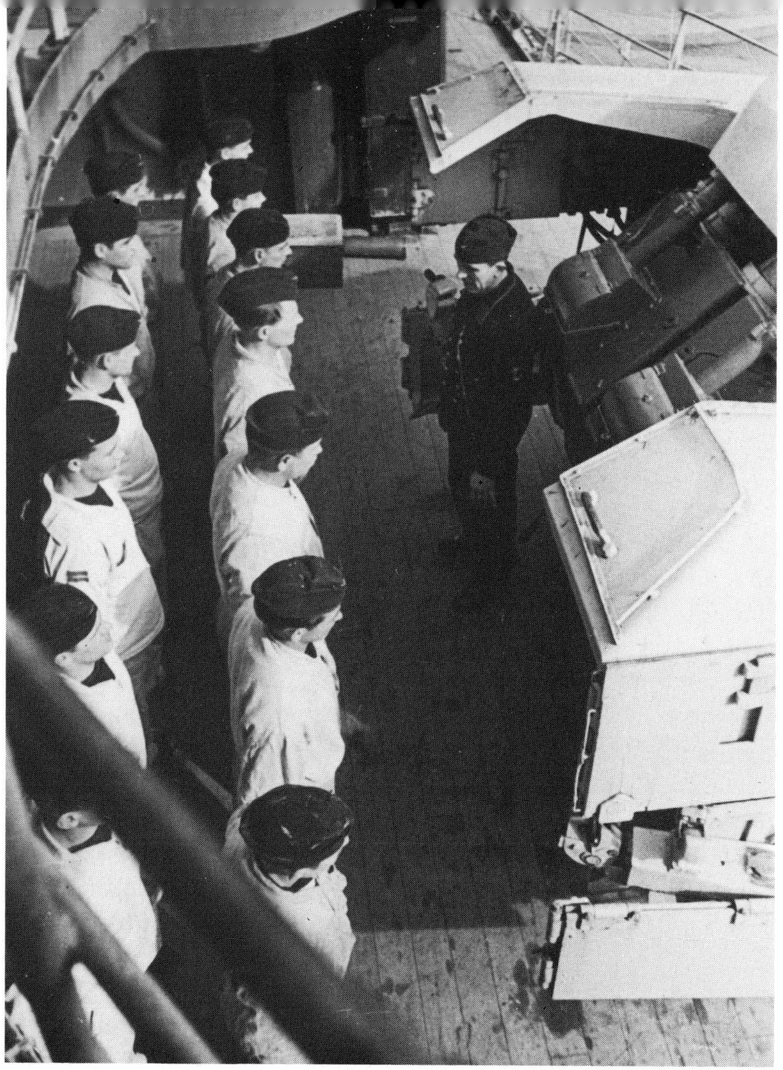

Das aufwendigste Flak-System, das auf Schiffen zum Einsatz kam, war die "10,5 cm Schiffskanone, Konstruktion 1933, in 10,5 cm Doppellafette-Konstruktion 1931". Die offizielle Kurzbezeichnung dafür lautete "10,5 cm S.K. C/33 in 10,5 cm Dopp.L. C/31". Das Geschütz war dreiachsig stabilisiert. Seine Stabilisierung bewirkte unabhängig von der Eigenbewegung des Schiffes die vorgegebene Lage (Kantwinkel).
Rechts sieht man den umgekehrten Vorgang: Das Schiffsdeck ist stabil, und die Doppelflak bewegt sich im Raum. So werden Bewegungen simuliert, die die Geschützbedienung während Liegezeiten mit Gefechtsbedingungen annähernd vertraut macht. Zu jedem Geschütz gehörten der Geschützführer, drei Richtschützen für die Seite, die Höhe und den Kantwinkel, für jedes Rohr ein Befehlsübermittler und schließlich für jedes Rohr bis zu vier Ladekanoniere. Deren Zahl war abhängig von der Entfernung bis zur Munitionsentnahme. Insgesamt konnten also bis zu 14 Mann an der Doppelflak eingesetzt werden. Während der Bordausbildung und Übungen wurden zusätzlich Besatzungsmitglieder ausgebildet, um bei Ausfällen auf Ersatz zurückgreifen zu können.
Rechts:
Für die Versorgung der Geschütze mit Munition gab es zwei Entnahmestellen. Die Bereitschaftsspinde für den Sofortbedarf, mit einem Fassungsvermögen von ca. 60 Patronen und die Munitionskammern, in die Paternosteraufzüge die Munition in splittergeschützte Munitionshäuser befördern. Die Abbildung außen zeigt die Fördereinrichtung, die die Munition aus dem Munitionshaus nach außen transportiert. Von hier wird sie dann von den Ladenummern zu dem entsprechenden Geschütz getragen. Hier werden in umgekehrter Folge gerade die Munitionsbestände ergänzt.
Der Stahlhelm des Matrosen erfüllt hier mehr die Funktion eines Schutzhelmes gegen arbeitsbedingte Bordunfälle. Unter Gefechtsbedingungen wird entsprechend den Bordbefehlen Helm und Lederbekleidung getragen. Dies ist jedoch hauptsächlich für Personal vorgesehen, das ungeschützt an Deck Dienst tut und vor schlechtem Wetter geschützt werden soll.

The most common AA system used on ships was the "10.5 cm ship's cannon, construction 1933 in 10.5 cm double mountings – construction 1937". Its official abbreviation was: ' 10.5 cm SK. C/33 in 10.5 cm Dopp. L C/37". The gun was stabilized on three axles. Its stabilizers worked in its proper position independently of the movement of the ship. The illustration on the right however shows the opposite: Stable ship deck and moveable double AA guns. Movements were thus simulated to accustom the gun crews with combat conditions during periods of rest. For each gun there was a gun officer, three gun layers for the direction, elevation and angle, for each barrel up to four loaders. The number of loaders depended on the distance of ammunition from the gun (see far right).

For supplying the guns with ammunition, two distribution stores were available, the emergency locker with about 60 rounds, and the ammunition chambres where hoists brought up the ammunition in bullet-proof containers. The picture shows the winding mechanism which brought the ammunition up from the ammunition holds below.

Die Abbildung zeigt, wie die Patronen in die Zünderstellmaschinen eingelegt werden (auf jeder Seite der Lafette). Durch Hebeldruck gegen den Patronenboden wird die Patrone in der Maschine fixiert. Auf dem Zünder im Geschoßkopf befindet sich ein drehbarer Ring mit Markierungen, wobei jede für eine bestimmte Zünderlaufzeit steht. Durch einen Greifer in der Zünderstellmaschine wird die Zünderlaufzeit eingestellt, nach deren Ablauf sich die Granate selbständig zerlegt. Bei Fernsteuerung des Geschützes werden die Zünderlaufzeiten von den Feuerleitgeräten vorgegeben. Nach einem Hupsignal wird die Granate der Zünderstellmaschine entnommen und das Geschütz damit geladen. Ein Klingelsignal ist dann das Zeichen für das Abfeuern, das für beide Geschütze gleichzeitig gilt. Der Befehlsübermittler (Bü) (s. Abb. unten) wird u. a. tätig, wenn die Zünderlaufzeit direkt am Geschütz eingestellt wird. Die Werte erhält er über Kopfhörer (hier ohne) von den Rechenstellen und stellt sie mit Hilfe eines Handrades an der Zünderstellmaschine ein. Auf dem Skalenteil der Maschine wird die Einstellung mit den übertragenen Werten verglichen und ggf. korrigiert. Eine eingespielte Bedienungsmannschaft erreicht eine Feuergeschwindigkeit von bis zu 15 Schuß pro Minute.

This picture shows how the cartridge were loaded into the priming machine. (One on each side of the mounting). By pressing a lever against the bottom of the round, it was fixed in the machine. On the fuse in the head of the shell was a revolving ring with markings showing the timings. A grab in the priming machine set the timing at which the shell was to burst. When the guns were controlled remotely, the timings were set by the fire control equipment. On a horn signal, the shell was removed from the priming machine and the gun loaded. A bell was rung to signal firing and both guns were fired simultaneously. The man passing the orders on (see illus. below) then came into action when the timings were set on the gun itself. The ranges came over headphones (this one has none) from the calculations room and were fed into the priming machine with a manually operated wheel. The setting was compared with the scale on the machine and, if necessary, corrected. An experienced crew attained a rate of fire up to 15 rounds per minute.

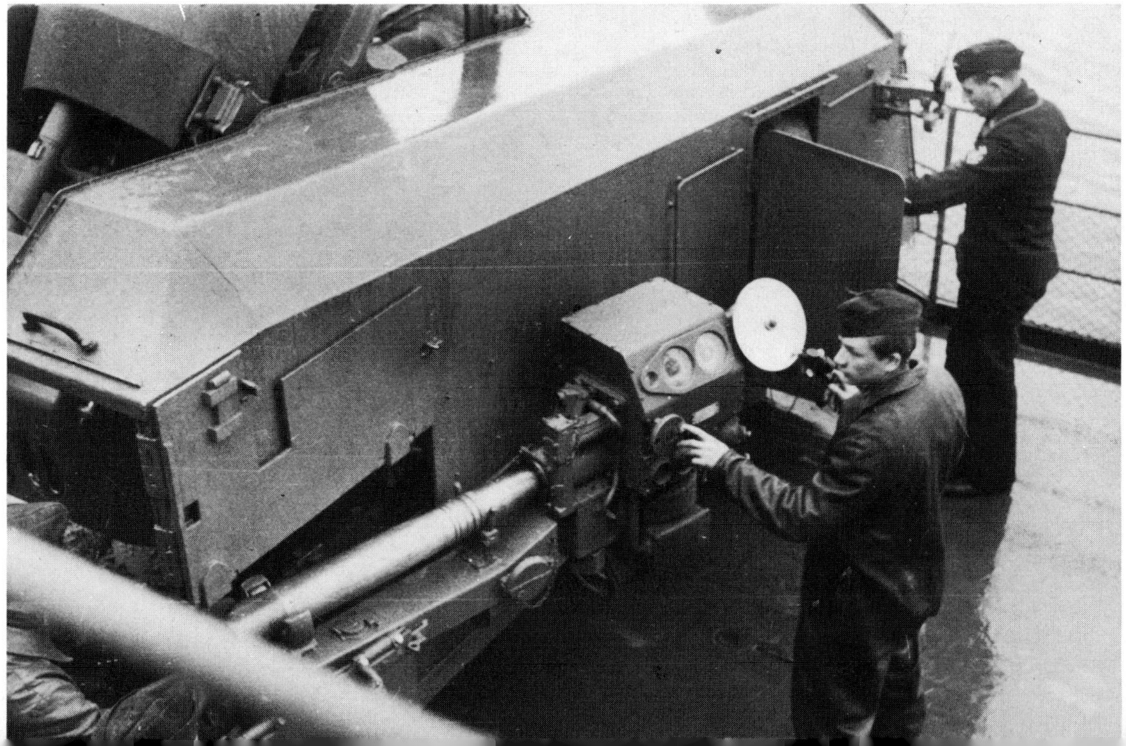

Je größer die Erhöhung, um so geringer ist die Ladegeschwindigkeit, denn sie erfolgt aus einer ungünstigen Körperhaltung. Der Ladevorgang wird von einer mechanischen Ladehilfe unterstützt, bei der ein Lademotor eine Gummirolle antreibt (nicht sichtbar), die die Granaten in das Rohr hineinziehen. Die Geschütze arbeiten halbautomatisch. Die erkennbare Vorrichtung (beide Abbildungen) auf der rechten Seite des Verschlußteils bewirkt, daß sich beim Rohrrücklauf der Fallblockverschluß nach unten öffnet und gleichzeitig die Patronenhülse auswirft.
Die Abbildungen veranschaulichen deutlich, welche Massen von den Richtantrieben bewältigt werden müssen. Sie können nur durch die Zuführung von Fremdenergie betätigt werden; ein manueller Betrieb durch Doppelhandräder an den Richtsitzen ist nur bedingt möglich.

At greater heights, the rate of fire was less because it was physically awkward. Loading was mechanically assisted in that a rubber belt (not visible) powered by a motor brought the shells into the barrel. The device seen here (on both illustrations) on the right side of the breech opened the breech on recoil and at the same time ejected the spent case.
The illustrations show clearly the mass of aiming devices that had to be mastered. They had to be powered by an outside source of energy; they could be operated manually by double wheels, but only in certain conditions.

Die Abbildungen lassen weitere Einzelheiten der 10,5 cm Flak erkennen. Das obere Foto zeigt den höhenrichtbaren Teil des Geschützes, und zwar mit dem Geschützrohr, dem Höhenrichtkranz, dem Verschlußteil und dem Rohrbrems- und Vorholsystem, das unter der gewölbten Haube, einschließlich des Lademotors, geschützt untergebracht ist. Das Rohr selbst hat eine Länge von 65 Kaliberlängen; hieraus ergibt sich eine Länge von rund 6,80 Metern. Es verschießt Granaten mit einer Mündungsgeschwindigkeit von fast 900 m/sec. Die Komponenten für den Eigenbetrieb des Geschützes sind witterungs- und splittergeschützt hinter einem Schutzschild untergebracht. Das Geschütz ist an jeder Seite durch eine Tür zugänglich. Dahinter befinden sich die Plätze für den Seiten- und Höhenrichtschützen. Zur Beobachtung des Gefechtsgeschehens und zum Richten stehen ihnen Visiereinrichtungen, die über Winkelspiegel wirken, zur Verfügung. Die Spiegel liegen in den erkennbaren Hauben. Mit Hilfe dieser Optiken können sowohl Luft- als auch Seeziele bekämpft werden. Die Waffenleistung der Geschütze reicht theoretisch aus, um Luftziele bis zu einer Höhe von ca. 12 km und Seeziele bis zu einer Entfernung von 17 km zu bekämpfen.

These pictures show further details on the 10.5 cm AA gun. The photo above shows the part of the gun that could be elevated – the barrel, the elevating wheel, the breech, the recoil braking system and the returning system which, along with the loading motor, was protected by a domed hood. The barrel itself was 65 calibres long, that is about 6.8 metres. It fired shells at a muzzle velocity of nearly 900 m/s. The components for the automatic operation of the gun were fitted behind a weather and bullet proof shield. Access to the gun was through a door on either side. Behind them were places for the direction finders. Periscopes were fitted to observe the battle and for aiming. Its mirrors are under the mountings. With these optical instruments, air and sea targets could be engaged. The theoretical performance of this weapon was 12 km for air targets and 17 km for sea targets.

Right below:
This picture shows that the system was semi-automatic, i. e. the rounds were manually loaded. During the recoil, the breech opened automatically and ejected the spent round. An experienced crew could get off about 30 rounds a minute per barrel, about twice as fast as the 10.5 cm gun and only with a fraction of the effectiveness. The twin mounted gun was traversed and elevated by two layers (see illus. on this page) The guns were controlled either individually or by battery.

Der deutschen militärischen Forderung nach einer leichten Flak lag u. a. die Idee zugrunde, Luftziele auch bereits auf mittlere Entfernung mit hoher Präzision bekämpfen zu können. Damit sollten die geplanten bzw. die bereits vorhandenen und sogar die leichten Einheiten der Deutschen Kriegsmarine über eine leistungsfähige Flak-Bewaffnung verfügen, die gleichzeitig geeignet sein sollte, Schiffsziele zu bekämpfen. Hieraus entstand Anfang der 30er Jahre die 3,7 cm Kanone in Einzel- und Doppellafette. Das Zwillingsgeschütz, das standardisiert wurde und hier weiter behandelt wird, trägt die Bezeichnung 3,7 cm SKC/30 in Dopp. LC/30.
Die Präzision wurde durch eine dreiachsige Stabilisierung erreicht, bei der die Waffe wie die 10,5 cm Flak selbst bei größtem Seegang eine einmal eingenommene Position beibehielt. Es war dies das erste serienmäßige Geschütz, das derart ausgestattet war. Die große, wirksame Schußweite von ca. 6.800 Metern wurde durch die enorme Rohrlänge von 83 Kaliberlängen erreicht, was einer Länge von über 3 Metern entspricht.

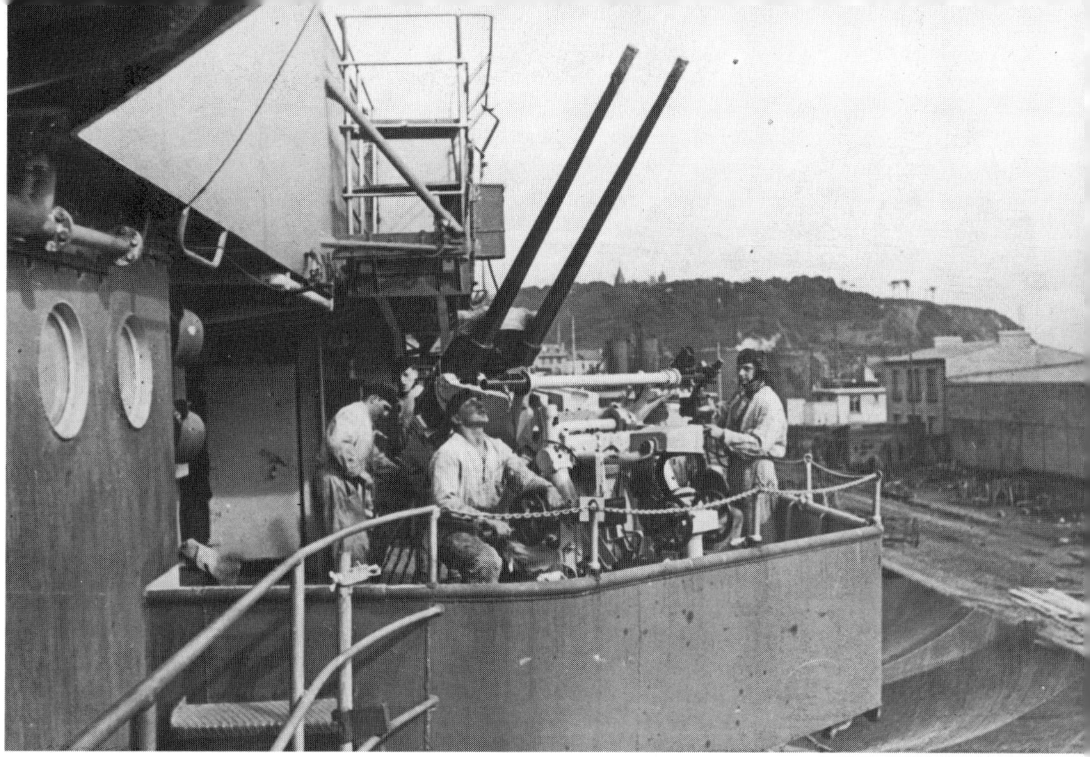

The requirement in the German armed forces for a light AA gun was caused by the desire to engage airbourne targets with great accuracy at medium ranges. Thus the units of the German Navy being planned, already in service and even the light units had an effective AA armament which, at the same time could be used to engage naval targets. From this requirement, at the beginning of the 1930s, the 3.7 cm cannon came about. It was mounted either singly or in pairs. The twin mounted version became the standard fitting and is dealt with below. Is was designated the 7.7 cm SKC/30 in Dopp. L C/30.

Das System ist, wie die Abbildung zeigt, halbautomatisch ausgelegt, d. h. die Patrone wird von Hand geladen. Während des Rohrrücklaufs öffnet sich der Verschluß automatisch und wirft die Patronenhülse aus. Mit einer gut eingespielten Geschützbedienung können Feuergeschwindigkeiten bis zu 30 Schuß pro Rohr und Minute erreicht werden. Gerade nur doppelt soviel wie bei der 10,5 cm Flak und das bei einem Bruchteil der Munitionswirkung. Das Zwillingsgeschütz wird getrennt nach Seite und Höhe durch je einen Richtschützen gerichtet (s. Abb. diese Seite). Die Geschütze werden entweder einzeln oder batterieweise geführt.
Durch die Ereignisse des Krieges wurden die militärischen Forderungen, die an das 3,7 cm Geschütz gestellt worden waren, widerlegt. Insbesondere die Bekämpfung von Luftzielen hatte sich anders entwickelt, als die militärischen Planer vorhergesehen hatten. Die Schußfolge und die Munitionswirkung erwiesen sich als unzureichend. Diese Nachteile führten dazu, daß die 3,7 cm Flak speziell auf den Schweren Kreuzern Zug um Zug durch die 40 mm Flak Bofors ersetzt wurde. PRINZ EUGEN verfügte Anfang des Krieges insgesamt über zwölf Rohre Flak 3,7 cm; bis Anfang 1945 war der Bestand durch 17 Rohre Flak 40 mm abgelöst worden.

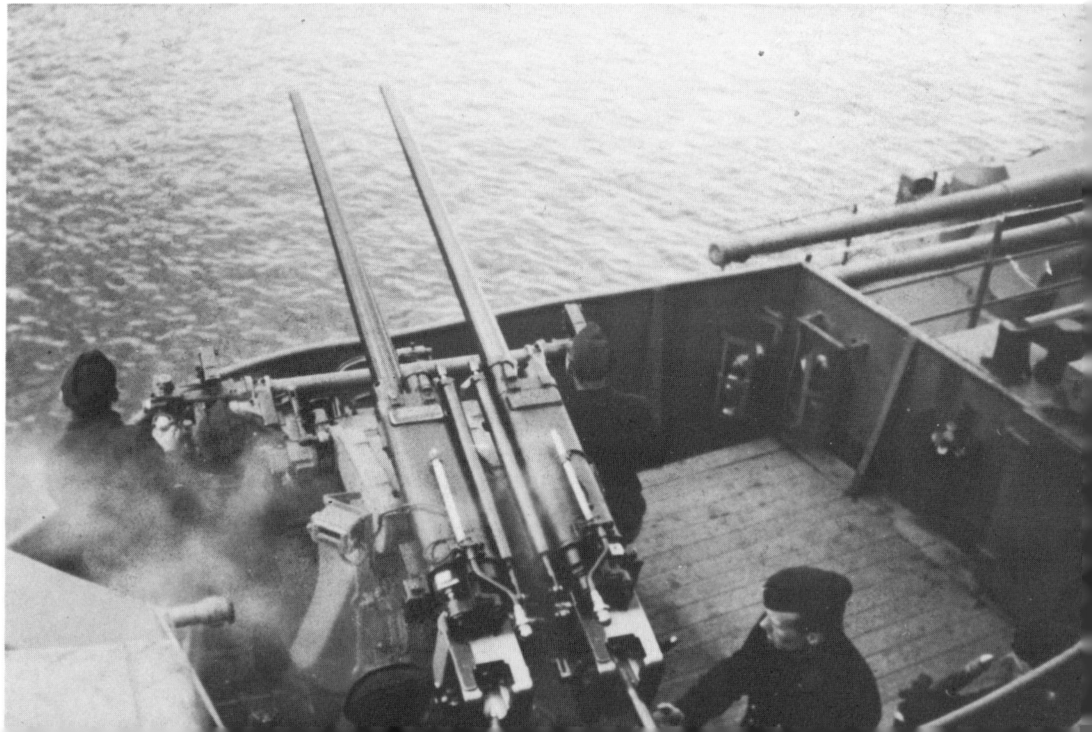

Die 40 mm Flak Bofors L/60 ging auf eine Konstruktion der Firma Rheinmetall zurück. Nach dem Ersten Weltkrieg wurde das Muster dann von der Firma Bofors in Schweden übernommen und weiterentwickelt. Durch zahlreiche Lizenzvergaben und Exportaufträge fand dieses Geschütz bald Eingang bei allen nennenswerten Kriegsmarinen. Es wurde schließlich das meistgebaute mittlere Flak-Modell. Häufig modifiziert und leistungsgesteigert ist diese Flak heute noch über die ganze westliche Welt verbreitet. Das Geschütz schießt vollautomatisch.
Bei dem abgebildeten Modell (siehe gegenüberliegende Seite) werden jeweils fünf Patronen, die durch Ladestreifen zusammengehalten werden, von oben in das Verschlußsystem eingeführt. Dadurch wird eine theoretische Feuergeschwindigkeit von 120 Schuß pro Minute erreicht. Die höhenrichtbare Baugruppe ist neben der Einzelausführung auch in Zwillings- und Vierlingslafetten untergebracht.
Beim Vergleich der Abbildungen fällt auf, daß die 40 mm Flak konstruktiv wesentlich robuster und unkomplizierter ausgelegt ist. Viele Baugruppen der schwedischen Flak sind aus Preßteilen hergestellt; ein kriegswirtschaftlicher Faktor, der die Verbreitung dieser Flak wesentlich beeinflußt hat. In der Regel werden keine Schutzschilde verwendet, hier wurde es durch eine Werft erstellt. Die erkennbaren Blechhauben decken die Visiereinrichtungen ab. Dieses Geschütz steht nicht auf PRINZ EUGEN oder HIPPER.

Gefechtsmast des Panzerschiffes DEUTSCHLAND mit Konteradmiralsflagge im Topp und Flaggensignal an der Rah.

Fighting mast on the pocket battleship DEUTSCHLAND with the counter-admiral's flag on the top and flag signal on the yard.

The 40 mm L/60 Bofors AA gun originated from the Rheinmetall firm. This pattern was taken over after the First World War by Bofors in Sweden who developed it further. Under numerous licences and export contracts, this gun was soon used by all navies worth mentioning. It ended up as the most widely produced medium AA gun. With many modifications and improvements, this AA gun is used today all over the western world. It is fully automatic.
The pattern illustrated (on the page opposite) was loaded with a clip of five rounds placed in the breech. A theoretical rate of fire of 120 rounds per minute could be attained. The elevating mechanisms were fitted to the single, double and quadruple mountings. Comparing this picture, it is apparent that the construction of the 40 mm AA gun is more robust and the lay-out less complicated. Many components of the Swedish AA gun were stamped out, an economic factor which greatly influenced the widespread use of this AA gun. Normally, no protective shields were used, here it is replaced by a dock installation. The metal domes cover the sights. This gun is not on PRINZ EUGEN or HIPPER.

Bei der Kalkulation künftiger Kriege ging man Anfang der 30er Jahre davon aus, mit den Feuerleitmitteln und den Waffenleistungen der Mittleren und der Schweren Flak die Luftbedrohung gegen schwere Schiffe ausgeschaltet zu haben. Den kleineren Flak-Kalibern wurde weniger Beachtung geschenkt, weshalb deren Anzahl an Bord der schweren Schiffe, gemessen an der Zahl der größeren Kaliber, nur unbedeutend vertreten war. Ein Zahlenvergleich belegt dies am besten. Zu Beginn ihrer Dienstzeit verfügten die Schweren Kreuzer über zwölf Rohre 10,5 cm Flak; dem stehen aber nur acht Rohre 2 cm Flak gegenüber. Das sind zunächst neben der 2 cm Flak C/29 (linke Abbildung) im wesentlichen die 2 cm Flak C/30 in Sockellafette C/30, die dann von dem neueren Modell C/38 abgelöst werden (Abbildungen auf der gegenüberliegenden Seite von links nach rechts). Die drei Modelle verfügen über die gleichen ballistischen Leistungen, die praktische Schußfolge kann jedoch von 100 auf 220 Schuß in der Minute verbessert werden. Die Seiten- und Höhenrichtung erfolgt durch Schulterbügel und Handgriffe. Mit dem Handrad wird die ergonomisch günstigste Höhe der Lafette für den Schützen eingestellt. In einer Ablage an der Seite des Sockels sind die Magazine mit der Bereitschaftsmunition abgestellt. Jedes Magazin enthält 20 Patronen. Bei einer Mündungsgeschwindigkeit von etwa 900 m/sec können Luftziele noch bis zu einer Höhe von ca. 1.000 Metern wirksam bekämpft werden. Die Schutzschilde sind nicht üblich, sie wurden hier nur zu Erprobungszwecken (Beschußversuche) angebracht. Dort, wo genug Schiffsraum zur Verfügung steht, wird die 20 mm Kanone in eine Drehscheibenlafette eingebaut (hier auf dem Turm C von HIPPER). Hiermit kann die Trefferleistung verbessert werden.

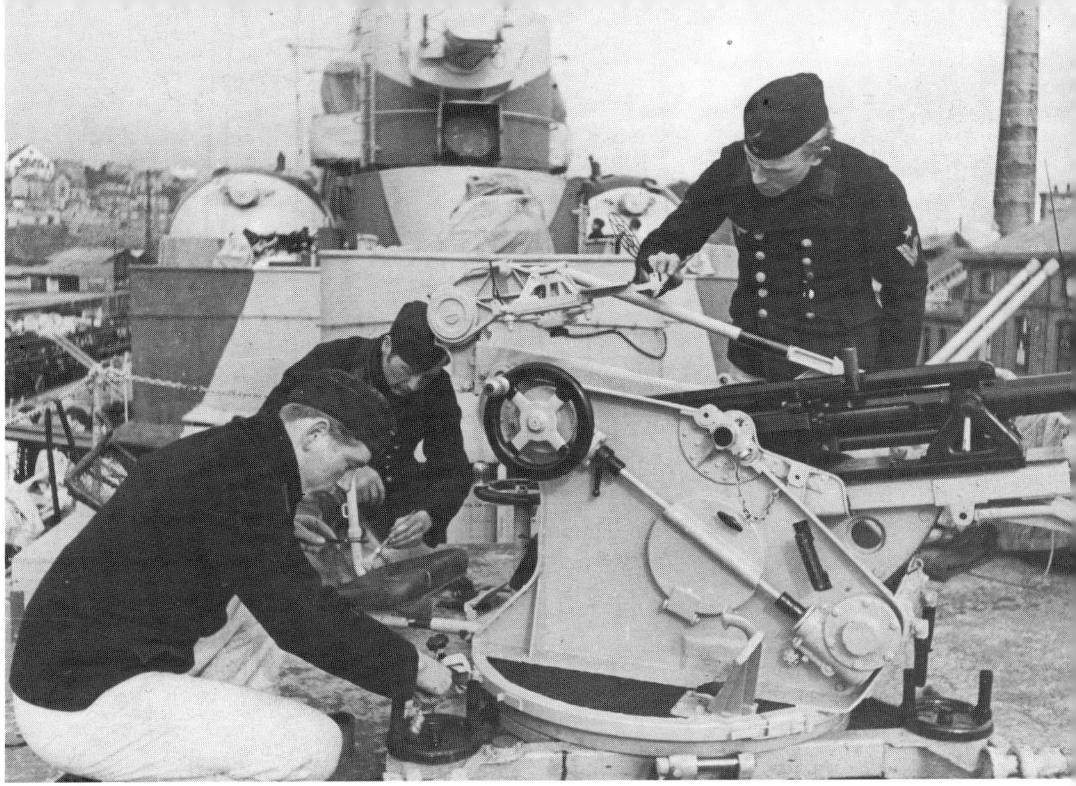

In calculating future wars at the beginning of the 1930s, it was anticipated that with the fire control and performance of the medium and heavy AA guns, the threat of air attack to heavy ships had been eliminated. Less attention was given to the smaller AA weapons and their number on heavy ships when compared to the number of weapons of larger calibre was insignificant. This is best shown by comparing numbers. When first commissioned, the heavy cruisers each had twelve 10.5 AA guns and eight 2 cm. At first, these were the 2 cm Flak C/29 (picture left), mostly the 2 cm Flak C/30 in the socket mounting C/30, which were then replaced by the newer C/38 (shown on the page opposite from left to right). All three patterns had the same ballistic performance, but the rate of fire was increased from 100 to 220 rounds per minute. Traversing and elevating was done with shoulder and hand fittings. The position of the mounting was adjusted with a wheel to suit the firer. A box on the side of the socket fitting held the emergency ammunition. Each magazine held 20 rounds. With a muzzle velocity of about 900 m/sec, aerial targets could be engaged only to a height of about 1,000 metres. The protective shields were not standard, they were used only as an experiment. When there was enough room on the ship, the 20 mm cannons were fitted on a turntable (as on 'C' turret of HIPPER here) This increased the number of hits.

Angesichts der nicht vorgesehenen Luftlage ergab sich die dringende Notwendigkeit für eine Flak für den Nah- und Nächstbereich. Die 20 mm-Geschütze hatten ihren Wert bewiesen, die Feuerdichte, die damit erreicht wurde, war jedoch noch zu gering. Deshalb ging man dazu über, vier Kanonen, seltener zwei, in entsprechenden Lafetten zusammenzufassen. Das wirkungsvollste und gefürchtetste Flak-System auf deutschen Schiffen wurde die dreiachsig stabilisierte 2 cm C/38 in Vierlingslafette. In der Minute konnte diese Vierlingsflak annähernd 900 Granaten verschießen, und zwar mit Richtgeschwindigkeiten von bis zu $12^{\circ}\ sec^{-1}$ der Höhe und bis zu $22{,}5^{\circ}\ sec^{-1}$ der Seite nach. Die Rohre konnten dabei von -10 Grad bis 100 Grad gehoben bzw. geneigt werden.

Due to the unexpected situation in the air, there was an urgent need for an AA gun for close and point-blank firing. The 20 mm had shown its value, but the density of its fire was insufficient. That is why four, and sometimes two, guns were mounted together. The most effective and feared AA system on German ships was the quadruple-mounted 2 cm C/38 stabilized on three axles. This quad AA gun could fire nearly 900 rounds per minute with a directional speed of up to $12^{\circ}\ sec^{-1}$ vertically and up to $22.5^{\circ}\ sec^{-1}$ horizontally. The barrels could be depressed to -10° and raised to 100°.

Die leichteste Flugabwehrbewaffnung, die auf deutschen Schiffen eingesetzt wurde, war das FlaMG 34 mit einem Kaliber von 7,9 mm.

The lightest AA gun used on German ships was the MG 34 machine gun with a calibre of 7.9 mm.

DIE FEUERLEITMITTEL AUF DEUTSCHEN KRIEGSSCHIFFEN

Als wesentliche Komponente in der Kette der Feuerleitung von der Zielauffassung bis zum Erteilen des Feuerbefehls erwiesen sich die optischen Entfernungsmesser, die sich entweder in den offenen Ständen oder den stark gepanzerten Drehhauben befanden. Träger der optischen und mechanischen Baugruppen einer E-Meßeinheit waren die Basisgeräte. Auf deutschen Kriegsschiffen hatten sie, soweit sie nicht tragbar waren, Meßbasen zwischen drei und zehn Metern.
Die deutschen Entfernungsmeßgeräte nutzten das Prinzip der Fähigkeit des Menschen zum räumlichen Sehen. Dabei wurden in die beiden Strahlengänge eines Doppelfernrohres mit möglichst großem Abstand der Objektive Meßmarken eingebaut, die einem Beobachter dann in einer vorher bestimmten Entfernung als eine Marke erschienen. Durch Hintereinanderreihung einer großen Zahl von Meßmarken mit Entfernungsangaben bei der Luftzielbekämpfung, bzw. beweglichen Meßmarken, die über das Ziel gefahren wurden bei der Seezielbekämpfung, bestimmte man die Entfernungen des Zieles durch Vergleich. Das Raumbildsystem war dem bei der britischen Marine verwendeten Schnittbildsystem überlegen. Die Abbildung auf der folgenden Seite zeigt den offenen Stand mit dem 3 m-Raumbild-E-Messer 3 U mit 1/e Übertragung auf der Backbordseite des Gefechtsmastes des Leichten Kreuzers NÜRNBERG.

The fire control system on German warships

The essential component in the chain of fire control from sighting the target to the order to fire was the optical range finder. This was either on an open platform or in a revolving armoured turret. Containers with the optical and mechanical devices of a range-finding unit were the fundamental apparatus. On German warships, those that were not portable, were between three and ten metres long.
The German range finding equipment operated on the principle that a man is capable of seeing into space. Thus a scale was built into the tubes of a pair of binoculars with the lenses as far apart as possible. The scale appeared as a set of marks at certain ranges. By lining up these marks with details of the distance, the range of the targets was established by comparing them when engaging an aerial target or by moving the markings over a naval target. This three-dimensional system was superior to the system by the British Navy. The illustration on the next page shows an open platform with the 3 m Raumbild-E-Messer 3 U mit 1/e Übertragung on the port side of the main mast of the light cruiser NÜRNBERG.

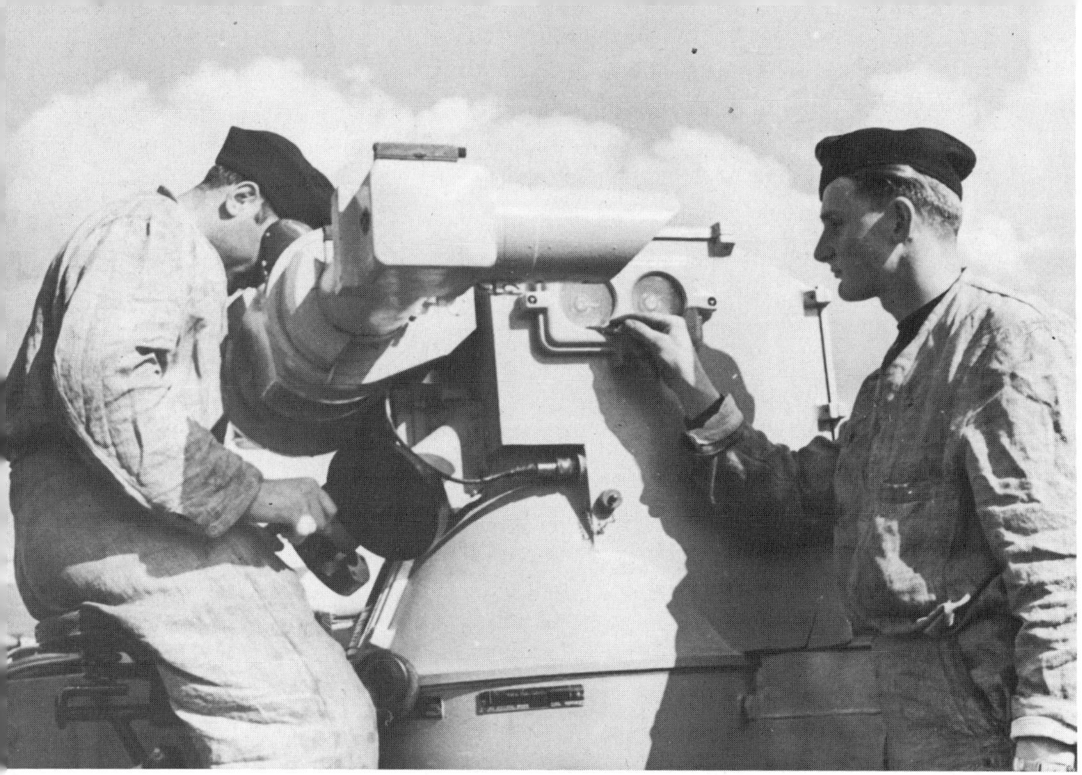

Das optische Gesichtsfeld in den Fla-Leitständen (Wackeltöpfen) ist begrenzt. Deshalb muß der E-Messer an das zu bekämpfende Ziel herangeführt werden. Das geschieht durch die Zielanweisungsgeräte (ZAG), die das Luftziel zuerst aufnehmen und dann an den Fla-Leitstand weitergeben. Was die Schweren Kreuzer betrifft, sind die ZAG im Haupt-Fla-Einsatzstand im Vormars und im Reserve-Einsatzstand (achtern) untergebracht.

The field of version in the AA command stands ("wobble-heads") was limited. Thus the range finder had to be brought round to the target. This was done by the target selction device (ZAG) which first took up th aerial target and then passed it on to the fire control. On the heavy cruisers, the ZAG was in the main AA post on the topmast and in the auxiliary command post astern.

Hier sind zwei Badewannen-Stände auf der PRINZ EUGEN. Sie sind jeweils auf der Backbord- und Steuerbordseite des vorderen Kommandostandes aufgestellt (hier backbord). In Schiffsrichtung gesehen, befindet sich in dem vorderen Stand eine Nachtzielsäule für die Artillerie und dahinter eine Torpedozielsäule mit dem Torpedozielapparat (TZA). Mit dem TZA wird die Zielrichtung für die Torpedorohrsätze und die Reichentfernung für die Torpedos bestimmt.
Die Schiffe der Deutschen Kriegsmarine waren qualitativ mit den leistungsfähigsten optischen Geräten ausgestattet. Sie hatten nur den Nachteil, wie alle Meßmittel, die von natürlichem Licht abhängig sind, daß sie bei schlechten Sichtverhältnissen nur bedingt oder überhaupt nicht eingesetzt werden konnten.

These are two "bath-tub" platforms on the PRINZ EUGEN. They were fitted both to the port and starboard on the forward command platform. (This one is on the port side). According to the plans of the ship, there was a night sight for the guns on the forward command platform and behind it a torpedo aiming stand with the torpedo aiming apparatus (TZA). With the TZA, the sets of torpedo tubes were aimed and the range of the torpedoes was determined.
The ships of the German Navy were fitted with the most effective optical equipment. They had only the one drawback that all measuring instruments have, that they depended on natural light and thus were of little use in poor visibility.

Gemessen an ihrer Größe gehörten die deutschen Schnellboote zu den kampfstärksten Einheiten, die je in Dienst gestellt worden sind. Sie wurden sowohl in nördlichen Gewässern, als auch im Mittelmeer eingesetzt. Im Schwarzen Meer trugen sie die Hauptlast des Krieges zu Wasser. Aufgrund ihrer Wendigkeit, ihrer hohen Geschwindigkeit und starker Bewaffnung waren sie beim Gegner gefürchtet. Der Künstler hat hier versucht, den Eindruck eines S-Bootes des Typs "S 38" mit Kalotten-Panzerbrücke zu vermitteln.

Technische Angaben:

Einsatzverdrängung:	115 ts
Länge über alles:	34,90 m
Größte Breite:	5,30 m
Tiefgang:	1,70 m
Leistung:	7.500 PS
Geschwindigkeit:	41,00 kn
Bewaffnung:	1 x 4 cm (Bofors), 1 x 2 cm, 2 x 3 cm und 2 x 53,3 cm Torpedorohre.
Besatzung:	ca. 30 Mann.

Relative to their size, the German speed boats were the best armed units ever used. They were deployed not only in northern waters, but also in the Mediterranean. In the Black Sea, they were the main forces in the naval war. Due to their manoeuvrability, high speed and powerful armament, they were greatly feared by the enemy.
Here, the artist has attempted to convey the impression of a S-Boat "S 38".

Technical details:

Laden displacement:	*115 tons*
Total length:	*34.90 metres*
Beam:	*5.30 metres*
Draught:	*1.70 metres.*
Performance:	*7,500 horsepower*
Speed:	*41 knots.*
Armament:	*1 x 4 cm (Bofors), 1 x 2 cm, 2 x 3 cm AA guns, 2 x 53.3 cm torpedo tubes*
Crew:	*Around 30 men*

7R
EL

Links:
Ein deutsches Flugboot – Bv 138 – fliegt Aufklärung für ein deutsches Panzerschiff.

A German flying boat – Bv 138 – on reconnaissance for a German pocket battleship.

Oben:
Während des Zweiten Weltkrieges brachte die Deutsche Kriegsmarine rd. 1.170 U-Boote zum Einsatz. Davon gingen über 700 U-Boote durch Feindeinwirkung verloren. Die deutschen U-Boote versenkten etwa 14.000.000 BRT an feindlichem Schiffsraum. Die Hauptlast der Schlacht um den Atlantik trugen dabei die Boote des Typs VII C/VII C 41, das der Künstler hier wirklichkeitsgetreu dargestellt hat.

Technische Angaben:
(In getauchtem und ungetauchtem Zustand)

Wasserverdrängung:	769/1070 m3
Länge über alles:	67,1 m
Durchmesser:	6,2/4,7 m
Tiefgang:	4,8/9,6 m
Leistung:	2.800/750 PS
Bewaffnung:	4 Bug- und 1 Hecktorpedorohr, 1 x 8,8 cm Seezielgeschütz, 1 x 3,7 cm und 2 x 2 cm Flak (Bewaffnung wechselnd).
Besatzung:	44 Mann

During the Second World War, the German Navy made use of around 1,170 submarines. Of those, over 700 were destroyed by the enemy. The German U-boats sank around 14,000,000 tons of enemy shipping.
The main role in the Battle of the Atlantic was played by the submarines of Type VII C/VII C 41, which the artist here has portrayed accurately to the last detail.

Technical details:

Displacement:	*769/1,070 cubic m*
Total length:	*67.10 metres*
Diameter:	*6.20/4.70 metres*
Draught:	*4.80/9.60 metres*
Performance:	*2,800/750 hp*
Armament:	*4 bow and 1 stern torpedo tube, 1 x 8.8 cm gun, 1 x 3.7 cm or 2 x 2 cm AA guns,*
Crew:	*44 men*

Ursprünglich sollten die U-Boote von U-Boot-Mutterschiffen als mobilem Stützpunkt versorgt und betreut werden. Doch Mutterschiffe wie die SAAR waren zu auffällig. Die Versorgung der weit entfernt operierenden Atlantikboote mußte daher ebenfalls von U-Booten übernommen werden.

At first U-boats were to be supplied and looked after by mother ships like the SAAR (opposite).

Im Seemannsjargon hießen diese auffälligen Antennengebilde "Matratzen". Die offizielle (Tarn-) Bezeichnung war Deutsches Technisches Gerät – DeTe-Gerät. Ab 1939 wurden sie serienmäßig eingebaut, bei den großen Einheiten zunächst nur auf den Entfernungs-Meß-Drehhauben des Gefechtsmarses, später dann auch auf den Drehhauben des achteren Leitstandes (vgl. Abbildung – BISMARCK), bei BISMARCK und TIRPITZ auch auf der Drehhaube des vorderen Kommandostandes. Die Geräte arbeiteten im dm-Bereich und waren nicht für Höhenmessungen geeignet.

In naval jargon, these rather conspicuous antennas were known as "mattresses". The official (code) name was "German Technical Apparatus" (DeTe-Gerät). From 1939, they were fitted on all ships. On the large units, at first only on the range measuring turning hoods of the fighting mast, then later on the turning hoods of the stern command platform (see illus. of BISMARCK), on BISMARCK and TIRPITZ on the turning hood of the front command platform. The devices used ultra short wave signals and were not suitable for measuring heights.

Entsprechende Geräte für die Flak sind 4 m-Basisgeräte, die kardanisch in leicht gepanzerten Halbkugeln aufgehängt sind. Der Antrieb für diese Stabilisierung erfolgt elektrohydraulisch. Da diese Anlagen bei Seegang einen ständig wechselnden Winkel zum Schiff einnehmen, werden sie auch Wackeltöpfe genannt. Ihr Aussehen ist mitbestimmend für die Architektur der schweren deutschen Einheiten. Die Wackeltöpfe sind von außen zugänglich und werden im Gefechtsfall von dem Batterieleiter, einem Flak-E-Meß- und einem Richtmann besetzt.
Über dem Fla-Leitstand befindet sich die Signalnock der Admiralsbrücke mit einem Signalscheinwerfer. Vgl. dazu die äußere Abbildung auf der gegenüberliegenden Seite.

The relevant apparatus for AA guns were the 4 m Basisgeräte which were fitted jointed in lightly armoured hemispheres. Their stabilizers were electro-hydraulically powered. As these devices were always changing their angle due to the motion of the ship, they were nicknamed "wobble-heads". They fit in with the architecture of the German heavy units. The wobble-heads were accesible from outside and at action stations were crewed by the battery commander, an operator and a layer. Above the AA command stand is the signal nock of the admiral's bridge with a signal lamp. See also the far picture on the opposite page.

Bild links innen verschafft nochmals einen Eindruck dieser beiden wichtigen Komponenten der Feuerleiteinrichtungen. Am oberen Bildrand über der Vormarsgalerie erkennt man das in die Drehhaube integrierte 7 m-Basisgerät und darüber das Gitter des Funkmeßgerätes. Diese frühe Form des Radargeräts kann zur Feuerleitung nur insofern eingesetzt werden, als damit die Seeziele entdeckt und verfolgt werden können. Die E-Messung ist unzureichend. Das Gerät ist mehr als 30 Meter über der Wasserfläche angebracht. Hinter den Brückenaufbauten ist ein Wackeltopf gerade noch erkennbar. Der lange Behälter auf dem Aufbaudeck gehört nicht zu den Feuerleitmitteln. Es ist aber aufschlußreich zu wissen, daß hier die Abkommrohre der Schweren Artillerie aufbewahrt werden. Sie haben ein Kaliber von 8,8 cm und werden in die 20,3 cm Rohre eingesetzt, um Schießmanöver durchzuführen. Damit sollen die Seelenrohre der Schweren Artillerie entlastet werden.
The nearest picture on the page opposite again gives an impression of the two important components of fire control. At the top of the picture, above the top mast gallery, the integrated 7 m Basisgerät can be seen in the swivelled head and above it, the frame of a radio apparatus. This early form of radar could only be used to locate and follow naval targets.

Ein anderes Feuerleitmittel für die Schwere Artillerie ist die Nachtzielsäule, die hier abgebildet ist. Das Gerät ist in einer sogenannten Badewanne unterhalb der Brückenaufbauten aufgestellt. Mit dieser Aufstellung soll erreicht werden, daß auch kleine Seeziele schon optisch aufgefaßt werden können, wenn sie sich noch vom Horizont abheben.
Des weiteren beeindruckt die Dichte der Gefechtsstände mit der 3,7 cm Doppelflak, der 10,5 cm Doppelflak und dem 3 m E-Messer.
Die Abbildungen auf dieser Doppelseite entstanden auf der HIPPER im Jahr 1941.
The night aiming device illustrated here was another means of fire control for the main guns. This apparatus was kept in a so-called "bath-tub" underneath the bridge superstructure.
Also impressive is the thickness of the fighting top with the 3.7 cm double-mounted AA gun, the 10.5 cm double-mounted AA gun and the 3 m range finder.

DIE LEICHTEN KREUZER DER DEUTSCHEN KRIEGSMARINE

Seit Ende der 80er Jahre des vorigen Jahrhunderts entstanden auf deutschen Werften kreuzerähnliche Kriegsschiffe unter den Bezeichnungen Kleine Kreuzer, Kreuzerkorvetten und Kleine Geschützte Kreuzer. Diese Kriegsschiffe waren teilweise noch besegelt und ungepanzert. Als Werkstoff wurde zunächst noch Holz sowie Kupfer und Stahl verwendet. Es handelte sich anfänglich um bescheidene Schiffe von geringem Kampfwert in der Größenordnung von weniger als 2.000 Tonnen Wasserverdrängung und mit Geschwindigkeiten um 10 Knoten.

Etwa 15 Jahre später war man dazu übergegangen, wichtige Schiffsteile allgemein hinter Panzerschutz zu bringen. Die Schiffsgröße und Geschwindigkeit hatte sich mehr als verdoppelt. Wie der Erste Weltkrieg dann zeigte, hatte sich dieser Schiffstyp zu einem vollwertigen Kriegsschiff entwickelt, der sich bei vielen verschiedenen Aufgaben bewährt hatte. Folgerichtig wurde er dann auch in der Reichsmarine beibehalten.

THE LIGHT CRUISERS OF THE GERMAN NAVY

From the end of the 1880s, there were a number of warships similar to cruisers in the German shipyards. These were designated as "small cruisers", "cruiser corvettes" and "small armoured cruisers". These warships were in part still fitted with sails and unarmoured. Materials used included not only wood but also copper and steel. At first, they were mainly small ships of minimal fighting power displacing less than 2,000 tons with a speed of 10 knots.
About 15 years later, it was common for the vital parts of the ship to be protected by armour plating. The size and speed of the ships had more than doubled. As the First World War was to show, this type of ship had developed into a battle-worthy warship which could be trusted to perform many different tasks. Consequently, it was retained in the Reich Navy. (See also the preceding chapter).

Typisches Merkmal der ersten Kreuzerbauten waren die aus der Schiffslängsachse um je zwei Meter nach den Seiten versetzen 15 cm Drillingstürme.

Characteristic of the first cruiser construction were the 15 cm triple-mounted turrets set 2 metres off the ship's axis.

Der Leichte Kreuzer EMDEN
Die nebenstehende Abbildung zeigt den Leichten Kreuzer EMDEN in seinem Bauzustand von 1932. Die Hakenkreuzfahne ist, wie man deutlich erkennt, in das Foto hineinretuschiert worden. Dieser Kreuzer-Ersatz-Neubau wurde bereits 1920 von der jungen Reichsmarine in Wilhelmshaven in Auftrag gegeben. Widrige politische und wirtschaftliche Ereignisse verzögerten jedoch die Indienststellung bis Ende 1925. Das führte auch dazu, daß das ursprüngliche Baukonzept nicht eingehalten werden konnte, das u. a. vorsah, acht zu diesem Zwecke noch neu zu entwickelnde 15 cm-Geschütze paarweise hinter Schutzschilden aufzustellen. Statt dessen wurde auf die 15 cm S.K. L/46 zurückgegriffen, die noch aus dem Ersten Weltkrieg zur Verfügung standen. In Anlehnung an die letzten Leichten Kreuzer, die im Ersten Weltkrieg entstanden waren, wurden die Geschütze dann, wie die Abbildung zeigt, hinter Schutzschilden, und zwar vier in der Schiffsachse und jeweils zwei an den Schiffsseiten, untergebracht. Es muß jedoch angefügt werden, daß bei den Kreuzern des Ersten Weltkrieges, die als Vorbild herangezogen wurden, die Buggeschütze in Doppellafetten untergebracht waren.

The Light Cruiser EMDEN
The picture opposite shows the light cruiser EMDEN at its construction of 1932. The Swastika flag has, as is quite apparent, been touched in. This replacement cruiser construction was ordered as early as 1920 by the New Reich Navy from the naval shipyard in Wilhelmshaven. Political and economic conditions delayed its commissioning however until the end of 1925. That also meant that the original plan of construction could not be adhered to. It had included eight of the as yet to be developed 15 cm guns fitted in pairs behind protective shields. Instead of that, the 15 cm S.K. L/46 of First World War origin was fitted. Based on the light cruisers of the First World War, the guns, as this picture shows, were fitted behind protective shields, four on the ship's axis and two on each side of the ship. It should be mentioned here that on the cruisers of the First World War, which were used as models, the bow guns were fitted in double mountings.

Nebenstehendes Foto zeigt die EMDEN im gleichen Bauzustand wie die vorangegangene Abbildung. Die Einzelheiten sind deutlich erkennbar. Das Aussehen hatte sich bereits das erste Mal geändert, als im Zusammenhang mit den Werfterprobungsfahrten Anfang 1926
– der vorher schlanke Tulpenmast aus Stabilitätsgründen um 5 Meter verkürzt,
– die Schornsteine auf gleiche Höhe gebracht
– und der Großmast kürzer ausgelegt wurde.

Die Dampfenergie wurde noch in vier kohlebefeuerten und sechs mit Flüssigbrennstoff befeuerten Marine-Kesseln erzeugt.

The photo here shows the EMDEN in the same condition as in the previous photo. Its appearance has already been altered for the first time with the shipyard test sailings at the beginning of 1926.
– *the previous thin mast has been shortened by 5 metres for better stability.*
– *the funnels have been brought to the same height.*
– *the main mast has been made shorter.*

The steam power was produced in four coal-fired and six liquid-fired naval boilers.

Kutter in Davits. *Cutter on davits.*

Leichter Kreuzer EMDEN im Jahr 1940. Die Abbildungen zeigen gestochen scharf Einzelheiten des Gefechtsmastes, der Brücken- und anderer Aufbauten. Inzwischen hatten eine Grundinstandsetzung im Jahr 1934 und weitere Umbauten danach das Aussehen des Kreuzers zusätzlich verändert:

- Die Schornsteine waren beide um jeweils 2 Meter verkürzt worden.
- Auf dem Aufbaudeck zwischen Großmast und achterem Schornstein war eine Hütte hinzugekommen (Abbildung gegenüber innen).
- Auf dem Deck der Hütte ist ein Entfernungsmeßgerät (für die Flak) gerade noch sichtbar.
- Die Höhe des Großmastes wurde nochmals verringert. Die Stenge war ganz weggefallen (innere Abbildung gegenüber).
- Dafür war am achteren Schornstein ein zusätzlicher Mast angebracht worden.
- Die Flak-Bewaffnung wurde verstärkt, zunächst um ein 8,8 cm Geschütz C/25.

Danach standen drei 8,8 cm L/45 Flak auf dem Aufbaudeck zwischen Hütte und achterem Schornstein, zwei davon nebeneinander auf auskragenden Geschützplattformen (vgl. die Abbildungen auf dieser und der gegenüberliegenden Seite). Später kamen noch einige 3,7 cm und zahlreiche 2 cm Flak hinzu. Das Bild auf dieser Seite vermittelt einen Eindruck von der Blickrichtung vom vorderen Schornstein zur Hütte. Im Vordergrund eine 15 cm Schiffskanone L/45 in Mittelpivotlafette C/16 (15 cm S.K. L/45 in M.P.L. C/16).
Zwischenzeitlich war auch die Antriebsanlage auf ölbefeuerte Marinekessel umgestellt worden.

Light cruiser EMDEN in 1940. These pictures show very clearly the details of the main mast of the bridge and superstructure. In the meantime, a major overhaul in 1934 and other modifications had somewhat altered the appearance of the cruiser:

- *The funnels were both shortened by 2 metres each.*
- *On the deck between the main mast and the stern funnel a hut had been added. (Illus. page opposite).*
- *On the roof of the hut, a range finder for the AA guns is just visible.*
- *The height of the main mast was again reduced. The crossbar was left out. (Illus. on page opposite).*
- *An additional mast was fitted onto the stern funnel.*
- *The AA armament was increased, at first by one 8.8 cm C/25.*

Later, three 8.8 cm L/45 AA guns were fitted onto the deck between the hut and the stern funnel, two of them next to each other on curved gun platforms (see illus. on this page and opposite). After that, several more 3.7 cm and numerous 2 cm AA guns were added. The picture on this page gives an impression of the view from the front funnel to the hut. In the foreground is a 15 cm ships gun L/45 in the central pivot carriage C/16 (15 cm S.K. L/45 in M.P.L. C/16).
During the time, the power source was changed to oil-fired naval boilers.

Kriegseinsätze und Verbleib

Leichter Kreuzer EMDEN

Stapellauf 7.1.1925 Marinewerft Wilhelmshaven
in Dienst gestellt 15.10.1925

Haupteinsätze:

August 1939	Die EMDEN war an der Legung einer Minensperre in der Nordsee zusammen mit der GRILLE und mehreren Torpedobooten beteiligt. Auf der Jade von der Unternehmung zurück 3.9.1939.
4. September 1939	Angriff brit. Flugzeuge auf Wilhelmshaven. Die EMDEN schoß ein Flugzeug ab, das jedoch seitlich auf das Vorschiff des Kreuzers aufschlug und abgesehen von Sachschäden Menschenleben kostete. Das waren die ersten Gefallenen der Kriegsmarine im Zweiten Weltkrieg.
Oktober 1939 – März 1940	wurde der Kreuzer wieder zu Ausbildungszwecken verwendet.
6. April 1940	Die EMDEN nahm zur Unternehmung "Weserübung" in Swinemünde Heerestruppen an Bord.
7. April 1940	Sammeln der Kriegsschiffsgruppe 5 in der Kieler Bucht.
8. April 1940	Gruppe 5 auf dem Marsch nach Oslo. Untergang der BLÜCHER in der Dröbakenge. Ausschiffen der Heerestruppen. Die EMDEN erreicht Oslo am 10.4.1940. Die Funkstation des Kreuzers bildete die Nachrichtenzentrale für alle drei Wehrmachtteile.
Sommer 1940	Die EMDEN wurde aus Oslo in die Heimat nach Gotenhafen entlassen und diente dort wieder Schulzwecken. Zusammen mit dem Leichten Kreuzer KÖLN beschoß die EMDEN russische Küstenbatterien bei Kap Ristna auf Ösel.
Juni – November 1942	Zur Grundüberholung verlegte die EMDEN zur Werft Wilhelmshaven. Die grundüberholte EMDEN konnte bei einer Meilenfahrt vor Neukrug bei Pillau noch eine Geschwindigkeit von 26,9 Kn. erzielen.
Ende 1944	Minenunternehmung im Skagerrak.
Jahreswechsel 1944/45	Grundüberholung des Schiffes bei der Schichauwerft in Königsberg. Die Russen greifen Königsberg an.
23. Januar 1945	Befehl des OKM: "Sofort klarmachen zum Auslaufen". Eisbrecher schleppten die EMDEN nach Pillau, wo eine Maschine fahrklar gemacht wurde.
Februar 1945	Von Pillau aus erreichte die EMDEN in sechstägiger Fahrt am 6.2.1945 Kiel. An Bord des Schiffes befanden sich rund 1.000 Flüchtlinge. Außerdem waren an Bord die Sarkophage des Generalfeldmarschalls v. Hindenburg und seiner Gemahlin.
Februar – April 1945	wurden die Überholungsarbeiten an dem Kreuzer in Kiel fortgesetzt.
April 1945	Bei einem Luftangriff auf Kiel wurde die EMDEN schwer beschädigt. Das Schiff mußte in der Heikendorfer Bucht auf Strand gesetzt werden.
26. April 1945	außer Dienst gestellt.
3. Mai 1945	Durch Sprengung vollkommen zerstört. Das Wrack wurde abgebrochen und verschrottet.

War History & Whereabouts

Light Cruiser EMDEN

Launched 7th January 1925 from the Wilhelmshaven naval shipyard
Commissioned 15th October 1925

Main Actions:

August 1939	*The EMDEN participated in the laying of a minefield in North Sea with the GRILLE and several torpedo boats. Returned from the operations to the Jade on 3rd September 1939.*
4th September 1939	*British airraid on Wilhelmshaven. The EMDEN shot down one aircraft which however crashed into the front of the ship and as well as causing damage, inflicted loss of life. They were at first naval casualties of the Second World War.*
October 1939 – March 1940	*The cruiser was used for training purposes.*
6th April 1940	*The EMDEN took troops on board in Swinemünde for operation "Weserübung".*
7th April 1940	*Warship Squadron 5 assembled in the Kiel Bight.*
8th April 1940	*Squadron 5 on its way to Oslo. The BLÜCHER went down in the Dröbakenge. Disembarkation of the troops. The EMDEN arrived at Oslo on 10th April 1940. The cruiser's radio station was the reports centre for all three arms of the Wehrmacht.*
Summer 1940	*The EMDEN returned home to Gotenburg from Oslo and was used for training purposes.*
September 1941	*Along with the light cruiser KÖLN, the EMDEN bombarded Russian shore batteries at Cape Ristna on Ösel.*
November 1941	*On the founding of the Training Section of the Fleet, EMDEN was attached to it.*
June – November 1942	*For a major refit, the EMDEN was laid up in the shipyard in Wilhelmshaven. The refitted EMDEN reached a speed of 26.9 knots in a short journey at Neukrug near Pillau.*
End of 1944	*Minelaying in Skagerrak.*
Winter 1944/45	*Thorough refit of the ship in Schichau shipyard in Königsberg. The Russians then attacked Königsberg.*
23rd January 1945	*Order from the Naval Supreme Command: "Clear decks immediately for launching". Ice breakers towed the EMDEN to Pillau where one engine was brought into action.*
February 1945	*In a six day journey, the EMDEN reached Kiel from Pillau on 6th February 1945.*
February – April 1945	*The refitting work was continued on the cruiser in Kiel.*
April 1945	*The EMDEN was heavily damaged in an airraid on Kiel. The ship had to be beached in the Heikendorf Bight.*
26th April 1945	*Withdrawn from service.*
3rd May 1945	*Totally destroyed by explosions. The wreck was broken up and scrapped.*

Die Leichten Kreuzer der K-Klasse.

Unbelastet durch ältere Schiffstypen beschritt die Reichsmarine neue Wege bei der Entwicklung und dem Bau der sogenannten Kreuzer der K-Klasse. Von diesem Kreuzertyp wurde eine Serie von drei Schiffen gebaut, die sämtlich im Jahre 1926 aufgelegt worden sind. Angeführt wurde die Serie von der KÖNIGSBERG, dann folgte die KARLSRUHE; beide Schiffe wurden 1929 in Dienst gestellt und schließlich die KÖLN mit ihrer Indienststellung im Jahre 1930. Aus den Anfangsbuchstaben der Städte, die den Schiffen die Namen gaben, wurde der Begriff für die K-Klasse abgeleitet.

Die nebenstehende Abbildung der KÖNIGSBERG aus dem Jahr 1934/35 zeigt deutlich die typischen Merkmale des neuen Kreuzers:

- Die Geschütze sind in leichtgepanzerten, geschlossenen Türmen untergebracht.
- Die Geschütztürme sind aus der Schiffsachse jeweils um etwa 2 Meter versetzt nach steuer- bzw. backbord aufgestellt worden. Aus dieser Position heraus konnten die Türme das Artilleriefeuer nach vorn unterstützen.
- Das Schiffsende ist als Spiegelheck ausgelegt.
- Die Scheinwerfer sind neben dem achteren Schornstein paarweise in Podesten an Säulenmasten angehängt worden.

Wie weiter erkennbar ist, besteht die Flak-Bewaffnung aus vier Geschützen 8,8 cm L/45 C/25 in Einzelaufstellung.

The Light Cruisers of the K-Class.

Not hindered by old types of ships, the Reich Navy found new ways of developing and building the so-called cruisers of the K-Class. From this type of cruiser, a series of three ships was built, all of which were laid down in 1926. The series started with the KÖNIGSBERG, followed by the KARLSRUHE, both ships being commissioned in 1929, followed finally by the KÖLN, which was commissioned in 1930. They were designated the K-Class because the names of all three ships began with the letter "K".

The picture opposite of the KÖNIGSBERG in 1934/35 clearly shows the features typical of this new cruiser:

- *The guns were mounted in lightly armoured close turrets.*
- *The turrets are placed about 2 metres to port or starboard off the ships axis. From this position, the turrets could support firing forwards.*
- *The stern is square.*
- *The searchlights are mounted in pairs on platforms on masts by the rear funnel.*

As can also be seen, the AA defence consists of four 8.8 cm L/45 C/25 guns mounted individually.

Das Bild auf der nachfolgenden Doppelseite zeigt die KÖNIGSBERG wenige Monate nach ihrer Indienststellung. Wie erkennbar, bestand die Flak-Bewaffnung anfänglich nur aus zwei 8,8 cm L/45 Geschützen.

The picture on the following double page shows the KÖNIGSBERG a few months after being commissioned. As can be seen, the AA defence consisted initially of only two 8.8 cm L/45 guns.

Leichter Kreuzer KÖNIGSBERG

Stapellauf 26.3.1927 Marinewerft Wilhelmshaven
in Dienst gestellt 17.4.1929

Haupteinsätze:

Kriegsausbruch 1939	Die KÖNIGSBERG unterstand vor Kriegsausbruch der Artillerieinspektion. Sie wurde mit Beginn der Kriegshandlungen zum Polenfeldzug den Flottenstreitkräften in der Ostsee zugeteilt.
April 1940	Zur Unternehmung "Weserübung" trat die KÖNIGSBERG zur Gruppe 3 unter Konteradmiral Schmundt, Bestimmungshafen Bergen. Die KÖNIGSBERG übernahm Heerestruppen in Wilhelmshaven.
9. April 1940	Bei Einlaufen in Bergen beschädigten norw. Küstenbatterien die KÖNIGSBERG und das Artillerieschulschiff BREMSE. 19.00 Uhr brit. Luftangriff auf Bergen, jedoch ohne größeren Erfolg. 21.00 Uhr KÖLN und zwei Torpedoboote liefen zur Heimfahrt aus. Die beschädigte KÖNIGSBERG blieb in Bergen.
10. April 1940	Am frühen Vormittag griffen 15 Sturzkampfflugzeuge der brit. Marineluftwaffe das Schiff an, das nach drei Volltreffern sank.
1943	Wrack gehoben und abgebrochen.

Light Cruiser KÖNIGSBERG

Launched 26th March 1927 in Wilhelmshaven Naval Shipyard
Commissioned 17th April 1929

Main actions:

Outbreak of war 1939	*The KÖNIGSBERG was under the command of the Artillery Inspectorate at the outbreak of war. At the beginning of hostilities in Poland, she was sent to the Naval Forces in the Baltic.*
April 1940	*In Operation "Weserübung", the KÖNIGSBERG became part of Squadron 3 under Counter-Admiral Schmundt, sent to Bergen. The KÖNIGSBERG took troops on board in Wilhelmshaven.*
9th April 1940	*The KÖNIGSBERG and the artillery training ship BREMSE were damaged by Norwegian shore batteries when entering Bergen. 19.00 hrs. British airraid on Bergen, but without much effect. 21.00 hrs. KÖLN and two torpedo boats returned to their home port. The damaged KÖNIGSBERG remained in Bergen,*
10th April 1940	*Early in the morning, 15 ground attack aircraft of the British Fleet Air Arm attacked the ship, which, after three direct hits, sank.*
1943	*The wreck was raised and broken up.*

Die KÖNIGSBERG im Frühjahr 1940. Die Flak in Einzellafetten sind jetzt durch 8,8 cm L/76 Geschütze C/32 in Doppellafetten C/32 ersetzt worden. Als eines der wenigen Kriegsschiffe ist die KÖNIGSBERG bereits mit der matratzenähnlichen Antennenform eines Funkmeßgerätes ausgestattet. Die Antenne ist starr und wie erkennbar am Brückenaufbau angebracht worden. Wenige Wochen später, vor dem Norwegen-Unternehmen, wurde die Anlage, die nur versuchsweise installiert worden war, wieder abgebaut.

The KÖNIGSBERG in spring 1940. The singly mounted AA guns have now been replaced by the 8.8 cm L/76 C/32 mounted in the double carriage C/32. The KÖNIGSBERG was one of the few warships already equipped with the mattress-like antenna of a radio-operated range finder. The antenna is rigid and, as can be seen, has been fixed onto the bridge superstructure. Only a few weeks later, just before the Norway operation, this apparatus, which had only been installed as an experiment, was removed.

The pictures on this and the following side show the KARLSRUHE in 1934, but with different items of equipment:

- *The antennas have been replaced by a telescoping mast on both sides of the astern funnel.*
- *The 8.8 cm L/45 C/25 AA guns have been increased by one further. In addition to that, four 3.7 cm AA guns in double mountings have been added (next to the bridge superstructure and behind the rear torpedo tube mounting) as well as several 2 cm AA guns.*
- *A loading crane has been added in place of one aircraft crane. The aircraft catapult is due to be added shortly.*

The most noticeable difference with the other cruisers of the K-Class, as this photo clearly shows, was the two-storey platforms on the main mast. The KARLSRUHE was taken in for another major refit in 1938/39.

Die Abbildungen auf dieser und der nachfolgenden Doppelseite zeigen die KARLSRUHE im Jahre 1934, allerdings in unterschiedlichem Ausrüstungszustand:

- Die Antennenspieren sind an beiden Seiten des achteren Schornsteins durch einen Teleskopmast ersetzt worden.
- Die 8,8 cm L/45 Flak C/25 Bewaffnung ist um ein Geschütz erweitert worden. Hinzugekommen sind außerdem vier 3,7 cm Flak in Doppellafetten (neben den Brückenaufbauten und hinter dem vorderen Torpedorohrsatz) und einige 2 cm Flak in Einzelaufstellung.
- Ein Bordkran wurde gegen einen Flugzeugkran ausgetauscht. Das Flugzeugkatapult wird in Kürze nachgerüstet.

Das wesentliche Unterscheidungsmerkmal zu den anderen Kreuzern der K-Klasse war, wie die Abbildung deutlich macht, der zweigeschossige Stand auf dem Röhrenmast.

Die KARLSRUHE wird sich nach einer weltumspannenden Seereise nochmals einer Grundüberholung im Jahr 1938/39 unterziehen.

Kreuzer „Karlsruhe"

Leichter Kreuzer KARLSRUHE

Stapellauf 20.8.1927 Deutsche Werft A.G., Kiel
in Dienst gestellt 6.11.1929

Haupteinsätze:

November 1939
Bei Kriegsausbruch befand sich die KARLSRUHE außer Dienst. Sie wurde auf der Kriegsmarinewerft Wilhelmshaven grundüberholt und teilweise umgebaut. Wieder in Dienst gestellt wurde der Kreuzer am 13. November 1939.

April 1940
Zur Norwegenunternehmung (siehe auch Kapitel "Weserübung") trat die KARLSRUHE zur Kriegsschiffgruppe 4, vorgesehen für die Besetzung von Kristiansand-Süd und Arendal. Der Kommandeur der KARLSRUHE war Führer dieser Unternehmung. Zur Gruppe 4 gehörten außer der KARLSRUHE noch die Torpedoboote LUCHS, SEEADLER und GREIF, die 2. Schnellbootsflottille und das Schnellbootsbegleitschiff TSINGTAU. An Heerestruppen hatte die Gruppe rund 1.100 Mann an Bord, auch befand sich an Bord der KARLSRUHE der als Admiral Südnorwegen vorgesehene Konteradmiral Schenk.

9. April 1940
Die Besetzung Kristiansands ging nicht planmäßig und reibungslos vonstatten. Erst am Nachmittag konnte der Ort besetzt und die Truppen ausgeschifft werden.
Nachts Angriff des britischen Unterseeboots TRUANT (Lt. Commander C. H. Hutchinson) auf die KARLSRUHE. Torpedovolltreffer in den Abteilungen V und VI. Beide Maschinen, die E-Anlage und das Ruder fielen aus, das Schiff sackte langsam ab. Die Besatzung wurde von den Torpedobooten übernommen und dann auf Befehl des Kommandanten die KARLSRUHE durch zwei Torpedos des Torpedobootes GREIF versenkt. Untergang 9.4. 1940, 22.50 Uhr. (Bei Bekanntgabe des Verlustes des Schiffes sprach das OKW zunächst irrtümlich von einem Verlust durch eine Minensperre.)

Diese Abbildung der KARLSRUHE entstand während eines Auslandsaufenthaltes. Deutlich zu sehen sind Einzelheiten des Mittelschiffs des Leichten Kreuzers mit dem Gefechtsmast, dem Kriegswachleitstand über der Brücke mit einem der großen Entfernungsmeßgeräte, dahinter das Signaldeck, einen der Steuerbord-Torpedorohrsätze, das Bootsdeck und die Scheinwerferpodeste.

Light Cruiser KARLSRUHE

Launched 20th September 1927 at the Deutsche Werft A.G., Kiel
Commissioned 6th November 1929

Main Actions:

November 1939
On the outbreak of war, the KARLSRUHE had been withdrawn from service. She underwent a major refit in the Naval Shipyard in Wilhelmshaven and was partly rebuilt. She was recommissioned on 13th November 1939.

April 1940
For the Norway operation (see also the chapter "Weserübung") the KARLSRUHE was attached to Warship Squadron 4 which was designated to occupy Kristiansand-South and Arendal. The commander of the KARLSRUHE was also leader of this operation. Squadron 4 also consisted of torpedo boats LUCHS, SEEADLER and GREIF, the 2nd Speed Boat Flotilla and its support vessel TSINGTAU. Squadron 4 had on board around 1,100 soldiers and also on board the KARLSRUHE was Counter-Admiral Schenk, appointed to be Admiral of Southern Norway.

9th April 1940
The occupation of Kristiansand did not go according to plan. Only that afternoon could the town be occupied and the troops disembarked. In the night, the British submarine TRUANT (Lt. Commander C. H. Hutchinson) attacked the KARLSRUHE. Torpedoes hit Sections V and VI. Both engines, the E-apparatus and the rudder were knocked out and the ship began to list. The crew were taken off by the torpedo boats and on the order of its commander, the KARLSRUHE was sunk by two torpedoes from the torpedo boat GREIF. She went down at 22.50 hrs. on 9th April 1940. (On announcing the loss of this ship, the OKW originally spoke of a loss due to mining. This was an error).

The KÖLN was to be the only cruiser of this class to survive the war. The pictures on this and the following page show the KÖLN in winter 1939/40 and in spring 1940. Her technical alterations were as those on the KÖNIGSBERG and KARLSRUHE. As such, the KÖLN was distinguishable from the KÖNIGSBERG externally only by the bars which attached the mast to the funnel. On a platform behind the fire control stand is the barrel of a 2 cm AA gun covered by a tarpaulin. During the course of the war, the armament was increased by further two 2 cm AA guns in quad mountings next to each other on the deck house. The searchlight stands and the aircraft crane were removed. Unlike the KÖNIGSBERG and KARLSRUHE, the aircraft catapult has already been removed.

Left:
This picture of the KARLSRUHE was taken when overseas. The details amidships the light cruiser are apparent – the fighting mast, the watch platform above the bridge with one of the large range finders, behind it the signal deck, one of the starboard torpedo tube mountings, the boat deck and the searchlight platform.

Die KÖLN sollte der einzige Kreuzer dieser Serie sein, der fast den ganzen Krieg überstehen würde. Die Abbildungen auf dieser und der folgenden Seite zeigen die KÖLN im Winter 1939/40 und im Frühjahr 1940. Ihre technischen Änderungen entsprechen denen der KÖNIGSBERG und KARLSRUHE. Insofern war die KÖLN von der KÖNIGSBERG äußerlich nur durch die Streben, die den Mast gegen den Schornstein abstützten, zu unterscheiden. Auf einem Podest hinter dem Artilleriestand ist das mit einer Persenning überzogene Rohr einer 2 cm Flak erkennbar. Im weiteren Verlauf des Krieges wird die Ausrüstung noch durch zwei 2 cm Flak in Vierlingslafetten nebeneinander auf dem Deckshaus unterstützt. Die Scheinwerferstände und der Flugzeugkran werden abgebaut.
Im Gegensatz zur KÖNIGSBERG und KARLSRUHE ist hier bereits das Flugzeugkatapult entfernt worden.

Leichter Kreuzer KÖLN

Stapellauf 23.5.1928 Marinewerft Wilhelmshaven
in Dienst gestellt 15.1.1930

Haupteinsätze:

September 1939	Vor Kriegsausbruch gehörte die KÖLN mit NÜRNBERG und LEIPZIG zum B.d.A.-Verband. Zusammen mit der NÜRNBERG und der KÖNIGSBERG trat KÖLN mit Kriegsbeginn unter das Marinegruppenkommando Ost. Nach Beendigung des Polenfeldzuges traten die drei Kreuzer zum Marinegruppenkommando West und verlegten in die Nordsee.
8. Oktober 1939	Die KÖLN nahm an dem Flottenvorstoß unter Admiral Boehm mit GNEISENAU und 9 Zerstörern teil. Der Vorstoß ging bis in die Höhe von Utsire. Rückkehr des Verbandes durch Kattegat und Großen Belt. Eintreffen in Kiel 10.10.1939, 02.00 Uhr. Keine besonderen Vorkommnisse. Die brit. Admiralität hatte von diesem Vorstoß erfahren und in der Meinung, daß ein Durchbruch in den Atlantik geplant sei, die brit. Flotte auf Auffangstellung nördlich Bergen gelegt.
12. – 13. Dezember 1939	In der Nacht vom 12. zum 13. Dezember 1939 bezogen der B.d.A.-Verband mit NÜRNBERG, LEIPZIG und KÖLN in der westlichen Nordsee Auffangstellung, während fünf Zerstörer ein Minenfeld vor Newcastle legten (6. offensive Minenunternehmung deutscher Zerstörer). NÜRNBERG und LEIPZIG erhielten am Morgen des 13.12.1939 Torpedotreffer. Die KÖLN blieb unbeschädigt und wurde nun bis Mai 1940 Flaggschiff des B.d.A.
April 1940	Zum Unternehmen "Weserübung" nahm KÖLN am 7.4.1940 in Wilhelmshaven Heerestruppen an Bord. KÖLN bildete mit KÖNIGSBERG, dem Artillerieschulschiff BREMSE, den Torpedobooten LEOPARD und WOLF und der 1. Schnellbootsflottille die Gruppe 3, bestimmt für Bergen. Am 9.4.1940 wurde das befohlene Ziel erreicht. KÖLN blieb unbeschädigt. Noch am selben Tag liefen KÖLN und die Torpedoboote LEOPARD und WOLF wieder aus. Von der Elbe kommend lief der Zerstörer RICHARD BEITZEN dem Verband entgegen. 11.4.1940 Ankunft in Wilhelmshaven.
September – Oktober 1941	Insel Dagö und Ösel. Hier kämpfte die KÖLN die russischen Küstenbatterien bei Kap Ristna auf Ösel nieder.
13. Juli 1942	KÖLN ab Oslo mit dem Ziel Nordnorwegen.
6. August 1942	An Narvik. KÖLN trat zur Kampfgruppe und löste die LÜTZOW ab.
10. September 1942	ADMIRAL SCHEER, ADMIRAL HIPPER und KÖLN verlegten von Narvik zum Altafjord, um von dort das Geleit PQ 18 anzugreifen. Erfolgloser Angriff des brit. Unterseebootes TIGRIS auf den deutschen Verband. Der deutsche Angriff auf den Geleitzug unterblieb auf Einspruch Hitlers.
Februar 1943	ADMIRAL HIPPER und KÖLN verlegten von Norwegen in die Ostsee, um dort außer Dienst gestellt zu werden.
März 1943 – März 1944	außer Dienst.
Januar 1944	Aufstellung des Besatzungsstammes KÖLN.
März 1944	Der Kreuzer wurde im März 1944 von Kiel nach Königsberg geschleppt.
1. April 1944	KÖLN erneut in Dienst gestellt und dem Ausbildungsverband der Flotte zugeteilt, mit der Aufgabe, Ing.-Kadetten auszubilden.
April 1944 – Juli 1944	Werftliegezeit und Neuausrüstung.
Juli – September 1944	Gefechtsausbildung und Übungen.
September 1944	Minenunternehmung in südnorw. Gewässern.
Oktober – November 1944	Geleitzugfahrten zwischen Südnorwegen und Dänemark.
Mitte November – Dezember 1944	Flaggschiff des F.d.Z.
13. Dezember 1944	Erhebliche Schäden durch einen Bombenangriff (Teile der E-Anlage und die Steuerbordmaschine fielen aus).
31. Dezember 1944 – 1. Januar 1945	Nachts ein weiterer Bombenangriff, der verschiedene Beschädigungen hervorrief.
Januar 1945	Da eine Reparatur in Oslo nicht möglich war, fuhr die KÖLN nach Wilhelmshaven zur Werft. Auf dem Marsch dorthin in Höhe der Insel Wangerooge wiederum ein Bombenangriff.
14. Januar 1945	Einlaufen in Wilhelmshaven.
31. März 1945	Von fünf schweren Bomben beim letzten Angriff engl. Bomber auf Wilhelmshaven getroffen, sank die KÖLN. Sie blieb auf ebenem Kiel im Hafen liegen. Die Türme waren einsatzbereit und auch nach der Außerdienststellung besetzt.
5. April 1945	Flagge und Wimpel eingeholt.
April 1945	Unter Leitung des Festungskommandanten von Wilhelmshaven wurde die Artillerie der KÖLN in zwei Nächten gegen gegnerische Truppenansammlungen bei den Dörfern Neuenburg und Bockhorn eingesetzt.

Light Cruiser KÖLN

Launched 23rd May 1928 from the Naval Shipyard in Wilhelmshaven
Commissioned on 15th January 1930

Main Actions:

September 1939	*Before the outbreak of hostilities, the KÖLN together with the NÜRNBERG and LEIPZIG belonged to the B.d.A.-Verband. At the beginning of the war, KÖLN, together with NÜRNBERG and KÖNIGSBERG were attached to Naval Group Command East. After the end of the Poland Campaign, these three cruisers were transferred to Naval Group Command West, going to the North Sea.*
8th October 1939	*The KÖLN participated in the raid under Admiral Boehm along with the GNEISENAU and nine destroyers. The raid went as far as the Heights of Utsire. The return journey went through Kattegat and the Great Belt. They returned to Kiel on 10th October 1939 at 02.00 hrs. There were no special events to report. The British Admiralty had learned of the raid and thinking that a break-through into the North Atlantic was planned, the British fleet was positioned to the north of Bergen.*
12th – 13th December 1939	*During the night of 12th – 13th December 1939, the B.d.A.-Verband with NÜRNBERG, LEIPZIG and KÖLN moved to a position in the west of the North Sea whilst five destroyers laid a minefield outside of Newcastle (the sixth offensive mine-laying operation of German destroyers). NÜRNBERG and LEIPZIG suffered torpedo damage on the morning of 13th December 1939. The KÖLN was however undamaged and became flagship of B.d.A. until May 1940.*
April 1940	*For Operation "Weserübung", the KÖLN took troops on board on 7th April 1940 in Wilhelmshaven. KÖLN, along with the KÖNIGSBERG, the artillery training ship BREMSE, the torpedo boats LEOPARD and WOLF and the 1st Speed Boat Flotilla formed Group 3, destination Bergen. On 9th April 1940, their designation was reached. KÖLN was undamaged.* *On the very same day, KÖLN and the torpedo boats LEOPARD and WOLF put out to sea again. The destroyer RICHARD BEITZEN came from the Elbe and joined this group.* *11th April 1940 arrived in Wilhelmshaven.*
September – October 1941	*Supported the army in taking the islands Dagö and Ösel. KÖLN put out of action the Russian coastal batteries at Cape Ristna on Ösel.*
13th July 1942	*The KÖLN left Oslo for northern Norway.*
6th August 1942	*Arrived in Narvik. KÖLN joined the Battle Group, relieving the LÜTZOW.*
10th September 1942	*ADMIRAL SCHEER, ADMIRAL HIPPER and KÖLN moved from Narvik to the Alta Fjord to attack Convoy PQ 18. The British submarine TIGRIS attacked the German force without success. The German attack in the convoy was stopped by Hitler.*
February 1943	*ADMIRAL HIPPER and KÖLN moved from Norway to the Baltic to be withdrawn from service.*
March 1943 – March 1944	*Out of service.*
January 1944	*Crew cadre for the KÖLN raised.*
March 1944	*The cruiser was towed from Kiel to Königsberg.*
1st April 1944	*KÖLN was recommissioned and placed under the command of the Training Section of the fleet to train cadet engineers.*
April – July 1944	*In dock being refitted.*
July – September 1944	*Battle training and exercises.*
September 1944	*Mine laying in south Norwegian waters.*
October – November 1944	*Convoy duties between southern Norway and Denmark.*
Mid-November – December 1944	*Flagship of the F.d.Z.*
13th December 1944	*Heavy damages from bombing. (Parts of the E-apparatus and steering motors knocked out).*
31st December 1944 – 1st January 1945	*During the night, further bombing which caused various damage.*
January 1945	*As repairs in Oslo were not possible, the KÖLN went in dock at Wilhelmshaven. On the voyage there, near the island Wangerooge, suffered further bombing.*
14th January 1945	*Entered Wilhelmshaven.*
31st March 1945	*The KÖLN sank after being hit by fire heavy bombs during the last British air-raid on Wilhelmshaven. She sank onto her kiel in the harbour. The turrets remained in operation and were crewed even after she was withdrawn from service.*
5th April 1945	*Colour and pennant taken down.*
April 1945	*Under the command of the fortress commander of Wilhelmshaven, the guns of the KÖLN were used against enemy troop concentrations near the villages of Neuenburg and Bockhorn for two nights.*

Die Leichten Kreuzer der Leipzig-Klasse.

Die letzten Leichten Kreuzer, die auf deutschen Werften entstanden, waren die LEIPZIG und die NÜRNBERG, deren Kiellegung und Indienststellung in großem zeitlichen Abstand voneinander erfolgte, nämlich 1928 und 1931 bzw. 1933 und 1935. Baugruppen wie die Geschütztürme, die Scheinwerfermasten (Nur LEIPZIG) und die Röhrenmasten waren von den Kreuzern der K-Klasse übernommen worden. Ansonsten stellten sich diese beiden Kampfeinheiten gegenüber den K-Kreuzern sehr unterschiedlich dar:

- Die Hauptartillerie war wieder entlang der Schiffsachse aufgestellt worden. Die Vorteile des Rundumeinsatzes der Hauptartillerie wurden dabei nicht aufgegeben.
- Man war vom Spiegelheck wieder auf das abgerundete traditionelle Kreuzerheck zurückgegangen.
- Die Abgasrohre der gesamten Energieerzeugungsanlagen wurden in einem Schornsteinmantel zusammengefaßt.

Was die Kampfkraft und die Schiffsabmessungen angeht, kamen die Kreuzer der Leipzig-Klasse in die Nähe ausländischer Schwerer Kreuzertypen. Die Abbildungen auf dieser und der nachfolgenden Seite zeigen einmal die LEIPZIG im Jahre 1936 und 1939/40 nach einem ausgedehnten Werftaufenthalt. Der einzige auffällige Unterschied besteht in dem konstruktiv anders ausgelegten Flugzeugkran. Bereits vorher war, wie bei den Kreuzern der K-Klasse und wie auch bei der LEIPZIG, die Katapultanlage nachgerüstet, die Flak-Bewaffnung modernisiert und die Ausstattung der Masten geändert worden. Im Verlauf ihrer Kriegsverwendung bis in die letzten Tage des Zweiten Weltkrieges blieben die Kreuzer bis auf die Zunahme der leichten Flak-Bewaffnung und des Einbaus von Funkmeßanlagen im wesentlichen unverändert.

The funnel of the LEIPZIG with the searchlight platform on the side. The rudder position indicator is on the yard.

The Light Cruisers of the Leipzig Class.

The last light cruisers coming from German shipyards were the LEIPZIG and the NÜRNBERG. They were laid down and commissioned at quite different times, namely 1928 and 1931 in the case of the former, and 1933 and 1935 for the latter. Items of superstructure, such as the turrets, searchlight masts (LEIPZIG only) and the main masts were taken from the K-Class cruisers. In other respects, both of these units were quite different from the K-Class cruisers:

- *The main guns were again laid out along the axis of the ship. The advantages of moving the main guns were not lost in so doing.*
- *The more traditional round stern of the cruisers was returned to the favour of the square end.*
- *The exhaust pipes of all the engines were brought together in one funnel.*

As far as fighting power and the dimensions of the ship, the cruisers of the Leipzig Class came close to foreign heavy cruisers. The illustrations on this and the following page show the LEIPZIG in 1936 and in 1939/40 after a long stay in dock. The one noticeable difference is in the layout of the aircraft crane. Before this, the cruisers of the K-Class and the LEIPZIG were equipped with the catapult, modern AA armament and different masts. During their use in the war, except an increase in AA guns and the addition of radio-controlled range finders, the cruisers remained largely the same.

Der Schornstein der LEIPZIG mit den seitlich aufgestellten Scheinwerferpodesten. An der Rah ist der Ruderlagenanzeiger erkennbar.

Leichter Kreuzer LEIPZIG

Stapellauf 18.10.1929 Marinewerft Wilhelmshaven
in Dienst gestellt 8.10.1931

Haupteinsätze:

12./13. Dezember 1939	Deutsche Zerstörer legten in der Nacht vom 12. zum 13. Dezember 1939 vor Newcastle ein Minenfeld. Der B.d.A.-Verband NÜRNBERG, LEIPZIG und KÖLN, bezog in der westlichen Nordsee eine Auffangstellung und nahm die 5 Zerstörer auch am Morgen des 13.12.1939 auf. Ein brit. Bomberverband suchte die deutschen Seestreitkräfte vergeblich. Dem brit. U-Boot SALMON gelang es, NÜRNBERG und LEIPZIG zu torpedieren. Die deutschen Zerstörer jagten das brit. Unterseeboot fünf Stunden lang, wodurch das Boot unter Wasser gedrückt wurde und die Torpedierung nicht melden konnte. Dies ermöglichte den beschädigten Kreuzern ein Ablaufen nach Osten.
15. Dezember 1939	Die beschädigte LEIPZIG wurde auf dem Rückmarsch längs der dänischen Küste nach Süden erneut von einem Unterseeboot (brit. U-Boot URSULA) angegriffen. Die auf die LEIPZIG abgeschossenen Torpedos trafen aber ein Geleitfahrzeug des Kreuzers, den Flottenbegleiter "F 9", der sofort sank.
Dezember 1939 – November 1940	Werftliegezeit. Das Schiff wurde später nicht wieder voll einsatzfähig. Es wurde zum Schulschiff umgebaut. Der zerstörte Kesselraum wurde Schlafsaal für die Kadetten.
Februar 1940	LEIPZIG außer Dienst gestellt.
1. Dezember 1940	Wieder in Dienst gestellt.
September 1941	Einsatz im Rahmen der Baltenflotte in der Ostsee bei Ösel und Dagö.
November 1941	Mit Bildung des Ausbildungsverbandes der Flotte im November 1941 gehörte die LEIPZIG zu diesem Verband. Zunächst war der Kommandant des Kreuzers zugleich m.W.d.G.d. Verbandschefs beauftragt. Einsatz als Schulschiff bis Februar 1943.
Februar 1943	Außer Dienst gestellt.
1. August 1943	Wieder in Dienst gestellt, zunächst bis 5.9.1943 mit reduzierter Besatzung des Schiffes.
15. Oktober 1944	LEIPZIG lief abends aus Gotenhafen aus, um in Swinemünde eine Minenladung zu übernehmen. Vor Hela stoppte der Kreuzer, um umzukuppeln. Die Antriebsanlage des Schiffes war kompliziert. Die LEIPZIG war mit Marschdiesel und Mittelschraube ausgelaufen und wollte die Turbinen für den Antrieb der Seitenschrauben einschalten. Die Umschaltung dauerte ca. 15 Minuten. In dieser Zeit wurde die gestoppt daliegende LEIPZIG durch den herrschenden SO-Wind von der richtigen auf die falsche Seite des Zwangsweges getrieben. Unsichtiges Wetter. Bevor LEIPZIG wieder Fahrt aufnehmen konnte, wurde sie um 20.04 Uhr durch den von einer Küstenbeschießung bei Memel nach Gotenhafen zurückkehrenden Schweren Kreuzer PRINZ EUGEN, der rund 20 Knoten lief, gerammt. 14 Stunden waren die Schiffe ineinanderverkeilt. Erst gegen Mittag des 16.10.1944 kamen sie frei. Die schwer beschädigte LEIPZIG, Gefahr des Auseinanderbrechens bestand, konnte nach Gotenhafen eingebracht werden. Behelfsmäßige Reparatur (der Kesselraum III und der Kadettenschlafraum – ehem. Kesselraum II – blieben voll Wasser).
März 1945	Die Artillerie der LEIPZIG griff in die Landkämpfe um Gotenhafen ein.
25. – 29. März 1945	Das Schiff verlegte nach Apenrade.
1945/46	Nach der Kapitulation wurde das Schiff nach Wilhelmshaven überführt und am 16. Dezember 1946 mit Gasmunition beladen und in der Nordsee versenkt.

Leichter Kreuzer LEIPZIG im Zustand von 1932/1933.

Light cruiser LEIPZIG as in 1932/33.

Light Cruiser LEIPZIG

Launched on 18th October 1929 in the Naval Shipyard in Wilhelmshaven
Commissioned on 8th October 1931

Main Actions:

12th – 13th December 1939	*In the night of 12th – 13th December 1939, German destroyers laid a minefield outside of Newcastle. The B.d.A.-Verband, the NÜRNBERG, LEIPZIG and KÖLN, moved to a position in the west of the North Sea and were joined by the five destroyers in the morning of 13th December 1939. A force of British bombers searched for the German naval force, but without success. The British submarine SALMON however succeeded in torpedoing both the NÜRNBERG and the LEIPZIG. The German destroyers hunted the British submarine for five hours, forcing it to stay under water so that it could not report the hits. That enabled the damaged cruisers to escape to the east.*
15th December 1939	*The damaged LEIPZIG on its withdrawal to the south along the Danish coast was again attacked by a submarine (the British submarine URSULA). The torpedoes fired at the LEIPZIG however hit an accompanying vessel, the fleet support ship F 9 which sank immediately.*
December 1939 – November 1940	*In dock. The ship never became fully battle-operational again as it was converted into a training ship. The destroyed boiler room was converted into a dormitory for the cadets.*
February 1940	*The LEIPZIG was withdrawn from service.*
1st December 1940	*Recommissioned.*
September 1941	*Used as part of the Baltic Fleet at Ösel and Dagö.*
November 1941	*When the Training Section of the Fleet was formed in November 1941, LEIPZIG became part of it. The captain of the cruiser was in charge of the Section. Used as a training ship until February 1943.*
1st August 1943	*Brought back into service until 5th September 1943 with a reduced crew. Training ship.*
15th October 1944	*During the evening, LEIPZIG sailed out of Gotenhafen to take on a cargo of mines in Swinemünde. The cruiser stopped outside Hela to change over engines. The ship's power plants were complicated. The LEIPZIG had set out with its diesel engine and central screw and wanted to turn on the turbines to drive the side screws. This process lasted 15 minutes. During that, the stationary LEIPZIG was thrown off course by a strong S.E. wind. Visibility was poor. Before LEIPZIG could start up again at about 20.04 hrs. she was rammed by PRINZ EUGEN returning to Gotenhafen from Memel at around 20 knots after taking part on a coastal bombardment. The ships were jammed together for 14 hours. They only broke free at around midday on 16th October 1944. The LEIPZIG, heavily damaged and in danger of breaking up, was brought to Gotenhafen. Temporary repairs (Boiler Room III and the Cadet's Dormitory – former Boiler Room II remained under water).*
March 1945	*The guns of the LEIPZIG were used in the land battle for Gotenhafen.*
25th – 29th March 1945	*Moved to Apenrade.*
1945/46	*After the end of the war, the ship was taken to Wilhelmshaven, loaded with gas shells on 16th December 1946 and sunk in the North Sea.*

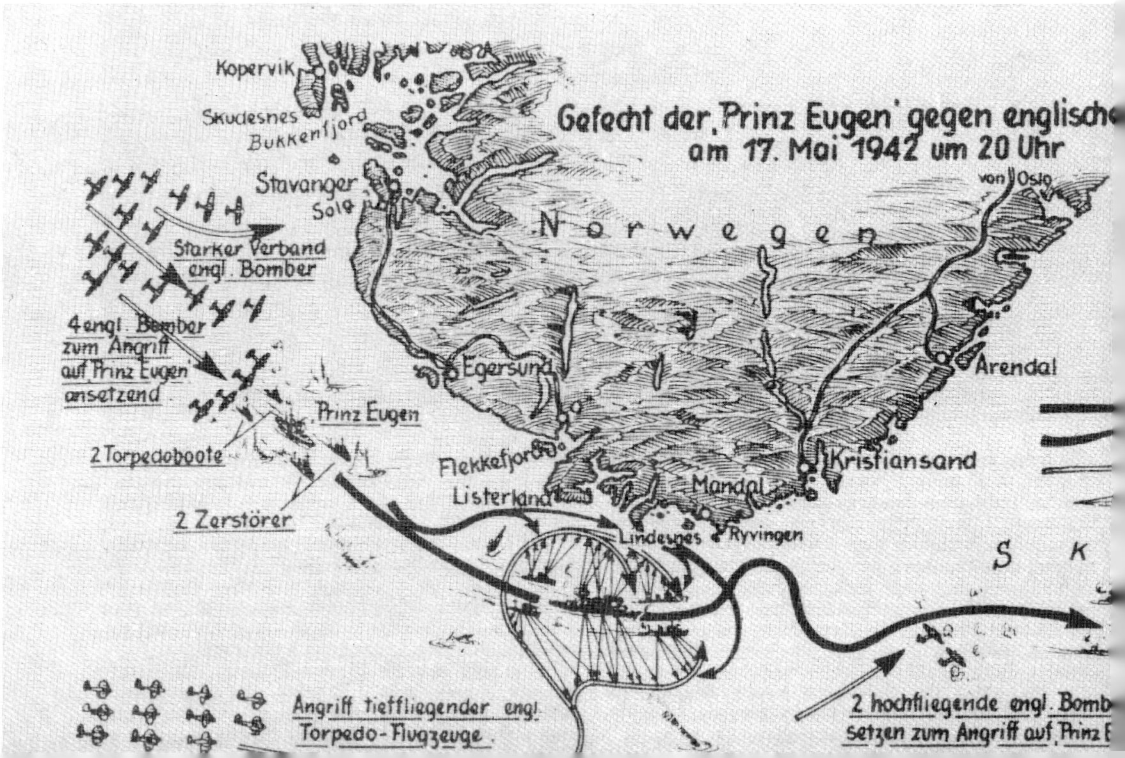

Between the photos of the light cruiser NÜRNBERG on this page and the following double page is a gap of nearly seven years. The illustration here shows the NÜRNBERG in November 1942 in Norwegian waters when moving from Germany to Narvik. The NÜRNBERG sailed with the Z-29 (in the background) and the Z-25 from which this photo was taken. When comparing the pictures of the LEIPZIG and the NÜRNBERG, there are a number of differences immediately noticeable. Firstly, there is the bridge superstructure and then the gallery in the funnel for the searchlight (NÜRNBERG).

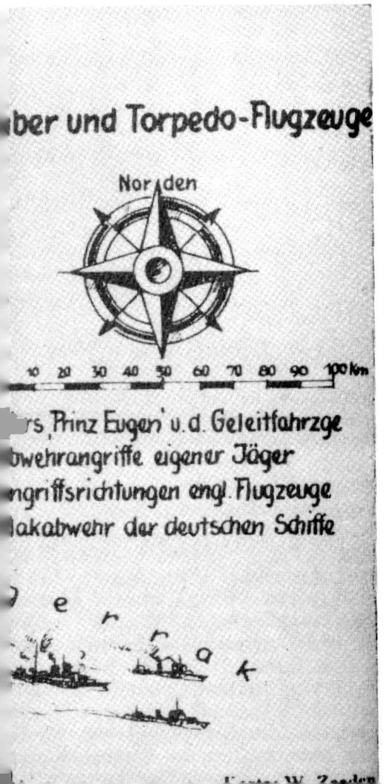

Zwischen den Fotos des Leichten Kreuzers NÜRNBERG auf dieser und der nachfolgenden Doppelseite liegt ein Zeitraum von fast sieben Jahren. Die Abbildung hier zeigt die NÜRNBERG im November 1942 in norwegischen Gewässern auf dem Verlegungsmarsch von Deutschland nach Narvik. Die NÜRNBERG fährt im Verband mit Z-29 (Hintergrund) und Z-25, von dem aus die Aufnahme gemacht wurde. Beim Vergleich der Abbildungen von LEIPZIG und NÜRNBERG kommen die wesentlichen Unterschiede gut zum Ausdruck. Sie liegen einmal in der Ausführung der Brückenaufbauten und zum anderen in der Galerie um den Schornstein zur Aufnahme der Scheinwerfer (NÜRNBERG).

Leichter Kreuzer NÜRNBERG

Stapellauf 8.12.1934 Deutsche Werke AG., Kiel
in Dienst gestellt 2.11.1935

Haupteinsätze:

September – Oktober 1939	NÜRNBERG, Flaggschiff des B.d.A., trat nach Beendigung des Polenfeldzuges zum Marinegruppenkommando West und verlegte in die Nordsee. Minenoperationen in der Nordsee und vor der englischen Küste.
12. – 13. Dezember 1939	Der B.d.A.-Verband hatte in der Nacht vom 12. zum 13. Dezember 1939 in der westlichen Nordsee eine Auffangstellung eingenommen, während 5 Zerstörer vor Newcastle Minen legten. Auf dem Rückmarsch der deutschen Seestreitkräfte gelang es dem brit. Unterseeboot SALMON, sowohl die NÜRNBERG als auch die LEIPZIG zu torpedieren. Beide Kreuzer konnten aber die deutschen Gewässer erreichen, da die Zerstörer das brit. U-Boot stundenlang verfolgten und so an der Abgabe einer Meldung hinderten.
Dezember 1939 – Mai 1940	Werftliegezeit.
Juni 1940	NÜRNBERG wieder einsatzbereit. Sie verlegte nach Drontheim, wo bereits SCHARNHORST, GNEISENAU und ADMIRAL HIPPER lagen. SCHARNHORST und GNEISENAU liefen am 20.6.1940 mit dem Ziel Heimat aus, GNEISENAU kehrte jedoch infolge Torpedotreffer (brit. U-Boot CLYDE) zurück. Am 25.7. 1940 geleitete NÜRNBERG mit 4 Zerstörern die beschädigte GNEISENAU nach Kiel (Ablenkungsvorstoß des Schweren Kreuzers ADMIRAL HIPPER in Richtung Bäreninseln).
August 1940 – November 1942	Verwendung in der Heimat.
November – Dezember 1942	Die NÜRNBERG verlegte wieder nach Norwegen. Sie traf am 2.12.1942 in Narvik bei der Kampfgruppe ein (Ersatz für den im November 1942 in die Heimat entlassenen Schweren Kreuzer ADMIRAL SCHEER). Eingesetzte Großkampfschiffe in Norwegen im Dezember 1942: ADMIRAL HIPPER, LÜTZOW und KÖLN in Altafjord, NÜRNBERG in Narvik, TIRPITZ (in Reparatur) in Drontheim.
Frühjahr 1943	ADMIRAL HIPPER (beschädigt 31.12.1942) und KÖLN wurden im Februar 1943 nach Deutschland verlegt, so daß nur TIRPITZ, LÜTZOW und NÜRNBERG in Norwegen verblieben. Im März 1943 trat die SCHARNHORST hinzu.
Mai 1943	Die NÜRNBERG wurde in die Heimat zurückgerufen. Vor Stavanger Abwehr zweier brit. Schnellboote. Ab Mai 1943 Einsatz in der Ostsee.
Januar 1945	Einsatz im Skagerrak. Legen der "Titus"-Minensperre.
Ab 27. Januar 1945	In Kopenhagen. In den letzten Kriegstagen wehrte die NÜRNBERG an der Pier in Kopenhagen mit Einsatz leichter Flakwaffen Versuche dänischer Partisanen ab, das Schiff zu erobern.
24. Mai 1945	Überführung der NÜRNBERG zusammen mit dem Schweren Kreuzer PRINZ EUGEN nach Wilhelmshaven im Geleit des brit. Schweren Kreuzers DEVONSHIRE und des brit. Leichten Kreuzers DIDO.
18. Dezember 1945	Übergabe der NÜRNBERG an die Russen in Wilhelmshaven.
2. Januar 1946	Auslaufen der NÜRNBERG zusammen mit dem Zerstörer "Z 33" und den Torpedobooten "T 33" und "T 107" sowie dem Zielschiff HESSEN, dem Fernlenkboot BLITZ und dem U-Bootbegleitschiff OTTO WÜNSCHE nach Libau (OTTO WÜNSCHE brachte die deutsche Besatzung von Libau wieder zurück).
5. Januar 1946	Ankern vor Libau. Die Ketten der NÜRNBERG brachen. Der Kreuzer dampfte während der Nacht vor Libau auf und ab.
6. Januar 1946	Einlaufen in den Hafen von Libau. Die NÜRNBERG erhielt in Rußland den Namen ADMIRAL MAKAROW.

War History & Whereabouts

Light Cruiser NÜRNBERG

Launched on 8th December 1934 from the Deutsche Werke A.G., Kiel
Commissioned on 2nd November 1935

Main Actions:

September – October 1939	*The NÜRNBERG, flagship of the B.d.A., was transferred to Naval Group Command West after the Poland Campaign and operated in the North Sea. It participated in minelaying operations in the North Sea and along the coast of England.*
12th – 13th December 1939	*The B.d.A.-Verband took up positions in the western North Sea in the night of 12th to 13th December 1939 whilst five destroyers laid mines outside Newcastle. On their way back, the British submarine SALMON succeeded in torpedoing not only the NÜRNBERG, but also the LEIPZIG. Both cruisers were however able to reach German waters as the destroyers hunted the British submarine for several hours, preventing it from reporting in.*
December 1939 – May 1940	*In dock.*
July 1940	*The NÜRNBERG was ready for action again. She went to Drontheim where the SCHARNHORST, GNEISENAU and ADMIRAL HIPPER were waiting. The SCHARNHORST and GNEISENAU sent out for home on 20th June 1940, but the GNEISENAU turned back after being hit by a torpedo (from the British submarine CLYDE). On 25th July 1940 the NÜRNBERG with four destroyers accompanied the damaged GNEISENAU to Kiel (the heavy cruiser ADMIRAL HIPPER undertook a diversionary manoeuvre towards the Bear Islands).*
August 1940 – November 1942	*Used at home.*
November – December 1942	*The NÜRNBERG was again sent to Norway. On 2nd December she joined the Battle Group (Replacing the heavy cruiser ADMIRAL SCHEER sent home in December 1942). The large ships used in Norway in December 1942 were ADMIRAL HIPPER, LÜTZOW and KÖLN in the Altafjord, NÜRNBERG in Narvik and TIRPITZ (undergoing repairs) in Drontheim.*
Spring 1943	*The ADMIRAL HIPPER (damaged on 31st December 1942) and the KÖLN were sent to Germany in February 1943, leaving TIRPITZ, LÜTZOW and NÜRNBERG in Norway. They were joined by the SCHARNHORST in March 1943.*
May 1943	*The NÜRNBERG was called back home. Defended itself against two British motor boats outside Stavanger. From May, used in the Baltic.*
January 1945	*Used in Skagerrak. Laid the "Titus" minefield.*
From 27th January 1945	*In Copenhagen. In the last days of the war, the NÜRNBERG defended the pier in Copenhagen with its light AA guns from Danish partisans who were attempting to capture the ship.*
24th May 1945	*The NÜRNBERG along with the heavy cruiser PRINZ EUGEN was taken to Wilhelmshaven escorted by the British heavy cruiser DEVONSHIRE and the British light cruiser DIDO.*
18th December 1945	*The NÜRNBERG was handed over to the Russians.*
2nd January 1946	*The NÜRNBERG set sail for Libau together with the destroyed Z 33, the torpedo boats T 33 and T 107, the target ship HESSEN, the radiocontrolled boat BLITZ and the submarine supply boat OTTO WÜNSCHE. (OTTO WÜNSCHE brought the German garrison of Libau back).*
5th January 1946	*Anchored before Libau. The chains of the NÜRNBERG broke. The cruiser steamed up and down before Libau for the night.*
6th January 1946	*Entered the port of Libau. The NÜRNBERG was renamed ADMIRAL MAKAROV by the Russians.*

Leichter Kreuzer NÜRNBERG in der Zeit von 1938/39. Er fährt als Flaggschiff des Befehlshabers der Aufklärungsstreitkräfte und führt deshalb eine Vizeadmiralsflagge im Vortopp.

Light cruiser NÜRNBERG in 1938/39. She is sailing as flagship of the Commander of the Reconnaissance Forces (B.d.A.) and is thus flying the vice-dadmiral's flag.

ALLTAG AN BORD

Der größte Teil des Lebens an Bord, auch während des Krieges und besonders auf den größeren Einheiten, war ausgefüllt mit Routinedienst und Rollenübungen. Kriegsschiffe, zumindest ab Zerstörer, waren in sich geschlossene, autonome Wirtschaftseinheiten. Anders als in Kasernen oder Landstützpunkten verfügten die Schiffe zunächst über eigene Versorgungseinrichtungen, die den Energiebedarf sicherten. Für die Bewirtschaftung standen auch eigene Haushaltmittel zur Verfügung, die an Bord verwaltet und aus denen u. a. Betriebsstoffe (bei Auslandsfahrten), Verpflegung, Verbrauchsstoffe und Ersatzteile beschafft wurden.

Die Zahlstelle sorgte dafür, daß der Wehrsold ausgezahlt wurde und die Kantinenverwaltung dafür, daß die Kantinenware in ausreichendem Maße zur Verfügung stand. Gemessen an den Prioritäten – Betriebsstoff, Munition und Verpflegung – war die Verpflegung zwar untergeordnet, aber von nicht zu unterschätzender Wichtigkeit. Von den Matrosen wurde das Zugehörigkeitsgefühl zum Schiff auch an den Qualitäten des Proviantmeisters und den Fähigkeiten des Küchenpersonals gemessen.

Diese Versorgungsgüter wurden in den einzelnen Abschnitten verantwortlich und wirtschaftlich verwaltet.

Die verschiedenen Berufsgruppen wie Köche, Schuhmacher, Schreiner, Bäcker, medizinisches Personal usw. sicherten den geregelten Tagesablauf. Sorgfältig ausgearbeitete Dienstpläne und das hierarchische Prinzip stellten sicher, daß der Tagesablauf eingehalten wurde.

Die Gefechtsbereitschaft eines Schiffes ließ sich am Ergebnis nachweisen. Es wurde der Ernstfall wie z. B. "Mann über Bord", "Feuer an Bord" oder "Klar Schiff zum Gefecht" simuliert und durchexerziert. Unbestechlich zeigte die Stoppuhr dann an, ob ein bestimmter Ausbildungsabschnitt erreicht worden war oder nicht.

EVERYDAY LIFE AT SEA

Most of the time on board, even when at war and especially on the larger units, was filled with routine duties and drill practice.

Warships, at least from the destroyers upwards, were self-contained independent economic units. Unlike army depots or shore bases, the ships also had at their disposal their own means of supply which protected their energy requirements. Supplies for running the ship were kept on board and included fuel supplies (for service overseas, rations, consumables, spare parts).

The accounts office was responsible for paying the men and the canteen administration ensured that they had sufficient supplies at their disposal. In order of priority fuel, ammunition, rations.

Rations were not the highest priority, but their importance was not to be underestimated. The crew's morale depended on the quality of the supply officers and the capability of the galley staff.

These consumer supplies were administered in a responsible and economic way in each department.

The various tradesmen – cooks cobblers carpenters, bakers, medical personnel, etc. - ensured the daily routine.

The readiness of a ship for action was shown by the results of its drill practices. Exercises like "man overboard", "fire on board" or "decks cleared for action" were simulated and practiced. The stopwatch always showed if the exercise had been carried out in the required time or not.

Unbeliebt zwar, aber unbedingt erforderlich war das ständige Reinschiff an Bord. Hier handhabt gerade eine Gruppe von Gefreitendienstgraden den berühmten Piassava-Besen auf der Schanze der HIPPER. Unter den besonders engen Bordverhältnissen und bei entsprechenden Witterungsbedingungen mußte der Hygiene bei Mensch und Material zwangsläufig außergewöhnliche Beachtung geschenkt werden.

The continual cleaning of the ship was unpopular but very necessary. Here, a group of corporals are handling the famous "Piassava" broom in the armoured deck of the HIPPER. Due to the especially cramped conditions on board and the constant heavy weather, the cleanliness of both the men and their equipment needed particular close scrutiny.

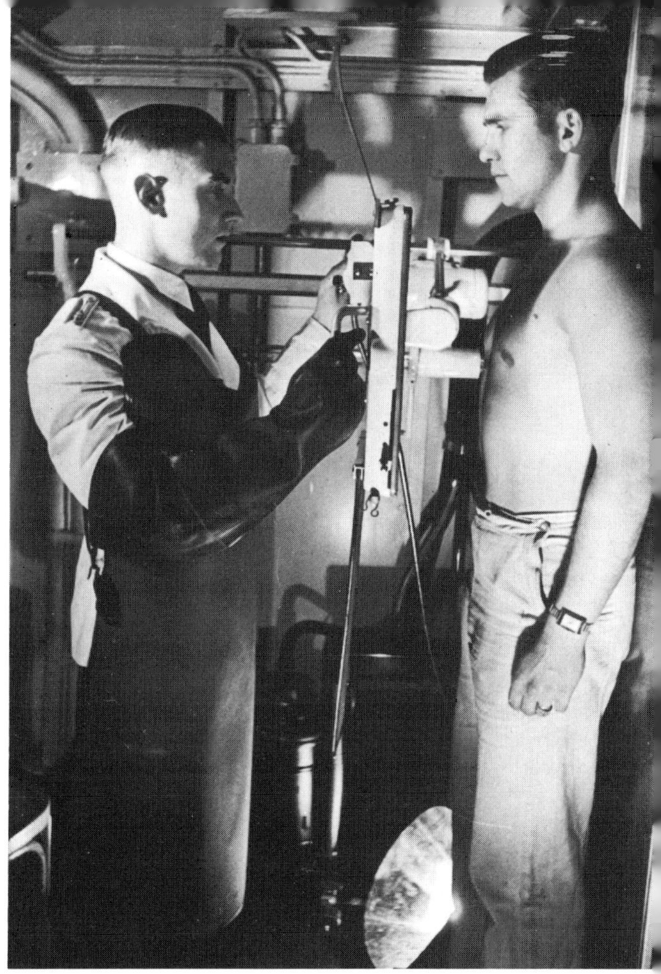

Die Abbildung vermittelt einen Blick in das Schiffslazarett der HIPPER. Die Bettkästen sind aufgehängt, um den Seegang auszugleichen. Hier wurden die dienstunfähigen Bordangehörigen eingeliefert. Im Gefecht verlagerte sich die medizinische Betreuung zum Haupt- und Nebengefechtsverbandsplatz. In der unteren Abbildung besprechen sich gerade ein Marinestabsarzt (Mitte), ein Marineoberassistenzarzt (links) und ein Sanitätsoberfeldwebel. Auf den Schweren Kreuzern führte der Marinestabsarzt den Sanitätsabschnitt. Ihm unterstanden der erste und zweite Schiffsarzt sowie ein Feldwebeldienstgrad und mehrere Maate und Gasten (Mannschaftsdienstgrade). Der erste oder zweite Schiffsarzt war ein Zahnarzt. Der Feldwebeldienstgrad hatte eine medizinisch-technische Ausbildung und war befähigt, die entsprechenden Geräte zu bedienen (rechte Abbildung). Das Schiffslazarett war so modern und großzügig ausgestattet, daß dort größere Operationen ausgeführt werden konnten. Der Schiffsarzt mit seinen Mitarbeitern und technischen Einrichtungen wurde auch häufig in Amtshilfe tätig.

This picture shows a view of the ship hospital on the HIPPER. The beds are fixed on a pivot. Crew members not fit for service were required to report here. When in action, the medical teams went to the main and secondary treatment stations. In the lower picture, a "Marinestabsarzt" (centre) is talking to a "Marineoberassistenzarzt" (left) and a "Sanitätsoberfeldwebel". On the heavy cruisers, the medical department was led by the "Marinestabsarzt". Under him were the first and second ships doctors, a medical orderly with NCO status and a number of mates and orderlies. The first or second ships' doctor was always a dentist. The NCO orderly had a medical and technical training and was capable of operating the necessary apparatus. The ship's hospital was well equipped with modern apparatus that major operations could be performed in it. The ship's doctor with his colleagues and technical devices were often in use.

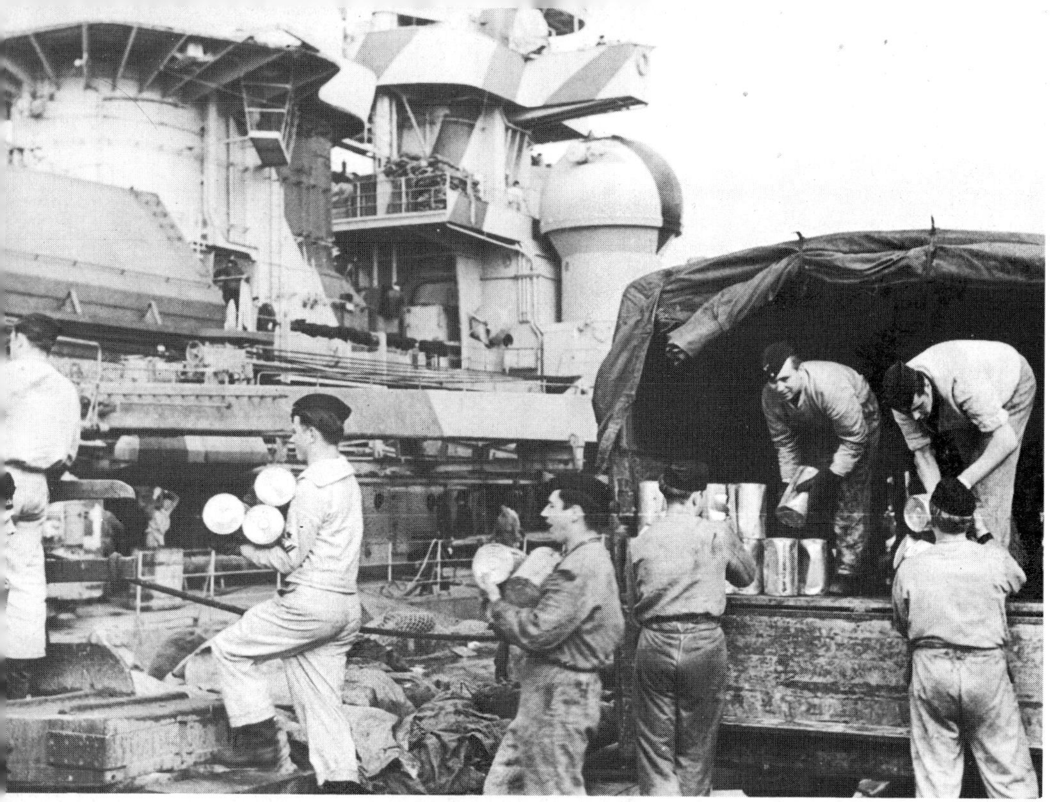

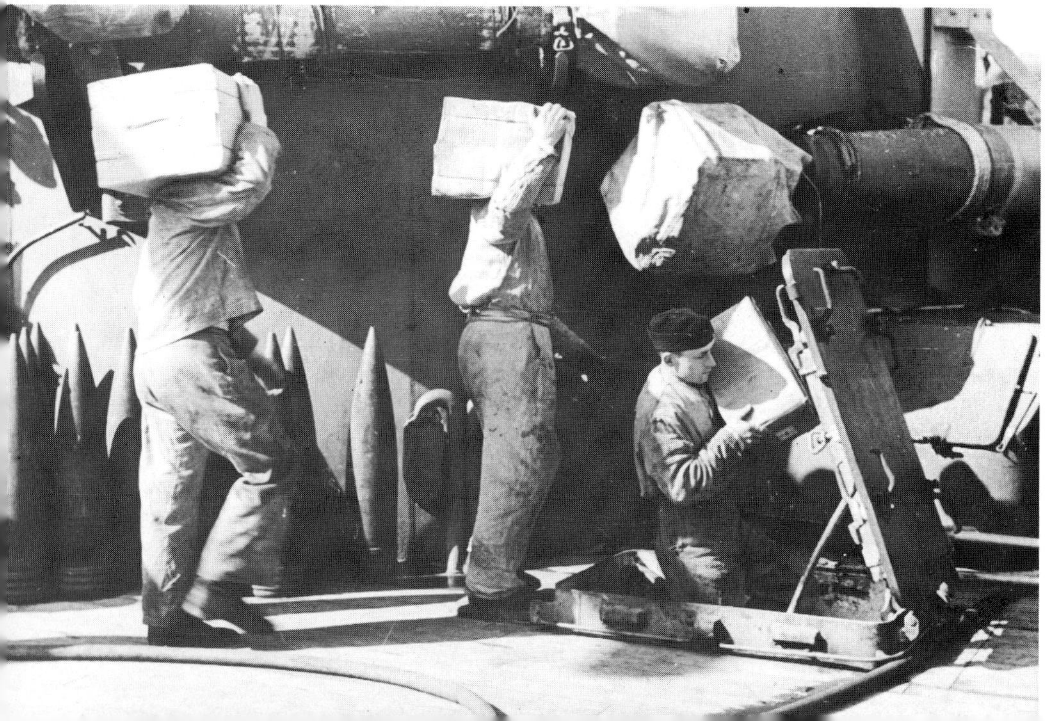

Der Schwere Kreuzer HIPPER wird in Brest aufmunitioniert und verproviantiert. Ein Heeres-Lkw liefert die Lebensmittel an. Das Anbordbringen muß gut organisiert werden, weil die Trockenlasten vorne liegen, die Kühlräume dagegen mittschiffs auf dem mittleren Plattformdeck. Wie man erkennen kann, handelt es sich hier um französische Spezialitäten wie Molkereiprodukte (la petite Bretonne), die gerade von Matrosen abtransportiert werden. Ein selten sicht- und greifbarer, aber bei der Proviantübernahme stets auf Lauer liegender und überaus schlauer Beteiligter war der "Kamerad Schwund". Wie leicht kann so eine Wurst oder Konservendose verlorengehen! Nur selten war die Suche nach diesem unbekannten "Mitarbeiter" erfolgreich. Der Proviantmeister aber verdankte ihm manch schlaflose Nacht.

The heavy cruiser HIPPER being loaded with ammunition and supplies in Brest. An army lorry is delivering food. Loading the ship had to be well organized because dry storage lay forwards the refrigeration being however amidships on the middle platform deck. As can be seen, French specialities like diary products (la petite Bretonne) are just being loaded on board by the sailors. Rarely to be seen, but always laying in wait and a shy participant in loading supplies was "Comrade Disappear". How easily a sausage or tin of jam went missing! Only rarely was a search for this unknown "colleague" successful. The supplies officer often bade him thanks during sleepless nights.

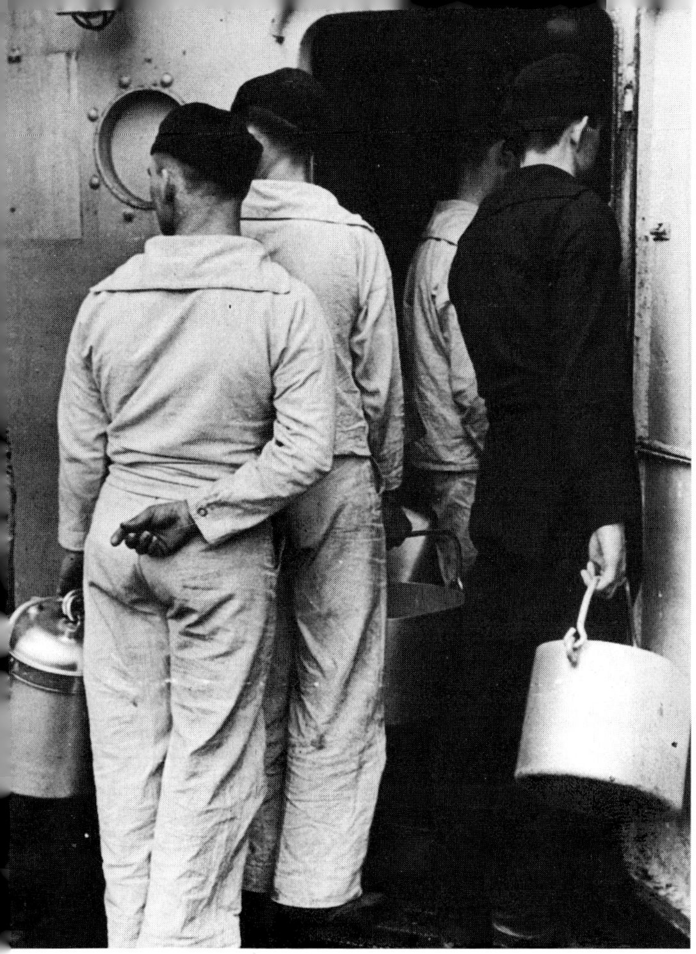

Der Smutje war an Bord die Bezugsperson und Zentralfigur und bei den Mannschaften bekannter als der Schiffsverwaltungsoffizier oder der Proviantmeister. Wenn er so lachte wie hier auf dem Bild, dann durfte auf einen guten und satten "Schlag" gehofft werden. Die gute Stimmung verbreitete sich dann über das ganze Schiff. Aber häufig mußte auch improvisiert werden, wie z. B. während des Atlantikunternehmens der HIPPER Anfang 1941, als die Kühlanlage ausfiel, und deshalb zuerst nur die leicht verderbliche Kost in Großportionen ausgegeben werden mußte. Danach verblieben nur die Restbestände, die zwar streng rationiert, aber so geschickt eingesetzt wurden, daß die Stimmung an Bord darunter nicht übermäßig litt.

Das Essen für die Mannschaften wurde dann backsweise in großen und schweren Aluminiumgefäßen, auch Barkassen genannt, in der Kombüse an die Backschafter ausgegeben und dann in den Mannschaftsunterkünften an die Mannschaften verteilt.
Wenn dann noch Sonderzuteilungen in Form von Spirituosen, Rauch- und Kolonialwaren ausgegeben wurden, die damals zu den Mangelgütern gehörten, dann war ein Zustand der allgemeinen Zufriedenheit erreicht. Die Kantinenwaren wurden auf größeren Einheiten über den Korporalschaftsältesten an die Backschaften weitergegeben.

The ships cook was everybody's favourite and the central figure. The crew knew him better than the ships administration officer or the supplies officer. If he smiled as here on the picture, then a hearty and filling meal was to be expected and the good atmosphere soon spread over the entire ship. However, there often had to be a good deal of improvisation. For example, during the Atlantic voyage of the HIPPER at the beginning of 1941, the refrigeration plant broke down, so all the perishable items had to be given out in large portions leaving only a few items which had then to be closely rationed but which were still skillfully used and morale hardly suffered.
Food for the crew was handed out to the messes in large, heavy aluminium dixies (also called "cash boxes") in the galley and were then distributed to the crew in their quarters. If special rations were also handed out such as spirits, tobacco and fruit, which at that time were in short supply – then a state of general satisfaction was attained. On the larger units, the canteen supplies were distributed by the squad commander.

Hinsichtlich der Aufenthaltsmöglichkeiten auf den größeren Kampfeinheiten wurde – und wird auch heute noch – nach Offiziers-, Feldwebel- und Unteroffiziersmessen sowie Mannschaftsunterkünften unterschieden. Was die Qualität und die Quantität des Essens jedoch angeht, wurden alle Dienstgradgruppen aus der gleichen Kombüse versorgt. Die deutsche Marineleitung hat damit der Meuterei von 1918 auf Schiffen der Kaiserlichen Marine Rechnung getragen, die nicht zuletzt auf die unterschiedlichen Verpflegungsätze zurückzuführen war, nach denen z. B. jeder Offizier einen täglichen Anspruch auf eine Flasche Wein hatte.
Die obere Abbildung zeigt die Offiziersmesse auf dem Schlachtschiff TIRPITZ und die untere eine Unteroffiziersmesse auf der HIPPER. Alle anderen Bilder sind ebenfalls auf der HIPPER entstanden.

As far as livings conditions on the larger units went – as still today – they were divided into officers, chief petty officers, petty officers messes and men's quarters. However, this did not affect the quantity and quality of the food as it was all taken from the same galley. The leadership of the German Navy had taken into account the mutiny on the ships of the Imperial Navy in 1918 which, in the final analysis, came back to the different rations, as, for example, every officer was allowed a bottle of wine per day.
The picture above shows the officers mess on the battleship TIRPITZ and the lower a petty officer mess on the HIPPER. All other pictures also come from the HIPPER.

Rechts:
Auch das gehörte noch zu den normalen Dienstverrichtungen an Bord der Einheiten mit festbrennstoffbeheizten Kesselanlagen wie bei alten Linienschiffen und einigen Minensuchbooten. Ob der Dampfdruck gehalten wurde, hing von den Fähigkeiten des Heizpersonals ab. Das Feuer mußte dazu gleichmäßig auf einer bestimmten Fläche gehalten werden. Das wurde erreicht, indem die Kohlen kontinuierlich so zur Seite geschoben wurden, daß die Schlacke herausgezogen und neue Kohlen aufgeschüttet werden konnten. Bei den alten Linienschiffen mußten das brennende Gut und die Kohlen auf eine Rostfläche von ca. 7 bis 8 Quadratmetern verteilt werden. Jeder Heizer hatte zwei Feuerlöcher zu beschicken. Und das bei Kesseltemperaturen von 30 bis 40 Grad Celsius trotz mechanischer Belüftung. Die Abbildung gibt einen Zustand wieder, bei dem einzelne Körperflächen der Heizer kurzfristig sogar Temperaturen von mehr als 60 Grad Celsius ausgesetzt waren. Eine gefüllte Schaufel mit Kohlen wog ca. 10 Kilogramm. Bei höheren Fahrstufen mußte ein Heizer innerhalb einer Wache mehrere Tonnen Brennstoff vor die Feuer bringen.

Right:
This too was part of normal service on board the units with solid fuel burning boilers as on the old ships of the line and several mine sweepers. Whether or not the steam pressure was maintained depended on the capabilities of the crew members. The fire had to be kept evenly on a set area That was attained by continually pushing the coals to one side so that the ash could be removed and now coal added. On the old ships of the line, the burning material and coal was spread on a grill 7 – 8 sq. metres. Each crewman covered two ports. He did that in temperatures in the boiler rooms reaching 30 to 40 degrees despite mechanical ventilation. This picture shows the conditions in which some parts of the crewmen's body reached over 60 degrees. A full shovel of coal weighed around 10 kg. At higher speeds, a fireman had to load several tons of fuel onto the fire during his watch.

Den deutschen Seestreitkräften standen – anders als den damaligen Kolonialmächten – keine Überseestützpunkte zur Verfügung. Aus diesem Grund und wegen der unzureichenden Seeausdauer der kleineren Kampfeinheiten sowie der Schweren Kreuzer der Deutschen Kriegsmarine hingen weiträumige Operationen vom Gelingen der Treibstoffübernahme auf hoher See ab. Die Fähigkeiten dazu mußten sich in vielen sich wiederholenden Übungen angeeignet werden. Mit den nachfolgenden Abbildungen wird ein solches Manöver auf der HIPPER gezeigt, wobei einige der Bilder nicht bei der Vorbereitung des Beölungsmanövers entstanden sind, sondern bei der Wiederherstellung der Gefechtsbereitschaft nach Beendigung des Manövers. Die Aufnahme zeigt eine Gruppe von Seeleuten, die z. T. wegen der überkommenden Brecher zusätzlich durch Leinen gesichert sind und nun mit den Vorbereitungen für das Manöver beginnen. Die Back ist noch im gefechtsklarem Zustand mit der niedergelegten Reling, den zusätzlich gesicherten Ankern, festgelaschten Ankerketten und Manntauen. Am Bug gut erkennbar die Doppellippe mit hochklappbaren Sicherungsstegen, die bei der Beölung als Leit- und Kantpunkt von Bedeutung war.

The German Naval forces, unlike those of the colonial powers, had no overseas bases available. For that reason and because of the lack of endurance of the smaller units as well as the heavy cruisers of the German Navy, there was little chance of sustained operations without refueling at sea. This action had to be learned by repeated training exercises.
The following pictures show just such an exercise on the HIPPER. However, some of the pictures were not taken during the preparations for refueling, but during the re-establishment of action stations on the accomplishment of the manoeuvre.
The picture shows a group of seamen who are, due to the waves breaking over them, fixed on lines and are beginning preparations for the manoeuvre. The port side is still at action stations with the railing lowered, the anchor secured, the anchor chains and ropes lashed down. Clearly visible on the bows is the double lip with its folding safety bars which served as a guide and wedge during refueling.

Während auf der Back das Aufrichten der Reling beginnt, hat der Schwere Kreuzer sich dem Tanker genähert. Die Verständigung wird über einen Mörserscheinwerfer aufgenommen. Funk durfte wegen der Einpeilmöglichkeiten durch den Gegner nicht benutzt werden, denn während der Beölung mußte die Geschwindigkeit verringert werden.
Die Reling ist jetzt aufgestellt, und die ersten Schlauchleitungen werden verlegt (s. Abb. unten).

Whilst the raising of the railing has started on the port side, the heavy cruiser has got nearer to the tanker. Communications were by means of a search light. The use of radio was not permitted due to the danger of being picked up by the enemy as during refueling, speed had to be reduced.
The railing has now been replaced and the first tubes are being fitted.

Die Reliefkarte zeigt die norwegische Küste um Drontheim.
Drontheim war einer der größten Marinestützpunkte der Deutschen Kriegsmarine außerhalb des Deutschen Reiches mit Versorgungs- und Werfteinrichtungen.

A relief map of the Norwegian coast around Drontheim.
Drontheim was one of the largest naval bases of the German Navy outside of Germany.
It contained supplies and weapons.

Von den beiden vorderen Doppelpollern der Back (einer ist rechts am Bildrand zu sehen) werden zur elastischen Befestigung der Schlepptrosse zwei starke Schlepptaljen geschoren, deren Kontaktblöcke (einer rechts unten sichtbar) an kräftigen Augen der Kottenkoker mittels Schäkeln befestigt sind.
An beiden Schiffsseiten werden entlang der Reling Ersatzlängen von Ölschläuchen bereitgelegt.

From the two double capstans on the port side (one can be seen on the right picture edge) two block and tackles were fixed to allow elasticity on the towing cables. Their contact blocks (one on the right, below, but out of sight) were fixed by shackles onto the strong eyes of the chain ports.
On both sides of the ship, along the railings, spare lengths of fuel pipes were laid ready.

Der backvorderste Doppelpoller, unten bereits mit der Sicherungstalje für den Backbordanker belegt, trägt darüber jetzt ein Ende der Sicherungstrosse, die über einen Block am Befestigungspunkt der Schleppleine winkelförmig zum Steuerbordpoller führt.

The double capstan nearest the port bow already fitted with the safety block and tackle for the port anchor, now also has an end of the safety cable which leads, at an angle, to the starboard capstan through a block on the eye of the tow rope.

HIPPER ist klar zur Ölübernahme und nähert sich wieder dem Tanker in dessen Kielwasser. An Steuerbord hat sich hinter dem Wellenbrecher eine Gruppe von Seeleuten bereitgestellt, um den Leinenvorlauf des ersten Ölschlauches mit Menschenkraft an Bord zu holen.

HIPPER is ready for refueling and is approaching the tanker in its wake. A group of men on the starboard behind the wave breaker are ready to pull the fuel pipe on board by hand with a line.

Dieses Bild entstand zu einem Zeitpunkt, als nach dem Herstellen der Schleppverbindung der leichte Vorlauf der ersten Ölverbindung bereits an Bord gehievt worden war, während das vordere Ende der schweren Trosse, an der der Ölschlauch beigelascht war, anscheinend gerade an Bord gehievt worden ist. Links unterhalb des Backbordankers ist im hellen Regenmantel der erste Offizier, ein Fregattenkapitän, zu erkennen, der das Manöver auf der Back leitet.

This picture was taken at a time when after establishing a towing line, the light first section of the first fuel line has already been heaved aboard whilst the front end of the heavy line to which the fuel pipe is tied appears to have been pulled aboard already. To the left and below the port anchor, in a light raincoat, is the First Officer, a "Fregattenkapitän". He is leading the manoeuvre on the port side.

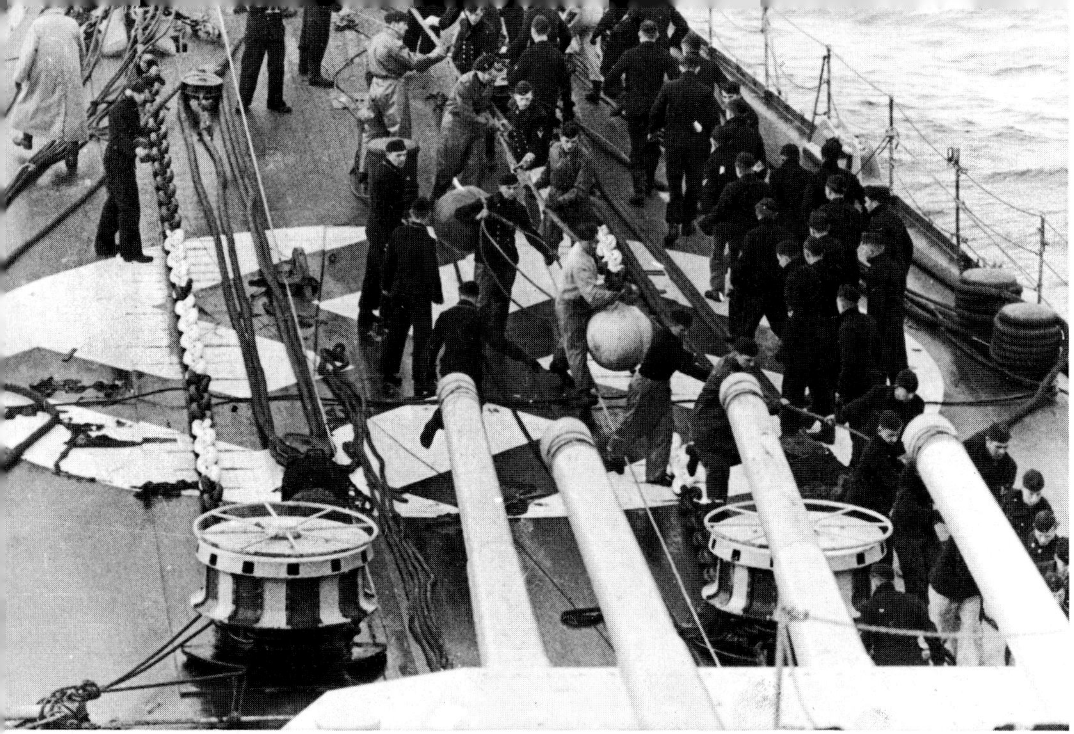

Das vordere Ende der schweren Trosse, durch einen hellen Auftriebsballon kenntlich gemacht (Bildmitte), befindet sich auf der Back und kann nun weiter eingeholt werden. Dazu begeben sich an der Steuerbordseite weitere Besatzungsangehörige nach voraus. Über dem Backbordspill ist eine der beiden Taljen sichtbar, die die Schlepptrosse abfedern.

The front end of the heavy cable, apparent because of the light-coloured baloon (centre of picture) is on the port side and can be hauled in. Further crew members in the starboard are getting ready for this. Above the port capstan, one of the two blocks and tackles is apparent. The towing cables were fed through it.

Die schwere Manilatrosse wird aufgelaufen, um den an ihr beigefangenen Ölschlauch an Bord hieven zu können. Links im Vordergrund hängt über dem Wellenbrecher einer der Kupplungsstutzen, die die Treibstoffschläuche mit den Rohrleitungen des Ölbunkersystems verbinden werden.

The heavy manila cable is taken on so that the pipeline attached to it can be heaved on board. In the left foreground over the wave breaker hangs one of the fixing points which link the pipelines with the pipes of the fuel storage system.

Das vordere Ende des mit Preßluft gefüllten und daher an der Wasseroberfläche treibenden Ölschlauches wird gerade aus dem Wasser gehievt. Links unten hält sich eine weitere Gruppe von Seeleuten bereit, um das kraftraubende Auflaufen der zweiten Schlauchverbindung zu übernehmen. Die einzelnen Phasen des Manövers werden damit wiederholt. Durch die beiden ausgebrachten Ölschläuche konnten in der Stunde 375 Tonnen Heizöl befördert werden.
Dieses Manöver gehört fraglos zu den seemännischen Spitzenleistungen. Bei der US-Navy wurde zu diesem Zeitpunkt der Betriebsstoff wie heute allgemein üblich von Schiffsseite zu Schiffsseite übernommen. Der Vorteil besteht darin, daß die Schleppverbindung kurz gehalten werden kann und die Schiffsgeschwindigkeit lediglich der Geschwindigkeit des Versorgungsschiffes angepaßt werden muß. Außerdem wird der Vorgang mit Windenhilfe unterstützt. Bei der deutschen Methode mußte zunächst eine lange Schleppverbindung in einem Abstand von ca. 600 Metern vom Tanker aus hergestellt werden.

The front end of the pipeline was filled with compressed air, thus came to the surface. It is just being hauled out of the water. Below left a further group of sailors are making ready to take over. Taking on board the second connection as doing so was very tiring. The individual phases of the manoeuvre are thus repeated. With the both pipelines 375 tons of fuel oil could be loaded in an hour. This manoeuvre was certainly the prime achievement of the sailors. In the US Navy at this time, the fuel, as it is common practice today, is taken on board from one ship's side to the other. The advantage of this is that the tow ropes can be kept short and the speed of the ship can be adjusted to that of the supply ship. Furthermore, the process is assisted by the wind.

 Fortsetzung von Seite 54/55

Name	Schiffstyp	Bauwerft	Bauzeit	Schiffsgewicht (ts)	Abmessungen Lg.	Br.	Tfg.	Leistung (PS)	Geschwindigk. (Kn)	Seeausdauer (sm/Kn)	Brennstoffvorrat feste (t)	flüssige (m^3)
1	2	3	4	5	6	7	8	9	10	11	12	13
Königsberg	L. Kreuzer d. K-Klasse	Reichsmarine-werft Wilhelmshaven	25-29	8.130 6.650	174,0	15,3	6,30	68.200w + 2 x 900e	32,2	5.700/19 7.300/17	–	1.180 + 260
Karlsruhe	w. o.	Deutsche werke, Kiel	26-29 38-40	8.350 6.730	174,0	16,6	6,20	68.200w +2 x 900e	30,0	w. o.	–	1.180 + 260
Köln	w. o.	Reichsmarine-werft Wilhelmshaven	26-30	8.130 6.650	174,0	15,0	6,30	68.500w + 2 x 900e	32,5 12,0	5.700/19 7.300/17	–	1.180 + 260
Leipzig	L. Kreuzer der Leipzig-Klasse	Reichsmarine werft	28-31	8.250 6.520	177,1	16,2	5,70	65.590w 4 x 3.100e	32,0 18,0	5.700/19	–	1.240 + 350
Nürnberg	w. o.	Deutsche Werke, Kiel	33-35	8.380 6.520	181,0	16,0	5.70	66.000w + 4 x 3.100 e	32,0 18,0	5.700/19	-	1.150 + 350
Lützow ex Deutschland	Panzerschiff	Deutsche Werke, Kiel	28-33 40-41	15.900 11.700	187,9	20,7	7,30	48.390e	28,0	10.000/20	–	3.200
Admiral Scheer	Panzerschiff	Reichmarine-werft Wilhelmshaven	31-34 39-40	15.900 11.700	187,9	20,7	7,30	52.050e	28,3	9.100/20	–	2.900

Bewaffnung: Schiffskanonen (cm)	Bewaffnung: Schiffskanonen (cm)	Bewaffnung: Flugabwehrkanonen (cm)	Bewaffnung: Flugabwehrkanonen (cm)	Bewaffnung: Torpedorohre (cm)	Panzerung: Wasserl. (mm)	Panzerung: Deck (mm)	Panzerung: Kom. (mm)	Panzerung: Art. (mm)	Besatzung	Bemerkungen
14	15	16	17	18	19	20	21	22	23	24
9 x 15	–	6 x 8,8	8 x 3,7 4 x 2	4 x 3 - 53,3	50	40	100	30	21, 493	Zu Sp. 9: alle L. Kreuzer = gemischter Antrieb aus Turbinen und Dieselmotoren
w. o.	–	w. o.	w. o.	w. o.	50	40	100	30	21, 493	Angaben Karlsruhe nach Umbau 1938-40
w. o.	–	w. o.	8 x 3,7 4 x 2	4 x 3 - 53,3	50	40	100	30	21, 493	Zu Sp. 17: le Flak-Bewaffnung während des Krieges bis auf 10 x 2 cm erhöht Zu Sp. 23: bis zu ca. 850 Mann
9 x 15	–	6 x 8,8	8 x 3,7 2 x 2	4 x 3 - 53,3	50	25	100	30	26, 508	Sp. 17: bis zu 15 x 2 cm Sp. 23: bis zu 850 Mann
9 x 15	–	8 x 8,8	4 x 3,7 2 x 2	4 x 3 - 53,3	50	25	60	30	25, 648	Sp. 17: Zuletzt 4 x 3,7 cm; 4 x 4 cm und 24 x 2 cm Sp. 23: bis zu 850 Mann
6 x 28	8 x 15	6 x 10,5	8 x 3,7 10 x 2	2 x 4 - 53,3	80	45	150	140	33, 586	Sp. 16: gilt ab 1940 Sp. 17: Ab Ende 1944 = 4 x 3,7 cm; 6 x 4 cm und 26 x 2 cm Sp. 23: Zuletzt bis über 1.150
6 x 28	8 x 15	6 x 10,5	8 x 3,7 10 x 2	2 x 4 - 53,3	80	40	140	150	33, 568	Sp. 16: gilt ab 1940 Sp. 17: Ab Ende 1944 = zusätzlich 6 x 4 cm; jetzt insgesamt 24 x 2 cm Sp. 23: zuletzt bis über 1.150

Die obigen Daten entsprechen den Angaben aus Erich Gröner, "Die Deutschen Kriegsschiffe 1815 – 1945".

TECHNISCHE ANGABEN AUF EINEN BLICK

Name	Schiffstyp	Bauwerft	Bauzeit	Schiffsgewicht (ts)	Abmessungen Lg.	Br.	Tfg.	Leistung (PS)	Geschwindigk. (Kn)	Seeausdauer (sm/Kn)	Brennstoffvorrat feste (t)	flüssige (m^3)
1	2	3	4	5	6	7	8	9	10	11	12	13
Admiral Graf Spee	Panzerschiff	Reichsmarine-werft Wilhelmshaven	32-36	16.200 12.100	186,0	21,7	7,30	55.400e	26,0	8.900/20	–	2.800
Blücher	Schwerer Kreuzer	Deutsche Werke, Kiel	36-39	18.200 14.050	205,9	21,3	7,70	134.000w	32,5	8.000/20	–	3.700
Admiral Hipper	Schwerer Kreuzer	Blohm & Voss Hamburg	35-39	18.200 14.050	205,9	21,3	7,70	134.000w	32,5	8.000/20	–	3.700
Prinz Eugen	Schwerer Kreuzer	Germania-werft, Kiel	36-40	18.400 14.240	212,5	21,9	7,90	132.000w	32,0	7.200/20	–	3.400
Scharnhorst	Schlachtschiff	Marine-werft Wilhelmshaven	34-39	38.900 31.850	234,9	30,0	9,90	165.000w	32,0	10.000/17 8.800/19	–	6.300
Gneisenau	Schlachtschiff	Deutsche Werke, Kiel	34-38	w. o.	w. o.	w. o.	w. o.	165.000w	32,0	10.000/17 8.800/19	–	6.300
Bismarck	Schlachtschiff	Blohm & Voss Hamburg	36-40	50.900 41.700	251,0	36,0	10,2	150.170w	30,1	8.900/17 9.280/16	–	7.900
Tirpitz	Schlachtschiff	Kriegsmarine-werft Wilhelmshaven	36-41	52.600 42.900	251,0	36,0	10,6	163.000w	30,8	9.000/19 10.200/16	–	8.780

Bewaffnung: Schiffskanonen (cm)	Bewaffnung: Schiffskanonen (cm)	Bewaffnung: Flugabwehrkanonen (cm)	Bewaffnung: Flugabwehrkanonen (cm)	Torpedorohre (cm)	Panzerung: Wasserl. (mm)	Panzerung: Deck (mm)	Panzerung: Kom. (mm)	Art. (mm)	Besatzung	Bemerkungen
14	15	16	17	18	19	20	21	22	23	24
6 x 28	8 x 15	6 x 10,5	8 x 3,7 10 x 2	2 x 4 - 53,3	80	40	150	140	33, 585	
8 x 20,3	–	12 x 10,5	12 x 3,7 8 x 2	4 x 3 - 53,3	80	50	150	160	42/1.340	
8 x 20,3	–	12 x 10,5	12 x 3,7 8 x 2	4 x 3 - 53,3	80	50	150	160	42/1.340	Sp. 17: Zuletzt 6 x 4,8 cm; 8 x 3,7 cm und 32 x 2 cm Sp. 23: bis zu 51, 1.548 Mann
8 x 20,3	–	12 x 10,5	12 x 3,7 8 x 2	4 x 3 - 53,3	80	70	150	160	64/1.340	Sp. 17: Anfang 1945 – 17 x 4 cm und 26 x 2 cm Sp. 23: Stand 1941
9 x 28	12 x 15	14 x 10,5	16 x 3,7 10 x 2	2 x 3 - 53,3	350	105	250	360	56/1.613	Sp. 6: vor Umbau 229,8 m Sp. 17: zuletzt 24 x 2 cm Sp. 23: bis zu 60, 1.780 Mann
9 x 28	15 x 15	14 x 10,5	16 x 3,7	2 x 3 -53,3	350	105	250	360	56/1.613	
8 x 38	12 x 15	16 x 10,5	16 x 3,7 12 x 2		320	120	350	360	103/1.962	
8 x 38	12 x 15	16 x 10,5	16 x 3,7 12 x 2	2 x 4 -53,3	320	120	350	360	2.608	Sp. 17: zuletzt 50 x 2 cm Sp. 23: zuletzt ca. 108/2.500

Die obigen Daten entsprechen den Angaben aus Erich Gröner, "Die Deutschen Kriegsschiffe 1815 – 1945".

Erläuterungen zur Anwendung der Tabellen auf den Seiten 54/55, 188/189 und 190/191 von Teil 1

Die Angaben der einzelnen Spalten bedeuten:

Sp. 3: nur die Bauwerft wird genannt.
Sp. 4: es wird die Zeit vom Jahr der Kiellegung bis zur ersten Indienststellung genannt. Zusatzzahlen sind Angaben über Umbaumaßnahmen. Die entsprechende Werft (Sp. 3) wird nicht genannt.
Sp. 5: die erste Zeile gibt die Einsatzverdrängung, die zweite die Standardverdrängung an. Einsatzverdrängung = Summe aus Standardverdrängung (Typverdrängung) und volle Zuladung. Die Angaben erfolgen in englischen tons (1 t = 1.016 kp).
Angaben zu den Abmessungen erfolgen in m (1. Stelle hinter dem Komma ab- bzw. aufgerundet). Dabei bedeuten:
Sp. 6: Länge über alles (größte Längenausdehnung)
Sp. 7: größte Breite des Schiffskörpers
Sp. 8: mittlerer Tiefgang bei größter Einsatzverdrängung.
Sp. 9: Angaben über die höchste Maschinenleistung zu der in der danebenstehenden Sp. 10 genannten Geschwindigkeit, dabei bedeutet:
i = PSi = indizierte Pferdestärken, Maßeinheit für Expansions-(Kolben)-Dampfmaschinen
w = wPS = Wellen-Pferdestärken, Maßeinheit für Turbinen
e = PSe = effektive Pferdestärken, Maßeinheit für Motoren.
Es handelt sich hierbei um häufig max. gemessene Antriebsleistungen.
Auf die Umrechnung auf kW wurde verzichtet.
Sp. 10: Knoten (Kn) = Schiffsgeschwindigkeit, d. h. Seemeilen pro Stunde (sm/h).
Sp. 11: Angaben über Seeausdauer, theoretisch ermittelter Wert für einen bestimmten Fahrbereich, der sich aus einer rechnerisch vorgegebenen Geschwindigkeit ergibt.
Sp. 12 u.: Angaben über maximale Bevorratung an festen oder flüssigen Brennstoffen (ohne
Sp. 13: evtl. Deckszuladung).
Für die Bewaffnung sind fünf Spalten eingerichtet:
Sp. 14: Schwere Artillerie
Sp. 15: Mittlere und Leichte Artillerie.
Sp. 16: Schwere Flak
Sp. 17: Mittlere und Leichte Flak.
Sp. 18: Anzahl der installierten Torpedorohre – Aufstellung in Sätzen.

Diese Spalten nennen in der Regel die Anzahl der Waffen des ersten Ausrüstungszustandes. Eine genaue Wiedergabe des höchsten Bewaffnungszustandes ist häufig nicht möglich. Die Kaliberangabe erfolgt in cm. Bei der Panzerung werden Maximalstärken zugrundegelegt:
Sp. 19: Panzerung im Bereich der Wasserlinie (Gürtelpanzer)
Sp. 20: Deck (Panzerdeck)
Sp. 21: Kommandostand
Sp. 22: Hauptartillerie
Sp. 23: Die Zahl vor dem Komma enthält alle Offiziere bzw. vergleichbare Offiziersdienstgrade, hinter dem Komma die Zahl der Mannschaften.

Bei diesen Zahlen handelt es sich um haushaltsmäßig eingeplante Dienstposten, die von der wirklichen Besatzungsstärke z. T. stark abweichen.
Die Zahlenangaben wurden im wesentlichen aus Erich Gröner: "Die Deutschen Kriegsschiffe 1815 – 1945", München 1960, entnommen.

Explanations for use of the tables on pages 54/55, 188/189 and 190/192 of part 1

The comments in the individual fields mean:

Column 3: Only the shipyard where the ship was built is mentioned.
Column 4: The time from the year of the laying of the kiel to the first commissioning. Additional dates are those of refits. The shipyard is not mentioned.
Column 5: The first line is the displacement fully laden, the second the normal displacement. Loaded displacement = normal displacement and full load. The figures are in British tons (1 ton = 1,016 kg).
Details of dimensions are given in metres (first decimal place rounded up or down). These are:
Column 6: Total length (from furthest points)
Column 7: Largest width measurement of the hull
Column 8: Average waterline at maximum load
Column 9: Details of the maximum engine performance at the speed in
Column 10: The abbreviations there mean:
i = indexed horse power, measure for expansion boilers.
w = wave horse power, measure for turbines.
e = effective horse power, measure for motors.
These are not converted into kilowatts.
Column 10: Knots = ship's speed, nautical miles per hour.
Column 11: Detail of endurance at sea, theoretical average value for a set range at a pre-calculated speed.
Column 12: Details of maximum load of solid or liquid fuel (without any possible stores
and col. 13: on deck)
There are five fields for the armament:
Column 14: Main guns
Column 15: Medium guns
Column 16: Heavy AA guns
Column 17: Medium and light AA guns
Column 18: Number of torpedo tubes.
These fields contain details of the first fitting. It is not always possible to give details of the maximum armament. Calibres are given in cm.
Maximum thickness of armour is given:
Column 19: Armour around the waterline (belt armour)
Column 20: Deck (armoured deck)
Column 21: Bridge
Column 22: Main guns
Column 23: The number in front of the comma is all the officers and petty officers of equivalent rank, behind the comma is the number of men.
These figures are the planned crew. In fact, there were always great variations.

The figures are taken largely from: Erich Gröner: "Die Deutschen Kriegsschiffe 1815 – 1945", Munich 1960.

DIE DEUTSCHE KRIEGSMARINE

SIEGFRIED BREYER

Teil 2 1935 - 1945

QUELLEN- UND LITERATURNACHWEIS ZU TEIL 2

Arndt: Deutsche Sperrbrecher 1914–1945, Stuttgart 1979
Baasch: Handelsschiffe im Kriegseinsatz, Oldenburg 1975
Bekker: Kampf und Untergang der Kriegsmarine, Hannover 1953
Bekker: . . . und liebten doch das Leben, Hannover 1956
Bidlingmaier: Ostsee-Brückenköpfe 1945, Neckargemünd 1962
Brennecke: Schwarze Schiffe – weite See, Oldenburg-Hamburg, 1956
Fock: Schnellboote, Band II, Herford 1974
Gröner: Die deutschen Kriegsschiffe 1835–1945, 3 Bände, Koblenz 1982–85
Güth: Zerstörer Z 34, Herford 1980
Harnack: Zerstörer unter deutscher Flagge 1934–1945, Herford 1978
Hildebrand/Röhr/Steinmetz: Die deutschen Kriegsschiffe, 7 Bände, Herford 1979–83
Hubatsch: Weserübung, Göttingen 1960
Hümmelchen: Handelsstörer, München 1960
Jung/Maass/Wenzel: Tanker und Versorger der deutschen Flotte, Stuttgart 1981
Koop/Galle/Klein: Von der Kaiserlichen Werft zum Marinearsenal, Koblenz 1982
Kühn: Torpedoboote und Zerstörer im Einsatz 1939–1945, Stuttgart 1978
Kühn: Schnellboote im Einsatz, Stuttgart 1976
von Kutzleben/Schroeder/Brennecke: Minenschiffe 1939–1945, Herford 1974
von Ledebur: Die Seemine, München 1977
Lochner: Als das Eis brach, München 1983
Lohmann/Hildebrand: Die deutsche Kriegsmarine, Bad Nauheim 1956–61
Meister: Der Seekrieg in den osteuropäischen Gewässern 1941–1945, München 57
Rohwer/Hümmelchen: Chronik des Seekrieges 1939–1945, Oldenburg 1968
Ruge: Im Küstenvorfeld, München 1974
Ruge: In vier Marinen, München 1979
Ruge: Der Seekrieg 1939–1945, Stuttgart 1954
Salewski: Die deutsche Seekriegsleitung 1935–1945, 3 Bände, München 1971-74
Schön: Flucht über die Ostsee im Bild, Stuttgart 1985
Schneider: Vom Kanal zum Kaukasus, Herford 1982
Schofield: Geleitzugschlachten in der Hölle des Nordmeeres, Herford 1980
Schmidt/Kludas: Die deutschen Lazarettschiffe des Zweiten Weltkrieges, Stuttgart 1978
Wagner (Herausgeber): Lagevorträge des Oberbefehlshabers der Kriegsmarine vor Hitler, München 1971
Whitley: Die deutschen Zerstörer im Zweiten Weltkrieg, Stuttgart 1985

Bildnachweis

Abeking & Rasmussen (1)
Blohm & Voss (1)
Sammlung Breyer (85)
Bundesarchiv (143)
Bundesmarine (5)
Dänische Marine (1)
Deutsches Schiffahrtsmuseum (3)
Dr. Krug + (1)
Ehlert (11)
Greymeyer (1)
Gröner (9)
Lürssen-Werft (3)
Royal Navy (1)
Schäfer (10)
US Navy (2)
Weber (5)

Februar 1942: Der Kanaldurchbruch schwerer deutscher Einheiten – taktisch ein glänzender Erfolg, strategisch eine Niederlage. Hier Zerstörer, Torpedoboote und Flugzeuge bei der Sicherung.

February 1942: German battleships and cruisers accompanied by destroyers and torpedo boats forced their way through the English Channel.

DIE DEUTSCHE KRIEGSMARINE

SIEGFRIED BREYER

Teil 2 1935 - 1945

Zerstörer · Torpedoboote · Kleine Kampfeinheiten · Hilfsschiffe · Küstenartillerie

Zerstörer: Nach den Kreuzern die stärksten Kampfeinheiten. Im September 1939 verfügte die Kriegsmarine über 22 solcher Einheiten – die Briten und Franzosen zusammen über mehr als zehnmal soviel!

After cruisers, destroyers were the next most powerful warships. In September 1939 there were 22 destroyers in service with the German Navy. The British and French however had more than ten times this number.

INHALT VON TEIL 2

VORWORT ZU TEIL 2

Während der erste Teil dieser Bilddokumentation von den "Dickschiffen" kündete, will der zweite Teil über die den Schlachtschiffen, Panzerschiffen und Kreuzern in der Rangfolge 'nachgeordneten' Schiffseinheiten berichten. Die Palette ist groß – sie reicht von den Zerstörern bis zu den Schnellbooten, von den Minensuchern bis zu den Vorpostenbooten und von den Hilfskreuzern bis zu den Troßschiffen. Dieses Buch würde seiner Zielsetzung nicht gerecht, wenn es sich ausschließlich mit der Flotte, also den schwimmenden Einheiten und Verbänden, abgäbe. Die Kriegsmarine bestand aber nicht nur aus seegängigem Material, sondern zu ihr gehörten zahlreiche andere Einrichtungen, die ihrer Natur nach an das Festland gebunden sind. Zu nennen wären hier die Marineartillerie, die Marinedivisionen, die vielen Garnisonen mit ihren Ausbildungs- und Stammeinheiten, Schulen, Versuchsanstalten, Lazarette, Munitionsdepots, Proviantlager, Instandsetzungseinrichtungen und viele, viele andere Institutionen mehr. Selbstverständlich war es hier nicht möglich, auf sie alle einzugehen; aber anhand von exemplarischen Kapiteln und Bilddokumenten soll ihre Rolle deutlich gemacht werden. Auf keinen Fall durften sie in einem Werk unerwähnt bleiben, das sich als Bilddokumentation über die Kriegsmarine verstanden wissen will.

In diesem Teil werden die Unzulänglichkeiten und Probleme deutlich, mit denen die Kriegsmarine in einen Krieg einzutreten gezwungen wurde, auf den sie in keiner Weise hinreichend gerüstet war. Das galt ganz besonders für die Überwasserstreitkräfte. In bezug auf diese vertraute der damalige Oberbefehlshaber der Kriegsmarine, Großadmiral Dr. h.c. Raeder, gleich zu Kriegsbeginn seinem privaten Tagebuch an, "daß sie – vollen Einsatz vorausgesetzt – nur zeigen können, daß sie mit Anstand zu sterben verstehen ..."

Ihre sehr geringen Bestände an 'aktiven' Schiffseinheiten zwang die Kriegsmarine, Schiffe und Boote ziviler Herkunft für die Seekriegführung zu nutzen. Ihre Zahl stieg parallel mit der Ausweitung der Seekriegsschauplätze und der Landfronten steil an und ging bald in die Tausende. Auf ihnen – und nicht etwa auf den "Dickschiffen"! – ist die überwiegende Mehrzahl aller Kriegsmarineangehörigen gefahren. Diese Männer hatten es mit nicht weniger übermächtigen Gegnern zu tun als ihre Kameraden von den "Dickschiffen"; und sie konnten ihn vielfach nur mit Improvisationen und Behelfslösungen entgegentreten. Dabei mußten sie gleichsam an zwei Fronten antreten: Außer den Kampf mit dem Gegner zu führen, hatten sie sich immer wieder mit den Tücken und Schwierigkeiten übereilt eingeführter, nicht ausgereifter Techniken auseinanderzusetzen. Gewiß, sie haben Erfolge – viele Erfolge – erzielen können und dem Gegner den Sieg nicht leichtgemacht, aber um welchen Preis! Ihre Verluste waren schwer und gingen ins Mark – sicher ist es nicht vermessen zu sagen, daß alle Beteiligten – die Männer der Kriegsmarine wie auch ihre Gegner – den blutigsten aller Seekriege in der Geschichte der Menschheit zu führen hatten. Der Schicksalsweg der Kriegsmarine war vorgezeichnet, ihre Männer standen von Anfang an auf verlorenem Posten.

ZERSTÖRER UND TORPEDOBOOTE

Als der Zweite Weltkrieg ausbrach, verfügte die Kriegsmarine nur über 21 einsatzbereite Zerstörer – viel zu wenig für die Aufgaben, die sie in diesem für sie völlig ungleichen Waffengang zu meistern hatte. Vergleichsweise dazu hatten die britischen und französischen Gegner zusammen rund 260 Zerstörer einsatzbereit, was einem Verhältnis von etwa 12:1 entsprach. Von ihren wenigen Zerstörern büßte die Kriegsmarine gleich in den ersten Monaten zwölf Einheiten ein, darunter allein zehn bei den Kämpfen um Narvik. Wie groß das Mißverhältnis war, ergibt sich aus dem Umstand, daß bis zum Sommer 1940 nur ein einziger Zerstörer neu in Dienst gestellt werden konnte; erst vom Herbst ab setzte der Zulauf von Zerstörerneubauten ein; bis 1944 wurden es aber nur 19. War schon bei Kriegsbeginn der Zerstörerbestand für die Seekriegführung in Nordsee und Ostsee höchst unbefriedigend, so konnten die Neuzugänge im Hinblick auf die sich mit Frankreichs Fall erweiternden, jetzt vom Nordkap bis zur Biscaya reichenden Operationsgebiete den tatsächlichen Erfordernissen auf keinen Fall Rechnung tragen. Vor Norwegen, in der Nordsee, im Kanal und in den westfranzösischen Gewässern (und bei Kriegsende wieder in der Ostsee) hatten sie mannigfaltige Aufgaben zu erfüllen. Hierzu gehörten neben der Sicherung von Flottenverbänden vor allem Minenunternehmungen, Operationen gegen Geleitzüge und andere Aktivitäten. Dabei hatten sie von Anbeginn unter teils sehr beträchtlichen Mängeln zu leiden, vor allem im Antriebsbereich (und dies in einem Maße, daß zeitweilig ihre Einsatzbereitschaft ernsthaft in Frage gestellt war); aber auch ihre See-Eigenschaften ließen sehr zu wünschen übrig und schränkten ihre Verwendungsfähigkeit besonders in rauhen Gewässern fühlbar ein. Die im Krieg zulaufenden Neubauten hatten zwar durch die Armierung mit 15 cm-Kanonen eine bedeutende Kampfkraftsteigerung gegenüber ihren Vorgängern aus der Vorkriegszeit erhalten; dafür hatten diese Geschütze aber eine geringere Schußfolge, was sich bei jenen Gefechtsberührungen als ernsthafter Nachteil erwies, bei denen es darauf ankam, auf dem oder den Gegnern schnell eine größere Zahl von Treffern zu erzielen.

Als der Krieg zu Ende ging, waren von den bis dahin insgesamt 41 in Dienst gestellten Zerstörern nur noch 15 übrig.
Die übrigen 26 gingen durch Kampfhandlungen verloren, auf ihnen fanden mehr als 2.000 Besatzungsangehörige den Tod.

Die Torpedoboote waren den Zerstörern recht ähnlich, zumindest in ihrem Äußeren, doch deutlich kleiner als jene, aber nahezu genauso schnell. Ihre Entwicklung knüpfte an die "klassischen" Formen des Torpedobooteinsatzes an, wie sie allenfalls noch im Ersten Weltkrieg Gültigkeit haben mochten. Dazu bestimmt, auf die gegnerische Schlachtflotte zu operieren, deren Linie zu durchbrechen und mit Torpedos anzugreifen, war ihre Hauptwaffe der Torpedo; dagegen wurde die Artilleriebewaffnung gerade so stark bemessen, daß sie sich Gegner vom Leibe halten konnten. Unter dieser Konzeption waren die in den 30er Jahren gebauten "Torpedoboote 1935" und "1937" entstanden. Aber diese erwiesen sich als unzureichend; für den Torpedoangriff klassischen Stils fanden sie keine Gelegenheit, und wo sie – wie etwa im Kanal – eingesetzt wurden, konnten sie sich meist mangels einer angemessenen artilleristischen Bewaffnung nicht behaupten.

Dies galt jedoch weniger für die in den 20er Jahren gebauten Torpedoboote der "Raubvogel"- und der "Raubtier"-Klasse; bei diesen handelte es sich ihrer wesentlich mehr ausgewogenen Torpedo- und Artilleriebewaffnung halber eher um kleine Zerstörer. Ähnlich lagen die Dinge bei den ab 1942 zulaufenden "Flottentorpedobooten". Vom Typ her waren sie ebenfalls als Kleinzerstörer einzustufen. Auch für sie gab es keine Gelegenheiten mehr zum Torpedoangriff, aber mit ihrer angemessenen Artilleriebewaffnung konnten sie für eine stattliche Reihe Aufgaben herangezogen werden, die für sie eigentlich typfremd waren.

DESTROYERS AND TORPEDO BOATS

At the outbreak of war in 1939, the German Navy only had 21 destroyers ready for action. These were too few for the tasks that would have to be performed. Of these, just in the first few months of the war, 12 were lost, 10 in Narvik alone. The delivery of replacements began in autumn 1940 but there were simply too few poduced. By the end of the war, only 19 new destroyers had entered service. Right from the beginning, all German destroyers suffered from a number of defects. The first ones built had very unreliable engines. The ships built immediately after them were too heavily armed. Their 15 cm guns had a lower rate of fire than the usual 12.7 cm guns and their weight also put the ship at a disadvantage.
The torpedo boats were similar to the destroyers, only smaller. Nevertheless, they were almost as fast. They had been developed around the concept of the "classic" use of the torpedo boat, but the Germans had not anticipated that this type of ship would become obsolete in a new war. The torpedo boats built from 1935 proved of little use in the war. Only the "fleet torpedo boats" found use in a way that had never been anticipated.

Der Bau der ersten 16 "Zerstörer 1934/1934 A" war auf vier Werften verteilt worden. Die ersten vier wurden von den Deutschen Werken in Kiel (der früheren Kaiserlichen Werft) gebaut, eine zweite Vierergruppe wuchs auf der Deschimag-Werft in Bremen heran; fünf Einheiten baute Krupp Germaniawerft in Kiel und die übrigen drei entstanden bei Blohm & Voß in Hamburg. Als erster der in Bremen gebauten Zerstörer stellte am 29. Juni 1937 PAUL JACOBI in Dienst; zu der Zeremonie war als Ehrengast Admiral Souchon erschienen, der Chef der im Ersten Weltkrieg berühmt gewordenen, aus dem Großen Kreuzer GOEBEN und dem Kleinen Kreuzer BRESLAU bestehenden deutschen Mittelmeerdivision. Hier wird unter den Klängen der Nationalhymne erstmals die Reichskriegsflagge gesetzt. Gut erkennbar ist an der Rumpfseite der Schraubenschutz in Gestalt eines Rahmens, der beim Längsseitsgehen an anderen Schiffen oder beim Festmachen an der Pier das Schiff soweit davon fernhalten soll, daß seine aus der Längsachse divergierenden Propeller – im Seemännischen die Schrauben – keinen Schaden erleiden.

The construction of the first new destroyers was undertaken by four different dockyards in Kiel, Bremen and Hamburg. The first destroyer built in Bremen, the PAUL JACOBI, was commissioned on 29th July 1937.

LEBERECHT MAASS war der erste der nach Hitlers Machtergreifung begonnenen "Zerstörer 1934"; seine Indienststellung erfolgte Anfang 1937. Nur drei Jahre später ging er als erster von ihnen verloren, und noch dazu auf tragische Weise: Gemeinsam mit fünf Schwesterschiffen im Doggerbankgebiet gegen britische Fischdampfer operierend, wurde der Verband irrtümlich von deutschen Kampfflugzeugen angegriffen, deren Besatzungen nicht über dessen Inseegehen unterrichtet waren. Bei Ausweichmanövern geriet LEBERECHT MAASS mit drei Bombentreffern gemeinsam mit seinem Schwesterschiff MAX SCHULTZ auf eine noch unbekannte, erst kurz zuvor von britischen Zerstörern ausgelegte Minensperre. Beide erhielten Treffer und gingen mit dem größten Teil ihrer Besatzungen unter. Insgesamt fanden 560 Soldaten den Tod, unter ihnen befanden sich die Kommandanten beider Zerstörer.

The first new destroyer of the German Navy was named LEBERECHT MAASS. Three years after being commissioned, she was the first destroyer to be sunk. She was accidentally attacked by German aircraft and was hit by three bombs, then, on taking evasive manoeuvres, she went into an unknown minefield and sank.

Auch bei Hafenliegezeiten wurde die Gefechtsausbildung durchgeführt. Dieses im Frühjahr 1939 in Swinemünde aufgenommene Bild zeigt den Zerstörer FRIEDRICH IHN beim Ablegen von der Pier. Die beiden achteren 12,7 cm-Geschütze sind nach Backbord geschwenkt; offensichtlich findet an ihnen gerade Geschützexerzieren statt.

Battle drills in port. The destroyer FRIEDRICH IHN casts off from Swinemünde in 1939 whilst guns are undertaken.

Anfang September 1939 in der Ostsee zwischen Bornholm und der Danziger Bucht: Zerstörer FRIEDRICH IHN mit einem längsseits gegangenen Schnellboot (S 23 oder S 25) auf Warteposition, im Hintergrund ein Flottenbegleiter des Typs F 1. Noch ist der Krieg erst wenige Tage alt, wie die noch nicht gelöschte Taktische Nummer deutlich macht. Erst von November ab fuhren die deutschen Kriegsschiffe ohne diese Zahlenkennung.
Der erste Kriegswinter brachte für die Zerstörer vollen Einsatz und höchste Beanspruchung: In elf Unternehmen legten sie mehr als 2.000 Minen vor der britischen Ostküste aus. Diese Operationen begannen im November 1939 und dauerten bis Februar 1940. Starke Vereisungen, Schnee und rauhe See machten dabei Minenzuladung zu einer gefährlichen Fracht und erschwerten das Auslegen der Minen ungemein.

In the Baltic at the start of the war. The destroyer FRIEDRICH IHN with a MTB alongside. Winter 1939/40. The German destroyers were constantly in action. In 11 operations along the east coast of England, they laid over 2000 mines in heavy waters in freezing conditions. This picture schows the iced-up superstructure of a destroyer.

Am Vorabend des Norwegen-Unternehmens: In Cuxhaven liegen vier "Zerstörer 1934 A" – PAUL JACOBI, THEODOR RIEDEL, BRUNO HEINEMANN und (im Vordergrund) FRIEDRICH ECKOLDT – ablegebereit. Ihr Operationsziel wird Trondheim sein, das sie zusammen mit dem Schweren Kreuzer ADMIRAL HIPPER am 9. April 1940 zu nehmen haben.

The evening before the invasion of Norway. Four destroyers ready for action in Cuxhaven. Their objective was Trondheim

Zehn der zu dieser Zeit noch zwanzig vorhandenen Zerstörer unter Führung von Kommodore Bonte hatten den strategisch wichtigen Erzhafen Narvik zum Ziel. Nach schwerer Sturmfahrt erreichten diesen alle zehn Schiffe, doch wurden sie von wenig später erscheinenden überlegenen britischen Seestreitkräften in schwere Kämpfe verwickelt und erlagen letztlich der Übermacht – keines von ihnen kehrte zurück. Letztlich konnte die Position jedoch gehalten werden; fortan waren in dieser eismeernahen Region nahezu fünf Jahre lang deutsche Kriegsschiffe präsent, auch wieder Zerstörer. Drei von ihnen zeigt dieses im Kriegsjahr 1940 aufgenommene Bild vor der typischen Kulisse Nordnorwegens.

Narvik, the important ore port, was the objective of ten destroyers. The voyage there was stormy, but they were able to land their troops. However, British forces soon appeared on the scene and in the subsequent battles, all ten German destroyers were sunk. Narvik was taken by the Germans and a number of warships were based in this region, which is close to the Arctic. This picture shows three destroyers off the rocky coastline characteristic of north Norway.

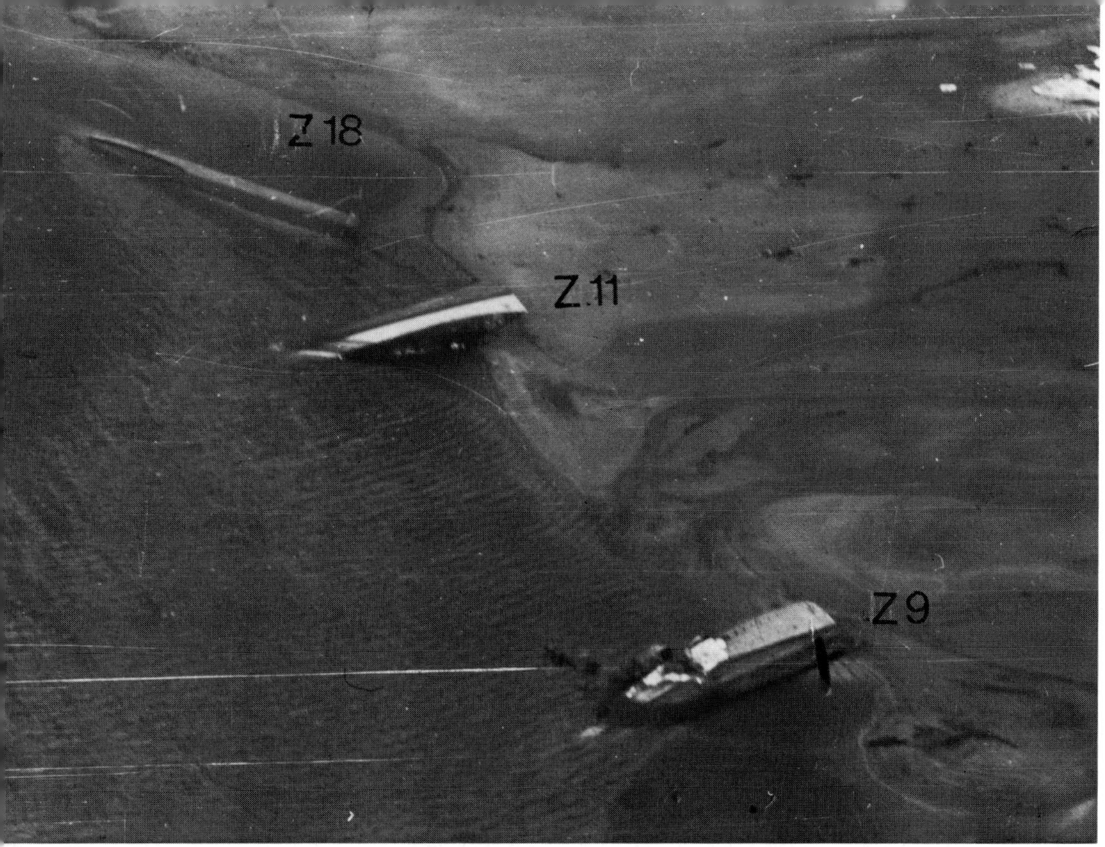

Narvik wurde zum Friedhof der zehn dort eingesetzten Zerstörer. Keinem von ihnen war die Rückkehr in die Heimat vergönnt. Noch heute sind dort einige Wracks zu sehen. Diese über dem Rombaksfjord geschossene Luftaufnahme zeigt die Wracks von einigen, und zwar HANS LÜDEMANN (Z 18), BERND VON ARNIM (Z 11) und WOLFGANG ZENKER (Z 9).

Unten rechts:
Die bei den wechselhaften und schweren Kämpfen im Raum Narvik eingesetzten Soldaten der Wehrmacht erhielten sämtlich die Berechtigung zum Tragen des 1940 gestifteten Narvikschildes. Ihn trugen sowohl die Besatzungsangehörigen der dort verlorengegangenen zehn Zerstörer als auch die Gebirgsjäger General Dietls, die von diesen Zerstörern in Narvik gelandet worden waren. Getragen wurde der Narvikschild auf dem linken Oberärmel über dem Laufbahnabzeichen. Unten rechts ist ein Marinekriegsberichter im Range eines Maates zu sehen, dem gerade der Narvikschild verliehen worden ist.

Unten links:
Ungleich glückhafter verlief für den Zerstörer FRIEDRICH ECKOLDT das Norwegenunternehmen. Zusammen mit den anderen Einheiten seines Verbandes erreichte er seinen Zielhafen Trondheim und kehrte von dort aus wohlbehalten in die Heimat zurück. Die Aufnahme unten links entstand am 9. April 1940 dicht unter der norwegischen Küste, dem Ziel schon sehr nahe. Nicht ganz drei Jahre später sank FRIEDRICH ECKOLDT in dieser Region bei einer Operation gegen einen britischen Geleitzug.

Left above:
Sunk destroyers in Narvik. These three are: HANS LÜDEMANN (Z 18), BERND VON ARNIM (Z 11) and WOLFGANG ZENKER (Z 9).

Below:
All participants in the battles for Narvik – naval personnel as well as General Dietl's mountain troops – were allowed to wear the especially designed "Narvik Shield" on the upper left sleeve of the uniform.

Left below:
The FRIEDRICH ECKOLDT was one of the few destroyers that returned from Norway. Nearly three years afterwards, she was lost during an operation against a convoy off nothern Norway.

Von den vier Einheiten umfassenden "Zerstörern 1934" (vom fünften Schiff ab wurden sie als "Zerstörer 1934 A" bezeichnet) war im April 1940 nur noch eines übriggeblieben, RICHARD BEITZEN, hier 1941 in einem westfranzösischen Hafen liegend und schon mit einem Funkmeß-Ortungsgerät 21 ausgerüstet. Die "Zerstörer 1934" unterschieden sich von den "Zerstörern 1934 A" u. a. durch die viertelkreisrunden Schergangprofile des Backsdecks; bei letzteren waren diese kantig aufgeführt.

The RICHARD BEITZEN was another one of the survivors of the operations of early 1940. The picture here shows her in 1941 in a French port on the Atlantic coast.

Nach den in der deutschen Kriegsmarine herrschenden taktischen Anschauungen war nicht die Artillerie die Hauptwaffe der Zerstörer, sondern die Torpedowaffe. Aus diesem Grunde waren erstmals auf deutschen Kriegsschiffen Vierlingsrohrsätze zur Aufstellung gekommen. Verschossen wurde aus diesen der Preßlufttorpedo G 7 a. Er konnte auf Geschwindigkeiten von 30,40 oder 45 kn und Laufstrecken von 15.000, 5.000 resp. 4.000 m eingestellt werden. Auf diesem "Zerstörer 1934" ist der achtere Rohrsatz nach Backbord ausgeschwenkt, im Rohrmeisterstand (der ab 1941 mit einer Plexiglaskuppel ausgestattet wurde) hat das Bedienungspersonal seine Plätze eingenommen. Ungeachtet der deutschen taktischen Führungsgrundsätze blieb die Torpedowaffe im Zweiten Weltkrieg auf den Zerstörern jedoch eine ausgesprochene Gelegenheitswaffe.

All German destroyers were fitted with quadruple-mounted torpedo tubes. This picture shows the rear tubes of a destroyer together with the command platform.

Der vordere Leitstand hatte auf Zerstörern seinen Platz über der Brücke. Hier befand sich die Zielsäule für den Artillerieoffizier und seine zwei Richtmänner. Weiter hinten – hier im Bild nicht mehr sichtbar – folgte das 4-Meter-Langbasis-Entfernungsmeßgerät. Ein Deck tiefer blickt man auf die beiden Brückennocks mit je einer Torpedozielsäule. Diese Aufnahme entstand auf dem Zerstörer ERICH STEINBRINCK vermutlich im Kriegsjahr 1943. Zu sehen ist dicht unter dem oberen Bildrand die vordere Munitionsumladekammer, auf ihrem Dach ist ein Rettungsfloß gezurrt. Ein Deck tiefer hat zu beiden Seiten je eine 2 cm-Flak C/30 ihre Position (links oben).

Noch einmal ERICH STEINBRINCK aus nahezu gleicher Perspektive. Im unteren Bild sind die beiden vorderen 12,7 cm-Geschütze mit ihren hinten offenen, nur durch (hier aufgerollte) Persenninge abzuschließenden ungepanzerten Schutzschilden zu sehen; auf ihnen ist je ein Rettungsfloß festgezurrt. Vor dem vorderen Geschütz der Wellenbrecher, der überkommendes Wasser abweisen sollte. Von allen fünf Geschützbedienungen hatte die des vordersten Geschützes die ungünstigsten Verhältnisse zu ertragen (rechts).

Left above:
The bridge of the destroyer ERICH STEINBRINCK. The forward gunnery command post with the 4 m range finder can be clearly seen.

Left below:
Throughout the war, destroyers were often used for mine-laying operations. The picture shows the destroyer HANS LODY with a full load of mines. It was probably taken in southern Norway in 1942.

Right:
Another view of the ERICH STEINBRINCK.
The two forward 12.7 cm guns are apparent.;

Wann immer es erforderlich und möglich war, wurden Zerstörer zum Auslegen von Minensperren eingesetzt. Hier eine Aufnahme des mit Minen vollgepackten Zerstörers HANS LODY. Entstanden ist diese Aufnahme vermutlich im Mai 1942 in Kristiansund-Süd, von wo aus Z 29, Z 27, RICHARD BEITZEN und HANS LODY zum Unternehmen "Burgund" ausliefen, welches eine Verlängerung der "Westwall"-Minensperren im westlichen Skagerrak zum Ziel hatte. Der Zerstörer im Hintergrund dürfte Z 27 oder Z 29 sein.

17. Januar 1942 im norwegischen Hopplaelven bei Drontheim: Vier Einheiten der 5. Zerstörerflottille im Päckchen liegend – von links nach rechts PAUL JAKOBI, Z 29, BRUNO HEINEMANN und RICHARD BEITZEN. Diese vier Einheiten waren zuvor bei der am 14. Januar 1942 beginnenden Verlegung des Schlachtschiffes TIRPITZ aus der Heimat nach Drontheim (Unternehmung "Polarnacht") als Begleitschutz eingesetzt gewesen. Schon am 18. Januar marschierten sie in die Heimat zurück und verließen diese wenige Tage später mit Kurs auf das Kanalgebiet, um rechtzeitig zum Unternehmen "Cerberus" – es war dies der Kanaldurchbruch der bisher in Brest liegenden schweren Einheiten – bereitzustehen. Dabei erhielt BRUNO HEINEMANN am 25. Januar – eine Woche nach dem Zustandekommen dieses Bildes – einen Minentreffer und ging verloren, wobei 93 Besatzungsmitglieder ihr Leben einbüßten.

In January 1942, these four destroyers escorted the battleship TIRPITZ to Norway. They spent a few days resting in a fjord near to Trondheim then went home again to prepare for Operation "Cerberus" in which a number of German capital ships broke through the English Channel.

Die "Otter" ging auf eine englische Entwicklung während des Ersten Weltkrieges zurück und wurde in der ursprünglichen Form zum Steuern eines Bugschutzgerätes verwendet. 1929 übernahm die deutsche Reichsmarine diese Entwicklung für ein Heckgerät; sie konnten bis zu 85 m tief gesteuert werden und erlaubten Räumgeschwindigkeiten bis zu 30 kn und den Einsatz jedes Schiffes als Minenräumer, wenn es die notwendigen Räumleinen und einen Kran zur Verfügung hatte, mit dem die 480 t schwere Otter aus- und wieder eingesetzt werden konnte. Dieses Bild ist auf dem Zerstörer HANS LODY entstanden und zeigt das Steuerbord-Ottergerät in ausgeschwungener Position.

This picture shows the mine sweeping gear of the destroyer HANS LODY in use. It could be used at speeds of up to 30 knots.

In der Kriegsmarine war dem Sport ein hoher Stellenwert eingeräumt. Die Teilnahme an sportlicher Ausbildung und Übung war Pflicht. Ihre Besatzungen mußten dazu die Liegezeiten benutzen, entweder auf nahegelegenen Sportplätzen oder in Turnhallen oder – wie hier – auf der Pier neben ihrem Schiff. Das Bild zeigt einige Männer eines Zerstörers bei Freiübungen. Der Zerstörer ist in die Serie Z 14 – 16 einzuordnen (links unten).

Auch das gab es mitten im Krieg: Mit vorgeheißter britischer Flagge nähert sich der Zerstörer ERICH STEINBRINCK der Inselgruppe Spitzbergen – eine Kriegslist, die den Gegner täuschen sollte. Der Zerstörer gehörte zu einer Kampfgruppe, die aus den Schlachtschiffen TIRPITZ und SCHARNHORST sowie weiteren acht Zerstörern bestand und die Aufgabe hatte, alle für den Gegner kriegswichtigen Anlagen auf Spitzbergen zu zerstören. Nachdem innerhalb von wenigen Stunden das Operationsziel erreicht war, trat der Verband den Rückmarsch an und erreichte wohlbehalten seine nordnorwegischen Ausgangsbasen.

Raid on Spitzbergen: The destroyer ERICH STEINBRINCK approached the islands flying the British flag. She was part of a squadron consisting of the battleships SCHARNHORST and TIRPITZ and nine destroyers.

Left below:
On German warships, physical training was regarded as an important activity both in time of peace and in war. This picture shows the crew members of a destroyer training in port.

Eine andere Szene des Unternehmens gegen Spitzbergen: Das Schlachtschiff SCHARNHORST und seine Begleitzerstörer auf dem Marsch in den Grönfjord und zur Adventsbucht, aufgenommen vom Zerstörer HANS LODY aus. Die vorausfahrende SCHARNHORST hat das Feuer eröffnet.

Another scene from the Spitzbergen raid: The battlecruiser SCHARNHORST firing her guns with the destroyer HANS LODY in her wake.

Noch einmal: Eine Zerstörerbrücke. Zu sehen ist hier die des Zerstörers FRIEDRICH IHN. Weil die im Bild zu erkennenden Mannschaftsdienstgrade noch nicht mit den erst während des Krieges eingeführten Bordmützen ausgestattet sind, dürfte es sich um eine Aufnahme aus dem ersten Kriegsjahr handeln.

The bridge of a destroyer. This picture is of the destroyer FRIEDRICH IHN at the beginning of the war.

1944 wurde damit begonnen, die Flakbewaffnung der Zerstörer durchgreifend zu verstärken. Bezeichnenderweise erfolgte dieser Schritt angesichts der sich stetig steigernden Gefährdung aus der Luft nicht etwa zu Lasten der Torpedowaffe, sondern ein Teil der dafür geforderten Positionen wurde durch den Ausbau des dritten 12,7 cm- oder 15 cm-Geschützes gewonnen. Dieses Bild zeigt den Zerstörer PAUL JACOBI nach der Umrüstung. Neben seinen nur noch vier 12,7 cm-Geschützen konnte er jetzt zehn 3,7 cm- und dreizehn 2 cm-Flak zum Tragen bringen. Bei dieser Gelegenheit wurde auch seine Bugform geändert.

From 1944, the anti-aircraft armament was greatly improved because of the ever increasing allied air superiority. As part of the "Barbara" Programme, the third 12.7 cm or 15 cm gun was removed and replaced with AA guns. This picture shows PAUL JACOBI after her conversion. The bow too has been altered.

Die Zerstörer PAUL JACOBI und THEODOR RIEDEL wurden Frankreich zugesprochen und fuhren dort unter den Namen DESAIX bzw. KLĚBER bis in die 50er Jahre. Dabei sind sie noch einigen Modifikationen unterzogen worden, die hauptsächlich die Bewaffnung und die Elektronik betrafen.

At the end of the war, the French took over the destroyers THEODOR RIEDEL and PAUL JACOBI. Their new names were KLEBER and DESAIX. They remained in service into the 1950s.

ERICH STEINBRINCK (Z 15) gehörte zur Serie "Zerstörer 1934 A" und war noch der "Barbara"-Umrüstung unterzogen worden: Diese erfolgte im Hinblick auf die außerordentlich stark zugenommene Gefährdung aus der Luft und hatte eine beträchtliche Verstärkung der Flakbewaffnung zum Ziel; als Gewichtsausgleich einerseits und um die für zusätzliche Waffen erforderlichen Positionen zu gewinnen, wurde das vierte 12,7 cm-Geschütz ausgebaut. Die Bewaffnung bestand zuletzt aus vier 12,7 cm-Geschützen (1), 14 neuen 3,7 cm-Flak in Doppellafetten (2), einer 2 cm-Vierlingsflak (3), sechs 2 cm-Flak in Zwillingslafetten (4) und acht 53,3 cm-Torpedorohren in Vierersätzen (5). Hinzu kamen Wasserbomben (6), außerdem konnten Minen an Bord genommen werden (7). Drei Funkmeßortungsgeräte: Ein FuMO 24/25 am vorderen Mast (8) und zwei FuMO 63 "Hohentwiel-K" (9).

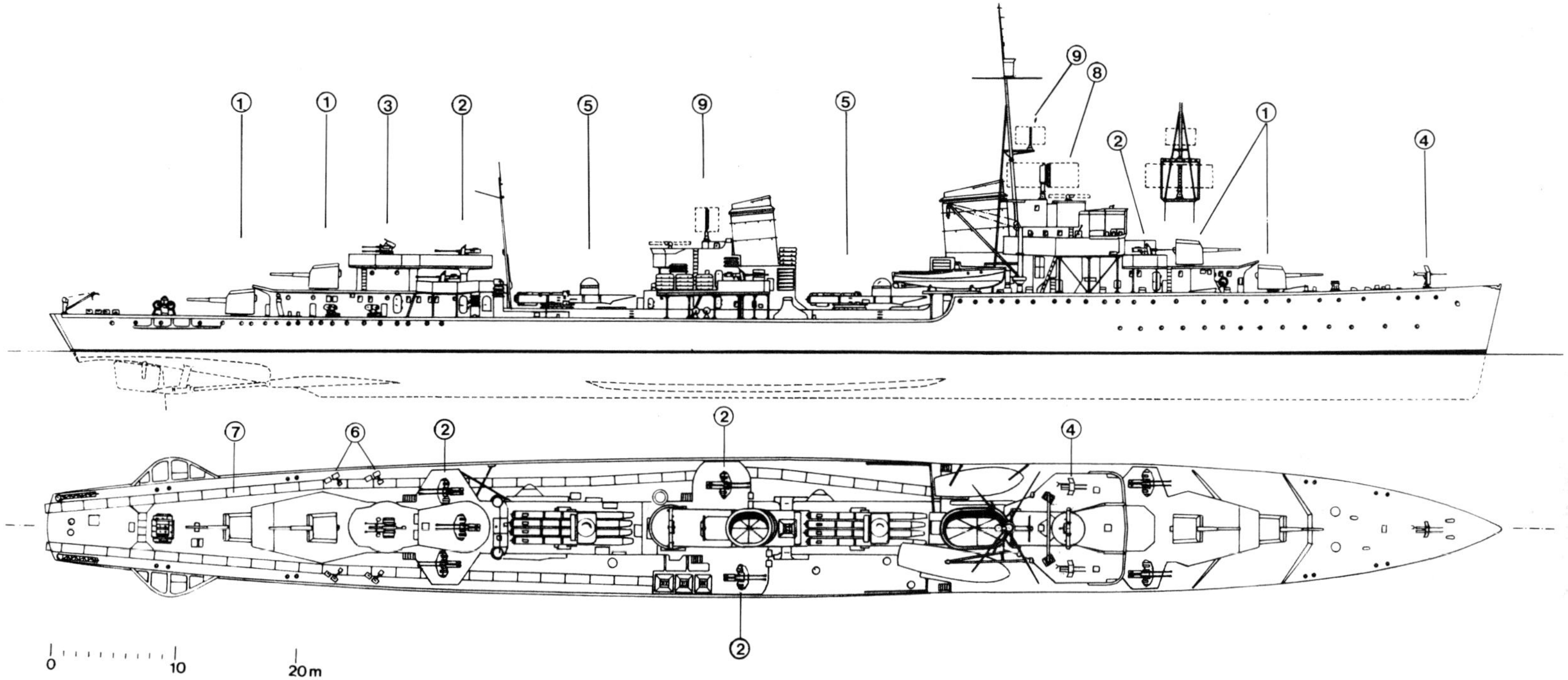

ERICH STEINBRINCK was part of the "Destroyer 1934 A" Class. She was built in Hamburg and had a displacement of 3160 tonnes, the length was 119 m, beam 11,3 m and draught 4 m. She was powered by a turbine and six boilers which produced 70,000 hp and attained speeds of up to 36 knots. Her armament consisted of four 12.7 cm guns, fourteen 3.7 cm and ten 2 cm AA guns, eight torpedo tubes as well as depth charges and mines.

Zu den an die Siegermächte auszuliefernden Zerstörern gehörte ERICH STEINBRINCK, hier aufgenommen nach der Kapitulation. Er lag seit Frühjahr 1944 in der Werft und wurde gleichfalls einer Nachrüstung unterzogen, der sog. "Maßnahme Barbara". Kennzeichnend für diese war auch die Errichtung eines Tormastes über der Brücke, wodurch die neu installierte 6 x 2 m große "Matratze" – das FuMO 24/25 – Rundsuchfunktion erhielt, was bei der vorherigen Mastform schon mit dem nur 4 x 2 m messenden FuMO 21 nicht möglich war. ERICH STEINBRINCK wurde Anfang 1946 an die Sowjetunion ausgeliefert.

The Russians got the ERICH STEINBRINCK. This picture was taken shortly after the end of the war. She had been converted as part of the "Barbara" Programme before the end of the war.

Eine 1936 begonnene zweite Zerstörerserie – sechs Einheiten umfassend und als "Zerstörer 1936" bezeichnet – wies gegenüber den vorangegangenen Zerstörerbauten einige Verbesserungen und Änderungen auf, wodurch ihre äußere Erscheinungsform etwas gefälliger wurde. Besonderes Augenmerk war dabei auf eine Verbesserung der Seeeigenschaften gelegt worden. Dies wurde äußerlich an dem etwas stärkeren Deckssprung im Vorschiff deutlich. Während bei den drei ersten Einheiten noch an der herkömmlichen Schrägbugform festgehalten wurde, bekamen die drei folgenden den sogenannten "Atlantikbug", eine sichelförmige Gestaltung des Vorstevens mit stärkerem Spantenausfall. Dadurch sollte erreicht werden, daß das Schiff gegen See weniger Wasser übernahm, in dem dieses seitlich abgewiesen wird. HANS LÜDEMANN, aufgenommen am 25. April 1939, ist hier als Vertreter der ersten Variante zu sehen (links oben). Die Aufnahme von KARL GALSTER, als Vertreter der zweiten Variante, stammt aus den ersten Kriegswochen (links unten).

Of the six "Destroyers 1936", five were sunk in Narvik and only one, the KARL GALSTER, survived. She was the first German destroyer to be fitted with a tripod mast. In this photo, she is alongside the HANS LODY (Class "Destroyer 1934 A") in a lock near Kiel.

Von den sechs "Zerstörern 1936" blieben fünf bei Narvik, einziger "Überlebender" war KARL GALSTER, weil er am Norwegenunternehmen nicht hatte teilnehmen können, da er zur Überholung in der Werft lag. Er war der erste deutsche Zerstörer mit einem Dreibeinmast; dieser war 1940 dadurch entstanden, daß der vordere Mast durch dünne Stützbeine beidseitig abgestagt wurde. Zu dieser Zeit hatte noch keiner der "Zerstörer 1934/1934 A" einen Dreibeinmast aufzuweisen. Die Unterschiede zwischen beiden Klassen werden auf diesem am 28. Juli 1940 in der Holtenauer Schleuse bei Kiel aufgenommenen Bild deutlich, auf dem KARL GALSTER (links) und HANS LODY (rechts) zu sehen sind. Kennzeichnend für HANS LODY war eine Zeitlang der auf der Brücke symbolhaft aufgestellte etwas überdimensionierte Reisigbesen (rechtes Bild).

A new class of six destroyers – "Destroyers 1936" – was built from 1936. They had a number of improvements, with particular attention being paid to sea-worthiness. The first three ships had a streight bow, those following had the so-called "Atlantic bow". This picture shows the HANS LÜDEMANN with the straight bow and the KARL GALSTER with the "Atlantic bow".

WILHELM HEIDKAMP – hier aufgenommen am 28. Juli 1939 – war das Führerschiff des Führers der Zerstörer (F.d.Z.). In den frühen Morgenstunden des 10. April 1940 wurde dieser Zerstörer in Narvik von einem Torpedo getroffen, als britische Zerstörer überraschend zum Gegenangriff erschienen. Der Torpedotreffer riß das Achterschiff ab und verursachte eine Explosion der achteren Munitionskammern, wobei 81 dort befindliche Besatzungsmitglieder den Tod fanden. Unter diesen befand sich auch der Führer der Zerstörer, Kommodore Friedrich Bonte.

The WILHELM HEIDKAMP was used as the command destroyer and she was the flagship of the commander of the destroyers, Commodore Bonte. On 10th April 1940, the WILHELM HEIDKAMP was hit by a torpedo from a British destroyer and she was ripped in two, killing Commodore Bonte and 80 members of the crew.

Im Juni 1940 nahm der Zerstörer KARL GALSTER an der Operation "Juno" teil, einem Flottenvorstoß zur Entlastung der im Raum Narvik – Harstad hart bedrängten deutschen Heerestruppen. Dieser Vorstoß führte in die inzwischen angelaufenen, aber deutscherseits noch nicht erkannten britischen Absetzbewegungen aus Norwegen hinein und führte zur Versenkung des Flugzeugträgers GLORIOUS und zweier Zerstörer. Danach lief der vom damaligen Flottenchef, Admiral Wilhelm Marschall, geführte Verband Trondheim an: diese Aufnahme von KARL GALSTER vor der mittelnorwegischen Landschaftskulisse entstand in jenen Tagen.

In June 1940, the KARL GALSTER took part in a venture into northern waters in which the British aircraft carrier GLORIOUS and the destroyers ACASTA and ARDENT were sunk. This picture is of the KARL GALSTER in a Norwegian fjord returning from this operation.

Toward the end of summer 1940, the KARL GALSTER was transferred to the Atlantic coast of France to prepare for "Operation Sealion", the invasion of England. This picture shows her in Brest at that time.

Im Spätsommer 1940 verlegte der Zerstörer KARL GALSTER in die westfranzösischen Gewässer, um zusammen mit weiteren Zerstörern an dem Unternehmen "Seelöwe" – der geplanten, letztlich aber nicht zustandegekommenen Landung in England – teilzunehmen. Hauptliegehafen war für ihn Brest geworden. Diese Aufnahme aus dem Herbst 1940 zeigt ihn dort an der Pier liegend, hier schon mit einem Funkmeßgerät (FuMO 21) ausgerüstet, das erst kurz zuvor eingebaut worden war. Von der Rah weht die ärztliche Wachflagge – das Sanitätspersonal des Zerstörers versieht den Sanitätsdienst für alle im Hafen liegenden Marineeinheiten.

Rechts:

Die im ersten Kriegsjahr erlittenen schweren Verluste an Zerstörern – die Hälfte der 1939 einsatzbereiten Zerstörer war verlorengegangen – konnten nicht sofort ausgeglichen werden. Wohl waren seit Ende 1938 sechs "Zerstörer 1936 A" im Bau und ab März 1940 erfolgte die Kiellegung weiterer Einheiten, aber ihr Zulauf konnte erst ab Spätsommer 1940 einsetzen. Den Anfang machte Z 23; seine Indienststellung erfolgte am 14. September 1940. Bis November 1941 konnten dann die letzten der insgesamt acht "Zerstörer 1936 A" abgeliefert werden. Zu ihnen gehörten der als Führungsschiff eingerichtete Zerstörer Z 28, dessen Indienststellung am 9. August 1941 vollzogen werden konnte und Z 29, auf der am 25. Juni 1941 die Flagge gesetzt wurde. Auf allen drei hier gezeigten Zerstörern ist der Kommandant auf der Aufbaudecksplattform über dem achteren 15 cm–Geschütz zu sehen. Mit dieser Serie war die Kriegsmarine von dem bisher bei der Zerstörerwaffe gebräuchlichen Kaliber 12,7 cm abgegangen und hatte sich statt dessen für ein Heraufgehen auf 15 cm entschieden. Auf diesen beiden Bildern sind die achteren 15 cm-Geschütze gut erkennbar; jeweils unter dem vorletzten ist der die Indienststellung vollziehende Kommandant mit seinen Offizieren und Gästen zu sehen.

The heavy losses of destroyers in 1940 could only be replaced from the autumn of that year onwards. These three photos show the new destroyers being commissioned: Z 23 in September 1940, Z 29 in June 1941 and Z 28 in August 1941.

Von den für die "Zerstörer 1936 A" vorgesehenen fünf 15 cm-Geschützen war für die beiden vorderen ein Zwillingsturm entwickelt worden. Dieser konnte jedoch von dem Herstellerwerk erst von Ende des Jahres 1941 ab geliefert werden. Daher wurde beschlossen, die vor diesem Termin fertig werdenden Einheiten zunächst nur behelfsmäßig mit einem 15 cm-Einzelgeschütz auf dem Vorschiff auszurüsten und dieses dann zu gegebener Zeit auszuwechseln. Als letzter Zerstörer dieser Klasse wurde Z 29 mit dem Zwillingsturm ausgerüstet, aber erst 1945. Als der Krieg zu Ende ging, war Z 29 noch nicht wieder einsatzbereit. Dieses Bild zeigt Z 29 im Sommer 1941, vermutlich in Swinemünde liegend, hier noch mit dem 15 cm-Einzelgeschütz.

It was intended to equip the new destroyers, from Z 23 onwards, with the specially developed 15 cm gun in twin mountings. There was however a delay in the manufacture of the turrets so initially a single gun was fitted and it was later replaced by the twin turret. This picture is of the Z 29 with the single 15 cm gun.

Despite being built with light materials, the 15 cm twin turret still weighed around 60 tonnes which was too heavy for the "Destroyer 1936 A". Even with the single 15 cm gun, there were difficulties in a heavy sea as the ship had insufficient buoyancy. The bows ran too low and the sea washed up as far as the bridge making the ship difficult to control.

Der 15 cm-Doppelturm stand ab Anfang 1942 zur Verfügung. Er war zwar in Leichtbauweise konstruiert, hatte aber mit seinen rund 60 Tonnen ein für Schiffe dieser Größenordnung noch immer hohes Gewicht. Schon als die "Zerstörer 1936 A" mit nur einem einzelnen 15 cm-Geschütz auf der Back fuhren und daher im Vorschiff um 45 Tonnen leichter waren als vom Entwurf her vorgesehen, erwiesen sie sich bei schlechtem Wetter in der offenen See als äußerst problembeladen; ihre Seefähigkeit war mangelhaft, der Auftrieb im Vorschiff unzureichend. Als dann der Doppelturm eingebaut worden war, zeigten sich die Befürchtungen als berechtigt: In schwerer See tauchte das Vorschiff tief ein, überkommende Brecher schlugen bis zur Brückenfront durch und machten dem Schiff schwer zu schaffen. Hinzu kam noch, daß der Turm sich nicht genug gegen Seeschlag abdichten ließ und es immer wieder zu Wassereinbrüchen kam, durch welche Störungen mannigfaltigster Art verursacht und das Turmpersonal durchnäßt wurde. Das Bild ist auf Z 25 aufgenommen worden, es zeigt einen solchen Doppelturm in "Drehlafette C/38", der splittersicher gepanzert war. Die Panzerdicken beliefen sich an der Vorderfront und an der Rückfront auf 30 mm, während die Seitenwände und die Decke auf 20 mm Dicke kamen.

Z 24 nach der Umrüstung auf den 15 cm-Zwillingsturm, aufgenommen 1944 mit einem Schwesterschiff im Hintergrund. Ganz schwach erkennbar ist die deutlich unterhalb der Oberdeckskante verlaufende MES-Kabelschleife, was in dieser Konfiguration einmalig geblieben und zum unverwechselbaren Erkennungsmerkmal für Z 24 geworden ist. Im Bild deutlich erkennbar die ledernen Manschetten um die Rohre des Turmes im Bereich seiner schartenförmigen Öffnungen; durch sie sollte ein Wassereinbruch in den Turm verhindert werden.

Z 24 after being refitted with the 15 cm twin turret. The leather sleeves around the gun ports on the twin turret are clearly visible. They stopped water running into the turret.

Wenn wie hier ein Kriegsschiff von einer dicken Eisschicht überzogen war, drohte es seine Einsatzbereitschaft einzubüßen. War es im Stützpunkt liegend noch relativ einfach, solche Eiskrusten abzuklopfen, so scheiterten solche Bemühungen in See oft genug: Bevor das alte Eis beseitigt war, bildete sich schon wieder neues. Die Aufnahme ist auf Z 29 während seines Einsatzes in Norwegen entstanden. Im Vordergrund das vordere 15 cm-Geschütz, dahinter die Brücke.

Such a thick covering of ice clearly affected the fighting performance of a warship. This picture is of Z 29 in mid winter off northern Norway.

Artillerie- und Torpedoschießen nahmen auf den Zerstörern (wie überhaupt auf allen Kriegsschiffen) einen breiten Raum ein. Besonders im Artilleriebereich kam es darauf an, die Geschützbedienungen ständig in Übung zu halten und sie auf ein möglichst hohes Leistungsniveau zu bringen. Das war körperliche Schwerstarbeit, denn alles ging noch von Hand, sowohl bei den 15 cm-Geschützen als erst recht bei den 12,7 cm-Geschützen. Einen Munitionsaufzug gab es nur für den 15 cm-Turm, bei den Einzelgeschützen (und ebenfalls bei den 12,7 cm) mußten Granaten und Kartuschen an sie "gemannt", also von den dazu bestimmten Männern herangebracht werden. Aber auch das Torpedopersonal hatte es nicht leichter: Für diese bedeutete das Be- und Entladen der Torpedorohre Knochenarbeit. Diese Bilder sind in der Ostsee bei verschiedenen Übungen auf Z 29 aufgenommen worden. Auf einem Bild sieht man die nach Steuerbord-querab geschwenkten achteren 15 cm-Geschütze beim Feuern, das andere zeigt eine Torpedoschießübung; ein Übungstorpedo verläßt hier gerade ein Rohr des achteren Rohrsatzes.

As the firing of the guns and torpedos was of such importance on warships, particular attention was given to training the crew. Serving the guns and torpedo tubes was the hardest work as everything had to be done by hand. These pictures were taken on board Z 29 during such exercises.

Weil die Seefähigkeit der neuen Zerstörer sehr zu wünschen übrig ließ, eigneten sie sich nur bedingt für die Sicherung der schweren Einheiten in der offenen See. Nicht genügend seetüchtig, blieben diese Zerstörer trotz ihrer enormen Kampfkraft in ihrer Operationsfreiheit stark behindert und im wesentlichen auf den küstennahen Raum beschränkt, etwa wie hier im März 1942 bei der Sicherung des Schlachtschiffes TIRPITZ beim Auslaufen aus Trondheim. Diese Aufnahme ist von der TIRPITZ aus entstanden. Quer zum Kielwasser des Schlachtschiffes der Zerstörer Z 25 und zwei Torpedoboote.

As the sea-worthiness of the destroyers was unsatisfactory, they were only suitable for protecting the capital ships. There were so many instances of destroyers having to return to port due to heavy seas. This picture of the TIRPITZ leaving the Trondheim Fjord accompanied by destroyers and torpedo boats was taken in March 1942.

At the end of December 1943 there was a battle in the Bay of Biscay between German destroyers and torpedo boats on the one side and a squadron of British cruisers on the other. Destroyer Z 27 and Fleet Torpedo Boats T 25 and T 26 suffered severe hits and a heavy loss of personnel. Other German ships also suffered damage and loss of life. The first picture is of Destroyer Z 23 in the Atlantic swell, the second is of a service of commemoration for the dead held after returning from this operation.

Gegen Ende Dezember 1943 kam es in der Biscaya zu mehreren Einsätzen der 8. Zerstörerflottille (fünf Zerstörer) und der 4. Torpedobootsflottille (sechs Flottentorpedoboote). Aufgabe war die Einholung mehrerer aus Ostasien kommender Blockadebrecher. Während die erste Operation (23. - 26. Dezember) erfolgreich verlief, führte die unmittelbar darauf folgende (27. - 29. Dezember) zu einem schweren Rückschlag: Der erwartete Blockadebrecher war – der deutschen Führung noch unbekannt – bereits versenkt, und auf dem Anmarschweg trafen die deutschen Schiffe auf britische Kreuzer. In dem sich dabei entwickelnden Gefecht erhielten der Zerstörer Z 27 und die Flottentorpedoboote T 25 und T 26 schwere Treffer und gingen unter hohen Personalverlusten verloren. Beteiligt an den Operationen war u. a. Z 23. Dieser erlitt bereits auf dem Anmarsch zur ersten Operation in schwerer See einen starken Wassereinbruch und mußte entlassen werden. Bei der zweiten Operation war Z 23 erneut dabei. Von diesem Unternehmen stammen diese beiden Bilder: In der oberen Abbildung sieht man Z 23 auf dem Anmarsch zum ersten Unternehmen in der Dünung des Atlantiks. Im Hintergrund eines seiner Schwesterschiffe, entweder Z 24 oder Z 27. Das untere Bild wurde nach der Rückkehr von der zweiten Unternehmung aufgenommen und zeigt die zur Kommandantenmusterung angetretene Besatzung von Z 23 beim Gedenken an die Gefallenen.

The "Destroyers 1936 A (Mob)" were built during the war. They differed from the "Destroyers 1936 A" in that they had a sloping top on the forward funnel. These pictures show the launching of the Z 38 in Kiel in August 1941, the same destroyer being fitted out, the Z 37 leaving Kiel for her trials and finally Z 39 (see opposite page) after her "Barbara" conversion.

Die "Zerstörer 1936 A (Mob)" waren Kriegsbauten; ihre Bauaufträge sind am 19. September 1939, also drei Wochen nach Kriegsbeginn erteilt worden. Von ihren Vorgängern, den "Zerstörern 1936 A", unterschieden sie sich äußerlich an der deutlich höheren, leicht gebogenen Schrägkappe ihres vorderen Schornsteins. Sie alle, außer Z 31, waren von Anfang an mit dem 15 cm-Zwillingsturm ausgerüstet und litten wie ihre Vorgänger bei schlechten Wetterbedingungen unter den gleichen Unzulänglichkeiten. Zu dieser Klasse gehörten die in Bremen gebauten Zerstörer Z 31 – 34 und die an die Germaniawerft Kiel vergebenen Z 37 – 39. Auf der äußeren Abbildung der gegenüberliegenden Seite ist der am 5. August 1941 in Kiel erfolgende Stapellauf von Z 38 zu sehen, auf dem Bild daneben der gleiche Zerstörer im Frühjahr 1943 während der Endausrüstung in seiner Bauwerft. Sein Schwesterschiff Z 37 wird beim erstmaligen Auslaufen aus Kiel im Sommer 1942 auf der unteren Abbildung der gegenüberliegenden Seite gezeigt. Als einziger Vertreter seiner Serie war auf Z 37 der 15 cm-Zwillingsturm um etwa 0,50 m höher postiert worden, eine Maßnahme, die nur auf Z 32 eine Parallele fand. Das Bild auf dieser Seite zeigt Z 39 nach der "Barbara"-Umrüstung, aufgenommen im Februar oder März 1945. Das dritte 15 cm-Geschütz ist ausgebaut und durch neue FlaWaffen leichter Kaliber ersetzt worden. Insgesamt verfügte Z 39 von da ab neben seinen nur noch vier 15 cm-Geschützen über je 14 3,7 cm- und 2 cm-Flak, insgesamt 28 Rohre – für einen Zerstörer war dies eine bemerkenswert starke FlaBewaffnung. Auf seiner Brücke ist ein FuMO 24/25 zu sehen, für den bisher hinter dem achteren Schornstein gefahrenen Scheinwerfer wurde ein FuMO 63 ("Hohentwiel") installiert.

Das Dasein deutscher Kriegsschiffe in den norwegischen Fjorden hatte trotz des Krieges – der dort bis etwa 1943/44 immer nur zeitweilig "stattfand" – so etwas wie einen "Hauch von Ferienromantik": Wer dorthin verschlagen worden war, wurde eingefangen von der Großartigkeit der Landschaft und der von ihr ausgehenden Ruhe. Hier eine Aufnahme von Z 38 vor der Bergkulisse eines norwegischen Fjordes.

An idyllic scene that could almost be peacetime. Destroyer Z 38 off the rocky sides of a Norwegian fjord.

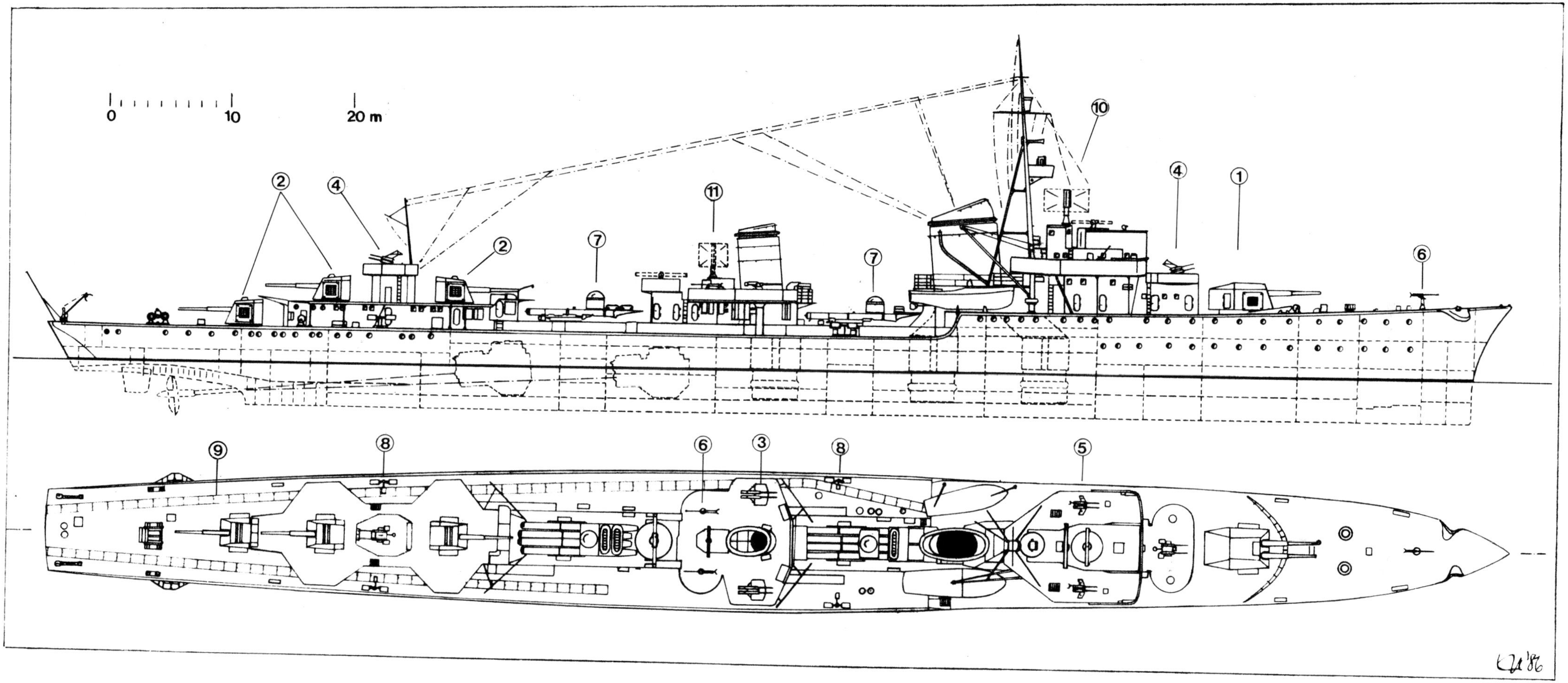

Die "Zerstörer 1936 A (Mob)" waren wie die ihnen vorausgegangenen "Zerstörer 1936 A" mit ihrer Artillerie jedem gegnerischen Zerstörer überlegen, aber diese erwies sich gewichtsmäßig als zu schwer für sie. Insbesondere litt darunter ihre Seetüchtigkeit. Diese Einheiten hatten eine Einsatzverdrängung von mehr als 3.500 ts, ihre Abmessungen kamen auf 127 m Länge, 12 m Breite und maximal bis 4,6 m Tiefgang. Die Antriebsanlage bestand aus zwei Getriebeturbinensätzen und sechs Doppelenderkesseln; Konstruktionsleistung: 70.000 PS, Konstruktionsgeschwindigkeit: 36 kn. Die Bewaffnung bestand aus fünf 15 cm-Geschützen (zwei davon in einem Turm (1), die übrigen in Einzellafetten hinter gepanzerten Schutzschilden(2), vier 3,7 cm-Flak in Doppellafetten (3), zwei 2 cm-Vierlingsflak (4), zwei 2 cm-Zwillingsflak (5), drei einzelnen 2 cm-Flak (6), acht 53,3 cm-Torpedorohren in Vierlingsrohrsätzen (7), Wasserbomben (8) und einer Zuladung von bis zu 60 Minen (9). Sie verfügten über zwei Funkmeßortungsgeräte, und zwar ein FuMO 21 am vorderen Mast (10) und ein FuMO 63 "Hohentwiel-K" (11).

The "Destroyers 1936 (Mob)" were heavily armed but like the "Destroyers 1936 A", they had the same weight problems which caused severe difficulties. These ships displaced over 3500 tonnes, their length was 127 m, beam 12 m and draught 4.6 m. They were powered by geared turbines that produced 70,000 hp and a speed of 36 knots. The armament consisted of five 15 cm guns, four 3.7 cm and ten 2 cm AA guns, eight torpedo tubes as well as depth charges and mines.

Z 43, der letzte von der Kriegsmarine in Dienst gestellte Zerstörer, gehörte zum Typ "Zerstörer 1936 B". Bei diesem war man von der 15 cm-Bewaffnung wieder abgegangen und zum bewährten 12,7 cm-Geschütz zurückgekehrt. Den Anlaß dazu hatte die Front geliefert, deren kritischen Berichte über die problemreiche 15 cm-Zerstörerbewaffnung Konsequenzen herausgefordert hatten. Z 43 kam im März 1944 in Dienst; dieses Bild zeigt ihn beim Einlaufen in Swinemünde.

Z 43 was the last destroyer that the German Navy was able to commission. The 15 cm gun was not fitted to this class. It had the 12.7 cm instead.

Einer der überlebenden deutschen "Zerstörer 1936 A (Mob)" zehn Jahre nach Kriegsende: Es ist die nunmehrige sowjetische PROVORNYY, ehemals deutsch Z 33, aufgenommen im Juni 1955 in Kronstadt. Dic Hauptbewaffnung ist unverändert geblieben, aber die FlaBewaffnung wurde gegen sowjetische 3,7 cm-Zwillings-Flak ausgewechselt.

One of the few surviving German destroyers ten years after the war. The Russian ship PROVORNYY, formerly Z 33, in Kronstadt.

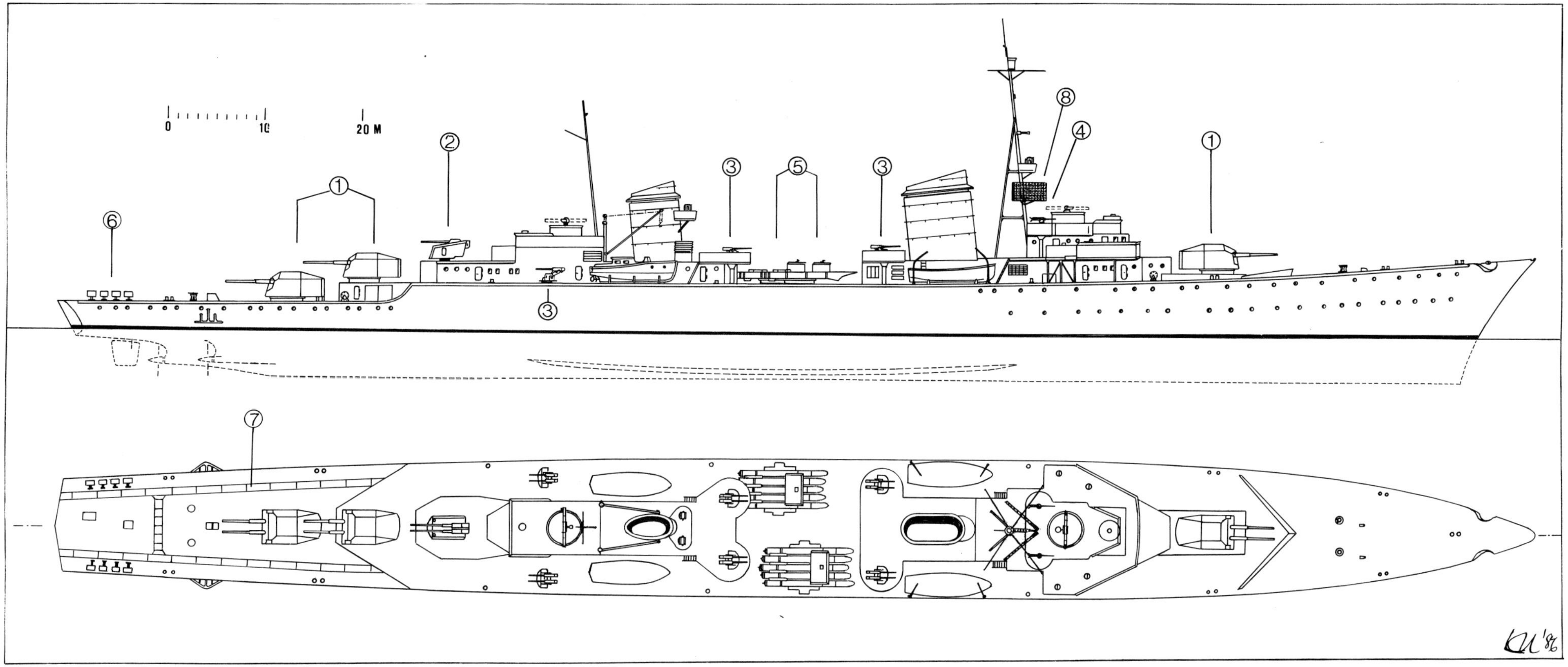

Atlantikfähige Zerstörer sollten die ab 1938 geplanten "Spähkreuzer" werden. Sie gingen aus einer Projektreihe von Großzerstörern hervor und erreichten die Größe von Leichten Kreuzern. Zahlreiche Entwürfe wurden durchgearbeitet, allen gemeinsam war dabei die aus herkömmlichen Zerstörern abgeleitete Grundkonzeption. Diese sah eine gemischte Antriebsanlage aus Getriebeturbinen (für hohe Spitzengeschwindigkeiten) und Dieselmotoren (für ökonomische Fahrtstufen) sowie eine starke Bewaffnung vor. Die Geschwindigkeit sollte bei etwa 35 bis 36 kn liegen. Die Länge über alles betrug bei den einzelnen Entwürfen durchweg um die 150 m, die Breite lag bei etwa 14 m. Diese Zeichnung zeigt einen Entwurf von 1939. Hier besteht die Bewaffnung aus sechs 15 cm-Geschützen in Zwillingstürmen (1), zwei 8,8 cm-Flak in Doppellafette (2), zwölf 3,7 cm-Flak in Doppellafetten (3), zwei 2 cm-Flak (4), und zehn 53,3 cm-Torpedorohren in Fünferrohrgruppen (5). Hinzu kamen Wasserbomben (6) und eine Minenzuladung, wofür die erforderlichen Einrichtungen vorgesehen waren (7). Auch Funkmeßortungsgeräte waren bereits geplant, und zwar zwei fest am vorderen Mast installierte "Matratzen" in ganz ähnlicher Anordnung wie auf den "Torpedobooten 37" (8). Solche "Spähkreuzer" sollten zusammen mit den Schlachtschiffen im Atlantik operieren. Nach einem verbesserten Entwurf kam es 1941 zur Kiellegung des ersten von drei bei der Germaniawerft in Kiel georderten Einheiten, aber schon 1942 wurde über diesen der Baustopp verhängt und die Arbeiten nicht mehr wieder aufgenommen.

Destroyers capable of sailing in the Atlantic were designed in 1938 and were known as "reconnaissance cruisers". They were developed from a planned series of large destroyers and were to operate in the Atlantic alongside the battleships. None of these planned ships were ever built. This drawing dating from 1938/39 shows this type of reconnaissance cruiser.

Ab 1943 operierte die Kriegsmarine auch im Mittelmeer mit Zerstörern und Torpedobooten. Dies war möglich geworden nach dem Abfall Italiens von der "Achse" und der deutscherseits vollzogenen Auflösung der italienischen Streitkräfte. Die dabei in die Hände gefallenen Zerstörer und Torpedoboote erhielten sämtlich eine mit den Buchstaben "TA" (für "Torpedoboot Ausland") beginnende Bezeichnung und sind mit deutschen Besatzungen in Dienst gestellt worden. Insgesamt handelte es sich um 29 Einheiten, und von diesen gingen 27 durch Kampfhandlungen verloren. Die Palette dieser Einheiten reichte von veralteten Weltkrieg-I-Torpedobooten bis zu ganz neuen Zerstören. TA 20, von einer britischen Werft für Japan als KAWAKAZE begonnen und 1916 von Italien erworben und als AUDACE in Dienst gestellt, gehörte zu den ältesten Einheiten. TA 31, ex-italienisch DARDO, war etwas jünger und stärker bewaffnet, doch zeigte sie sich vom Gesamtzustand her kaum mehr brauchbar (Abbildung unten). Im Juni 1944 von einer deutschen Besatzung übernommen, mußte schon im darauffolgenden Oktober die Außerdienststellung verfügt werden. TA 45 (obere Abbildung) war die ehemalige italienische SPICA und befand sich zum Zeitpunkt der italienischen Kapitulation noch im Bau. Sie konnte bis Januar 1944 fertiggestellt werden und ging im April 1945 bei einer Begegnung mit britischen Motortorpedobooten verloren.

From 1943, the German Navy was able to use destroyers and torpedo boats in the Mediterranean. This was largly because a number of French and particularly Italien ships were taken over. These ships ranged from First World War torpedo boats to modern destroyers. These pictures are of the TA 20 (es AUDACE) with an Arado 196 seaplane flying past, the TA 31 (formerly the Italian DARDO) and the TA 45 (formerly the Italian SPICA).

DIE ZERSTÖRER-VERLUSTE DER KRIEGSMARINE
THE DESTROYER LOST OF THE KRIEGSMARINE

Name oder Bezeichnung/ Ships name	Verlustdatum/ Date of loss	Verlustort/ Position of loss	Verlustursache/ Cause of loss	Kommandant/ Commanding Officer 1)	Gefallene/ Killed
LEBERECHT MAASS (Z 1)	22. 2. 1940	Nordsee/North sea	Minentreffer/Mined	KK Bassenge (+)	282
MAX SCHULTZ (Z 3)	22. 2. 1940	Nordsee/North sea	Bombentreffer/Bomb	KK Trampedach (+)	308
GEORG THIELE (Z 2)	13. 4. 1940	Narvik	selbstversenkt/Scuttled	KK Wolff, Max-Eckardt	27
HERMANN SCHOEMANN (Z 7)	2. 5. 1942	Nordmeer/Northern waters	Artillerie/Gun fire	KK Wittig	–
BRUNO HEINEMANN (Z 8)	25. 1. 1942	Kanal/Channel	Minentreffer/Mined	KK Alberts	93
WOLFGANG ZENKER (Z 9)	13. 4. 1940	Narvik	• Artillerie/Gun fire	FK Pönitz	?
BERND VON ARNIM (Z 11)	13. 4. 1940	Narvik	• Artillerie/Gun fire	KK Rechel	1
ERICH GIESE (Z 12)	13. 4. 1940	Narvik	Artillerie/Gun fire	KK Schmidt	83
ERICH KOELLNER (Z 13)	13. 4. 1940	Narvik	Artillerie/Gun fire	FK Schulze-Hinrichs	31
DIETHER VON ROEDER (Z 17)	13. 4. 1940	Narvik	Artillerie/Gun fire	KK Holtorf	16
HERMANN KÜNNE (Z 19)	13. 4. 1940	Narvik	Artillerie/Gun fire	KK Kothe	?
HANS LÜDEMANN (Z 18)	13. 4. 1940	Narvik	• Artillerie/Gun fire	KK Friedrichs	?
WILHELM HEIDKAMP (Z 21)	10. 4. 1940	Narvik	Artillerie/Gun fire	KK Erdmenger	83
ANTON SCHMITT (Z 22)	10. 4. 1940	Narvik	Artillerie/Gun fire	KK Böhme	52
Z 23	21. 8. 1944	La Pallice	• Bombentreffer/Bomb	KK von Mantey	–
Z 24	25. 8. 1944	Le Verdon	Bombentreffer/Bomb	KK Birnbacher	?
Z 26	29. 3. 1942	Nordmeer/Northern waters	Artillerie/Gun fire	KK Ritter Edler Herr von Berger	243
Z 27	28. 12. 1943	Biscaya	Artillerie/Gun fire	KK Schultz, Günter (+)	220
Z 28	6. 3. 1945	Ostsee/Baltic	Bombentreffer/Bomb	FK Lampe	150
Z 32	9. 6. 1944	Ile de Batz	Bombentreffer/Bomb	FK Ritter Edler Herr von Berger	26
Z 35	12. 12. 1944	Ostsee/Baltic	Minentreffer/Mined	KK Bätge (+)	332
Z 36	12. 12. 1944	Ostsee/Baltic	Minentreffer/Mined	KK Freiherr von Barckow (+)	332
Z 37	24. 8. 1944	Bordeaux	• Bombentreffer/Bomb	FK Loerke	?
Z 43	3. 5. 1945	Ostsee/Baltic	Bomben- und Minentreffer/ • Mined and Bomb	FK Lampe	?
ZH 1	9. 6. 1944	Ile de Batz	Artillerie/Gun fire	KK Barckow (+)	33
ZG 3	7. 5. 1943	Mittelmeer/Mediterranean	Bombentreffer/Bomb	FK Rechel	23

1) FK = Fregattenkapitän / Commander, KK = Korvettenkapitän / Commander
• = Selbstversenkung/Scuttled (nach Gefechtsschäden/after battle damage)
+ = Gefallen / Killed

Quelle/Source: Gröner, Die deutschen Kriegsschiffe 1815–1945, Band 1/Vol. 1

Anfang der 20er Jahre traf die Reichsmarine erste Vorbereitungen, um ihr veraltetes Schiffsmaterial zu ersetzen. Sie war dabei an die einschnürenden Bestimmungen des Versailler Friedensvertrages gebunden, die für Zerstörer eine Wasserverdrängung von 800 ts und für Torpedoboote eine solche von 200 ts als Höchstgrenze festlegten. Verständlicherweise wurde dabei das 800 t-Limit ausgenutzt; diese Neubauten sind aber nicht als "Zerstörer" klassifiziert worden, sondern als "Torpedoboote". Aber selbst unter diesen Bedingungen erreichten sie ein noch immer beachtenswertes Maß an Kampfkraft. Insgesamt wurden zwölf Einheiten gebaut, und zwar in zwei Serien: Es waren dies zum einen die "Torpedoboote 23" ("Raubvogel"-Klasse) und zum anderen die leicht modifizierten "Torpedoboote 24" ("Raubtier"-Klasse). Am 15. März 1928 gelangten gleich vier Boote in ihr Element: Zuerst schwammen die in einem Dock gebauten TIGER und LUCHS auf, danach liefen die auf einer Helling liegenden Boote JAGUAR und LEOPARD vom Stapel.

At the beginning of the 1920s, the German Navy began to replace its obsolete ships. The torpedo boats were first. A total of twelve were built, all in the Naval Dockyard in Wilhelmshaven. 15th March 1928 was a special day in that four of these torpedo boats were launched. Firstly, the TIGER and LUCHS were floated in their dock, then the JAGUAR and LEOPARD were launched from a slipway.

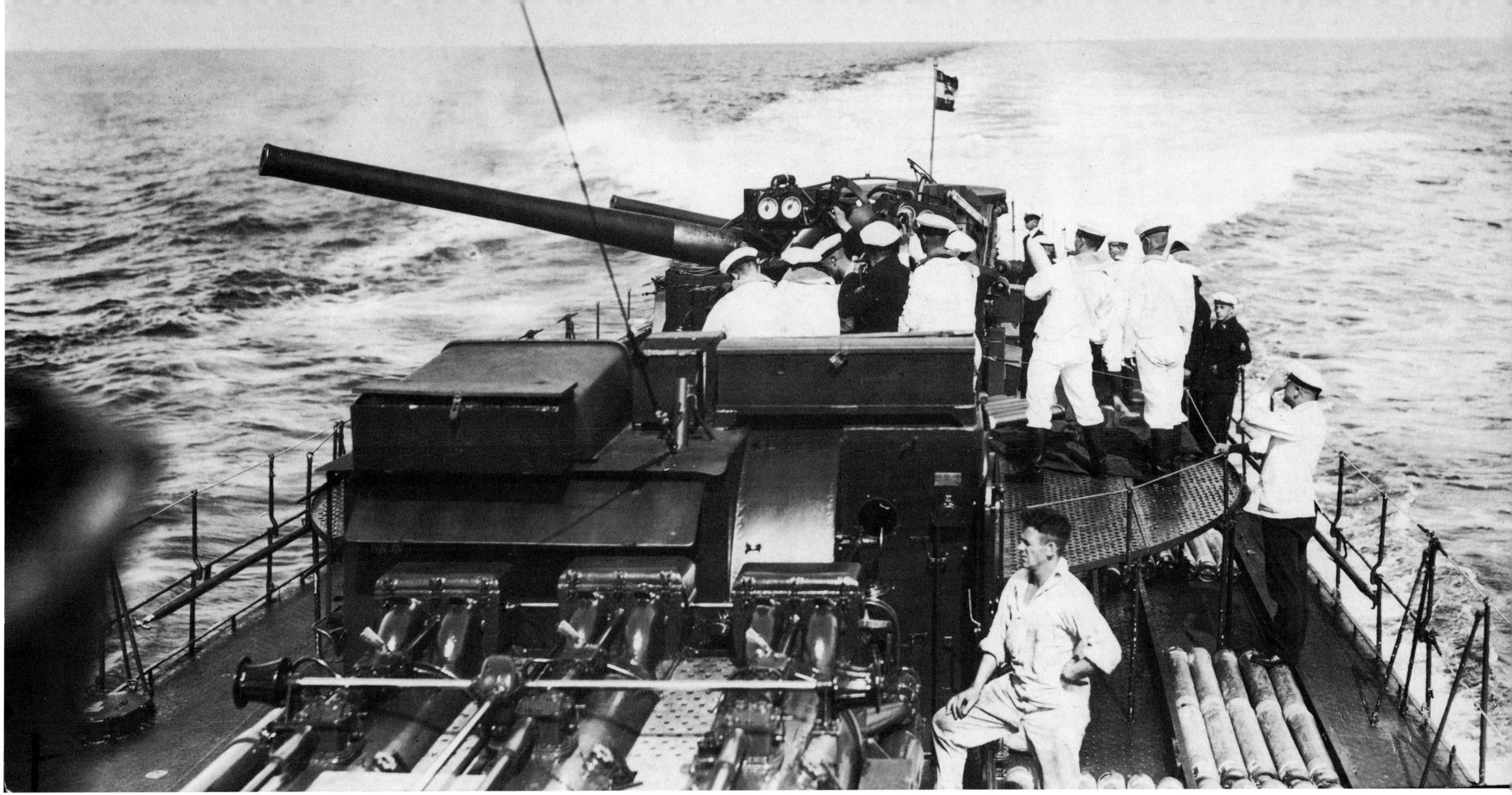

Nach den ursprünglichen Plänen sollten die "Raubtier"-Boote mit dem neu entwickelten 12,7 cm-Geschütz C/25 bewaffnet werden und damit artilleristisch an den Standard von Zerstörern herankommen. Dieses Vorhaben mußte aber fallengelassen werden, weil die Siegermächte Einspruch erhoben. Daher erhielten diese Boote ebenfalls 10,5 cm-Geschütze wie jene der "Raubvogel"-Klasse, aber es waren schon die modernen Modelle C/28. Die "Raubvogel"-Boote hatten hingegen noch mit den aus dem Ersten Weltkrieg stammenden Geschützen bewaffnet werden müssen, weil das moderne Geschütz noch nicht verfügbar war. Ein solches zeigt diese am 29. August 1932 an Bord der KONDOR entstandene Aufnahme während einer Schießübung.

The first of the new torpedo boats were armed with the First World War 10.5 cm C/16 gun. The later boats got the new 10.5 cm gun developed in the 1920s. This picture shows firing practice on the torpedo boat KONDOR in August 1932. She was armed with the old 10.5 cm gun.

Die MÖWE war der erste der Torpedoboot-Neubauten. Dieses Bild ist am 22. Mai 1939 in Kiel aufgenommen worden. Alle "Raubvogel"- und "Raubtier"-Boote führten als optisches Erkennungszeichen ihre Signalbuchstaben am Vorschiff. Der Signalname ergab sich aus dem Schiffsnamen; hier stand MÖ für MÖWE.

The MÖWE was the first of the new torpedo boats. Her recognition marking on the bow was her signal name Mö which was taken from her ships name MÖWE.

Swinemünde 1937: Torpedoboote im "Päckchen" liegend, links SEEADLER, daneben LUCHS. Die Schutzschilde sind mit einem in den Farben schwarz-weiß-rot gehaltenen Fliegererkennungszeichen versehen; dieses signalisierte die Zugehörigkeit zu jenen deutschen Seestreitkräften, die während des in Spanien herrschenden Bürgerkrieges an der internationalen Kontrolle der spanischen Gewässer teilnahmen.

Torpedo boats in port. The gunshields have the black-white-red air recognition markings painted on.

Torpedoboot der "Raubtier"-Klasse einlaufend in Wilhelmshaven; links im Hintergrund der für die Dritte Einfahrt charakteristische Signalturm. Die Aufnahme stammt aus den ersten Kriegsmonaten: Zwar sind die Signalbuchstaben am Vorschiff übertönt, aber noch befindet sich der Hoheitsadler an der Brückenfront. Dieser wurde alsbald von allen Schiffen – die größeren Einheiten führten das Emblem am Heck – abgenommen und an Land eingelagert (rechts oben).

A torpedo boat of the "Raubtier" ("beasts of prey") Class sailing into Wilhelmshaven. All the ships in it were named after beasts of prey such as TIGER, WOLF, LEOPARD.

Ebenfalls auf einem Torpedoboot der "Raubtier"-Klasse aufgenommen: Geschützreinigen am vorderen 10, 5 cm-Geschütz. Ganz rechts ein Matrosengefreiter mit bereitgehaltenem Ansetzer; an diesen Geschützen ging noch alles von Hand – Laden, Richten, Abfeuern. Mit dem Ansetzer wurde die Ladung – bei der 10,5 cm-Kanone war es ein Patronengeschoß, d. h. Granate und Kartusche in einem – in den Verschluß gestoßen. Oberhalb der Brücke das Langbasis-Entfernungsmeßgerät, darüber der vordere Scheinwerfer (rechts unten).

Cleaning a gun aboard a torpedo boat of the "Raubtier" Class.

Die Fla-Bewaffnung der "Raubvogel"- und "Raubtier"-Boote war spärlich. Am Anfang bestand sie aus nur zwei 2 cm-FlaMG C/30 auf Sockellafette; ihre Positionen hatten diese auf dem Aufbau vor dem hinteren Schornstein (Bild) – die beharrlich gemeldeten 3,7 cm-Doppelflak waren nie eingebaut! In einem späteren Stadium des Krieges erhielten die Boote auf dem achteren Aufbaudeck im Austausch gegen das nach Kriegsbeginn dort postierte dritte 2 cm–FlaMG C/30 eine Vierlingslafette C/38 gleichen Kalibers.

The antic-aircraft armament of the torpedo boats built in the 1920s was minimal as at that time nobody anticipated the aircraft becoming the greatest threat to warships. There were only a few 2 cm AA guns on board these torpedo boats.

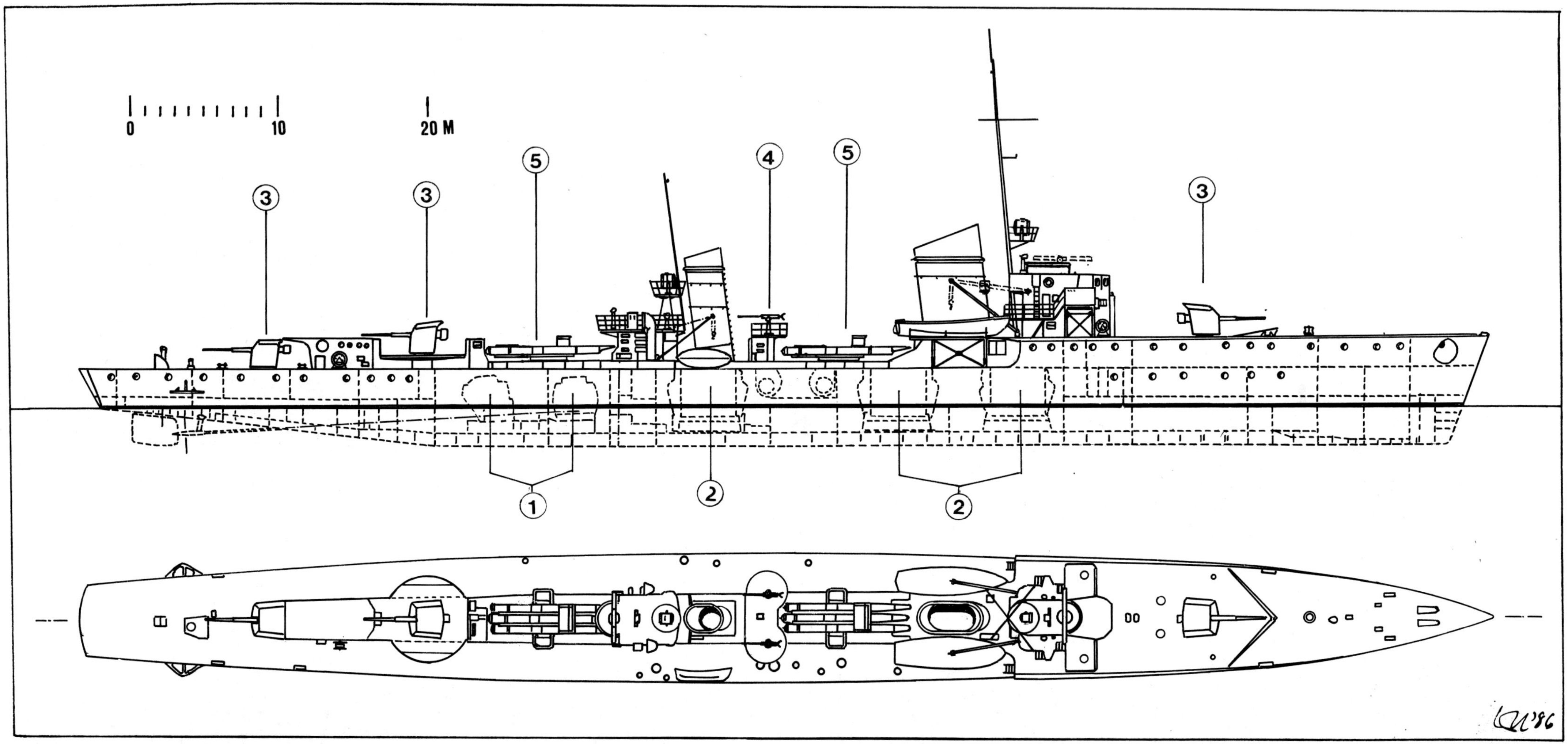

Die Torpedoboote der "Raubtier"-Klasse – so genannt, weil sie nach Raubtieren (TIGER, ILTIS. JAGUAR usw.) benannt waren – hatten nach offiziellen Angaben eine Typverdrängung von 800 ts, aber in Wirklichkeit lag diese bei 930 ts, voll ausgerüstet bei mehr als 1.300 ts. Die 92,6 m langen, 8,6 m breiten und maximal 3,5 m tiefgehenden Boote hatten zwei Getriebeturbinensätze (1) und drei Öl-Marine-Doppelenderkessel (2) als Antriebsanlage; diese gab eine Leistung von mehr als 25.000 PS ab und verlieh ihnen eine Höchstgeschwindigkeit von ca. 35 kn. Die Bewaffnung bestand aus drei 10,5 cm-Geschützen in Einzelaufstellung (3), zwei 2 cm-Flak, ebenfalls in Einzelaufstellung (4) und sechs 53,3 cm-Torpedorohren in Dreiergruppen (5). Erforderlichenfalls konnten an Oberdeck Gleise aufgeschraubt und eine Zuladung bis zu 30 Minen an Bord genommen werden. Im Krieg wurde die Flakbewaffnung um einige 2 cm-Rohre verstärkt.

The torpedo boats of the "Raubtier" Class had, according to official figures, a displacement of 800 tonnes, but in reality it was 930 tonnes. These boats were 92.6 m long, their beam was 8.6 m and draught 3.5 m. Their geared turbines produced 25,000 hp and a speed of 35 knots. The armament consisted of three 10.5 cm gun, two 2 cm AA guns and six torpedo tubes.

Trotz aller Beschränkungen erwiesen sich die "Raubvogel"- und "Raubtier"-Boote als sehr robust und – nachdem ihre "Kinderkrankheiten" (hauptsächlich die zu Anfang auftretenden Stabilitätsmängel) beseitigt worden waren – zuverlässig. Während des Krieges waren sie vorzugsweise im Kanalgebiet eingesetzt, wo sie in der Küstenkriegführung gute Dienste leisten konnten. Dies galt auch für Minenunternehmungen, zu denen sie häufiger eingesetzt wurden. Jedes Boot konnte dreißig Minen an Bord nehmen. Dieses Bild zeigt ein solches Boot beim Auslaufen aus einem Kanalhafen. In der Mitte der achtere Fla-Waffenstand, hier noch mit einem 2 cm-FlaMG C/30. An der Reling hängen die Stahlhelme des Bedienungspersonals; diese wurden ab etwa 1941/42 getragen, als die gegnerische Luftüberlegenheit bedrohlich zunahm und die deutschen Schiffe immer häufiger von tieffliegenden Flugzeugen angegriffen wurden.

Despite all their limitations and faults, these old torpedo boats proved themselves to be very reliable and robust. They were particularly useful as mine-layers.

Drei Tage vor Kriegsbeginn, am 27. August 1939, kam es in der Ostsee südöstlich von Bornholm zu einer für das Torpedoboot TIGER folgenschweren Begegnung mit dem Zerstörer MAX SCHULTZ. Als dieser – schon kriegsmäßig abgedunkelt – in der Nacht auf einen Tanker zuhielt, kollidierte er mit dem ebenfalls abgeblendet fahrenden Torpedoboot, das sofort zu sinken begann und 39 Minuten später von der Wasseroberfläche verschwunden war. Zwei Mann der TIGER-Besatzung wurden bei der Kollision getötet, die übrige Besatzung von der am Bug stark beschädigten MAX SCHULTZ aufgenommen und nach Swinemünde gebracht. Dieses Bild ist an Bord der MAX SCHULTZ entstanden und zeigt die gerettete TIGER-Besatzung auf dem Achterschiff. Mit "Fliege" und weißer Mütze direkt hinter dem Geschützrohr der Kommandant von TIGER, Kapitänleutnant Neuß. Das Bild wurde von dem damaligen Besatzungsmitglied Erwin Geymeier zur Verfügung gestellt, der den Untergang von TIGER selbst miterlebte. Auf dem Bild ist er nahe dem rechten Bildrand – durch einen Stern kenntlich gemacht – zu sehen. Geymeiers weiteres Schicksal: Wenige Monate später wurde er – diesmal als Besatzungsangehöriger des im Oslofjord gesunkenen Schweren Kreuzers BLÜCHER – erneut schiffbrüchig. Aber damit nicht genug: Noch ein drittes Mal überlebte er den Untergang seines Schiffes, diesmal als Maschinenmaat auf dem Unterseeboot U 175, das am 17. April 1943 südwestlich Irland durch ein amerikanisches Küstenwachschiff versenkt wurde.

Just before the outbreak of war there was a collision in the Baltic between the destroyer MAX SCHULTZ and the torpedo boat TIGER. The torpedo boat sank and the crew was rescued by the destroyer. Here they are on board the MAX SCHULTZ. The man with the white cap is the captain of the torpedo boat.

Nach dem Bau der "Raubvogel"- und "Raubtier"-Boote ruhten die Arbeiten an Torpedoentwürfen mehrere Jahre lang. Seinen Grund hatte dies in einer Neuorientierung der Torpedowaffe, die sich einerseits auf den Bau von Zerstörern und andererseits auf die Schnellboot-Entwicklung konzentrierte. Gegen Mitte der 30er Jahre wurden die Entwurfsarbeiten wieder aufgenommen, um der Forderung nach einem Torpedoträger zu entsprechen, der in jenen Seegebieten eingesetzt werden konnte, die den Schnellbooten wegen ihrer geringeren Seefähigkeit und ihres beschränkten Fahrbereiches nicht zugänglich sind. Schnelligkeit für überraschende Nachtangriffe, eine möglichst niedrige Silhouette und gute Seeeigenschaften waren dazu die Grundvoraussetzungen, während andererseits Wert auf eine ausreichend starke Torpedobewaffnung gelegt wurde, der gegenüber die Artilleriebewaffnung drastisch eingeschränkt wurde. Diese Forderungen führten zu den "Torpedobooten 35" und den leicht modifizierten "Torpedobooten 37". Von beiden Typen sind 21 Boote gebaut worden; ihr Zulauf setzte gegen Ende 1939 ein. als erstes Boot wurde im Oktober 1939 T 8 in Dienst gestellt; dieses ist hier noch mit der ursprünglichen Bugform zu sehen, die 1941 durch einen "Atlantikbug' ersetzt wurde. Ein Funkmeßortungsgerät haben offenbar nur wenige "Torpedoboote 35" erhalten, aber einige von ihnen sind mit einem Funkmeßbeobachtungsgerät (FuMB) ausgerüstet worden. Auf dem Bild ist T 9 mit einem FuMB-4 ("Bali") im Masttopp zu sehen.

Once the torpedo boat construction programme ot the 1920s was over, no more were built for a number of years. Only in the mid 1930s was a new programme started. The result of that was the "Torpedo Boat 35" and the improved but largely similar "Torpedo Boat 37". The first boat to be commissioned was the T 8 in 1938. During the war, some of them were equipped with a radar system known as "FuMB" (Funkmeßbeobachtungsgerät). The T 9 was one of them and had a FuMB-4 ("Bali") in the masthead.

The "Torpedo Boat 37" was largely similar to its predecessor the "Torpedo Boat 35" and thus they were difficult to distinguish from each other. This picture has a "Torpedo Boat 35" in the background and a T 15 in the foreground.

Die "Torpedoboote 35" – die Zeichnung unten zeigt T5–8 und T 11–12 in ihrem ursprünglichen Zustand, d.h. noch ohne Klipperbug – stellten sich alsbald als enttäuschend dar: Zwar hatten sie gute Seeeigenschaften, aber ihr Fahrbereich und die artilleristische Bewaffnung waren unzureichend. Hinzu kam, daß die Antriebsanlagen immer wieder Probleme aufgaben. Die Einsatzverdrängung dieser Einheiten belief sich auf über 1.000 ts. Ihre Abmessungen erreichten in der Länge rund 84 m (nach dem Vorstevenumbau 3 m mehr), in der Breite 8,6 m und beim Tiefgang knapp 3 m. Die aus Getriebeturbinen bestehende Antriebsanlage leistete 31.000 PS konstruktionsmäßig, womit – ebenfalls konstruktionsmäßig – 34 bis 35 kn zu erreichen waren. Die Hauptbewaffnung waren die beiden 53,3 cm-Drillingstorpedorohrsätze (1), für die Eigenverteidigung stand lediglich eine einzige 10,5 cm-Kanone (2) zur Verfügung, für die Flugabwehr drei 2 cm-Flak in Einzellafetten (3). Hinzu kamen die üblichen Nebenwaffen an Wasserbomben und Minen.

Die "Torpedoboote 35" waren von den "Torpedobooten 37" nur schwer auseinanderzuhalten, so sehr waren sie sich ähnlich. Auf größere Entfernungen vermochte man sie letztlich nur noch an ihrer Bugform zu unterscheiden. Auf diesem 1942 vor der norwegischen Küste aufgenommenen Bild sieht man ein schwarzqualmendes "Torpedoboot 35" mit Atlantikbug und im Vordergrund ein "Torpedoboot 37", das als T 15 zu identifizieren ist. Während auf dem im Hintergrund fahrenden Boot noch kein Funkmeßortungsgerät auszumachen ist, zeigt T 15 zwei im Winkel von nicht ganz 90° fest am vorderen Mast installierte FuMO 28.

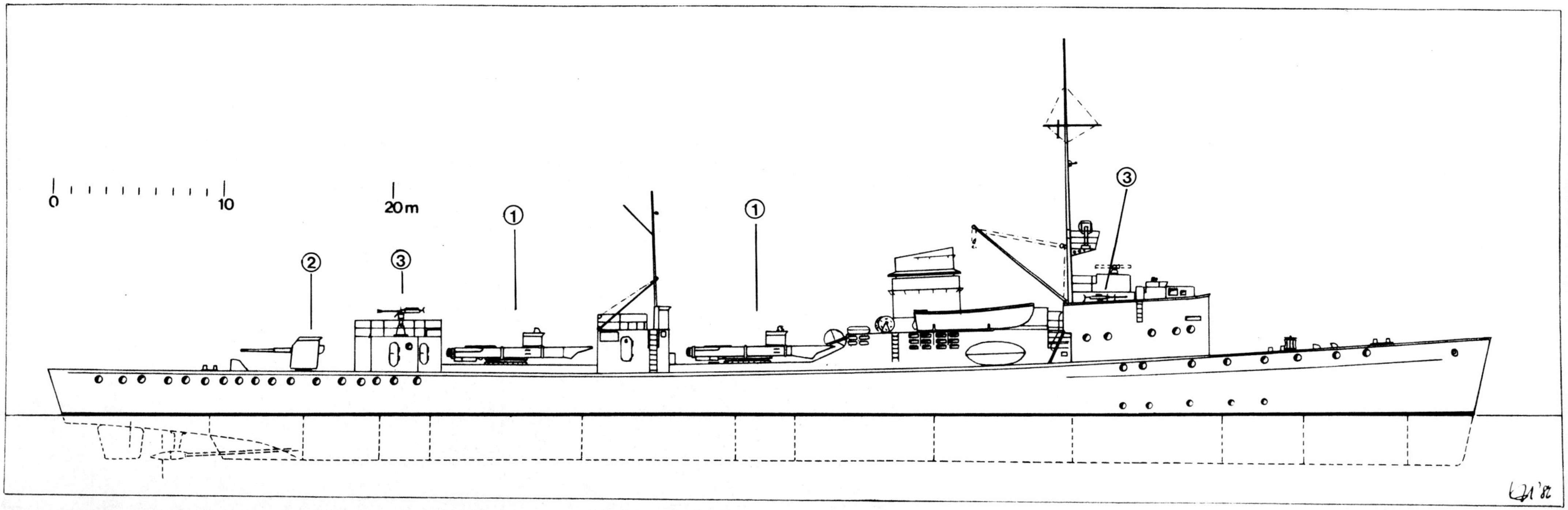

Dieser verheerende Bombentreffer hatte zum Untergang von T 3 am 18. September 1940 in Le Havre geführt. Dabei verloren neun Besatzungsangehörige ihr Leben. Das Boot konnte zwar gehoben werden und gelangte im Schlepp in die Heimat, aber seine Reparatur dauerte bis Dezember 1943. Am 14. März 1945 sank T 3 ein zweitesmal, diesmal endgültig: Vor Hela lief es auf eine Mine und ging unter, dabei kamen an die 300 Menschen um, außer der Besatzung viele Flüchtlinge, die sich vor der Roten Armee in Sicherheit hatten bringen wollen. Das Bild zeigt das 1940 gerade gehobene und in ein Dock eingebrachte Torpedoboot.

This damage happened when T 3 was hit by a bomb in Le Havre in September 1940. She sank but was later raised and repaired.

Die Ausrüstung der "Torpedoboote 35" mit Funkmeßortungsgeräten – heute allgemein als Radar bekannt – zog sich erheblich in die Länge. Viele von ihnen fuhren noch 1942 ohne ein solches Gerät, auf T 7 fehlte es sogar noch Anfang 1945. Diese Aufnahme entstand in Norwegen, wo diese Boote vorwiegend eingesetzt waren. Auch das hier zu sehende Boot hat noch kein Funkmeßgerät.

Equipping the "Torpedo Boat 35" with FuMG radar took a long time. In 1942, many of them still did not have it.

Opposite:
It became apparent that the "Torpedo Boat 35" was badly designed. It was certainly most seaworthy but its range and armament were inadequate. The boats of this series displaced over 1000 tonnes. Their length was 84 m, the beam 8.6 m and the draught 3 m. They were powered by geared turbines that producted 31,000 hp and 34 – 35 knots. The armament consisted of one 10.5 cm gun, three 2 cm AA guns and six torpedo tubes as well as depth charges and mines.

Im Hinblick auf ihre eingeschränkten Verwendungsmöglichkeiten bereiteten die "Torpedoboote 35/37" der Marineführung immer wieder Sorgen. Einerseits kam es auf jede schwimmende Einheit an, andererseits gab es kaum mehr Gelegenheiten für den Torpedoangriff, und für die Küstenkriegführung besonders in den westeuropäischen Gewässern waren sie artilleristisch zu schwach. Gute Dienste leisteten sie hingegen gelegentlich in der Minenkriegführung, aber auch nur unter eingeschränkten Bedingungen. Jedes Boot vermochte zwar bis zu sechzig Minen an Bord zu nehmen, aber zum Werfen durfte nicht mehr als Seegang 3 herrschen. Diese Aufnahme von T 17 entstand in einem fortgeschrittenen Stadium des Krieges. Darauf deuten sowohl die veränderte Funkmeßortungs-Ausrüstung – je ein FuMO 63 "Hohentwiel" an jedem der beiden Masten – wie auch die verstärkte Flabewaffnung hin, hier aus zwei 2 cm-Vierlingslafetten bestehend. Die an Bord befindliche Minenzuladung läßt auf ein bevorstehendes Defensiv-Minenunternehmen schließen; ein Sperrballon soll Tieffliegerangriffe erschweren.

Gegen Ende des Krieges wurde bei einem Teil der "Torpedoboote 35/37" auf den hinteren Torpedorohrsatz verzichtet, um die Flakbewaffnung verstärken zu können. Eines dieser Boote, die 1944/45 im Skagerrak eingesetzte T 19, gehörte dazu. An Stelle des von Bord gegebenen Torpedorohrsatzes hatte es eine 4 cm-Bofors-Flak erhalten, dazu eine 3,7 cm-Flak (auf der Vorback) sowie zwei 2 cm-Vierlings- und zwei 2 cm-Einzellafetten. Insgesamt konnten bis zu zwölf Rohre zum Tragen gebracht werden.

The "Torpedo Boat 35" and "Torpedo Boat 37" were best used as minelayers. Each boat could carry 80 mines.

Towards the end of the war, the anti-aircraft armament on a number of "Torpedo Boat 35" and "Torpedo Boat 37" was improved. The T 19 shown here was one of them. The battery of torpedo tubes astern were moved and replaced with a 4 cm Bofors AA gun.

Torpedobootalltag: Klarschiffzustand auf einem "Torpedoboot 37" während des Kanaldurchbruchs im Februar 1942; hier das Bedienungspersonal bei ihrer 2 cm-Vierlingsflak.

This photo of the crew of a 2 cm AA gun ready for action on board a torpedo boat was taken in February 1942 during the passage of the English Channel.

Ebenfalls auf einem "Torpedoboot 37" aufgenommen: Der Blick geht von achtern nach vorn, entlang des Backbord-Seitendecks, auf dem die Gleisspur für die Minenzuladung zu sehen ist. Die Reling ist auf Grund des Klarschiffzustandes niedergelegt. Links vom Schornstein sieht man eine der beiden "Matratzen", die auf den "Torpedobooten 37" in nicht ganz rechtem Winkel zueinander fest installiert waren, also nicht geschwenkt werden konnten. Durch diese Anordnung konnte ein zwar relativ breiter Sektor in Vorausrichtung erfaßt werden, aber nach querab und erst recht nicht nach achteraus war der Gebrauch des Funkmeßortungsgerätes nicht möglich.

This photo was also taken on board a "Torpedo Boat 37". The view is from astern to forward. Clearly visible on the side deck are the rails for the mines.

Im Sommer 1939 – kurz vor Kriegsbeginn – kam es zu einem bemerkenswerten Umschwung im deutschen Torpedobootbau: Statt der bisher gebauten kleinen und artilleristisch unzureichenden "Torpedoboote 35/37" forderte das Oberkommando der Kriegsmarine (OKM) nunmehr einen deutlich größeren Typ mit mehr universellen Einsatzmöglichkeiten. Dieser sollte für die Nahaufklärung ebenso tauglich sein wie für den klassischen Torpedo-Nachtangriff, darüber hinaus aber auch zum Schutz von Flottenverbänden verwendet werden können, wobei die Akzente in der Luft- und in der Minenabwehr gesetzt wurden. Unter diesen Gegebenheiten entstanden die Pläne für die "Flottentorpedoboote 39". Die bereits erteilten Aufträge für weitere "Torpedoboote 37" sind gleichzeitig annulliert worden; bemerkenswert daran war, daß die für jene bereits bestellten und in der Fertigung stehenden Antriebsanlagen beim Bau der "Flottentorpedoboote" ausgenutzt wurden. Das brachte zwar einige Knoten Geschwindigkeitsverlust, aber dieser wurde im Hinblick auf die wesentlich stärkere Artilleriebewaffnung – vier 10,5 cm-Geschütze – als vertretbar hingenommen. Weiter bemerkenswert war, daß sämtliche "Flottentorpedoboote" auf einer einzigen Werft entstanden, und zwar bei der Elbinger Schichau-Werft, einem altbewährten Torpedobootbau-Unternehmen. Mit dem Bau ist zwar erst 1941 begonnen worden, doch kamen die Arbeiten rasch voran, so daß die ersten Boote bereits Anfang 1942 in Dienst kamen. Dieses Bild zeigt eines der "Torpedoboote 39" unmittelbar nach dem Stapellauf.

The "Torpedo Boat 39" was much improved and in particular better armed. They were built in the Schichau Yard in Elbing. This torpedo boat has just been launched.

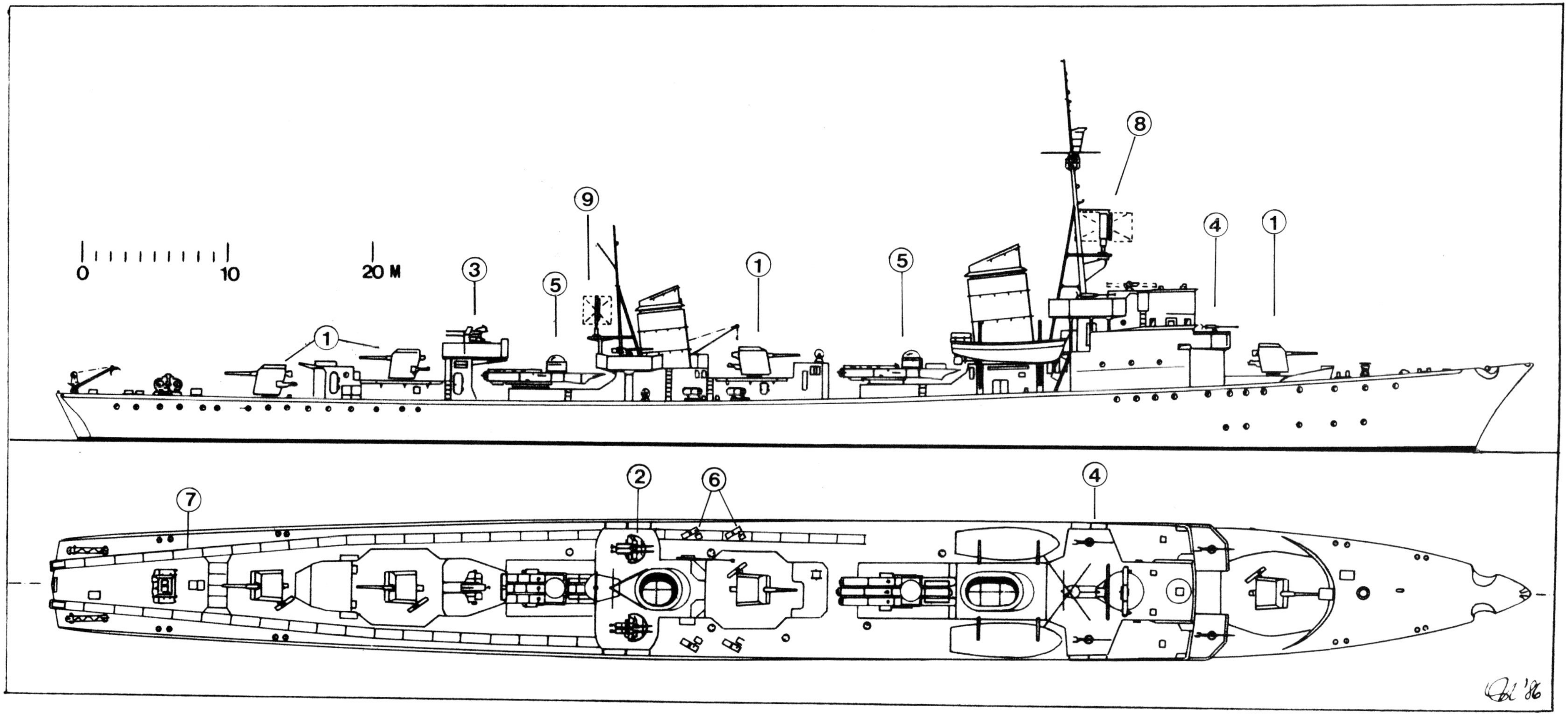

Als guter Wurf erwiesen sich die "Flottentorpedoboote 1939". Die Antriebsanlagen bestanden aus zwei Getriebeturbinensätzen und zwei Wagner-Kesseln, die konstruktionsmäßig eine Leistung von 29.000 PS abgaben. Damit konnten 32,5 kn Konstruktionsgeschwindigkeit erzielt werden. Die Bewaffnung – insbesondere die artilleristische – war für Torpedoboote sehr stark und bestand aus vier 10,5 cm-Geschützen mit Schutzschild in Einzelaufstellung (1), vier 3,7 cm-Flak in Doppellafetten (2), einer 2 cm-Vierlingsflak (3), vier 2 cm-Einzelflak (4), sechs 53,3 cm-Torpedorohren in Dreiergruppen (5) und Wasserbomben (6). Außerdem gab es auf ihnen Einrichtungen für Minen (7). Außer dem von Anfang an am vorderen Mast installierten Funkmeßortungsgerät (8) wurde 1943/44 am achteren Mast ein zusätzliches installiert (9). Diese Zeichnung zeigt die ab T 37 etwas vereinfachte Bauform, bei der aus kriegsbedingten Vereinfachungsgründen u. a. auf die Knickspanten im Vorschiff verzichtet worden war.

The "Fleet Torpedo Boat 29" performed well despite not having quite so a high speed. The geared tubines produced 29,000 hp and attained over 32 knotes. The armament consisted of four 10.5 cm guns, four 3.7 cm AA guns, eight 2 cm AA guns and six torpedo tubes. Furthermore, depth charges and mines could be carried on board.

Bei den "Flottentorpedobooten 39" hatte man – anders als bei den vorangegangenen "Torpedobooten 35/37" – die Antriebsanlagen in sog. "Kraftwerk-Anordnung" installiert. Dies brachte einen großen Abstand der beiden Schornsteine mit sich, weil die beiden Kesselräume weit voneinander entfernt waren. Als Wechselwirkung dazu mußte eine Verkürzung der Back in Kauf genommen werden, weil die vorderen Aufbauten vorlicher als sonst üblich placiert werden mußten, so daß vor diesen nur eines der vorgesehenen vier 10,5 cm-Geschütze aufgestellt werden konnte. Für das zweite Geschütz gab es nur im Mittelschiff Platz. Auf diesem 1942 in Gotenhafen gemachten Bild ist das charakteristische Mittelschiff eines "Flottentorpedobootes 39" zu sehen. Im Hintergrund das nach schweren Bombentreffern außer Dienst gestellte Schlachtschiff GNEISENAU, hier teilweise unter Tarnmatten verborgen.

Note the unusually large gap between the funnels characteristic of the "Fleet Torpedo Boats". This was because each of the engines with their boilers and turbines were separate and could be used independently of each other. This picture is a close-up of amidships of one of these "Fleet Torpedo Boats".

T 22 war das erste "Flottentorpedoboot 39", das in Dienst kam: Am 28. Februar 1942 wurde auf ihm erstmals die Flagge gesetzt. Im Unterschied zu den vorangegangenen "Torpedobooten 35/37" wurde kein einziges "Flottentorpedoboot 39" ohne Funkmeßortungsgerät in Dienst gestellt. Die Aufnahme entstand Mitte 1943 vor der westfranzösischen Küste. Im August 1944 geriet T 22 im Finnischen Meerbusen in ein eigenes Minenfeld und ging verloren.

The T 22 was the first "Fleet Torpedo Boat" commissioned. Unlike the "Torpedo Boat 35" this series were fitted with radar when constructed. It was fitted on a console in the forward mast as is clearly visible on the picture.

T 35 war das vorletzte Boot der Serie und kam erst im Oktober 1944 in Dienst. Gegenüber seinen Schwesterschiffen zeigte es einige kriegsbedingte Vereinfachungen. Einige Boote wurden 1944 noch mit einem FuMo 31 "Hohentwiel" ausgerüstet, das seine Position hinter dem achteren Mast erhielt. T 35, den USA als Beute zugesprochen, wurde im Sommer 1945 in die USA eingeführt, um dort als Versuchsschiff verwendet zu werden. 1947 ist es Frankreich überlassen worden, wo es als Ersatzteilreserve für die an Frankausgelieferten Boote T 23 und T 28 (französisch L'ALSACIEN bzw. LE LORRAIN) diente. Hier ist T 35 unter US-Flagge fahrend zu sehen.

The T 35 was the penultimate boat in this series. She was commissioned in October 1944. Unlike her sister ships, due to wartime conditions, short cuts were made in her construction. For example, there was no crease in the bows.

Nicht zum Kampfeinsatz herangezogen wurden die vier 1940 erbeuteten norwegischen Torpedoboote der SLEIPNER-Klasse; diese erhielten die Namen LÖWE, PANTHER, LEOPARD und TIGER und wurden ab 1942 bei der in der Ostsee stationierten 27.(Ausbildungs-)U-Boot-Flottille als Torpedofangboote verwendet. Für viele ehemalige U-Boot-Fahrer wurden sie zum wohlbekannten Anblick. Oben sieht man die PANTHER, das untere Bild ist auf einem anderen Boot der Klasse beim Artillerieschießen aufgenommen worden. Diese Boote waren mit 100 mm-Bofors-Geschützen ausgerüstet.

The ex-Norwegian torpedo boats LÖWE, PANTHER, LEOPARD and TIGER which were confiscated in 1940 did not see action. They served in the Baltic and sailed with the U-Boat training flotillas. This picture is of the PANTHER, the next is of a crew doing gunnery training.

Siehe Skizze nächste Seite:

So hätten sie aussehen sollen, die ex-norwegischen Zerstörer ZN 4–5: Ihre Standardverdrängung lag bei knapp 1.300 ts, voll ausgerüstet verdrängten sie rund 1.700 ts. Die Länge über alles lag bei rund 100 m, die größte Breite bei 10,6 m, und der Tiefgang sollte bei voller Zuladung 3,2 m betragen. Als Antriebsanlage waren zwei De Laval-Turbinen mit Rädergetriebe (1) vorgesehen, für die der Dampf in drei Yarrow-Kesseln (2) erzeugt wurde. Bei einer Konstruktionsleistung von 30.000 PS sollten 32,0 kn Höchstfahrt zu erreichen sein. Die Bewaffnung hätte aus drei 10,5 cm-Einzelgeschützen (3), zwei 3,7 cm-Einzelflak (4), einer 2 cm-Vierlingsflak (5), zwei 2 cm-Einzelflak (6) und einer Vierergruppe von 53,3 cm-Torpedorohren (7) bestehen sollen. Vorgesehen waren auch zwei Funkmeßortungsgeräte (8). Von der 162 Mann starken Besatzung sollten die Offiziere (9) und die Unteroffiziere mit Portepee (10) im Achterschiff untergebracht werden; der Großteil der Besatzung hatte seine Quartiere im Vorschiff, und zwar Unteroffiziere ohne Portepee und Mannschaften im Hauptdeck (11), die übrigen Mannschaften im daruntergelegenen Deck (12). Darunter und davor befanden sich Munitionskammern und Lasten (13), weitere Munitionskammern und Lasten waren im Achterschiff vorgesehen (14).

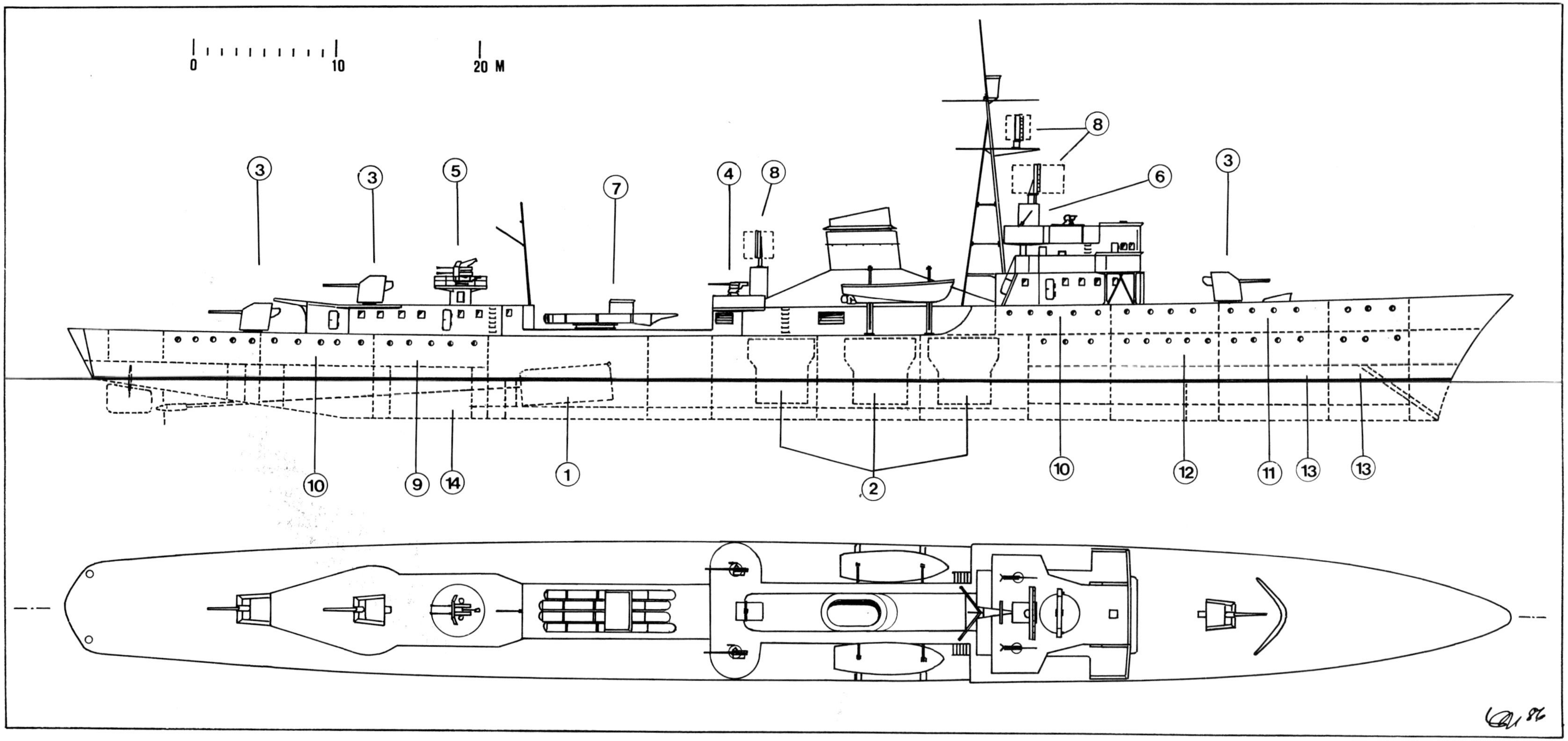

When Norway was occupied, two hulls were discovered in the Naval Dockyard in Horten which were confiscated. Under German direction, the work was continued but could not be completed. These units were designated ZN 4 and ZN 5. In 1942, this was changed to TA 7 and TA 9.

This is how ZN 3 and 5 or TA 7 & 8 would have looked. Their displacement was to be 1,300 tonnes, their dimensions were a length of 100 m, beam of 10.6 m and draught of 3.2 m. The French turbines and British boilers would have procuced 30,000 hp and a speed of 32 knots. Armament was to be three 10.5 cm guns, two 3.7 cm AA guns, six 2 cm AA guns and four torpedo tubes.

GELEITBOOTE

ESCORT BOATS

Als der Krieg begann, standen der Kriegsmarine nur 10 Geleitboote zur Verfügung, die sog. "Flottenbegleiter". Diese waren in den Jahren 1933/34 für eine Mehrfachrolle entworfen worden: Neben Geleitaufgaben sollten sie als schnelle Minenräumer dienen, zugleich aber auch als Erprobungs- und Schulboote für neu eingeführte Höchstdruck-Kesselanlagen verschiedener Fabrikate, welche für die ab 1934 entstehenden Zerstörerneubauten in Aussicht genommen worden waren. Bewährt haben sich diese Einheiten jedoch nicht; sie erwiesen sich schiffbaulich und im Antriebsbereich als überaus unbefriedigend und mußten ihrer außergewöhnlich hohen Störanfälligkeit wegen häufig zu längeren Reparaturen die Bauwerft aufsuchen. Diese Boote sind deshalb so gut wie nie für operative Aufgaben eingesetzt worden, sondern wurden frühzeitig anderen Verwendungen zugeführt. Einen Teil von ihnen hat man zu Flottentendern umgebaut, einen anderen Teil zu Torpedofangbooten; ein einziges Boot ging durch Kampfhandlungen verloren. Eine erst im Kriege anlaufende Serie von Schnellen Geleitbooten kam über erste Anfänge nicht hinaus. Für den Geleitdienst mußten daher vielfach andere Einheiten herangezogen werden; dennoch bestand laufend Bedarf an solchen speziell für ihre Aufgaben konzipierten Geleiteinheiten. Diesen konnte die Kriegsmarine nur in unzureichendem Maße im Ausland – besonders im Westraum – decken, wo sie eine Anzahl von erbeuteten französischen Avisos und ziviler Schiffe für diese Zwecke ausrüstete und in Dienst stellte.

At the beginning of the war there were only ten escort boats, known as "Fleet Escorts", available. These had been designed in the 1930s for a number of uses: As well as escort duties, they were also to be fast mine-sweepers and submarine hunters. Furthermore, they were to be used as test-beds for new engines. These "Fleet Escorts" proved disappointing. There were major faults in the design and their engines were just too unreliable. That is why these boats were virtually never used in action, rather, they were used for other tasks. The development of a series of "Fast Escort Boats" during the war never got far and thus other types usually had to be used for escort duties. The Navy could therefore not meet its requirements.

zu Abbildung gegenüberliegender Seite:

So sah man sie nur selten zusammen: Flottenbegeleiter auf dem Marsch. Diese Boote hatten zur Borderprobung die seinerzeit für die kommenden Zerstörerneubauten vorgesehenen Hochdruck-Heißdampf-Antriebsanlagen erhalten, die zuvor nur auf Prüfständen getestet worden waren. Trotz zufriedenstellender Ergebnisse zeigten sich diese jedoch im Bordbetrieb als störanfällig und unzuverlässig. Hinzu kamen schiffbauliche Mängel, die sich auch den zu schwachen Verbänden und den fehlenden Schlingerkielen ergaben. Die Folge aller dieser Unzulänglichkeiten waren häufige Liegezeiten bei den Bauwerften. Diese Friedensaufnahme zeigt die Boote von achtern; die von Minensuchbooten übernommene Heckform trug der Forderung Rechnung, Minensuchgerät ausbringen zu können. Diese relativ schnellen Boote sollten beim Marsch mit der Flotte als schnelle Minenräumer eingesetzt werden.

Bei der Besetzung Norwegens wurden auf der in Horten gelegenen norwegischen Marinewerft auch zwei in frühem Bauzustand befindliche Zerstörerrümpfe vorgefunden und beschlagnahmt. Diese sollten nach Fertigbau – der unverzüglich unter deutscher Regie in Angriff genommen wurde – in Dienst gestellt werden. Anfang 1942 wurde ihre Bezeichnung in TA 7–8 geändert; damit wurde zum Ausdruck gebracht, daß man in diesen Einheiten eher Torpedoboote sieht als Zerstörer. Sabotagehandlungen verzögerten den Weiterbau in solchem Ausmaß, daß bei TA 7 bis Kriegsende an eine Fertigstellung nicht zu denken war, nachdem im September 1944 norwegische Widerstandskämpfer eine Sprengladung gezündet hatten. TA 8 kam zwar am 30. Juni 1943 zu Wasser, wurde aber im Februar 1945 von britischen Fliegerbomben getroffen und sackte am Liegeplatz ab. Das Bild zeigt die in Spanten stehenden Rümpfe beider Einheiten nach ihrer Beschlagnahme im Frühjahr 1940.

"Fleet Escorts" in formation. Such a picture is very rare as they spent most of their time in port.

F 6 war einer jener Flottenbegleiter, die frühzeitig ihrer ursprünglichen Zweckbestimmung entbunden und für andere Aufgaben hergerichtet wurden. Nach einem rund zehn Monate dauernden Umbau stellte das Boot im September 1939 erneut in Dienst, diesmal als Führerboot des Führers der Minensuchboote (F.d.M.) und unter dem neuen Namen KÖNIGIN LUISE. Gleichwohl konnte auch durch diesen Umbau den Mängeln nicht abgeholfen werden. Die ständigen Maschinendefekte belastete die Werften in unerträglichem Maß, so daß im Oktober 1943 die Außerdienststellung erfolgte. In Wilhelmshaven liegend ist das Fahrzeug Ende März 1945 ein Opfer britischer Bomben geworden.

F 6 was soon used for other duties and from September 1939 served as the command ship for the "Commander of the Minehunters". From then onwards, she was named the KÖNIGIN LUISE.

Der Flottenbegleiter F 9 (hier aufgenommen im April 1939) war eines der ersten im Kriege verlorengegangenen deutschen Kriegsschiffe. Er war gemeinsam mit drei Zerstörern, einem weiteren Flottenbegleiter und vier Minensuchbooten zur Ubootsicherung der am 13. Dezember 1939 in der Nordsee von dem britischen Uboot SALMON torpedierten Kreuzer NÜRNBERG und LEIPZIG eingesetzt, die sich auf dem Rückmarsch nach Wilhelmshaven befanden. Wenige Seemeilen von Helgoland entfernt lauerte die URSULA, ein anderes britisches Uboot; unbeschadet der starken Geleitsicherung kam dieses zum Schuß und feuerte sechs Torpedos auf die schwerbeschädigte LEIPZIG, doch verfehlten diese ihr Ziel, aber zwei Torpedos trafen F 9, die innerhalb von drei Minuten sank. Dabei fand nahezu die gesamte Besatzung den Tod – es gab nur 15 Überlebende.

F 9 was one of the first German warships to be sunk in the Second World War. On 13th December 1939, she was hit by a torpedo from a British submarine when escorting the cruisers LEIPZIG and NÜRNBERG back to port after they too had been damaged by torpedos. F 9 sank in three minutes.

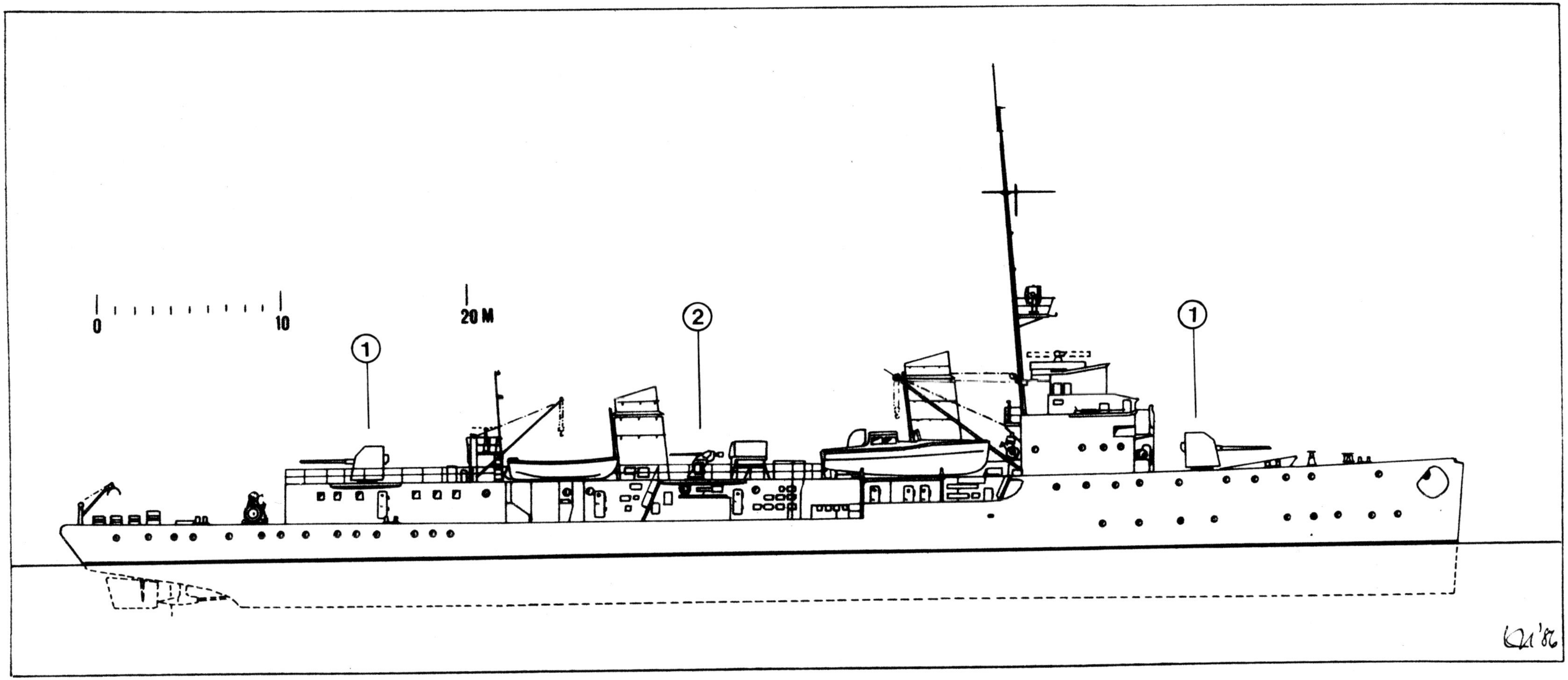

Die Flottenbegleiter F 1-10 erwiesen sich als ausgesprochene Fehlkonstruktionen. Ihre Mängel lagen, bedingt durch erheblich zu hoch geschraubte Forderungen (sie sollten sowohl als schnelle Geleitboote wie als Minenräumer und auch als Ujäger verwendet werden können), hauptsächlich im schiffbaulichen Bereich; aber auch im Antriebssektor gab es erhebliche Schwierigkeiten, durch welche die Boote oft über Gebühr lang in den Werften festgehalten wurden. Die offiziell mit 600 ts Wasserverdrängung angegebenen Boote kamen in Wirklichkeit auf mehr als 700 ts, ihre Länge betrug 76 m, die Breite kam auf knapp 9 m und der Tiefgang betrug maximal etwas über 3 m. Die aus zwei Getriebeturbinensätzen und zwei Höchstdruckkesseln zusammengesetzte Antriebsanlage leistete knapp 17.000 PS, womit eine Geschwindigkeit von 28 kn erreicht werden sollte.
Die Bewaffnung bestand aus zwei einzelnen 10,5 cm-Geschützen mit Schutzschild (1) und vier 3,7 cm-Flak in Doppellafetten (2).

Fleet Escorts F1 – 10 were badly designed and were wanting in many respects. The offician displacement was 600 tonnes, but in reality this was over 700. The dimensions were: length 76 m, beam 9 m, draught just over 3 m. The engines attained 17,000 hp and should have achieved a speed of 28 knots. The armament consisted of two 10.5 cm guns and four 3.7 cm AA guns.

Flottentender JAGD, ehemals als F 1 Leitschiff der Klasse, war nach dem 1939-1941 durchgeführten Umbau kaum mehr wiederzuerkennen. Nach Verlängerung des Schiffskörpers um rund 4 m war er zum Glattdeckschiff umgewandelt worden und damit schon gefälliger anzusehen. Das Schiff überlebte den Krieg, geriet erst in amerikanische Hände und gelangte dann nach Frankreich, wo es abgebrochen wurde.

Fleet Tender JAGD, formerly Fleet Escort F 1, could not be recognised as such after the conversion carried out during 1939–41.

Mit sogenannten "Kriegs-Ujägern" wurde versucht, dem Mangel an Sicherungsfahrzeugen – insbesondere solcher für den Geleitschutz – abzuhelfen. 1941 kam ein Bauprogramm in Gang, das die Auftragserteilung für mehr als vierzig solcher Fahrzeuge brachte. Davon konnten bis 1944 einundzwanzig fertiggestellt werden. Diese waren so konstruiert, daß sie nach Kriegsende zu Fischdampfern umgebaut werden konnten. Die Serie erwies sich als recht gelungen, Seeeigenschaften und Manövrierfähigkeit waren auch in schwerer See vorzüglich, die Bewaffnung – in der Regel eine 8,8 cm-Kanone sowie eine 3,7 cm-Flak und bis zu neun 2 cm-FlaMG – sowie eine Anzahl von Wasserbomben – war angemessen stark. Gebaut wurden diese Fahrzeuge von vier Werften im Nordseebereich mit großer Erfahrung im Fischdampferbau. Dieses Bild zeigt die von der Rendsburger Nobiskrug-Werft gebaute KUJ 12 auf Probefahrt, hier noch ohne Bewaffnung. Bei der im Juli 1944 erfolgten Indienststellung wurde es in UJ 1225 umbenannt.

A number of "Wartime Submarine Hunters" were built to try to make up for the lack of security ships. Construction commenced in 1941 and by 1944 twenty-one had been built. This picture is of KUJ 12 on trials and before her armament was fitted.

Sie wurden zwar im offiziellen Marinesprachgebrauch als "Kanonenboote" bezeichnet, aber in Wirklichkeit wurden sie vorwiegend für die Geleitsicherung, in der Uboot- und Flugabwehr, für Minenoperationen, zur Aufklärung und als Bewacher eingesetzt und waren damit eher "Geleitboote". Die Rede ist von den im Mai 1940 auf den Helgen holländischer Werften erbeuteten "Kanonneerboten"-Rümpfen, die dann unter deutscher Regie fertiggestellt und 1941/42 als K 1, K 2 und K 3 dienstbereit wurden. Diese erwiesen sich ihrer starken Bewaffnung und ihrer guten Seeeigenschaften wegen als so nützlich, daß der Nachbau weiterer Einheiten empfohlen wurde. Von diesen drei Einheiten war K 1 ein besonders tragisches Schicksal beschieden: Nachdem es den Krieg heil überstanden hatte, wurde es im Kattegatt drei Tage vor der deutschen Kapitulation das Ziel britischer "Mosquito"-Bomber und erhielt mehrere schwere Treffer. Es ging kenternd unter, dabei verloren mehr als 60 Besatzungsangehörige ihr Leben. Die Aufnahme von K 1 ist im Juni 1942 im Kattegatt entstanden. Das andere Bild zeigt K 3, aufgenommen nach dem Krieg als holländische VAN SPEYK; die Rückgabe an die Niederlande war unmittelbar nach Kriegsende erfolgt.

These were officially known as "Gun Boats" but in fact they were escorts. K 1 – 3 were being built for the Dutch Navy in 1940 when Holland occupied. These three ships were completed under German direction. The first picture shows K 1 in Kattegatt in June 1942. The other picture shows K 3 after the war in Dutch service as the VAN SPEYK.

Ein anderes "Kanonenboot", K 4, war belgischer Herkunft. Dieses ist 1940 in Holland in belgischem Auftrag als Fischereischutzschiff und zugleich Königsyacht auf Stapel gelegt worden und lag beim Einmarsch der deutschen Wehrmacht noch auf der Helling. Unter deutscher Regie wurde es fertiggebaut und im April 1943 in Dienst gestellt. Es fand ebenfalls vorwiegend in der Geleitsicherung Verwendung, aber es überstand den Krieg. Im Sommer 1945 gelangte es nach Belgien zurück und wurde dort unter dem neuen Namen ARTEVELDE in Dienst gestellt. Die obere Abbildung ist 1943 in Hamburg entstanden, das andere Bild zu einem späteren Zeitpunkt.

K 4 was a gun boat of the German Navy. She was another ship taken over when under construction, being found in a Belgian dockyard in 1940 and was completed under German direction. These two pictures show the K 4 at different times when under the German flag.

SCHNELLBOOTE

Von den für das Küstenvorfeld bestimmten Kriegsschiffstypen hatte das Schnellboot als offensives Kampfmittel die größte Bedeutung. Bei Kriegsausbruch hatte die Kriegsmarine erst 18 Boote im Dienst, nur wenige weitere kamen bis zum Ende des Jahres hinzu. Zu dieser Zeit war die Entwicklung soweit vorangekommen, daß allein mit dem Daimler-Dieselmotor von 2.000 PS (später 2.500 PS) die für diesen Kampfschiffstyp erforderlichen Leistungen erbracht werden konnten. Dies führte zur Konzentration der Schnellbootmotoren-Entwicklung auf einen Hersteller. Entsprechend der erreichten Produktionsziffern konnten dann von 1940 bis 1945 mehr als 200 Boote gebaut und in Dienst gestellt werden. Diese kamen auf allen Seekriegsschauplätzen zum Einsatz, hauptsächlich im Kanal, aber auch in weit entfernten Seegebieten wie im Mittelmeer und im Schwarzen Meer, wohin sie teils auf Landtransportwegen verbracht worden sind. Überall, wo sie eingesetzt wurden, erzielten sie Erfolge, sei es beim überraschenden Torpedoangriff auf Küstengeleitzüge und Kriegsschiffverbände, sei es bei Gefechtsbegegnungen. Auf ihr Konto gingen an sicher erkannten Versendungen mehr als 40 Kriegsschiffe (darunter 12 Zerstörer und Geleitzerstörer) und weit über 100 Handelsschiffe. Durch Torpedotreffer schwer beschädigt wurden von ihnen weitere 14 Kriegsschiffe (darunter 2 Kreuzer) und 15 Handelsschiffe.

FAST BOATS (S–BOATS)

The S-Boats were the most important offensive weapon in coastal waters. At the beginning of the war, there were only 18 S-Boats and a few more by the end of 1939. At this time, the only diesel engine that could give 2,000 hp (later increased to 2,500) was the Daimler-Benz. Thus it was only the one factory that could produce them. By 1945, over 200 S-Boats had been built. They were used by the Germans in all their theatres of operations, even in the Mediterranean and Black Sea. They sank over 40 enemy warships and over 100 merchantmen.

Die Entwicklung des Motorbootes als schneller Torpedoträger für das Küstenvorfeld nahm ihren Ausgangspunkt bereits im Ersten Weltkrieg, auch in Deutschland, wo es zum Bau der sog. "LM-Boote" kam. Das waren kleine Motorboote, die mit einem der überzählig gewordenen Luftschiffmotoren ausgerüstet waren und bis 30 kn Geschwindigkeit erreichten und als Bewaffnung einen Torpedo trugen. Erfolge waren ihnen jedoch nicht beschieden. Gleichwohl setzte die Reichsmarine auf diesen Entwicklungen aufbauend in den 20er Jahren die Arbeiten daran fort. Dies geschah in getarnter Weise, da auf Grund des Versailler Vertrages dem Deutschen Reich der Besitz von Torpedoschnellbooten verwehrt war. Nach mehreren Jahren Entwicklungs- und Versuchsarbeiten konnte 1930 das erste voll brauchbare Boot in Dienst gestellt werden. Zur Tarnung wurde es als UZ (S) 1 bezeichnet, wobei die Buchstaben für "U-Boot-Zerstörer (Schnellboot) standen. Obwohl konstruktiv vorbereitet, wurden die Torpedorohre zunächst nicht eingebaut. Erst nach 1933 erhielt es diese und fuhr seither als S 1. Damit war die Typbezeichnung "Schnellboot" – kurz "SBoot" genannt – in der deutschen Marine offiziell geworden. Dem Vorlaufboot S 1 folgte 1932 die Serienausführung mit vier Booten eines leicht vergrößerten Typs, S 2 bis S 5. Diese wurden ohne Bewaffnung in Dienst gestellt, ihre Torpedorohre waren zunächst im Marinearsenal eingelagert und wurden nur zeitweilig zu Übungen an Bord gegeben. Ebenso wie S 1 waren auch sie noch mit Benzinmotoren ausgerüstet und erreichten damit knapp 34 kn Geschwindigkeit. Das nächste Boot, S 6, brachte den von Anfang an angestrebten, entscheidenden Durchbruch: Es war das erste Schnellboot mit Dieselmotoren, Standardantriebsanlage aller künftigen SBoote. Das Bild zeigt die ersten drei Boote, S 1, S 2 und S 3, im "Päckchen" liegend, hier schon mit ihren Torpedorohren an Bord, die mit Persenningen gegen die Witterung geschützt sind.
S 7 – dessen am 10. Oktober 1934 in Bremen-Vegesack erfolgte Indienststellung auf Seite 61 gezeigt wird – war dann das erste serienmäßig mit Dieselantrieb gebaute SBoot. (Unten: Schnellboot S 5)

The development of the motor boat as a fast torpedo carrier goes back to the First World War. In Germany at that time, "LM Boats" carrying one torpedo and capable of sailing at up to 30 knots were built. In the 1920s, the German Navy continued their development in secret due to the restrictions of the Treaty of Versailles. In 1930, the first serviceable boat was commissioned. She was not fitted with her torpedo tubes until later. It was 1933 when it was felt safe to do so openly. These pictures show the first S-Boats, the S 1, S 2 and S 3, with their torpedo tubes fitted. The earlier boats were powered by petrol engines, but with the S 6, a significant change occured in that she was fitted with diesel engines. The S 7 was also and she was commissioned on 10th October.

Zu Beginn des Krieges genügte noch die 2 cm-Flak C/30 zur Selbstverteidigung. Auf diesen im Kriegsjahr 1940 aufgenommenen SBooten ist die 2 cm-Flak C/30 auf ihrer Sockellafette gut zu sehen; das Netz diente zum Auffangen der leergeschossenen Hülsen. Die 2 cm-Flak C/30 kam auf eine Schußfolge von 120 S/min in der Wirklichkeit; die theoretische Schußfolge von 280 S/min hatte allenfalls akademischen Wert. Aus diesen und anderen Gründen war frühzeitig die 2 cm-Flak C/38 entwickelt worden, die in der Praxis auf 220 S/min kam.

In the first years of the war, the only anti-aircraft armament was a 2 cm AA gun. Conditions soon changed and it had to be increased. This is a 2 cm AA gun on board an S-Boat.

Friedensmäßig fuhren die SBoote mit einem fast weißen Farbanstrich über Rumpf und Aufbauten. Er hatte zur Wirkung, daß sich das Boot bei hohen Fahrtstufen nur schwerlich von der Gischt der Wasseroberfläche abhob, die es hinter sich ließ. Auf dem 1936 aufgenommenen Bild ist S 12 kurz nach der Indienststellung zu sehen. An den Außenwänden des Ruderhauses wurde das nach der NS-Machtübernahme geschaffene Emblem geführt. Dieses Emblem führten alle deutschen Kriegsschiffe jener Zeit, entweder am Heck oder – wie hier – an der Brücke. Kurze Zeit nach Kriegsbeginn wurde das Emblem auf allen Einheiten abgenommen und eingelagert.

In peacetime, the S-Boats were painted with white colour, as is S 12 here.

Links:
Nachdem sich die für die ersten S-Boote verwendeten schräg abschneidenden Torpedorohre offenbar als nachteilig erwiesen hatten, weil sich ihre Mündungen nicht abschließen ließen, kam es 1934 zur Einführung eines neuen Rohrmodells. Seine Mündung war mit einer Öffnungsklappe ausgestattet und schloß auch nicht mehr schräg ab, sondern genau senkrecht. Aus dieser Perspektive ist der verbesserte Torpedorohrtyp gut erkennbar. Die Aufnahme entstand im November 1939 in der Deutschen Bucht.

The torpedo tubes on the first S-Boats had an angular opening and this was soon shown to be disadvantageous in that it could not be covered. In 1934, a redesigned tube was introduced and this had a watertight flap on the mouth of the tube.

Ab S 26 änderte sich das Aussehen der SBoote: Diese erhielten von da ab eine aufgesetzte wasserdichte Back, welche die beiden Torpedorohre umschloß. Diese Maßnahme brachte eine Vergrößerung des Freibords im Vorschiff und hatte zur Wirkung, daß die Boote bei stärkerem Seegang und höheren Fahrstufen viel "trockener" blieben als ihre Vorgänger. Vom Schiffsarchitektonischen her gewannen die neu zulaufenden Boote beträchtlich. Hier ist S 55 im August 1940 zu sehen, noch unter der Werftflagge am Mast und der Nationalflagge am Flaggenstock fahrend, was darauf hindeutet, daß es sich um eine Werftprobefahrt des noch nicht in Dienst gestellten Bootes handelt.

From S 26 onwards, the outline of the German S-Boats changed due to the fitting of a watertight forecastle that covered the torpedo tubes. This increased the size of the freeboat and gave the boat a better performance in heavy seas as less water was taken on board. This is the S 55, one of the new boats.

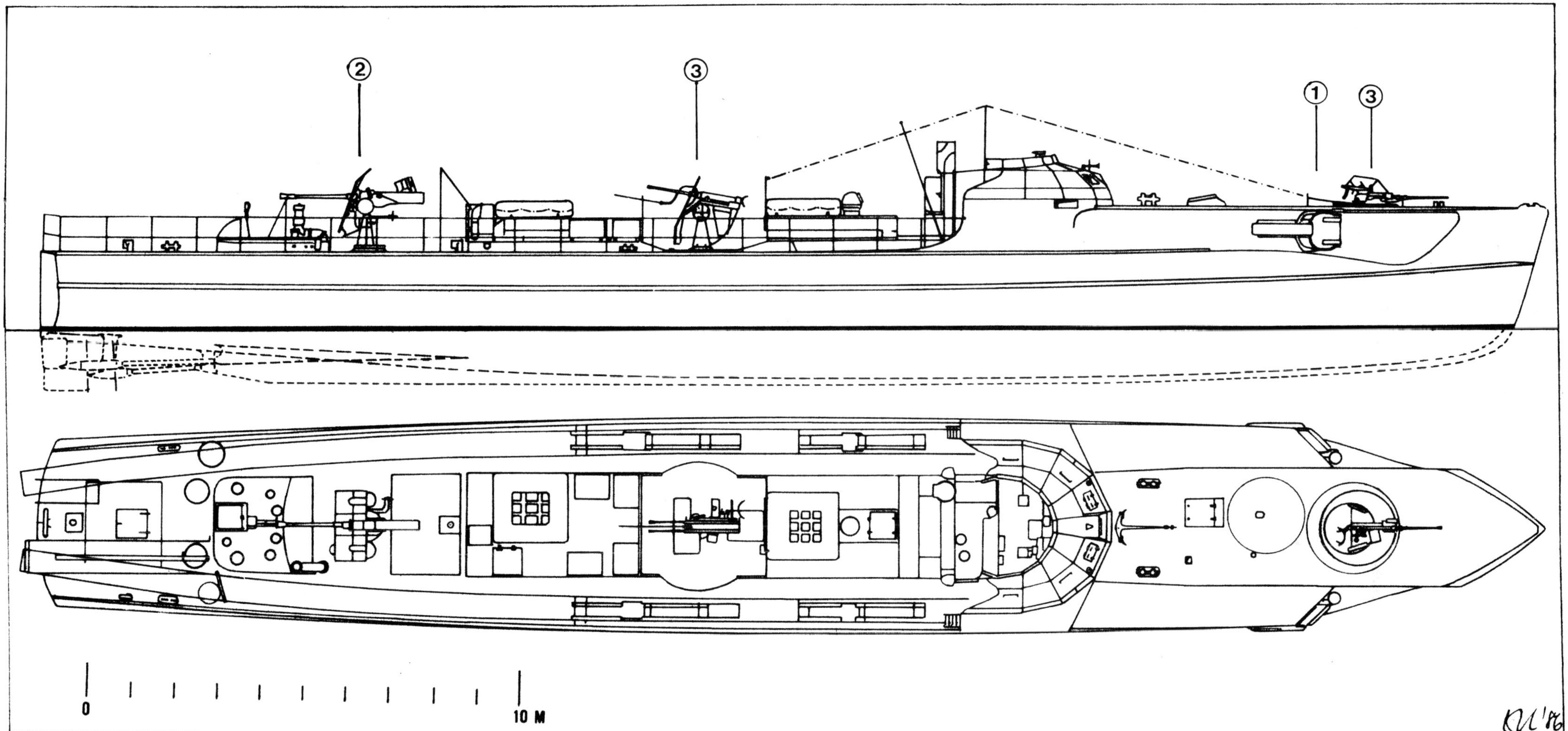

Typische Vertreter der deutschen Weltkriegs-II-SBoote waren S 62-100. Als Antriebsanlage dienten ihnen drei 20zylindrige Daimler-Benz-Diesel von je 1.500 bis 2.000 PS Leistung. Damit erreichten sie eine Geschwindigkeit von 39 kn. Die Standardverdrängung lag bei etwas mehr als 90 ts, bei voller Zuladung etwa 110 ts. Die äußeren Abmessungen ergaben sich aus 35 m Länge, knapp 5,3 m Breite und maximal 1,7 m Tiefgang. Die Bewaffnung bestand aus zwei 53,3 cm-Torpedorohren (1) in der wasserdichten Back, einer 3,7 cm-Flak (2) und vier 2 cm-Flak in Zwillingslafetten (3), davon eine im "Brunnen" in der Back.

The S 62–100 were typical German Second World War S-Boats. They were powered by three Daimler-Benz diesels which gave 1,500 to 2,000 hp. Their top speed was 39 knots. They displaced a litte over 90 tonnes and their dimensions were: length 35 m, beam 3.5 m, draught 1.7 m. Their armament consisted of two torpedo tubes, one 3.7 cm AA gun and four 2 cm AA guns.

Ein mit Höchstfahrt laufendes SBoot war schon ein faszinierender Anblick. Aber derartige hohe Fahrtstufen trieben den Kraftstoffverbrauch steil in die Höhe und waren daher nicht an der Tagesordnung. Wegen der immer mehr zutagetretenden Knappheit der Kraftstoffvorräte wurden strenge Maßstäbe bei der Zuteilung an die einzelnen Flottillen und Boote angelegt und ließen höhere Fahrtstufen eigentlich nur noch in taktisch vertretbaren Lagen zu. Bei diesem im September 1941 aufgenommenen Boot hat sich das Vorschiff soweit angehoben, daß der Bug dicht über die Wasseroberfläche gleitet. Auf der Back ist auf einer Einbeinlafette ein MG 34 als provisorische FlaWaffenverstärkung aufgebaut.

The impressive sight of an S-Boat going at full speed. This was however a rare sight as the wartime fuel shortages restricted such activity.

Ein weitgehend aus Plexiglas gefertigtes Brückenhaus sollte die Silhouette verkleinern und das Brückenpersonal besser vor Wettereinwirkungen schützen, ohne die Rundumsicht zu beeinträchtigen. Erprobt wurde diese Konstruktion auf S 67. In ihr ist die Vorläuferin der bald danach geschaffenen sogenannten "Kalottenbrücke" zu sehen, bei der es sich um eine Leichtmetallkonstruktion handelte. Von S 100 ab erfolgte der Übergang zu der konstruktiv identischen, aber gepanzerten Kalottenbrücke. Bei dieser wurde 10 bis 12 mm dickes "Wotan-hart"-Panzermaterial für die Außen- und Frontseiten der Brücke verwendet. Das Bild zeigt S 67 mit der Versuchs-Plexiglas-Brücke.

S 67 was fitted with a wheelhouse made largely from Plexiglass. This gave the bridge personnel better protection from the element without restricting their vision. This style of wheelhouse was the forerunner of the armoured dome-shape bridge.

So bot sich das SBoot in der zweiten Hälfte des Krieges dar: Einen Mast führte es nicht mehr, auf drei Positionen stehen FlaWaffen bereit, und das kalottenförmige Ruderhaus ist gepanzert. Auf der Kalotte ist hier die offene Brücke gut zu sehen.

This is how S-Boats looked in the later half of the war. The three sets of AA guns are ready for action, the domed wheelhouse is armoured.

Die Masse der deutschen SBoote wurde von der Friedrich Lürssen-Werft in Bremen-Vegesack gebaut – bis Kriegsende wurden von ihr 170 Boote abgeliefert. Eine wesentlich geringere Zahl kam von der Schlichting-Werft in Travemünde; von dieser konnten 51 Boote übernommen werden. 1944 wurde noch die Danziger Waggonfabrik herangezogen und mit einem Großauftrag bedacht: Von 125 georderten Booten vermochte sie jedoch nur noch neun abzuliefern. Die Bauleistung der beteiligten Werften ist umso höher zu beurteilen, als von den insgesamt 230 Booten 205 im Kriege gebaut wurden, was einem Monatsdurchschnitt von drei Booten entspricht. Diese 1944 bei der Travemünder Schlichting-Werft entstandene Aufnahme zeigt mehrere SBoote in der Endausrüstung.

Most of the German S-Boats were built in the Lürssen Yard in Bremen-Vegesack. By the end of the war, 170 had been built. A much smaller number were built in the Schlichting Yard in Travemünde. This picture shows several S-Boats being fitted out in Travemünde.

Schnellboote im Angriff, meist mit einem getroffenen Ziel im Hintergrund, waren ein beliebtes Motiv von Marinemalern und Illustratoren. Zwar haben sie sich durchweg redlich bemüht, das Geschehen realistisch darzustellen, doch die Wirklichkeit war viel rauher, als sie von Künstlern eingefangen werden konnte. Was auf solchen Darstellungen nicht zum Vorschein kam, besser gesagt: nicht zum Vorschein kommen konnte, war die nervenaufreibende Suche nach Zielen und die ebenso belastende ständig gegenwärtige Gefahr des vorzeitigen Entdecktwerdens. Hinzu kamen die immerwährenden Auseinandersetzungen mit den Naturelementen und vielfach die Sorge um die meist knapp bemessenen Kraftstoffvorräte. Schnellbootfahren war durchaus kein frisch-fröhliches Jagen! Je länger der Krieg dauerte, umso schwieriger wurden die Operationen der S-Boote. Dieses wohl im ersten Kriegsjahr entstandene Gemälde zeigt einen SBootangriff aus der Sicht des "Rottenknechts", also eines zum Verband gehörenden SBootes. Das Ziel, ein Frachter, wird gerade von einem abgefeuerten Torpedo getroffen, das angreifende Boot hat bereits scharf abgedreht und läuft mit Höchstfahrt ab.

S-Boats attacking. This is a view always presented by naval artists and war correspondents. What never comes out in such pictures is the nerve-wracking hunt for targets and the continual fear of being spotted. Sailing an S-Boat was not gung-ho.

Um einen besseren Schutz des Brückenpersonals gegen Spritz- und Sprühwasser zu erreichen, kam es 1939/40 zur Änderung der Brückenform: Von S 26 ab (mit Ausnahme von S 30 - 37) wurde der Kommandostand hinter den Ruderstand verlegt und in das Ruderhaus einbezogen. Hier eine Aufnahme eines mit einer Brücke neuen Stils ausgestatteten Schnellbootes genau von vorn. Zu beiden Seiten je ein MG 34 (hier unter Persenningen verborgen), um eine bescheidene Aufwertung des Defensivpotentials zu erlangen.

A S-Boat with the new type of bridge. Under wraps on both sides of it are machine guns.

Wenn "85er" – so wurden in der Kriegsmarine von alters her die Soldaten der Landstreitkräfte bezeichnet – an Bord eines Kriegsschiffes kamen, hörten sie interessiert zu, wenn ihnen seine Einrichtungen erläutert wurden. Dies ist hier auf einem Schnellboot der Fall: Hier erklärt ein Besatzungsangehöriger zwei Soldaten des Heeres die Funktion der Torpedorohre. Es handelt sich dabei um ein älteres Boot mit noch frei an Deck montierten Torpedorohren. Diese Aufnahme ist 1940 in einem französischen Kanalhafen entstanden.

Soldiers were always welcome guests on warships, especially in the occupied territories. In this picture, they are being told how a torpedo works.

S-Boats saw actions on all fronts, even in the Mediterranean, based in the North African port of Derna. This S-Boat in Derna is partially covered by camouflage tarpaulins.

In the last turbulent weeks of the war, all available ships in the Baltic were deployed to rescue the German population from the advancing Red Army which was occupying German territory. Even S-Boats were used for this purpose.

Schnellboote waren auf allen Kriegsschauplätzen eingesetzt, zuerst in Ostsee und Nordsee, dann in Norwegen und im Westraum und später im Schwarzen Meer, aber auch im Mittelmeerraum. Dort trafen Anfang 1942 die auf dem Rhein-Rhone-Kanal und auf der Rhone verlegten Boote der 3. SBootflottille ein. Unter anderem kamen diese Boote vor Nordafrika zum Einsatz; dort operierten sie gegen den britischen Nachschubverkehr in das damals eingeschlossene Tobruk, als Stützpunkt diente ihnen Derna. Diese am 1. Juni 1942 entstandene Aufnahme zeigt ein dort liegendes Schnellboot, das mit Segeltuchplanen abgedeckt ist, um es der vorzeitigen Entdeckung aus der Luft zu entziehen.

In den letzten Tagen des Krieges wurden alle fahrfähigen Schiffe in der Ostsee zur Rettung von Landsleuten aus den von der Roten Armee überrollten Reichsgebieten eingesetzt. Auch SBoote waren dabei. Diese am 8. Mai 1945 gemachte Aufnahme zeigt ein SBoot mit Soldaten der Kurlandarmee an Bord. die in letzter Stunde Libau verlassen konnten. – Aus dieser Perspektive wird auch der Klappenmechanismus der Torpedorohre deutlich. Anders als bei den mit Oberdeck-Torpedorohren ausgestatteten Booten brauchte die Öffnungsklappe einen nur halb so langen Weg zurückzulegen, bis das Rohr schußbereit war. Gut erkennbar ist die in einem "Brunnen" montierte 4 cm-Bofors-Flak.

Die gleiche Szenerie: Hier ein SBoot beim Flüchtlingstransport aus Pillau, das am 24. April 1945 geräumt wurde. Innerhalb der letzten vier Tage bis zur Aufgabe dieser Bastion wurden von dort mehrere Zehntausend Flüchtlinge, Verwundete und Wehrmachtsangehörige evakuiert. Dieses Boot führt die gegen Kriegsende stärkstmögliche FlaBewaffnung – achtern ist es eine 2 cm-Vierlingslafette C/38, hinter der Brücke ein 2 cm-Zwilling und in dem in die Back eingelassenen Leichtmetallbrunnen eine 4 cm-Bofors-Flak.

This picture was also taken in the last days of the war. This S-Boat is transporting refugees from Pillau which was evacuated on 24th April 1945.

Nach der deutschen Kapitulation hatten auf Weisung der Siegermächte alle deutschen Kriegsschiffe ihre Identität sichtbar zu machen. Name oder Kennung waren am Vorschiff oder an der Brücke aufzumalen. Auf dem Bild hat S 95 längsseits des Schnellboottenders TSINGTAU festgemacht, sichtbar schon teilweise desarmiert. Dieses Boot hatte die alte Brückenausführung behalten. Alsbald ist es den Engländern zugesprochen worden, die es 1949 an einen privaten Eigner verkauften; sein weiterer Verbleib ist bis heute ungeklärt geblieben. 1967 wurde lediglich bekannt, daß es zu einer Motoryacht hergerichtet werden soll, doch scheint es nicht dazu gekommen zu sein. Möglicherweise sind den damaligen Eignern letztlich Bedenken um die Wirtschaftlichkeit ihrer geplanten Aufwendungen gekommen und sie haben das Boot verschrotten lassen.

When the war ended, the surviving German warships had their names or numbers painted on the bridge or hull. Pictured here are the S-Boat S 95 and the S-Boat tender TSINGTAU.

Auf diesem Bild liegen nach der Kapitulation mehrere alte und neuere SBoote in der Dritten Einfahrt in Wilhelmshaven, im Vordergrund S 10 und S 68. Beide Boote wurden den USA zugesprochen.

This picture was also taken shortly after the end of the war and shows several S-Boats in Wilhelmshaven. The S 10 and S 68 are in the foreground.

Zwei Boote konnte die neue deutsche Marine in ihrer Aufbauphase übernehmen. Inzwischen sind sie längst ausgesondert und zu Schrott verarbeitet worden. Eines von ihnen war S 130, das – nachdem es 1945 britische Beute geworden war – unter der Bezeichnung FPB 5130 fuhr und 1957 der Bundesmarine übergeben und unter der Bezeichnung UW 10 als Schulboot der Unterwasserwaffenschule fuhr. Das Boot war 1943 von der Travemünder Schlichting-Werft gebaut worden und überdauerte bei der 9. SBootflottille den Krieg. Dieses Bild zeigt es in umgebautem Zustand bei der neuen deutschen Marine.

The German Navy was re-established in 1955 and was able to take over two wartime S-Boats. One of these was the S 130 which the British gave back. This picture shows how the former S 130 – known as the UW 10 in the Federal German Navy – looked after she was recommissioned.

MINENSUCH-UND RÄUMBOOTE

Von den während des Ersten Weltkrieges gebauten 130 Minensuchbooten des 450 t-Typs "1916" gingen 34 an die Reichsmarine über. Ein Teil von diesen ist zwar für eine Reihe von Sonderaufgaben – in der Hauptsache als Flottentender und Begleitschiffe – abgezweigt worden, aber der überwiegende Teil von ihnen stellte noch auf Jahre hinaus den Kern der Minensuchverbände dar. Mit ihrem tiefschwarzen Farbanstrich und ihren meist stark qualmenden Schornsteinen – diese Boote hatten kohlenbeheizte Kessel erhalten – boten sie ein Bild, das aus der Erinnerung vieler früherer Angehöriger der Kriegsmarine nicht zu verdrängen ist. Mitte der 30er Jahre wurden dann die Vorarbeiten für einen Nachfolgetyp, das sogenannte "MBoot 35", in Angriff genommen; bei diesem hatte man sich für ölbeheizte Hochdruckkessel entschieden. Bis 1942 wurden 69 solcher Einheiten gebaut, sie erwiesen sich als sehr leistungsfähig, hatten auch eine angemessen starke Bewaffnung, waren aber für einen schnellen Serienbau zu aufwendig, um dem sprunghaft gestiegenen Bedarf rasch zu erfüllen. Daher griff man auf den alten Typ "MBoot 16" zurück und entwickelte aus ihm einen wieder mit kohlenbeheizten Kesseln ausgerüsteten einfacheren Typ, das sogenannte "MBoot 40". Dabei gelang es, diese Einheiten bei einem Verzicht von etwa 10 v. H. der Leistung ihrer Vorgänger mit nur etwa halb so großem Arbeitsaufwand zu bauen. Die sehr viel einfacheren Fertigungsmethoden erlaubten dann auch, einige Werften im Ausland – nämlich in den Niederlanden – zum Bau heranzuziehen. Dieser Serie folgte alsbald der etwas vergrößerte, sonst aber weitgehend gleiche Typ "MBoot 43". Von beiden konnten bis Kriegsende 150 Einheiten in Dienst gestellt werden.

Verhältnismäßig früh entwickelt worden waren in Deutschland die Räumboote, kurz "RBoote" genannt. Diese waren, aufbauend auf im Ersten Weltkrieg mit ähnlichen Fahrzeugen gemachten Erfahrungen, zum Räumen flachstehender Minen bestimmt und sind von Bauserie zu Bauserie weiterentwickelt worden. Insgesamt konnten bis Kriegsende über 300 "RBoote" in Dienst gestellt werden; diese bewährten sich außerordentlich gut und traten auf allen Seekriegsschauplätzen auf. Schwerpunkte waren dabei der Ärmelkanal und der Finnenbusen.

MINEHUNTERS AND MINESWEEPERS

Some 34 of the Type "1916" minehunters built during the First World War were taken over by the Reichsmarine, the German Navy of the 1920s. Some of them were however used as tenders, training ships and escorts, but the rest continued to be used by the minehunter flotillas. It was the mid-1930s before work began on a replacement and this led to the design of the "Minehunter 1935".
Sixty-nine of them had been built. However, they were too expensive and complicated for mass production in wartime, so a simplified version, the "Minehunter 1940" was developed and built in larger numbers. In 1943, the enlarged by largely similar version, the "Minehunter 1943" was introduced and this was built in sections. Of the latter two types, some 150 were commissioned by the end of the war.
The minesweeper were developed relative early. Based on similar ships of the First World War, they were designed to clear mines in shallow waters and they were continually improved and enlarged during the time of their construction. Over 300 minesweepers were commissioned by the end of the war.

Wem von den ehemaligen Kriegsmarineangehörigen sind sie nicht in Erinnerung geblieben, die schwarz gepönten und schwarzqualmenden Minensuchboote der 30er Jahre? Während des Ersten Weltkrieges gebaut, sind sie viele Jahre lang im Dienst geblieben, teils bis zum Ende des Zweiten Weltrieges. Sie erwiesen sich als gute Seeschiffe, kamen mit ausgebrachtem Suchgerät bis auf 13 kn Fahrt und erwiesen sich im Betrieb als sehr zuverlässig. Ein Teil von ihnen wurde für Sonderaufgaben abgezweigt: Diese fuhren als Versuchsboote, Schulfahrzeuge, Begleitschiffe, Tender und Fischereischutzboote und erfüllten ihren Dienst ebenso zuverlässig. M 89 war eines der im aktiven Minensuchdienst verbliebenen Boote. Im Dezember 1917 vom Stapel gelaufen und am 1. Januar 1918 in Dienst gestellt, geriet es im Zweiten Weltkrieg frühzeitig in Verlust: Am 26. Juli 1940 sank es vor der holländischen Küste nach einem Minentreffer. Das Bild von M 89 wurde im April 1939 aufgenommen.

The minehunters of the First World War were reliable and sea-worthy ships which gave years of service and could use their seeking equipment at speeds of up to 13 knots. A number remained in service after 1945. Pictured here is the M 89 in April 1939.

M 130, im Juli 1919 für die Reichsmarine in Dienst gestellt, wurde frühzeitig zum Artillerieschulboot umgebaut und führte seit Mai 1928 den Namen FUCHS. Im Oktober 1940 ist das Boot zurückbenannt worden: Weil jedoch die Nummer 130 für einen Minensucher-Neubau reserviert war, ist ihm die Ziffer 530 zugeteilt worden. Als M 530 fuhr es bis 1944, danach als M 3800, und als solches ist es im November 1945 der Sowjetunion übergeben worden. Diese Aufnahme der FUCHS ist in den frühen 30er Jahren entstanden, wie die am Heck wehende alte Reichskriegsflagge signalisiert.

Pictured here is the FUCHS, a gunnery training ship which had been a minehunter in the First World War. It was one of those ships that survived the Second World War and was then taken over by the Russians.

The "Minehunter 1935s" were designed for offshore work and were very manoeuvrable. They were well armed by were otherwise too complicated. These pictures are of the M 5 and M 8, both of which were sunk in the war.

Von M 25 ab hatten die "MBoote 35" vielfach statt des Schwerkraft-Davitpaares eine Bootsschwinge zum Aus- und Einsetzen des Beibootes. In Anspielung an seine charakteristische Form wurde diese vielfach als "Fußballtor" bezeichnet. Die Aufnahme oben rechts entstand im August 1941 in Riga, wo kurz nach dem deutschen Einmarsch zwei "MBoote 35" festgemacht haben. Von beiden ist die Bootsschwinge gut zu sehen.

From the M 25 onwards, many of the "Minehunter 35s" had a boom instead of the davit and this looked like a football goalpost and was nicknamed so by the crews. This picture has two minehunters with their "goalposts" clearly visible.

Es waren vorzügliche Seeschiffe, sie hatten außerordentlich gute Manövriereigenschaften und zudem eine starke Bewaffnung, aber sie erwiesen sich als recht komplizierter Typ, und ihre Antriebsanlage zwag das Maschinenpersonal zu besonderer Leistungsbereitschaft: Mit dem "MBoot 35" erhielt die Kriegsmarine einen beachtenswerten, hochseefähigen Typ, mit dem antriebstechnisch neue Wege beschritten wurden: Die beiden Lentz-Doppelverbund-Expansions-Dampfkolbenmaschinen (gelegentlich auch als "Dampfmotoren" bezeichnet) waren eine Neuentwicklung. Links oben und unten sind M 5 und M 8 zu sehen, beide im Januar 1939 in Dienst gestellt und beide im Krieg verlorengegangen.

"M-Böcke" – als solche wurden im nichtoffiziellen Marinesprachgebrauch die Minensuchboote bezeichnet – beim Auslaufen aus einem Stützpunkt. Das quer laufende Boot läßt deutlich die Bootsschwinge erkennen.

Minehunters sailing out of their base.

Wegen ihrer Schlagkraft und auch wegen ihrer Wendigkeit wurden die "MBoote 35" von ihren britischen Gegnern vielfach anerkennend als "Channel Destroyers" bezeichnet. Tatsächlich zeigten sie sich der im Ärmelkanal herrschenden Lage stets voll gewachsen und widerstanden dem gegnerischen Druck, nicht zuletzt wegen ihrer verhältnismäßig starken Artillerie. Diese bestand aus zwei 10,5 cm-Geschützen und einer 3,7 cm- sowie bis zu sechs 2 cm-Flak. Insbesondere aber waren es die 10,5 cm-Geschütze, mit denen sie sich immer wieder den Gegner vom Leibe halten konnten. Das obere Bild ist in einem westfranzösischen Hafen von Bord eines "MBootes 35" entstanden und zeigt im Vordergrund das 10,5 cm-Geschütz vor der Brückenfront. Für jedes der beiden 10,5 cm-Geschütze gab es 240 Schuß Munition. An Deck aufgestapelt mehrere Patronengeschosse, die meisten davon in ihren hülsenförmigen Schutzbehältern. Auf dem unteren Bild ist die in achterer Position aufgestellte 3,7 cm-Einzel-Flak zu sehen, rechts am Bildrand blickt man auf Wasserbomben. Im Hintergrund auf Gegenkurs ein Torpedoboot der "Raubtier"- oder "Raubvogel"-Klasse.

Due to their powerful armament and manoeuvrability, the British nicknamed the "Minehunter 35" the "Channel Destroyer" and they were indeed well suited to that task, especially because of their armament. This is a good picture of their guns – in the foreground is a 10.5 cm gun and on the stern of the boat in the background, her 3.7 cm AA gun is visible.

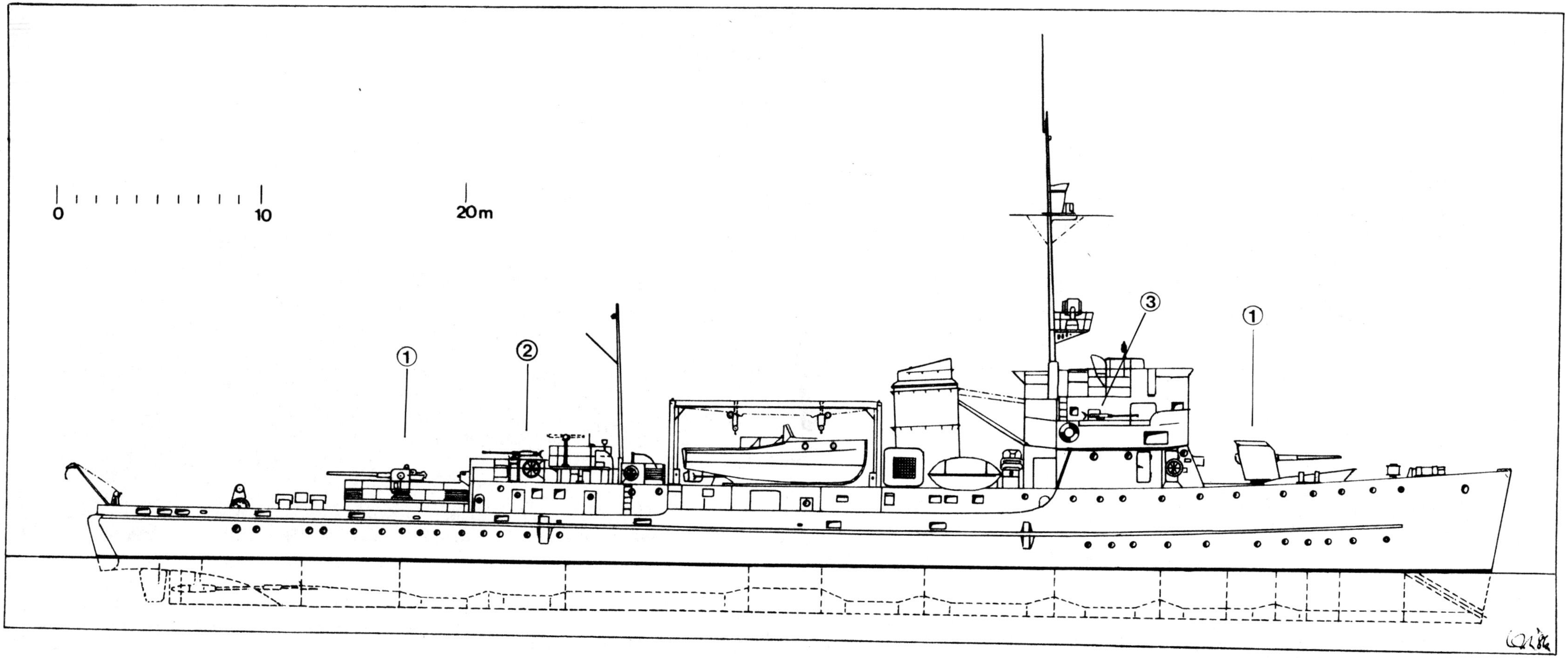

Die "Minensuchboote 35" erwiesen sich als komplizierter, aufwendiger Typ. Gebaut wurden sie ab 1936 auf verschiedenen Werften in Hamburg, Stettin, Lübeck, Elbing, Memel, Bremen, Rostock und Wesermünde. Ihr Zulauf setzte im Herbst 1938 ein. Voll ausgerüstet kamen sie auf eine Verdrängung von über 870 ts. Ihre Länge betrug 68 m, die Breite kam auf 8,7 m, und der Tiefgang erreichte 2,6 m. Alle hatten Einheits-Expansionsmaschinen mit 3500 PS Konstruktionsleistung, womit eine Geschwindigkeit von 18 kn erreicht wurde. Die Bewaffnung umfaßte zwei 10,5 cm-Geschütze (1), eine 3,7 cm-Flak (2) und zwei einzelne 2 cm-Flak (3).

Well designed, but too complicated and expensive: The "Minehunter 35". With full equipment, they displaced over 870 tonnes.

Arg zerzaust bietet sich dieses eingedockte "Minensuchboot 35" dar; Brücke und Schornstein zeigen deutliche Trefferschäden, die dahinter liegenden Aufbauten sind völlig zertrümmert – alles Folgen eines Tieffliegerangriffs, der auch unter den Besatzungsangehörigen empfindliche Ausfälle verursachte. Diese Aufnahme ist im Westraum entstanden.

The result of an air attack. A "Minehunter 35" in dock with heavy damage to the superstructure.

In einem norwegischen Hafen: Mehrere "Minensuchboote 35" im Päckchen liegend während einer Einsatzpause. Das Bild läßt die verschiedenartige Bewaffnung erkennen: Wo das außen festgemachte Boot ein 10,5 cm-Geschütz mit einem "Spar"-Schutzschild (die Norm war ein bis über das Verschlußstück reichendes Schutzschild) ausgerüstet ist, hat das nächste Boot auf der gleichen Position eine 3,7 cm-Zwillingsflak C/30 erhalten. Hier mehrere Besatzungsangehörige nach der morgendlichen Musterung beim Einteilen zum Dienst.

In a Norwegian port. A number of "Minehunter 35s" during a break in operations in their base port. Note the difference in armament.

Ein "Minensuchboot 35" läuft mit kleiner Fahrt in einen norwegischen Hafen ein. Auf dem Vorschiff hält sich seemännisches Personal zum Festmachen bereit. Im Hintergrund sieht man ein gerade gewassertes Flugboot der Luftwaffe.

At slow ahead, a "Minesweeper 35" returns to its Norwegian base. In the background is a Luftwaffe flying boat.

Obwohl in wesentlich größeren Stückzahlen vorgesehen, wurden nur 69 "MBoote 35" gebaut. Davon ging die Hälfte im Krieg verloren, die meisten durch Angriffe aus der Luft (11), 7 durch Minentreffer, 6 durch Torpedotreffer, 3 im Gefecht, eines durch Kollision und 6 durch Selbstversenkung. Haupteinsatzgebiete waren der Kanal und Westfrankreich. Diese beiden Bilder zeigen "MBoote 35" im Verband und vor einem Kanalhafen.

It had been planned to mass produce the "Minehunter 35", but only 69 were built. Half of them were destroyed in the war. They were deployed mainly in the western theatre of operations where these pictures were taken.

Die überlebenden 35 "MBoote 35" teilten die Siegermächte unter sich auf – die USA vereinnahmten 17, die Briten 5 und die Sowjets 13 Boote. Letztere wurden ausnahmslos in das Schwarze Meer überführt und verrichteten teils bis in die 60er Jahre hinein Dienst. Alle führten eine mit dem Buchstaben "T" beginnende alphanumerische Kennung, wobei "T" für "Tral'shchik" stand, zu deutsch Minensuchboot. Hier ist das Boot T-921 am 7. August 1947 auf dem Verlegungsmarsch in das Schwarze Meer zu sehen. Bedauerlicherweise konnte bis zur Gegenwart von keinem dieser Boote die Identität festgestellt werden.

Some 35 "Minehunters 35a" survivied the war and they were devided up amongst the allies. The Russians took 13. One of them, the T 921, is shown here.

209
F 208

Abbildung linke Seite: Die fünf "MBoote 35" gehörten zu jenen Einheiten, die den Grundstock der 1956 neu aufgestellten deutschen Marine bildeten. Diese waren 1945 von den Amerikanern als Beute übernommen und 1947 an Frankreich weitergegeben worden. Neun Jahre später kaufte die Bundesrepublik Deutschland sie zum Stückpreis von 1 Million DM als "Abgeltung von Unterhaltskosten" zurück, und um die Jahreswende 1956/57 trafen sie in Wilhelmshaven ein, wo sie wenige Wochen später in Dienst gestellt wurden. Fortan führten sie die Namen von Insekten, weshalb nicht nur marineintern, sondern auch bei der Küstenbevölkerung vom "Insektengeschwader" gesprochen wurde. Trotz einer relativ aufwendigen Werftinstandsetzung sind sie schon sechs Jahre später außer Dienst gestellt worden und dienten danach – sicherheitshalber mit 700 Kubikmeter Styroporplatten ausgefüllt – als Zielschiffe. Auf diesem Bild sind im Vordergrund die BREMSE und vor ihr liegend zwei Schwesterschiffe – davon an der Pier die BRUMMER – zu sehen. Das Bild entstand in jener Zeit, da die Boote noch als Ausbildungsschiffe fuhren.

Five of the "Minesweeper 35s" were given to the newly-founded Federal German Navy in 1955. They were captured by the Americans in 1945 and then handed over to the French. They were used for years as training ships. This picture shows serveral of them: in the foreground is the BREMSE.

Shortly after the outbreak of the Second World War, the development of a new type of minehunter commenced. This was less complicated and expensive than its predecessor. Due to the shortage of fuel oil, they were fitted with coal-fired boilers. The first of these "Minehunters 40s" were built in Germany, but over 100 contracts were given to Dutch shipyards and these were fulfilled quickly and reliably. By mid-1943, they had delivered 80 such ships to the German Navy. The M 495 was one of these.

Obwohl die "MBoote 35" einen gut brauchbaren, nicht allein für Minensuchaufgaben geeigneten Typ darstellten, waren sie konstruktiv so aufwendig, daß ein schneller Serienbau nicht in dem Maße möglich war, wie er unter kriegsmäßigen Verhältnissen anzustreben war. Im September 1939, kurz vor Kriegsbeginn, wurde daher die Entwicklung eines neuen Minensuchertyps begonnen, der so einfach konstruiert war, daß er auch auf kleineren, im Kriegsschiffbau weniger erfahrenen Werften gebaut werden konnte. Zugleich ging man im Hinblick auf die Verknappung des für den Schiffsmaschinenbetrieb erforderlichen Öls auf Kohlenfeuerung zurück, mit welcher auch die im ersten Weltkrieg entstandenen Minensuchboote fuhren. Diese Arbeiten führten zum Typ "MBoot 40". Die ersten Boote wurden an heimische Werften vergeben, aber über 100 Aufträge ergingen an dreizehn niederländische Werften. Diese wickelten sie schnell und zügig ab, bis zum Sommer 1943 erhielt die Kriegsmarine von ihnen achtzig solcher Einheiten. M 495 war eine solches Boot, gebaut von der Schiffbauwerft Gebrüder Pot N.V. in Bolnes und in Dienst gestellt im März 1943. Es überlebte den Krieg, wurde dann zum Freiräumen von Minensperren verwendet und gelangte schließlich nach Frankreich, wo sein Abbruch erfolgte. Das Bild zeigt M 495 im Jahr 1943, ausgerüstet als sog. "Kampfboot", d. h. mit einer auf zwei 10,5 cm-Geschützen verstärkten Artilleriebewaffnung.

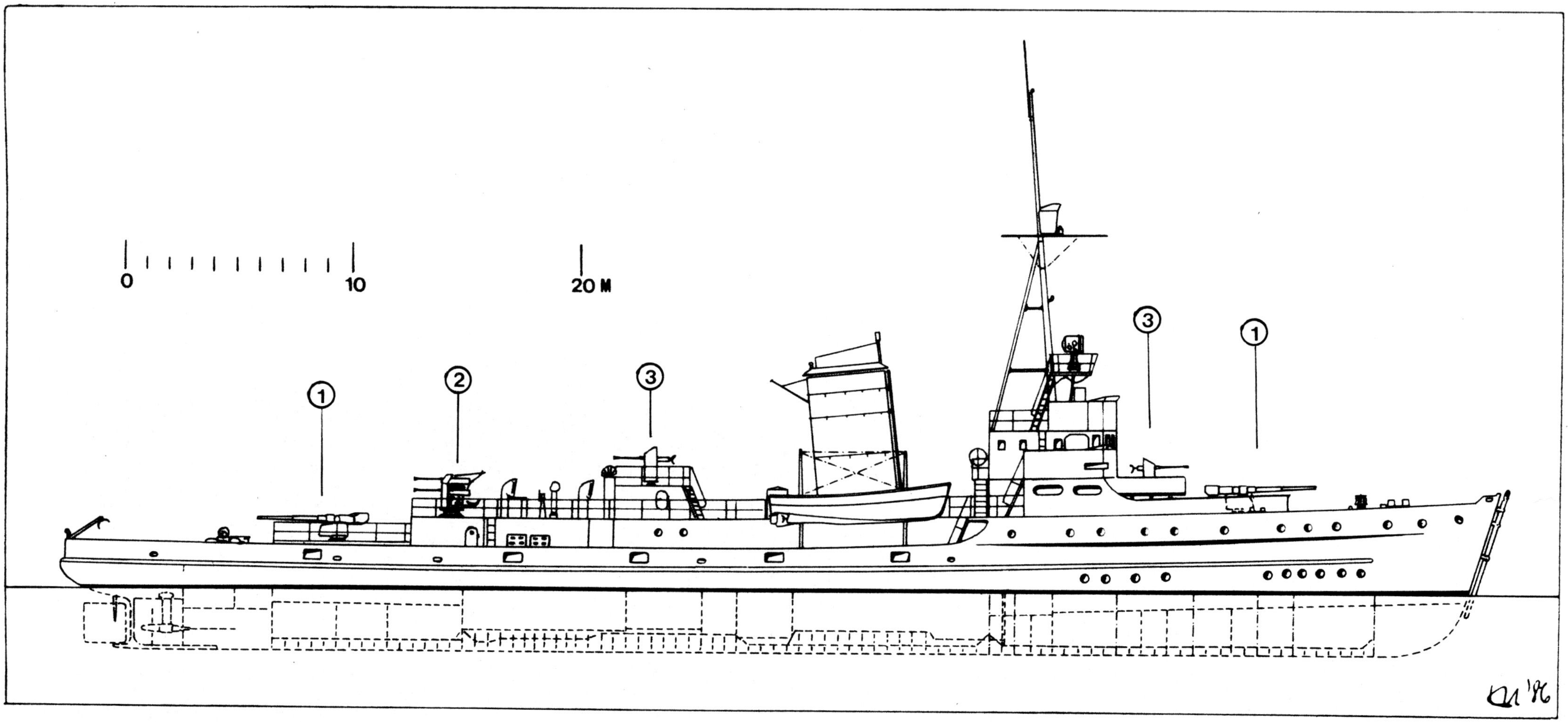

Als recht gute Seeschiffe erwiesen sich die "MBoote 40"; ihren Entwurf hatte man stark an die im Ersten Weltkrieg gebauten Minensuchboote angelehnt. Wie diese, so erhielten auch sie kohlenbeheizte Kessel. Ihre beiden dreizylindrigen dreifachwirkenden Expansionsmaschinen leisteten nach Konstruktion 2400 PS, womit 17 kn Geschwindigkeit zu erreichen waren. Diese Boote hatten eine Einsatzverdrängung von mehr als 700 ts und waren 62,3 m lang und knapp 9 m breit. Die Bewaffnung bestand aus zwei 10,5 cm-Geschützen (ohne Schutzschilde) (1), einer 2 cm-Vierlingsflak (2) oder einer 3,7 cm-Einzelflak sowie zwei 2 cm-Einzelflak (3).

The "Minehunter 40" proved to be of sea-worthy design and construction. Their design was based largely on the First World War minehunter of the Imperial German Navy. They too, as did the "Minehunter 40", were fitted with coal fired boilers.

Von den insgesamt 131 gebauten "MBooten 40" gingen 63 im Krieg verloren, den Rest vereinnahmten die Siegermächte: 30 erhielten die Sowjetunion, 25 behielten die Amerikaner und 13 gingen nach England. Der Großteil der von der Sowjetunion übernommenen Boote blieb im Gegensatz zu ihren erbeuteten "MBooten 35" in der Ostsee, wo sie bis weit hinein in die 60er Jahre häufiger zu sehen waren. Von ihnen fuhr ein Teil mit Bewaffnung, ein anderer Teil ohne eine solche. Eines der am längsten fahrbereit gebliebenen Boote war die MAGNIT (= Magnet), die hier – aufgenommen am 21. April 1960 – mit der Kennung G-482 zu sehen ist. Dabei stand der Buchstabe "G" für "Gidrograficheskoye Sudno", zu deutsch Vermessungsfahrzeug.

A total of 63 of the 131 "Minehunter 40s" built were lost in the war and the remainder were taken over by the allies. The Russians too had their share including the MAGNIT pictured here which they used as a survey boat.

Auch einige "MBoote 40" gehörten zu den Erstbeständen der neuen deutschen Marine. Diese stammten aus dem Beuteanteil der Amerikaner, die sämtliche ihnen zugefallenen deutschen Minensuchboote im "Deutschen Minenräumdienst" zusammenführten und nach dessen Auflösung aus den wenigen verbliebenen Fahrzeugen eine "Arbeitseinheit" formierten, eine sogenannte "Labour Service Unit". Hierzu gehörten auch fünf "MBoote 40" und ein "MBoot 43". Die Amerikaner überließen sie im Sommer 1956 der deutschen Bundesmarine, die ihnen die Namen von Seetieren gab und sie bis Ende der 60er Jahre in Dienst hielt. Auf dem Bild haben sich alle sechs Boote in Kiellinie formiert. Erkennbar sind an ihren Buchstabenkennungen SEEHUND (SH), vormals M 388, und SEEIGEL (SE), vormals M 460. Charakteristisch für sie waren auch hier ihre weithin sichtbaren qualmenden Schornsteine.

The old "Minehunter 40" was amongst the first ships of the new Federal German Navy. This picture taken in 1957 shows them in line ahead.

Einzelne "MBoote 40" wurden zweckentfremdet als sogenannte "Torpedo-Schieß-(stand)Boote" fertiggestellt. Diese fuhren bei den Ausbildungs-Ubootflottillen in der Heimat, auf ihnen lernten künftige Kommandanten und Wachoffiziere das Torpedoschießen. Das Bild zeigt das Minensuchboot M 278 als TS 4 mit der Attrappe eines Ubootturmes vor dem Brückenaufbau, in dem sich die Schießenden aufhielten. Aufgenommen von der Brücke ist hier der Augenblick festgehalten, da ein Torpedo das Rohr verläßt. Im Vordergrund eine 3,7 cm-Flak. Dieses Boot fuhr später in der neuen deutschen Marine als SEESTERN.

A number of "Minehunter 40s" were used as "Torpedo Training Boats". They were fitted with two torpedo tubes and future U-Boat captains and officers were trained in firing torpedos. These pictures show the M 278 in her role as TS 4. The close-up, taken from the bridge, is of the torpedo tubes.

Um einen noch schnelleren Zulauf von Minensuchbooten zu erreichen, entstand nach Plänen von 1942 der für den Sektionsbau konzipierte Typ "MBoot 43". Dabei handelte es sich um ein um zehn Spanten (= 5,50 m) verlängertes "MBoot 40" in verschiedenen Bauausführungen: je nach Bedarf konnten die Boote mit kompletter Sperrwaffenausrüstung als Minensucher, mit verringerter Sperrwaffenausrüstung, aber größerer Wasserbomben-Zuladung (147 Wasserbomben!) als Ujäger, als Torpedoschießboote mit zwei Torpedorohren für den Ausbildungsbetrieb oder als Torpedofangboote für den gleichen Zweck verwendet werden. Das Programm kam zu spät, als daß es sich noch hätte auswirken können. Für mehr als 160 Boote wurden noch die Bauaufträge erteilt, aber bis Kriegsende konnten nur 17 fertiggestellt werden, und von diesen ging eines durch Kampfhandlungen verloren, alle übrigen vereinnahmten die Siegermächte als Beute. Von diesen gelangten 1949 zwei nach Italien, wo sie bis in die 60er Jahre hinein im Dienst blieben. Das Bild zeigt M 610 kurz vor Kriegsende vor Rostock. Auffallend an ihm ist die starke Bewaffnung: Zwei 10,5 cm-Geschütze, zwei 3,7 cm-Flak und eine 2 cm-Vierlingsflak. M 610 repräsentierte die Minensuchboot-Variante.

In 1942, plans were made to increase the rate of production of minehunters by building them in sections. This new type was known as the "Minehunter 43". By the end of the war, however, only 17 had been finished. This is one of them, the M 610.

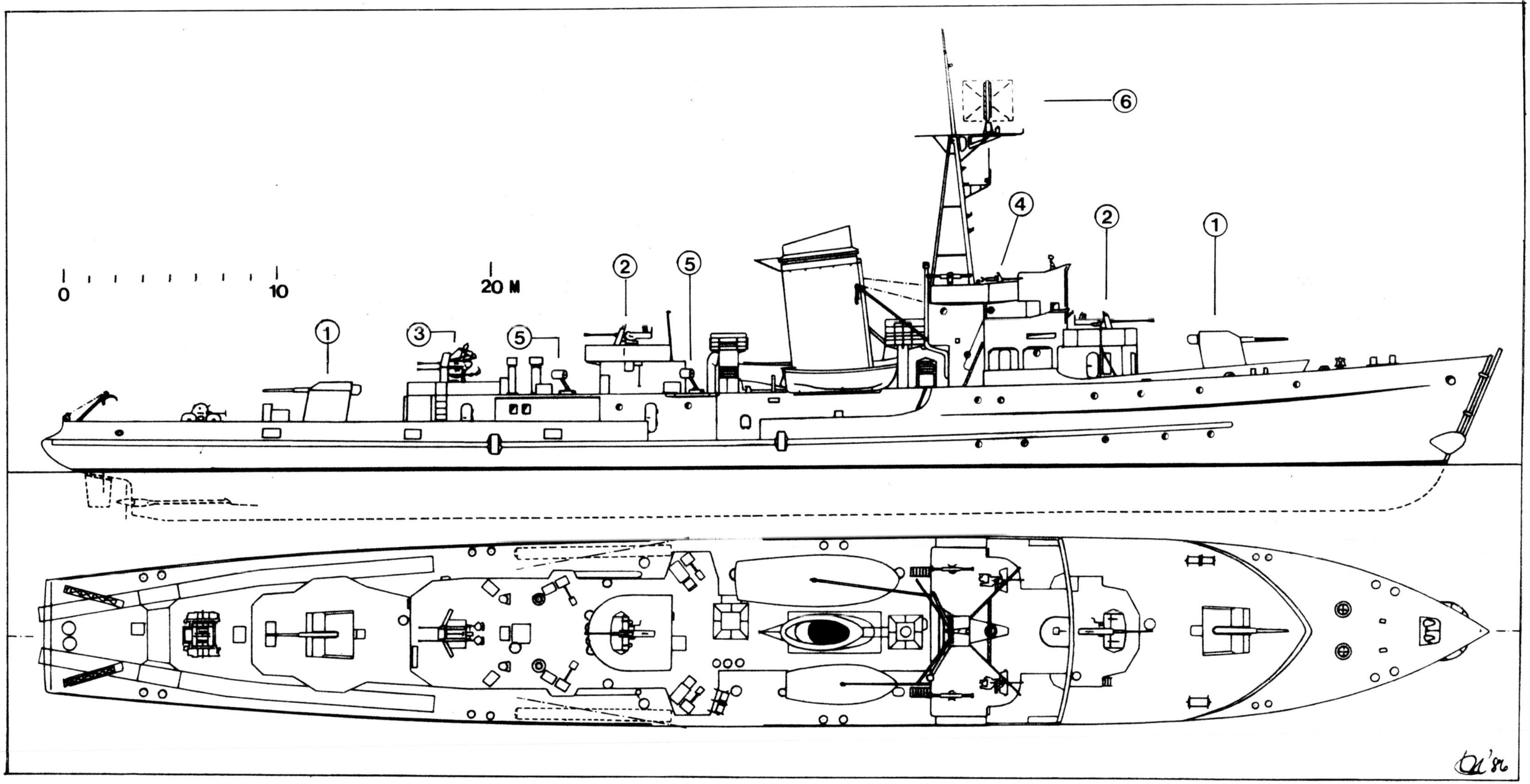

Die "MBoote 43" waren verbesserte und etwas vergrößerte Nachfolger des bewährten Typs "MBoote 40", wurden aber nicht mit herkömmlichen Methoden gebaut, sondern entstanden in Sektionsbauweise. Ihre Antriebsanlage war die gleiche geblieben, dementsprechend waren Leistung und Geschwindigkeit. Voll ausgerüstet kamen sie auf über 800 ts Verdrängung, ihre Länge war auf knapp 68 m angewachsen, die Breite die gleiche geblieben. Die Bewaffnung bestand aus zwei 10,5 cm-Geschützen mit Schutzschilden in Einzelaufstellung (1), zwei neuen 3,7 cm-Einzelflak (2), einer 2 cm-Vierlingsflak (3), zwei einzelnen 2 cm-Flak (4) und einigen Wasserbombenwerfern (5). Bei diesen Booten war im Gegensatz zu den Vorgängern von Anfang an ein Funkmeßortungsgerät vorgesehen (6).

The "Minehunter 43" was an improved and slightly bigger successor of the "Minehunter 40". They were, however, not built by conventionel methods, but by sections.

Unten:

Die Entwicklung der deutschen Minenräumboote, kurz 'RBoote" genannt, reichte bis in den ersten Weltkrieg zurück. Aufbauend auf den Erfahrungen dieser Jahre schuf die Reichsmarine schon in ihren Anfängen sogenannte "Sperrübungsfahrzeuge"; diese waren ausschließlich zum Minenräumen im unmittelbaren Küstenbereich – hauptsächlich vor Flußmündungen und Häfen – bestimmt und hatten Dieselmotoren als Antriebsmaschinen. Die ersten Boote – es waren R 1 bis R 16 – erwiesen sich jedoch als zu klein. Zu diesen gehörte R 6, die im September 1933 in Dienst kam. Ganz achtern hat es ein Sortiment an Fahrwasserbojen an Bord.

The development of minesweepers goes back to the First World War. Building on the experience of that time, the German Navy of the 1920s developed a new type of ship designed exclusively to clear mines in shallow waters. The R 6 was one of them.

Der Großteil dieser ersten RBoot-Serie wurde während des Zweiten Weltkrieges über Rhein und Rhone in das Mittelmeer verlegt und bildete dort die 6. RBootflottille. Bis Kriegsende wurde sie nahezu aufgerieben, die letzten Boote wurden von ihren Besatzungen versenkt. Dieses Boot – nach den Ankerklüsen kann es sich nur um R 15 oder R 16 handeln – ist am 1. Juni 1942 in Derna aufgenommen worden.

Many of the small minesweepers built in the 1930s were sent via the Rhine and Rhone to the Mediterranean. One of these – probably the R 16 – photographed in the North African port of Derna in June 1942.

Mitte der 30er Jahre ist eine zweite Serie von RBooten in Angriff genommen worden; bei diesen hatte man auf Grund der mit ihren Vorläufern gemachten Erfahrungen die Wasserverdrängung verdoppelt. Sie erhielten keine herkömmlichen Festpropeller, sondern Voith-Schneider-Antrieb. Dadurch wurden sie außerordentlich wendig und manövrierfähig; demgegenüber wurde eine kaum ins Gewicht fallende Geschwindigkeitseinbuße gegenüber vergleichbaren Booten mit herkömmlichen Propellern als vertretbar hingenommen. Während des Krieges stieg die Verdrängung von Bauserie zu Bauserie und wuchs auf eine Größe bis nahe 160 ts an, aber an der Grundkonstruktion wurde nichts geändert. Daher waren sich alle "RBoote" sehr ähnlich und ließen sich nur schwerlich nach ihren Bauserien unterscheiden. Das obere Bild zeigt R 18, eines der ersten mit Voith-Schneider-Antrieb ausgestatteten Boote, hier noch in friedensmäßigem Farbanstrich und noch ohne Bewaffnung. Auf dem unteren Bild ist ein gestoppt liegendes Boot zu sehen, offenbar beim Verwundetentransport. Im Vordergrund ein anderes RBoot, von dem zwei Wasserbomben zu sehen sind.

In the mid-1930s, the construction of a second series of minesweepers was commenced. Their displacement was twice as much as the previous boats and they were fitted with Voith-Schneider engines rather than conventional propellers. This greatly increased their manoeuvrability. The R 18 was one of these boats. The next picture shows a minesweeper at a stop, probably to transfer a wounded member of the crew.

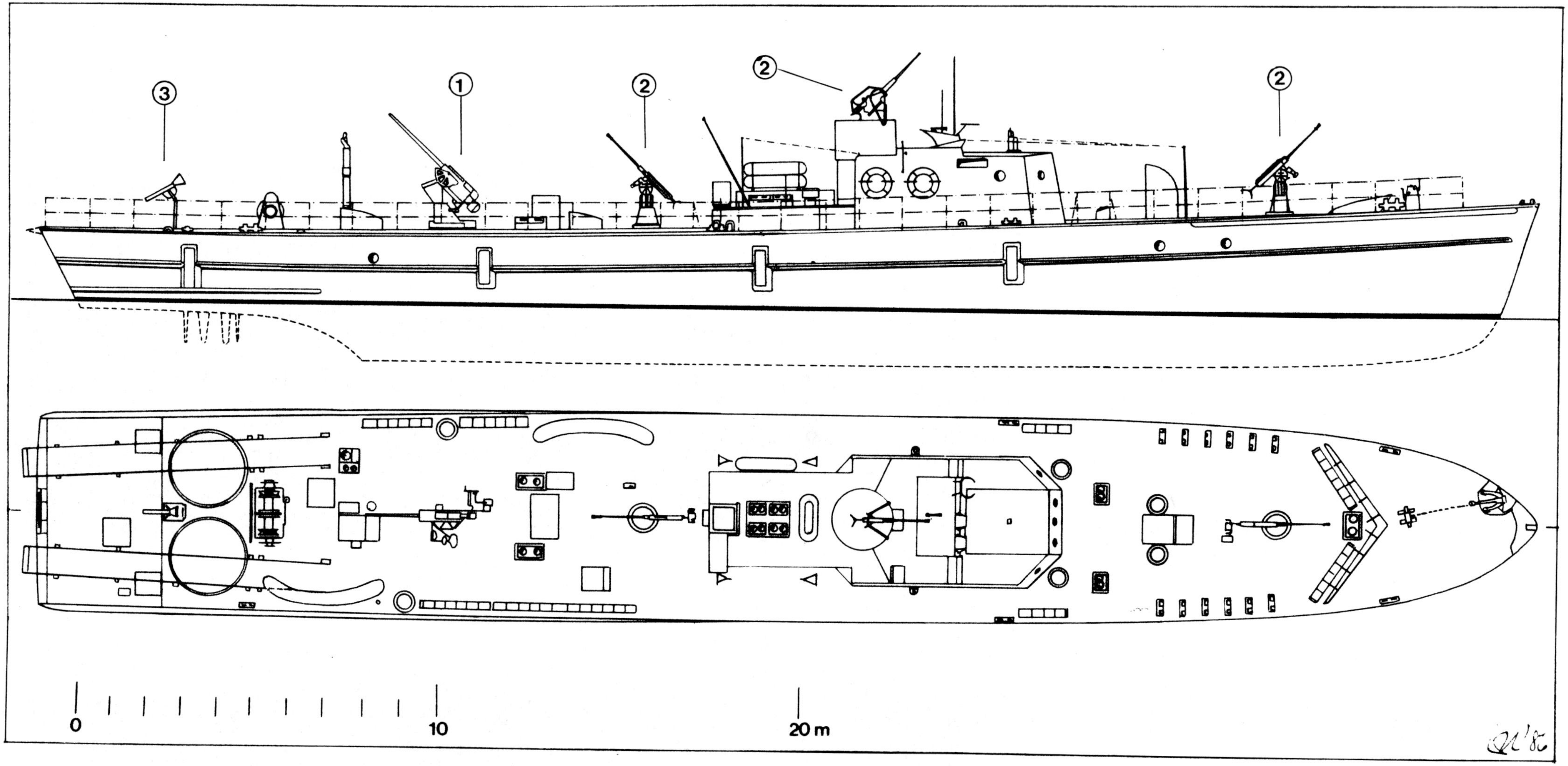

Die Minen-Räumboote – in der Kriegsmarine allgemein kurz "RBoote" genannt – erwiesen sich als durchweg gut gelungen. Diese Zeichnung zeigt die mit Voith-Schneider-Propellern ausgerüstete Serie R 130-150. Als Antriebsmaschinen standen zwei MAN-Achtzylinder-Viertakt-Diesel von zusammen 1800 PS Leistung zur Verfügung; damit konnte eine Geschwindigkeit von über 19 kn erreicht werden. Die mit solchen Voith-Schneider-Propellern ausgerüsteten RBoote manövrierten außerordentlich gut und drehten auf der Stelle, aber sie blieben gegenüber ihren mit herkömmlichen Propellern ausgerüsteten Schwesterbooten um etwa ein Zehntel in der Geschwindigkeit zurück. Diese Boote hatten eine Einsatzverdrängung von 155 ts, waren 41 m lang, 5,8 m breit und gingen 1,7 m tief. Die Bewaffnung bestand aus einer 3,7 cm-Flak (1), drei 2 cm-Flak in Einzellafetten (2) und einem 8,6 cm-Raketenabschußgerät "Föhn" (3).

These minesweepers proved to be of good design and construction and met all their requirements. This drawing is of the Series F 130-150 which had the Voith-Schneider propellers.

Right:
As the rate of production of Voith-Schneider engines fell short of the rapidly growing need, during the course of the war, a number of boats were fitted with conventional propellers. The boat pictured here on a slipway has conventional propellers.

Right out:
Two minesweepers in a French port, probably St. Nazaire. Note their camouflage paint.

Weil die Fertigung von Voith-Schneider-Antriebsanlagen hinter dem schnell anwachsenden Bedarf an RBooten zurückblieb und nur schwerlich zu steigern war, kam es im Kriege zum Parallelbau solcher Boote: Die einen erhielten verfügbare Voith-Schneider-Anlagen, die anderen wurden mit herkömmlichen Festpropellern ausgerüstet. Ein Boot mit Propellern ist hier aufgeslipt zu sehen; die Aufnahme stammt vom Herbst 1941. Der am Bildrand rechts auszumachende Posten macht deutlich, daß es sich um eine Werft im besetzten Gebiet handelt, wahrscheinlich im Westraum.

Alltag im RBoot-Dasein: Dieses Bild wurde im Sommer 1941 in einem westfranzösischen Hafen – wahrscheinlich ist es Saint Nazaire – aufgenommen und zeigt zwei RBoote an der Pier liegend. Aus dieser Perspektive wird der Tarnanstrich des Ruderhauses deutlich. Noch ist die Gefährdung aus der Luft zu ertragen, aber schon ein Jahr später steigt sie sprunghaft an und zwingt zu Gegenmaßnahmen: Splitterschutz des Ruderhauses, verstärkte Flakbewaffnung, Schutzschilde für die Geschütze und neuartige Raketenabschußgeräte sind für die RBoote und vergleichbaren Einheiten die einzig möglichen Mittel dagegen. Hier genügen noch die ungeschützt aufgestellten 2 cm-FlaMG C/30, von denen jeweils das vordere zu sehen ist.

Kleinere Instandsetzungen wurden während der Hafenliegezeiten durchgeführt. Wenn es irgendwie zu machen war, half man sich mit eigenen Kräften, mit "Bordmitteln", und nahm Hilfe von Werften nicht in Anspruch, da diese ohnehin überlastet waren. Solche Arbeiten werden augenscheinlich auf diesem RBoot durchgeführt, dessen Mast niedergelegt ist. Die Oberlichter des Motorenraumes sind geöffnet. Nach der Zahl und Anordnung der Lüfter scheint es sich um ein Boot aus der Bauserie R 9 - R 16 zu handeln.

Die RBoote konnten vielseitig verwendet werden. Neben ihren eigenlichen Aufgaben der Minenbekämpfung wurden sie zu Seenotrettungseinsätzen und zum Geleitdienst herangezogen. Einen solchen Einsatz zeigt dieses am 9. September 1940 an der westfranzösischen Küste entstandene Bild: Ein von Feindfahrt zurückkehrendes Uboot läuft in seinen Stützpunkt ein, eskortiert von mehreren RBooten.

Above:
The minesweepers proved to be very adaptable. They were used for escort duties, rescues, etc. This sweeper is escorting a U-Boat into port.

Right:
Minor repairs were undertaken in port by the crew. The boat pictured here is being repaired. Note that the mast has been lowered.

Life at sea for the small minesweepers was always fraught with difficulties. They were under constant threat of attack by enemy aircraft and gunboats and were often badly damaged. Two of these pictures show a minesweeper between two sister ships after undergoing emergency repairs. The front of the boat is missing, the hull below the wheelhouse badly damaged. The picture, on the next page, shows the wheelhouse of a minesweeper that shows distinct signs of aerical attack.

Die kleinen RBoote hatten es draußen schwer genug – sie konnten bei plötzlichen Angriffen nicht wie Schnellboote mit Höchstfahrt ablaufen und dem Gegner den gezielten Angriff erschweren, sondern mußten auf Position bleiben und versuchen, sich ihn mit ihren spärlichen Waffen vom Leibe zu halten. Dadurch konnten sie oftmals nur um Haaresbreite ihrer eigenen Vernichtung entgehen; aber es gab auch immer wieder Verluste auf ihnen. Wenn – wie auf den Bildern zu sehen – ein Boot trotz schwerer Treffer schwimmfähig blieb, war das schon ein Glücksfall. Hier sind zwei RBoote in einem Hafen an der Kanalküste zu sehen, zwischen denen ein quasi halbes RBoot liegt: Bei diesem fehlt das Vorschiff, der Rumpf ist unterhalb der Ruderhausfront behelfsmäßig abgeschottet bzw. dichtgesetzt. Flugzeuge waren die ärgsten Feinde der RBoote; als vermeintliche leichte Beute wurden sie von solchen immer wieder angegriffen. Aber oftmals konnten solche Angriffe nicht nur abgewehrt, sondern dem Gegner auch Verluste zugefügt werden. Von solchen Abschußerfolgen kündeten wie auf dem umseitigen Bild die am Ruderhaus aufgemalten Symbole und Daten.

Auch Minenräumboote französischer Herkunft wurden in deutsche Dienste genommen. Bei der Besetzung Frankreichs waren zwei noch nicht fertige Boote eines neuen Typs vorgefunden worden, weitere sechs waren noch kaum oder überhaupt nicht begonnen. Ihr Fertigbau erfolgte dann unter deutscher Regie, sieben Fahrzeuge konnten als RA 1 - 4 und RA 6 - 8 in Dienst gestellt werden (''RA'' leitete sich aus ''Räumboot Ausland'' ab). Eines dieser Boote – vermutlich RA 3 – ist hier unter deutscher Flagge zu sehen. Auf dem Vorschiff eine 3,7 cm-Flak in Ubootlafette, hinter dem Schornstein ein 2 cm-FlaMG C/30.

Seven French minesweepers were taken over by the German Navy. This was one of them.

Zerstörer Z 28, der "Schreibstuben-Zerstörer", aufgenommen auf der ersten Probefahrt in der Ostsee.
Destroyer Z 28 on his first trial trip in the Eastern Sea.

Zerstörer HANS LÜDEMANN (Z 18) im November 1938 in Kiel.
Destroyer HANS LÜDEMANN (Z 18), Kiel in November 1938.

Kurz vor Kriegsbeginn in der Ostsee: Schnellboote bei Verbandsübungen, im Hintergrund S 11.
Before beginning of war in the Eastern Sea: "Schnellboote" in formation training, in the background S 11.

Die HESSEN, eines der beiden ferngelenkten Zielschiffe, hier zusammen mit dem Fernleitboot BLITZ, einem ehemaligen Torpedoboot.
The HESSEN one of the radio-controlled target-ships, here together with the Fernleitboot BLITZ (control ship) a former torpedo-boat.

Bei Formationsübungen: Tarnbemalte "Torpedoboote 35" in der Ostsee.

Formation-training in the Eastern Sea: camouflaged Torpedoboote 35.

Die RBoote wurden auf allen Seekriegsschauplätzen eingesetzt, selbst in der oft stürmischen Biscaya, wo dieses Bild aufgenommen wurde.

The R-boats were put into action in all sea-regions, even in the often stormy Biscaya, where this picture was taken.

Ein Minenschiff bei einer Minenunternehmung. Hinter seinem Heck eine gerade fallende Mine.

A mine-layer in action. Behind his stern a just fallen mine can be seen.

In einem Atlantikhafen warten mehrere Transporter auf den Auslaufbefehl, an ihnen vorbei verläßt gerade ein Minensuchboot den Stützpunkt.
Some transporters in an atlantic-harbour waiting for order to put to sea. Passing along a mine-sweeper leaves the base.

Lazarettschiff GRAZ, ein ehemaliges Schulschiff der griechischen Marine.
Hospital-ship GRAZ, a former training-ship of the greek navy.

Als die Luftgefährdung zuzunehmen begann, half man sich auf kleineren Einheiten zunächst mit Improvisationen. Dieses 1942 im Westraum aufgenommene RBoot hat zwei auf dem Ruderhaus aufgebaute MG 42 erhalten. Völlig deckungslos standen hinter ihnen die Schützen, wenn Tiefflieger angriffen. Hinter dem achteren 2 cm-FlaMG C/30 ist der Kombüsenschornstein zu erkennen.

As the danger of air attack was constantly increasing, better defence was improvised. This minesweeper has two extra machine guns fitted on the wheelhouse.

Von rund 300 RBooten gingen etwa die Hälfte an den verschiedenartigsten Kriegsursachen verloren. 140 Boote konfiszierten die Siegermächte nach dem Waffenstillstand: Die USA behielten für sich 48 Boote, die Sowjetunion bekam 45, Dänemark 24, Großbritannien 11, die Niederlande 8 und Norwegen 4. Während die westlichen Verbündeten mit der Masse der ihnen zugefallenen Boote den unter ihrer Regie arbeitenden "Deutschen Minenräumdienst" formierten, sind die an die Sowjetunion gelangten Boote in die Baltische Rotbannerflotte eingegliedert worden. Sie erhielten sowjetische Rohrwaffen und blieben bis in die 60er Jahre hinein erhalten. Dieses am 6. Dezember 1949 im schwer mitgenommenen Swinemünde gemachte Bild zeigt sieben solcher sowjetischen Boote.

Around 300 minesweepers were built and about half of these were lost in action. 140 were confiscated by the Allies and divided amongst themselves. The Western Allies used their share to form a "German Minesweeping Service" which worked under their directions. The Russians, however, took their share into their own navy. This picture, taken in Swinemünde on 6th December 1949, is of a number of them.

Anläßlich des Beitritts der Bundesrepublik Deutschland zur NATO und der Wiederaufstellung deutscher Streitkräfte stellten die USA den Großteil der ihnen zugefallenen, zuletzt in der von ihnen in Bremerhaven bei der "Laboūr Service Unit (B)" zusammengefaßten RBoote der neuen deutschen Marine zur Verfügung; insgesamt waren es 26 Boote. Zusammen mit den gleichfalls zurückgegebenen "MBooten 40/43" formierten sie solange die Minenstreitkräfte der jungen Marine, bis sie von Neubauten abgelöst werden konnten. Dieses in der Bundesmarine unter dem neuen Namen WEGA und der NATO-Kennung M 1069 fahrende Boot gehörte zu ihnen. Es war das ehemalige Räumboot R 67, das 1940/41 auf der Werft von Abeking & Rasmussen in Lemwerder gebaut worden war. 1966 kam für dieses die Ausmusterung, danach diente es als schwimmendes Heim für Marinejugend-Angehörige.

The Americans gave their 26 minesweepers to the newly-founded Federal German Navy. In the years from the end of the war to then, they formed the "Labor Service Unit (B)". The R 67 was one of these boats and, renamed the WEGA, gave good service for another ten years.

MINENSCHIFFE

Speziell als solche erbaute Minenleger besaß die Kriegsmarine nicht. Die im September 1939 notwendig gewordenen Minensperren in der Nordsee und in der Ostsee mußten daher von den wenigen vorhandenen Kreuzern, Zerstörerm und Ubooten geworfen werden. Weil ihre Zahl unzureichend war und sich in absehbarer Zeit nicht nennenswert vergrößern ließ, mußten geeignete zivile Schiffe für diese Art der Seekriegführung ausgerüstet werden. Gemäß Mobilmachungsorder waren als erste dafür sieben Seebäderschiffe vorgesehen. Diese hatte man ausgewählt, weil sie infolge ihres Zweischraubenantriebes die notwendigen Manövriereigenschaften aufwiesen, die zum punktgenauen Werfen der Sperren erforderlich waren. Im Verlauf des Krieges wuchs die Zahl dieser als "Minenschiffe" bezeichneten Einheiten an, weil im Westraum und später auch im Mittelmeerbereich auf geeignetes Schiffsmaterial zurückgegriffen werden konnte. Darüber hinaus konnten auch einige ausländische Minenleger – vor allem norwegischer Herkunft – in den Dienst der Kriegsmarine gestellt und als Minenschiffe verwendet werden. Ein bedeutender Anteil der während des Zweiten Weltkrieges von deutscher Seite geworfenen mehr als 200.000 Minen ging auf das Konto dieser "Minenschiffe".

MINELAYERS

The German Navy did not have any purpose-built minelayer. When the war started, cruisers, destroyers and submarines were used to lay minefields. Because there were too few of them and their number was not likely to be increased appreciably in the near future, merchant ships were fitted to lay mines. Their numbers grew throughout the war, but because of their lack of speed, they were only used for defensive minelaying operations. The faster cruisers and destroyers were used for offensive minelaying operations. The vast majority of the 200,000 mines laid by the Germans in the Second World War can be attributed to the merchant ships.

Mit der Ausweitung des Krieges wurde der Sperrschutzbedarf immer größer. Damit mußte auch die Zahl der Minenschiffe vergrößert werden. Neubauten kamen nicht in Betracht, es blieb nur der Umbau geeigneten zivilen Schiffsraumes, der vornehmlich im besetzten Ausland requiriert wurde. Eines dieser Schiffe war die SKAGERRAK, ein in Aalborg/Dänemark für Norwegen gebautes Fährschiff. Dieses wurde 1940 übernommen und im gleichen Jahr in Dienst gestellt. Es sank am 20. Januar 1944 nach einem Torpedotreffer. Diese 1942 entstandene Aufnahme zeigt die SKAGERRAK in Kristiansand liegend. Längsseits hat das Kanonenboot K 1 festgemacht.

Foreign merchant ships were also requisitioned and used as minelayers. The SKAGERRAK, a Danish-built ferry, was one of the many. This picture taken in 1942 shows her with the gunboat K 1 in Kristiansand.

Reguläre Minenleger hatte die Kriegsmarine – bei ihr hießen sie "Minenschiffe" – nicht, aber Mitte der 30er Jahre waren für sie vier Minentransporter gebaut worden; ihre Namen: LAUTING, RHEIN, OTTER und IRBEN. Aufgabe dieser Schiffe war es, Minen dorthin zu transportieren, wo sie gebraucht wurden. Hierfür waren sie mit Minenschienen und mit entsprechendem Ladegeschirr zur Übernahme bzw. Übergabe ausgerüstet, jedoch nicht mit Wurfeinrichtungen. Ihre Ladekapazität lag bei 300 bis 370 Minen. Die obere Abbildung zeigt die OTTER, hier aufgenommen am 19. August 1938 in Kiel. 1944 sank dieses Fahrzeug infolge einer Minenexplosion im Gefolge von Bombentreffern. Die IRBEN (untere Abbildung) war zwar auf den gleichen Linien und Abmessungen gebaut, unterschied sich aber in den Aufbauten und hatte mit nur 240 Minen ein deutlich geringeres Fassungsvermögen. Die IRBEN sank im April 1945 in der Kieler Förde durch britische Fliegerbomben.

The German Navy did not have any purpose-built minelayers and only had a few mine carriers. They were the LAUTING, OTTER, RHEIN and IRBEN and their task was to transport the mines to where they could be passed on. They were not equipped to lay mines themselves. This picture is of the OTTER, the other is of the IRBEN which has camouflage paint.

Dem Seebäderschiff TANNENBERG waren nur wenige Friedensdienstjahre beschieden. Diese beiden Bilder liegen zeitlich nicht weit auseinander: 1938 in Pillau aufgenommen ist sie noch im zivilen Dienst zu sehen, auf dem anderen Bild als Minenschiff. Deutlich erkennbar sind die Minenwurframpen. Mit ihren drei 15 cm-Geschützen war die TANNENBERG das artilleristisch stärkste Minenschiff der Kriegsmarine. Auf ihr konnten bis zu 460 Mann untergebracht werden. Am 9. Juli 1941 ging sie in Ölandsund durch Minentreffer verloren.

The cruise liner TANNENBERG enjoyed but few years of peace. When this picture was taken, hardly any of the passengers were thinking of war. The next picture shows the TANNENBERG as a minelayer in 1940. A year later, she struck a mine and sank.

Kaum jemand von den vielen Fahrgästen der in der Nordsee und in der Ostsee verkehrenden Seebäderschiffe hatten gewußt, daß diese gemäß Mobilmachungsorder als Minenschiffe vorgesehen sind und schon gar nicht wurde von ihnen die Möglichkeit in Betracht gezogen, daß dieser Zeitpunkt nicht mehr fern ist. Als es dann im Sommer 1939 doch soweit war, sind die sieben ausersehenen Seebäderschiffe aus der Fahrt gezogen und in so schnellem Tempo für ihre zugedachte Aufgabe umgebaut worden, daß sie schon kurz nach dem Beginn des Krieges einsatzbereit waren. Diese Abbildung ist an einem sommerlichen Tag in Swinemünde aufgenommen worden, auf ihr ist das im "Seedienst Ostpreußen" verkehrende Seebäderschiff HANSESTADT DANZIG zu sehen, das auf Fahrgäste wartend an der Pier liegt.

There is no sign of war in this photo of the cruise liner HANSESTADT DANZIG taken in Pillau just before the outbreak of the war. Only a short time later, she was laying mines.

Ein ganz anderes, gar nicht mehr friedliches Bild: Das Minenschiff KAISER, aufgenommen ca. 1941 bei der Anbordnahme eines Seeflugzeuges vom Muster He-60. Die KAISER hatte zu diesem Zeitpunkt eine wechselhafte Geschichte hinter sich: 1905 erbaut, war sie bereits im Ersten Weltkrieg als "Streuminendampfer" im Einsatz, wurde 1919 britische Beute, 1920 zurückgekauft und von da ab im Nordsee-Bäderdienst verwendet. 1939 ist sie dann ein zweites Mal als Minenschiff in Dienst gestellt worden, war danach an vielen Sperrlegungen beteiligt und überdauerte den Krieg. 1945 vereinnahmten sie die Engländer ein zweites Man, doch überließen diese sie wenige Wochen danach der Sowjetunion, wo sie als NEKRASOV in Fahrt kam.

The minelayer KAISER taking on board a seaplane in 1941. This ship, built in 1905, had already seen action as a minelayer in the First World War.

Jede Mine war registriert, beim Werfen wurde minutiös verfahren und die genaue Position festgehalten. Hier Minen des Modells EMC – im Klartext "Einheitsmine C" – vor dem Werfen. Die Minen wurden auf Verschiebegleisen bis zur Wurframpe herangeschoben und über Bord gekippt. Die EMC-Minen hatten ein Gesamtgewicht von 1,5 t, davon entfielen 250 kg auf die Gefechtsladung. Diese wurde durch Berührungszündung zur Detonation gebracht; hierzu war die Mine mit fünf Bleikappen versehen. In jeder von diesen befand sich ein Minenglas mit einem Elektrolyt (eine Art von "Zündwasser"). Kam ein Schiff mit einer Mine in Berührung und verbog sich dabei eine von deren Bleikappen, so brach das Minenglas, wodurch das Elektrolyt zum Zündelement floß. Dadurch wiederum wurde ein Stromstoß erzeugt, der über die Sprengbüchse die Gefechtsladung zur Detonation brachte.

The EMC-Mine was the most common German mine. It weighed a total 1.15 tonnes and the charge itself was 250 kg. The detonators are clearly visible.

Der Ex-Seebäderdampfer ROLAND war von Anfang des Krieges an dabei: Gemäß Mobilmachungsorder war er als "Minenschiff A" bestimmt und stellte bereits am 24. August 1939 in Dienst, in der Folgezeit nahm er an zahlreichen Minenunternehmungen teil, die ihn bis in das finnische Kirkenes nahe am Nördlichen Eismeer führten. Ab Frühjahr 1944 befand sich die ROLAND in der Ostsee, dort ging sie im April 1944 in der Narwabucht durch zwei Minentreffer verloren. Als Bewaffnung hatte sie zwei alte 8,8 cm-Flak und zwei 2 cm-FlaMG C/30 zur Verfügung. Die Aufnahmekapazität lag bei 233 Minen. Dieses 1940 entstandene Bild zeigt das Mittelschiff der ROLAND. Die Schwarzbemalung der Schornsteinoberkante hatte zwar durchaus praktische Gründe (sie war wegen den stark rußhaltigen Kesselabgasen erfolgt und sollte dem schwarzen Niederschlag entgegenwirken, aber auch einen optischen Effekt: Dadurch schien der Schornstein wie bei einem "richtigen" Kriegsschiff mit einer Schrägkappe ausgestattet zu sein.

Another minelayer, the ROLAND. She had also been a cruise liner. She went down in the Narva Bight off Finland in 1944.

Das einzige "echte" Minenschiff der Kriegsmarine war ausländischer Herkunft – es handelte sich um den seit 1934 fahrenden norwegischen Minenleger OLAV TRYGGVASON. Er war am 9. April 1940 in Horten den einmarschierenden deutschen Wehrmachtteilen in fahrbereitem Zustand übergeben worden und erhielt zunächst den Namen ALBATROS. Seine Indienststellung erfolgte im Mai 1940, wenig später übernahm er den Namen des im August 1940 gesunkenen Artillerieschulschiffes BRUMMER. Es war an zahlreichen Sperrlegungen beteiligt, vor der belgisch-niederländischen Küste, im Finnischen Meerbusen, in der Nordsee und in Norwegen. Fast hätte die neue BRUMMER den Krieg heil überstanden, aber ein Werftaufenthalt wurde ihr zum Verhängnis: Am 3. April 1945 ist sie in einem Trockendock der Deutschen Werke Kiel von Bomben getroffen und schwer beschädigt worden, bald nach Einstellung der Kampfhandlungen wurde der Abbruch begonnen. Das Bild auf Seite 112 zeigt die BRUMMER 1942 in Nordnorwegen zusammen mit drei MBooten 35. Auf dem rechten Bild ist die BRUMMER 1943 beim Austreten aus dem Drontheimfjord zu sehen, offenbar auf dem Marsch zu einer Minenuntersuchung. Das untere Bild zeigt sie schließlich in dem Zustand, wie sie die Engländer bei der Besetzung Kiels vorfanden. Die Werft ist deutlich von den Spuren des Bombenkrieges gezeichnet.

The only "proper" minelayer in the German Navy was of foreign origin, the Norwegian OLAV TRYGVASON. She was confiscated in Norway in 1940 and served in the German Navy with the name BRUMMER until the end of the war. The first photo shows her in northern Norway with three "Minehunter 35s", the second shows her sailing out of a fjord to lay mines and the third shows her as a wrack in a dock in Kiel after being bombed in the last days of the war.

Ein wechselhaftes Schicksal war dem Minenschiff ULM beschieden, einem früheren Fracht-Motorschiff des Norddeutschen Lloyd. Es war 1940 übernommen und zunächst unter der Bezeichnung SCHIFF 11 in Fahrt gebracht worden. Seine erste Minenunternehmung führte es im April 1940 östlich des Schiffahrtsweges Dover-Themse-Mündung. Wenige Wochen später brach ein Brand auf ihm aus und beschädigte es schwer. Nach Reparatur konnte es im Herbst 1941 erneut in Dienst gestellt werden, diesmal unter dem Namen ULM. Es war das Minenschiff mit der größten Aufnahmefähigkeit an Minen geworden – entweder konnte es 355 UMB-Minen oder 482 EMC-Minen an Bord nehmen. Auf diesem Bild ist die tarnbemalte ULM bei einer gemeinsamen Operation zu sehen, im Hintergrund (zwischen ihrem Schornstein und dem achteren Mast) ist die Silhouette der BRUMMER zu erkennen. Im Sommer 1942 lief die ULM mit einer Ladung von 450 Minen aus, die nordwestlich der sowjetischen Insel Novaya Semlya gelegt werden sollten. Dabei wurde sie noch vor Erfüllung ihres Auftrages von drei britischen Zerstörern gestellt und versenkt. Von der Besatzung kam dabei der größte Teil um.

The minelayer ULM – formerly a banana boat – could carry the largest amount of mines, that is 355 UMB-mines or 482 EMC-mines. In summer 1942, she was located and sunk off Norway by British destroyers.

NETZLEGER UND NETZTENDER

Netzsperren hatten den Zweck, Ubooten das Eindringen in Häfen, Reeden und Liegeplätzen zu verwehren. Zum Auslegen solcher Netzsperren wurden Netzleger eingesetzt. Bei diesen handelte es sich um umgebaute Handelsschiffe, die teils aus deutschen, teils aus ausländischen Beständen abgezweigt wurden. Auf den Netztendern wurden erforderliche Wartungs- und Reparaturarbeiten an den Netzen und ihren Verbindungs- und Endstücken vorgenommen, Austauschteile bereitgehalten und andere damit zusammenhängende Arbeiten vorgenommen. Besondere Bedeutung kam den deutschen Netzsperrverbänden in der östlichen Ostsee zu, wo sie zusammen mit den Minenschiffen den Finnischen Meerbusen abriegelten und das Ausbrechen der sowjetischen Flotte verhinderten.

NET LAYERS AND TENDERS

In the Second World War, lines of nets played an important role as they could be used to protect ports, channels and moorings from submarines. Net laying ships were used and they were converted from merchantmen. Those of the German Navy were partly foreign and partly German ships. Net tenders were used to repair and maintain the nets and their lines. They carried replacement nets.

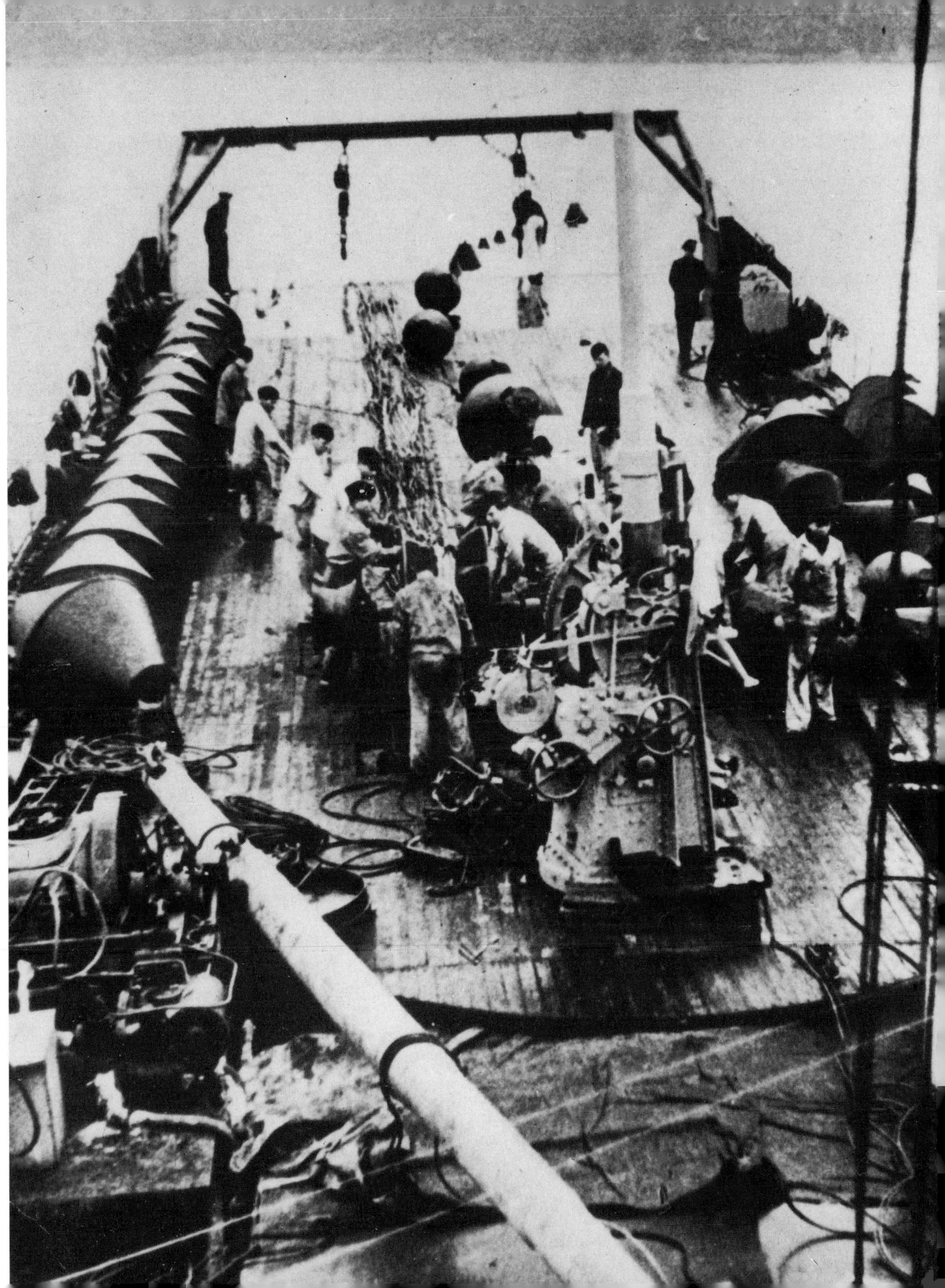

So ging es auf einem Netzleger zu: Vor einer Winde an Deck gehievt, wird das Sperrnetz von den Besatzungsangehörigen ausgebreitet, nach vorn gezerrt und mit Bojen und Ankern versehen – eine reine "Knochenarbeit". Diese Aufnahme entstand im Mai 1943. Wahrscheinlich handelt es sich um den NETZLEGER VII, bei dem es sich um die 1905 erbaute russische Dampfschalande ELPIDIFOR handelte. Diese war in den 20er Jahren unter französische Flagge gekommen und wurde 1941 von der Kriegsmarine beschlagnahmt und 1942 als Netzleger in Dienst gestellt.

This is how nets were laid. They were winched up onto the upper deck and then spread out by the crew, dragged forwards and attached to anchors and buoys. This picture was taken in 1941, probably on the NETZLEGER VII.

Der 1939 in Bremerhaven für die Bremer ARGO-Reederei gebaute Frachtdampfer FRANZ SCHÜTTE war einer der ersten Netzleger, welche die Kriegsmarine nach dem Ausbruch der Feindseligkeiten in Dienst stellen konnte. Er führte seit seinem im Oktober 1940 in Angriff genommenen Umbau zwar die Bezeichnung NETZLEGER I, doch waren ihm zwei Schiffe dieses Typs vorausgegangen, und zwar die im September 1939 in Dienst gestellten Frachtdampfer VALENCIA und GENUA der Hamburger Reederei Slomann; diese beiden Einheiten gingen jedoch im ersten Halbjahr 1940 verloren. Mit FRANZ E. SCHÜTTE begann dann eine neue Zählung.

The FRANZ E. SCHÜTTE, a steamer, was one of the first net layers.

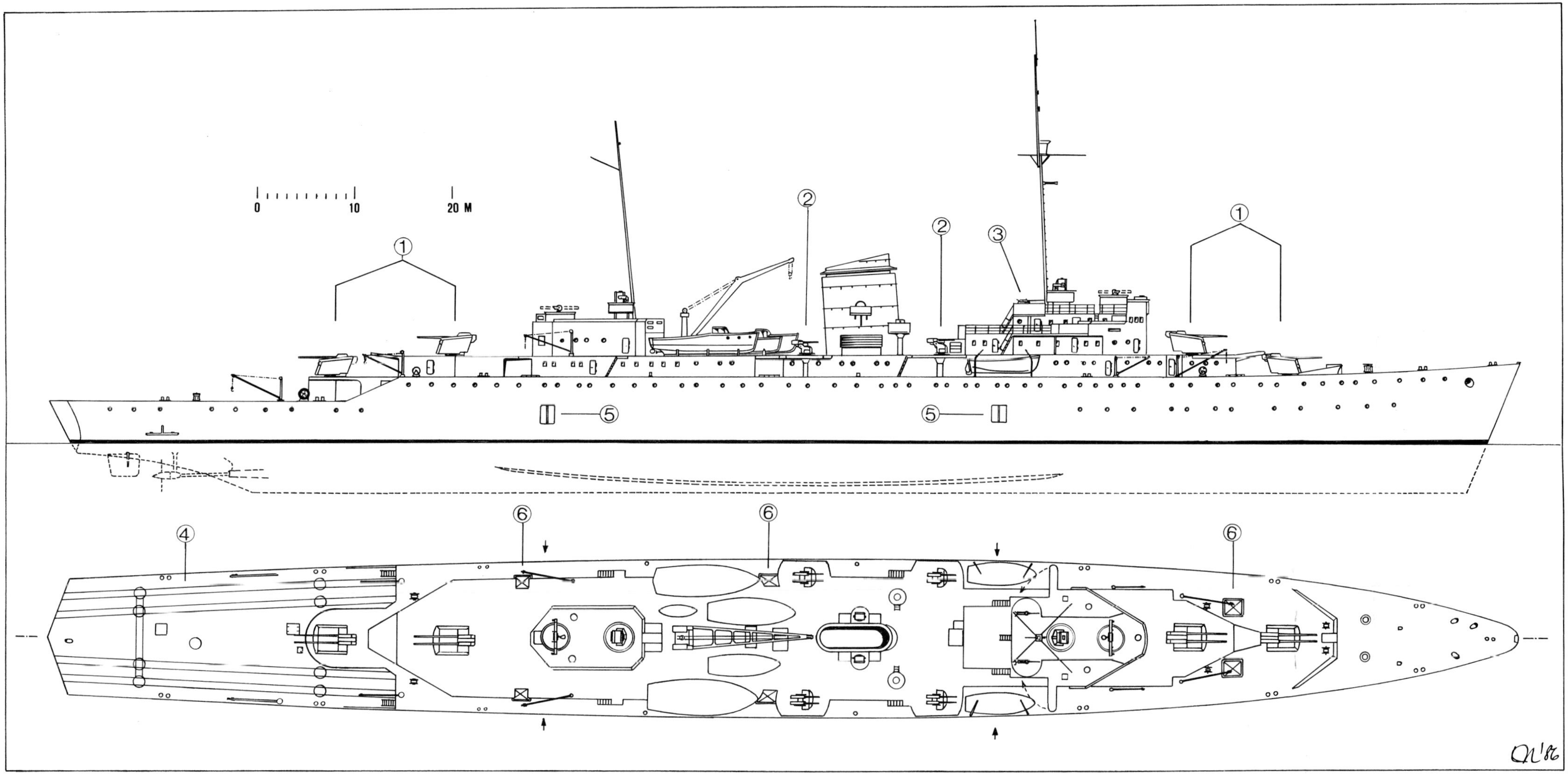

Bis Mitte der 30er Jahre gab es in der Kriegsmarine keine Planungen für Offensiv-Minenleger; im Kriegsfall sollten diese Aufgaben von Zerstörern, Torpedobooten, Minensuchbooten, Räumbooten und Schnellbooten wahrgenommen werden, darüber hinaus von einigen Hilfsschiffen. Aber ab 1937 wurden Pläne für solche Schiffe in Angriff genommen, und im Juli 1938 und im Mai 1939 sind insgesamt vier Minenschiffe in Auftrag gegeben worden; diese sollten vom Sommer 1941 ab zulaufen. Keines dieser Schiffe ist jedoch begonnen worden, kurz nach Kriegsausbruch wurden die Bauverträge für sie annulliert. Die projektierten Minenschiffe hätten über 6000 ts Einsatzverdrängung erreichen und 152 m lang und 16 m breit werden sollen. Für den Antrieb war eine 40.000 PS leistende Anlage aus Getriebturbinen vorgesehen, womit bis zu 28 kn Geschwindigkeit zu erreichen gewesen wären. Die Bewaffnung hätte aus acht 10,5 cm-Flak in Doppellafetten (1), acht 3,7 cm-Flak ebenfalls in Doppellafetten (2) sowie zwei 2 cm-Flak in Einzellafetten (3) bestehen sollen. Die an Bord aufzunehmenden 400 EMC-Minen sollten in einem auf Hauptdeck-Niveau befindlichen Minendeck gestaut werden; aus diesem Minendeck liefen Gleisspuren – insgesamt vier (4) – heraus und endeten am Heck an den Abwurfpositionen. Das Beladen des Minendecks sollte sowohl von der Seite her durch verschließbare Pforten (5) als auch von oben her über Ladeluken (6) erfolgen. In jeder Ladeluke verkehrte ein Lift, der jeweils eine Mine transportierte und nach unten brachte.

Until the mid-1930s, the German Navy had not planned to build any offensive mine layers. In 1937, the contracts for the building of four minelayers were awarded. However, the contracts were cancelled on the outbreak of war. This is how these ships were to look.

SPERRBRECHER: DER ANDERE WEG DER MINENABWEHR

Während die Minensuch- und Räumboote die Aufgabe hatten, festgestellte Minen unschädlich zu machen, waren die Sperrbrecher von ihrer ursprünglichen Konzeption her ausersehen, Minensperren zu durchbrechen und Sperrlücken zu schaffen, also als "Sperrbrecher" zu wirken. Dies bedeutete, daß von ihnen gewissermaßen 'vorsätzlich' Minen zur Detonation gebracht werden mußten, indem diese bewußt überfahren wurden; dabei mußten die Schiffe selbst so widerstandsfähig sein, daß sie dadurch nicht verlorengingen. Im Laufe des Jahres 1940 wurde jedoch immer deutlicher, daß sich die Lage grundlegend zu wandeln begonnen hatte, denn nicht mehr in 'abgesteckten' Feldern geworfene Ankertauminen bildeten die Gefahr, sondern die zunehmende, meist regellos erscheinende Verseuchung durch aus der Luft geworfene Grundminen mit magnetischen Zündsystemen. Für die Sperrbrecher hatte dies die Konsequenz, daß sie einen Eigenschutz erhalten mußten, der so weit nach voraus wirkte, um Minen in einem für sie ungefährlichen Abstand zur Detonation zu bringen. Dies führte zum sog. "VES-Sperrbrecher" dem Sperrbrecher mit "vorauswirkendem Eigenschutz", d. h. zu einem Schiff, das gleichsam als 'schwimmender Elektromagnet' wirkte. Ausgewählt wurden dafür durchweg Frachtschiffe bis zu etwa 5000 BRT, später konnten auch noch Marinefährprähme (MFP) dafür eingesetzt werwerden. Weit über einhundert Sperrbrecher kamen allen Seekriegschauplätzen zum Einsatz. Erwähnt wurden sie von den Medien ihrer Zeit so gut wie niemals, sie verrichteten ihren buchstäblich aufopfernden Dienst in aller Stille. Mehr als fünfzig Sperrbrecher gingen verloren – eine außerordentlich hohe Verlustrate!

PATHMAKERS, THE OTHER WAY TO GET THROUGH MINEFIELDS

The role of minehunters and sweepers was to locate mines and render them harmless. That of the pathmakers was however to sail through a minefield and clear a path by detonating as many as possible. Of course, the ship doing this would suffer severe damage, but they were built in such a way that they would remain floating for as long as possible. When the magnetic mine was introduced in 1940, a defensive system was developed which detonated the mines at a safe distance from the pathmaker. It was mainly merchant ships that were used as pathmakers, although later on, barges were used too.

Für die Mündungsgebiete großer Flüsse und Ströme bestimmt waren die bis zu 900 BRT großen Sperrbrecher wie die ehemalige MARTA, ein zu diesem Zeitpunkt bereits uraltes Schiff. Gebaut worden war es als Seeleichter um die Jahrhundertwende in Duisburg und wurde ab 1942 als Versuchsschiff verwendet und danach – ab 1943 – als SPERRBRECHER 104. Das Schiff schaffte mit seinen alten Dampfkolbenmaschinen gerade 8 kn Fahrt. 1945 geriet es in sowjetische Hand.

Much smaller ships were used in the estuaries of major rivers. Pictured here is the SPERRBRECHER 104, formerly the MARTHA.

Dem Frachtmotorschiff WALTRAUD HORN der Hamburger H. C. Horn-Reederei war ein wechselhaftes Schicksal beschieden: Nach Kriegsausbruch gelang es ihm, von Port of Spain (Trinidad) kommend die gegnerischen Blockadelinien zu durchbrechen und in die Heimat zurückzukehren; bald danach wurde es zur Rückführung von Baltendeutschen in das Reich eingesetzt, und von Mai 1940 ab ist es unter Reichsdienstflagge zunächst als Hilfssperrbrecher und ab September gleichen Jahres – jetzt unter der Reichskriegsflagge – als regulärer Sperrbrecher verwendet worden. Zwei Jahre später – im September 1942 – erhielt es vor Schleimünde einen Minentreffer, wurde schwer beschädigt und außer Dienst gestellt. Die Reparaturarbeiten erfolgten in Antwerpen, im August 1944 konnte seine Wiederindienststellung erfolgen. Im Januar 1946 übernahmen die Sowjets das Schiff und verwendeten es unter dem Namen KUSHKA weiterhin als Sperrbrecher. Dabei fuhr es zeitweise unter DDR-Flagge und mit DDR-Besatzung. Letztmals gesehen wurde das Schiff im Sommer 1972 in Swinemünde; zu dieser Zeit hatte es noch immer eine Bewaffnung sowie die unverkennbaren Sperrbrecher-Einrichtungen, schien also weiterhin der Marine unterstellt gewesen zu sein. Inzwischen dürfte es längst ausgesondert worden sein. Diese beiden Bilder zeigen die WALTRAUD HORN als SPERRBRECHER 24 zu verschiedenen Zeiten: Oben im Jahr 1941 mit nur wenigen FlaWaffen an Bord, unten ein Jahr später, schon mit verstärkter Bewaffnung (zwei 10,5 cm-Geschütze sowie vier 3,7 cm- und vier 2 cm-Flak) und mit Tarnbemalung.

One of the many. The SPERRBRECHER 24, formerly the WALTRAUD HORN. The picture below was taken in 1941 when she was only lightly armed and on the other, taken a year later, the increase in armament is apparent, and the additional camouflage paint.

SPERRBRECHER 13, ehemals Frachtmotorschiff MINERVA der Dampfschifffahrtsgesellschaft "Neptun" in Bremen, aufgenommen etwa 1943 mit Tarnanstrich und verstärkten, durch Stützbeine abgestagten Masten. Dieses Schiff überlebte den Krieg, kam bald danach bei seiner alten Reederei wieder in Fahrt und war noch bis Ende der 70er Jahre in den Schriffsregistern erfaßt.

The SPERRBRECHER 13, formerly the MINERVA, taken in 1943. Note the camouflage paint.

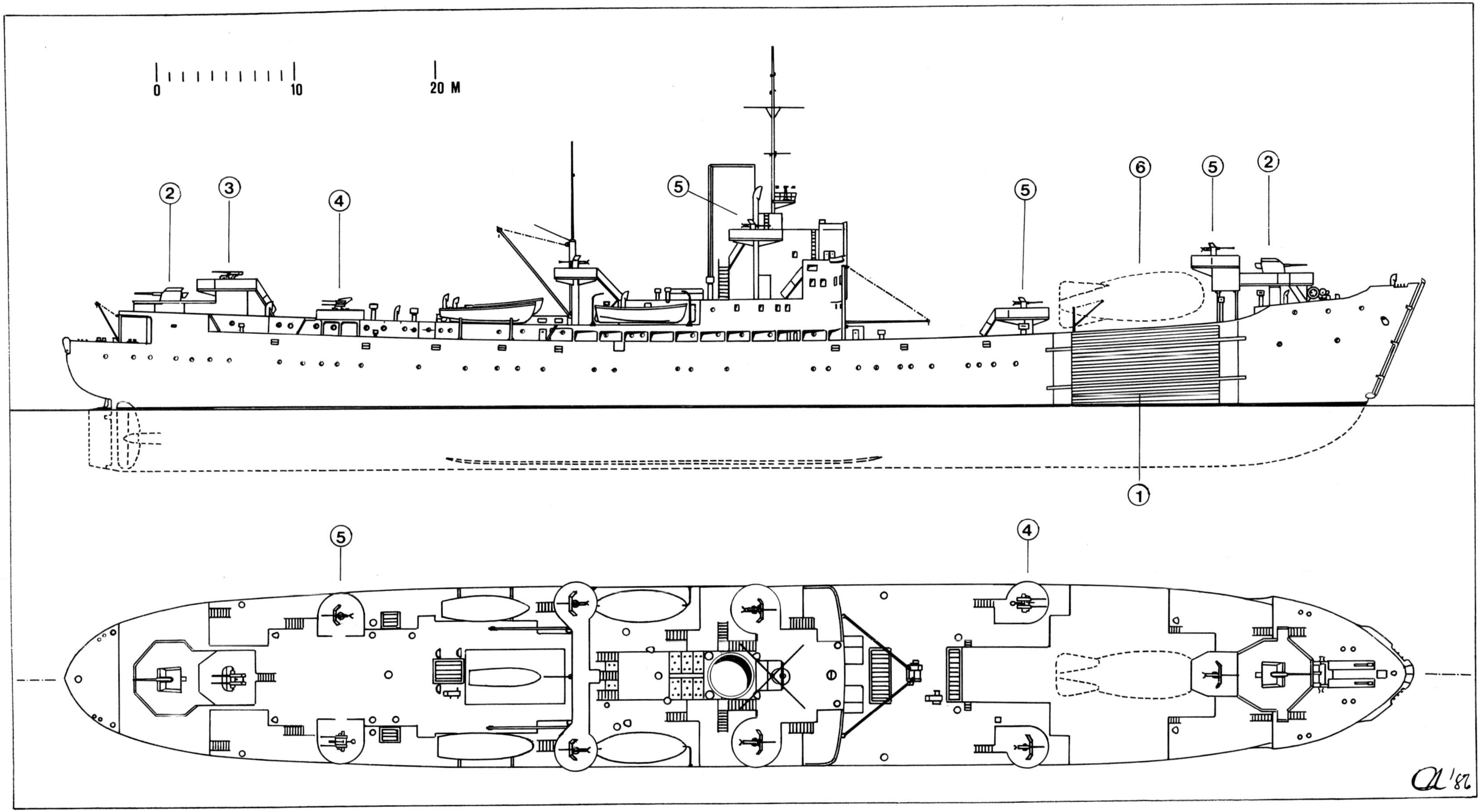

Der Sperrbrecher 32 ex MUR war ein ehemaliges Motorfrachtschiff des Norddeutschen Lloyd und kam als solches auf eine Größe von 3290 Bruttoregistertonnen. Nach Umbau zum Sperrbrecher betrug seine Wasserverdrängung 7500 ts. Die äußeren Abmessungen beliefen sich auf 115,10 m Länge über alles, 15,3 m Breite und 6,5 m größtem Tiefgang. Die Einwellen-Dieselantriebsanlage leistete 3.500 PS und befähigte das Schiff zu 14 kn Höchstfahrt. Dieser Sperrbrecher hatte eine VES-Anlage (VES = Voraus-Eigen-Schutz) und Wannenstauung innerhalb der Vertikalwicklung (1). Die Bewaffnung bestand aus zwei 10,5 cm-Geschützen in Einzelaufstellung (2), zwei 3,7 cm-Flak in Doppellafette (3), acht 2 cm-Flak in Vierlingslafetten (4) und sieben 2 cm-Flak in Einzellafetten (5). Zur Erschwerung von Fliegerangriffen wurde ein Sperrballon (6) mitgeführt.

The SPERRBRECHER 32, formerly the freighter MUR, was typical of the German pathmakers of the Second World War. She was one of the pathmakers equipped to deal with magnetic mines at a safe distance.

Das Frachtmotorschiff KEPLER der Dampfschiffahrtsgesellschaft "Neptun" wurde im April 1940 als Kohlenschiff für das in Vorbereitung stehende Unternehmen "Seelöwe" – der Landung in England – bereitgestellt und fuhr seit Anfang 1943 als SPERRBRECHER 177. Es gehörte zu den kleineren Schiffen dieser Gattung und überlebte den Krieg. Im Januar 1946 ist es an die Sowjetunion ausgeliefert worden, fuhr dort zunächst als Sperrbrecher VENTA und wurde später unter dem neuen Namen KULOY als Uboottender verwendet. Diese im August 1955 entstandene Aufnahme zeigt es als solchen.

The SPERRBRECHER 177 was once the freighter KEPLER. In 1946, she was taken over by the Russians and used for ten years as a submarine tender in the Baltic Fleet.

DIE GANZ KLEINEN:
Von Vorpostenbooten, Ujägern, KFK's und anderen "Dergl's"

Dem nach Kriegsbeginn immer größer werdenden Bedarf an Sicherungsfahrzeugen hätte die Kriegsmarine kaum abhelfen können, wenn sie nicht auf zivile Fahrzeuge zurückgegriffen hätte. Hauptsächlich erwiesen sich dafür die für den Hochseefischfang außerordentlich robust gebauten und sehr seetüchtigen Fischdampfer geeignet. Aus ihnen entstanden in erster Linie die Vorpostenboote; mit Marinepersonal (anfangs waren dafür vorwiegend Reservisten herangezogen worden) bemannt und meist mit einer 8,8 cm-Kanone und einem oder zwei FlaMG bewaffnet, versahen sie an vorderster Front ihren Dienst, dessen Eintönigkeit oft genug vom Feind gestört wurde. Ab 1940 kam weiteres Schiffsmaterial hinzu, das im Nord- und im Westraum und später im Südost- und Südraum erbeutet oder beschlagnahmt worden war. Die Zahl der Vorpostenboote ging in die Hunderte. Als die Luftüberlegenheit immer mehr zunahm, erhielten sie zwar eine Verstärkung ihrer Bewaffnung, dennoch blieben sie dem meist überlegen auftretenden Gegner ausgeliefert und erlitten hohe Verluste. Ihre 'Todfeinde' waren das Flugzeug und die Seemine.

Aus dem gleichen Potential kamen auch zahlreiche Hilfsminensuchboote, Ujäger und Flakjäger. Letztere waren ein Äquivalent zu den Ujägern und hatten statt einer großen Zahl von Wasserbomben eine angemessene Flakbewaffnung mit einem entsprechend großen Munitionsvorrat. Etwas größer waren die "Artillerieträger" – es gab deren "Schwere" (SAT) und "Leichte" (LAT). Bei ihnen handelte es sich in der Regel um kleine Küstenmotorschiffe, die im Geleitschutz, in der Küstensicherung und in der artilleristischen Unterstützung im Küstenbereich verwendet wurden.

Ab 1940 wuchsen in großen Stückzahlen die sog. "Kriegsfischkutter" (KFK) heran; diese wurden ebenfalls als Vorpostenboote, Ujäger, Minensucher und für andere Zwecke eingesetzt. Ihre Bauweise war bewußt einfach, ihr Bootskörper aus Holz gefertigt. Zwar nicht sonderlich schnell, hatten sie aber ausgezeichnete See- und Manövriereigenschaften. Ihre Bewaffnung war zwar unterschiedlich, doch bestand sie fast immer aus mehreren Rohren leichter Flak und vielfach auch aus Wasserbomben. Nicht zu vergessen sind die zahlreichen Kleinfahrzeuge, die als Hafenschutzboote, Ballon- und Nebelträger, in der Sicherung der großen Flüsse (hauptsächlich im Westraum) und in manchen anderen Bereichen ihren Beitrag zur Seekriegführung erbrachten. Sie alle gehörten zur breiten Masse der sog. "Dergl's" – diese Bezeichnung leitet sich aus der meist summarische Aufzählungen beschließenden Abkürzung für "dergleichen" ab –, deren Tätigkeit so gut wie nie in den täglichen Wehrmachtsberichten und Kriegsberichter-Reportagen erwähnt wurde.

THE EVEN SMALLER SHIPS: THE PATROL BOATS SUBMARINE HUNTERS, NAVAL CUTTERS AND OTHER "TUBS".

The rapidly rising need for security ships after the beginning of the war could only be met by using merchant ships. Fishing ships were the most suitable. At first, they were used for patrolling and soon after that as auxiliary mine and submarine hunters. It was not long before hundreds of this ships were in use. Later on, they were joined by the so-called "gun ships" which were small coasted motorboats used as escorts, in coastal patrols and to give fire to troops in coastal areas. Naval cutters were built in the largest numbers. They were simple to construct and had wooden hulls. Although they were not fast, they were both seaworthy and manoeuvrable. They were also used as patrol boats, auxiliary mine and submarin hunters. Furthermore, there were numerous smaller vessels which were used as port protection boats, barrage ballon and smoke carriers and for many other tasks, none of which were ever mentioned in the daily war reports but which were faithfully carried out to the bitter end.

So sahen die Vorpostenboote zu Anfang des Krieges aus. Auch bei ihnen handelte es sich durchweg um Fischdampfer. Dieser hier war jüngeren Baualters, seine Bewaffnung bestand aus zwei 8,8 cm-Kanonen hinter Schutzschilden.

This is how patrol boats looked at the beginning of the war. This trawler is armed with two 8.8 cm guns.

Unten:

Bereits 1936 wurden zwölf Fischdampfer angekauft; sie sind offiziell als "Hilfsminensuchboote" bezeichnet und in zwei Sperrwaffen-Schulflottillen zusammengefaßt worden. Mit ihnen sollten offenbar Erfahrungen gesammelt werden, um sie in einem zukünftigen Krieg bei der Requirierung und Ausrüstung von Fischereifahrzeugen für den Vorposten- und Sicherungsdienst verwerten zu können. Dieses im April 1939 aufgenommene Bild zeigt eines dieser ersten Hilfsminensuchboote, die HUGIN. Schon einmal, im Ersten Weltkrieg, war dieses im Kriegsdienst eingesetzt gewesen und diente als Minensuchboot. Nach abermaliger Übernahme in den Marinedienst erhielt sie eine 8,8 cm-Kanone auf dem Vorschiff und ein 2 cm-FlaMG auf der Brücke. Am Vorsteven ist die Spier für das Bugschutzgerät zu sehen.

As early as 1936, twelve trawlers were bought and converted into auxiliary minehunters. The experience gained from them proved useful in the war. This picture is of the HUGIN, one of the auxiliary minehunters.

Oben:

M 1301 hieß ursprünglich GUSTAV HUGO DELTERS und wurde später in V 1314 umbenannt. Einen Tag nach der alliierten Invasion in der Normandie sank es bei einem Angriff britischer Motortorpedoboote. Dieses Foto entstand etwa 1943; mit der auf ihm zu erkennenden Fla-Waffen-Verstärkung hat man der im Westraum bedrohlich angestiegenen Gefährdung aus der Luft Rechnung getragen.

This is the M 1301, formerly the GUSTAV HUGO DELTERS, also a converted trawler. This picture, taken in 1943, shows the increased anti-aircraft armament.

Auch im Mittelmeer wurden Fischereifahrzeuge und ähnliche "Untersätze" als Hilfskriegsschiffe eingesetzt. Diese waren fast durchweg im Machtbereich der "Achse Berlin-Rom" vorgefunden und beschlagnahmt worden. Dazu gehörte dieser Ujäger, der am 23. Juni 1943 in der Ägäis aufgenommen wurde. Seine Bewaffnung besteht aus Wasserbomben und im übrigen aus ein paar alten Beutekanonen.

Even in the Mediterranean, fishing boats were used for military purposes. This is a picture of one of them.

So wurden sie in der Kriegsberichterstattung dargestelt: Zwei Vorpostenboote in schwerer See, gemalt von dem PK-Mann Fritz Friedel. Die Wirklichkeit entsprach durchaus dieser Szenerie, doch vermochte auch schwerer Seegang im allgemeinen diesen Fahrzeugen nicht allzuviel anzuhaben, da sie von ihrer Konstruktion her dafür "zugeschnitten" waren.

This is how the patrol boats looked in the war. This drawing by a war correspondent is very realistic.

Noch kleiner als die Vorpostenboote und den ihnen artverwandten Hilfsminensuchbooten, Ujägern und sonstigen Sicherungseinheiten waren die Hafenschutzboote, die in Hafen- und Küstenschutzflottillen zusammengefaßt waren. Hierzu gehörten auch Ballonträger und Nebelträger. Auch sie wurden ausschließlich aus zivilen Beständen rekrutiert; ihre Typenvielfalt war groß – es waren Logger, Kutter, Transportboote, Motorboote, Fähren, Lotsenversetzboote und andere mehr. Ihre einzige kriegsmäßige Ausrüstung bestand meist aus einem (seltener zwei) 2 cm-FlaMG und einem oder zwei Maschinengewehren, einigen Wasserbomben und einer FT-Ausrüstung. Diese beiden Bilder zeigen solche Fahrzeuge.

The port protection boats were even smaller than the patrol boats and auxiliary minehunters as these pictures show.

Als ein guter "Wurf" erwiesen sich die Kriegsfischkutter, kurz KFK genannt und während des Krieges in einer mehrere Hundert großen Stückzahl gebaut. Diese dienten im Vorposten- und Sicherungsdienst und sollten nach dem Ende des Krieges in der Fischerei verwendet werden können. Diese KFK's waren aus Holz gebaut, erreichten mit ihrem Dieselmotor etwa 9 kn Geschwindigkeit und hatten eine aus 3,7 cm- und 2 cm-Flak bestehende Bewaffnung. Einige der übriggebliebenen KFK's fanden nach dem Krieg beim Bundesgrenzschutz (See) und danach bei der neu aufgestellten Bundesmarine Verwendung als Wach- und Hilfsfahrzeuge. Zu ihnen gehörte das Wachboot S 3 (später umbenannt in KW 3), das 1944 als K 561 von der Burmester-Werft in Swinemünde gebaut worden war.

The naval cutters were of excellent construction and were built in large numbers. Some time after the end of the war, some of them turned up again in the newly-founded Federal German Navy. One of these was the patrol boat W 3.

Zahlreiche Fischdampfer und ähnliche Fahrzeuge kamen während des Krieges als Ujäger zum Einsatz. Ihre Ausrüstung bestand aus einem Unterwasserhorchgerät und einer Ladung von Wasserbomben sowie einigen FlaWaffen zur Eigenverteidigung. Hier sieht man zwei Wasserbombenablaufbühnen am Heck eines Ujägers. Diese Bühnen waren leicht nach achteraus geneigt, so daß die Wasserbomben nach Freigabe einer Arretierung in das Kielwasser fielen und in der eingestellten Tiefe detonierten. Auf jeder der hier zu sehenden Bühnen konnten vier Wasserbomben gelagert werden. Am wirkungsstärksten war die Wasserbombe "D" (WBD): Diese hatte bei einem Gesamtgewicht von 180 kg eine Gefechtsladung von 125 kg und erreichte eine Sinkgeschwindigkeit von 3,5 m/sek. Die maximale Tiefeneinstellung betrug 120 m.

The conversion of a trawler to a submarine hunter consisted largely of fitting an underwater listening device and depth charges. Note here the two depth charge racks on the stern of a submarine hunter.

Links:

Andere Fischdampfer fuhren als Hilfsminensuchboote. Die dazu erforderlichen baulichen Änderungen waren einfacher Art und schnell durchzuführen. Auf diesem Fahrzeug hat man am Heck einen rampenförmigen Anbau angeschweißt und gleichzeitig die als äußeren Abschluß dienenden Schanzkleider verlänger. Auf diese Weise konnte das für die Handhabung der Geräte dienende Arbeitsdeck erweitert werden. Über ihm eine Fla-Waffenplattform mit einer 2 cm-Flak, seitlich des Schornsteines aufgereihte Bojen zum Abstecken des freigeräumten Fahrwassers.

A number of trawlers were used as auxiliary minehunters. Their stern was modified to fit the necessary equipment.

Artilleristisch sichtbar stärker geworden zeigten sich von etwa 1943/44 ab die Vorpostenboote und Sicherungsfahrzeuge. Ihre Masten und die Takelage waren auf ein Mindestmaß zurechtgestutzt worden (wobei der achtere Mast entweder verkürzt wurde oder gänzlich wegfiel und durch eine einfache Stange am Schornstein ersetzt wurde), während die Flakbewaffnung gleichzeitig verstärkt wurde. Dies wird auf diesem und dem Bild auf der nächsten Seite deutlich.

The armament of patrol and security vessels was increased in 1943/44. Their masts and tackle was cut down to the bare essentials to leave as much room as possible for the AA guns as this picture shows.

Die vorn eingebaute 10,5 cm-Kanonen hinter einem Schutzschild war für diese Vorpostenboote und Sicherungsfahrzeuge schon so etwas wie ein Privileg – nur ganz wenige konnten mit einer solchen ausgerüstet werden, da sie in der Regel nur für 'aktive' Kriegsschiffe vorgesehen war. Auf diesem Bild zeigt sich ein Vorpostenboot, das den neuen Kriegsnormen entspricht.

This picture shows another patrol and security vessel, which has a 10.5 cm gun.

SCHWIMMENDE FLAKBATTERIEN UND NACHTJAGDBEGLEITSCHIFFE

Mit sogenannten "Schwimmenden Flakbatterien" hoffte man in der deutschen Führung, der ständig stärker werdenden Bedrohung des Reichsgebietes aus der Luft wirksamer als bisher begegnen zu können. Ausgesucht dafür wurden operativ nicht mehr verwendbare Kriegsschiffe, sofern sie eine bestimmte Mindestgröße – sie orientierte sich etwa an den Normen von Kreuzern – aufwiesen. Auf diesen ist eine starke Flakbewaffnung eingebaut worden, dazu wurden auch die erforderlichen Ortungs- und Fernmeldeanlagen installiert. Von Angehörigen der Marineartillerie besetzt, sind sie dann im Küstenbereich vor Anker gelegt worden. Im allgemeinen wurden dafür Positionen ausgewählt, die in den Einflugschneisen der angloamerikanischen Bomerströme lagen, so daß deren Abwehr früher als bisher einsetzen konnte. "Flakkreuzer" waren sie jedoch dadurch nicht geworden, da ihnen die Beweglichkeit von Kreuzern fehlte.

Als die Luftangriffe auf das Reichsgebiet noch weiter zunahmen, sah man sich zur Suche nach neuen Wegen veranlaßt, um die Abwehr zu intensivieren und auszudehnen. Vor allem kam es jetzt auf die rechtzeitige Erfassung solcher Verbände an, um die gegen sie anzusetzenden Nachtjagdverbände gezielt an sie heranführen zu können. Diese Möglichkeiten boten sich am ehesten von See aus, welche die Bomberverbände überfliegen mußten. Die Nachtjagdleitschiffe wurden mit den damals modernsten deutschen Funkmeßortungsgeräten (heute durchweg "Radar" genannt) ausgerüstet und bewährten sich durchaus.

FLOATING ANTI AIRCRAFT BATTERIES & NIGHT FIGHTER DIRECTORS

Most of the floating AA batteries were made from old warships that had been withdrawn from service. They were fitted with a large number of AA guns. They were anchored off the coast in the flight paths of the approaching American and British bombers so as to be able to engage them before they reached their targets.
The role of night fighter directors was largely similar. They directed the night fighters towards the approaching bombers when they were still over the sea. They were fitted with the most up-to-date radar.

ARCONA und MEDUSA waren die beiden einzigen Schwimmenden Flakbatterien deutscher Herkunft. Bei ihnen handelte es sich um die ehemaligen Kleinen Kreuzer gleichen Namens der ehemaligen Kaiserlichen Marine. Um die Jahrhundertwende gebaut, waren sie selbst den Siegermächten des Ersten Weltkrieges schon zu alt, um von ihnen noch als Beute- bzw. Reparationsgut beansprucht zu werden; deshalb blieben sie der Reichsmarine erhalten. Lange vor dem Ausbruch des Zweiten Weltkrieges aus dem aktiven Dienst entlassen und als Wohnschiffe verwendet, wurden sie 1940 bei den Deutschen Werken in Kiel zu Schwimmenden Flakbatterien hergerichtet und im Mai bzw. Juli gleichen Jahres in Dienst gestellt. Danach wurde die ARCONA vor Swinemünde und später vor Wilhelmshaven disloziert, die MEDUSA stets vor Wilhelmshaven. Bei Kriegsende sind beide in Wilhelmshaven von ihren Besatzungen gesprengt worden, in den Jahren danach wurden sie zu Schrott verarbeitet. Die Abbildung zeigt die ARCONA im Kriegswinter 1940/41. Von ihren ursprünglichen drei Schornsteinen ist nur der mittlere ganz erhalten geblieben, der vordere zur Hälfte, während der hintere gänzlich weggefallen ist. Auf dem Stummel des vorderen Schornsteines ist ein Scheinwerferpodest aufgebaut. Die Reduzierung der Schornsteine war deshalb möglich, weil die total veralteten Antriebsanlagen stillgelegt und nicht mehr für reaktivierungswürdig befunden worden waren. Damit waren diese Schiffe nur noch mit Schlepperhilfe zu bewegen. Der "übriggebliebene" Schornstein diente nur noch für Schiffsbetriebsanlagen.

The ARCONA and MEDUSA, built at the turn of the century, were used as floating batteries at the beginning of the war. They had formerly been small cruisers in the Imperial German Navy. When brought back into service, they were not fitted with engines and had to be towed into position. This is the ARCONA in the winter of 1940/41.

Dieses Bild stammt aus dem Jahr 1944 und zeigt die ARCONA mit Tarnbemalung. Jetzt ist auch der zweite Schornstein verkürzt und auf dem vorderen Stand ist ein "Würzburg"-Funkmeßortungsgerät installiert. Die MEDUSA sah etwas anders aus, beide Schiffe hatten aber die gleiche Flakbewaffnung, nämlich fünf 10,5 cm-Flak und einige 3,7 cm- und 2 cm-Flak.

The ARCONA again, in camouflage paint and with the second funnel shortened. The "Würzburg" radar is clearly visible.

Das Wrack der NIOBE.

This picture shows what was left of the NIOBE after an russian airraid.

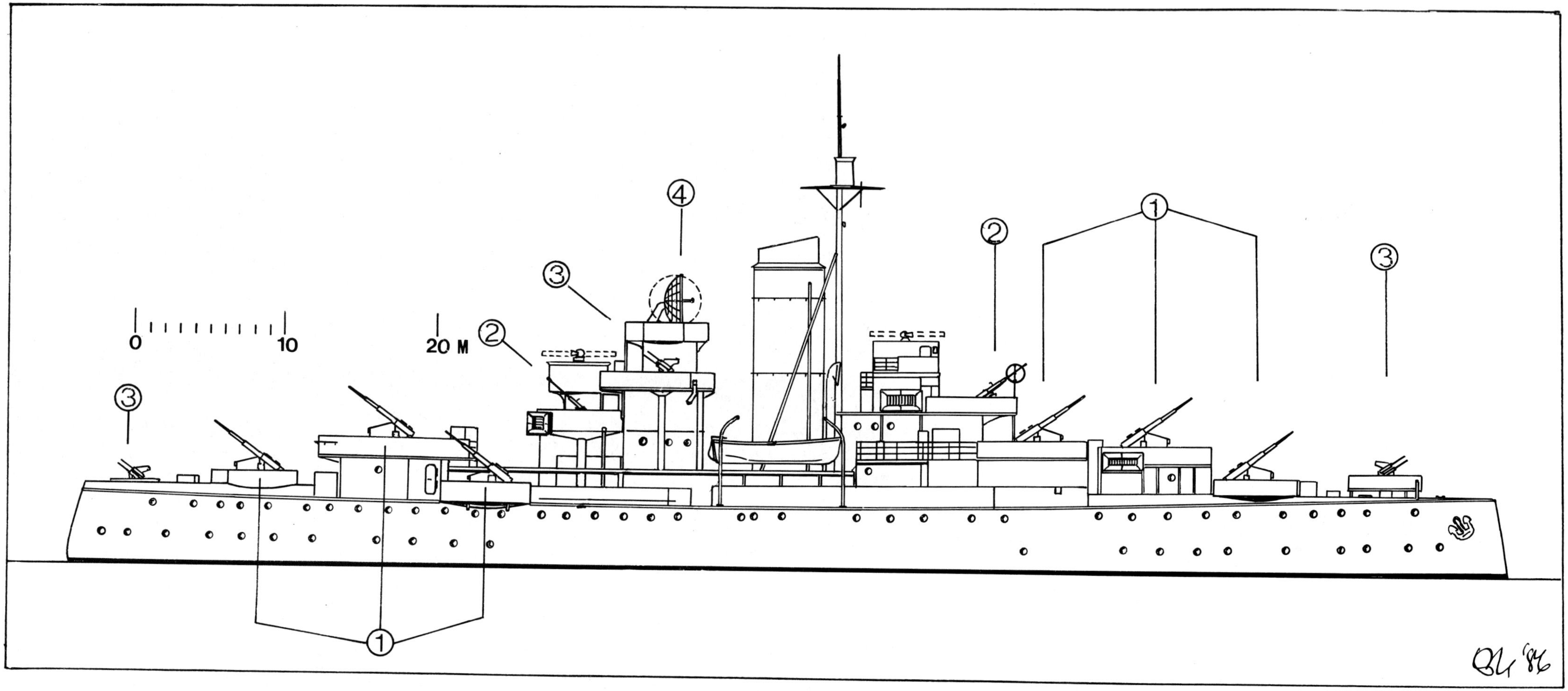

Die Schwimmende Flakbatterie NIOBE (ex holländisch GELDERLAND) hatte eine Wasserverdrängung von rund 3.500 ts und Abmessungen von rund 95 m Länge, knapp 15 m Breite und über 5 m Tiefgang. Ihre aus zwei Dampfkolbenmaschinen und zwölf Kesseln bestehende Antriebsanlage leistete 10.000 PS, womit 15 kn erreichbar waren.

Die Bewaffnung bestand aus acht 10,5 cm-Flak in Einzellafetten mit Schutzschilden (1), vier 4 cm-Bofors-Flak ebenfalls in Einzellafetten (2) und sechzehn 2 cm-Flak in Vierlingslafetten (3). Für die Flugzeugortung stand ein "Würzburg"-Funkmeßgerät zur Verfügung (4).

The NIOBE was typical of the floating batteries of that periode. The drawing shows her after her last refit.

Aus dem 1940 in deutsche Hände gefallenen Schiffsmaterial der niederländischen Marine sind drei uralte Einheiten zu Schwimmenden Flakbatterien hergerichtet worden. Eine davon war der 1898 vom Stapel gelaufene Kreuzer GELDERLAND, der 1940 von den Holländern wegen Unbrauchbarkeit aufgelegt worden war. Er ist 1941 deutscherseits beschlagnahmt und nach Umbau im holländischen Krimpen und Endausrüstung in Elbing am 1. März 1944 unter dem Namen NIOBE in Dienst gestellt worden. Auch auf ihm blieb die Antriebsanlage bis zuletzt betriebsklar. Das obere Bild zeigt die NIOBE kurz nach ihrer Indienststellung in Gotenhafen. Die Aufnahme unten ist später zustandegekommen, hier zeigt das Schiff einen verstärkten Mast mit Stützbeinen und Krähennest, und sein Schornstein ist durch einen Aufsatz erhöht, vermutlich um das Bedienungspersonal des dahinter installierten "Würzburg"-Gerätes nicht durch Rauchgase zu belästigen. Mit seinen zahlreichen 10,5 cm-Flak und weiteren Rohren kleinerer Kaliber macht das Schiff einen schon martialischen Eindruck. Und dennoch: Diese relativ starke Bewaffnung nutzte gegen die Massenangriffe der sowjetischen Marineluftstreitkräfte nichts, die das Schiff am 16. Juli 1944 nahe Kotka im Finnischen Meerbusen zum Sinken brachten.

The ancient Dutch cruiser GELDERLAND which fell into German hands in 1940 was converted into the floating AA battery NIOBE. However, she did not serve with the German Navy for lang as three months after she was commissioned, she was sunk off Finland by Russian aircraft. The large picture is of the NIOBE just after her conversion. The next shows her after a few alterations had been made around her mast and funnel.

Bei Kriegsausbruch verfügte Norwegens Marine über vier alte Küstenpanzerschiffe als größte Einheiten. Von diesen sind die beiden größeren im April 1940 in Narvik von den dort einlaufenden deutschen Zerstörern versenkt worden, nachdem ihre Kommandanten die kampflose Übergabe abgelehnt hatten. Die beiden anderen Schiffe fielen dagegen in deutsche Hände und wurden in Kiel zu Schwimmenden Flakbatterien umgebaut und im März 1941 unter den Namen NYMPHE und THETIS in Dienst gestellt. Beide wurden hauptsächlich im Raum Nordnorwegen zum Schutze der dort liegenden deutschen Kampfgruppen eingesetzt, zeitweise aber auch im Bereich von Kiel. Auf dem oberen Bild ist die THETIS zu sehen, aufgenommen 1944 auf der Kieler Förde. Zu einem noch späteren Zeitpunkt ist das Bild von der NYMPHE (unten) entstanden, hier hinter einer Netzsperre in einem norwegischen Fjord liegend. Jetzt ist auch der Dreibeinmast hinter dem Schornstein ersatzlos abgebaut, und um den Rumpf zieht sich eine MES-Kabelschleife, die zuvor noch fehlte. Die Bewaffnung beider Schiffe bestand aus sechs 10,5 cm-Flak und einer Anzahl von 4 cm- und 2 cm-Waffen. Im Gegensatz zu ARCONA und MEDUSA waren auf ihnen die Antriebsanlagen in Betrieb gehalten worden, so daß sie sich selbständig bewegen konnten. Beide Schiffe waren zeitweise zum Schutze des Schlachtschiffes TIRPITZ eingesetzt und überlebten den Krieg.

The NYMPHE and THETIS were floating AA batteries of Norwegian origin. They were old coastal monitors which were confiscated from the Norwegians in 1940. One picture shows the THETIS in Kiel in 1944, the other shows the NYMPHE in a Norwegian fjord. The picture taken in Horten in 1940 shows how these ships looked originally.

Aus niederländischen Marinebeständen stammten zwei weitere Schwimmende Flakbatterien der Kriegsmarine; es waren ehemalige Küstenpanzerschiffe, die schon um die Jahrhundertwende erbaut worden waren. Beide sind im Mai 1940 in ihren Häfen liegend von den Holländern gesprengt worden und sanken auf Grund. Unter deutscher Regie wurden sie 1941 gehoben und nach Kiel geschleppt, wo sie in der Kriegsmarinewerft zu Schwimmenden Flakbatterien hergerichtet und unter den Namen ARIADNE und UNDINE in Dienst gestellt wurden. Die ARIADNE fand zunächst in der Deutschen Bucht Verwendung und war ab August 1944 im Großraum Danzig-Gotenhafen eingesetzt. Die UNDINE – diese hatte erst 1943 in Dienst gestellt werden können – lag von Herbst 1943 bis Herbst 1944 vor Peenemünde zur Luftverteidigung der dort angelegten V-Waffen-Versuchsanlagen und danach im Raum Stettin-Pölitz, um die Luftverteidigung der dort befindlichen Hydrieranlagen zu verstärken. ARIADNE und UNDINE gehörten zu den am stärksten bewaffneten Schwimmenden Flakbatterien, jedes Schiff konnte acht 10,5 cm-Flak und eine stattliche Anzahl leichter FlaWaffen zum Tragen bringen. Für die Feuerleitung stand ihnen ein "Würzburg"-Funkmeßortungsgerät zur Verfügung. Ihre Antriebsanlagen waren jedoch nicht mehr in Betrieb genommen worden, deshalb mußten sie Schlepphilfe in Anspruch nehmen, wenn sie ihre Position wechseln wollten. Der an Stelle des früheren dickeren Schornsteines errichtete röhrenförmige Abgasschacht diente ausschließlich für die Schiffsbetriebseinrichtungen. Das obere Bild zeigt die UNDINE, auf dem unteren Bild ist die ARIADNE längsseits eines mit Schlagseite liegenden zivilen Schiffes zu sehen.

Old Dutch warships were used to produce the floating AA batteries ARIADNE and UDINE. Both were former coastal monitors and had been withdrawn from service. They were confiscated in 1940. These two pictures are of the UNDINE and the ARIADNE.

Next page:
The TOGO had been used in various roles when, in 1943, she was allocated an entired new role and fitted as a night fighter director. At the beginning of the war, she had been used as a minelayer, then she was converted into an auxiliary cruiser and finally as a pathmaker. The picture on following page shows the TOGO in her role as a night fighter director.

Das Nachtjagdleitschiff TOGO hatte schon eine wechselhafte Laufbahn hinter sich gebracht, als es einer völlig neuen Bestimmung zugeführt wurde. Bei ihm handelte es sich um einen ehemaligen Frachter einer Hamburger Reederei; diesem war im Herbst 1939 der Durchbruch in die Heimat gelungen; später ist er von der Kriegsmarine übernommen worden. 1941/42 erfolgte der Umbau zum Hilfskreuzer, als solcher ist er im Dezember 1942 unter dem Namen CORONEL in Dienst gestellt worden. Auf der Ausreise zur ersten Unternehmung ist dieses Schiff vom Pech verfolgt worden, so daß das Unternehmen schließlich abgebrochen werden mußte. In der Folgezeit wurde das Schiff als Sperrbrecher verwendet. Als 1943 die alliierten Luftangriffe an Heftigkeit immer mehr zunahmen, führte dies zur Intensivierung der Luftabwehr bei der Flakartillerie und den Jagdflugzeugverbänden. Das dafür erforderlich gewordene zentrale Führungssystem schien dabei am vorteilhaftesten auf einem Schiff untergebracht, das seine Position ständig wechseln konnte. Hierfür wurde die TOGO bestimmt, ihr Umbau ist noch vor Fertigstellung der Pläne in Angriff genommen worden. Schon im Oktober 1943 erfolgte die Indienststellung. Das Schiff gehörte zwar zur Kriegsmarine, aber einsatzmäßig unterstellt war es der Luftwaffe, welcher die Luftverteidigung oblag. In den folgenden Kriegsmonaten operierte die TOGO auf wechselnden Positionen in der Ostsee mit durchweg guten Erfolgen. Kurz vor Kriegsende mußte sie jedoch wegen Brennstoffmangels außer Dienst gestellt werden. Dieses Bild zeigt die TOGO mit einem Teil ihrer speziellen Ausrüstung, darunter das hier um 90 Grad gekippte, 8 t schwere Funkmeßortungsgerät "Würzburg-Riese"; es war das größte Gerät seiner Art, das damals auf einem deutschen Schiff installiert wurde. Seine Anmeßreichweite betrug 40.000 bis 70.000 Meter. Hinter dem Schornstein einer der beiden Kuppeltürme mit Linien- und Richtfunk-Dipolantennen.

LANDUNGSFAHRZEUGE: ENTWICKLUNG NICHT RECHZEITIG EINGELEITET

Als die Kriegsmarine im Frühjahr 1940 zur Besetzung Norwegens antrat, mußte sie ohne eigens dafür entwickelte Spezialschiffe auskommen. Kreuzer, Zerstörer und kleinere Überwassereinheiten brachten die ersten Truppenkontingente zu ihren Zielhäfen, schweres Gerät und Verstärkung wurden von normalen Frachtschiffen nachgeschoben. Wirkte sich bei diesem Unternehmen das Fehlen von amphibischen Spezialfahrzeugen wegen der für sie dort meist völlig ungeeigneten Küstenverhältnisse kaum aus, so verhielt es sich wenige Monate später umgekehrt: Als der gesamte westeuropäische Raum unter deutsche Vorherrschaft gebracht worden war und die Wehrmacht die Vorbereitungen für das Unternehmen "Seelöwe" – die Landung in England – erhielt, wurde es vollends deutlich, daß eine Wiederholung der zuvor geübten Praktiken nicht möglich sein werde und der geplante Sprung auf die britischen Inseln völlig anderer Mittel und einer geänderten Taktik bedürfe. In aller Eile wurde versucht, das Versäumte nachzuholen; dabei kam es zu dem durchweg nur provisorischen Umbau zahlreicher ziviler Fluß- und Seeschiffe. Diese Arbeiten beschränkten sich im wesentlichen auf die Installierung einer zum Be- und Entladen mit schwerem Gerät notwendigen Bugklapprampe und zur Herrichtung der Lade- und sonstigen Räume zur Aufnahme von Gerät und Truppen. Gleichzeitig begannen die drei Wehrmachtteile, jeder für sich, die Entwicklungsarbeiten für neuzubauende Landungsfahrzeuge. Ihre Bemühungen führten infolge regen Erfahrungsaustausches zur Konstruktion eines für alle befriedigenden Typs, dem sog. "Marinefährprahm" (MFP). Dieser erwies sich in nahezu idealer Weise als universell brauchbar, was schließlich dazu führte, daß außer dem für Landungen angestrebten Typ auch verschiedene Versionen als Artillerieträger, Sperrbrecher, Minenleger und für ähnliche Aufgaben entstanden. Insgesamt wurden bis Kriegsende nahezu 700 Einheiten in Dienst gestellt. Zwar gab es nach dem aufgegebenen Unternehmen "Seelöwe" von deutscher Seite aus keine Landungsoperationen großen Stiles mehr, aber die MFP's leisteten dennoch unschätzbare Dienste, so beim Heranbringen von Nachschub und Verstärkungen zu den Flanken der Landfronten, bei den Rückzugsbewegungen und vielen anderen Gelegenheiten. Besonders zu erwähnen sind dabei ihre Einsätze im Mittelmeer und im Schwarzen Meer.

LANDING CRAFT: DEVELOPED TOO LATE.

When the German Navy invaded Norway in 1940, there were no especially designed landing craft available. Cruisers, destroyers, torpedo boats and smaller ships were used and they landed their troops in the designated ports. The lack of landing craft was of little disadvantage in this operation, but the proposed invasion of Britain – "Operation Sealion" – was another matter entirely. Suitable vessels had to be obtained in a great hurry and many rivercraft and merchant ships were provisionally equipped as such. At the same time, the three branches of the German Armed Forces began to develop a landing craft. The Navy produced the "Naval Landing Craft" (MFP) and this proved very adaptable, with over 700 being built by the end of the war. Of course, when "Operation Sealion" was cancelled, there were no large landing operations on the German side, but the MFPs did prove to be of inestimable value in bringing supplies and re-inforcements to the flanks of the land operations and in withdrawing troops.

Die Siebel-Fähren, auch kurz "S-Fähren" genannt, gingen auf eine Entwurfsreihe der Luftwaffe im Zuge der Vorbereitungen für das Unternehmen "Seelöwe" – darunter zu verstehen war die geplante Landung in England – zurück und führten ihre Bezeichnung nach ihrem Schöpfer, dem Oberst der Luftwaffe Siebel. Entwickelt wurden sie aus dem schweren Brückenbaugerät der Pioniere. Die Konstruktion erfolgte in Katamaran-Bauweise und war denkbar einfach: Zwei aus eisenbahnverladefähigen Sektionen zusammengesetzte Schwimmkörper mit jeweils einem Endschiff als Antriebsteil wurden durch eine Trägerrost-Plattform miteinander verbunden, wodurch eine über 300 qm große Rechteckplattform zur Aufnahme des Brückenhauses und als Lade- bzw. Nutzfläche verfügbar wurde. Mehr als 100 solcher Fahrzeuge sind in Auftrag gegeben worden, abgeliefert wurden indessen nur knapp die Hälfte. Es gab dabei mehrere Ausführungen: Bei der Transportfähre war das Brückenhaus achtern errichtet und vorn eine Klapprampe vorhanden, über welche die zu transportierenden Fahrzeuge an und von Bord gelangten. Bei der Kampffähre hatte man das Brükkenhaus in der Mitte plaziert und die Bewaffnung – meist zwei, gelegentlich auch drei der vom Gegner gefürchteten 8,8 cm-Flak sowie eine Anzahl leichter FlaWaffen – um dieses herum gruppiert. Darüber hinaus gab es noch Sonderausführungen, z. B. für die Unterbringung von Stäben und für den Verwundetentransport. Die obere Abbildung zeigt eine Transportfähre im Einsatz, über die abgeklappte Rampe rollen die eingeschifften Wehrmachtsfahrzeuge auf den Strand. Zu beiden Seiten der Rampe ist je eine Beutekanone postiert. Auf Seite 137 ist eine neu in Dienst gestellte Kampffähre zu sehen, hier noch ohne Bewaffnung fahrend. Die Abbildungen links zeigen vollausgerüstete Kampffähren aus verschiedenen Perspektiven.

The so-called "Colander Ferries" were based on a Luftwaffe design. They were built like catamarans which was obviously an easy method. These pictures show several of them on trials and in action.

Für das Unternehmen "Seelöwe" war beim Heer der Typ des "Pionier-Landebootes" entwickelt und in mehreren Versionen gebaut worden. Seine Stückzahl blieb jedoch niedrig, weil von einem Serienbau zugunsten der Entwicklung eines "Einheits-Landebootes" Abstand genommen wurde. Dieses Bild zeigt ein solches Fahrzeug, das wegen seiner vorhandenen Bugklapprampe dem Typ "Pionier-Landeboot 41" zuzuordnen ist. Die Aufnahme wurde 1943 im Westraum vor der invasionsbedrohten und deshalb durch Sperren gesicherten Küste gemacht.

For "Operation Sealion", the German Army had developed an "Engineers Landing Craft". Only a few were built because mass production was not required. This picture is of an "Engineers Landing Craft 41".

Dies sind Artilleriefährprähme des Typs A–C[1], aufgenommen im Westraum. Ihre Bewaffnung bestand aus zwei 8,8 cm-Ubootkanonen hinter Schutzschilden sowie einer 2 cm-Vierlingsflak, die ihre Position hinter dem Steuerhaus hatte. Diese Fahrzeuge hatten nicht nur eine im Hinblick auf ihre geringe Größe und ihre einfache Bauweise recht starke Bewaffnung, sondern waren auch relativ standkräftig: Ihre Wasserlinie, der Motorenraum und die Schutzschilde waren durch 20 mm-Panzerplatten geschützt, während für das Steuerhaus und die Munitionskammern 100 mm dicke Betonlagen verwendet wurden.

Above:
The "Naval Landing Craft" were developed by the German Navy. Other craft based on that design included the "Artillery Ferry" (AF) and the "Naval Artillery Lighter" (MAL), the latter being developed to meet a requirement of the Army. The method of construction was simple and they were robust craft which fulfilled their tasks admirably. This photo, taken in the Crimea in 1942, is of a number of "Naval Landing Craft Type A".

Die Marinefährprähme, kurz "MFP" genannt, entstanden zwar erst ab 1941, zu einem Zeitpunkt, da das Unternehmen "Seelöwe" längst abgeblasen war, doch ging ihre Entwicklung auf dieses Vorhaben zurück. 1941 waren Landungsoperationen großen Stiles schon deutlich zurückgetreten, dafür hatten sich Nachschub- und Transportaufgaben in den Vordergrund gedrängt, und außerdem boten sich solche Fahrzeuge auch als schnell beschaffbare Kampfeinheiten an, für die ein immer größerer Bedarf entstand. Dabei wurde auf bauliche Einfachheit ebenso Wert gelegt wie auf möglichst vielseitige Verwendungsmöglichkeiten. Mehrere Typen wurden entwickelt, und innerhalb von ihnen gab es spezielle Sonderausführungen. Typverwandt und in vielerlei Hinsicht identisch mit den MFP waren die Artillerie-Fähren. Ihre Entstehung ging auf die Forderung zurück, die im Westraum zur Versorgung von Stützpunkten eingesetzten Marinefährprähme gegen die häufigen Angriffe angemessen zu schützen. Eine dritte Gruppe, die der Marine-Artillerie-Leichter, entstand auf Grund von Forderungen des Heeres während des Rußlandfeldzuges. Diese Fahrzeuge sollten im Kaspischen Meer gegen die sowjetischen Öltransporte von Baku nach Astrachan angesetzt werden, eine Aufgabe, für welche die Marinefährprähme und die Artillerie-Fähren nicht verwendet werden konnten, weil sie weder eisenbahn- noch in diesem Landschaftsbereich straßentransportverladefähig waren. Und um in das Kapsische Meer zu gelangen, blieb nur der Festlandweg quer durch den Kaukasus! Dieses Bild zeigt mehrere Marinefährprähme des Typs A, aufgenommen im September 1942 im Bereich der Krim bei der Anlandung von Versorgungsgütern.

Below:
Artillery Ferries of the Type A–C photographed in a port in the western theatre of Europe. These craft were well-armed for their size and were also lightly armoured.

This is how the Naval Landing Craft first looked. This is a Type A Craft.

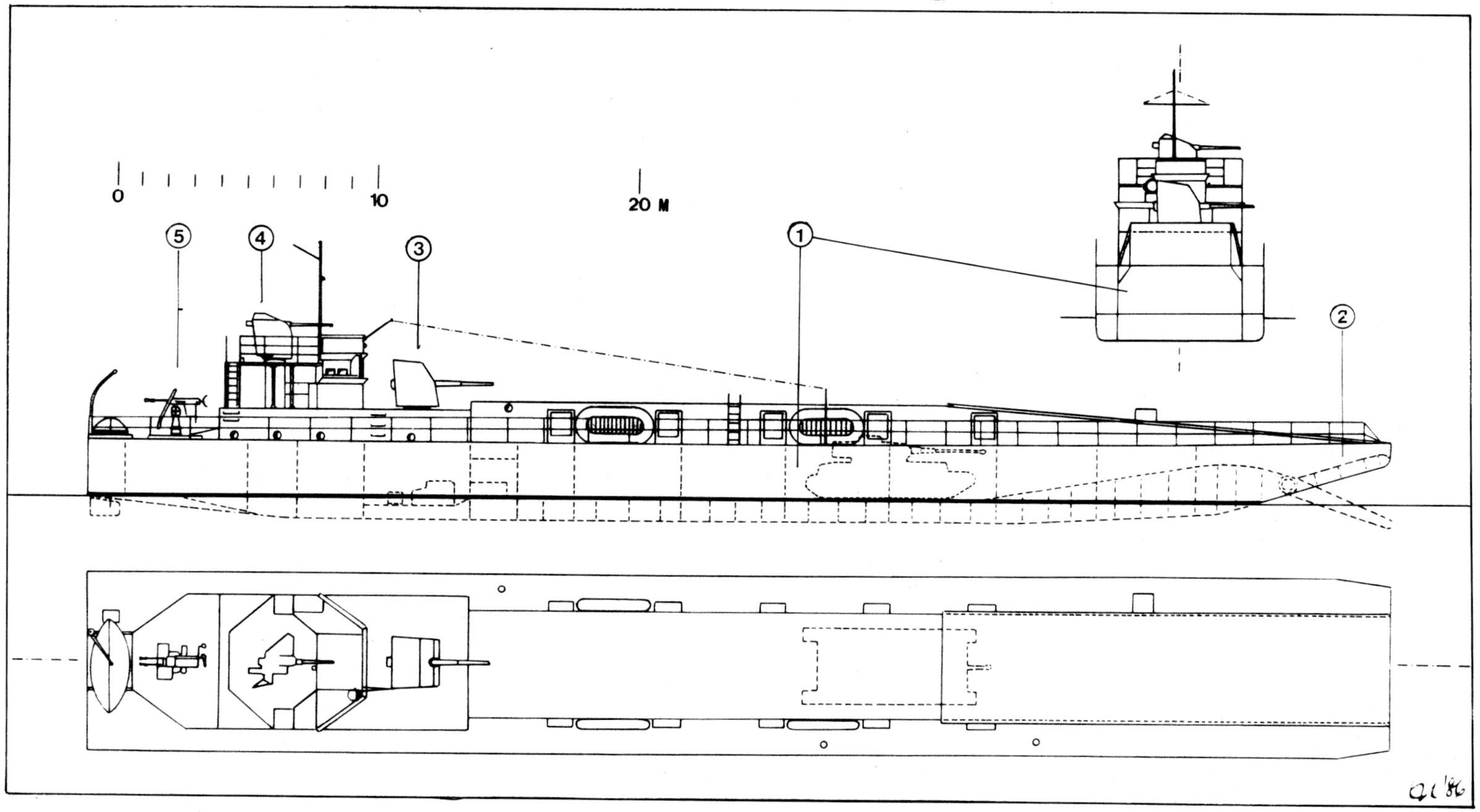

Der Marinefährprahm Typ "D" hatte eine nutzbare Laderaumlänge von 18 m bei 4,8 m Breite. Die Ladefähigkeit lag bei 140 t Nachschubmaterial oder 200 Soldaten mit Handwaffen und leichtem Gepäck. Zugänglich war der Laderaum (1) über die Bugklapprampe (2), die auch von "Tiger"-Panzern benutzt werden konnte. Diese 230 ts verdrängende 50 m langen und 6,5 m breiten Fahrzeuge hatten drei LKW-Dieselmotoren als Antrieb und erreichten damit 10 kn Fahrt. Die Bewaffnung bestand aus einer 8,8 cm-Kanone (3), einer 3,7 cm-Flak (4) und zwei 2 cm-Flak in Doppellafette (5).

A Typ C Naval Landing Craft. Access to the loading bay was via a bow ramp which could be used even by "Tiger" tanks. They could carry up to 140 tonnes or 200 soldiers with light armament.

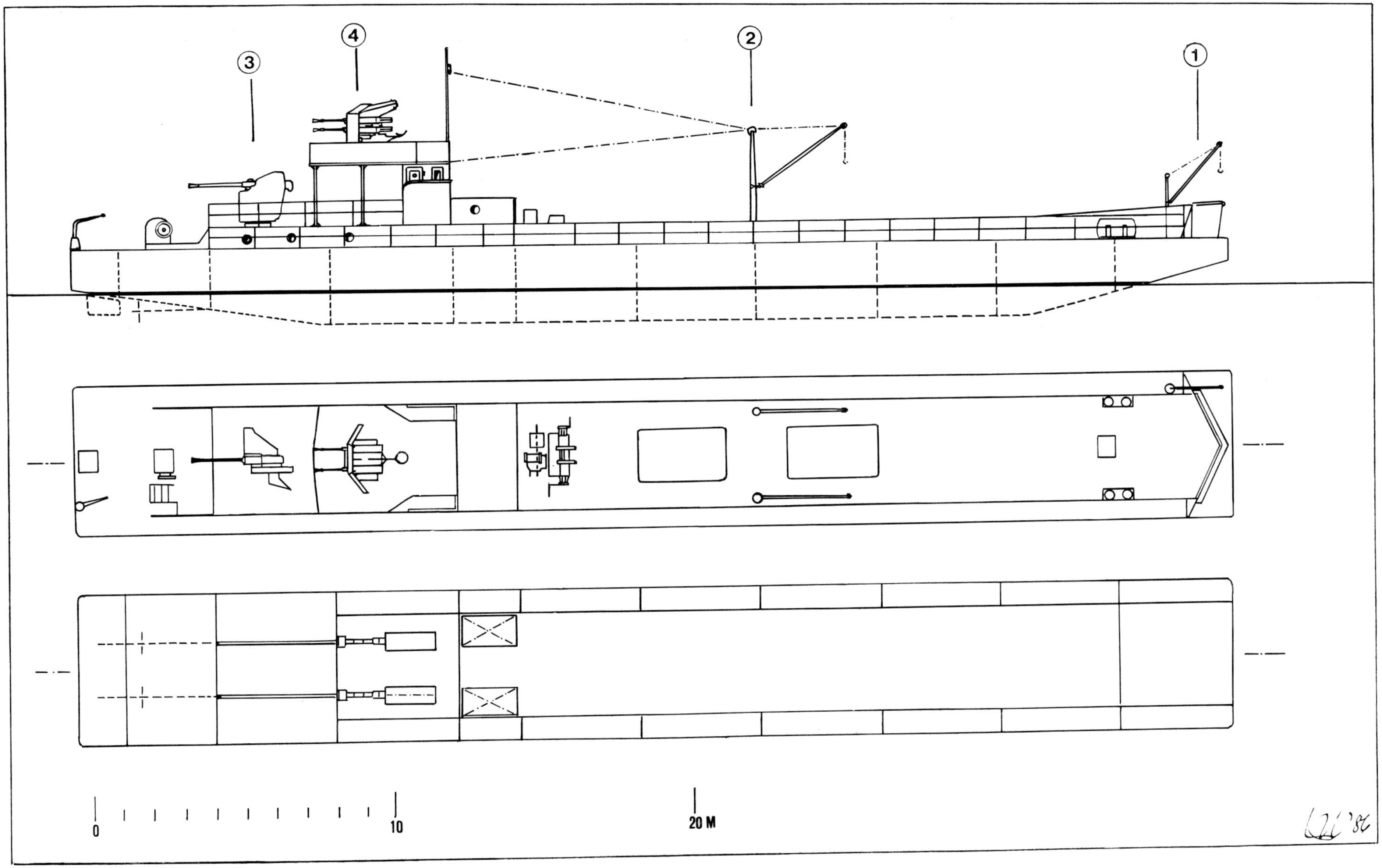

Die Marine-Nachschub-Leichter (MNL) waren 1943/44 als flußgängige Landungsfahrzeuge nach den Abmessungen der südfranzösischen Wasserstraßen konstruiert worden, weil sie im Mittelmeerraum verwendet werden sollten. Auf die geplante Überführung nach dort mußte aber der veränderten Kriegslage halber – inzwischen waren die Alliierten auch in Südfrankreich gelandet – verzichtet werden. Diese Fahrzeuge hatten voll ausgerüstet eine Verdrängung von 216 ts, waren rund 38 m lang, 5 m breit und gingen nur maximal 1,3 m tief. Als Antrieb dienten zwei LKW-Dieselmotoren mit zusammen 250 PS Leistung, was für etwa 10 kn Geschwindigkeit ausreichte. Die Ladekapazität lag bei 75 t Ladung oder einem 200 Mann starken Truppenkontingent. Dafür stand ein ca. 20 m langer Laderaum zur Verfügung, der über eine Bugklapprampe zugänglich war. Mittschiffs waren zwei Ladeluken angeordnet, für deren Beschickung zwei Ladepfosten (2) zur Verfügung standen. Zur Eigenverteidigung stand eine 3,7 cm-Flak (3) zur Verfügung, außerdem eine 2 cm-Vierlingsflak (4).

The "Naval Supply Lighter" (MAL), built in 1943/44 to fit the waterways southern France. They could carry 75 tonnes or 200 soldiers.

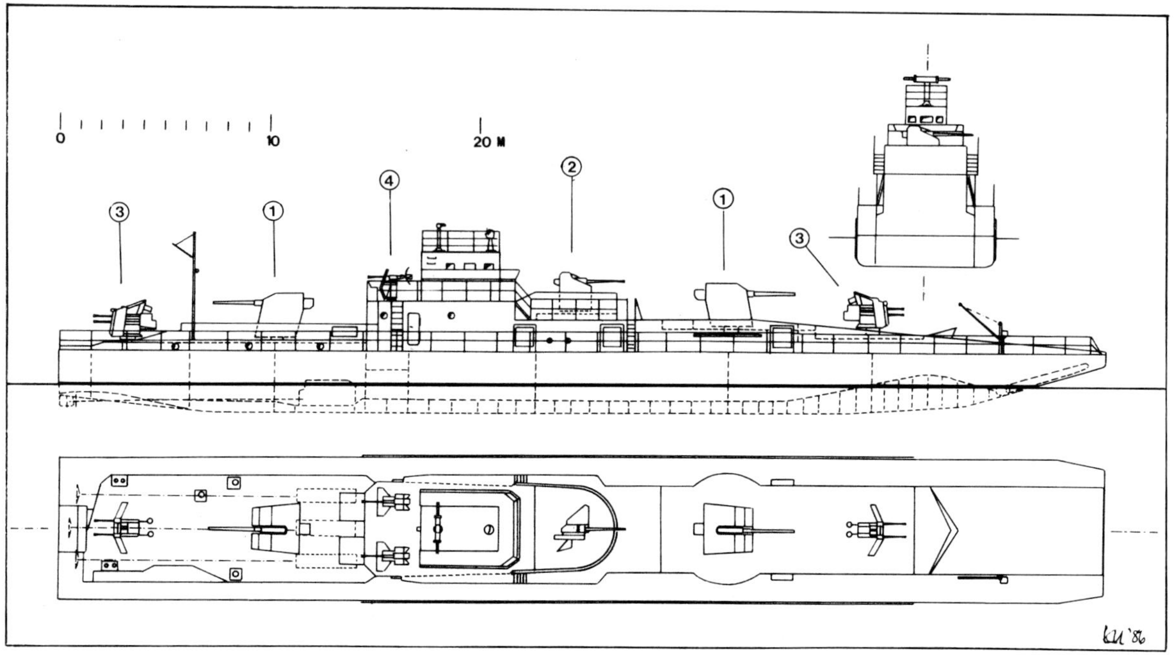

Die Artilleriefährprähme stellten eine Weiterentwicklung der Marinefährprähme dar und galten anfangs nur als Provisorium. Dessen ungeachtet erwiesen sie sich als überaus nützlich, die mit ihnen gemachten Fronterfahrungen waren durchweg gut. Diese Zeichnung stellt den Artilleriefährprahm der Type "D" dar: Einsatzverdrängung ca. 380 ts, Länge über alles knapp 50 m, Breite 6,6 m. Als Antriebsanlagen dienten drei LKW-Diesel von je 125 PS Leistung, mit denen 8 kn Höchstfahrt zu erreichen waren. Die Bewaffnung bestand aus zwei 8,8 cm-Kanonen hinter Schutzschilden (1), einer 3,7 cm-Einzelflak (2) und zehn 2 cm-Flak in Vierlingslafetten (3) und Einzellafetten. Diese Fahrzeuge hatten leichten Panzerschutz (zum Teil aus Beton) und eine aus 2 Offizieren und 55 Unteroffizieren und Mannschaften bestehende Besatzung.

The "Artillery Ferry Type D". These craft were lightly armoured and their armament was respected by the enemy.

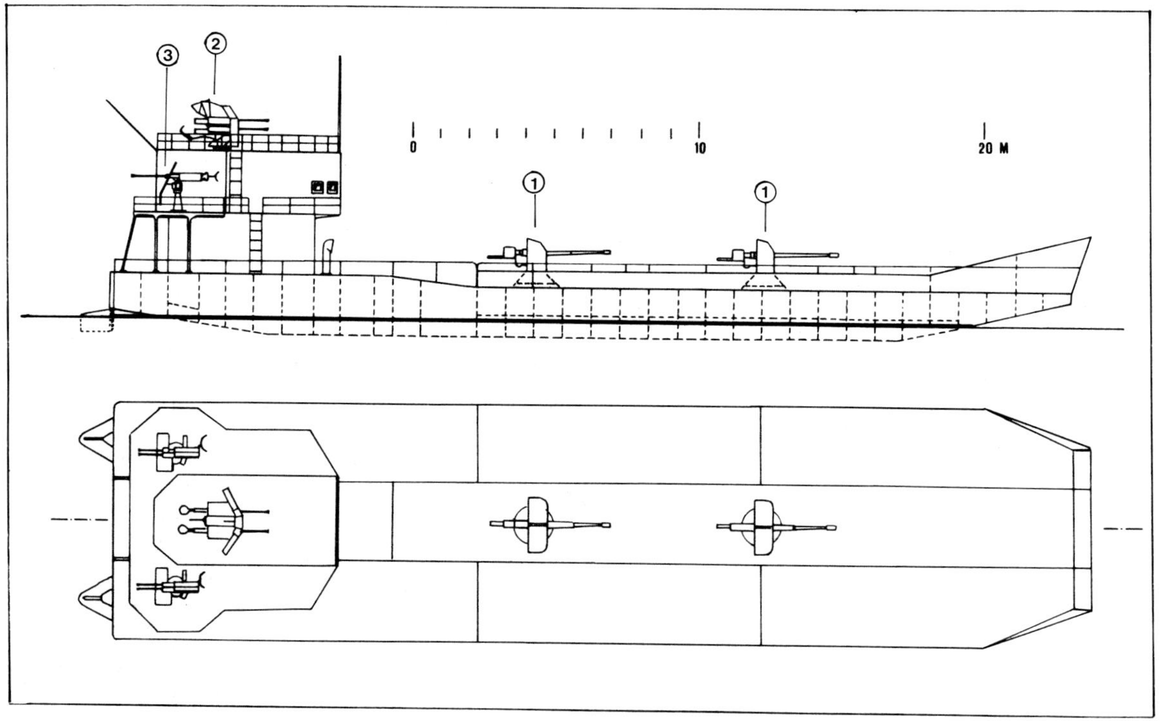

Die Artilleriefährprähme stellten eine Weiterentwicklung der Marinefährprähme dar und galten anfangs nur als Provisorium. Dessen ungeachtet erwiesen sie sich als überaus nützlich, die mit ihnen gemachten Fronterfahrungen waren durchweg gut. Diese Zeichnung stellt den Artilleriefährprahm der Type "D" dar: Einsatzverdrängung ca. 380 ts, Länge über alles knapp 50 m, Breite 6,6 m. Als Antriebsanlagen dienten drei LKW-Diesel von je 125 PS Leistung, mit denen 8 kn Höchstfahrt zu erreichen waren. Die Bewaffnung bestand aus zwei 8,8 cm-Kanonen hinter Schutzschilden (1), einer 3,7 cm-Einzelflak (2) und zehn 2 cm-Flak in Vierlingslafetten (3) und Einzellafetten. Diese Fahrzeuge hatten leichten Panzerschutz (zum Teil aus Beton) und eine aus 2 Offizieren und 55 Unteroffizieren und Mannschaften bestehende Besatzung.

The "Naval Artillery Lighter" was built from pre-fabricated parts. They did not have to be put together in a dockyard.

Wenige Tage nach dem im März 1938 vollzogenen Anschluß Österreichs an das Reich wurde der Kriegsmarine die Aufstellung einer Donauflottille befohlen und zugleich verfügt, daß diese die Tradition der bis 1918 bestehenden K. und K. Donauflottille zu übernehmen habe. Diese im November gleichen Jahres aufgestellte Flottille bestand im wesentlichen aus Flußräumbooten und einigen Begleitschiffen. 1939 kamen noch die bis dahin zur Donauflottille der Tschechoslowakei gehörenden Fahrzeuge hinzu. Nach Kriegsbeginn ist sie dann durch vorwiegend zivile Fahrzeuge verstärkt worden. Im Frühjahr 1940 verlegte sie auf den Rhein, um dort während des Westfeldzuges eingesetzt werden zu können. Ein Jahr später kehrte sie auf die Donau zurück und kam alsbald im Schwarzen Meer zum Einsatz. Mit der Rücknahme der Landfronten im Osten kehrte die Flottille 1944 wieder in ihren angestammten Dislozierungsbereich zurück und nahm bis Kriegsende an der Verteidigung gegen die Rote Armee teil.

After the annexation of Austria, the order to raise a Danube Flotilla was given. This was done in November 1938 and it consisted mainly of river minesweepers and some escort ships. The Flotilla was continually strengthened. In spring 1940, it was transferred to the Rhine and returned a year later to the Danube. It was then sent to the Black Sea where it saw action.

Als nicht auf Anhieb gelungen erwiesen sich die 1938 in Dienst gestellten Flußräumboote FR 1–12, die nach einem marineseitigen Entwurf auf der Lürssen-Werft in Bremen-Vegesack gebaut worden waren. Ihre Überführung zur Donau erfolgte auf dem Wege über Rhein und Main und von dort aus über den Ludwigskanal. Wegen ihrer während des Baustadiums vermehrten Gewichte zeigten sie sich als äußerst rank. Das wurde an FR 1 deutlich, das nach der Überprüfung auf der Donau kenterte. Nach der Bergung ist das Boot dann in Linz um 2 m verlängert worden, desgleichen auch die bereits dort eingetroffenen Schwesterboote bis FR 6, während die restlichen sechs auf der Bauwerft verlängert wurden. DiesesBild zeigt FR 1 nach der Übernahme durch die Kriegsmarine bei einer ersten Probefahrt auf der Weser, noch ohne Ausrüstung und 2 cm-Flak. Im Kriege erhielten diese Boote einen MG-Turm mit einem 13 mm-Flugzeug-MG. Die hier hinter dem Mast an Deck zu erkennende große Kiste mag einen Teil des Inventars enthalten, welches für den Innenausbau des Bootes bestimmt ist.

The river minesweepers brought into service in 1938 did not prove very successful. They were so narrow that they capsized when they were sent to the Danube. Thus they were lengthened by 2 m which improved their performance. This picture is of FR 1 on her trials.

In 1938, two escorts ships and one supply ship were ordered for the Danube Flotilla, but it was 1940 before they were commmissioned. They were called the KRIEMHILD, BRUNHILD and UTA. One of these, either the KRIEMHILD or the BRUNHILD is on the photos here, firstly in Linz and then under way.

Am 9. Juli 1938 wurden für die Donauflottille bei der Schiffswerft Linz zwei Begleitschiffe, KRIEMHILD und BRUNHILD, in Auftrag gegeben; diesen folgte nach dem gleichen Entwurf am 10. Dezember 1938 bei der gleichen Werft der Bauauftrag für das Versorgungsschiff UTA. Alle drei Einheiten kamen erst nach Kriegsbeginn zu Wasser und stellten im zweiten Jahresdrittel 1940 in Dienst. Äußerlich unterschieden sie sich nur geringfügig voneinander. Diese beiden Bilder zeigen die Begleitschiff-Variante, entweder BRUNHILD oder KRIEMHILD, unten im stacheldrahtgesicherten Flottillenstützpunkt Linz, oben in freier Fahrt. Auf diesen Fahrzeugen konnten je 200 t Ladung zur Abgabe an andere Einheiten untergebracht werden.

Rechts:
Von ziviler Herkunft war das Donau-Wachschiff NOTHUNG; seine Indienststellung war erst am 5. Mai 1944 in Linz erfolgt. Bei ihm handelte es sich um das 1941 gebaute und bisher auf der Donau fahrende Schleppschiff KÖLN. Für seine geringe Größe – die Wasserverdrängung lag bei nur 49 ts – hatte es eine stattliche Bewaffnung: Zwei 3,7 cm-Flak in Einzellafetten und einen 2 cm-Vierling.

The Danube patrol boat NOTHUNG was formerly a tug. It was heavily armed for its small size.

Auf anderen großen Strömen in Europa gab es – zumindest zeitweise – ebenfalls Kriegsmarine-Einheiten. Dieses mit leichten FlaWaffen hinter Schutzschilden ausgerüstete Fahrzeug ziviler Herkunft gehörte zur Maas-Flottille. Seinem Aussehen nach scheint es sich um einen ehemaligen Flußschlepper zu handeln. Die Maas-Flottille wurde im April 1944 aufgestellt. Anfang 1945 sind ihre Fahrzeuge auf den Rhein zurückverlegt worden, wo sie noch einmal zum Einsatz kamen.

Units of the German Navy were seen – if periodically – on the other major rivers of Europe. This ship was part of the Meuse Flotilla.

LAZARETTSCHIFFE

Bis zu Kriegsbeginn verfügte die Kriegsmarine über keine Lazarettschiffe. Aber auf Grund des Mobilmachungsplanes von 1937 war die Bereitstellung einer Anzahl von geeigneten Schiffen vorgesehen, für welche die Umbaupläne noch im Frieden erstellt wurden. Dabei ist unterschieden worden zwischen Lazarettschiffen und Verwundetentransportern. Während die ersteren quasi "schwimmenden Lazarette" mit allen für den Heilungs- und Genesungsprozeß erforderlichen Einrichtungen darstellten, war es die Aufgabe der letzteren, Verwundete und Kranke abzutransportieren, wobei nur eine notdürftige Betreuung erfolgen konnte. Insgesamt sind während des Zweiten Weltkrieges mehr als fünfzig Lazarettschiffe in Dienst gestellt worden, dazu eine Anzahl von Verwundetentransportern. Mehr als zwanzig Lazarettschiffe gingen trotz des ihnen international zugestandenen Schutzes durch Kampfhandlungen verloren, in der Mehrzahl durch Flugzeugangriffe und Minentreffer.

Lazarettschiffe sind – auch heute noch – in der Genfer Konvention ausdrücklich erwähnt. Für sie ist ein international verbindlicher Farbanstrich festgelegt: Schiffskörper und Aufbauten müssen weiß gepönt sein, in Höhe des Hauptdecks hat sich ein gut sichtbarer grüner Streifen rund um das Schiff zu erstrecken, und zu beiden Seiten des Schornsteines ist das Emblem des Internationalen Roten Kreuzes weithin sichtbar zu führen. Eine Bewaffnung dürfen Lazarettschiffe nicht führen. Die Verwundetentransporter mußten auf diesen Schutz verzichten; sie fuhren mit gängigen Farbanstrichen (teils auch in Tarnmustern) und hatten auch eine Bewaffnung, hauptsächlich um sich Flugzeuge vom Leibe halten zu können.

HOSPITAL SHIPS

When the Second World War started, the German Navy did not have any hospital ships, but the mobilisation plans did include provisions for the conversion of a number of suitable ships and plans for the conversion work were draw up before the war so that they could be quickly executed. Hospital ships were – and still are – expressly protected by the Geneva Convention and they had to be clearly marked as such. The hull and superstructure had to be painted white and a clearly visible green stripe had to be painted around the ship at the height of the main deck. Furthermore, both sides of the funnel had to bear the Red Cross.

In addition to the hospital ships, there were transports for the wounded which however did not enjoy the protection of the Geneva Convention. That is why they were painted in the same way as other ships of the Navy, sometimes with camouflage paint and they also had the necessary defensive firepower.

Die BIRKA, ein Frachtdampfer der Hamburger Mathies-Reederei, gehörte zu einer Serie von 15 Schiffen, die in der zweiten Hälfte des Jahres 1940 zu Lazarettschiffen umgebaut wurden. Den Bedarf dazu hatte das Heer im Hinblick auf das geplante Unternehmen "Seelöwe" – der "Sprung" nach England – geltend gemacht. Für dieses Unternehmen waren zusätzlich 20 Lazarettschiffe mit einer Kapazität von je 50 Betten als notwendig erachtet worden. Die BIRKA konnte bereits am 5. September 1940 in Dienst gestellt werden, hatte aber statt der geforderten 50 Betten mehr als doppelt soviele erhalten, so daß insgesamt 120 Verwundete und Kranke aufgenommen werden konnten. Zu ihrer Versorgung stand Sanitätspersonal in Stärke von 31 Köpfen zur Verfügung. Einsatzgebiet der BIRKA wurde Nordnorwegen. Dort ging sie im Juni 1943 nach einem Minentreffer verloren. Die Aufnahme zeigt die BIRKA nach ihrem Umbau bei den Hamburger Schiffswerkstätten der Afrika-Linien.

The BIRKA was one of a class of 15 smaller ships which was converted into a hospital ship to meet the requirements of the projected "Operation Sealion".

ALEXANDER VON HUMBOLDT, erst 1940 als Forschungsschiff des Reichsernährungsministeriums fertiggestellt, gehörte ebenfalls zu jener Gruppe kleiner Lazarettschiffe, die 1940 für das Unternehmen "Seelöwe" bereitgestellt wurden. Auf ihr standen 56 Krankenbetten zur Verfügung. Eingesetzt wurde dieses Schiff in der Hauptsache im Nordraum. Im Juni 1944 wurde es in Wesermünde Opfer eines Luftangriffes.

The ALEXANDER VON HUMBOLDT was also in this class. She saw action off northern Norway and was lost at home in June 1944 after being hit by a bomb.

Bild unten:
Auch bei der STUTTGART handelte es sich um ein KdF-Urlauberschiff, bevor sie zum Lazarettschiff hergerichtet wurde. 1923 in Stettin erbaut, war sie im Mobilmachungsplan als sogenanntes "Großes Lazarettschiff C" bestimmt und wurde ab 23. Juli 1939 in Hamburg in so raschem Tempo umgebaut, daß sie bereits am 23. August in Dienst gestellt werden konnte. Mit 485 Krankenbetten und 183köpfigem Sanitätspersonal hatte sie schon die Kapazität eines mittleren Krankenhauses. Hier ist die STUTTGART in dem besonders strengen ersten Kriegswinter in Stettin zu sehen. Im Oktober 1943 erhielt sie bei dem ersten großen Luftangriff auf Gotenhafen so schwere Treffer, daß sie ausbrannte, wobei es zahlreiche Tote an Bord gab. Das Wrack wurde danach in die Ostsee geschleppt und versenkt.

Entgegen den "Tatsachenberichten" der Nachkriegszeit waren die erst kurz vor Kriegsbeginn für die Massenorganisation "Kraft durch Freude" (KdF) gebauten Urlauberschiffe WILHELM GUSTLOFF und ROBERT LEY in den Mobilmachungsplänen nicht von vornherein als Lazarettschiffe vorgesehen. Wegen ihrer Größe und dem dadurch bedingten hohen Personalbedarf schien eine solche Verwendung eher nachteilig. Bevorzugt wurden kleinere, weniger aufwendige Schiffe. Daß die beiden Urlauberschiffe dennoch als Lazarettschiffe hergerichtet wurden, lag daran, daß bei einigen der ursprünglich dazu ausersehenen Schiffe die vorgesehene Umbauzeit erheblich überschritten worden wäre. Auf der Suche nach geeigneten anderen Schiffen boten sich dann die beiden KdF-Einheiten an; für diese brauchte man nur rund zwei Wochen, bis sie für ihre neue Funktion zur Verfügung standen. Unmittelbar darauf kamen sie auch zum Einsatz: Die ersten Verwundeten, die WILHELM GUSTLOFF übernahm, waren Angehörige der polnischen Armee. Hier ist die WILHELM GUSTLOFF zu sehen, aufgenommen 1939 im Hamburger Hafen. Schon im darauffolgenden Jahr ist sie jedoch einer neuen Bestimmung zugeführt worden: Fortan diente sie als Wohnschiff bei der 2. Uboot-Lehrdivision in Gotenhafen.

Above:
It was not planned to use the cruise liners WILHELM GUSTLOFF and ROBERT LEY as hospital ships, especially because of their disadvantageously large size and the subsequently large crew that was needed. The reason why they were converted into hospital ships was because of delays in the conversion of other ships. The first casualties that the WILHELM GUSTLOFF took on board in Hamburg in 1939 were members of the defeated Polish Army.

Left:
Before becoming a hospital ship, the STUTTGART was a cruise liner. In October 1943 she burnt out after being hit by a bomb and the wreck was sunk in the Baltic.

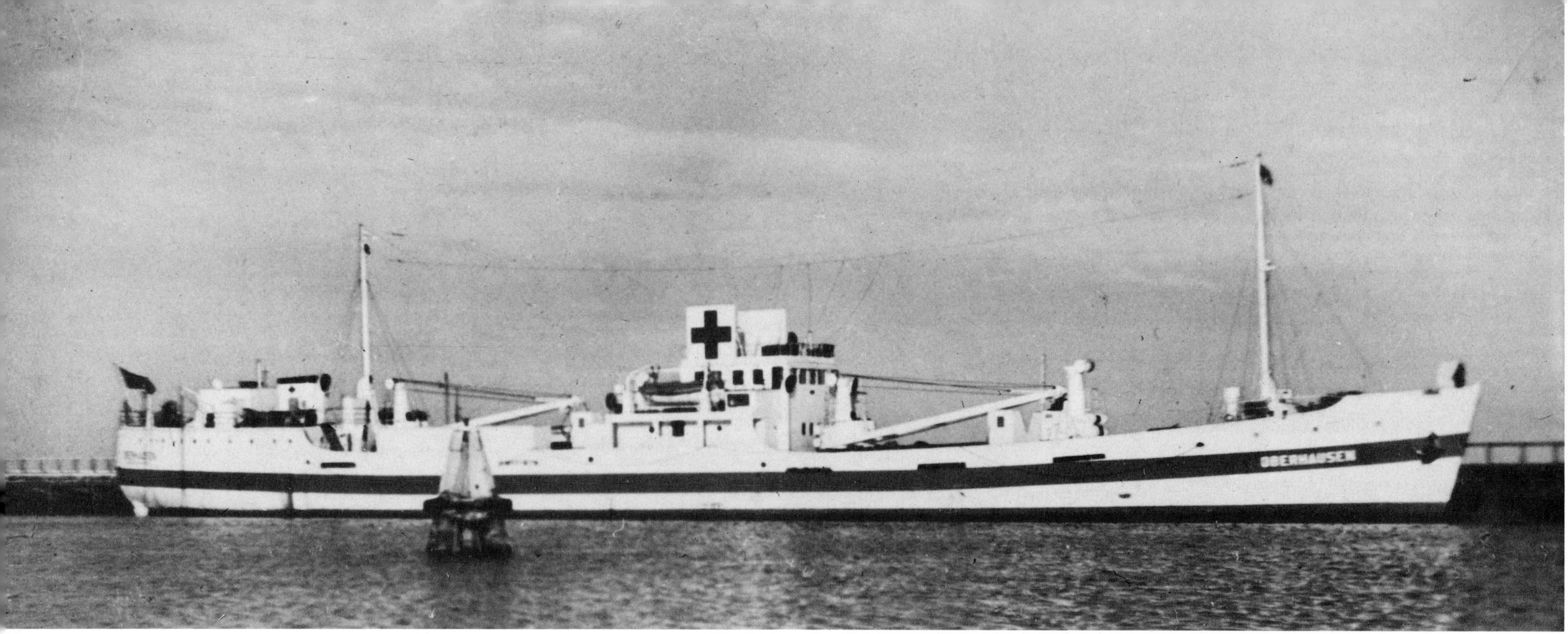

Die OBERHAUSEN, vormals als Frachtmotorschiff von der Firma Haniel in Duisburg bereedert, diente seit Mai 1940 als Lazarettschiff und war zunächst im Westraum und später in der Ostsee eingesetzt. Auf der Abbildung scheint es, als führe dieses Schiff außer seinem achtern sichtbaren Schornstein noch einen zweiten auf der Brücke. In Wirklichkeit handelt es sich dabei aber um zwei parallel zueinander aufgestellte großflächige Tafeln, die nur dazu dienten, das Emblem des Roten Kreuzes weithin sichtbar zu machen. Gleichwohl wurden die Lazarettschiffe in den letzten Kriegsjahren immer häufiger angegriffen, besonders in der östlichen Ostsee, so daß sie auf ihren Ankerplätzen gegen Fliegersicht getarnt werden mußten. Wie diese Tarnung vorgenommen wurde, zeigt das Bild, das im Herbst in den finnischen Schären aufgenommen worden ist. Wenigstens aus dieser Perspektive entsteht der Eindruck, als handele es sich um eine der zahlreichen Schäreninseln.

From May 1940, the OBERHAUSEN served as a hospital ship. At first, she was used in the western theatre, and later in the Baltic. Despite their internationally recognised protection, hospital ships there were attacked with increasing frequence and had to be camouflaged at their moorings.

Casualty transports were not covered by the Geneva Convention and were thus not marked as such. Instead, they were painted as other ships of the Navy and some were even fitted with AA guns. The BREMERHAVEN was one such ship.

Als die Wehrmacht im Kriegsjahr 1944 zur Räumung des Baltikums gezwungen wurde, mußte geeigneter Schiffsraum bereitgestellt werden, um Verwundete, Reichsdeutsche und fluchtwillige Balten nach Westen abtransportieren zu können. Hierzu wurden mehrere Schiffe in Dienst gestellt, die wie Lazarettschiffe eingerichtet waren und Ärzte und Sanitätspersonal an Bord hatten. Bei diesen Schiffen verzichtete man jedoch auf den zu dieser Zeit schon recht fragwürdig gewordenen Schutz des Roten Kreuzes, zumal die sowjetischen Streitkräfte dieses ohnehin nicht anerkannten. Dafür erhielten sie starke Bordflak und Wasserbombenausrüstung, um sich gegen Angriffe zur Wehr setzen zu können. Zu ihnen gehörte die BREMERHAVEN, ein ehemaliger Frachtdampfer der Union Handels- und Schiffahrts-GmbH in Bremen. Ihr Dasein als Lazarettschiff war nicht von langer Dauer: Am 31. Oktober 1944 ging sie nördlich von Hela durch Bombentreffer sowjetischer Flugzeuge verloren. Diese Aufnahme entstand im Hafen von Memel am Vortage ihres Untergangs, kurz vor der Einschiffung der Verwundeten. Für 410 von diesen wurde die BREMERHAVEN zur tödlichen Falle: Die meisten von ihnen waren Schwerverwundete und nicht mehr gehfähig, sie hatten keinerlei Chancen, sich aus dem Inferno zu retten.

HILFSKREUZER

Hilfskreuzer waren von der Kriegsmarine übernommene und bemannte zivile Schiffe, die mit Geschützen ausgerüstet waren und sich als normale Handelsschiffe tarnten. Sie operierten weiträumig gegen die feindliche Zufuhrschiffahrt. Bevorzugte Ziele waren Einzelfahrer, Geleitzügen wurde wegen der meist starken Sicherung ausgewichen. Die Ausrüstung zum Hilfskreuzer verlangte eine besondere Eignung der ausgewählten Schiffe: Große Schnelligkeit, eine hohe Fahrstrecke, lange Seeausdauer, konstruktive Vorbereigungen zur Aufstellung von Geschützen. Aber erst im Frühjahr 1940 konnte ein erster Hilfskreuzer auslaufen. Insgesamt wurden zehn Schiffe zu Hilfskreuzern ausgerüstet, neun von ihnen kamen als solche zum Einsatz. Ihre Erfolge waren beachtlich: Auf ihr Wirken war der Ausfall von mehr als 140 gegnerischen Handelsschiffen mit über 700.000 Bruttoregistertonnen zurückzuführen, außerdem hatte einer der Hilfskreuzer ein sehr ungleiches Gefecht mit einem weit überlegenen Kreuzer bestanden und diesen versenkt. Eine weitere von deutscher Seite erwünschte Wirkung war die strategische Diversion: Der Gegner mußte zahlreiche Einheiten seiner Seestreitkräfte zum Schutz der Versorgungsschiffahrt und zur Jagd auf die deutschen "Raider" ansetzen und diese von anderen Seekriegsschauplätzen abziehen. Die Einführung der immer perfekter werdenden Radarortung großer Seeräume und die Erfolge bei der Funkaufklärung brachten den deutschen Hilfskreuzereinsatz zum Erliegen.

AUXILIARY CRUISERS

Auxiliary cruisers were merchant ships taken over by the Navy and fitted with guns and then disguised as normal merchant ships. They were extensively used against enemy shipping. Ships converted in auxiliary cruisers were especially selected for their speed, range, endurance, suitability for the fitting of guns, unlikelihood to attract attention and ease to camouflage. Despite their success with auxiliary cruisers in the First World War, the German Navy had not made any preparations to operate auxiliary cruisers in any future war. On the outbreak of war, this was taken up, but it was Spring 1940 before the first of the 9 auxiliary cruisers used came into service. By 1943 at the very latest, it was impossible for auxiliary cruisers to be used at sea undetected and they were withdrawn from service.

Kiel im April 1940, noch vor Anlaufen des Unternehmens "Weserübung", unter dem die Besetzung Dänemarks und Norwegens zu verstehen war: Die Zeit der deutschen Hilfskreuzer-Einsätze ist angebrochen. Während die erste Welle mit zwei Hilfskreuzern bereits zu ihren Operationsgebieten unterwegs ist, wartet die nächste Welle auf den Auslaufbefehl. Hier liegen THOR (rechts im Vordergrund) und PINGUIN auf ihren Ankerplätzen; noch ist ihre Ausbildungszeit nicht beendet, aber in wenigen Wochen werden auch sie ausgelaufen sein. Links vor der Helgenkulisse der Kriegsmarinewerft Kiel das Artillerieschulschiff BRUMMER.

Die ATLANTIS war der erste Hilfskreuzer, der zum Einsatz kam. Am 11. März 1940 verließ sie die Heimatgewässer, sechs Wochen später begann sie auf der Schiffahrtsroute Freetown-Kapstadt mit der Handelskriegführung. Am 22. November 1941 wurde sie bei der Versorgung eines Ubootes von dem britischen Schweren Kreuzer DEVONSHIRE überrascht und endete durch Selbstversenkung. Die Besatzung konnte von Ubooten aufgenommen und an den Versorger PYTHON übergeben werden. Auf diesem aber widerfuhr ihr das gleiche Schicksal: Bei der Annäherung eines anderen britischen Kreuzers versenkte die PYTHON-Besatzung ihr Schiff; sie und die ATLANTIS-Männer gelangten auf Ubooten dennoch in die Heimat zurück. Alle Hilfskreuzer operierten getarnt; hierzu nahmen sie zeitweilig und wechselnd das Aussehen unverdächtiger Schiffe an, vor allem solcher von neutralen Staaten. Eine dieser Tarnmaßnahmen war die Errichtung einer Schornsteinattrappe, um ein Zwei-Schornstein-Schiff vorzutäuschen. Mit dieser ist ATLANTIS auf der Abbildung der vorhergehenden Seite zu sehen, das im Februar 1940 in der Ostsee während einer Ausbildungsfahrt entstanden ist.
Auf dieser Abbildung sieht man die ATLANTIS während des Einsatzes im westlichen Indischen Ozean; dieses Bild entstand am 1. Juli 1941 bei einem Treffen mit dem Hilfskreuzer ORION, der von der ATLANTIS mit 700 t Öl versorgt werden mußte. Die ATLANTIS war der Hilfskreuzer, der die längste ununterbrochene Reise hinter sich brachte: 622 Tage dauerte diese, mehr als zwanzig Monate also, und in dieser Zeit wurden 102.000 Seemeilen zurückgelegt, etwa das Zweieinhalbfache des Erdumfanges.

Kiel, April 1940: The auxiliary cruiser THOR (right foreground) and the PINGUIN ready for sail at their anchorings.

The ATLANTIS was the first auxiliary cruiser in action. The methods used to disguise her included fitting a dummy second funnel. The ATLANTIS was the auxiliary cruiser which made the longest unbroken voyage, some 622 days, that is more than 20 months. In that time, she sailed over 102,000 nautical miles which is about two and a half times the circumference of the world. These pictures show the ATLANTIC with the false funnel and on the next page at her meeting with the auxiliary cruiser ORION.

On this picture of the auxiliary cruiser ORION the 15 cm gun mounted starboard forward disguised as a large crate.

The auxiliary cruiser ORION left home waters shortly after the ATLANTIS and sailed round the whole world. One picture shows the 15 cm gun mounted astern has been uncovered and made ready to fire. Then the deck house which hid the fifth 15 cm gun. The next picture is of the uncovered mine deck of the ORION. The left picture shows her disguised as the Dutch turbine-powered frighter BEEMSTERDIJK.

Die ORION verließ drei Wochen nach der ATLANTIS die Heimatgewässer und gelangte auf ihrer langen Reise rund um den Erdball. Die obere Abbildung zeigt sie im April 1940, fotografiert vom Hilfskreuzer WIDDER aus. Das achtere 15 cm-Geschütz ist enttarnt und feuerbereit. Wie die Bewaffnung auf Hilfskreuzern gegen Sicht von außen getarnt war, zeigt u.a die Abbildung links unten. Auf diesem Bild ist das steuerbordvordere 15 cm-Geschütz zu sehen, das als große Kiste getarnt war. Während des Marsches war das Rohr abgesenkt und so verdeckt, daß es auch aus der Luft nicht wahrgenommen werden konnte. Das andere Bild zeigt das Deckshaus als Tarnung für das fünfte 16 cm-Geschütz. Beim Einsatz wurden die Wände teils weggeklappt, teils zusammengeschoben, so daß das Einnehmen der Feuerstellung und das Feuern möglich wurde. Diese 15 cm-Geschütze stammten von dem ex-Linienschiff SCHLESWIG-HOLSTEIN und waren genau so alt wie dieses. Modernere Geschütze standen für die Hilfskreuzer nicht zur Verfügung. Einige von ihnen nahmen auch eine Minenzuladung an Bord; auf der ORION waren es 228 EMC-Minen, mit denen die Zufahrtswege zu dem neuseeländischen Hafen von Auckland verseucht wurden. Während der Operationen nahm die ORION das Aussehen unverdächtiger Schiffe an und wechselte dieses mehrfach. Rechts unten ist sie als niederländischer Turbinenfrachter BEEMSTERDIJK zu sehen.

Die KORMORAN war mit ihren mehr als 8700 Bruttoregistertonnen der größte zum Einsatz gekommene deutsche Hilfskreuzer. Im Dezember 1940 aus den Heimatgewässern ausgelaufen, stieß sie im Indischen Ozean bis in die australischen Gewässer vor und traf dort auf den australischen Kreuzer SYDNEY, ein mit nahezu 7000 ts Wasserverdrängung, 32,5 kn Geschwindigkeit, einer Bewaffnung von je acht 15,2 und 10,2 cm-Geschützen und einer bis zu 76 mm dicken Panzerung deutlich überlegenen Gegner. Bei seinem Aufkommen zog KORMORAN den Signalverkehr mit ihm solange hin, bis er auf weniger als 1000 m herangekommen war und parallelen Kurs steuerte. In dieser von KORMORAN keineswegs gewollt herbeigeführten Situation blieb nur die Möglichkeit, den Kampf mit ihm aufzunehmen und dabei das Überraschungsmoment auszunutzen. Schlagartig fielen auf KORMORAN die Tarnklappen und alle Waffen eröffneten das Feuer. Von einem Torpedo getroffen, kam SYDNEY brennend außer Sicht und ist bald danach untergegangen. Aber auch KORMORAN hatte einige Treffer erhalten; diese erwiesen sich als so schwer, daß sie aufgegeben werden mußte. Die Besatzung geriet in australische Kriegsgefangenschaft. Diese Bilder der KORMORAN sind im März 1941 im Südatlantik von U 124 aus zustandegekommen, dessen Männer im Vordergrund zu sehen sind.

The KORMORAN was the largest auxiliary cruiser used. The climax and at the same time the end of her career was her encounter with the Australian cruiser SYDNEY. She damaged the KORMORAN so heavily that she sank, but was herself so badly damaged that she had to be abandoned. These pictures show the KORMORAN meeting the U-Boat U 124 in the South Atlantic in March 1941 and the latter being refueled by the KORMORAN.

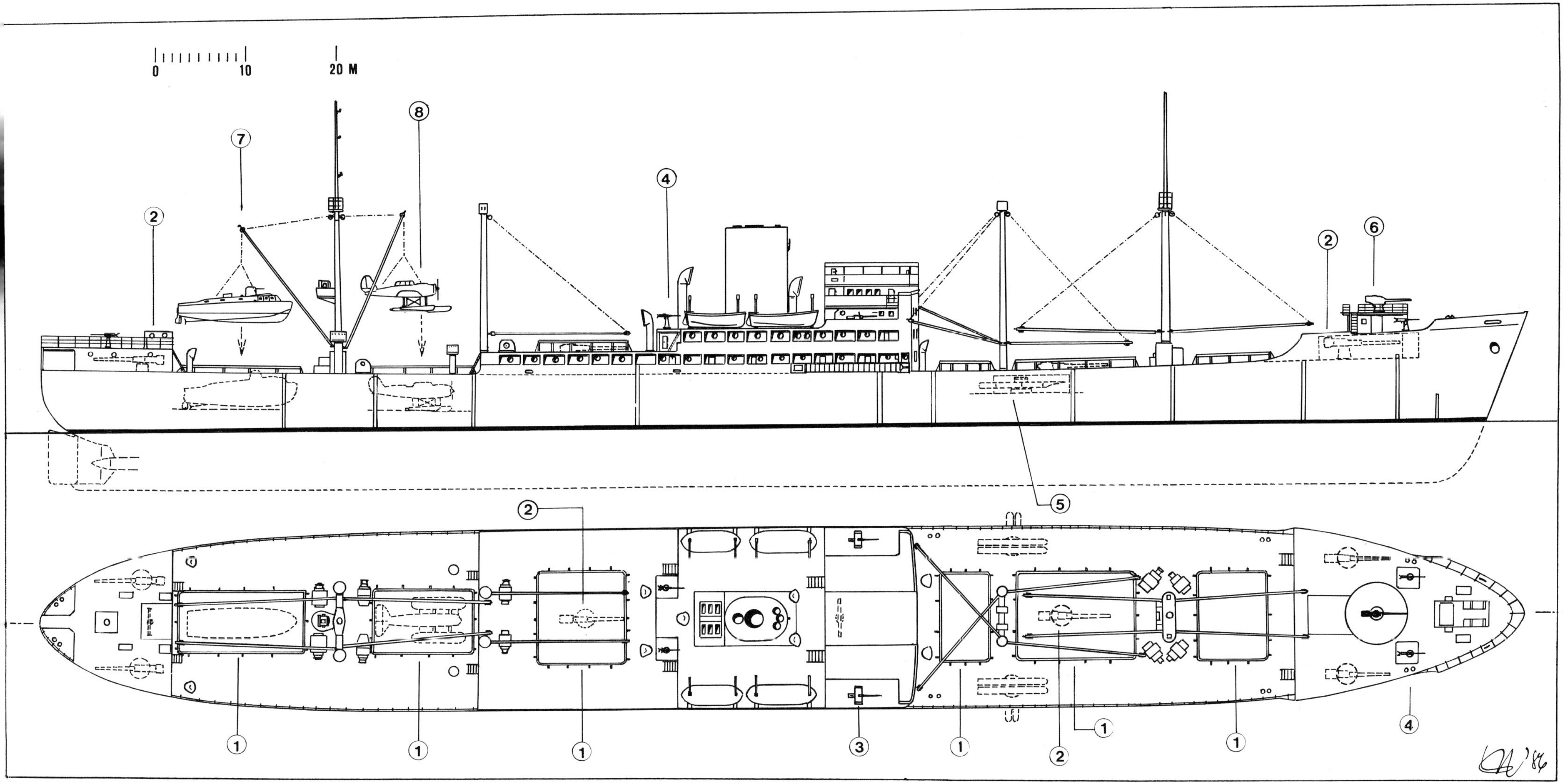

Der Hilfskreuzer KORMORAN (HSK 8) war ein ehemaliges Frachtmotorschiff mit drei Decks und sechs Ladeluken (1). Seine dieselelektrische Antriebsanlage leistete 16.000 PS und ließ ihn 18 kn Höchstfahrt erreichen. Die Bewaffnung bestand aus sechs getarnt aufgestellten 15 cm-Geschützen in Einzellafetten (2), zwei einzelnen 3,7 cm-Panzerabwehrgeschützen (3), vier 2 cm-Flak in Einzellafetten (4) und vier ebenfalls getarnt aufgestellten 53,3 cm-Torpedorohren in Zweiergruppen (5). Das vorn in erhöhter Position aufgestellte Geschütz war hingegen eine Attrappe (6). Weiter führte KORMORAN zwei Arado-196-Seeaufklärer (7) mit, die im Laderaum V untergestellt wurden, außerdem ein Leicht-Schnellboot LS 3 (8), das im Laderaum VI abgestellt war. Die KORMORAN kam mit ihrem Treibölvorrat von rund 5200 Kubikmeter auf eine Fahrstrecke von 85.000 Seemeilen bei 10 kn gleichbleibender Geschwindigkeit. Die Besatzung bestand aus 18 Offizieren und 375 Unteroffizieren und Mannschaften.

The KORMORAN was a prime example for equipping a German auxiliary cruiser. In addition to her guns and torpedo tubes, she had two planes and a small S-Boat on board.

Recht wechselhaft war die Kriegslaufbahn des Hilfskreuzers STIER. Als Frachtmotorschiff CAIRO Mitte der 30er Jahre erbaut, war sie Ende 1939 von der Kriegsmarine übernommen und zunächst zur Handelskriegführung in der Ostsee eingesetzt worden. Wenig später ist sie als Minenschiff hergerichtet und anschließend im Westraum disloziert worden. Ab Frühjahr 1941 erfolgte auf einer niederländischen Werft der Umbau zum Hilfskreuzer; die Indienststellung wurde im November 1941 vollzogen, vier Monate später verließ das in STIER umbenannte Schiff die heimischen Gewässer; bei der Passage des Ärmelkanals erlitten die sie begleitenden Sicherungskräfte erhebliche Verluste. Auf ihrer Reise stieß STIER bis in den Südatlantik vor. Dort wurde ihr ein bewaffneter amerikanischer Frachter zum Schicksal. Wohl konnte STIER diesen versenken, doch hatte sie ihrerseits Treffer erhalten, die zum Aufgeben des Schiffes zwangen. Die Besatzung gelangte auf einem Blockadebrecher in die Heimat zurück. Auf dem oberen Bild ist das Schiff im Winter 1939/40 in der Ostsee zu sehen, wo es als Handelsstörer im Einsatz war und sich zeitweilig auch als Eisbrecher nützlich machte. Die beiden anderen Bilder zeigen STIER kurz nach der Indienststellung. Der Stempelaufdruck entsprach den damals üblichen Praktiken der Geheimhaltung.

The auxiliary cruiser STIER came into action later on. In the South Atlantic, she encountered an armed American freighter which she did sink, but in doing so, suffered such severe damage that she had to be abandoned. The first picture of the STIER shows her in the Baltic in 1939/40 before her conversion into an auxiliary cruiser, the next two show her after this conversion.

Die WIDDER entsprach nach Entwurf, Typ und Größe der ORION und war eigentlich ein "Beinahe-Schwesterschiff". Sie kam als dritter Hilfskreuzer zum Einsatz und kehrte sechs Monate später in die Heimat zurück – vorzeitig, weil ihre Antriebsanlage Schwierigkeiten bereitete. Auf dem Bild ist sie im April 1940 in der Ostsee zu sehen, aufgenommen bei einem übungsmäßigen Artillerieschießen. Hier sind ihre beiden achteren 15 cm-Geschütze (diese stammten ebenfalls von dem Kadettschulschiff SCHLESWIG-HOLSTEIN) in Aktion.

The WIDDER was the third auxiliary cruiser to go into action. She was however forced to return to base shortly after due to engine failure. These picture shows her firing her guns in the Baltic in April 1940.

WIDDER nahm ebenfalls das Aussehen von Schiffen neutraler Staaten an; u. a. operierte er unter spanischer Flagge wie hier im Juli 1940 als ASTOI MENDI; am Schiffskörper sind großflächig die spanischen Farben (Rot-gelb-rot) aufgemalt.

WIDDER towards end of Summer 1940 in the Caribbean flying the Spanish flag as a disguise.

THOR gehörte zu der marineseitig differenzierten Gruppe der "Leichten Hilfskreuzer". In der Tat war sie mit ihren knapp 3900 Bruttoregistertonnen deutlich kleiner als die "Schweren Hilfskreuzer" ORION, ATLANTIS, WIDDER, PINGUIN, KORMORAN und MICHEL. Die THOR wurde zweimal zur Handelskriegführung eingesetzt, und zwar einmal von Juni 1940 bis April 1941 und zum anderen von November 1941 bis November 1942. Dabei kam sie auf ihrer ersten Reise gleich dreimal mit britischen Hilfskreuzern in Gefechtsberührung, wobei sie die beiden ersten beschädigte und den dritten versenken konnte. Die zweite Reise führte sie bis in die Gewässer des damals mit dem Reich befreundeten und eng kooperierenden Japan. In Yokohama wurde THOR ein Werftaufenthalt zum Verhängnis: Auf dem ebenfalls dort eingetroffenen Versorgungsschiff UCKERMARK gab es mehrere heftige Explosionen, die einen schweren Brand entfachten, welcher auf die THOR übergriff und sie vollkommen vernichtete. Dieses während der ersten Reise zustandegekommene Bild zeigt den gestoppt liegenden Hilfskreuzer; im Vordergrund ein Kutter mit einem Prisen- oder Untersuchungskommando.

The auxiliary cruiser THOR was involved in three battles with her British counterparts, damaging the first two and sinking the third. On her second voyage, she got as far as Japan but sunk there after an accident.

Auch die KOMET galt als "Leichter Hilfskreuzer" und war sogar noch etwas kleiner als die THOR. Sie erreichte ihren Operationsraum auf einem sehr ungewöhnlichen Weg: Mit Einverständnis und aktiver Unterstützung der Sowjetunion nahm sie den Sibirischen Seeweg und stieß aus der Beringsee kommend in den Stillen Ozean, wo es dann zu einer vorübergehenden Kooperation mit dem Hilfskreuzer ORION und zu einem Treffen mit dem Hilfskreuzer PINGUIN kam. Auf dem Bild rechts ist die KOMET mit den hochgeklappten Tarnblenden der backbordvorderen 15 cm-Geschütze zu sehen. Auf dem erhöhten Achterdeck ist das Tarn-Deckshaus für das achtere 15 cm-Geschütz zu erkennen. Eines der "Opfer" von KOMET war der im August 1941 gestellte und mit Gummi und Mangan beladene niederländische Frachter KOTA NOPAN. Er wurde, besetzt von einem Prisenkommando, in die Heimat beordert und erreichte im November 1941 Bordeaux. Das Bild zeigt ihn dort während des Einlaufens.

The KOMET, another auxiliary cruiser, reached her zone of action in a rather unusual way; with Russian assistance, she sailed through the seas on the Siberian coast and entered the Pacific via the Bering Sea. There, she acted in concert with the ORION and also met the PINGUIN. These two pictures show the stern 15 cm gun of the KOMET disguised as a deck house and the Dutch freighter KOTAN NOPAN entering Bordeaux in November 1941 with a prize crew after having been captured by the KOMET.

Im September 1939 hatte das Reich ein auf der Danziger Werft für Polen im Bau befindliches Frachtmotorschiff beschlagnahmt. Zunächst als Lazarettschiff vorgesehen (mit den Umbauarbeiten ist noch begonnen worden), sind die Pläne 1940 geändert und die Ausrüstung als Hilfskreuzer befohlen worden. Als solcher stellte das Schiff im September 1941 in Dienst und führte fortan den Namen MICHEL. Seine Laufbahn unterschied sich von jenen der anderen Hilfskreuzer beträchtlich: MICHEL war der einzige unter ihnen, der während seiner Reise ein Doppelunternehmen durchführte: Im März 1942 ausgelaufen, erhielt er im Januar 1943 den Befehl zur Rückkehr in die Heimat, doch wurde dieser alsbald widerrufen und stattdessen das Anlaufen des japanischen Machtbereiches befohlen. Dort traf das Schiff im März 1943 ein; im Mai lief es, inzwischen überholt und neu ausgerüstet, zur Fortführung des Handelskrieges aus und operierte im Pazifik. Von dieser Fahrt kehrte MICHEL nicht zurück – am 17. Oktober 1943 wurde sie von drei Torpedos des amerikanischen Ubootes TARPON getroffen und ging verloren. Von der Besatzung fanden dabei 290 Mann den Tod. Das Bild zeigt MICHEL kurz nach seiner Fertigstellung; auf dem anderen Bild ist sein backbordvorderes 15 cm-Geschütz zu sehen, welches nach dem Fallen der Tarnwand ausgeschwenkt wurde.

One of the last auxiliary cruisers to be brought into action was the MICHEL. She sailed to Japan and from there undertook a second voyage. However, she did not return home as, in October 1943, she was hit by torpedoes from an American submarine and sank. The photo is of her after being commissioned.

DIE UNERMÜDLICHEN HELFER: TROSS-, SPEZIAL- UND SONDERSCHIFFE

War der Bestand an Hilfsschiffen vor Kriegsbeginn noch überschaubar, so wuchs dieser nach Kriegsbeginn rasch an und vermehrfachte sich. Im wesentlichen waren es zivile Schiffe, die für die verschiedenartigsten Zwecke hergerichtet wurden – Werkstattschiffe, Begleitschiffe, Beischiffe, Wohnschiffe, Troßschiffe, Lazarettschiffe, Schulschiffe und andere. Nicht zu vergessen sind die Versuchs-, Vermessungs-, Führer- und Fischereischutzschiffe sowie die Torpedofangboote, Eisbrecher und Schlepper. Sie alle leisteten im Rahmen ihrer konstruktiven Besonderheiten unverzichtbare Dienste und trugen wesentlich zur Einsatzfähigkeit der Flotte bei.

THE UNTIRING HELPERS: SUPPLY SHIPS, SPECIALIST SHIPS AND SPECIAL SHIPS

There were only a few auxiliary ships to hand at the beginning of the war, but this number grew rapidly once the war had started. On the whole, these were merchant ships that were specially equipped for their particular tasks, i. e. as repair ships, escorts ships, dormitory ships, supply ships, hospital ships, training ships, etc. Not to be forgotten are the experimental ships, survey, pilot and fishery protection ships as well as the torpedo shields, ice breakers and tugs. They all performed their duties admirably and contributed appreciable to the battle readiness of the fleet.

The SCHLESIEN and SCHLESWIG-HOLSTEIN were pre-Dreadnoughts daiting from before the First World War and prior to the Second World War, they were being used as cadet training ships. The longer the war went long, the less often they left their ports. The SCHLESWIG-HOLSTEIN was bombed and sunk in Gotenhafen in December 1944. After the end of the war, she was raised and towed to Tallin. This picture shows her shortly before she was broken up.

Als "Plätteisen der Ostsee" wurden sie marineintern bezeichnet, die alten Linienschiffe aus der Zeit vor dem Ersten Weltkrieg, von denen nur SCHLESIEN und SCHLESWIG HOLSTEIN übriggeblieben waren und als Kadettenschulschiffe dienten. Tausende von Offiziers- und Unteroffiziersanwärtern waren im Laufe der Jahre in ihren zu Wohndecks umfunktionierten ungastlichen Kasematten untergebracht und wurden auf ihnen ausgebildet. Im Frieden gingen diese Schiffe noch regelmäßig auf Auslands-Ausbildungsreisen, nach dem Kriegsausbruch haben sie die Heimatgewässer nicht mehr verlassen. Die SCHLESWIG-HOLSTEIN war im Dezember 1944 in Gotenhafen liegend bei einem Luftangriff schwer getroffen worden und auf Grund gesunken. Unter sowjetischer Regie wurde sie nach Kriegsende gehoben, um anschließend nach Tallin abgeschleppt zu werden, wo sie abgebrochen wurde; das 1946 aufgenommene Bild zeigt sie kurz nach Beginn der Abbrucharbeiten.

Zahlreiche alte kleinere Schiffe und Fahrzeuge fanden für die unterschiedlichsten Ausbildungsaufgaben Verwendung, so das Artillerieschulschiff DRACHE. Es war bereits 1908 gebaut worden und diente schon in der Kaiserlichen Marine als Artillerieschulboot und Scheibenschlepper. Seine Bewaffnung – 8,8 und 10,5 cm-Kanonen – wechselten je nach Ausbildungsbedürfnissen. Im April 1945 ging DRACHE in Pillau durch Bombentreffer verloren. Das Bild ist am 5. August 1937 in der Nähe von Kiel entstanden.

Many small, old ships and vessels were used for numerous types of training. The gunnery training boat DRACHE, pictured here, was a veteran of 1908.
experiO

Abbildungen links:
Im April 1930 wurde auf der Reichsmarinewerft in Wilhelmshaven als Ersatz für das veraltete Artillerieschulboot DRACHE ein Neubau auf Stapel gelegt, der im Frieden als Artillerieschulschiff und im Kriegsfall als Minenschiff dienen sollte. Sein Stapellauf erfolgte am 24. Januar 1931, wobei es BREMSE als etwas topplastig weshalb 1933 die Schornsteine gekürzt und der mit einem Artilleriemars versehene Röhrenmast gegen einen leichten
der mit einem Artilleriemars versehene Röhrenmast gegen einen leichten
Pfahlmast ausgewechselt wurde. Die Bilder zeigen die BREMSE im Originalzustand (oben) und nach dem Umbau (unten). Mit dem Bau der BREMSE hatte es eine ganz besondere Bewandtnis: Sie diente als Erprobungsschiff des für die neuen Panzerschiffe vorgesehenen Dieselmotoren-Antriebes und erhielt genau deren halbe Anlage. Als die BREMSE im Juli 1932 in Dienst genommen wurde, war sie das erste größere Kriegsschiff der Welt, dessen Antrieb ausschließlich durch Dieselmotoren erfolgte.

Right:
One of the first new ship built after the First World War was the gunnery training ship BREMSE. She was also used as a test-bed for the new engines being developed for the pocket battleships. These two pictures are of the BREMSE, firstly after having been commissioned and then after her final fitting with shorter funnels and a simpler mast. After having been commissioned, she was found to bo top-heavy, hence these alterations.

Der Bau des der BREMSE folgenden Artillerieschulschiffes BRUMMER hatte einen ähnlichen Hintergrund: Mit seinen Wagner-Hochdruckkesseln stellte er das Erprobungsschiff für die zur gleichen Zeit heranwachsenden Zerstörer dar, die mit solchen damals neuartigen Anlagen ausgerüstet wurden. Auch BRUMMER war als Minenschiff verwendbar. Beim Norwegenunternehmen ging sie durch britische Ubootorpedos im Skagerrak verloren.

The gunnery training ship BRUMMER had a similar history. Fitted with high pressure turbines, she was used as a test-bed for the destroyers being developed at that time which were to have the same engines.

Nach dem dramatischen Untergang des Segelschulschiffes NIOBE – sie war am 26. Juli 1932 im Fehmarn-Belt durch eine Gewitterboe zum Kentern gebracht worden, wobei 69 Besatzungsangehörige den Tod fanden – gab die Reichsmarine ein neues Segelschulschiff in Auftrag. Sein Bau konnte zu einem beträchtlichen Teil aus öffentlichen Sammlungen und Spenden finanziert werden. Den Zuschlag erhielt die Hamburger Werft Blohm & Voß, die den Bau in genau 100 Tagen abwickeln konnte. Der Stapellauf fand am 3. Mai 1933 statt, wobei das Schiff auf den Namen GORCH FOCK getauft wurde.

In July 1932, the training sailing ship NIOBE went down and the German Navy ordered a replacement. This was largely financed by public subscriptions and donations and she was launched from the Blohm & Voss Yard in Hamburg on 3rd May 1933.

Die 1935 vom NS-Regime verkündete "Wehrhoheit" brachte die Loslösung von den Bindungen des Versailler Vertrages und damit den Ausbau der Wehrmacht, von dem in ganz besonderer Weise die Marine betroffen wurde. Dies bedeutete für sie einen immer größer werdenden Personalbedarf und damit die Bereitstellung weiterer Ausbildungsmittel. So wurden in den Jahren 1935, 1937 und 1939 je ein weiteres Segelschulschiff in Auftrag gegeben, von denen die beiden ersten – HORST WESSEL und ALBERT LEO SCHLAGETER – 1936 bzw. 1938 in Dienst kamen. Hier ist die HORST WESSEL zu sehen, 1938 aufgenommen an der Blücherbrücke in Kiel mit dem alten Signalturm; rechts im Hintergrund hat die GORCH FOCK festgemacht. Von dieser unterschieden sich HORST WESSEL und ALBERT LEO SCHLAGETER vor allem durch ihre zwei Gaffeln am achteren Mast, wo GORCH FOCK nur eine einzige hatte.

The rearmament announced by the Nazi regime in 1935 caused a rapid growth in the size of Germany's armed forces, including, of course, the navy. Two more training sailing ships were therefore ordered and they were named the HORST WESSEL and ALBERT LEO SCHLAGETER. The first picture shows the GORCH FOCK and HORST WESSEL together.

Das 1939 in Auftrag gegebene vierte Segelschulschiff – es sollte angeblich den Namen HERBERT NORKUS erhalten – wurde nicht mehr fertiggestellt. Weil die Helgen nach Kriegsbeginn dringend für den Ubootbau benötigt wurden, mußten sie von allen nicht kriegswichtigen Neubauten geräumt werden. Die von höchster Stelle ergangene Weisung traf auch das neue Segelschulschiff, das seit dem 1. Juli 1939 auf Helling 3 der Werft von Blohm & Voß in Hamburg lag. Sein Notstapellauf erfolgte am 7. November 1939, danach sind alle Arbeiten auf ihm eingestellt worden. Während des ganzen Krieges lag der Schiffskörper am Ausrüstungskai von Blohm & Voß und wurde als Wohnschiff genutzt. 1947 ist er, mit Munition beladen, in das Skagerrak geschleppt und versenkt worden. Seine außer den Untermasten noch nicht eingebaute Takelage überdauerte ausgelagert Krieg und Nachkriegszeit und konnte 1958 für das Segelschulschiff GORCH FOCK der Bundesmarine verwendet werden. Hier ist der Segelschulschiff-Neubau ablaufbereit auf der Helling zu sehen. Im Hintergrund ist das für Blohm & Voß charakteristisch gewordene große Gerüst der Helgen 6 – 10 zu sehen.

A fourth training sailing ship was ordered, but because ot the war, it was never completed. It was going to be called the HERBERT NORKUS. After the war, the hull was sunk in Skagerrak. This picture is of her launching on 7th November 1939.

Before the outbreak of war, the Schichau Yard in Danzig was awarded the contracts for two ice-breakers and an anti-aircraft gunnery training ship. Only one of the former was ever built and was named the CASTOR, being commissioned in October 1941. These pictures were probably taken on 4th April 1942 when the Baltic was iced over.

1938 und 1939 waren an die Danziger Schichau-Werft die Aufträge für die Eisbrecher und Flakschulschiffe "A" und "B" ergangen, doch wurde von diesen nur das erste gebaut. Dieses kam am 15. Juli 1939 zu Wasser und erhielt den Namen CASTOR. Seine Indienststellung erfolgte im Oktober 1941, jedoch ohne Bewaffnung und Feuerleitmittel. Der offizielle Verwendungshinweis "Eisbrecher Ostsee" machte deutlich, daß CASTOR zunächst nur als solcher eingesetzt wurde. Diese Aufnahmen sind vermutlich am 4. April 1942 entstanden, als CASTOR zusammen mit dem Kadettenschulschiff SCHLESIEN eine Fahrrinne in das immer noch starke Eis brach, durch die dann das wenige Wochen zuvor in Kiel durch einen schweren Bombentreffer ausgefallene Schlachtschiff GNEISENAU nach Gotenhafen verlegt werden konnte. Die CASTOR sank im März 1945 nördlich von Warnemünde nach Bombentreffer, wurde dann aber unter sowjetischer Regie geborgen und instandgesetzt; seit 1951 fuhr sie unter dem Namen PERESVET bei der Baltischen Rotbannerflotte und blieb bis in die 60er Jahre hinein im Dienst.

Links:

Ein wenig auffallendes und daher vielfach kaum beachtetes Fahrzeug der Kriegsmarine war das Taucherschulboot TAUCHER. Dieses Bild von ihm entstand 1938 in Kiel.

There was nothing apparently unusual about this vessel and thus it attracted little attention. It was in fact the TAUCHER which was used for training navy divers.

Rechts:

Als Flak-Schulschiff diente die 1941 in Dienst gestellte BARBARA, ein 1915 gebautes britisches Minensuchboot, das 1920 nach Belgien verkauft worden war und dort als Fischereischutzschiff ZINNIA Verwendung fand. 1940 in Belgien als Beuteschiff vereinnahmt, ist es auf der Cockerill-Werft in Antwerpen nach den Plänen der Kriegsmarine umgebaut worden. Im Januar 1942 erfolgte seine Indienststellung. Ende 1943 ist BARBARA der 14. Räumboot-Flottille als Begleitschiff zur Verfügung gestellt worden und kam 1945 nach Belgien zurück. Als BREYDEL blieb sie dort noch bis 1952 im Dienst. Diese Aufnahme der BARBARA entstand im Juli 1943.

The BARBARA was a Belgian fishery protection boat and former British minehunter captured in 1940 and used as an anti-aircraft gunnery training ship from 1941.

Der Flottentender HELA war bereits am 19. Juni 1936 bei der Hamburger Stülcken-Werft in Auftrag gegeben worden, doch verzögerte sich der Bau, so daß die Indienststellung erst im Herbst 1940 erfolgen konnte. Der entscheidende Engpaß lag in der Beschaffung der Antriebsanlage. Weil die ursprünglich vorgesehenen Dieselmotoren nicht rechtzeitig fertig wurden, sind aus dem Frachtmotorschiff ATHEN der Hamburger Levante-Linie die vorhandenen Diesel ausgebaut und in HELA installiert worden. Das Schiff fiel 1945 den Sowjets zu, die es nach Überholung und Instandsetzung 1950 bei der Rotbanner-Schwarzmeerflotte als ANGARA in Fahrt brachten. Die ehemalige HELA ist eine der letzten noch in Dienst stehenden Einheiten der ehemaligen Kriegsmarine: Erst 1983 lag sie im jugoslawischen Tivat – wo Schiffe der sowjetischen Marine auf Grund eines zwischen den beiden Staaten abgeschlossenen Vertrages instandgesetzt werden – zur Grundüberholung. Die Abbildung zeigt die HELA 1942 mit Tarnbemalung.

Although the Fleet Tender HELA was ordered in June 1936, there were long delays before she could be commissioned. The picture showing her in camouflage paint dates from 1942.

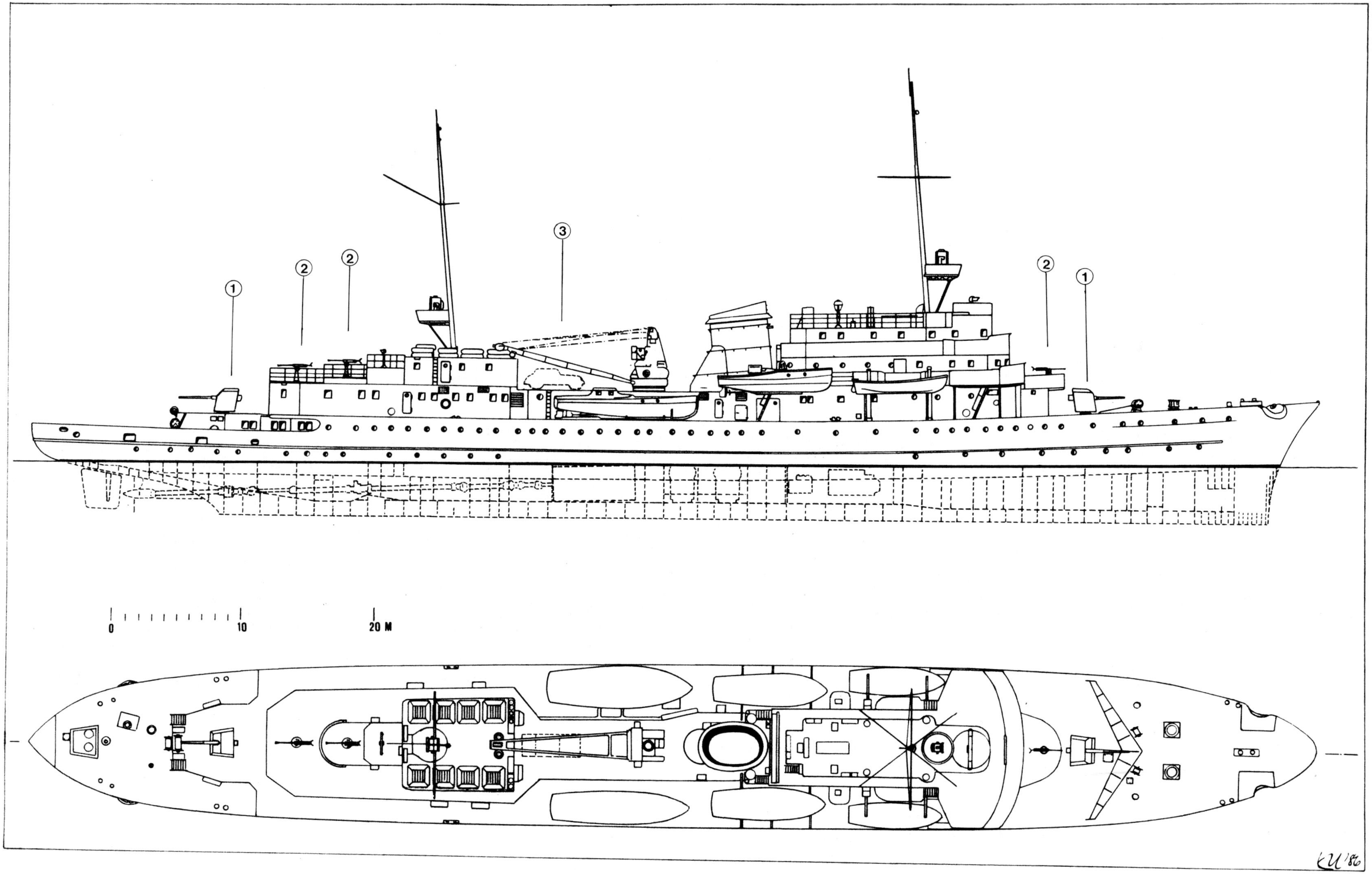

1
2
2
3
2
1
0
10
20 M
KU '86

Der Aviso GRILLE war Mitte der 30er Jahre gebaut worden und diente im Frieden bedarfsweise als Staatsyacht, sonst als Flottentender für den Flottenstab, und wurde darüber hinaus für Navigations-Belehrungsfahrten und als Zielschiff verwendet. Im Krieg war er zunächst als Minenschiff eingesetzt worden, später als schwimmendes Stabsquartier, und zuletzt als Führerschiff des Führers der Uboote Norwegen (FdU-Nord). Die Aufnahme aus der Friedenszeit zeigt sie mit ihrem damals sehr hellen Farbanstrich. Auf dem anderen Bild ist sie in Narvik liegend zu sehen, daneben ein längsseits festgemachtes Typ VII C-Uboot. 1945 vereinnahmten die Engländer das Schiff, danach kam es in Privathand und wechselte den Eigner mehrfach, bis es 1951 in den USA verschrottet wurde.

Before the war, the GRILLE was used as a government yacht when one was needed and was otherwise used as a tender for the Fleet Staff, a target ship or on navigational voyages. In the war, she was first used as a minelayer and later as a floating haedquarters for the Staff. The first picture shows the GRILLE in her characteristically white paint (the funnel was yellow) before the start of the war. The second shows her in Narvik being used as a Staff Ship.

Skizze vorherige Seite:
Der Flottentender HELA war ein bemerkenswert modernes Schiff und in gewisser Hinsicht Vorläufer der heutigen Führungsschiffe. Er wies alle Einrichtungen auf, derer ein Flotten- oder Verbandsstab damals bedurfte. Ursprünglich war sogar ein Bordflugzeug mit Katapultstartmöglichkeit vorgesehen. Die HELA wies eine Einsatzverdrängung von 2500 ts auf, war knapp 98 m lang, etwas über 12 m breit und ging maximal 4 m tief. Die Antriebsanlage bestand aus Dieselmotoren mit einer Gesamtleistung von 4720 PS, womit 19,3 kn erreicht wurden (ursprünglich war eine 8360 PS leistende Motorenanlage für 21 kn vorgesehen). Die Bewaffnung bestand aus zwei 10,5 cm-Geschützen (1) und drei 2 cm-Flak in Einzellafetten (2). Die Aufbauten an Oberdeck waren zum größten Teil mit Stabsquartieren belegt; dazu gehörte auch ein PKW für Stabsdienstfahrten an Land (3).

See opposite page:
The Fleet Tender HELA was a remarkably modern ship and forerunner of the present command ship. She had all the equipment that a fleet or squadron staff must have at their disposal. At first, she was even fitted with a catapult and seaplane.

Mit dem Ausbau der Ubootwaffe und der Schnellboot- und Räumboot-Flottillen wuchs der Bedarf an geeigneten Begleitschiffen rasch an. Wohl hätte diesem durch den Umbau von vorhandenen zivilen Schiffen entsprochen werden können, doch entschied man sich für Spezialschiffe, die von vornherein auf ihre Aufgaben zugeschnitten waren. Dabei stand der Wunsch im Vordergrund, diese durch Geschwindigkeit und Fahrbereich zu befähigen, den zu betreuenden Verbänden bis nahe ihrem Operationsraum zu folgen und sich dabei dank ihrer relativ starken Defensivbewaffnung gegenüber feindlichen Angriffen zu behaupten. 1933 wurden die beiden ersten Spezialschiffe in Bau gegeben, je eines für Uboote und für Schnellboote. Der Schnellboottender erhielt den Namen TSINGTAU, der etwas größere Ubootender wurde in SAAR getauft. Die SAAR fuhr bis 1970 bei der französischen Marine als GUSTAVE ZÉDÉ. Auf dem Bild ist sie 1940 mit einem längsseits gegangenen Uboot zu sehen; wahrscheinlich U 99, dessen Kommandant der hochdekorierte Kapitänleutnant Kretschmer war.

With the mass production of submarines, fast patrol boats and minesweepers, the need for escort ships grew. The first of these were built early on. The SAAR was a U-Boat escort ship. This photo of the SAAR with a U-Boat alongside was taken in 1940.

1938 erwarb die Kriegsmarine ein weiteres Begleitschiff: Es war dies ein auf der Rostocker Neptun-Werft für China im Bau befindliches Mutterschiff. Nach seiner Fertigstellung wurde es am 21. Januar 1939 als Schnellbootbegleitschiff TANGA in Dienst gestellt. Zunächst der 2. Schnellbootflottille zugeteilt, kam es im März 1941 zur neu aufgestellten 6. Schnellbootflottille und diente von Oktober 1942 an als Stabsschiff in Kirkenes. Nach dem Ende des Krieges wurde die TANGA zunächst im Rahmen des Deutschen Minensuchdienstes verwendet und danach von den USA an Dänemark weitergegeben. Die dänische Marine verwendete sie unter dem Namen AEGIR als Depotschiff für Schnellboote und behielt sie nahezu zwei Jahrzehnte lang im Dienst. Nach der Aufnahme von 1939 ein Bild von 1940 mit zwei längsseits festgemachten neuen Schnellbooten. Die Aufnahme ist von einem längsseits liegenden Schnellboot aus in gleicher Blickrichtung entstanden.

In 1938, the German Navy aquired an S-Boat escort ship that was being built for the Chinese in Rostock. She was named the TANGA and after the war, fell into Danish hands. One of these pictures shows the TANGA in 1940 with two S-Boats tied up alongside and the other shows her in peacetime.

Das Ubootbegleitschiff ERWIN WASSNER war im März 1938 in Dienst gestellt worden. Bei ihm handelte es sich um einen als Frachtdampfer begonnenen Neubau, den die Kriegsmarine im gleichen Jahr von der Oldenburgisch-Portugiesischen Dampfschiffahrt-Reederei angekauft hatte. Seit Anfang 1939 diente ERWIN WASSNER dem Führer der Uboote, Kapitän zur See Dönitz, als Stabsschiff. Während dieser Periode – genau am 13. April 1939 – ist diese Aufnahme entstanden. Bei einem Luftangriff auf Kiel am 24. Juli 1944 ist ERWIN WASSNER vernichtet worden.

The U-Boat escort ERWIN WASSNER was, from the beginning of 1939, the headquarters of the Commander-in-Chief of the U-Boats, Captain Dönitz.

Eine Behelfslösung war der 1934 angekaufte und 1935/36 zum Ubootbegleitschiff umgebaute Seeleichter FRIEDA, der am 3. Mai 1937 als MOSEL in Dienst gestellt und der 1. Ubootflottille zugeteilt wurde. Am 26. September 1941 ging die MOSEL – hier eine Aufnahme aus dem Jahr 1939 – bei der Einfahrt von Windau durch einen Minentreffer verloren.

The MOSEL, a sea lighter, was used as a U-Boat escort. She sunk early on in the war.

Offenbar im Hinblick auf die in der Planung stehenden speziellen Minenräumschiffe – auf denen eine stattliche Zahl von kleinen Räumbooten mitgeführt werden sollten – wurde ein Bau von RBoot-Begleitschiffen anscheinend nicht näher in Erwägung gezogen und statt dessen nach Behelfslösungen gesucht. So ist 1938 beschlossen worden, die beiden Fischereischutzboote ELB E und WESER zu solchen RBoot-Begleitschiffen umzubauen. Diese Arbeiten wurden 1938/39 bei den Hamburger Howaldtwerken durchgeführt. Diese beiden Bilder zeigen die ELBE, einmal während des Krieges in einem norwegischen Hafen liegend (unten), dann (rechts oben) als sowjetische TEREK, aufgenommen am 21. Juni 1949 in einem Schwarzmeerhafen. Unter den Siegermächten war ihre Überlassung an die Sowjetunion ausgehandelt worden. Das Schwesterschiff WESER wurde 1954 in den Niederlanden verschrottet.

Although special escort vessels were built for the submarines and fast patrol boats, before the war, none had even been planned for the minesweepers. Instead, two fishery protection boats built in the 1930s, the ELBE and WESER, were covered into minesweeper escorts.

Im September 1936 und im Juli 1938 wurden bei der Rostocker Neptunwerft je zwei Schnellbootbegleitschiffe in Auftrag gegeben. Von diesen sind aber nur die beiden ersten vollendet worden, aber auch erst nach dem Ausbruch des Krieges, zuerst CARL PETERS und dann ADOLF LÜDERITZ. Die beiden anderen waren noch nicht begonnen gewesen, als ihre Aufträge kurz nach Kriegsausbruch annulliert wurden. Von diesen Schiffen überlebte nur ADOLF LÜDERITZ. Sie gelangte Anfang 1946 an die Sowjetunion und fuhr dort noch weit bis in die 50er Jahre hinein als PAYSHERD. CARL PETERS wurde hingegen noch ein spätes Opfer des Krieges: Eine Woche nach Inkrafttreten des Waffenstillstandes sank sie in der Geltinger Bucht durch einen Minentreffer. Das am 10. Januar 1940 aufgenommene Bild zeigt die CARL PETERS vier Tage nach ihrer Indienststellung auf der eisbedeckten Unterwarnow, hier noch ohne Bewaffnung. Auf dem Bild unten ist ADOLF LÜDERITZ während ihres Einsatzes in Norwegen zu sehen. Am 14. April 1945 hatte sie im Jössigfjord bei einem Jaboangriff durch Bomben- und Raketentreffer einige Schäden davongetragen.

Between 1936 and 1938, a total of four S-Boat escorts were ordered, but only two, the ADOLF LÜDERITZ and the CARL PETERS, were ever built. The ADOLF LÜDERITZ fell into Russian hands at the end of the war and the CARL PETERS struck a mine and sank shortly after the end of the war. These pictures are of the CARL PETERS on her trials in port in January 1940 before her armament was fitted and the other of the ADOLF LÜDERITZ in action in Norway.

Die größten Begleitschiffe der Kriegsmarine entstanden von 1938 ab bei den Kieler Howaldtswerken (ab 1939 Kriegsmarinewerft Kiel). Acht Stück hätten es werden sollen, nur vier wurden begonnen, fertiggestellt werden konnten indessen nur drei, nämlich WILHELM BAUER, WALDEMAR KOPHAMEL und OTTO WÜNSCHE. Mit über 5000 ts Einsatzverdrängung übertrafen sie die bisher gebauten Begleitschiffe um ein beträchtliches Maß. Die Baunummer Eins, WILHELM BAUER, war im August 1937 auf Kiel gelegt worden, kam im Dezember 1938 zu Wasser und trat im April 1940 in das Dienstverhältnis ein, als nächstes Schiff folgte WALDEMAR KOPHAMEL im Oktober des gleichen Jahres, und als drittes – mit beträchtlicher Verzögerung – die etwas größere, sonst aber klassenidentische OTTO WÜNSCHE. WALDEMAR KOPHAMEL und WILHELM BAUER waren im Dezember 1944 bzw. April 1945 durch Bombentreffer in flachen Gewässern gesunken; OTTO WÜNSCHE hingegen überlebte den Krieg und wurde der Sowjetunion zugesprochen und dort als PECHORA in Dienst gestellt. Unter sowjetischer Regie wurde WALDEMAR KOPHAMEL geborgen und nach Instandsetzung der Roten Flotte einverleibt. Unter dem Namen KUBAN fuhr sie bis in die 70er Jahre. Auf dem oberen Bild ist WILHELM BAUER am 19. Oktober 1940 auslaufend aus Kiel zu sehen. Das in den 50er Jahren in den dänischen Meerengen aufgenommene Schiff stellt sich unter dem Namen KUBAN als die frühere WALDEMAR KOPHAMEL dar (unten).

The largest escort ships in the German Navy were the WILHELM BAUER, WALDEMAR KOPHAMEL and OTTO WÜNSCHE. They were all used in support of the U-Boats. The first picture is of the WILHELM BAUER leaving Kiel on 19th October 1940 and the second, taken in the Danish narrows in the 1950s, is of the former WALDEMAR KOPHAMEL, by then the Russian KUBAN.

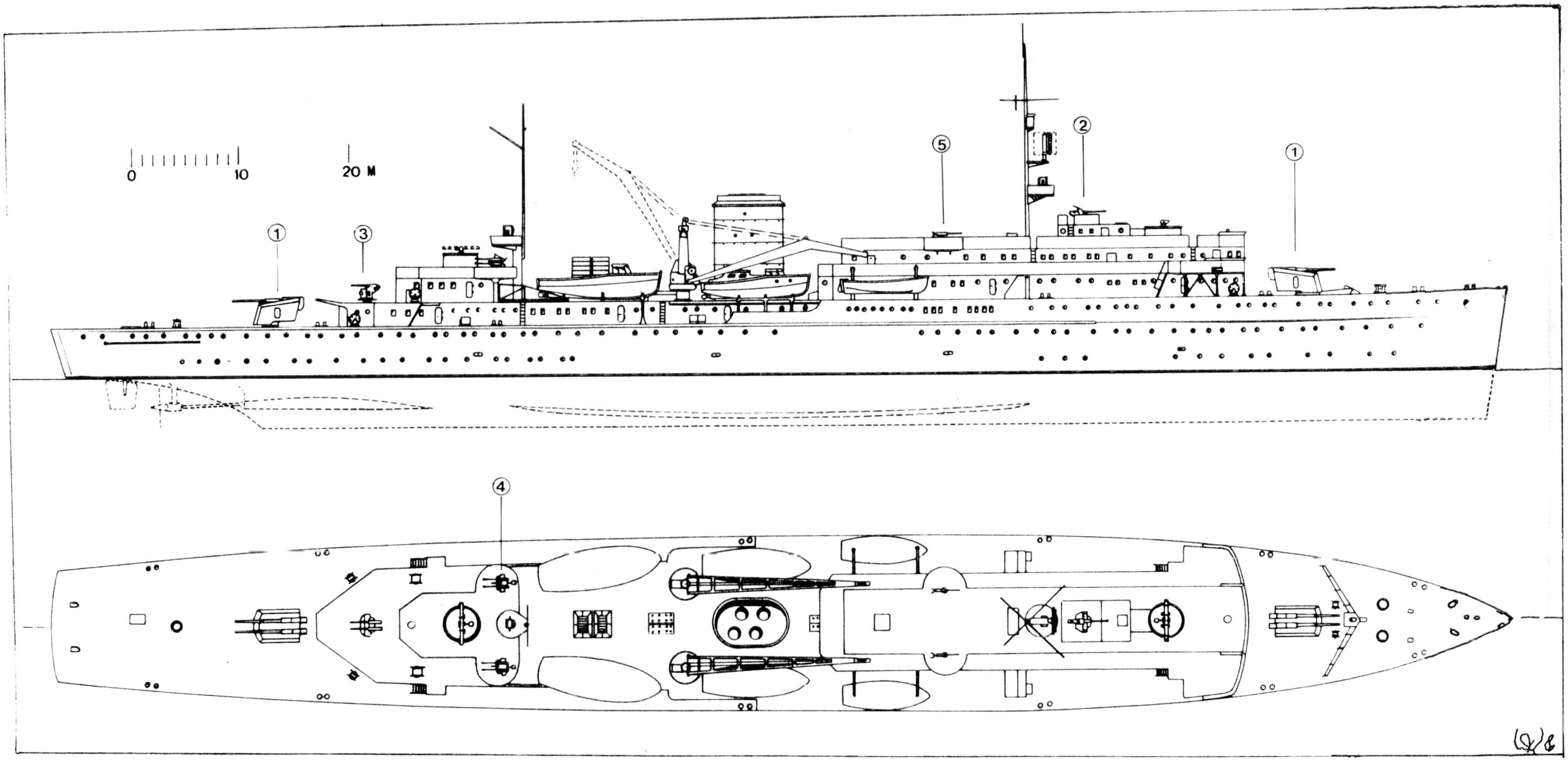

WILHELM BAUER, WALDEMAR KOPHAMEL und OTTO WÜNSCHE waren die größten Tender der Kriegsmarine. Bei einer Typverdrängung von 4700 ts (OTTO WÜNSCHE war etwas größer) kamen sie auf 5600 ts Einsatzverdrängung. Die Länge betrug knapp 133 m, die Breite wurde mit 16 m gemessen. Den Antrieb besorgten vier MAN-Dieselmotoren mit zusammen 12.400 PS Leistung, womit 20 kn Geschwindigkeit erreicht wurden. Als Bewaffnung führten sie vier 10,5 cm-Flak in Doppellafetten (1), eine 4 cm-Flak (2), zwei 3,7 cm-Flak in Doppellafette (3), zwei 2 cm-Vierlingsflak (4) und zwei 2 cm-Einzelflak (5).

The largest and certainly most up to date escort ships in the German Navy were those of the WILHELM BAUER Class. All three of them were built in Kiel.

Wie "richtige" Begleitschiffe sahen sie aus, die im Dezember 1943 bzw. Mai 1944 in Dienst gestellten HERMANN VON WISSMANN und GUSTAV NACHTIGAL. Bei ihnen handelte es sich um zwei im belgischen Hoboken auf polnische Rechnung begonnen gewesene Fruchtmotorschiffe, von denen das eine gerade zu Wasser gekommen war, als der "Westfeldzug" begann, während das andere zu dieser Zeit noch auf der Helling lag. Beide wurden beschlagnahmt und auf ihrer Bauwerft unter deutscher Leitung zu Schnellbootbegleitschiffen fertiggebaut. Genau einen Monat nach der Indienststellung wurde GUSTAV NACHTIGAL in der südlichen Nordsee westlich von Borkum Opfer eines Luftangriffs. Er erhielt mehrere Lufttorpedotreffer im Achterschiff, wodurch dieses wegbrach und absackte, was die Fahr- und Manövrierunfähigkeit zur Folge hatte. Die Schäden waren so schwer, daß das Schiff nicht gehalten werden konnte und aufgegeben werden mußte. Die Abbildung ist kurz vor dem Sinken entstanden. Auf dem unteren Bild ist das Schwesterschiff HERMANN VON WISSMANN im Mai 1945 beim Auslaufen aus Flensburg zur Übergabe an die Alliierten zu sehen; rechts im Hintergrund das Schnellbootbegleitschiff TSINGTAU. HERMANN VON WISSMANN kam zunächst nach England und dort als ROYAL HERALD in Fahrt. 1950 wechselte es den Besitzer und fuhr danach noch siebzehn Jahre lang bei der belgischen Marine unter dem Namen KAMINA als Schulschiff und Versorger. Sein Abbruch erfolgte 1968.

Two more S-Boat escorts, the HERMANN VON WISSMANN and the GUSTAV NACHTIGAL were former merchant ships. They were two banana boats under construction in Belgium in 1940 which were confiscated. Shortly after being commissioned, the GUSTAV NACHTIGAL was hit by a torpedo dropped by a British warplane and so badly damaged that she had to be abandoned. This picture was taken shortly before her sinking. The second picture with the HERMANN VON WISSMANN was taken in Flensburg in May 1945 just after the end of the war. Shortly afterwards, she was returned to Belgium.

Abbildungen rechts:
Die Notwendigkeit von weiteren "Führerschiffen" ergab sich im Kriege aus der Aufstellung zahlreicher Kleinbootverbände. Hierzu wurden fast ausschließlich zivile Schiffe herangezogen. Beispiele waren die RUGARD, ein ehemaliger Bäderdampfer, der 1939 für den Führer der Minensuchboote in der Ostsee (F.d.M. Ost) hergerichtet wurde, und der ehemalige Fahrgastdampfer KORALLE, ein zu dieser Zeit schon fast 50 Jahre alter Veteran. Die 1942 aufgenommenen Bilder zeigen die RUGARD mit ihren zum Trocknen vergeheißten Signalflaggen (oben) und die in Gotenhafen einlaufende KORALLE.

The need for "Headquarters Ships" became apparent when, in the course of the war, the number of squadrons of small boats grew. Merchant ships were usually used, like the RUGARD, a former cruise steamer, and the KORALLE, a former coastal passenger ship. Both pictures were taken in Gotenhafen in 1942.

Von den frühen 30er Jahren ab kam es in der deutschen Marineführung zu einem bemerkenswerten Umschwung bei den operativen Planungen: Die Möglichkeiten eines ozeanisch zu führenden Seekrieges waren zuerst bei der Konzeption der 10.000 ts-Panzerschiffe deutlich geworden; so kam es dazu, daß der Flottenbau immer stärker von einer Atlantik-Kriegführung beeinflußt wurde. Sehr früh war dabei erkannt worden, daß eine solche nur dann erfolgreich zu führen ist, wenn die Versorgung der eingesetzten Kampfeinheiten auch auf größere Entfernungen sichergestellt werden kann. Diese Überlegungen führten 1936 zur Inbaugabe einer Serie von Troßschiffen, für die das als reichseigenes Tankmotorschiff gebaute WESTERWALD das Vorbild wurde.

Das bekannteste von ihnen war zweifellos die ALTMARK, die durch einen britischen Raid im Februar 1940 in das Licht der Öffentlichkeit geriet. Die ALTMARK hatte das Panzerschiff ADMIRAL GRAF SPEE versorgt und befand sich mit 303 britischen Kriegsgefangenen an Bord auf dem Rückmarsch in die Heimat, als sie in norwegischen Hoheitsgewässern von britischen Zerstörern gestellt wurde, vor diesen in den Jössigfjord auswich und in eine Position geriet, in der die Briten sie entern konnten. Der Akt war eindeutig völkerrechtswidrig, aber die Briten setzten sich darüber hinweg, für sie hatte die Befreiung der Gefangenen – meist waren es britische Seeleute – absoluten Vorrang. Dieses Bild zeigt die ALTMARK im Jössigfjord liegend nach dem Abzug der Engländer.

In the early 1930s, there was a marked change in German Navy operational planning as, for the first time, with the conception of the 10,000 tonnes "pocket battleships", the possibility of fighting on the oceans could be considered. Gradually, the designing of a new fleet was influenced by this idea of fighting in the Atlantic. Thus special ships were built to supply the warships at sea. One of these was the ALTMARK which came into the limelight after the British raid in February 1940. This picture was taken in the Jössing Fjord in Norway after the British had withdrawn.

Bei Flottenmanövern und Übungen, insbesondere aber bei den unter weitgehend kriegsmäßigen Bedingungen gefahrenen Einsätzen in den spanischen Gewässern während des Bürgerkrieges wurden wertvolle Erfahrungen in der Versorgung mit Brennstoff, Munition und Nachschubgütern gesammelt. Die Übergabe erfolgte dabei bevorzugt in See. Solche Manöver wurden geübt, wo und wann immer sich dazu Gelegenheit und Anlaß bot. Einige Monate vor Kriegsausbruch, im April/Mai 1939, wurde die für die Atlantikkriegführung konzipierte neue Kampfgruppentaktik erstmals in einer größer angelegten Flottenübung im Mittelatlantik erprobt. Unter anderen Einheiten nahm daran auch das Schlachtschiff GNEISENAU teil, das dabei von einem Begleittanker in See mit Brennstoff versorgt wurde. Dies war nichts Neues mehr: Praktiziert wurde es schon während des Spanischen Bürgerkrieges, wie dieses Bild deutlich macht: Hier ist das Troßschiff DITHMARSCHEN zu sehen, an dessen Backbordseite ein Zerstörer Vorbereitungen zur Brennstoffübernahme trifft, während ein zweiter Zerstörer im Schlepp von DITHMARSCHEN über Heck versorgt wird. Die DITHMARSCHEN führte – wie ihre Schwesterschiffe ebenfalls – damals noch die Reichsdienstflagge. Diese wies sie als ein im Dienste des Reiches stehendes Schiff aus, d. h. als Nicht-Kriegsschiff.

The German naval forces gathered valuable experience in their fleet manoeuvres and training exercises and in particular during the Spanish Civil War. This picture shows the supply ship DITHMARSCHEN loading supplies on to the destroyer alongside whilst refueling the destroyer on tow.

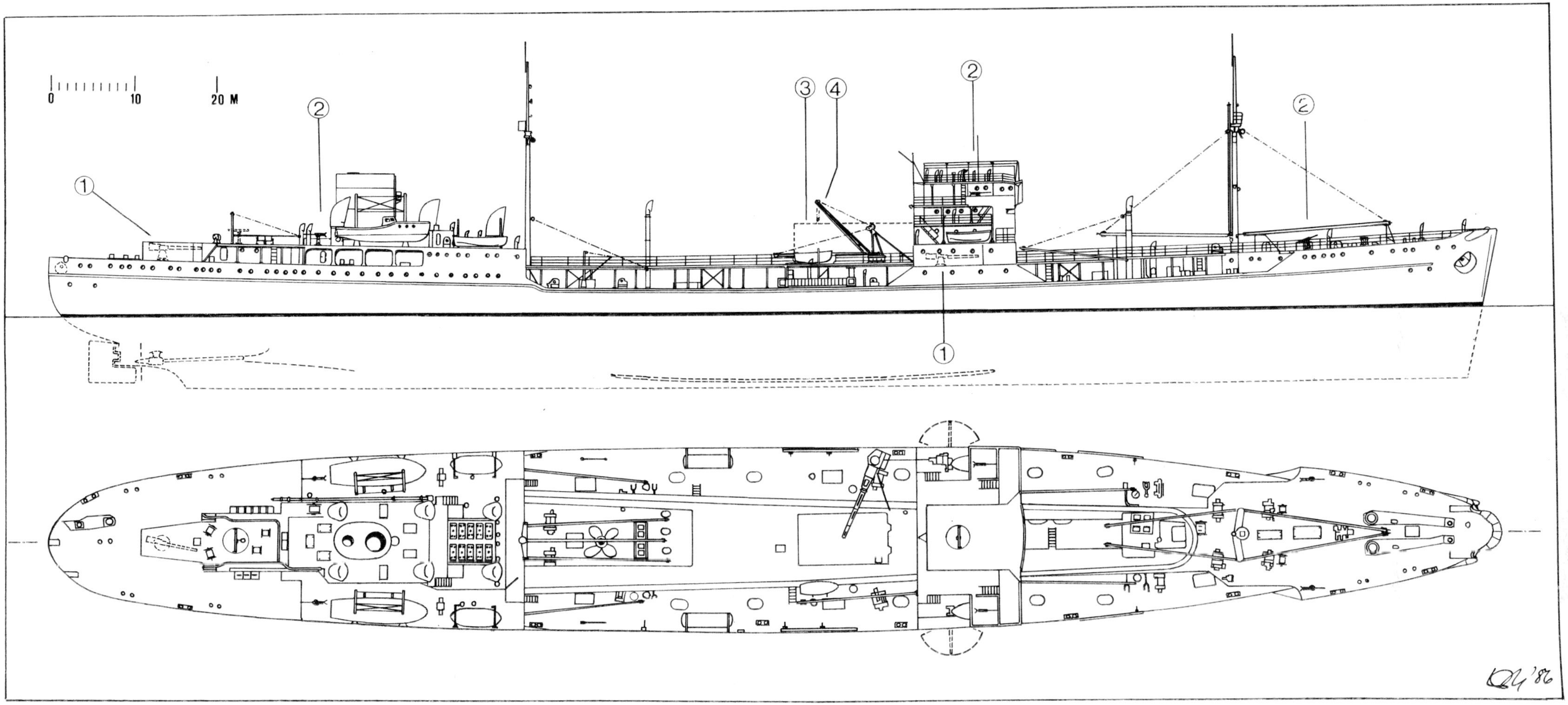

Die Troßschiffe NORDMARK (ex WESTERWALD), DITHMARSCHEN, UCKERMARK (ex ALTMARK), ERMLAND und FRANKEN stellten im Hinblick auf das Fehlen überseeischer Stützpunkte eine sehr konsequente Entwicklung dar. Auf ihnen ließ sich all das unterbringen, was Kampfeinheiten bei ihrer ozeanischen Seekriegführung benötigten. Ihre Einsatzverdrängung lag bei mehr als 22.000 ts, die Ladung bestand aus über 9000 t Treibstoffen, fast 1000 t Munition, rund 800 t Proviant und anderem Nachschubmaterial, insgesamt rund 11.000 t. Ein Teil der Laderäume hatte Aufzüge, die Munition ließ sich mit Geschoßhebezangen und an Deckenlaufschienen bewegen. Die Bewaffnung bestand aus drei 15 cm-Geschützen (1) und vier 2 cm-Flak in Einzellafetten (2). Auch ein Bordflugzeug konnte mitgeführt werden; zum Abstellen ließ sich hinter dem Brückenhaus ein Zelt (3) errichten. Zum Einsatz mußte das Flugzeug mit Hilfe eines Kranes (4) ausgesetzt werden.

The supply ships NORDMARK (ex WESTERWALD), DITHMARSCHEN, UCKERMARK (ex ALTMARK), ERMLAND and FRANKEN were especially important as Germany lacked overseas bases. They carried everything on board that the warships fighting on the oceans would need.

Unten:

Das sogenannte Hilfstroßschiff KÄRNTEN war als regulärer Marinetanker für die niederländische Marine begonnen worden und lag im Mai 1940 noch auf der Helling. Unter deutscher Regie sind die Arbeiten an ihr zu Ende geführt worden, so daß im Oktober 1941 die Indienststellung erfolgen konnte. Im März 1942 ist die KÄRNTEN als Uboot-Versorger nach Norwegen disloziert worden und lag dort zuerst im Skjomenfjord bei Narvik und ab August 1942 in Kirkenes. Bei Kriegsende befand sie sich in Drontheim und wurde alsbald der Sowjetunion zugesprochen und von dieser nach Übernahme als POLYARNIK in Dienst gestellt. Als solche war sie noch 1985 in den Flottenlisten registriert. Dieses 1942 aufgenommene Bild zeigt sie im Skjomenfjord vor Anker liegend. Im Hintergrund rechts der ehemalige norwegische Walfänger PELAGOS, der von der Kriegsmarine als Versorger der 24. Ubootflottille genutzt wurde.

The auxiliary supply ship KÄRNTEN was of Dutch origin. This ship was in the process of being built when the Germans overran Holland in May 1940. She was completed under German direction. This picture of her was taken in the Skjomen Fjord in Norway.

Das Troßschiff NORDMARK (bis November 1939 hieß es noch WESTERWALD) bei der Versorgung von U 107 am 3. Mai 1941 im Südatlantik. Auf der Turmbrüstung Korvettenkapitän Heßler, Kommandant von U 107. An Oberdeck liegt die Schlauchleitung für den zu übernehmenden Dieselkraftstoff bereit (Abbildung oben). Mit Hilfe einer Leinenverbindung gelangt diese Schlauchleitung auf die DITHMARSCHEN.

The supply ship NORDMARK loading up the U 124 in the South Atlantic on 3rd May 1941.

Rechts:
Das Troßschiff HEIDE entstand aus einem im November 1940 auf der Burmeister & Wain-Werft in Kopenhagen beschlagnahmten und bis zu dieser Zeit noch nicht zu Wasser gekommenen Tankmotorschiffneubau. Unter deutscher Regie fertiggebaut, wurde er im Oktober 1941 in Dienst gestellt und überdauerte den Krieg.

The supply ship HEIDE. She was being built in Denmark in 1940 and taken over by the Germans.

Einen willkommenen Zuwachs an Tankerraum stellte der im Juni 1940 vom Hilfskreuzer WIDDER im Nordatlantik aufgebrachte norwegische Tanker KROSSFONN dar. Ab Anfang 1941 wurde er als Hilfstroßschiff SPICHERN für eine Reihe von Versorgungsoperationen im Atlantik eingesetzt, die sich zeitlich bis zur Unternehmung "Rheinübung" – den Operationen des Schlachtschiffes BISMARCK und des Schweren Kreuzers PRINZ EUGEN – hinzogen. Unten ist sie noch als norwegische KROSSFONN zu sehen, aufgenommen vom Hilfskreuzer WIDDER aus. Das untere Bild zeigt sie während ihres Umbaus zum Troßschiff in St. Nazaire.

A welcome addition to the fleet was provided by the auxiliary cruiser WIDDER when she captured the Norwegian tanker KROSSFONN. From 1941, she sailed under the name SPICHERN. The first picture is of her as the Norwegian KROSSFONN and the second is of her being converted into a supply ship in St. Nazaire.

Der Begleittanker WEISSENBURG war ein weiteres Beispiel für den zusammengewürfelten Troßschiffpark. Er konnte als Neubau auf einer Rotterdamer Werft beschlagnahmt werden und sank im November 1943 bei Texel durch Bombentreffer.

The escort tanker WEISSENBURG is a further example of the great mixture of ships used for supplying the German Navy.

Mit der Ausweitung des deutschen Machtbereiches in den siegreichen Jahren 1939–41 stieg die Bedeutung des Seetransportwesens sprunghaft an; als dann die Fronten Zug um Zug zurückgenommen werden mußten, verlor es keineswegs an Bedeutung: Zwar schrumpften die zurückzulegenden Entfernungen immer mehr, doch blieben die Transportforderungen die gleichen und stiegen in der Endphase des Krieges durch Rückführungsaufgaben von Truppenteilen und durch die Massenflucht aus den deutschen Ostgebieten noch einmal kräftig an. Was die dazu eingesetzten Schiffe von Handelsmarine und Kriegsmarine hierbei leisteten, ist ohne Beispiel: Hunderttausende von Menschen – Soldaten ebenso wie Zivilisten – verdanken den auf diesen Schiffen fahrenden Männern buchstäblich ihr Leben. Die dafür eingesetzten Transportschiffe gehörten zwar nicht zur Kriegsmarine, aber auf ihnen waren vielfach Bordflakeinheiten der Marine eingeschifft, um sie gegen die immer größer werdende Luftgefahr verteidigen zu können. Die Leitung der Seetransporte oblag den der Kriegsmarine unterstellten Seetransportdienststellen. Ihre Aufgabe war die Durchführung der militärischen Seetransportforderungen in der Weise, daß der von allem Anfang an knappe Schiffsraum so rationell wie möglich eingesetzt wurde.

The transport ships had many tasks to perform and they grew in number as the war spread. At the end of the war, they were used to evacuate German refugees from the eastern provinces. The picture shows the transport ships PIONIER which sank already 1940 due to a mine explosion.

Das Vermessungsschiff METEOR war weltweit bekanntgeworden durch seine "Deutsche Atlantische Expedition" in den Jahren 1925–27. Dabei hatte es auf einer 776 Tage langen Reise 67.535 Seemeilen zurückgelegt, was einer dreimaligen Umrundung des Erdballs entsprach. Auf dieser weltweit mit großem Interesse verfolgten Reise konnten wertvolle wissenschaftliche Ergebnisse erzielt werden. Mit Kriegsbeginn wurde METEOR zunächst stillgelegt. Im Frühjahr 1940 erfolgte ihre Reaktivierung, sie wurde bis Kriegsende als Führer- und Stabsschiff meist stationär verwendet. 1946 ist sie gemäß Beschluß der Siegermächte an die Sowjetunion ausgeliefert worden und fuhr dort unter dem neuen Namen EKVATOR noch viele Jahre lang; von etwa 1970 ab wurde sie als Hulk in einem Ostseehafen verwendet. Das Bild zeigt sie kurz nach der Übergabe an die Sowjets, noch mit einem Funkmeßgerät deutscher Herkunft im Topp des vorderen Mastes ausgerüstet, aber zusätzlich auch schon mit einem "Skin Head"-Radar sowjetischer Provenienz, das seine Position auf der Brücke hat.

At one time, the survey ship METEOR was known all over the world because of role in the "German Atlantic Expedition" in 1925–27. At the beginning of the war, there was no further use for her, but she was recommissioned in 1940 and used as a headquarters ship. After the end of the war, she fall into Russian hands and saw several more years service under the name EKVATOR. This photo was taken at that time.

Das Versuchsschiff STRAHL – seiner Herkunft nach ein 1902 in England gebauter und 1936 angekaufter kleiner Frachtdampfer – unterstand dem Nachrichtenmittel-Versuchskommando und spielte bei der Erprobung des "Seeakt"-Gerätes eine wichtige Rolle; dabei handelte es sich um das erste Funkmeßortungsgerät. Auf STRAHL wurden diese Geräte in See erprobt. Die zylindrische Kuppel auf der Brücke und das würfelförmige Gehäuse auf dem hinteren Deckhaus – beide auf dem Foto gut zu sehen – waren Funkmeßstationen. 1942 wurde das Fahrzeug außer Dienst gestellt und im Kriege nicht mehr verwendet. Diese Aufnahme wurde am 25. April 1938 in Kiel geschossen.

The experimental ship STRAHL played an import role in the development and testing of German radar.

Links:
In den Friedensjahren deckte die Kriegsmarine ihren Bedarf an Torpedofangbooten aus den Beständen der nach 1918 von den Siegermächten belassenen Weltkrieg-I-Torpedoboote. Dieses Boot war eines von ihnen: Gezeigt wird die COMET, in der Kaiserlichen Marine als V 151 bezeichnet und in der Reichsmarine als T 151. Seit 1937 fuhr es als Schnellschlepper für Artillerie-Schießscheiben, im Frühjahr 1939 wurde es Torpedofangboot.

Between the wars, the German Navy met their need for torpedo catchers by using old First World War torpedo boats. One of these was the COMET, otherwise known as the V 151 and later the T 151.

Der nach Kriegsbeginn einsetzende expansive Ausbau der Ubootwaffe hatte zwangsläufig ein adäquates Anwachsen der Ausbildungskapazität für neu heranzubildende Ubootbesatzungen zur Folge, und dabei stand das Torpedoschießen im Vordergrund. Um die zahlreich verschossenen Übungstorpedos aufzufischen und wiederverwenden zu können, bedurfte es zahlreicher weiterer Torpedofangboote. In einem 1941 anlaufenden Programm wurden deshalb mehrere Dutzend solcher Einheiten in Auftrag gegeben; im Entwurf orientierte sich dieser Typ an den im Ersten Weltkrieg gebauten Torpedobooten des Typs A III. Die überwiegende Anzahl der abgelieferten 24 Boote entstand auf holländischen Werften. Dieses in die Serie TF 9–24 einzuordnende Boot war nach Kriegsende der Sowjetunion zugefallen, die es als TV-7 (die Buchstaben stehen für 'Torpedolov' = Torpedofangboot) bei der Baltischen Rotbannerflotte in Fahrt brachte.

An expansive programme of U-Boat construction started at the beginning of the war and thus a sufficient growth in training capacity was required. The most important part of training was firing torpedos. To finish out the many torpedoes fired so that they cold be used again required an increase in the number of torpedo catchers. In a programme running in 1941, more than a dozen such vessels were produced and this was one of them. The picture was taken after the end of the war, by which time she was the Russian TV-7.

Auf diesem Bild sieht man die beim Umbau zum Zielschiff um rund 10 m verlängerte und mit einem neuen Vorsteven versehene HESSEN. Nach Kriegsende ist diese an die Sowjetunion ausgeliefert worden und diente noch etliche Jahre bei der Baltischen Flotte als Zielschiff TSEL. Die ZÄHRINGEN brannte im Dezember 1944 bei einem auf Gotenhafen niedergehenden Luftangriff völlig aus und wurde 1945 in der Hafeneinfahrt als Sperrschiff auf Grund gesetzt. Die Polen hoben das Wrack 1949/50 und brachen es ab.

This picture shows the HESSEN which came to the Russians in 1946.

Als Stationstender und Navigationsschulboot bei der Marineschule in Flensburg-Mürwik fuhr die PAUL BENEKE. Den Krieg hat sie überdauert und fristete ihre letzten Jahre aufgelegt in den Niederlanden. Diese Aufnahme ist am 25. April 1939 entstanden.

The PAUL BENEKE was used as a tender for the Naval College in Flensburg-Mürwik.

Wenig bekanntgeworden ist das Torpedobergungsschiff KAMERUN, das zugleich als Taucherschulschiff genutzt wurde. Es war 1939 in Papenburg gebaut worden und versah ab Frühjahr 1940 seinen Dienst bei der Torpedoschule. Hier ist die KAMERUN 1940 in Kiel zu sehen.

Little known is the torpedo recovery ship KAMERUN which was also used to train divers.

Der Stationstender NORDSEE war 1941 als Verkehrsdampfer für das 1. Geschwader der Hochseeflotte gebaut worden. Er endete 1949 in Belgien durch Abbruch. Hier sieht man ihn 1939 in Flensburg zusammen mit der PAUL BENEKE.

The NORDSEE, built in 1914, was also a tender. This picture shows her and the PAUL BENEKE at the Naval College in Flensburg-Mürwik.

DIE MARINEARTILLERIE

Der ausschließlich an Land stationierten Marineartillerie oblag im Frieden der artilleristische Schutz der eigenen Küsten gegen Angriffe von außen her, sowohl von See als auch in bestimmten Abschnitten aus der Luft. Im Krieg wurde sie vor Aufgaben gestellt, auf die sie in keiner Weise vorbereitet war. Dies ergab sich aus der Ausweitung des deutschen Machtbereiches vom Nordkap bis zur Biscaya, wodurch dort eine starke Küstenverteidigung erforderlich wurde. Die sich dabei ergebenden Hauptprobleme lagen vor allem in der Bereitstellung von Personal und Geschützen. Die Anforderungen waren nur längerfristig zu bewältigen und zwangen vielfach zu Behelfslösungen und Improvisationen. Die Ausstattung mit Geschützen aus eigener Fertigung kam nur schleppend voran, so daß auf Beutegeschütze des unterschiedlichsten Alters und Kalibers zurückgegriffen werden mußte. Das aber brachte wiederum bei der Ausbildung und noch mehr bei der Logistik ungeahnte Schwierigkeiten mit sich. Die Schwerpunkte der Küstenverteidigung lagen naturgemäß im Westraum und dort besonders an der Kanalküste. Bei Beginn der Invasion waren die im Rahmen des "Atlantikwalls" geschaffenen Stellungen der Marineartillerie erst teilweise fertig.
Die Marineartilleristen trotzten zwar dem Gegner, sie brachten ihm auch teilweise empfindliche Verluste bei, aber letztlich mußten auch sie einer Übermacht erliegen, der sie keine Reserven mehr entgegenstellen konnten.

THE NAVAL ARTILLERY

The Naval Artillery was based exclusive on land and in time of peace was required to protect the coastline from attacks from the sea with its guns. In the war, it was given tasks for which it had made no preparations. This was because German-occupied territories spread from the north of Norway to the Bay of Biscay in a very short time, the entire length of which required coastal defence. There were enormous problems in finding enough manpower, especially trained gun crews. Stop-gap measures and improvisation were the order of the day. Supplies of guns trickled in, and more and more captured equipment was pressed into service even though there were great shortage of replacement parts and ammunition. The main coastal defences were, of course, along the English Channel, but even there, parts of the "Atlantic Wall" were far from finished when the Allies invaded Normandy in 1944.

Links:
Solange noch Frieden herrschte, blieb die Präsenz der Marineartillerie auf das Reichsgebiet beschränkt. An den Küsten verfügte sie über ausgebaute, meist offen angelegte Stellungen. Gegen Angriffe aus der Luft waren sie zum weit überwiegenden Teil nicht geschützt; das einzige Mittel dagegen war ihre Tarnung durch Netze und Geäst, um sie der Sicht des Fliegerbeobachters zu entziehen. Hier der Blick auf eine Geschützbatterie an der Nordseeküste. Das 15 cm-Geschütz ist hinter den Dünen in einem betonierten und mit Sand überworfenen Bettungskessel aufgestellt.

Left picture:
In time of peace, the Naval Artillery was deployed only on German territory. It was deployed largely in specially constructed positions which were usually open. This picture is of one such gun position on the North Sea coast.

Schutzschilde wie hier waren die Ausnahme. Aber sie boten in dieser Ausführung auch nicht viel mehr als bloßen Splitterschutz, und nicht einmal für das gesamte Bedienungspersonal. Dieses Geschütz – Kaliber vermutlich 10,5 cm – ist um 360 Grad schwenkbar innerhalb eines betonierten Gevierts aufgestellt. Hier erfolgt offenbar gerade Geschützexerzieren.

Protective shields were rarely fitted to coastal batteries and they did not offer much protection from shrapnel to gun crews anyway.

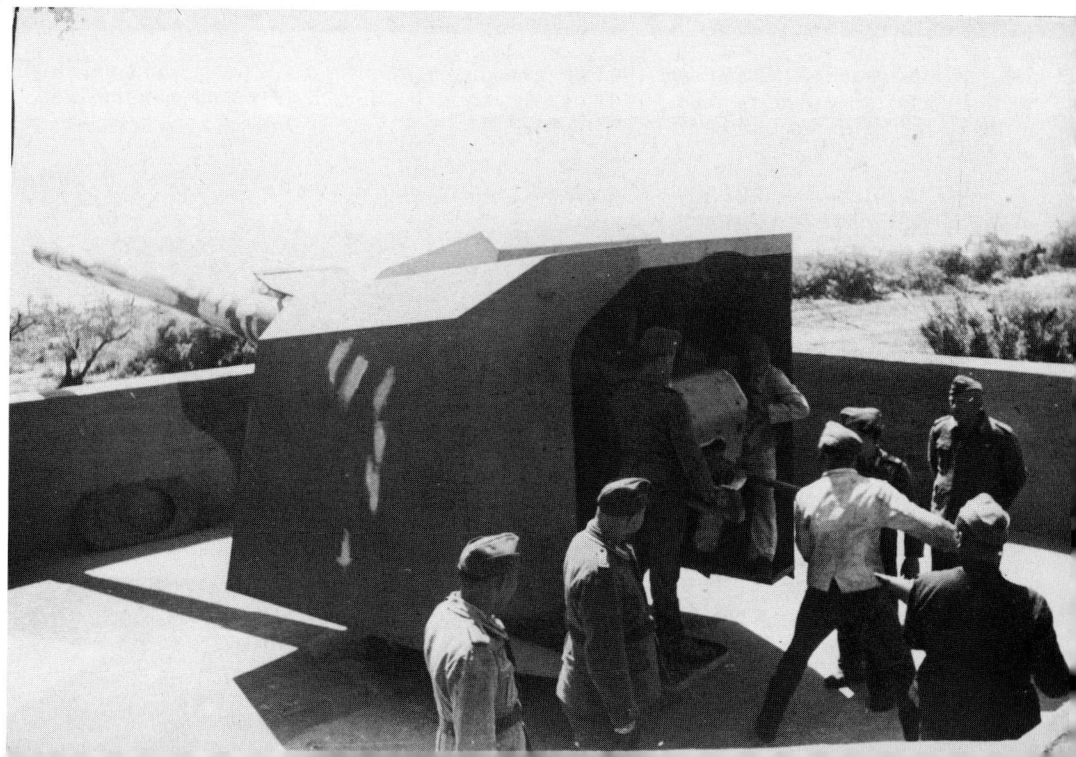

Auf Helgoland wurde nach 1933 unter anderen eine 30,5 cm-Batterie stationiert. Zuvor war dieser Insel der artilleristische Schutz auf Grund des Versailler Vertrages versagt gewesen. Das Bild zeigt ein Geschütz dieser Batterie in seiner ebenfalls völlig offenen Stellung, einem betonierten Bettungskessel, innerhalb dessen es auf einer Schwenkbahn seine Seitenrichtung erhielt.

Helgoland had its defences rebuilt only after 1933 as the Treaty of Versailles required that its fortifications be desmanted. This picture is of a heavy position constructed in the 1930s.

Links:

Von nicht mehr kriegsverwendungsfähigen oder nicht fertiggebauten Kriegsschiffen wurde – soweit möglich – die Artilleriebewaffnung ausgebaut und in die Küstenverteidigung einbezogen. Ein Beispiel dafür bot das Schlachtschiff GNEISENAU, dessen beide noch brauchbaren 28 cm-Drillingstürme 1943 in Norwegen auf vorgelagerten Inseln bei Drontheim und nahe Bergen aufgestellt wurden. Dieses Bild zeigt einen 15 cm-Zwillingsturm bei der Montage eines seiner Geschütze. Für den Turm ist in dem danebenliegenden, durch Tarnnetze verhängten Bunker eine Nische eingelassen, die ihm zusätzlichen Schutz gegen Treffer von oben geben sollte. Die 15 cm-Zwillingstürme dieses Modells waren für Schlachtschiffe bestimmt.

During the course of the war, the guns from ships put out of action were placed in the coastal defence. One example of this was the battlecruiser GNEISENAU. Once she was so badly damaged by British bombing that she could not be repaired, her guns were dismantled and used on land. Two of her 28 cm triple turrets were used in Norway. This picutre shows a 15 cm twin turret being removed.

Dänemark 1940: Ein schweres Geschütz der Marineartillerie in seiner getarnten Stellung. Es könnte sich hierbei um eines der vier 38 cm-Geschütze bei Hanstholm handeln, die dort bald nach der Besetzung Dänemarks aufgestellt wurden und das Skagerrak von Süden her sperren sollten. Von Norden her war dazu die gleichfalls aus vier 38 cm-Geschützen bestehende Batterie im südnorwegischen Kristiansand bestimmt.

Denmark 1940. A heavy gun, probably a 38 cm, in the camouflaged position near Hanstholm.

Der "Atlantikwall" wurde 1943/44 bis an die Nordspitze des dänischen Jütland verlängert. Zahlreiche Bunker sind dort gebaut worden, darunter eine stattliche Anzahl als Geschützstände. Ein Beispiel dafür bietet die Gemarkung Oxby nördlich von Esbjerg an einem dort heute noch erhaltenen Bunker, in dessen Decke ein kreisrunder Bettungskessel darauf hindeutet, daß auf ihm ein Geschützturm vorgesehen war. Vom Durchmesser dieser Bettung (rund 9 m) ausgehend, wäre dafür am ehesten ein 15 cm-Zwillingsturm in Betracht gekommen, wie er auf Schlachtschiffen verwendet wurde. An dieser Geschützstellung wurde bis Kriegsende gearbeitet, fertiggeworden ist sie jedoch nicht mehr. Die nach dem Waffenstillstand aufgenommene obere Abbildung zeigt im Vordergrund den Bunker und dahinter den auf einem Schienenstrang laufenden Bockkran, unter dem der Turmunterbau mit dem kastenförmigen Munitionsaufzug bereitgestellt ist, um in seine Bettung verfahren zu werden. Wie dieser Bunker heute aussieht, zeigt das untere Bild. Oben die Stempel, welche die Gleise für den Bockkran aufnehmen sollten, um ihn bis über den Bettungskessel verfahren zu können.

In 1943/44, the "Atlantic Wall" was extended to Jutland in Denmark. Numerous bunkers were built there and many of them can still be seen today. These pictures show a bunker in Oxby near Esbjerg which was still being built when the war ended and how it looks today. A 15 cm twin turret was going to be mounted on it.

Auch ausländische Schiffsgeschütze wurden in ortsfesten Stellungen der Marineartillerie eingebaut. Diese Bilder zeigen die Einbringung eines solchen in seine küstennahe Stellung mit Hilfe eines Schwerlastfahrgestelles und von Bockkranen. Daß es sich um ein ehemals an Bord eines Kriegsschiffes verwendetes Geschütz handelt, ist an seiner charakteristischen Schartenblende zu erkennen. Das Kaliber dürfte zwischen 20 und 30 cm liegen. Die oberen Bilder zeigen das auf dem Schwerlastfahrgestell verlastete Geschütz; im unteren Bild wird es in seine vorgesehene Position soweit eingefahren, daß es mit Hilfe der Bockkrane in seine Bettung gesetzt werden kann. Offenbar handelt es sich auch hier um eine offene, nicht fliegergeschütze Stellung. Diese Aufnahmen sind wahrscheinlich an der französischen Kanalküste entstanden.

Even foreign ships guns were used in fixed positions on land by the Naval Artillery. These two pictures show what probably a heavy gun from a foreign warship being transported and fixed in position.

DIE DEUTSCHE KRIEGSMARINE

SIEGFRIED BREYER/GERHARD KOOP **Teil 3** 1935 - 1945

QUELLEN- UND LITERATURNACHWEIS ZU TEIL 3

Bekker: Einzelkämpfer auf See. Die deutschen Torpedoreiter, Froschmänner und Sprengbootpiloten des Zweiten Weltkrieges, Oldenburg/Hannover 1968
Bracke: Die Einzelkämpfer der Kriegsmarine, Stuttgart 1982
Brennecke: Jäger, Gejagte, Herford 1982
Brennecke: Die Wende im Ubootkrieg, Herford 1984
Brennecke: Haie im Paradies, München 1978
Brustat-Naval, Ali Cremer: U 333, Berlin/Frankfurt/Wien 1982
Brustat-Naval, Suhren: Nasses Eichenlaub, Herford 1983
Busch, H.: So war der Ubootkrieg, Bielefeld 1954
Dönitz: Mein wechselvolles Leben, Göttingen 1975
Dönitz: 40 Fragen an Karl Dönitz, München 1979
Dönitz: Zehn Jahre und 20 Tage, München 1980
Dülffer: Weimar, Hitler und die Marine, Düsseldorf 1973
Enders: Auch kleine Igel haben Stacheln, Herford 1984
Fock: Marine-Kleinkampfmittel, Herford 1982
Frank: Die Wölfe und der Admiral, Oldenburg/Hannover 1953
Grabatsch: Torpedoreiter, Welsermühl 1979
Gröner: Die deutschen Kriegsschiffe 1835 – 1945, Band 3, Koblenz 1985
Güth: Die Marine des Deutschen Reiches 1919 – 1939, Frankfurt 1972
Herzog: 60 Jahre deutsche Uboote, München 1968
Heß: Die Männer von U 995, Oldenburg/München/Hamburg 1979
Hirschfeld: Feindfahrten, München 1982
Hümmelchen: Die deutschen Seeflieger 1935 – 1945, München 1976
Korganoff: Prien gegen Scapa Flow, Stuttgart 1977
MFA – Handbuch zur deutschen Militärgeschichte 1648 – 1939, Band VIII – Deutsche Marinegeschichte der Neuzeit, München 1977
Pöschel: Froschmänner, Torpedoreiter, Zwerg-Uboote, (Ost-)Berlin 1961
Raeder: Mein Leben, Band 1 und 2, Tübingen 1956/57
Rahn: Reichsmarine und Landesverteidigung 1919 – 1928, München 1976
Robertson: Jagd auf die Wölfe, Oldenburg/Hamburg 1960
Rössler: Geschichte des deutschen Ubootbaus, München 1975
Rössler: Die deutschen Uboote und ihre Werften, Band 1 und 2, München 1979/80
Rössler: Boottyp XXI, München 1980
Rohwer: Die Ubooterfolge der Achsenmächte 1939 – 1945, München 1968
Rohwer/Hümmelchen: Chronik des Seekrieges 1939 – 1945, Oldenburg 1968
Schütze: Operation unter Wasser, Herford 1985
Werner: Die eisernen Särge, München 1985

Arbeitsteilung: Ubootwaffe: Gerhard Koop, alle anderen Kapitel: Siegfried Breyer

DIE DEUTSCHE KRIEGSMARINE

SIEGFRIED BREYER/GERHARD KOOP

Teil 3 1935 - 1945

Die UBootwaffe · Marine-Kleinkampfverbände · Landkampf-Marineverbände · Seefliegerkräfte · Häfen und Bauwerften · Die Angehörigen der Kriegsmarine mit den höchsten Tapferkeitsauszeichnungen · Versenkungserfolge gegen Kriegsschiffe · Uniformen, Dienstgrad- und Laufbahnabzeichen

Begegnung in der Einsamkeit des Ozeans: Das "Milchkuh"-Boot U 459 (Typ XIV) trifft auf der verabredeten Position mit einem Frontboot zusammen. Diese Aufnahme ist am 21. April 1942 entstanden.

INHALT VON TEIL 3

1943 im rumänischen Konstanza: U 20 (Typ II B) bei der Kommandantenmusterung kurz vor dem Auslaufen.

VORWORT ZU TEIL 3

Nachdem in den beiden ersten Teilen von den Überwasserstreitkräften und den Hilfs- und Troßschiffen berichtet wurde, nimmt im vorliegenden dritten Teil die Ubootwaffe den Schwerpunkt der Dokumentationsfolge ein. Während des Krieges sind Hunderte von Ubooten gebaut und gegen die Versorgungsschifffahrt der Gegner eingesetzt worden – und in der ersten Phase des Krieges erzielten diese so große Erfolge, daß Großbritannien, wie schon im Ersten Weltkrieg, an den Rand des Abgrundes geriet. Aber dann kam es dennoch anders: In einer großen Kraftanstrengung gelangten die Gegner dank Mobilisierung und Motivierung von Wissenschaft und Technik zu neuen Mitteln und Wegen der Ubootbekämpfung, und diese schlugen voll durch: Der Ubootkrieg kam nahezu zum Erliegen, die Alliierten wurden der tödlichen Gefahr Herr. Die deutsche Reaktion blieb zwar nicht aus und führte zu einer revolutionären Wandlung vom Tauchboot zum echten Unterseeboot. Aber als dieses seine Einsatzreife erreicht hatte, kündigte sich das nahe Ende des Krieges und damit der Zusammenbruch des Reiches an.

Am Anfang unseres Jahrhunderts galt das Uboot bekanntermaßen als die "Waffe des zur See Schwächeren". Auf den Zweiten Weltkrieg und die deutsche Seite übertragen, war diese Formulierung durchaus nicht abwegig – im Gegenteil. Wie richtig sie war, zeigte sich – sozusagen als "Uboot-Ersatz" – an der Entwicklung deutscher Kleinkampfmittel. Als dieser elitäre Sonderverband zu wirken begonnen und erste Erfolge aufzuweisen hatte, ist er in sehr übertriebener Weise von der deutschen Propaganda in das Rampenlicht gestellt worden. Aber damit sollte offenbar die Öffentlichkeit über die ausbleibenden Ubooterfolge hinweggetäuscht werden. In Wirklichkeit reichten die Erfolge der K-Verbände nicht im entferntesten an das heran, was man in diesem Krieg von den Ubooten gewohnt war, und sie konnten es auch gar nicht, denn dazu waren die Einsatzbedingungen viel zu unterschiedlich. Bei allem Respekt vor der Tapferkeit und dem Einsatzwillen dieser Einzelkämpfer: Der K-Verband war nichts anderes als eine "Waffe der zwölften Stunde", dabei viel zu aufwendig und aufgebläht in Aufbau und Organisation, und dazu nur wenig, eigentlich gar nicht befähigt, entscheidungsträchtige Taten zu vollbringen, geschweige denn eine Wende des längst verlorengegangenen Krieges herbeizuführen.

Von jenen K-Verbänden berichtet daher ein weiteres Kapitel von Teil 3. An dieses schließt sich ein Blick auf die Landkampfverbände der Marine an, eine Truppe, die mit den Luftwaffen-Felddivisionen etwas Gemeinsames hatte: Der Ausfall von immer mehr schwimmenden Einheiten bei der Marine und von Flugzeugen bei der Luftwaffe führte zur Freistellung von Personal, das dann divisionsweise an den Landfronten im Westen und im Osten eingesetzt wurde. In dieser Art der Kriegführung völlig unerfahren, erlitten sie besonders hohe Verluste.

Auch die Seefliegerei (im Grunde sind es nur die Bordflieger) ist dokumentiert, obwohl diese – gegen alle Logik und Vernunft und unter Ignoranz der im Ersten Weltkrieg gemachten Erfahrungen – der Luftwaffe angehörte.

Ein breiteres Spektrum von Teil 3 ist den Häfen, Stützpunkten und Werften vorbehalten, die mit der Kriegsmarine eng verbunden waren. Hier werden "Ehemalige" an jene Plätze zurückfinden, die ihnen von ihrer Marinedienstzeit her in Erinnerung sind. Der Abschluß des Bandes aber ist den Trägern und Inhabern der höchsten Tapferkeitsauszeichnungen zugewiesen. Nach dem Kriege von einem neuen Zeitgeist ins Abseits gedrängt, sind sie heute fast völlig vergessen. Wenigstens ihre Namen – für ihre Taten reicht der Platz nicht aus – der Nachwelt zu erhalten, ist mit ein Anliegen dieses Teiles. Ein Anhang dokumentiert schließlich die im Zweiten Weltkrieg von deutschen See- und Luftstreitkräften verbuchten Versenkungserfolge gegen Kriegsschiffe.

Der Farbteil zeigt die Uniformen der Kriegsmarine, ihre Dienstgradabzeichen und die Abzeichen für Laufbahnen und Sonderausbildung sowie die marinespezifischen Auszeichnungen. Die Vorlagen dazu stammen aus authentischen Unterlagen.

DIE UBOOTWAFFE

Nach den Bedingungen des Versailler Diktatvertrages von 1919 war der deutschen Reichsmarine der Bau und Besitz von Ubooten verboten. Dennoch kam es etwa ab Mitte der 20er Jahre zu geheimen Entwicklungen von Schiffstypen, die über das Erlaubte hinausgingen. Diese Bestrebungen liefen insgeheim auf eine erhoffte Freigabe der auferlegten Rüstungsbeschränkungen hinaus und betrafen unter anderem auch den Ubootbau. Eigens dafür war in Holland ein Ubootkonstruktionsbüro gegründet worden, auf dessen Arbeiten der Bau eines 800 t-Bootes für Spanien, eines 250 t-Bootes für Finnland und zweier Boote für die Türkei zurückging.
Der sogenannte "Umbauplan" vom 15. November 1932 sah für den Mob-Fall bereits neben dem Aufbau einer See-Luftwaffe auch eine Ubootwaffe vor. Mit dem Regierungsantritt Hitlers im Januar 1933 wurde die Wiederaufrüstung der Wehrmacht forciert und gipfelte schließlich in der "Erklärung der Wehrhoheit" vom 16. März 1935. Die ersten Planungen (nach dem Stand vom März 1934) sahen bis 1938 die Fertigstellung von 24 Ubooten mit 800 t und 48 Ubooten mit 250 t Verdrängung vor.

Das Flottenabkommen mit Großbritannien vom 18. Juni 1935 machte schließlich den Weg für eine begrenzte deutsche Seerüstung frei; die Beschränkungen des Versailler Vertrages wurden damit wirkungslos, keine der anderen Ententemächte erhob Widersprüche. Soweit dieses Abkommen die Uboote betraf, durfte die deutsche Marine bei einem allgemeinen Verhältnis von 35:100 diese im Verhältnis von 45:100 (im Ausnahmefall sogar mit einer Steigerung auf 100 %) bauen.

Der Z-Plan von 1938 und die einseitige deutsche Aufkündigung des Flottenabkommens am 28. April 1939 ließ schließlich alle vertraglich gesetzten Schranken fallen. Dieser Plan sah den Bau von 249 Ubooten vor, die gewissermaßen "nebenher" zu bauen waren, denn der Schwerpunkt lag bei den Überwasserkampfschiffen. Der am 1. September 1939 begonnene Krieg setzte dann alsbald andere Prioritäten.

Uboote des Typs II und VII an der Scheermole in Kiel. An der gegenüberliegenden Pierseite mehrere Ubootbegleitschiffe mit dem F.d.U.-Stabsschiff HAMBURG, dazwischen (ganz links die SAAR, gleich neben der HAMBURG die WEICHSEL, danach die DONAU). Die Aufnahme entstand offenbar im Juli 1939 nach Abschluß der großen Ubootübung.

Die ersten deutschen Nachkriegs-Uboote, hier etwa 1936 im Kieler Tirpitzhafen an der Scheermole mit ihrem Begleitschiff SAAR. An der anderen Pierseite der abgerüstete ehemalige Kleine Kreuzer HAMBURG, der seither dem Führer der Uboote (F.d.U.) als Stabsschiff diente. Im Hintergrund der Aviso GRILLE, zwei Panzerschiffe und zwei "K"-Kreuzer an ihren Bojen.

Drei Boote – drei Schicksale: Im Kieler Tirpitzhafen haben festgemacht (von links nach rechts) U 25, U 26 und U 31, die beiden ersten zum Typ I A gehörend, das letztere ein Typ VII-Boot, und alle bei der Deschimag in Bremen gebaut. U 25 kam am 6. April 1936 in Dienst und sank am 3. August 1940 nach einem Minentreffer. U 26, seit 11. Mai 1936 in Dienst, ging ebenso frühzeitig verloren (1. Juli 1940) und U 31 (Indienststellung 28. Dezember 1936) schon am 11. März 1940 durch Bombentreffer. U 31 wurde zwar gehoben und erneut in Dienst gestellt, ging aber im gleichen Jahr erneut und endgültig verloren.

Die für den Hochsee-Einsatz konzipierten Boote vom Typ I A (U 25 und U 26) blieben die beiden einzigen dieses Typs, der nicht weiter gebaut wurde. Hier U 25 im Jahr 1937.

U 1 (Typ II A). Das erste Uboot, das für die Kriegsmarine gebaut wurde und für den Küsteneinsatz bestimmt war. Indienststellung am 29. Juni 1935. Am 16. April 1940 fiel es südwestlich Stavanger einem britischen Ubboottorpedo zum Opfer.

U 14 (Typ II B), ebenfalls ein Küstenboot. Im Mai 1945 selbstversenkt. Die Aufnahme stammt von 1939, im Hintergrund das Ubootbegleitschiff MOSEL (I).

U 23 (Typ II B) im Jahr 1939, ein weiter verbesserter Küstentyp. Das Boot gehörte später zur 30. U-Flottille im Schwarzen Meer.

U 28 (Typ VII), in Dienst gestellt am 12. September 1936 und Vertreter eines für die Hochseeverwendung ausgelegten mittleren Typs, wurde später stationäres Schulboot in Neustadt/Holstein, sank dort am 17. März 1944 infolge eines Bedienungsfehlers, wurde gehoben und stellte endgültig am 4. August 1944 außer Dienst.

U 30 (Typ VII), aufgenommen 1939, Verursacher des "Athenia-Zwischenfalls": Am 3. September 1939, wenige Stunden nach der britischen Kriegserklärung an das Reich, sichtete sein Kommandant das britische Fahrgastschiff ATHENIA und versenkte dieses in der Meinung, einen Hilfskreuzer vor sich zu haben. Was er nicht wissen konnte: Auf dem Schiff befanden sich über 1.400 Passagiere (von denen mehr als 1.300 gerettet werden konnten).

U 995 (Typ VII C), Vertreter des Standard-Front-Uboottyps der deutschen Ubootwaffe. Von den westlichen Alliierten im Oktober 1948 Norwegen überlassen und nach Umbau am 6. Dezember 1952 in Dienst als KAURA. 1965 als Geschenk an die Bundesrepublik zurückgegeben. 1972 an den Deutschen Marinebund abgegeben und am 13. März 1972 als Denkmal vor dem Marineehrenmal Laboe aufgestellt.

Diese Aufnahme vom September 1978 zeigt den Turm von U 995. Zu erkennen sind die Steuerbord-Tauchbunker (im Satteltank) und auf dem Turm das Funkmeßortungsgerät (FuMO 30), das ausgefahrene Luftzielsehrohr, das Angriffssehrohr und der Funkpeilrahmen. Im Peilrahmen (diesen überragend) sitzt die Antenne des Funkmeßbeobachtungsgerätes (FuMB 35) ATHOS I (der obere Ring für den 3 cm-Bereich, der untere für den 9 cm-Bereich). Auf den beiden Plattformen ("Wintergärten") stehen zwei 2 cm-Flak-Zwillinge 38 M/II in Doppellafette LM 34 U und eine 3,7 cm-Flak M 42 U in Einzellafette LM 42 U.

U 40 (Typ IX). Dieser Typ war für die weiträumige ozeanische Verwendung ausgelegt und hatte einen sehr großen Fahrbereich. Die Aufnahme stammt von 1939. Am 13. Oktober 1939 ist das Boot im Ärmelkanal durch Minentreffer verlorengegangen.

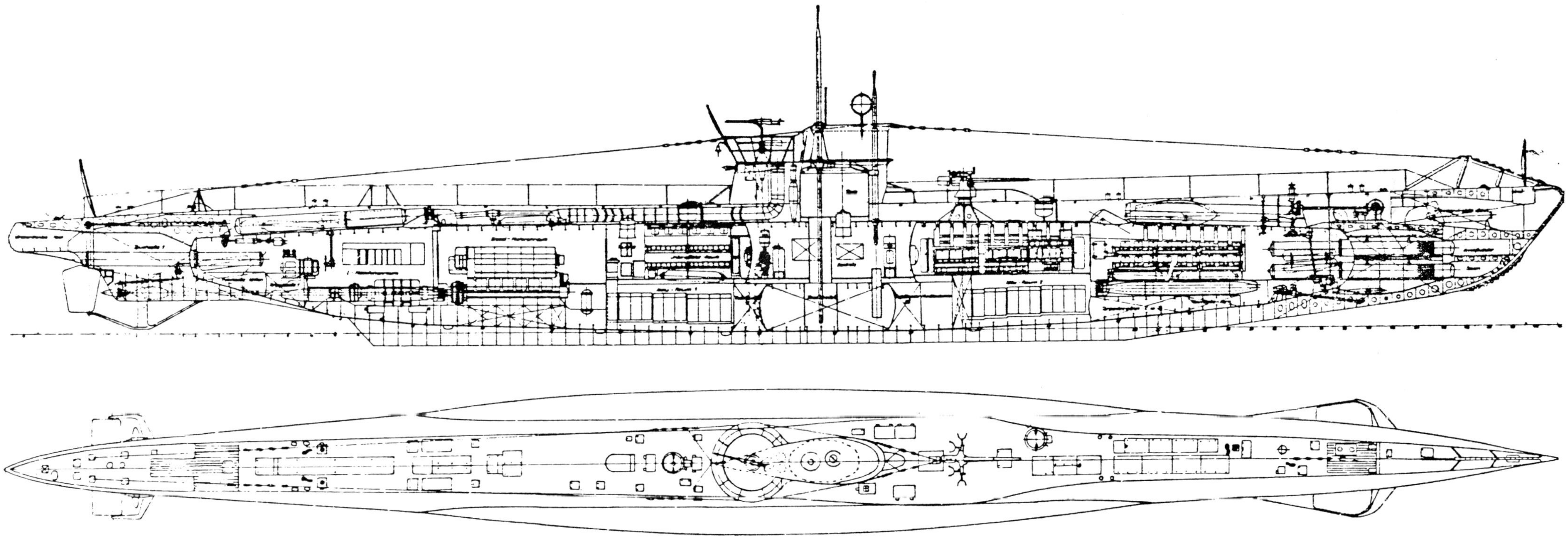

EIN TYP VII C-BOOT MIT LÄNGSSCHNITT UND OBERER ANSICHT

Zwei überlebende Front-Uboote: Links U 1064 (Typ VII C), rechts das wesentlich größere Typ IX D_2-Boot U 861. Letzteres war nach seiner 1943 erfolgten Indienststellung nach Ostasien beordert worden, von wo aus es am 18. April 1945 nach einem Seetörn von 251 Tagen unbeschädigt zurückkehrte. Diese Aufnahme entstand am 20. Mai 1945 vor dem Ubootbunker in Drontheim.

U 116 (Typ X B) gehörte zu einer Serie von speziell zum Minenlegen und für Transportzwecke konzipierten Booten mit sehr großem Fahrbereich. Gut erkennbar ist die etwas über das Vorschiff ragende Minensektion, in der 18 Minen untergebracht werden konnten. Diese befanden sich in senkrechten Schächten zu je vieren übereinander.

Zwei in "Päckchen" liegende Boote, offenbar kurz vor dem Auslaufen zur nächsten Feindfahrt. Die Besatzungen sind mit Front zur Pier angetreten und werden vermutlich gerade verabschiedet. Das Boot links gehört zum Typ VII C. Im Vordergrund ein X B-Boot. Auf seinem Oberdeck sind Gleise erkennbar, auf denen die Minen nach Übernahme bis zu ihren Schächten verfahren werden konnten. Die seitlichen kreisrunden Öffnungen zeigen die Positionen der Minenschächte.

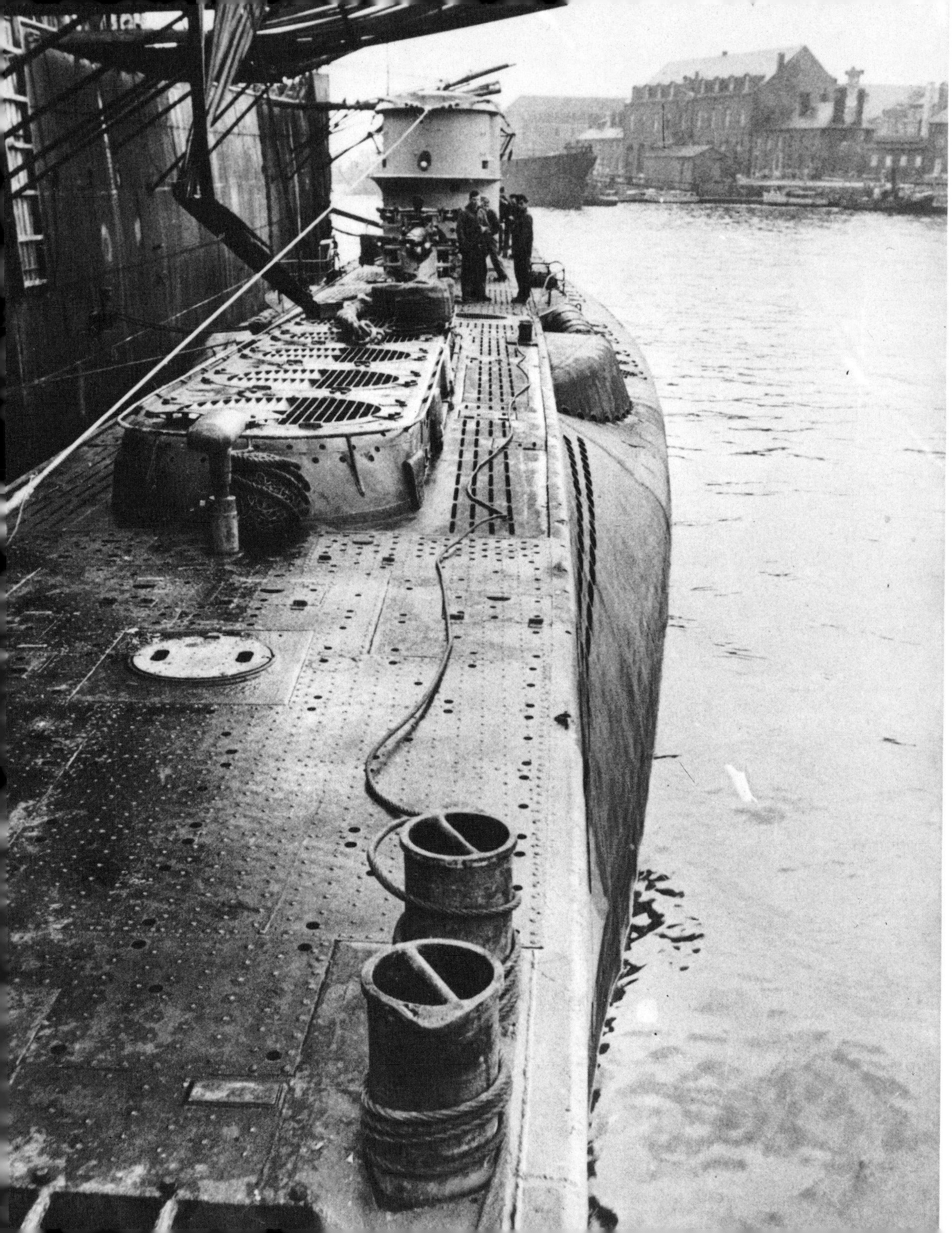

U 119 (Typ X B) im Frühjahr 1942 bei der Germania-Werft in Kiel. Es liegt längsseits eines Frachtschiffes unter einem Tarndachgitter, eine Maßnahme, welche Folge der zunehmenden Luftangriffe war. Gut erkennbar der Minenschachtaufsatz, davor ein Kugelfender und das ausgefahrene KDB (Kristalldrehbasisgerät), das zu Horchzwecken unter Wasser diente, aber nicht sehr effektiv war. Vorne ein versenkbarer Poller.

Das für die Türkei bei der Germania-Werft im Bau befindliche Uboot BATIRAY wurde kurz nach Kriegsausbruch beschlagnahmt und als U A in Dienst gestellt. Hier ist es im Dezember 1941 in Lorient zu sehen. Das 10,5 cm-Geschütz befindet sich in einem wannenähnlichen Turmvorbau. Die Brücke war halb geschlossen und hatte vorn Sichtfenster.

Als im Frühjahr 1943 die "Schlacht im Atlantik" zusammenbrach, bestand ein plötzlicher Bedarf an Ubooten, die mehr als ihre Vorläufer für Unterwasserfahrt geeignet waren. Zwar hatte man mit den "Walter-Ubooten" die Entwicklung dazu bereits eingeleitet, aber eine Frontreife war erst langfristig zu erreichen. Eine schnelle Lösung konnte indessen mit den "Elektrobooten" erzielt werden, die als Typ XXI bezeichnet wurden. Ihre Stärke lag neben vielen technischen Neuerungen in der starken E-Antriebsanlage, die sie in die Lage versetzte, den Kampf gegen die alliierten Geleitzüge wieder aufzunehmen, wobei sie sich dank ihrer hohen Unterwassergeschwindigkeit Verfolgern entziehen konnten. Eine bahnbrechende Entwicklung mit vielen Erfolgschancen – aber zu spät! Hier der Turm eines solchen Bootes, auf dem zwei 2 cm-Zwillingsflak in kleinen Drehkuppeln im Turm postiert waren.

TYP XXI-UBOOT, GENERALPLAN, SEITENANSICHT UND OBERE ANSICHT

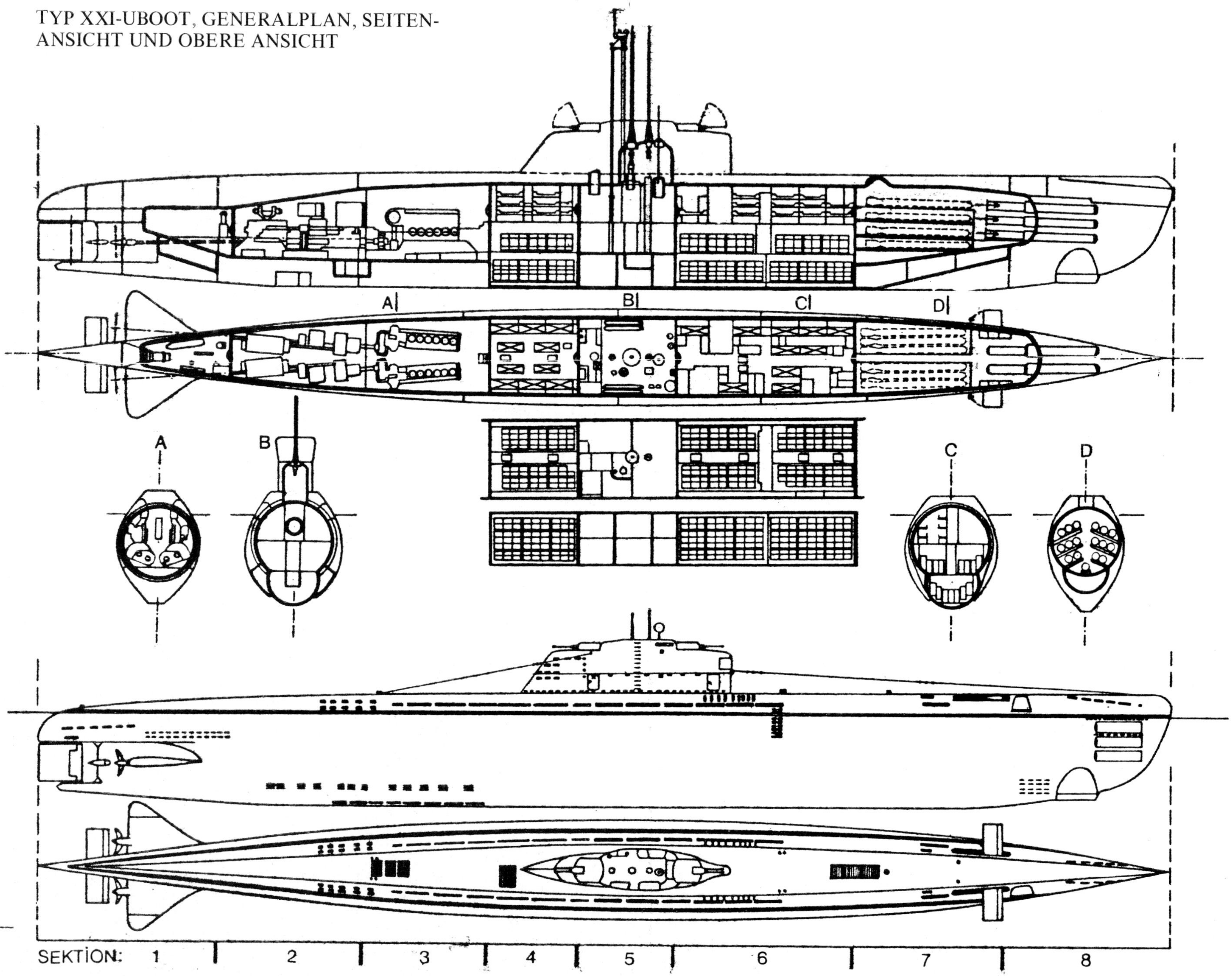

U 2513 war eines der Typ XXI-Boote, welche die Briten noch nachträglich das Fürchten lehrten. Ein Schwesterboot, U 2511, stand am 4. Mai 1945 westlich der Färöer-Island-Passage, als ihm die Nachricht von der bevorstehenden Kapitulation im Nordraum und das vom Großadmiral Dönitz erlassene Angriffsverbot zuging. Das von Korvettenkapitän Schnee geführte Boot brach daraufhin die Feindfahrt ab und näherte sich während des Rückmarsches einem britischen Kreuzerverband. Unbemerkt durchbrach es dessen Sicherung und kam bis auf 500 m Schußentfernung an den Schweren Kreuzer NORFOLK heran. Nach einem schulmäßigen Übungsangriff wurde der Rückmarsch fortgesetzt und Bergen angelaufen. Die Briten waren zunächst außerstande, Schnee zu glauben, ließen sich dann aber überzeugen. Der Ubootkrieg wäre mit Sicherheit wieder aufgelebt und hätte bei einer Fortdauer des Krieges wohl entscheidungsträchtige Dimensionen angenommen . . . Hier U 2513, das den Amerikanern zufiel und 1951 von ihnen bei Versuchen versenkt wurde.

U 2540 (Typ XXI) kam nicht mehr zum Einsatz und wurde am 4. Mai 1945 in der Flensburger Förde selbstversenkt. Nach Hebung 1957 ist es bei den Kieler Howaldtswerken wiederhergestellt und mit besonderer Genehmigung und unter Auflagen durch die Westeuropäische Union am 1. September 1960 für die Bundesmarine als WILHELM BAUER in Dienst gestellt worden.

U 2540, jetzt WILHELM BAUER, mit veränderter Turmform. Das Boot diente ausschließlich Versuchen und Erprobungen, fuhr in den letzten Jahren mit Zivilbesatzung und unterstand der Erprobungsstelle 71 der Bundeswehr. Nach Aussonderung im Jahre 1980 erfolgte die Abgabe an das Deutsche Schiffahrtsmuseum in Bremerhaven, wo das Boot seit 1983 liegt. Sein Urzustand wurde nie wiederhergestellt.

Die "kleinen Brüder" der Typ XXI-Boote waren die für den Randmeer- und Küsteneinsatz konzipierten Boote des Typ XXIII. Sie hatten die gleichen Fähigkeiten wie jene, aber ihr Aktionsradius und ihre Seeausdauer hielten sich in wesentlich engeren Grenzen. Hier U 2365 nach Hebung im Juli 1956. Das Boot war am 8. Mai 1945 im Kattegat Fliegerbomben zum Opfer gefallen. Nach seiner Wiederherstellung stellte es die Bundesmarine im August 1957 als Schulboot HAI wieder in Dienst.

Hier ist die HAI in ihrer ersten Erscheinungsform nach der Wiederherstellung zu sehen. Diesem Boot war ein tragisches Schicksal beschieden: Unter widrigen Umständen sank es am 14. September 1966 auf der Doggerbank. Von seiner Besatzung konnte nur ein Mann gerettet werden, die anderen 19 fanden den Tod, genausoviele wie am 8. Mai 1945, als das Boot zum erstenmal sank. Am 24. September 1966 konnte HAI gehoben werden und wurde alsbald danach abgebrochen.

Bei der Besetzung Frankreichs fielen den Deutschen zahlreiche noch unfertige Schiffe und Fahrzeuge in die Hände, von denen einige für die Kriegsmarine fertiggestellt wurden. Hierzu gehörten auch mehrere Uboote. Auf dieser Werft an der Atlantikküste wurden am 3. August 1940 die Uboote L'AFRICANE und LA FAVORITE auf ihren Helgen fotografiert. LA FAVORITE wurde 1942 als Schulboot UF 2 in Dienst gestellt.

Ein Typ II-Boot einlaufend Kiel im Winter 1939/40. An der Pier ein Zerstörer bei der Dampfprobe.

DIE GRUNDTYPEN DER DEUTSCHEN FRONT-UBOOTE

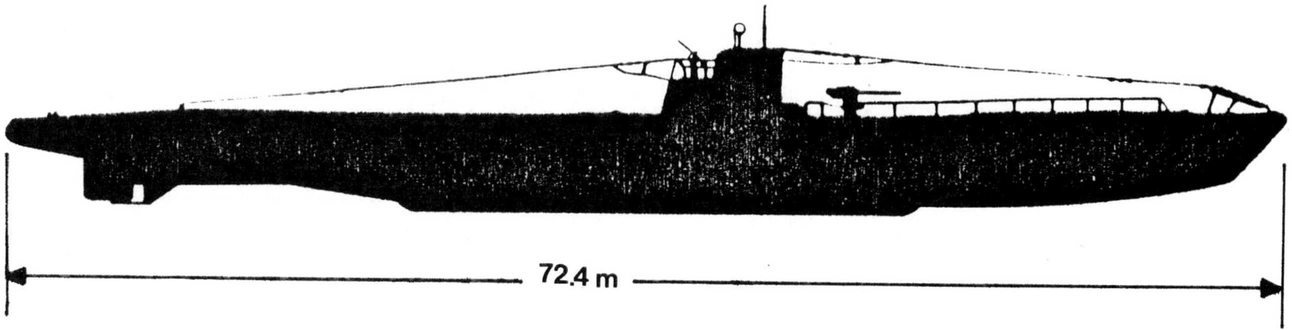

Typ I A (Indienststellung 1936). Verdrängung über/unter Wasser 862/983 t. Geschwindigkeit über/unter Wasser 17,7 bis 18,6/8,3 kn. Bewaffnung: 6 Torpedorohre (14 Torpedos); eine 10,5 cm-Kanone, eine 2 cm-Flak. Fahrstrecke: 7900 sm bei 10 kn Überwasserfahrt.

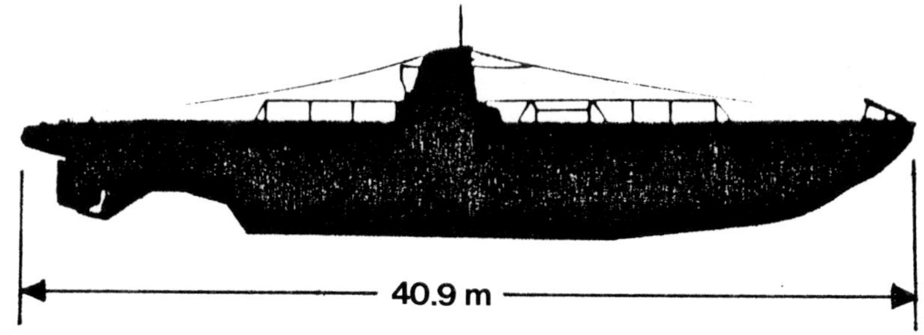

Typ II A (Indienststellung ab 1935). Verdrängung über/unter Wasser 254/303 t. Geschwindigkeit über/unter Wasser 13,0/6,9 kn. Bewaffnung: 3 Torpedorohre (5 Torpedos), eine 2 cm-Flak (zeitweise). Fahrstrecke: 1600 sm bei 8 kn Überwasserfahrt.

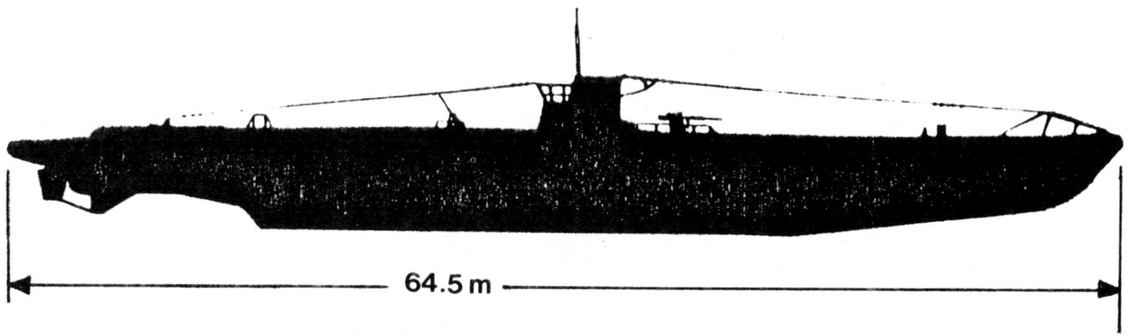

Typ VII (Indienststellung ab 1936). Verdrängung über/unter Wasser 626/745 t. Geschwindigkeit über/unter Wasser 16,0 bis 17,0/8,0 kn. Bewaffnung: 5 Torpedorohre (11 Torpedos): eine 8,8 cm-Kanone, eine 2 cm-Flak. Fahrstrecke: 6200 sm bei 10 kn Überwasserfahrt.

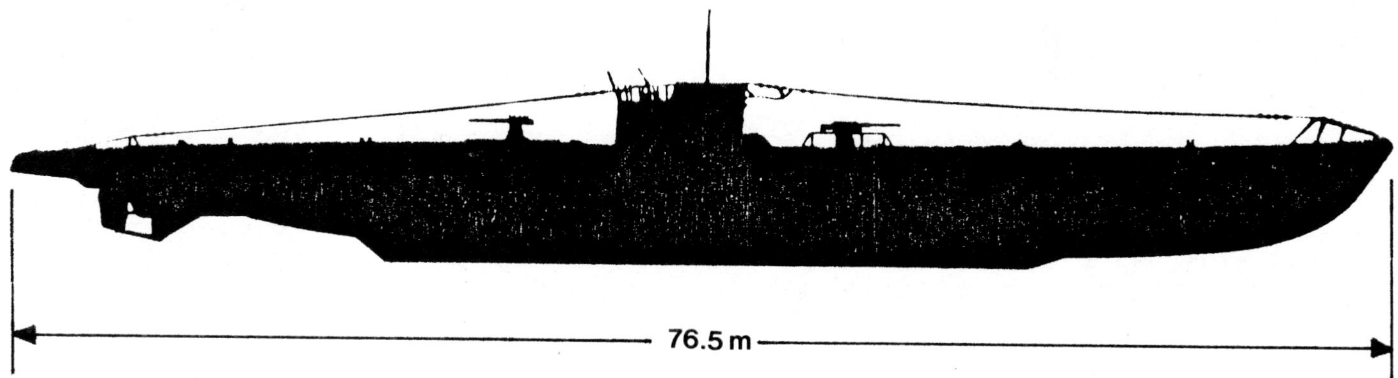

Typ IX (Indienststellung ab 1938). Verdrängung über/unter Wasser 939/1032 t. Geschwindigkeit über/unter Wasser 18,2/7,7 kn. Bewaffnung: 6 Torpedorohre (22 Torpedos); eine 10,5 cm-Kanone, eine 3,7 cm- und eine 2 cm-Flak. Fahrstrecke: 10 500 sm bei 10 kn Überwasserfahrt.

Typ X B (Indienststellung ab 1941). Verdrängung über/unter Wasser 1695/2177 t. Geschwindigkeit über/unter Wasser 16,4 bis 17,0/7,0 kn. Bewaffnung: Zwei Torpedorohre (15 Torpedos), 66 Minen, eine 10,5 cm-Kanone, eine 3,7 cm- und eine 2 cm-Flak. Fahrstrecke 18 450 sm bei 10 kn Überwasserfahrt.

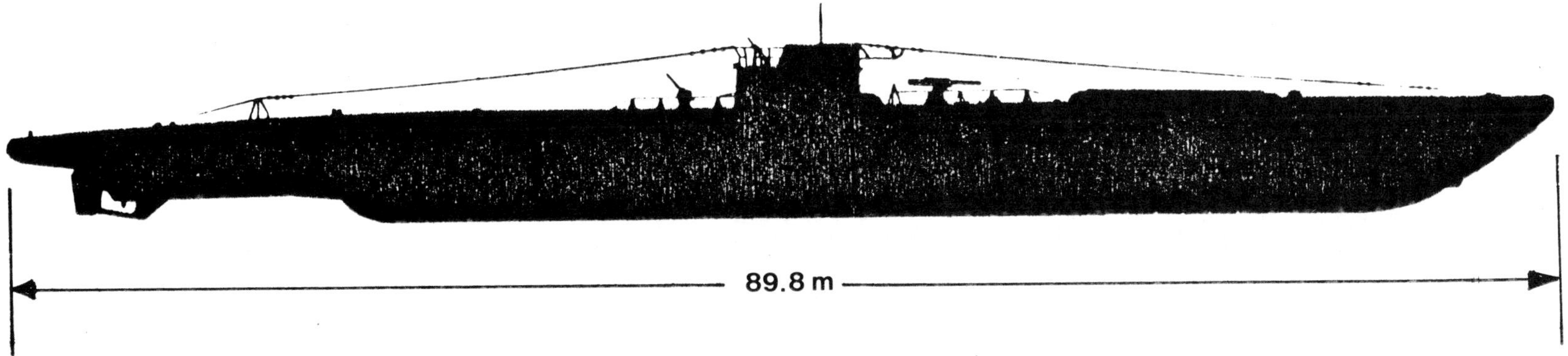

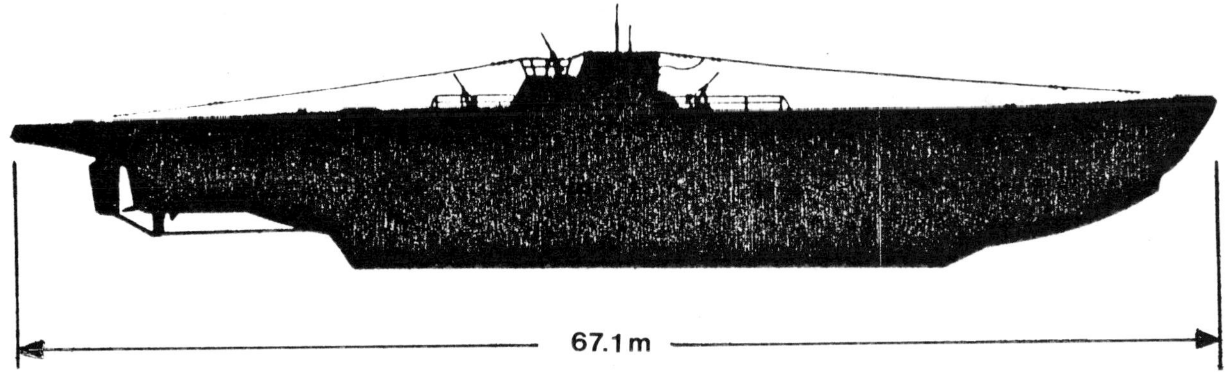

Typ XIV (Indienststellung ab 1941). Verdrängung über/unter Wasser 1688/1932 t. Geschwindigkeit über/unter Wasser 14,4 bis 14,9/6,2 kn. Bewaffnung: Keine Torpedorohre, nur zwei 3,7 cm-Flak. Als Versorgungsfracht 4 Torpedos und 432 t Dieselkraftstoff. Fahrstrecke: 12 350 sm bei 10 kn Überwasserfahrt.

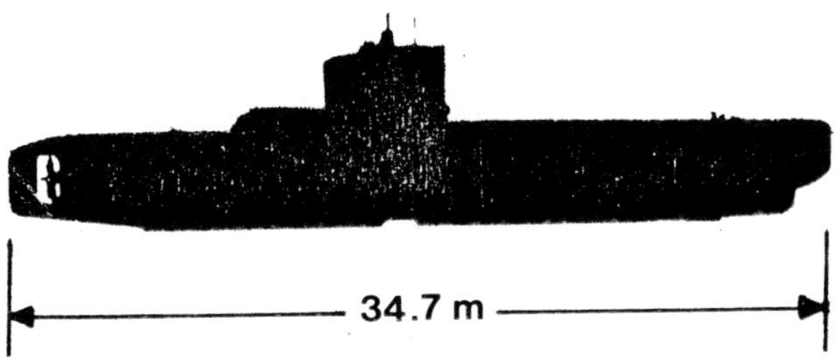

Typ XXIII (Indienststellung ab 1944). Verdrängung über/unter Wasser 234/258 t. Geschwindigkeit über/unter Wasser 9,7/12,5 kn. Bewaffnung: 2 Torpedorohre (2 Torpedos). Fahrstrecke: 4450 sm bei 6 kn Überwasserfahrt.

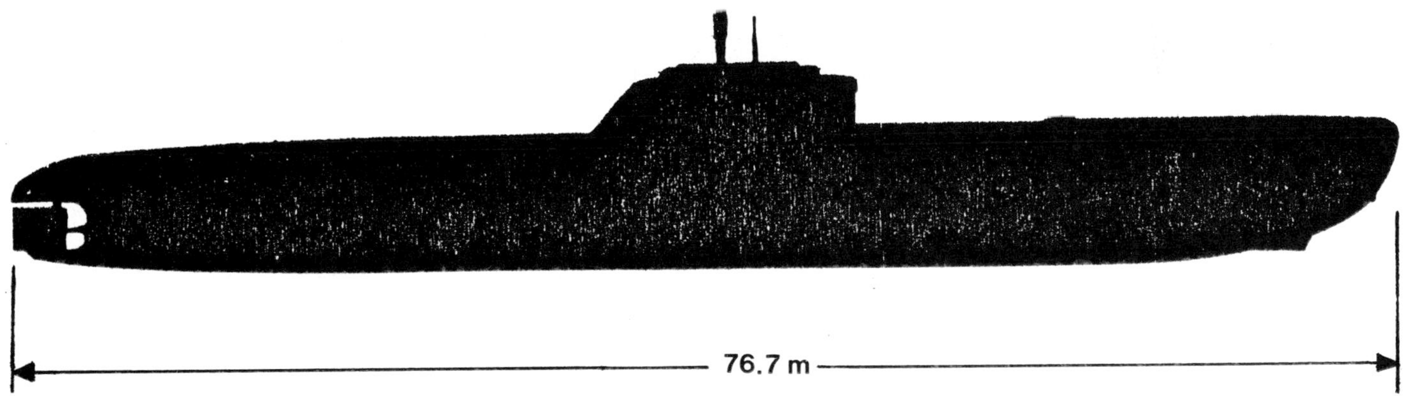

Typ XXI (Indienststellung ab 1944). Verdrängung über/unter Wasser 1621/1819 t. Geschwindigkeit über/unter Wasser 15,6 bis 17,2/6,1 kn. Bewaffnung: 6 Torpedorohre (23 Torpedos). Fahrstrecke 15 500 sm bei 10 kn Überwasserfahrt.

Ubootbau bei der Germania-Werft in Kiel. Hier werden die Spanten gesetzt (das "Herzstück" jedes Druckkörpers). Der Abstand der Spanten zueinander betrug normal 600 mm (beim VII C-Boot waren es 82 Stück). Im Gegensatz zu anderen Kriegsschiffen waren hier wesentlich kleinere Abstände erforderlich, weil der Druckkörper im getauchten Zustand viel größeren Belastungen ausgesetzt war. Bei einem Druckkörper von fünf Metern Durchmesser mit einer Länge von einem Meter lastete bei einer Tiefe von 200 m immerhin ein Druck von 1000 Mp auf ihm – es gab Boote, die, wenn auch unfreiwillig, auf über 270 m Tiefe "abrutschten". Die Spanten bestanden aus gewalztem Stahl oder wurden aus T-Profilen hergestellt. Zum Teil schweißte man die Profile auch aus Platten zusammen.

Germania-Werft Kiel 1940/41: Hier die beiden zusammengeschweißten Schüsse VII und VIII des Neubaus Nr. G 651 (später U 221, Typ VII C). Gut erkennbar die zahlreichen Durchbrüche des Endbodens für die Torpedodohre, Gestänge und Rohrleitungen mit ihren Verstärkungen. Als Druckkörpermaterial diente – mit Verbesserungen und weiterentwickelten Materialien – normalerweise der schweißbare, stark kohlenstoffangereicherte Baustahl ST 52 (Festigkeit 5200 kp/cm^2, Streckgrenze 3600 kp/cm^2). Die Plattenstärke betrug 18,5 mm, im Turmbereich 22 mm und bei den Endböden 35 mm. Letztere waren gewölbt und aus Stahlguß. Die Stutzen für die Torpedorohre wurden entweder angegossen oder angeschweißt. Der Typ VII hatte acht Schüsse und zwei Endböden.

Stapellauf von U 968 (Typ VII C) bei Blohm & Voß am 28. Januar 1943. Der Blick geht auf die beiden dreiflügeligen Propeller, davor, im Schraubenstrom sitzend, die beiden Ruderblätter. Dazwischen sind die beiden drehbaren hinteren Tiefenruder, gehaltert am jeweiligen Wellenbock und am Mittelkiel, von wo mittels Fernbedienung die Steuerung erfolgte. Unter dem achteren Bootskörper die geschlossene Klappe des Hecktorpedorohres, über dieser Flut- bzw. Entwässerungsschlitze.

U 70 (Typ VII C) kurz vor dem Stapellauf bei der Germania-Werft in Kiel. Es kam am 12. Oktober 1940 zu Wasser und stellte am 23. November 1940 in Dienst. Am 7. März 1941 fiel es südöstlich Island Wasserbomben zum Opfer. Der Monat März 1941 war einer der ersten großen Aderlasse der Ubootwaffe. Gleich drei "Asse" kehrten nicht zurück: U 47 (Prien), U 99 (Kretschmer) und U 100 (Schepke).

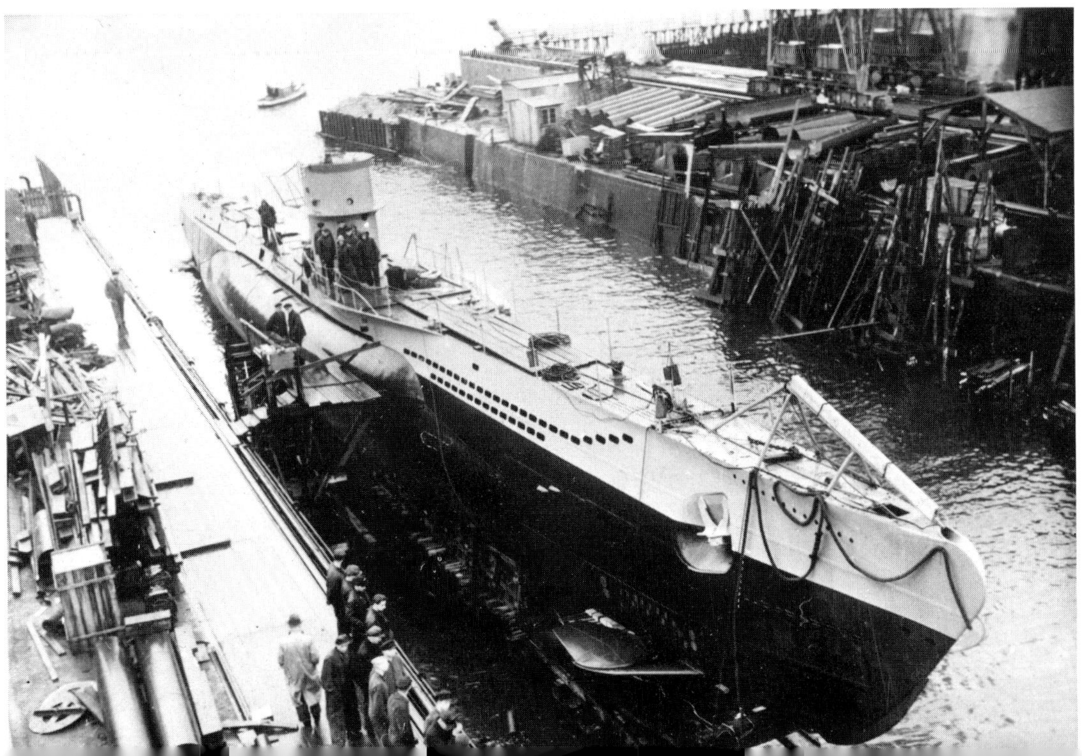

Stapellauf U 99 (Typ VII B) am 12. März 1940 bei der Germania-Werft in Kiel. Das Boot stellte am 18. April 1940 unter Kapitänleutnant Kretschmer in Dienst und fiel am 17. März 1941 südöstlich Island Wasserbomben zum Opfer. Unter den drei Toten befand sich auch der L.I., Kapitänleutnant (Ing.) Schröder, der nochmals in das sinkende Boot zurückkletterte, um sicherzustellen, daß es auch wirklich unterging.

Hochbetrieb bei der Germania-Werft in Kiel im Jahr 1943. An der vorderen Stichpier je ein Boot vom Typ VII D und VII C, an der hinteren Pier zwei Boote des Typs X B. Im Dock der Zerstörer Z 37.

Ein Boot des Typs IX im Dock. Hier sind gut zu erkennen die beiden Backbord-Bugtorpedorohre mit geöffneten Klappen und Verschlüssen. Die schwenkbaren Außenklappen waren in ihrer Formgebung der Außenhaut angepaßt und befanden sich im Normalfall mit dieser in einer Flucht. Die Torpedorohre waren druckfest, vorne saß der Mündungsdeckel und hinten (im Boot) der Bodenverschlußdeckel. Etwa zwei Drittel des Rohres saßen außerhalb des Druckkörpers und hatten Außenspanten. Vor Öffnung des Torpedorohres zum Schießen wurde es vorgeflutet. Der Torpedoausstoß erfolgte mittels Luftdruck mit einer Ausstoßgeschwindigkeit von 10 m/sek.

Ein Steuerbordantriebsdieselmotor des Typs Krupp-Germania F 46 a 6 p U auf dem Prüfstand der Bauwerft. Die Verkleidung der Nockenwelle ist abgenommen. Der isolierte Zylinder dahinter gehört zur angehängten Wasserbremse. Zum Einbau auf einem Uboot wurden weitere Teile des Motors abgebaut. An den Seiten der Kurbelwanne sitzen die Explosionsklappen. Jedes Uboot des Typs VII hatte zwei dieser 6-Zylinder-Viertaktmotoren, die zusätzlich aufgeladen waren und mit ihren 1 400 bis 1 600 PSe Leistung eine Geschwindigkeit von 17 bis 18 kn ermöglichten.

Indienststellung U 123 (Typ IX B) bei Deschimag in Bremen am 30. Mai 1940. Am 19. August 1944 wurde das Boot in Lorient selbstversenkt. Später gehoben, fuhr es als BLAISON in der französischen Marine bis zur Streichung am 18. August 1959. Das Boot hatte seine größten Erfolge unter Kapitänleutnant Hardegen. Die an der Reling hängende alte kaiserliche Kriegsflagge war anscheinend wegen des Skagerrakgedenkens am Tage nach der Indienststellung gesetzt. Vor dem Boot liegt links daneben ein weiteres Typ IX-Boot.

Indienststellung U 705 (Typ VII C) bei der Werft Stülcken Sohn in Hamburg am 30. Dezember 1941. Längsseits des Schwimmdocks erkennt man ein M-Boot 35, an den gegenüberliegenden Landungsbrücken ein tarnbemaltes Handelsschiff. Vor dem Turm des Bootes noch die 8,8 cm-Tk L/45 (im Verlauf des Krieges bei den meisten Booten entfernt). Die 2 cm-Flak auf der Plattform ist noch nicht vorhanden.

4. Januar 1941: Indienststellung U 203 (Typ VII C) unter Kapitänleutnant Mützelburg bei der Germania-Werft in Kiel. Mützelburg fand einen tragischen Tod: Am 11. September 1942 verunglückte der erfolgreiche Kommandant in der Karibik beim Baden tödlich, als er sich bei einem Kopfsprung vom Turm das Genick brach. Er sprang nicht weit genug und schlug auf die Satteltanks auf.

Frühjahr 1944: Auf der Weserwerft in Bremen liegen die Sektionen für das erste dort zu bauende Typ XXI-Boot (U 3001) bereit. Diese neuen Boote wurden ausschließlich im Sektionsbauverfahren gebaut. Die stählernen Rohsektionen wurden von Stahlbaufirmen, teils tief im Hinterland (insgesamt 32) gefertigt und dann zu den Sektionsbauwerften (insgesamt 11) transportiert. Nach der Ausrüstung dort gingen die jetzt fertigen Sektionen an die Montagewerften (insgesamt 3) in Bremen, Hamburg und Danzig, wo der Zusammenbau erfolgte. Trotz stetiger Steigerung des Bombenkrieges wurde der Ubootbau nicht gestoppt. Erst als sich die Fronten den Werften in Ost- und Westdeutschland näherten und die Verkehrswege zusammenbrachen, kam er zum Erliegen.

AUSRÜSTUNG, EINRICHTUNGEN

U 86 (Typ VII B) im Sommer 1942 bei einem Tauchversuch. Das Boot ist bereits vorgeflutet; aus der achterlichen Vogelperspektive sind zu sehen: Achterkante Mitte Reling Öffnung für den Flaggenstock, Plattformmitte die Lafette LC 30/37 für die 2 cm-Flak C/30 (Rohr abgenommen). Es folgen der (noch) in der Mitte sitzende Lüftungsschacht (für Dieselzuluft und Bootslüftung) mit Schutzgitter, die Öffnung für das Angriffssehrohr, die Halterung und das Unterteil für den Peildiopter, die Halterung für das UZO (Uboot-Nachtziel-Optik), der Bock mit Öffnung für das Luftzielsehrohr; links am Brückenschanzkleid ein Ruderlagenzeiger, darüber eine Kreiselkompaßtochter, rechts ein Sprachrohr und der ausgefahrene Funkpeilrahmen.

U 81 (Typ VII C) im Jahre 1943 mit verlängerter Brücke. Auf der Plattform stehen zusätzlich zwei (ital.) 1,32 cm-Breda-MG in Doppellafetten. Am 13. Oktober 1941 versenkte das Boot den britischen Flugzeugträger ARK ROYAL und traf mit einem weiteren Torpedo das Schlachtschiff MALAYA so schwer, daß es nur mit Mühe und viel Glück den Hafen erreichte; dieses wurde bis Kriegsende nicht mehr einsatzfähig. Am 4. Januar 1944 fiel das Boot in Pola Bomben zum Opfer.

U 67 (Typ IX C), aufgenommen im Herbst 1942. Der Blick auf die Brücke macht den Zustand bei Überwasserfahrt deutlich: Die Brückenwache ist aufgezogen, jeder Ausguck überwacht einen 90°-Sektor, ein Mann peilt gerade in die Sonne – besonders wichtig, denn immer wieder stießen aus der Sonne heraus überraschend Flugzeuge (mit abgestellten Motoren) auf die aufgetauchten Boote herab. Vorn sichtbar der Backbord-Lüftungsschacht mit Schutzgitter; der Funkpeilrahmen ist ausgefahren.

Ein großes Boot vom Typ IX D_2, bereits mit großem "Wintergarten" (sogenannter Brückenumbau IV ab 1944). Das Boot befindet sich offenbar noch in der Ausbildung, man sieht Besatzungsangehörige bei Richt- und Luftzielschießübungen. Vorn im Bild zwei in das Oberdeck eingelassene Behälter für Reservetorpedos. Die Fla-Waffen sind zwei 2 cm-Doppelrohre C/38 II in Lafetten LM 43 U und ein 2 cm-Vierling 38/43 U mit Schutzschild.

Im Eismeer etwa 1942/43. Ein VII C-Boot liegt unter Tarnnetz und vorgeflutet auf Position. Eine nicht ganz ungefährliche Sache, bei einem Alarmtauchen würde das Netz sicherlich Komplikationen hervorrufen. Das Boot führt vor dem Turm noch die 8,8 cm-Tk L/45, aber schon einen doppelten "Wintergarten", auf dem je eine 2 cm-Flak C/30 in Lafette LC 30/37 erkennbar sind. Auf der Turmumrandung sind Maschinengewehre montiert.

Die Aufnahme zeigt offensichtlich das gleiche Boot, jetzt jedoch in Fahrt. Im Hintergrund ein Eisberg. Vorne links ist eine der 2 cm-Flak C/30 zu erkennen, rechts davon der Sehrohrbock und in der Mitte das ausgefahrene Funkmeßbeobachtungsgerät (FuMB 7) NAXOS.

U 119 (Typ X B) im April 1943 in Bordeaux. Das Boot stellte am 2. April 1942 bei der Germania-Werft in Kiel in Dienst und ging am 24. Juni 1943 westlich Cap Ortegal unter. Gut sichtbar einer der entkleideten, seitlich montierten Transport-Frachtbehälter an Stelle der dort eigentlich befindlichen Minenschächte. Auf der Back ist der erhöhte Aufsatz in der Bootslängsachse mit den dort sitzenden sechs Minenschächten gut zu erkennen.

Wilhelmshaven, III. Einfahrt: Typ VII-Boote der U-Flottille "Saltzwedel" beim Einschleusen. Die Aufnahme entstand vermutlich nach Abschluß der großen Ubootübung im Sommer 1939.

Der Funkraum von U 124 (Typ IX B) – eine Aufnahme vom März 1941. Was sonst "verbotener Bereich" war – hier gestattet die Aufnahme einen Blick in diesen. Gut zu erkennen ist ein Teil der zahlreichen Sende- und Empfangsgeräte, oben links Kopfhörer, ähnlich jenen für die Horchanlage (der Bordfunker übte auch diese Funktion aus !). Vorn links die Schlüsselmaschine "Enigma", ein streng gehütetes Geheimnis. Mittels dieses Gerätes wurden ein- und ausgehende Funksprüche ent- bzw. verschlüsselt; hierzu dienten die gut sichtbaren, täglich zu wechselnden Walzen in dem Gerät. Entwickelt worden war die "Enigma" 1923, in der Folgezeit wurde sie laufend verbessert. Trotz aller Geheimhaltung gelang es 1928 den Polen, hinter das Geheimnis zu kommen und das Gerät nachzubauen. 1939 gaben sie ihr Wissen an die Briten weiter, denen es ab Ende desselben Jahres gelang, in den deutschen Schlüssel einzubrechen, ohne daß dies deutscherseits erkannt wurde. Dadurch wurden die Briten und ihre Alliierten in die Lage versetzt, frühzeitig über viele geplanten oder anlaufenden deutschen Operationen unterrichtet zu sein und Gegenmaßnahmen zu treffen.

Blick in den Bugtorpedoraum von U 505 (Typ IX C). Die Aufnahme entstand nach Aufstellung als Museumsboot in Chicago. Rechts ist ein Torpedo in seiner Wiege zu sehen, er liegt klar zum Einführen in das obere Steuerbordrohr. Im darunterliegenden Rohr befindet sich ein Torpedo, dessen beide gegenläufigen Schrauben sichtbar sind; der Verschlußdeckel ist offen. Das untere Backbord-Rohr ist geschlossen, das obere sowohl vorn als auch hinten geöffnet. Die Flurplatten sind offengelegt, so daß man einen Überblick auf die darunter liegenden Einrichtungen hat. Die Kojen der Steuerbordseite sind hochgeklappt, die der Backbordseite herabgelassen.

Der Bugraum von U 107 (Typ IX B) im Juni 1941 im Mittelatlantik. Auf den Kojen der Backbordseite liegen "Freiwächter", rechts unten sind Torpedomechaniker bei den täglichen Wartungsarbeiten an den Reservetorpedos. Die herabhängenden Ketten gehören zu den Transportschienen für die Handhabung der Torpedos. Das Boot stellte am 8. Oktober 1940 unter Kapitänleutnant Heßler in Dienst. Unter seinem Kommando machte es auch die erfolgreichste Feindfahrt aller Frontboote. Sie währte vom 29. März bis 2. Juli 1941; dabei wurden 14 Schiffe mit 86 699 BRT versenkt. Am 18. August 1944 sank das Boot westlich La Rochelle nach Fliegerbombentreffer.

Ein weiterer Blick in einen Bugtorpedoraum, hier von U 103 (Typ IX B). Die Aufnahme entstand im Sommer 1942 im Westatlantik. Die mitgeführten Reservetorpedos (insgesamt konnten 22 von Booten dieses Typs verstaut werden, weitere in druckfesten Behältern an Oberdeck), befinden sich unter der teilweise abgenommenen Abdeckung. Wenn man dann noch die Kojen herabließ, gab es selbst bei den Mahlzeiten kein bißchen Komfort.

Nochmals ein Blick in den Bugraum eines großen Bootes. Die Kojen sind auf beiden Seiten herabgelassen, die Männer kauern auf den Abdeckungen der Reservetorpedos. Beachtenswert ist die rigorose Raumausnutzung, unter der Decke hängt Backsgeschirr, die Spanten sind – bis auf kleine Spinde an den Seiten – nicht verschalt, eine Isolierung gab es nicht. Ferngestänge und andere sperrige Armaturen sind an den Kanten und Ecken mit Lederpolster versehen, um bei der Besatzung Ausfälle durch Verletzungen zu vermeiden.

U 65 (Typ IX B). Die Aufnahme zeigt einen Teil der Zentrale, hier den an der Stirnseite befindlichen Tiefenruderstand. Die beiden Gasten sitzen an je einem Rudergeber, deren Betätigung durch elektrische Knopfsteuerung (wie sichtbar) erfolgte. Die Tiefenruder konnten auch mittels der erkennbaren Handräder auf mechanischem Wege betätigt werden. An der Schottwand rechts Überwachungsinstrumente: Ruderlagenzeiger, Tiefenmanometer, Papenbergmanometer. Letzteres diente zur Feineinsteuerung, z. B. um das Boot genau auf Sehrohrtiefe einzupendeln. Die Tiefenmesser waren Röhrenfedermesser und zeigten Tiefen bis 25 m an. Weitere reichten bis 200 m bzw. 250 m und tiefer.

Blick in die Zentrale eines Typ VII-Bootes. Die Männer sitzen um den an der Schottwand hängenden Bordlautsprecher und – die ernsten Mienen lassen darauf schließen – lauschen offensichtlich wichtigen Rundfunknachrichten. Die runde Öffnung ist der Durchgang in den vorderen Bootsbereich (Kommandanten-, Funk-, Horch-, Portepeeunteroffiziers-, Offiziers- und Bugtorpedoraum). Bei Alarm mußte man schon sehr wendig sein, um diese enge Öffnung mit Schwung zu passieren. Die Zentrale konnte von beiden Seiten mittels eines druckfesten Kugelschottes mit Zentralverriegelung verschlossen werden (zum Turm hin saß ein weiteres) Links oben das große Handrad der im Vorschiff außerhalb des Druckkörpers liegenden Tauchzelle 5, rechts sieht man den Backbord-Maschinentelegraphen und darunter eine Kreiselkompaßtochter. Beides gehörte zum Tiefenruderstand.

Der Fahrstand des Steuerbord-Antriebsdieselmotors auf U 65, aufgenommen im September 1940. Die beiden M.A.N.-9-Zylinder-Viertakt-Dieselmotoren (Typ M 9 V 40/46) mit Aufladung leisteten je 2200 PSe bei 470 u/min und verliehen dem Boot eine Überwassergeschwindigkeit von 18,2 kn. Zwischen dem Fahrmaat und dem Motor sieht man die Abgastemperaturmesser der einzelnen Zylinder und eine Reihe weiterer Überwachungsinstrumente. Die rechte Hand umfaßt das Fahrventil, rechts davon der Füllungsgeber. Eine Eigenart war die unterschiedliche Ausführung in der Formgebung aller Handräder, Knebel usw. Das sollte bei Lichtausfall sicherstellen, daß man auch in totaler Finsternis stets das richtige Ventil betätigte – mit ein Schwerpunkt in der Ausbildung.

Der E-Maschinenraum auf U 552 (Typ VII C), eine Aufnahme aus dem Jahre 1941.

KOMMANDANTEN

Kapitänleutnant Kretschmer am 5. September 1940 nach Verleihung des Ritterkreuzes im Kreise seiner Besatzung. Kretschmer war der "Tonnagekönig" des Zweiten Weltkrieges. Von September 1939 bis zum Untergang seines Bootes im März 1941 versenkte er mit den Booten U 23 und U 99 insgesamt 44 Schiffe mit 266 629 BRT. Er beendete seine Marinelaufbahn als Flottillenadmiral der Bundesmarine.

St. Nazaire am 23. Juni 1942: U 94 unter Oberleutnant zur See Ites läuft ein. Mit Ritterkreuz und "Flüstertüte" der Kommandant. Das VII C-Boot wurde bei der Germania-Werft in Kiel erbaut und stellte am 10. August 1940 unter Kapitänleutnant Kuppisch in Dienst. Am 28. August 1942 wurde es östlich Kingston durch Wasserbomben und Rammen versenkt. Dr. Ites trat als Konteradmiral der Bundesmarine in den Ruhestand und verstarb am 2. Februar 1982.

U 94 im April 1941 einlaufend in Lorient, hier noch unter Kapitänleutnant Kuppisch. Beachtenswert die vier Maate auf der Brücke mit "Melone". Es gab immer wieder Abwechslung, wenn sich Besatzungen Scherze dieser Art erlaubten – und sie wurden geduldet, sie waren das "Ventil" nach all den Entbehrungen und überstandenen Strapazen. Ubootfahrer konnten sich – in Grenzen zwar – immer etwas mehr herausnehmen als andere. Am Turm "Malings", hier Tiere (als Bootskennung oder Maskottchen). Eigentlich für die Dauer einer Feindfahrt untersagt, setzten sich auch hier viele Kommandanten darüber hinweg – das gehörte einfach zum Boot, und die Männer waren stolz auf "ihr" Emblem. Unten vor dem Turm, unter der Abdeckung, der Magnetkompaß. Auch im Peilrahmen hängt ein Maskottchen.

Einlaufen eines Typ VII C-Bootes in die Schleuse (vermutlich St. Nazaire). Ort und Datum sind nicht identifizierbar. Das Boot führt am Turm als Wappen ein weißes Emblem in schwarzem Feld. Die Besatzung eines in der Schleuse liegenden Typ IX-Bootes ist zur Begrüßung angetreten.

St. Nazaire am 1. April 1942; U 94 läuft ein. Auf der Pier ein Heeresmusikkorps, vorne der B.d.U., Admiral Dönitz, mit Offizieren seines Stabes und der Flottille. Dönitz nahm vielfach an der Begrüßung rückkehrender Boote teil, um seine Männer zu sehen und ihnen so seine Verbundenheit zu bekunden, aber auch um sich erste Eindrücke des Kommandanten nach der Feindfahrt vermitteln zu lassen. Das Boot ist kurz vor dem Festmachen, die Freiwache steht an Oberdeck, der hoch aus dem Wasser ragende Bootskörper weist darauf hin, daß es noch über wenig Brennstoff verfügt und seine Torpedos verschossen hat. An einem der ausgefahrenen Sehrohre hängen zahlreiche "Siegeswimpel". Dem Datum nach handelte es sich wohl um das letzte Einlaufen des Bootes, denn ein knappes Vierteljahr später fiel es dem Gegner zum Opfer.

Lorient im April 1941. Hoher Besuch auf U 94. Hier der Stabschef der SA, Victor Lutze, mit weiteren hohen SA-Führern im Gefolge des B.d.U. Es war die Zeit der großen Erfolge in der Atlantikschlacht – aber auch der ersten empfindlichen Verluste. Viele Hoffnungen ruhten auf den Ubooten, und so verging kaum ein Tag, an dem ihnen nicht irgendwelche Persönlichkeiten ihre Referenz erwiesen. Lutze, seit 30. Juni 1934 Stabschef der SA, verunglückte am 2. Mai 1943 nahe Potsdam bei einem Verkehrsunfall tödlich.

Der B.d.U., Admiral Dönitz, links von ihm sein Stabschef, Kapitän zur See Godt, und andere Offiziere begrüßen das rückkehrende U 124. Die Aufnahme entstand am 4. April 1941, der Kommandant, Kapitänleutnant W. Schulz, hat soeben das Ritterkreuz erhalten.

U 203 im Juli 1943 einlaufend Brest. Auf der Brücke Kapitänleutnant Mützelburg. Der Turm ist mit Girlanden geschmückt, dazwischen sind Siegeswimpel gesetzt. An der Vorderseite des Turmes die Stadtwappen Essens, der Patenstadt des Bootes.

St. Nazaire, 20. Mai 1941: Nach Festmachen von U 46 und U 552 tauschen die beiden Kommandanten erste Erfahrungen aus. Links Kapitänleutnant Topp (U 552), rechts Kapitänleutnant Endraß (U 46). Endraß hatte als Erster Wachoffizier (I.WO) von U 47 am Scapa Flow-Unternehmen teilgenommen und erzielte dann als Kommandant beachtliche Erfolge. Am 21. Dezember 1941 fand er auf seinem neuen Boot (U 567) mit der gesamten Besatzung den Soldatentod.

"Teddy" Suhren, einer der erfolgreichsten Kommandanten, hier auf der Brücke von U 564 (Typ VII C). Das Ritterkreuz war ihm schon 1940 verliehen worden, als er noch Erster Wachoffizier (I.WO) auf dem von Kapitänleutnant Herbert Schultze geführten U 48 war. 1941 erhielt er das Eichenlaub dazu und 1942 die Schwerter, eine der höchsten deutschen Tapferkeitsauszeichnungen. Als Kommandant von U 564 versenkte er 17 Schiffe mit rund 94 000 BRT. Er war höchst unkompliziert im Umgang mit anderen, menschlich, kameradschaftlich, humorvoll und mit ausgeprägtem Gerechtigkeitssinn – ein Menschenführer "par excellence"! Vergessen starb er am 28. August 1984 – sein Schicksal teilen viele seiner früheren Kameraden; mit Ausnahme von jenen hat sein Tod sonst niemanden berührt. Das Bild zeigt ihn, lässig über die Turmumrandung gelehnt, an seiner Mütze (wie auch an der Vorseite des Turms) das von seinem ersten Boot (U 48) übernommene Bootsemblem – "Dreimal schwarzer Kater".

U 81 (Typ VII C) am 28. Juli 1943 einlaufend Athen. Es hatte sechs Tage zuvor den britischen Frachter EMPIRE MOON versenkt und unter Kapitänleutnant Guggenberger war ihm am 13. November 1941 der britische Flugzeugträger ARK ROYAL zum Opfer gefallen. Die auf der Vorkante Turm befindliche Tafel deutet wahrscheinlich auf die Anzahl der durchgeführten Einsätze und Erfolge hin.

U 61 (Typ II C) kurz vor dem Ablaufen vom Slip nach einer kurzen Werftüberholung in Lorient. Das bei den Deutschen Werken in Kiel gebaute Boot stellte am 12. August 1939 in Dienst, war anfänglich, von Norwegen aus operierend, im Nordatlantik eingesetzt, fuhr später als Schulboot und wurde Anfang Mai 1945 in Wilhelmshaven selbstversenkt. Gut sichtbar die Mündungsklappe des Backbord-Bugtorpedorohrs und das vordere Backbord-Tiefenruder.

U 65 (Typ IX B) im September 1940 im Trockendock in Brest. Ein Teil der Decksbeplattung ist entfernt, zum Bug hin hat man ein Tarnnetz gesetzt. Unter der Plane am Steuerbord-Heckteil werden offensichtlich Reparaturen an der Außenhaut bzw. am Druckkörper durchgeführt.

Oben links: Noch einmal U 65 (Typ IX B), aufgenommen am 5. September 1940. Der Kommandant, Kapitänleutnant v. Stockhausen, führt den Generalleutnant Kratzert vom Heer als Gast über das Boot. Vorne steht noch die 10, 5 cm-Utof-Kanone L/45. Wie auch bei den Booten des Typs VII wurden die Geschütze im Verlauf des Krieges abgebaut und dafür die Flakausrüstung verstärkt.

Oben: Brest verfügte über mehrere Trockendocks, die anfänglich allen Anforderungen genügten. Diese Aufnahme vom März 1941 zeigt U 106 und U 124 (beide Typ IX B) während einer Überholung. Auch hier sind wegen der Luftbedrohung Tarnnetze angebracht. Das Boot links hat offenbar Reparaturen, die gegen Außensicht besonders abgeschirmt werden müssen, vermutlich im Bereich der beiden Torpedonachladeluken.

Links: Ein Typ VII C-Boot in einer der Boxen eines Ubootbunkers an der westfranzösischen Küste. Mit wachsender Luftbedrohung und den damit verbundenen Bombenangriffen auf die Stützpunkte der französischen Atlantikküste gab es als einzige Alternative den ab 1941 forciert betriebenen Bunkerbau. In ihnen waren die Boote relativ sicher und konnten nahezu unbehelligt überholt werden.

Lorient, ein Typ VII C-Boot verholt mittels Schlepper in die Werft. Unter dem großen Hammerkran liegt ein weiteres Boot und am gegenüberliegenden Ufer ebenfalls. Der sich rechts ins Bild schiebende hochbordige Schiffskörper ist hier nicht identifizierbar.

U 37 (Typ IX) im vorgefluteten Trockendock in Lorient.

Zwei Typ VII C-Boote längsseits des Aviso GRILLE.

Die zwölf erfolgreichsten deutschen Ubootkommandanten im Zweiten Weltkrieg

Name Letzter Dienstgrad	Befehligte Boote	Versenkungserfolge Handelsschiffe	 Kriegsschiffe
Otto Kretschmer Korvettenkapitän	U 23, U 99	44 mit 266 629 BRT	1 Zerstörer
Wolfgang Lüth Korvettenkapitän	U 9, U 138, U 43, U 181	43 mit 225 713 BRT	1 Uboot
Erich Topp Korvettenkapitän	U 57, U 552, U 2513	34 mit 193 684 BRT	1 Zerstörer
Karl-Friedrich Merten Korvettenkapitän	U 68	29 mit 180 744 BRT	
Victor Schütze Korvettenkapitän	U 11, U 25, U 103	34 mit 171 164 BRT	
Herbert Schultze Kapitänleutnant	U 48	26 mit 171 122 BRT	
Georg Lassen Kapitänleutnant	U 29, U 160	28 mit 167 601 BRT	
Heinrich Lehmann-Willenbrock Kapitänleutnant	U 8, U 5, U 96, U 256	22 mit 166 596 BRT	
Günther Prien Korvettenkapitän	U 47	28 mit 164 953 BRT	1 Schlachtschiff
Heinrich Liebe Kapitänleutnant	U 38	30 mit 162 333 BRT	
Joachim Schepke Kapitänleutnant	U 3, U 19, U 100	39 mit 159 130 BRT	
Werner Henke Kapitänleutnant	U 515	25 mit 156 829 BRT	1 Zerstörer 1 Hilfskriegsschiff

Otto Kretschmer
Korvettenkapitän

Wolfgang Lüth
Korvettenkapitän

Erich Topp
Korvettenkapitän

Karl-Friedrich Merten
Korvettenkapitän

Victor Schütze
Korvettenkapitän

Herbert Schultze
Kapitänleutnant

Georg Lassen
Kapitänleutnant

Heinrich Lehmann-Willenbrock
Kapitänleutnant

Günther Prien
Korvettenkapitän

Heinrich Liebe
Kapitänleutnant

Joachim Schepke
Kapitänleutnant

Werner Henke
Kapitänleutnant

U 99 (Typ VII B) unter Tarnung längsseits eines Anlegeprahms Ende August 1940 in Lorient. Anlaufend ein Typ II-Boot. Auf dem Anleger zahlreiche See- und "Seh"-Leute.

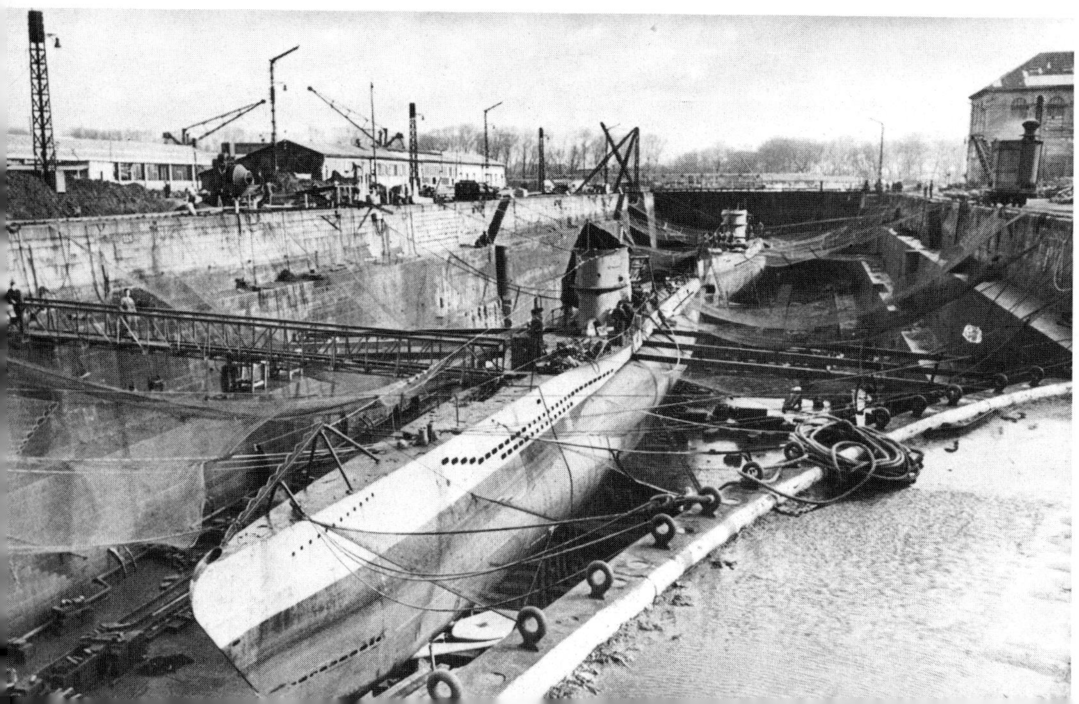

Lorient 1941: im Trockendock zwei Boote des Typs VII, vorn U 99.

U 168 (Typ VII C/40) wird in den Trockenbunker in Lorient verholt. Dies erfolgte auf einem Gleissystem, das ein Längs- und Querverfahren des Schwerstlastfahrgestells erlaubte, auf dem sich das jeweilige Boot befand.

St. Nazaire, 1. März 1942. U 136 (Typ VII C) verholt in den Ubootbunker. Das Boot kehrte gerade von einer Feindfahrt zurück, am ausgefahrenen Sehrohr hängen noch die Erfolgswimpel. U 136 stellte am 30. August 1941 in Dienst und ging am 11. Juli 1942 durch Wasserbomben westlich Madeira verloren.

U 404 (Typ VII C) vor dem Ubootbunker in St. Nazaire. Das Boot ist völlig leer und ragt hoch aus dem Wasser. An Oberdeck lagern Torpedodruckbehälter (für Reservetorpedos). Das auf der Danziger Werft gebaute Boot stellte am 6. August 1941 in Dienst und wurde am 28. Juli 1943 nordwestlich Kap Ortegal durch Fliegerbomben versenkt.

U 552 (Typ VII C) vor dem Ubootbunker St. Nazaire. Die Aufnahme entstand 1941/42, die 8,8 cm-Kanone ist noch vorhanden.

DER UBOOTKRIEG

Hauptgegner der Kriegsmarine war und blieb während des ganzen Krieges Großbritannien. Die Insellage des Mutterlandes bewirkte eine noch größere Abhängigkeit von Zufuhren aller Art, als es beim Deutschen Reich der Fall war. Seine Bevölkerung von über 45 Millionen konnte nicht aus eigener Produktion ernährt werden. 1938 mußten mehr als 68 Millionen Tonnen Güter aller Art, Nahrungsmittel, Holz, Öl, Erz, eingeführt werden – im Krieg stieg der Bedarf sprungartig an. Diesen Zufuhren galt der Kampf der Uboote. Ihnen gegenüber stand allerdings die Royal Navy, die über eine Vielzahl von Schiffen verfügte und die stärkste Marine der Welt war. Nach dem Stand von Mai 1945 verfügte sie über 1 065 Kriegsschiffe, 2 907 Hilfskriegsschiffe und 5 477 Landungsfahrzeuge aller Art (nicht eingerechnet sind die Marinen der Dominien). Bis dahin hatte sie 1 503 Kriegs- und Hilfskriegsschiffe verloren; noch viel höher waren aber die Verluste der britischen Handelsschiffahrt: 4 786 Fahrzeuge mit einer Tonnage von 21 194 000 Bruttoregistertonnen (BRT). Hiervon sind allein von Ubooten 2 775 Schiffe mit 14 573 000 BRT versenkt worden (und dabei büßten 29 994 Seeleute ihr Leben ein).
Wie wichtig der Ansatz der Uboote gegen den britischen Frachtraum war, läßt sich anhand einer Aufrechnung belegen: Der Verlust von 100 000 BRT Schiffsraum bedeutete statistisch pro Kopf der Bevölkerung einen Ausfall von 2,2 kg Fleisch oder 3 kg Butter oder 4,5 kg Getreide, Reis, Zucker usw. Und der Verlust von 100 000 BRT Tankerraum entsprach der Vernichtung von rund 150 000 Tonnen Treibstoff, womit 90 sechsstündige Flüge von 1 000 Bombern gegen deutsche Städte oder ca. 5 600 Einsätze von 100 Jagdflugzeugen oder eine 300 km-Fahrt von 1 000 Panzern oder zehn Einsatzfahrten über eine Distanz von 1 000 Seemeilen von 75 Zerstörern hätten gesichert werden können. Im Zeitraum von 1935 bis 1945 wurden insgesamt 1 170 Uboote in Dienst gestellt; hinzu kamen einige Boote fremder Herkunft. 863 Uboote kamen davon an die Front; von ihnen gingen 630 verloren: 603 während Feindfahrten, sieben durch Unfall und 20 aus ungeklärter Ursache. Im Heimatkriegsgebiet fielen 81 Uboote Bomben und Minen zum Opfer. Bei Kriegsende wurden von ihren Besatzungen 214 Uboote versenkt oder zerstört, elf waren im Verlauf des Krieges an Verbündete abgegeben worden, 38 mußten aus unterschiedlichen Gründen außer Dienst gestellt werden und 153 Boote gelangten zur Auslieferung an die Siegermächte.
Der Ausbruch des Krieges hatte die Kriegsmarine und mit ihr die Ubootwaffe auf einen Waffengang mit Großbritannien völlig unvorbereitet getroffen. Weder materiell noch personell konnte sie diesen Anforderungen gewachsen sein. Mit nur 57 Booten zog sie in den Krieg, aber davon war gerade ein knappes Drittel frontreif und von diesem wiederum nur wenige, die für den Einsatz in jenen Seegebieten geeignet waren, wo sie gegnerischen Handelsschiffen begegnen mußten. Wurde der Ubootkrieg anfänglich noch nach den Regeln der internationalen Seekriegsordnung geführt, so eskalierte er durch die Gegenmaßnahmen der Briten, ihre Handelsschiffe in militärisch gesicherten Geleitzügen fahren zu lassen und sie darüber hinaus auch zu bewaffnen. Sah es 1941/42 ganz danach aus, als würde die Ubootwaffe das britische Mutterland von seinen Zufuhren völlig abschnüren können, kam es im Jahr darauf zur Wende. Von da ab wurden die deutschen Ubooterfolge rückläufig, ihre Verluste stiegen von Monat zu Monat – es war letztlich ein aussichtsloser Kampf. Und die Ubootfahrer wußten, was sie "draußen" erwartete – aber sie fuhren dennoch hinaus. Von ihnen kehrten die meisten nicht wieder. Verglichen mit anderen Wehrmacht- und Waffengattungen hatte die Ubootwaffe die höchste Verlustrate aufzuweisen: Von 39 000 Ubootmännern kehrten 32 000 nicht zurück, umgerechnet 82 Prozent.

FEINDFAHRTEN

Der Krieg steht noch in seinen Anfängen, hier U 10 (Typ II B), erbaut bei der Germania-Werft in Kiel und am 9. September 1935 in Dienst gestellt, im ersten harten Winter 1939/40 in der Westwerft Wilhelmshaven. Das Boot ist stark vereist. Am 1. August 1944 stellte es als Schulboot in Danzig außer Dienst und wurde abgebrochen.

Im Kriegsjahr 1942 im rumänischen Galatz: Drei Typ II-Boote (von links nach rechts; U 19, U 23 und – schon schwimmend – U 9) werden zur Verwendung im Schwarzen Meer hergerichtet. Diese Boote und drei weitere befanden sich seit Mitte der 30er Jahre im Dienst und waren zuletzt als Schulboote verwendet worden. Die Ausweitung des Krieges durch den Ostfeldzug zwang dazu, gegen die sowjetische Schwarzmeer-Schiffahrt mit Ubooten zu operieren. Die Boote wurden in der neu aufgestellten 30. U-Flottille zusammengefaßt und ihnen das rumänische Konstanza als Stützpunkt zugewiesen. Ihre Verlegung in den Schwarzmeerraum war schon abenteuerlich: Diese erfolgte auf Schwerstlastfahrgestellen auf der Autobahn und danach auf Pontons auf Binnenwasserwegen. Hierzu mußten sie auf die Seite gelegt werden, um Brücken passieren zu können.

Links: U 23 (Typ II B) im September 1943 nach einer Feindfahrt einlaufend in Konstanza. Keines dieser im Schwarzen Meer operierenden Boote kehrte in die Heimat zurück.

Unten links: U 29 (Typ VII) in rauher See vor Helgoland – ein Bild aus den ersten Kriegswochen. Wie schon im Ersten Weltkrieg, wurde die Insel auch jetzt wieder als Ubootstützpunkt genutzt.

Unten: 17. Januar 1940 an der von Posten bewachten III. Einfahrt in Wilhelmshaven: U 30 läuft ein. Weit draußen auf der Jade, gleich neben dem rechten Posten erkennbar, das als Sicherungsschiff und Eisbrecher eingesetzte alte Linienschiff SCHLESIEN.

Ubootstützpunkt Wilhelmshaven 1939/40. An der Pier außen U A und U 30. Bei der vorlichen Ansicht sieht man im Hintergrund das Wohnschiff TANGANJIKA der Kriegsmarinewerft. Der Kommandant von U 30, Kapitänleutnant Lemp, übernahm im November 1940 ein neues Boot, U 110, mit dem er im Mai 1941 seinen Verfolgern erlag. Von Wasserbomben an die Wasseroberfläche gezwungen, verließ die Besatzung das sinkende Boot. Da Lemp, ebenfalls im Wasser treibend, wahrscheinlich annahm, daß sein Boot nicht schnell genug absackte, hat er offenbar versucht, zurückzuschwimmen, und dabei wurde er regelrecht "abgeknallt". Sein Tod bleibt sehr mysteriös. Von der Besatzung hat anscheinend niemand diesen Akt wahrnehmen können, sie wurde sofort unter Deck gebracht, während die Briten sich anschickten, das noch schwimmende Boot abzuschleppen. Das gelang ihnen jedoch nicht, aber immerhin haben sie wichtige Geheimunterlagen erbeuten können. Auch heute noch gibt es manches Rätsel um dieses Drama.

Lorient am 20. Februar 1941: U 37 rüstet aus zur neuen Feindfahrt. Es gilt, jede Menge Versorgungsgüter, Verpflegung, Ersatzteile usw. zu übernehmen und zu verstauen. Am Kranponton mit Schlepper, dahinter ein weiteres Typ VII-Boot.

U 40 (Typ IX) an der Pier des Ubootstützpunktes Wilhelmshaven. Auch hier wird ausgerüstet. Die Aufnahme entstand im Oktober 1939, die Besatzungsangehörigen tragen noch ihre "Takelpäckchen". Auf der Pier ältere Marineangehörige, offensichtlich Reservisten. An der Vorkante Turm eine erste "Maling" als Bootsemblem; das Farbmuster am Turm ist ein früher Versuch, ihn gegen Sicht zu tarnen. Es ist wohl die letzte Aufnahme dieses Bootes, denn bereits am 13. Oktober 1939 ging es verloren.

U 47 (Typ VII B) am 23. Oktober 1939 einlaufend in Kiel, von Flotte und Bevölkerung begeistert begrüßt. Hier passiert es das Schulschiff SCHLESWIG-HOLSTEIN, dessen Besatzung an Oberdeck Paradeaufstellung eingenommen hat. U 47, Kommandant Kapitänleutnant Günther Prien, war am 14. Oktober 1939 in die Bucht von Scapa Flow – damals Hauptliegeplatz der britischen "Home Fleet" – eingedrungen und hatte dort das 29 150 ts-Schlachtschiff ROYAL OAK versenkt. Unbeobachtet und ungehindert vermochte das Boot die Bucht wieder zu verlassen und lief am 17. Oktober 1939 in Wilhelmshaven ein. Im Anschluß verlegte es nach Kiel. U 47 wurde am 8. März 1941 südlich Island Opfer eines britischen Zerstörers, wobei Kapitänleutnant Prien mit der gesamten Besatzung den Tod fand.

St. Nazaire am 18. März 1941. U 69 (Typ VII C) rüstet aus zur dritten Feindfahrt. Es war schon ein erhebliches Stück Arbeit, die zahlreichen Versorgungsgüter an Bord zu verstauen. Der kleinste Raum, jede Ecke, wurde genutzt, denn Platz war eigentlich gar nicht vorhanden. Bestimmte Bereiche, wie die Batterieräume (jeweils unter dem Unteroffiziersdeck und den Offiziers- und Portepeeunteroffiziersräumen) mußten frei bleiben. Die Batteriewartung war eine recht mühselige Arbeit. Der zuständige E-Heizer mußte die laufenden Kontrollen in liegender Stellung durchführen. Dazu diente eine Art Rollschlitten. Für Leute mit "Platzangst" war das absolut kein Vergnügen.

U 66 (Typ IX C) einlaufend Lorient. Ein Marinemusikkorps und das Begrüßungskommando stehen bereit. Die Unzahl unterschiedlicher Uniformen zeugt von der Vielzahl hier stationierter Wehrmachtsstellen. Im Hintergrund die Hulk des französischen Kreuzers STRASBOURG (ex Kleiner Kreuzer REGENSBURG der Kaiserlichen deutschen Marine).

Karikierte Figuren, wie hier am Turm von U 48 (Typ VII B) – aufgenommen am 25. 2. 1940 im Ubootstützpunkt Wilhelmshaven nach Rückkehr von einer Feindfahrt – waren anfänglich durchaus üblich und erlaubt; später gab es aber an ihrer Stelle auch Wappen. U 48 war das im Tonnagekrieg absolut erfolgreichste Boot: Bei dreizehn Unternehmungen unter drei Kommandanten versenkte es 51 Schiffe mit einem Gesamtraum von über 310 000 BRT.

U 86 (Typ VII C) bei der Erprobung eines Ausguckmastes. Mit Hilfe dieser und ähnlicher Konstruktionen versuchte man, das Blickfeld zu erweitern. Auch andere Hilfsmittel und Varianten wurden erprobt, so ein Schlepptau-(Trag-)schrauber (ohne Eigenantrieb), "Bachstelze" bezeichnet. Letztlich war alles vergebliche Mühe, der Erfolg im Vergleich zum Aufwand, mehr noch im Hinblick auf die damit verbundene eingeschränkte Fähigkeit des Schnelltauchens, blieb gleich Null. Die eigentlich einzige "sinnvolle" Nutzung solch einer Einrichtung wird hier demonstriert: Ein PK-Mann filmt das Boot aus luftiger Höhe.

Lorient am 24. Februar 1941, U 124 (außen) und U 95 bei der Auslaufmusterung mit an Oberdeck angetretenen Besatzungen – eine hundertfach erlebte Szenerie in den westfranzösischen Ubootstützpunkten.

U 99 kurz vor dem Auslaufen in Lorient. Der Flottillenchef verabschiedet sich von der Besatzung. Im Hintergrund der als Hulk dienende ehemalige Kleine Kreuzer REGENSBURG, der nach dem Ende des Ersten Weltkrieges an Frankreich hatte ausgeliefert werden müssen.

U 132 (Typ VII C) im August 1942 auf Heimatkurs. Hier fertigen Besatzungsangehörige von Hand Siegeswimpel an. Jeder weht für ein versenktes Schiff, die Zahl steht für die angenommene bzw. bekannte Tonnage des "Opfers".

Lorient, 7. Januar 1942: U 156 (Typ IX C) läuft ein. An der Stirnseite des Turms das Funkmeßortungsgerät (FuMO 29) "Seetakt". Die Antenne scheint abgenommen, verkleidet oder noch nicht gänzlich montiert zu sein, die zugehörigen Dipole sind nicht erkennbar. An der für den Kurzwellenverkehr bestimmten Antennenführung hängen Autoschläuche, am ausgefahrenen Sehrohr flattern Siegeswimpel, vor dem Turm lagern Autoreifen (offenbar handelt es sich um aufgefischtes Ladegut versenkter Schiffe). U 156 war jenes Boot, das 1942 den britischen Truppentransporter LACONIA versenkte. Auf diesem befanden sich – was auf dem Boot zunächst nicht bekannt war – 1800 italienische Kriegsgefangene. U 156 und weitere in der Nähe stehende Uboote nahmen zahlreiche Schiffbrüchige an Bord und setzten die Rotkreuzflagge – dessen ungeachtet wurden sie von amerikanischen Flugzeugen angegriffen. Dies führte zu dem von Dönitz erlassenen Befehl, die Rettung Schiffbrüchiger zu unterlassen. Dieser Befehl war Gegenstand der Anklage gegen ihn vor dem Nürnberger Siegergericht.

Lorient am 31. Mai 1941, U 141 (Typ II D) läuft aus. Zur Verabschiedung haben sich zahlreiche Schaulustige eingefunden: Von der Marine, Marineartillerie und Organisation Todt. Boote dieses kleines Typs fanden nur kurzzeitige Verwendung in diesem Frontabschnitt. Im Hintergrund wieder die Hulk ex REGENSBURG.

U 161 (Typ IX C) nach einer Feindfahrt einlaufend Lorient. Das Boot hat offenbar einen harten Einsatz hinter sich. Der beschädigte Turm weist auf einen Rammstoß hin. An Oberdeck liegt der abgebrochene Peilrahmen mit dem Funkmeßbeobachtungsgerät (FuMB 35) "ATHOS I", das Magnetkompaßgehäuse ist offen, um dieses herum liegen zahlreiche Taschen (entweder Tauchretter oder mit den damals eingeführten Einmann-Schlauchbooten).

Dieses Boot – es ist U 259 (Typ VII C) – hatte auf seiner vorletzten Feindfahrt noch einmal Glück: Davon kündet sein offenbar durch Rammstoß oder Kollision lädierter Bug. Von der nächsten Feindfahrt – nur wenige Wochen nach dieser im Herbst 1942 in La Pallice entstandenen Aufnahme – kehrte es nicht mehr zurück.

Zweimal U 333 (Typ VII C), nach seiner Turmzier (drei kleine Fische) auch das "Boot der kleinen Fische" genannt. Dieses Boot und sein Kommandant, Kapitänleutnant (Ali) Cremer, trug wegen der zahlreichen Karambolagen bei seinen Feindfahrten auch den Spitznamen "Ali Wrack". Es mag seltsam anmuten, aber solange er Kommandant dieses Bootes war, vertraute jeder seiner Männer darauf, daß er wieder nach Hause kam. Und so war es auch. Das linke Bild zeigt das Boot am 26. Mai 1942 einlaufend St. Nazaire. Es war am 22. April vor der amerikanischen Küste von einem Tanker gerammt worden, hatte aber trotz nicht mehr vorhandener Einsatzfähigkeit seinen Stützpunkt erreichen können. Die andere Aufnahme zeigt das Boot am 23. Oktober 1942 im Bunker von La Pallice. Wieder hatte es einen Kampf überstanden, diesmal vor Freetown ein längeres Überwassergefecht (einschließlich Rammstoß) mit einer britischen Korvette. Der Kommandant wurde dabei schwer verwundet. Der völlig durchschossene Turm zeugt von der Härte des Duells.

Der gestiegenen Luftbedrohung in der Biskaya versuchte die Kriegsmarine durch das gleichzeitige Ein- und Auslaufen mehrerer Boote – die sich gegenseitig schützen sollten – zu begegnen. Das brachte keine Lösung. Auch der Umbau von Booten zu sogenannten "Flakfallen" bewährte sich nicht. Einziger Vertreter dieser Art blieb U 441 (Typ VII C), das am 24. Mai 1943 erstmals als "U-Flak 1" zum Einsatz kam. War dieser noch einigermaßen erfolgreich, so wurde der zweite vom 9. bis 11. Juli 1943 zum Desaster. Das Boot wurde von drei britischen "Beaufighter"-Schnellbombern regelrecht zusammengeschossen. Mit zehn Toten und dreizehn Verwundeten unter den 67 Mann Besatzung erreichte es schließlich unter Führung des miteingeschifften Bordarztes den Stützpunkt. Die obere Aufnahme zeigt U 441 nach Umbau: Unter Verminderung der Torpedoladung war die Zahl der Flawaffen erhöht worden: Acht 2 cm-Flak 38/43 U mit Schild in Vierlingslafetten, eine 3,7 cm-SKC/30 in Lafette LC/39 und ein 8,6 cm-Seilraketenwerfer M 42. Hinzu kamen Ortungsgeräte wie das HOHENTWIEL. Der vergrößerte Turm war zudem gepanzert worden. Die rechte Aufnahme entstand im Juli 1943 in Brest. Von links Korvettenkapitän Winter (Chef 1. U-Flottille), in der Mitte Oberstabsarzt Dr. Pfaffinger (der das Boot zurückbrachte) und rechts der am linken Arm verwundete Kommandant, Kapitänleutnant Götz von Hartmann.

Minenübernahme durch U 373 (Typ VII C) am 18. Mai 1942 in Brest, hier eine TMB-Mine, die durch das vordere Torpedoluk mittels Oberdeckschlitten in den Bugraum gelangt. Das "Werfen" geschah durch Ausstoß aus dem Torpedorohr. 39 solcher Minen konnten mitgeführt werden.

U 407 (Typ VII C) einlaufend in La Spezia. Im Hintergrund liegt ein italienisches Schlachtschiff der LITTORIO-Klasse, rechts ein weiteres VII C-Boot.

U 552 (Typ VII C) mit ungewöhnlich hoher Fahrt (offenbar bei stark auflaufendem Wasser) auslaufend Schleuse St. Nazaire. Unter seinem Kommandanten, Kapitänleutnant Topp, hatte es große Erfolge. An der Turmseite das Emblem der 7. Uboot-Flottille, der Stier (einst als "Stier von Scapa Flow" auf U 47 eingeführt). An der Turmstirnseite (nur halb erkennbar) beiderseits ein aufgemalter roter Teufel als weiteres Emblem (daher wurde U 552 auch allgemein als "Boot der roten Teufel" bezeichnet). Sein damaliger Kommandant trat als Konteradmiral der Bundesmarine in den Ruhestand.

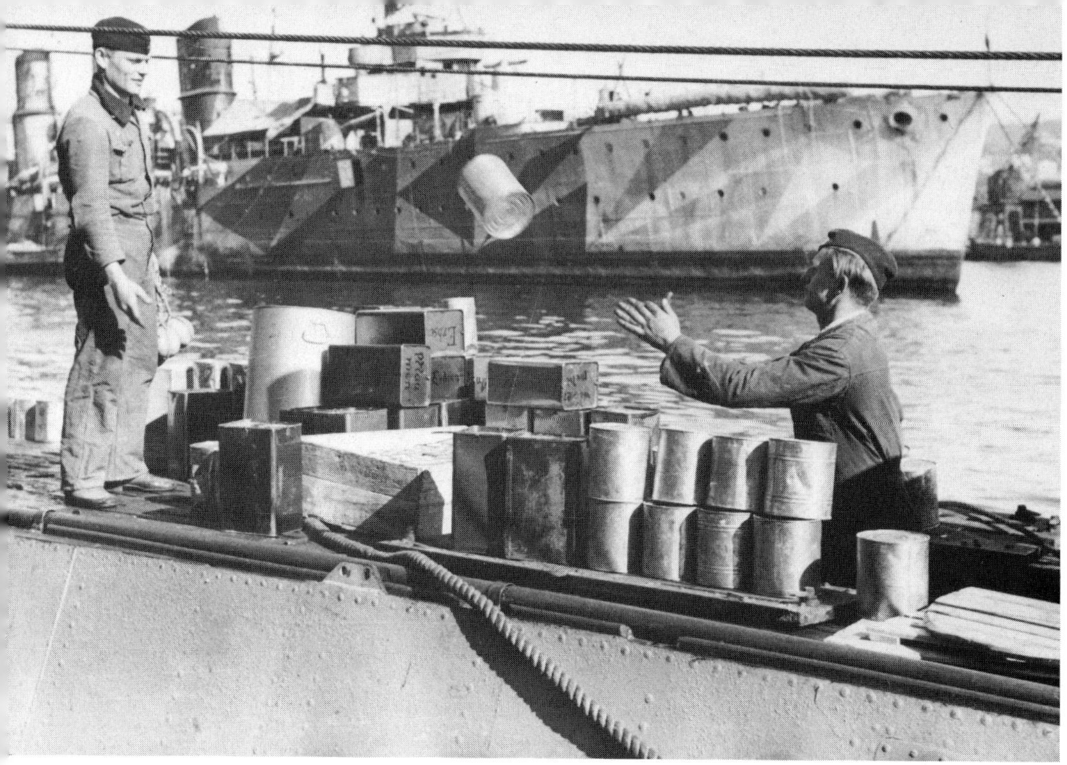

La Spezia im März 1943, U 617 (Typ VII C) rüstet aus zur neuen Unternehmung. Dahinter der italienische Kreuzer TARANTO (ex Kleiner Kreuzer STRASBOURG der Kaiserlich deutschen Marine).

U 703 (Typ VII C) im Eismeer. Obwohl die Aufnahme im Herbst 1943 entstand, besitzt das Boot noch immer die 8,8 cm-Kanone.

Ausrüstung eines Typ IX-Bootes zum Einsatz. Da sich die 10, 5 cm-Kanone noch an Bord befindet, dürfte die Aufnahme 1942 entstanden sein. Es war immer wieder beeindruckend, was da alles mitgenommen werden mußte – vor allem aber, wo alles verstaut wurde. An Oberdeck zwei Maate beim Sortieren.

Lorient 1940, längsseits eines Verladeprahms eine Transportschute mit Torpedos. Dahinter liegt U 130 (Typ IX C), hinter diesem wiederum eine Pier mit über das Wasser ragenden Gerüsten für Tarnabdeckungen und rechts davon ein offenbar unfertiger hochbordiger, nicht identifizierbarer Schiffskörper. Mit den Torpedos hatte es zunächst erhebliche Schwierigkeiten gegeben. Die Boote wurden 1939 mit einem neuen Torpedo ausgerüstet, vom Typ her war es der G 7 in seinen Varianten a und e (a = druckluftgetrieben, mit Blasenbahn, e = Elektroantrieb, ohne Blasenbahn). Neu war die sogenannte Magnetpistole. Und dieser Mechanismus funktionierte nicht so, wie man es erwartet hatte. Hinzu kam, daß die Briten durch Ausspähung hinter sein Geheimnis gekommen waren und schon Gegenmaßnahmen eingeleitet hatten. So kam es insbesondere im Norwegenunternehmen zu der berüchtigten "Torpedokrise": Die Magnetpistole neigte zur Frühzündung, Spätzündung oder zündete gar nicht, die Aufschlagpistole funktionierte auch nicht und die Tiefensteuerung war fehlerhaft, sie neigte zur Undichtigkeit. Es wurde Sommer 1942, bis diese Mängel hinlänglich beseitigt werden konnten. Die Torpedos G 7a und G 7e blieben Standardwaffe. Später kamen Neuentwicklungen hinzu: T 5 / ZAUNKÖNIG 1, T 11 / ZAUNKÖNIG 2, FAT / FALKE = Flächenabsuchender Torpedo (die korrekte Bezeichnung war: Federapparat-Torpedo) und LUT = Lagenunabhängiger Torpedo. Es gab noch weitere Entwicklungen. Insgesamt wurden vom 1. September 1939 bis 30. November 1944 37 576 Torpedos verschossen.

Durch die Versorgung in See ging man ab 1942 dazu über, die Verweilzeit der Frontboote in den Operationsgebieten zu verlängern. Für diesen Zweck wurden die Versorgungs-Uboote des Typs XIV in Dienst gestellt, die sogenannten "Milchkühe". Sie alle fielen der gegnerischen Abwehr zum Opfer, keines von ihnen hat überlebt. Ursachen dafür gab es mehrere: Einmal ihre durch die auf optimale Ladefähigkeit bewirkte Schwerfälligkeit insbesondere beim Tauchen, zum anderen wirkte sich bei ihnen die zunehmende gegnerische Luftüberlegenheit aus, gegen die sie genausowenig entgegenzusetzen hatten wie die Frontboote. Hier versorgt U 459 (Typ XIV) am 21. April 1942 gleich vier Frontboote, vorn U 571 (Typ VII C), am Bildrand rechts U 459.

An U 570 (Typ VII C) denken die überlebenden Ubootfahrer nur mit sehr gemischten Gefühlen zurück. Dieses Boot war im August 1941 im Nordatlantik von einem britischen Bomber leicht beschädigt worden, was den Kommandanten zur Übergabe veranlaßte. Von dem Bomber zwar umkreist, aber noch nicht von Seestreitkräften bedroht, wurde auf U 570 kein Versuch unternommen, das Blatt zu wenden. Als Stunden später britische Korvetten und Zerstörer eintreffen, ist es zu spät, sowohl zur Selbstversenkung wie auch zu einem überraschenden Wegtauchen. Nachdem die deutsche Besatzung übernommen worden ist, nehmen die Briten das Boot in Schlepp und bringen es nach Island. Bald darauf wurde U 570 für die Royal Navy unter dem neuen Namen GRAPH in Dienst gestellt und in der Folgezeit im Atlantik und vor der spanischen Küste eingesetzt. Dort hätte es beinahe noch einen Erfolg erzielen können: Am 21. Oktober 1942 schoß es auf das zurückmarschierende U 333 einen Viererfächer, der zum Glück vorbeiging. Die Aufnahme zeigt U 570 als HMS GRAPH.

Auch der U.S. Navy glückte die Kaperung eines Ubootes: Am 4. Juni 1944 gelang es einer ihrer "Hunter Killer Groups" (bestehend aus dem Geleitflugzeugträger GUADALCANAL und mehreren Geleitzerstörern), U 505 (Typ IX C) an die Wasseroberfläche zu bomben, zu entern und – mit Hilfe eines deutschen Besatzungsangehörigen – schwimmfähig zu halten. Anschließend ist es in Schlepp genommen und als "Siegestrophäe" in die USA verbracht worden. Die Aufnahmen auf dieser Seite zeigen das Übersetzen des Enterkommandos, das in Schlepp genommene Boot mit amerikanischen Seeleuten auf dem Vorschiff, die Besichtigung von erbeuteten Ausrüstungsgegenständen und Zubehör auf der GUADALCANAL und das gekaperte Boot neben der GUADALCANAL; auf dem Turm über der deutschen Kriegsflagge das Sternenbanner.

U 97 (Typ VII C) wurde am 16. Juni 1943 westlich Haifa durch Bomben vernichtet, wobei es 27 Tote unter der Besatzung gab. Die Aufnahme zeigt das auf der Steuerbordseite liegende Boot, vermutlich bei späteren Bergungsversuchen durch den Gegner.

Die letzten Minuten von U 966 (Typ VII C) am 10. November 1943 in der Biskaya. Durch Fliegerbomben tauchunfähig gemacht, versucht es verzweifelt noch zu entkommen. Die Flawaffen sind schon nicht mehr besetzt . . .

Mit wechselnden Hartruderlagen versucht ein VII C-Boot, den Bomben auszuweichen – vergebliches Bemühen; einmal gestellt, gab es kaum noch eine Chance, wegzutauchen. So vorteilhaft sich die Atlantikstützpunkte anfangs erwiesen hatten (sie garantierten eine schnellere Versorgung, schnellere Reparaturen, kürzere Werftzeiten und kürzere Anmarschwege), so wuchsen mit steigender Luftgefährdung auch die Nachteile. Die Biskaya erwies sich für die Uboote letztlich als "Todesfalle". Von November 1941 bis April 1945 sanken allein in diesem Seegebiet 62 Boote. Der Nordatlantik kostete von März 1940 bis April 1945 264 Boote, das Mittelmeer 54, die Nordsee 17, die Gewässer um das britische Mutterland 54, die norwegische Küste mit Nord- und Eismeer 60, die Ostsee und das Kattegat schließlich 40 Boote. Maßgebend dafür waren der immer stärker werdende Geleitschutz mit verbesserten Waffen wie "Hedgehog", die RADAR-Ortung und ab 1942 das "High Frequency Direction Finder"-System (HF/DF = Kurzwellenpeiler), mit dem alle von den Booten abgesetzten oder empfangenen Sprüche eingepeilt wurden (und natürlich das Einbrechen in das "Enigma"-Schlüsselsystem). Hinzu kamen die "Hunter Killer Groups" und die immer lückenloser werdende Luftüberwachung. Die deutschen Gegenmaßnahmen waren im Grunde genommen stets nur halbherzig, weil man davon ausging, daß es keine Beweise für neue Abwehrmethoden gab. Die endgültige Wende in der Atlantikschlacht begann im Mai 1943. In diesem Monat gelang es dem Gegner, 41 Boote zu vernichten.

Dramatische Momente: U 185 (Typ IX C/40) am 14. Juni 1943 in der Biskaya bei der Abgabe von Überlebenden des am gleichen Tage verlorengegangenen U 564 an den Zerstörer Z 24. Zwei Monate später, am 24. August 1943, wurde U 185 im Mittelatlantik Opfer von Fliegerbomben. Von der Besatzung verloren dabei 29 Mann das Leben. Hinzu kamen 14 Mann von U 604 (Typ VII C), welches am 11. August 1943 vernichtet worden war und deren Überlebenden wiederum von U 185 aufgenommen worden waren.

Unten rechts: Dramatische Minuten: U 848 (Typ IX D_2) kurz vor seiner Vernichtung am 5. November 1943 südwestlich Ascension. Das Boot ist offensichtlich nicht mehr tauchklar, auf der Brücke sieht man zahlreiche Gefallene und Verwundete, zwei Mann suchen auf der Plattform Schutz vor Bordwaffenbeschuß, der Kommandant (mit weißer Mütze), Korvettenkapitän Rollmann, kauert vorn hinter der Turmverkleidung. Wenig später wird das Boot sinken, niemand überlebt.

Unten links: U 175 (Typ IX C) kurz vor dem Untergang. Im Schutz der Plattform machen sich Besatzungsangehörige klar zum "Aussteigen". Das Boot, unter Kapitänleutnant Bruns, wurde am 17. April 1943 südwestlich Irland durch Flieger- und Wasserbomben an die Oberfläche gebombt und anschließend durch den US Coast Guard Cutter SPENCER zusammengeschossen; 13 Tote.

Wilhelmshaven im Mai 1945: Kurz vor der Kapitulation im Nordraum am 5. Mai versenkten sich in der noch unfertigen Westkammer der IV. Einfahrt (Raederschleuse) insgesamt 22 Uboote selbst, darunter auch das berühmte U 552. Hier eines dieser Boote.

So fanden die Sieger die auf deutschen Werften heranwachsende neue Ubootwaffe vor: Zerstörte Typ XXI-Boote auf den Helgen . . .

. . . intakte Typ XXI-Sektionen, bereitgestellt zur Endmontage, auf den Ausrüstungspiers (beide Aufnahmen entstanden bei Blohm & Voß, Hamburg).

Der Ubootbunker "Elbe II" der Howaldtswerke Hamburg. In der Einfahrt vor einer der beiden Boxen ein Boot vom Typ XXI. Die Aufnahme entstand im Sommer 1945.

Wilhelmshaven, 13. Mai 1945: Unter den Augen argwöhnischer Briten belehrt Korvettenkapitän Bleichrodt Ubootbesatzungen, offenbar hinsichtlich des Verhaltens während der bevorstehenden Überführung auszuliefernder Boote nach Großbritannien.

U 805 (Typ IX C/40) am 14. Mai 1945 vor Portsmouth/USA. Zum Zeichen ihres Triumphes haben die Sieger die U.S.-Flagge gesetzt. Am Turm Abblätterungen, ein Zeichen langer Seefahrt. Beide Sehrohre sind ausgefahren, das Luftzielsehrohr ist bezogen. Ebenfalls ausgefahren bzw. montiert das Funkmeßbeobachtungsgerät (FuMB 7) "NAXOS". Auf den beiden Plattformen sichtbar zwei 2 cm-Flak C 38/II in Doppellafetten LM 43 U und eine 3,7 cm-Flak M 42 U in Lafette LM 42 U. Bevor das Boot am 4. Februar 1946 vor der Ostküste der USA versenkt wurde, veranstalteten die Amerikaner mit ihm eine "Show"-Fahrt entlang den Häfen der amerikanischen Ostküste.

U 530 (Typ IX C/40) und U 977 (Typ VII C), im Mai 1945 noch in See stehend, steuerten nach Bekanntwerden der Kapitulation Argentinien an, wo sie am 19. Juli resp. 17. August 1945 eintrafen. Dort übergaben die Kommandanten ihre Boote den argentinischen Militärbehörden. Die Übergabe wurde unter dem üblichen militärischen Zeremoniell und würdevoll für die deutschen Besatzungen vollzogen – ganz im Gegensatz zu jenen noch in See befindlichen Ubooten, denen von den Siegermächten befohlen war, eine schwarze Flagge – die Piratenflagge – zu setzen. Es war dies eine von den deutschen Ubootmännern als besonders schimpflich empfundene Herabsetzung, die sie nicht verdient hatten. Und tatsächlich vermochte später die Siegergerichtsbarkeit nicht den Beweis zu führen, daß die deutsche Ubootwaffe gegen die Regeln der Kriegsführung verstoßen hat. U 977 erreichte Argentinien übrigens nach einer von Norwegen aus begonnenen 66-tägigen Schnorchelfahrt. Beide Boote mußten von Argentinien an die USA ausgeliefert werden. Das Bild zeigt sie am 18. Januar 1946 in South Boston liegend.

U 858 (Typ IX C/40) nach der Kapitulation am 14. Mai 1945 einlaufend Portsmouth/USA. Dieses Boot ist 1947 von der U.S. Navy für Torpedoversuche aufgebraucht worden.

U 873 (Typ IX D_2) am 16. Mai 1945 einlaufend Providence/USA. Im Hintergrund der U.S.-Geleitzerstörer FRENCH/DE 367 der JOHN C. BUTLER-Klasse. Das Uboot hatte am 11. Mai 1945 im Mittelatlantik kapituliert. Beachte die Einschnürung im vorderen Bootskörper, diese sollte die Tauchzeit verkürzen. Gut erkennbar die 3,7 cm-Doppelflak auf der Plattform. An der Turmseite sitzen die Anschlußrohrleitungen für den hier beigeklappten Schnorchelmast.

IN MEMORIAM

Von den nahezu 1000 Ubooten des Zweiten Weltkrieges haben nur zwei Frontboote bis in die Gegenwart überlebt – sie fristen ihr Dasein als Freiluft-Exponate. Es sind U 505 (Typ IX C) in Chicago und U 955 (Typ VII C) in Laboe vor dem Marineehrenmal. Jährlich werden sie von Tausenden Touristen besichtigt, aber ihr Interesse gilt meist ausschließlich den Booten. Von den Männern, die auf ihnen und vielen anderen fuhren, kämpften, litten und starben, spricht kaum jemand mehr . . .

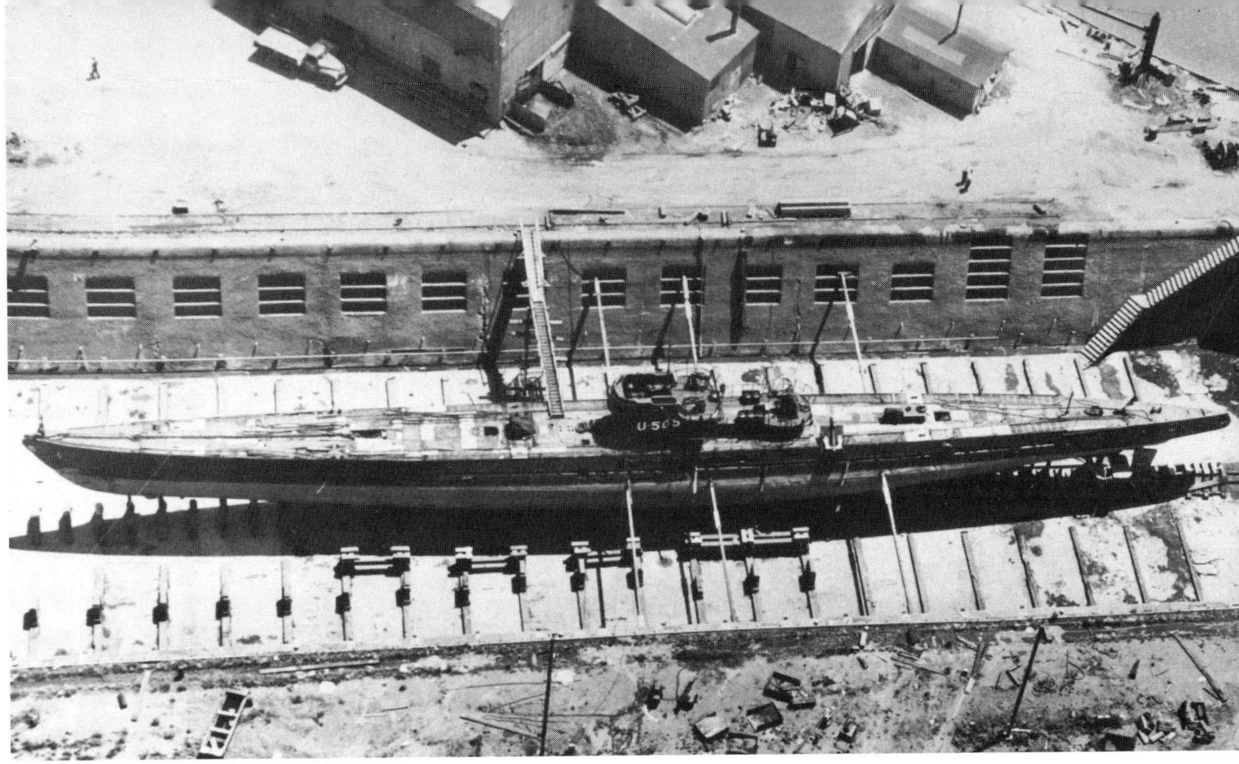

U 505 (Typ IX C) während der nach Wiederherstellung durchgeführten "Sightseeing-Tour" entlang der amerikanischen Küste mit ihren Häfen. Hinter ihm das ehemalige Torpedoboot T 35 als USS DD 935, das später Frankreich überlassen wurde.

MARINE-KLEINKAMPFMITTEL

Die Idee des Kleinkampfmitteleinsatzes wurde auf deutscher Seite erst während der zweiten Hälfte des Krieges geboren; den Anstoß dazu gab die immer bedrohlicher werdende Kriegslage. Ganz besonders waren es die alliierten Landungen 1942 in Nordafrika und vor allem der 1943 beginnende Ansturm auf die "Festung Europa" mit den Landungen auf Sizilien und in Süditalien. Die Entwicklung von geeigneten Kampfmitteln kam schnell in Gang, in kürzester Zeit standen die ersten zur Verfügung. Hauptsächlich waren es Einmann-Torpedos, Kleinst-Uboote und schnelle Motorboote als Träger von Explosivladungen oder als Waffenplattformen, die sogenannten Sprengboote. Der Aufstellung einer für den Kleinkampfmittel-Einsatz bestimmten Einheit standen kaum Schwierigkeiten entgegen, Personal dafür zu finden fiel trotz der durch die Kriegslage bedingten hohen Verluste nicht schwer: Es gab mehr Freiwillige als angenommen werden konnten, so daß eine fast friedensmäßig strenge Auswahl getroffen werden konnte. Mit diesen Freiwilligen wurde der Kleinkampfverband der Kriegsmarine aufgestellt, damals kurz "K-Verband" bezeichnet. Seine Männer fochten mit Bravour, ihre Erfolge blieben achtungsgebietend, aber letztendlich vermochten sie den überstarken Gegner nicht nennenswert zu schwächen, geschweige denn Entscheidungen zu erzwingen. Bestenfalls mußten ihre Erfolge vom Gegner als Nadelstiche empfunden werden. Aber der immer größer werdende Mangel an regulären Seekriegsmitteln ließ der Führung keine andere Wahl, als dem Gegner auch mit unkonventionellen Mitteln entgegenzutreten. Die Produktion an Kleinkampfmitteln wies trotz des Bombenterrors im Heimatkriegsgebiet stattliche Zahlen auf – gebaut wurden über 1500 Sprengboote verschiedener Typen, 500 Einmann-Torpedos und über 1000 Kleinst-Uboote. An gesicherten Erfolgen konnte der K-Verband die Versenkung eines Kreuzers, dreier Zerstörer, dreier Minensuchboote, eines Landungsfahrzeuges, eines bewaffneten Trawlers und einiger Handelsschiffe für sich in Anspruch nehmen. Der größte Teil ging auf den Einsatz der Einmann-Torpedos zurück; Erfolge waren diesen jedoch nur in der Anfangszeit ihres Auftretens beschieden, sehr bald stellte sich der Gegner auf sie ein und brachte ihren Einsatz zum Erliegen. Der zweitgrößte Anteil entfiel auf die Kleinst-Uboote. Die Sprengboote hingegen konnten nach dem heutigen Forschungsstand überhaupt keine Versenkungserfolge verbuchen; das einzig nennenswerte Ergebnis war die Beschädigung eines britischen Monitors.

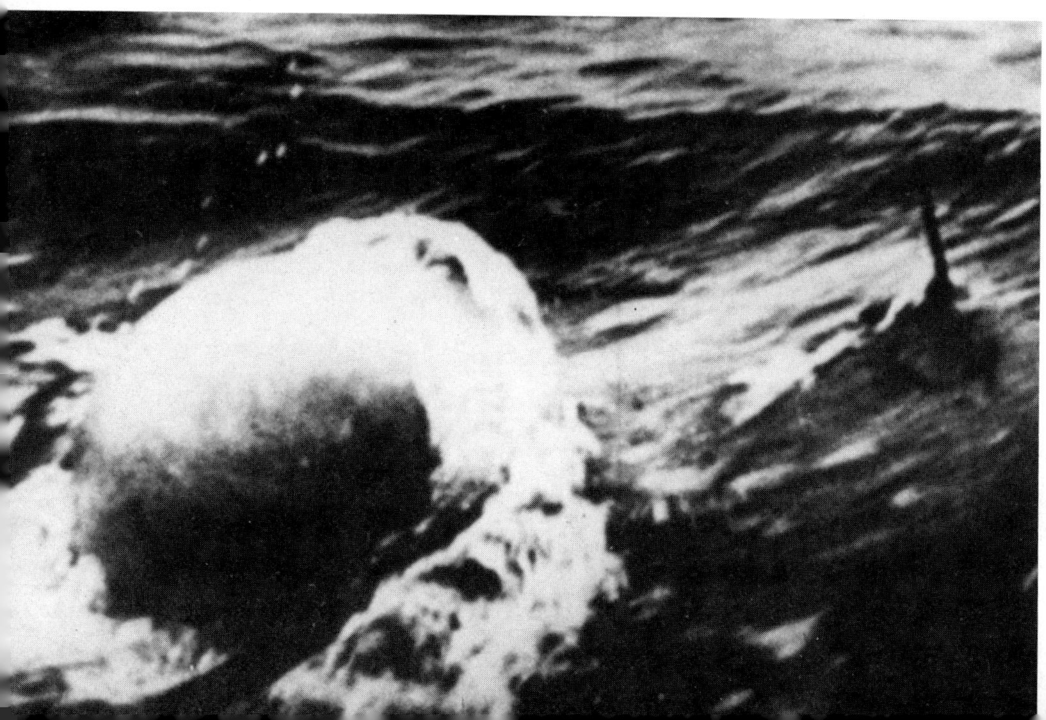

Im wahrsten Sinne des Wortes waren sie "Einzelkämpfer", besonders die Einmanntorpedofahrer. Befanden sie sich erst im Einsatz, so bekam man von ihrem "Untersatz" nur die Schutzkuppel zu sehen. Unter ihr saß der Fahrer in engsten Verhältnissen, seine Sichtverhältnisse waren äußerst gering und wurden durch den sich ständig vor ihm bildenden Wasserschwall noch weiter beschränkt. Vor der Kuppel sieht man einen "Stachel", eine ganz primitive Zieloptik.

Im Dezember 1943 fand eine Besprechung zahlreicher, für die Entwicklungen von Kleinkampfmitteln in Betracht kommender Kriegsmarine-Dienststellen statt, wobei auch bemannte Torpedos vorgeschlagen wurden. Diese Idee ist alsbald realisiert worden – schon im März 1944 war das erste Gerät erprobungsbereit. Bei ihm handelte es sich um einen Doppeltorpedo: Oben der Trägertorpedo (dessen nach Ausbau des Gefechtskopfes freigewordener Raum zur Unterbringung des Steuerers ausgenutzt wurde), darunter der "scharfe", zum Einsatz gegen ein Ziel bestimmte Torpedo. Die ersten dieser "Einmann-Torpedos" wurden "Neger" bezeichnet, bei ihnen waren beide Torpedos etwa gleich lang. Tauchfähig war dieser Typ jedoch nicht, er konnte lediglich soweit unterschneiden, daß nur die Schutzkuppel für den Fahrer aus dem Wasser ragte. Erst mit dem verbesserten Typ "Marder" vermochte man mittels einer zusätzlichen Tauchzelle kurzfristig bis auf zehn Meter Wassertiefe zu gehen. Zum Schluß mußte der "Marder" allerdings an die Wasseroberfläche, aber ein wesentlicher Vorteil war die Tauchfähigkeit dennoch, da er sich – vor allem beim Absetzen vom Gegner – der Beobachtung entziehen konnte. Diese Bilder zeigen einen "Marder" und einen "Neger"; bei letzterem war der Trägertorpedo deutlich länger als der Gefechtstorpedo.

Die ersten einsatzbereiten "Neger" wurden im Frühjahr 1944 auf dem Landweg nach Italien transportiert, um gegen die alliierte Invasionsflotte eingesetzt zu werden. Ihr Zuwasserbringen erfolgte abseits von Häfen unter denkbar schwierigsten Umständen. Um sie zu Wasser zu bringen, mußten 500 Heeressoldaten aus ihren Stellungen herausgezogen werden; diese trugen die Geräte buchstäblich ins Wasser, weil es dafür noch keine Spezialtransportanhänger gab. Erst als diese verfügbar waren, konnten sie auf diesen in ihr Element verbracht werden und aufschwimmen. Aber auch das war noch schwer genug. Weil Häfen nicht benutzt werden konnten, mußte vielfach ungünstiges Gelände in Kauf genommen werden. So wurde es oft genug erforderlich, Schienen oder Bohlen zu verlegen, um die schweren Fahrzeuge nicht im Sand versinken zu lassen. Hier werden solche Schienen gerade verlegt.

Ein dritter Einmann-Torpedo war der "Hai". Bei ihm handelte es sich um einen überlangen "Marder", bestehend aus Torpedokopf- und -schwanzteil und zwei Torpedomittelteilen dazwischen als Trägertorpedo, und einem Gefechtstorpedo darunter. Die doppelt so große Batteriekapazität des Trägertorpedos ließ zwar die Geschwindigkeit steigern und den Fahrbereich erhöhen, doch zeigte sich der Typ als nicht seetüchtig genug und schlecht manövrierbar dazu. Wahrscheinlich ist nur ein einziger "Hai" gebaut worden. Hier ist er, ohne Gefechtstorpedo, auf ein Fahrgestell verlastet. Im Hintergrund ein Kleinst-Uboot vom Typ "Seehund".

Der Einmann-Torpedo "Marder" war ohne Zweifel ein erster Schritt zum Kleinst-Uboot. Ein solches war der ihm folgende "Molch", das erste Einmann-Kleinst-Uboot der Kriegsmarine. Schon im Juni 1944 konnte das erste Versuchsfahrzeug vorgestellt werden. Es vermochte bis zu 40 m tief zu tauchen und verfügte über zwei in seitlichen Leitschienen hängende Torpedos. Gewissen technischen Unzulänglichkeiten war nicht abzuhelfen, aber als Ausbildungsfahrzeug war der "Molch" durchaus zu gebrauchen. Diese Bilder zeigen einen aufgebockten "Molch" und einen weiteren am Haken eines Kranes hängend.

Rechts: Der "Biber" war ebenfalls ein Einmann-Kleinst-Uboot und vermochte bis zu 20 m tief zu tauchen. Das erste Fahrzeug wurde bereits im März 1944 fertig und im gleichen Monat von der Kriegsmarine abgenommen. 324 Fahrzeuge wurden insgesamt gebaut. Hier ist ein aufgebockter "Biber" zu sehen. Gut erkennbar ist die Steuerbord-Torpedoeinrichtung, eine Art Mulde, in welcher der Torpedo mitgeführt wurde.

Unten: Das Zuwasserbringen eines "Biber", hier offenbar unter noch einigermaßen annehmbaren Strandverhältnissen. Die Räder seines Transportanhängers sind noch zu erkennen.

Unten rechts: Weiträumige Ziele waren den "Bibern" zugedacht, aber verwirklicht werden konnte von diesen kein einziges. So sollte ein "Biber" mit einem Flugboot zum Suezkanal geflogen werden, um dort das erste angetroffene Schiff zur Verblockung dieses strategisch wichtigen Wasserweges zu versenken. Hier ein nach dem Ende des Krieges vermutlich in London der Öffentlichkeit gezeigter "Biber".

Weil die Entwicklung deutscher Kleinst-Uboote unter starkem Zeitdruck stand und vielfach dazu zwang, möglichst vorhandene Bau- und Ausrüstungsteile auszunutzen, ist es verständlich, daß alle bisherigen Konstruktionen noch nicht in jenem Maße befriedigten, wie es als wünschenswert vertreten wurde. Den Durchbruch brachte erst der "Seehund" – er war das erste echte deutsche Kleinst-Uboot mit allen technischen Einrichtungen normaler Uboote. Daher erhielten die "Seehunde" – abweichend von den vorher gebauten Kleinst-Ubooten – reguläre Uboot-Bezeichnungen (U 2251-2300, U 5004-6170, U 6201-6351). Hier ein aufgebockter "Seehund", dessen Steuerbord-Torpedo gut zu erkennen ist.

Diese Aufnahme führt die geringe Größe des "Seehundes" vor Augen. Der Druckkörperdurchmesser betrug nur knapp 1,30 m, die Höhe bis zur Oberkante des Turmes kam auf nicht einmal zwei Meter. Damit konnten auch die "Seehunde" – verlastet auf einem Spezialanhänger wie hier – ebenfalls auf dem Landweg zum Operationsraum transportiert werden.

Fertiggestellte "Seehunde" nach Kriegsende, aufgenommen in Kiel. Nach dem Stand von Juni 1944 waren insgesamt 1000 "Seehunde" geplant, bis Kriegsende wurden 285 fertig, 93 weitere lagen unfertig auf den Werften bzw. Werkstätten.

Linke Seite: Als Exponat im Deutschen Museum in München zu besichtigen ist dieser "Seehund". Dreizehn Jahre lang hatte er in der Lübecker Bucht unter Wasser gelegen. Nach seiner Hebung erhielt er 1960 – des besseren Einblicks wegen in zwei Hälften geschnitten – seinen letzten Platz. Im Vordergrund die beiden Schutzarme für den Steuerbord-Torpedo.

Die Sprengboote (auch "Sprenglinsen" genannt) waren dazu vorgesehen, von ihrem Fahrer mit ihrer Sprengladung auf ein gegnerisches Ziel angesetzt zu werden. Die Endphasenlenkung erfolgte von einem anderen Boot aus. Hierzu waren sie mit einer 300 kg schweren Gefechtsladung versehen. Ihr Einsatz erfolgte stets in Dreierrotten: Zwei Ladungsträger mit je einem Fahrer und ein Leitboot mit einem Fahrer und zwei Bedienern von UKW-Kommandogebern, die die ihnen zugewiesenen Boote nach Abspringen der Fahrer gegen das Ziel steuerten. Nachdem das Leitboot die beiden Sprengbootfahrer aufgenommen hatte, mußte es mit hoher Fahrt ablaufen. Diese Bilder zeigen solche "Linsen" mit abgenommenen Abdeckungen, einmal im "Päckchen" liegend, dann mit geöffnetem Motorenraum und schließlich mit der auf vier 75 kg schwere Teilladungen verteilten Gefechtsladung im Heck. Die "Linsen" erreichten etwa 30 kn Höchstgeschwindigkeit.

In Italien waren die Arbeiten an Sprengbooten schon in den 30er Jahren begonnen worden, so daß man dort schon über wesentliche Erfahrungen verfügte und Erfolge aufzuweisen vermochte, als in Deutschland die Entwicklung von Sprengbooten begonnen wurde. Als besonders geglückter Typ stellten sich die seit 1941 gebauten "Motoscato Turismo Migliorato o Modificate"-Boote dar, kurz MTM-Boote genannt. Nachdem bis zum Abfall Italiens von der "Achse" rund 100 solcher Boote gebaut worden waren, ist ab September 1943 deren Bau für die deutsche Kriegsmarine weitergeführt worden. Bis 1945 konnten zahlreiche Boote abgeliefert werden. Hier ist ein solches MTM-Boot, verlastet auf einem Lkw-Zweiachsanhänger, zu sehen. Die Sprengladung hatte ein Gewicht von 330 kg.

Kurz nach der Invasion in der Normandie ist mit der "Wal"-Serie der Versuch unternommen worden, einen sehr kleinen Motorboottyp als Träger von zwei 45 cm-Lufttorpedos zu entwickeln, die aus Heckrohren abgefeuert werden sollten. Die drei in unterschiedlicher Bauweise konstruierten Boote erreichten Geschwindigkeiten von 35 bis 42 kn und ließen sich auf Spezial-Transportanhängern auf dem Landweg zu ihren Einsatzgebieten bringen. Zu einem Serienbau ist es jedoch nicht gekommen, weil man sich für einen anderen Typ entschied. Diese beiden Bilder zeigen das Boot "Wal I" mit hoher Fahrt in der Travemünder Bucht. Beiderseits des Fahrstandes ein Startgerät für 86 mm-Raketengeschosse zur Eigenverteidigung; mit diesen vermochte man Spreng-, Splitter-, Fallschirmleucht- oder Nebelmunition zu verschießen.

Auch der Linsenfahrer war während des Einsatzes einsam genug. Er hatte zwar bessere Sicht als seine in Einmanntorpedos fahrenden Kameraden, aber er war viel mehr Wind und Wetter ausgesetzt, und zudem konnte sein Fahrzeug vom Gegner viel leichter ausgemacht werden.

DIE SEEFLIEGERKRÄFTE

Anders als bei der Kaiserlichen Marine bis zum Ende des Ersten Weltkrieges gab es bei der Kriegsmarine keine eigenen Seefliegerkräfte. Der Reichsmarine waren solche zwar auf Grund des Versailler Vertrages verwehrt, dennoch suchte sie frühzeitig nach Mitteln und Wegen, um diese Restriktionen zu umgehen; sehr wohl hatte auch sie den Wert von fliegendem Material als Seekriegsmittel erkannt. Zu ihren ersten Maßnahmen gehörte die Gründung einiger zivil getarnter Gesellschaften, hinter denen sich kleine Formationen von Seeflugzeugen verbargen, welche als Zieldarsteller für Flakschießen und als Scheibenschlepper für die Marine flogen. Als Hitler 1933 sein Amt als Reichskanzler angetreten hatte, kam es zur Aufstellung der ersten – noch weiterhin getarnten – Seefliegerstaffeln. Was in jenem Jahr für die Marine so verheißungsvoll begonnen hatte, sollte für sie jedoch zur schicksalhaften Enttäuschung werden: Frühzeitig meldete Göring als Reichsminister der Luftfahrt und alsbaldiger Oberbefehlshaber der neu gegründeten Luftwaffe seine Ansprüche auf die Seeflieger als Teil der Luftwaffe an. Damit gab sich die Marine keineswegs zufrieden; in dem stetigen Ringen mit der Luftwaffe um die Unterstellung der Seefliegerei vermochte sie sich jedoch nicht durchzusetzen. Die Seefliegerverbände blieben damit Teil der Luftwaffe, über eigene Fliegerverbände konnte die Marine nie verfügen, sie blieb von der Luftwaffe abhängig. Dies sollte sich schon wenige Jahre später bitter rächen: Weil die Luftwaffe mit der Ausweitung des Krieges zu einem maßlosen Überdehnen ihrer Kräfte gezwungen wurde, konnte sie der Marine immer weniger Unterstützung zuteil werden lassen. Die Folgen: Blind, ohne eigene "Augen", mußte die Ubootwaffe die "Schlacht im Atlantik" führen, und später, als die Alliierten so stark geworden waren, daß sie auch über dem Atlantik genügend Flugzeuge einsetzen konnten, erlitt sie infolge Fehlens einer eigenen Sicherung aus der Luft verheerende Verluste.

Die einzigen Luftstreitkräfte, über welche die Marine operativ verfügen konnte, waren eigentlich nur die Bordflugzeuge der großen Einheiten, also der Schlachtschiffe und Kreuzer; im ganzen an die 30 Stück. Zwar gehörte deren Besatzung ebenfalls der Luftwaffe an und unterstand dieser truppendienstlich, aber ihr Einsatz erfolgte nach den Befehlen der jeweiligen Bordkommandos.

Frühzeitig erlosch auch das Kapitel über die vorgesehenen Trägerstaffeln, weil weder der einzige gebaute Flugzeugträger GRAF ZEPPELIN fertiggestellt wurde, noch andere Projekte zu realisieren waren. Von der Luftwaffe war die Aufstellung der Trägerstaffeln in der Hektik ihres Aufbaues ohnehin stets nur halbherzig betrieben worden.

Was von der Luftwaffe an Seeflugzeugen bereitgestellt wurde, war viel zu wenig: Ihre Zahl bei den Frontfliegerverbänden blieb immer unter 200 und erreichte nur einen Anteil von etwa fünf Prozent der Gesamtzahl aller Flugzeuge. Gleichwohl: Die Besatzungen jener verschwindend wenigen Seeflugzeuge gaben ihr Bestes. Sie flogen im Rahmen ihrer enggesetzten Möglichkeiten Aufklärung über See, sicherten eigene Kriegs- und Handelsschiffe, suchten und bekämpften Uboote und spielten im Seenotrettungsdienst für Freund und Feind eine herausragende humanitäre Rolle.

So sehr die Kriegsmarine darum kämpfte, über eigene Luftstreitkräfte zu verfügen – sie blieben ihr letztlich versagt. Daran änderten auch nichts Bilder wie dieses, die den Anschein einer reibungslosen Zusammenarbeit zwischen den Seefliegern der Luftwaffe und den schwimmenden Einheiten erweckten. Die Wirklichkeit war völlig anders, denn die Luftwaffe zeigte sich im Verlaufe des Krieges bald maßlos überfordert und konnte den Belangen der Kriegsmarine immer weniger Rechnung tragen. Hier sieht man eine Staffel von Seeflugzeugen über einem aus Kiel auslaufenden Flottenverband; voraus der Kreuzer NÜRNBERG, dahinter LEIPZIG und KÖLN und Zerstörer in Dwars. Das Bild ist vermutlich als Fotomontage entstanden.

Je länger der Krieg dauerte, umso schwieriger wurde es für die Marine, den für die Sicherung ihrer schwimmenden Einheiten erforderlichen angemessenen Schutz von der Luftwaffe zu erhalten. Szenen wie hier auf diesen beiden Bildern gehörten ab etwa Mitte des Krieges zu den Ausnahmefällen. Auf dem einen Bild sieht man ein Kampfflugzeug des Typs "Me 210" bei der Sicherung eines Zerstörerverbandes. Das andere Bild ist auf dem Schweren Kreuzer PRINZ EUGEN entstanden und zeigt ein sicherndes Flugboot des Typs "BV 138". Beide Aufnahmen entstanden in Norwegen.

Etwa von 1934 ab wurden die vorhandenen Panzerschiffe und Kreuzer (außer der EMDEN) mit Katapulten ausgerüstet, um künftig Bordflugzeuge zur Unterstützung zur Verfügung zu haben. Dabei wurden auch Versuche mit katapultfähigen ausländischen Flugzeugmustern vorgenommen, so mit einigen im Jahr 1934 in den USA gekauften Vought V 85 G "Corsair", die einen Zentralschwimmer und zwei Stützschwimmer hatten. Hier sieht man eine solche Maschine auf dem Katapult des Kreuzers LEIPZIG.

Das Hein'sche Landesegel sollte die Anbordnahme des gewasserten Bordflugzeuges erleichtern. Nach dem Niedergehen mußte es sich auf das zuvor ausgebrachte Landesegel bewegen und auf dieses gelangen, wo es den Kräften des Seeganges etwas weniger ausgesetzt war und leichter an den Haken genommen werden konnte. Dieses Bild zeigt eine He-60 auf dem Landesegel eines Panzerschiffes.

Die Ar-196 löste 1939 die bisher verwendeten He-60-Bordflugzeuge ab und erwiesen sich als außerordentlich robust. Zum Einstellen in die Flugzeughalle konnten ihre Tragflächen nach Lösen der Haltebolzen zurückgelegt werden. Dieses Bild gestattet einen Blick in die geöffnete Flugzeughalle des Schweren Kreuzers PRINZ EUGEN mit zwei darin abgestellten Ar-196.

Die Anbordnahme einer He-60. Im Hintergrund das gerade in Dienst gestellte Schlachtschiff SCHARNHORST, weiter links der Kreuzer NÜRNBERG. Die Aufnahme entstand 1939 in Wilhelmshaven.

Ein an Land gewartetes und instandgesetztes Bordflugzeug vom Typ Ar 196 V-3 wird in der Brunsbütteler Schleuse an Bord einer großen Einheit genommen.

Mit Hubschraubern zu experimentieren begann man in Deutschland schon sehr frühzeitig. Zu Anfang der 40er Jahre wurde als Beobachtungsflugzeug die Fl-282 "Kolibri" entwickelt, und diese ist auf zwei Schiffen erprobt worden: Zunächst auf dem Kreuzer KÖLN und danach auf dem noch der Luftwaffe unterstellten Flugzeugbergungsschiff DRACHE im Mittelmeer, einem früheren jugoslawischen Werkstattschiff. Dieses Bild entstand 1943 auf der DRACHE und zeigt eine "Kolibri" bei der Landung.

Von großem Nutzen waren die eingeschifften Ar-196 der 1940/41 im Nordatlantik eingesetzten Schlachtschiffe und Kreuzer. Auch einige Hilfskreuzer hatten eine solche Maschine an Bord. Hier ist vor dem Schlachtschiff SCHARNHORST eine gewasserte Ar-196 zu sehen, das andere Bild zeigt eine startklare Ar-196 auf seiner nach querab geschwenkten Schleuder.

LANDKAMPF-MARINEVERBÄNDE

Eine eigene, für den infanteristischen Einsatz ausgebildete Truppe etwa nach dem Vorbild der britischen "Marines" oder des U.S. Marine Corps war im friedensmäßigen Aufbau der Kriegsmarine nicht vorgesehen – und dies, obwohl es vor dem Ersten Weltkrieg bereits deutsche "Seesoldaten" und während des Krieges ein Marinekorps gegeben hatte. Dafür bestand jedoch deshalb kein Bedarf mehr, weil amphibische Operationen nicht zur Diskussion gestanden hatten, zumal seitens der Kriegsmarine eine zukünftige Gegnerschaft zu Großbritannien ausgeschlossen schien, wie ihrem Oberbefehlshaber bis 1939 von Hitler versichert worden war. Dennoch ist es schon im ersten Kriegsjahr zum Einsatz von Marineangehörigen in der Landkriegführung gekommen. Beispielhafte Fälle waren der Einsatz eines auf dem Schulschiff SCHLESWIG-HOLSTEIN verdeckt bereitgehaltenen und dann gegen die Westerplatte bei Danzig angesetzten Marinestoßtrupps und die Einnahme der britischen Kanalinseln Jersey, Guernsey und Alderney im Frühjahr 1940 durch ebenfalls in Stoßtrupps formierte Marineangehörige (auch der Einsatz jener Männer gehört dazu, die ihre Zerstörer in Narvik verloren hatten, obwohl es zu diesem unter gänzlich anderen Verhältnissen gekommen ist).

In größerem Stil kam es erst gegen Ende 1944 zum infanteristischen Einsatz von Kriegsmarineangehörigen. So wurde im November 1944 ein brigadestarker Verband zur Sicherung der dänischen und niederländischen Küste aufgestellt; im Januar 1945 ist diese Brigade zur Division vergrößert und an die Ostfront geworfen worden, um die deutschen Grenzen gegen den Ansturm der Roten Armee zu verteidigen; dabei wurde sie in schwerste Kämpfe verwickelt. Eine im Februar 1945 aufgestellte zweite Marinedivision kam im Westraum des Reiches zwischen Weser und Aller zum Einsatz, vier weitere im Frühjahr 1945 aufgestellte Marinedivisionen erreichten bei weitem ihre Sollstärke nicht mehr und sind an verschiedenen Brennpunkten eingesetzt worden.

Allen diesen buchstäblich aus dem Boden gestampften Marinedivisionen war gemeinsam, daß ihre Angehörigen – vielfach handelte es sich um Besatzungen von verlorengegangenen oder sonstwie ausgefallenen Schiffseinheiten – nur im Rahmen ihrer Rekrutenzeit Kenntnisse über die Landkriegführung erhalten hatten; diese im Marinejargon als "Marine-Buschkrieg" bezeichnete Grundausbildung entbehrte vielfach jeder realistischen Basis. Nicht mitgegeben werden konnten diesen Männern jene Kenntnisse und Fronterfahrungen, über die ihre Heereskameraden verfügten. Entsprechend hoch waren dann auch die Verluste dieser Marinedivisionen; hinzu kam noch, daß ihre Ausrüstung mangelhaft war, schwere Waffen völlig fehlten und ihre Führung angesichts der auch den Offizieren und Unteroffizieren fehlenden Kampferfahrungen oft genug schlecht war – hervorragende Ubootkommandanten mußten nicht notwendigerweise auch erfolgreiche Truppenkommandeure sein. Dennoch haben sich die Marinedivisionen wacker geschlagen, in einzelnen Fällen bis zur Selbstaufopferung. In Tapferkeit und Einsatzwillen standen sie den Heeresverbänden nicht nach.

Die Einnahme der britischen Kanalinseln im Frühsommer 1940 war im wesentlichen den Stoßtrupps der Kriegsmarine zuzuschreiben. Hier sind Stoßtruppangehörige mit dem Eisernen Kreuz zweiter Klasse ausgezeichnet worden.

Im nordwestdeutschen Raum künden Soldatengräber vom Untergang der dort eingesetzten 2. Marinedivision. Hier ein Friedhof bei Kettenburg in der Nähe von Visselhövede; die hier zur letzten Ruhe gebetteten Divisionsangehörigen fielen alle am 18. April 1945.

HÄFEN UND BAUWERFTEN DER KRIEGSMARINE

Die Hauptstützpunkte der Kriegsmarine waren im Frieden Kiel und Wilhelmshaven, von nicht minder großer Wichtigkeit erwiesen sich Bremerhaven, Cuxhaven, Swinemünde, Pillau und – von Herbst 1939 ab – Gotenhafen, das bis dahin polnisch Gdynia hieß. Hinzu kamen in zahlreichen weiteren Küstenstädten Garnisonen, Schulen und sonstige Einrichtungen, so u. a. in Emden, Hamburg, Flensburg, Lübeck, Rostock, Saßnitz, Danzig und Memel; während des Krieges ist es dann auch im Hinterland zur Stationierung von Marineeinheiten und -einrichtungen gekommen.

Die Besetzung Dänemarks und Norwegens sowie der Waffenstillstand im Westen brachten der Kriegsmarine die militärische Nutzung einer stattlichen Reihe weiterer Häfen und Stützpunkte, die als Ausgangsbasen für Operationen auf See von sehr großer Bedeutung waren. Jene neugewonnenen Stützpunkte formierten sich gleichsam als Kette, diese reichte in Norwegen von Kirkenes über Narvik, Drontheim und Kristiansand bis nach Horten und weiter zum dänischen Fredrikshavn, im Westen erstreckte sie sich von Ostende über Cherbourg, Brest, Lorient, St. Nazaire bis nach Bordeaux; wenig später mußte die Kriegsmarine auch im Bereich des Schwarzen Meeres und im Mittelmeerraum Häfen als Stützpunkte belegen. All dies bedeutete für sie eine maßlose Kräfteüberdehnung, der sie auf die Dauer nur schwerlich gewachsen sein konnte.

Die Hauptwerften lagen im Reichsgebiet. Zentren des Kriegsschiffbaus waren vor allem Kiel und Wilhelmshaven; aber auch Hamburg, Bremen, Danzig, Lübeck, Flensburg, Rostock, Stettin, Elbing und Königsberg spielten eine zunehmend wichtige Rolle. Es wurden aber auch Werften im besetzten Gebiet in Anspruch genommen. Besonders kooperativ erwiesen sich dabei die niederländischen Werften, die auch Neubauaufträge übernahmen und diese in durchweg zufriedenstellender Weise ausführten. Von etwa 1942 ab wurde der Einsatz von Fremdwerften jedoch immer mehr in Frage gestellt, besonders in Frankreich. Dort hatte die "Résistance" zu wirken begonnen. Es häuften sich Sabotagehandlungen, vielfach verweigerte unter Druck gesetztes Werftpersonal die Arbeit. Zuletzt ließ sich dort ein meist nur noch sehr bescheidener Betrieb ausschließlich mit eigenen Arbeitskräften aufrechterhalten (die für die nicht minder wichtigen heimischen Werften ausfielen).

Kiel war eines der wichtigsten Ausbildungszentren der Kriegsmarine. Besondere Bedeutung hatte dabei die in Friedrichsort untergebrachte I.MLA. Diese war eine der drei Marineunteroffizier-Lehrabteilungen. Hier zukünftige Unteroffiziere beim Winken mit Signalflaggen. Im Hintergrund das "Weiße Schloß am Meer", wie der Kasernenkomplex in Friedrichsort marineintern genannt wurde. Die Aufnahme ist noch im Frieden entstanden.

Die "Kriegsmarinestadt Kiel" war eine der beiden Zentren der maritimen Interessen des Reiches. Ihre Bedeutung hatte sie sowohl als großer Liegehafen für zahlreiche Schiffseinheiten wie auch durch zahlreiche Führungsstellen, Spitzenbehörden, Schulen und Ausbildungsstätten erlangt. Aber auch die dort gelegenen Werften spielten eine hervorragende Rolle. Fast das gesamte Kieler Ostufer war von Werftbetrieben und ähnlichen Einrichtungen belegt. An der Innenförde die hauptsächlich im Ubootbau tätige Krupp-Germania-Werft, danach die aus der einstigen Kaiserlichen Werft entstandenen Deutschen Werke Kiel AG (auf dieser erfolgte vorwiegend der Bau großer Einheiten), und schließlich nach dem (von der einstigen Kaiserlichen Werft übriggebliebenen) Marinearsenal die Kieler Howaldtswerke (die von 1939 bis 1943 im Besitz der Kriegsmarine waren und unter Einbeziehung des Marinearsenals als "Kriegsmarinewerft Kiel" geführt wurde). Alle diese Betriebe waren im Krieg häufig Ziel des alliierten Bombenkrieges und wurden wiederholt schwer getroffen. In den frühen 30er Jahren aufgenommen: Torpedoboote der "Raubvogel"- und "Raubtier"-Klasse an der Blücherbrücke.

Blick auf die Helgen der Deutschen Werke Kiel AG mit dem gerade ablaufenden Kreuzer BLÜCHER. Aufnahmezeitpunkt: 8. Juni 1937.

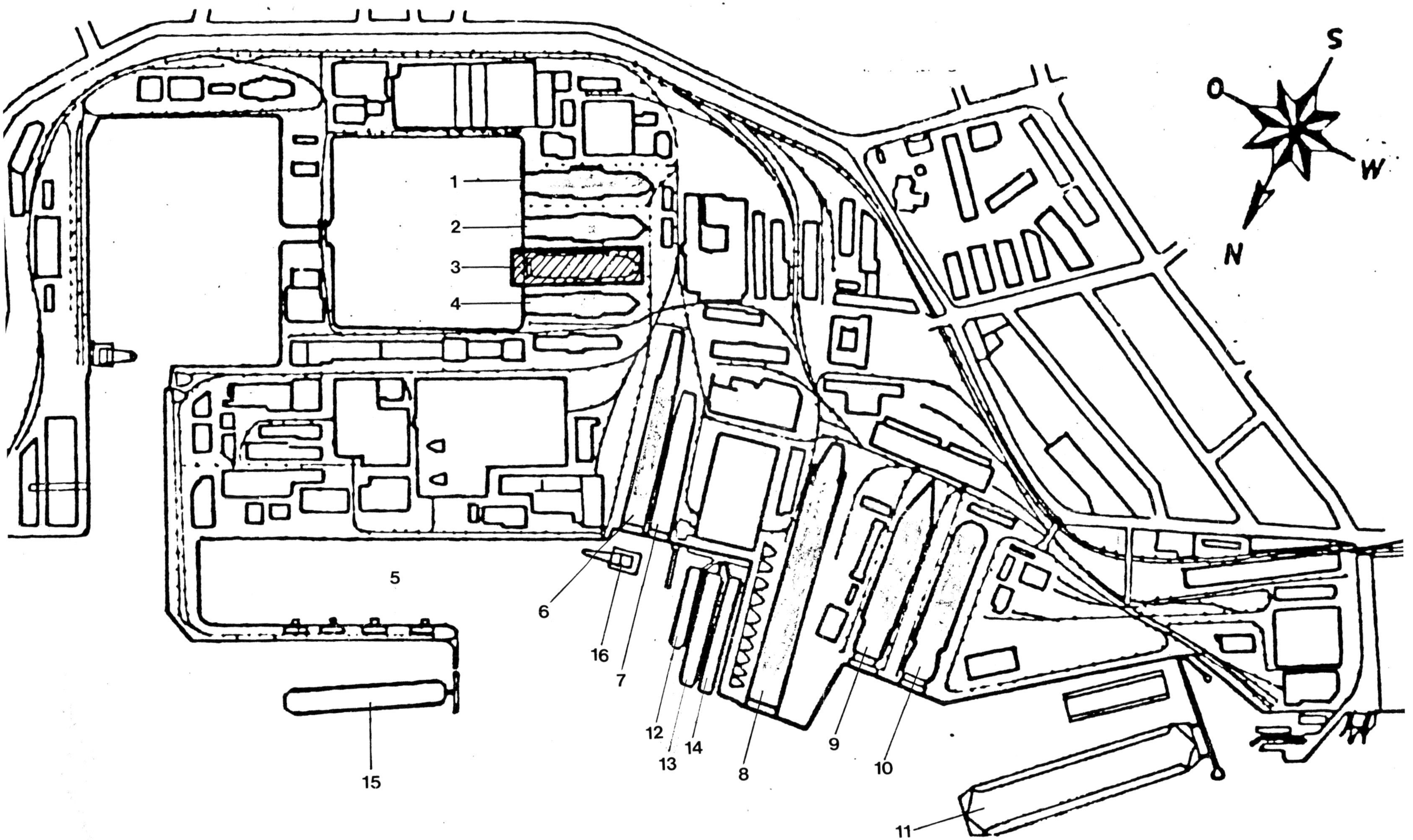

Lageplan der Deutschen Werke Kiel AG, von der Seeseite aus gesehen. Es bedeuten: 1 = Dock I, 2 = Dock II, 3 = Ubootbunker 'Kilian' (ex Dock III), 4 = Dock IV, 5 = Bauhafen mit Liegeplätzen zur Ausrüstung, 6 = Helling 2, 7 = Helling 1, 8 = Helling 3, 9 = Dock VI, 10 = Dock V, 11 = 40 000 t-Schwimmdock, 12 = 600 t-Schwimmdock, 13 = 2 000 t-Schwimmdock, 14 = 1 800 t-Schwimmdock, 15 = Schwimmdock des Marinearsenals, 16 = 350 t-Schwimmkran.

Die Anlagen der Deutschen Werke Kiel AG nach dem Bauzustand von November 1940. Links schloß die Germaniawerft an, rechts das Marinearsenal, welches von 1939 bis 1943 mit den Kieler Howaldtswerken zur "Kriegsmarinewerft Kiel" zusammengeschlossen war.

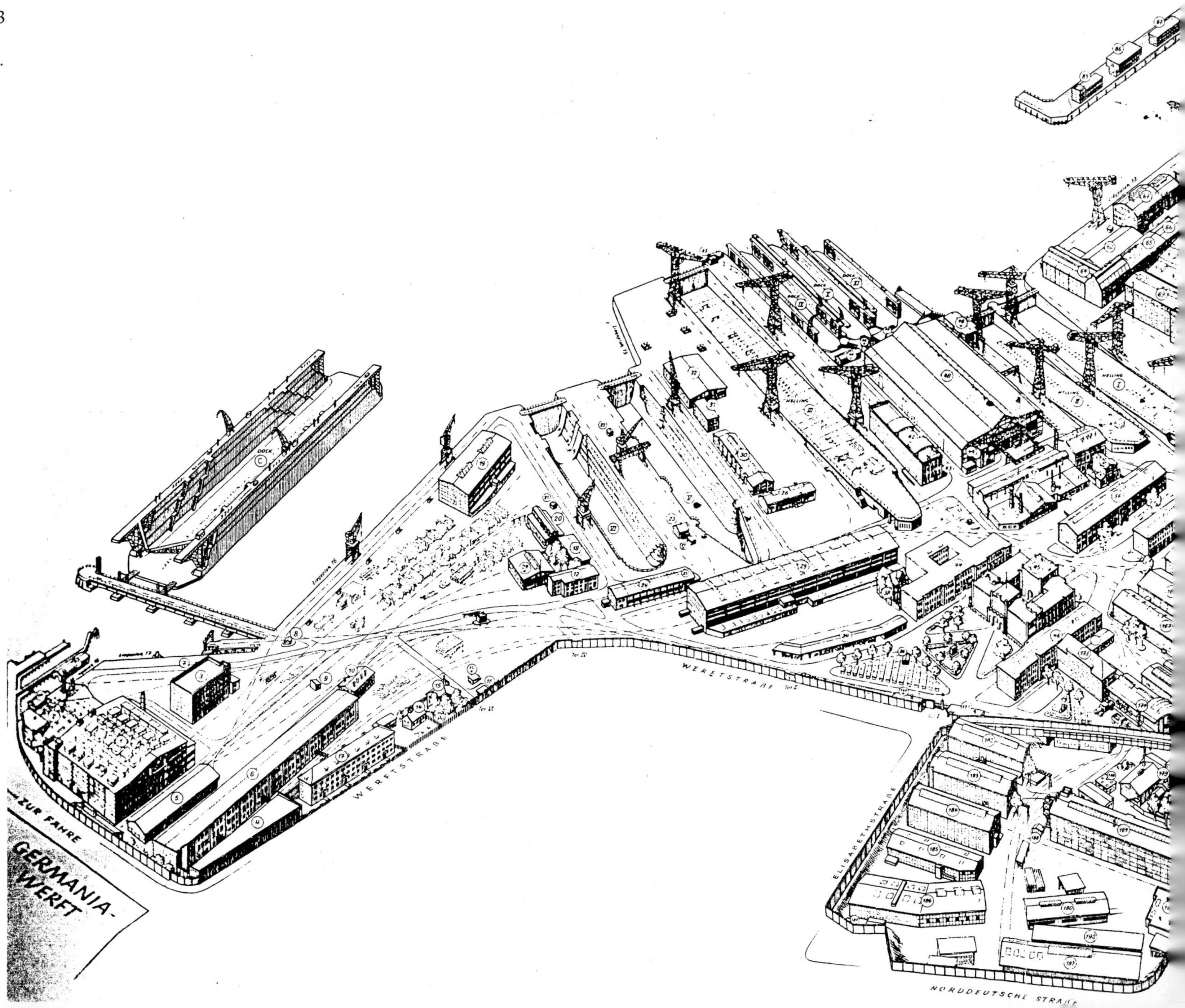

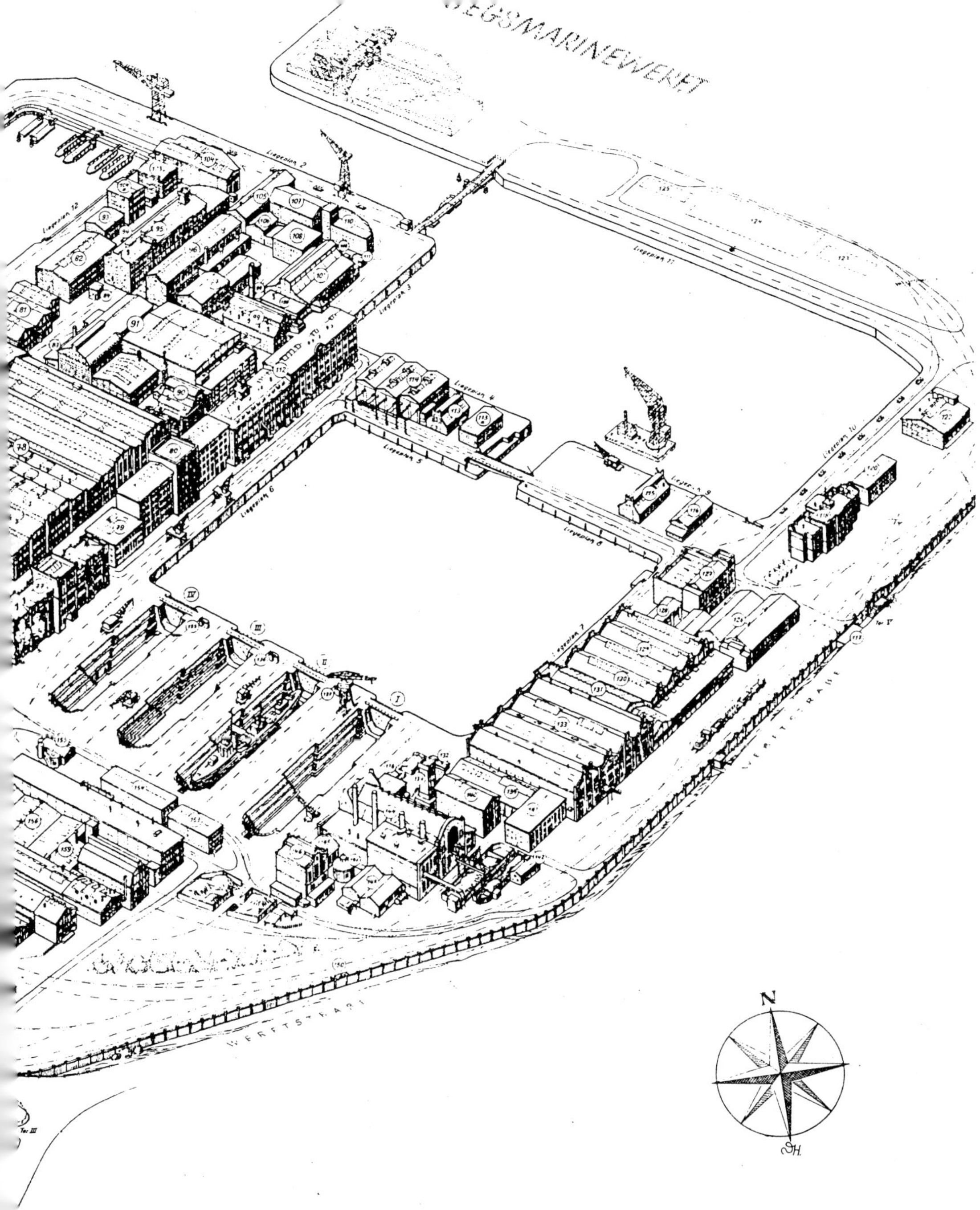

Lageplan der Deutsche Werke Kiel Aktiengesellschaft

Einen Teil des zu den Deutschen Werken Kiel AG gehörenden Areals zeigt dieses dokumentarische Bild. Aufgenommen wurde es am 19. Mai 1931 anläßlich des Stapellaufs des Panzerschiffes DEUTSCHLAND. Der Blick geht auf die Wasserfront mit der Stadt Kiel ganz im Hintergrund. Zu sehen sind hier die beiden größten Helgen der Werft, von denen die linke leer ist.

Die Deutschen Werke Kiel AG im Herbst 1942. Ganz links der Aviso GRILLE, am Bildrand rechts der in einem Trockendock liegende Schwere Kreuzer PRINZ EUGEN. Parallel zu der langgestreckten Schiffbauhalle die von 1937 bis 1939 neugebaute Großhelling 3, auf der das im Februar 1939 in Auftrag gegebene Schlachtschiff "K" (ca. 52 600 ts) gebaut werden sollte.

Der britisch-amerikanische Bombenkrieg traf bis etwa 1944 in weitaus überwiegendem Maße die deutsche Zivilbevölkerung, vermochte aber die Rüstungsindustrie nicht nachhaltig auszuschalten. Erst in der letzten Phase des Krieges, als es praktisch kaum mehr eine deutsche Luftverteidigung gab, gelang es ihnen, den industriellen Komplexen des Reiches schwere Schäden zuzufügen. Hier ein Bild, wie es bei den Deutschen Werken in Kiel kurz nach der Kapitulation aussah. Was noch halbwegs erhalten war, ist von den Siegern demontiert und abtransportiert worden, die Reste sprengten sie ohne Rücksicht auf die Lebensinteressen der Bevölkerung in die Luft. Kein Stein blieb auf dem anderen . . .

So boten sich am 18. August 1947 die Kieler Howaldtswerke dar. Rechts neben den Helgen der 1945 gesprengte Ubootbunker "Kilian", der noch heute als Ruine zu besichtigen ist.

Die im August 1946 aufgenommene Krupp-Germania-Werft mit ihren ausgebrannten Uboot-Hallenhelgen, von denen nur noch die Stützpfeiler und die Dachkonstruktion übriggeblieben sind.

Wilhelmshavens Bedeutung als Marinestadt war eher noch größer als die von Kiel; neben zahlreichen Marineeinrichtungen der verschiedensten Art befand sich dort die einzige marineeigene Werft; auf dieser wurden vor allem Schlachtschiffe, Kreuzer, Torpedoboote und Uboote gebaut. Dieses Unternehmen, seit Mitte der 30er Jahre als "Kriegsmarinewerft Wilhelmshaven" bezeichnet, war im Krieg vielfach das Ziel massierter alliierter Luftangriffe. Den Engländern stets ein "Dorn im Auge", ist sie von diesen nach Kriegsende dem Erdboden gleichgemacht worden. Maschinen und anderes abbaubares Material wurden der Sowjetunion zugesprochen. Nachdem deren Frachter das gesamte Material abtransportiert hatten, legten die Engländer ihre Sprengladungen – kein Dock blieb erhalten, keine Helling übrig, die letzten Gebäudeteile sanken in Trümmer. Selbst die Zufahrten zum Hafen blieben nicht verschont. Damit war Wilhelmshaven tödlich getroffen. Ein Blick auf die Kriegsmarinewerft Wilhelmshaven, aufgenommen im Oktober 1936. Hier liegt das Schlachtschiff SCHARNHORST zum Stapellauf bereit.

Lageplan der Marine- und Hafenanlagen von Wilhelmshaven nach dem Stand von ca. 1936.

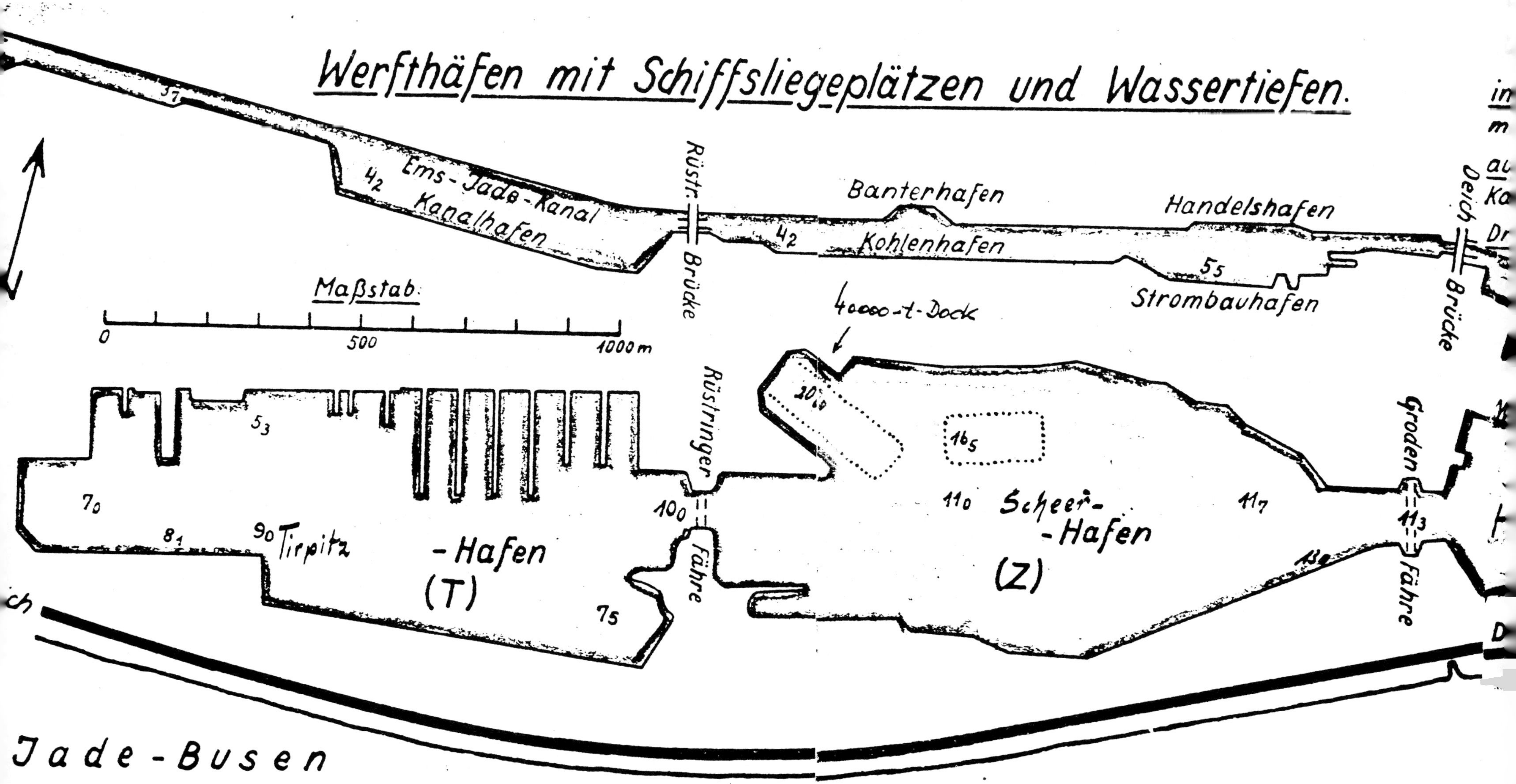

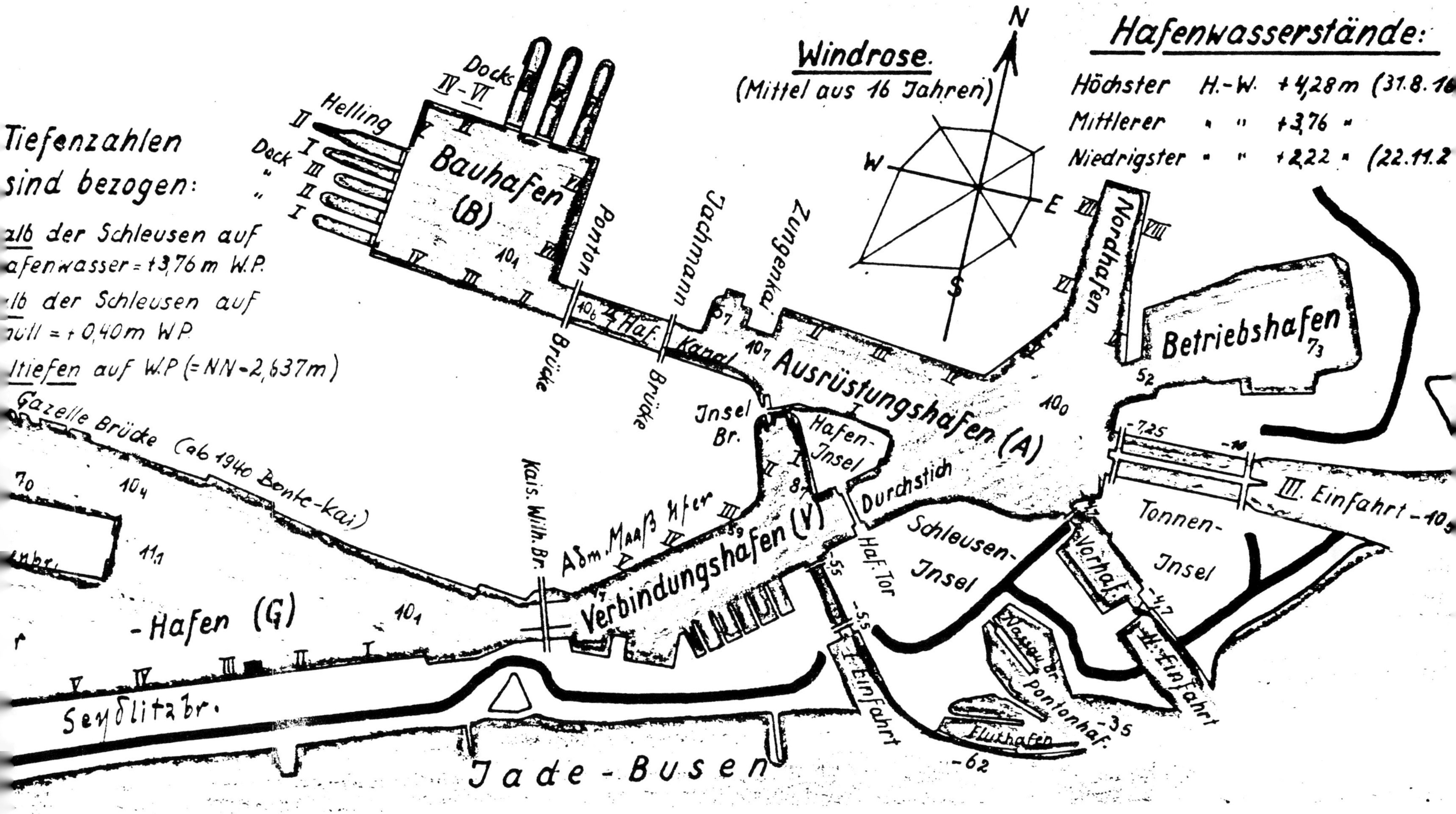
Hafenwasserstände:
Höchster H.-W. +4,28 m (31.8.16
Mittlerer " " +3,76 "
Niedrigster " " +2,22 " (22.11.2
Windrose.
(Mittel aus 16 Jahren)
N
W
E
S
Tiefenzahlen
sind bezogen:
alb der Schleusen auf
afenwasser = +3,76 m W.P.
alb der Schleusen auf
null = +0,40 m W.P.
ltiefen auf W.P. (= NN - 2,637 m)
Docks
IV-VI
Helling
Dock
Bauhafen
(B)
Ponton
Brücke
Jachmann
Brücke
Zungenkai
Haf. Kanal
Ausrüstungshafen (A)
Nordhafen
Betriebshafen
Insel Br.
Hafen-Insel
Durchstich
III. Einfahrt
Tonnen-Insel
Schleusen-Insel
Vorhaf.
II. Einfahrt
Haf. Tor
I. Einfahrt
Nassau Br.
Pontonhaf.
Fluthafen
Gazelle Brücke (ab 1940 Bonte-kai)
Kais. Wilh. Br.
Adm. Maaß Ufer
Verbindungshafen (V)
-Hafen (G)
Seydlitzbr.
Jade-Busen

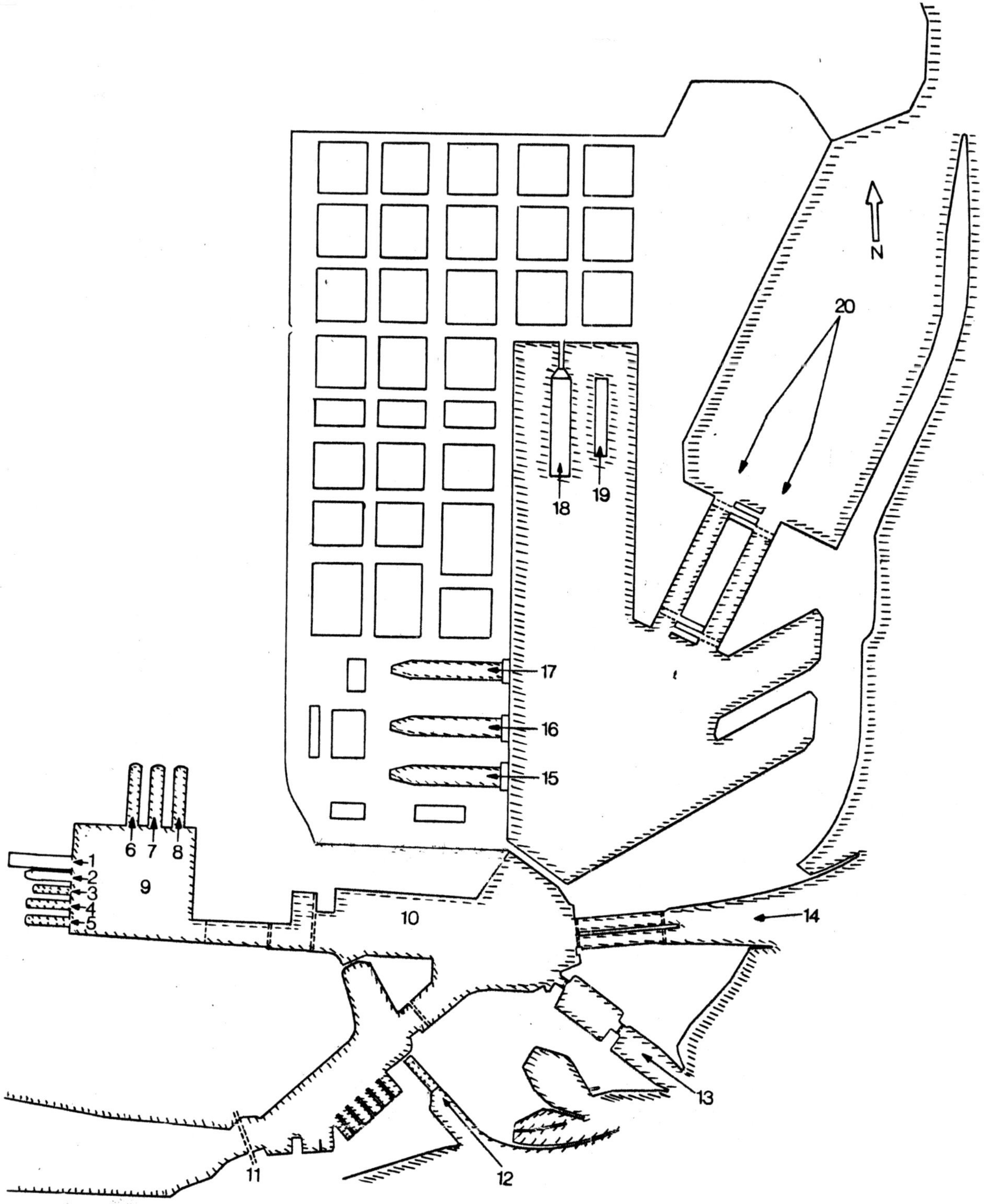

Auf der kurz vor Kriegsbeginn begonnenen Nordwerft sollten einmal die größten deutschen Kriegsschiffe entstehen, vor allem war an den Bau der auf Grund des "Z-Planes" geplanten Schlachtschiffe der "H"-Klasse gedacht. Hierfür wurden drei große Baudocks vorgesehen, von denen zwei noch begonnen, aber nie fertiggestellt wurden. Etwa 1944 wurden alle Arbeiten einschließlich der neuentstehenden Vierten Einfahrt eingestellt. Dieser große Lageplan verdeutlicht diese "Nordwerft". Es bedeuten: 1 bis 10 die Anlagen der alten Kriegsmarinewerft (1 = Helling II, 2 = Helling I, 3 = Dock III, 4 = Dock II, 5 = Dock I, 6 = Dock IV, 7 = Dock V, 8 = Dock VI, 9 = Bauhafen, 10 = Ausrüstungshafen). 11 = Kaiser-Wilhelm-Brücke, 12 = Erste Einfahrt, 13 = Zweite Einfahrt, 14 = Dritte Einfahrt. 15 bis 19 die Anlagen der Nordwerft (15 = Dock IX, 16 = Dock VIII, 17 = Dock VII, 18 = Schwimmdock, 19 = Schwimmdock). 20 = Vierte Einfahrt.

Diese am 18. Februar 1943 entstandene alliierte Luftaufnahme aus größerer Höhe zeigt die Kriegsmarinewerft im Zentrum. Auf den Helgen I und II befinden sich – unter Tarnabdeckungen – Uboote im Bau, die Docks I – III sind belegt (vermutlich mit Ubooten), Dock IV ist geflutet, das Dock V von einer größeren Einheit belegt (mutmaßlich Schwerer Kreuzer ADMIRAL SCHEER), und in Dock VI liegt ein kleineres Fahrzeug. Quer im Bauhafen ein nicht zu identifizierendes Schiff, möglicherweise ein Sperrbrecher.

Ein anderes, von den Alliierten aufgenommenes Luftbild zeigt den Gesamtkomplex der Anlagen in Wilhelmshaven. Rechts neben der Kriegsmarinewerft sind die ausgehobenen Dockgruben für die Docks VII und VIII der kurz vor Kriegsbeginn begonnenen Nordwerft zu sehen. Am Bildrand ganz rechts erkennt man die gleichfalls noch im Bau befindlichen Schleusen der neuentstehenden Vierten Einfahrt; nach dem Bauzustand zu urteilen, ist diese Aufnahme etwa 1940/41 entstanden. Die im Bauhafen an der Ausrüstungspier liegende große Einheit könnte das Schlachtschiff TIRPITZ sein. Ganz links die Anlagen der Westwerft mit dem sich deutlich abzeichnenden 40 000 t-Schwimmdock.

Die Werft- und Marineanlagen Wilhelmshaven wurden von den Engländern nach Kriegsende dem Erdboden gleichgemacht. Mit Sprengladungen zerstörten sie alles, was der Bombenkrieg und danach die Demontagen übriggelassen hatten. Hier die gesprengte Dritte Einfahrt; im Hintergrund links die Kaiser-Wilhelm-Drehbrücke.

Wilhelmshaven nach Kriegsende. Im Hipperhafen zahlreiche Einheiten der Kriegsmarine, bereitliegend zur Aufteilung unter den Siegermächten.

Hamburgs Bedeutung für die Kriegsmarine lag in seiner sehr leistungsfähigen Schiffbauindustrie. Es gab dort gleich mehrere Werften, die für die Kriegsmarine tätig waren: Die Howaldtswerke, Stülcken Sohn, die Deutsche Werft mit zwei Betrieben, die Norderwerft und – als größte und bekannteste von ihnen – Blohm & Voß; auf letzterer wurden u. a. Schlachtschiff BISMARCK, der Schwere Kreuzer ADMIRAL HIPPER sowie Zerstörer und Flottenbegleiter gebaut, im Kriege stellte sie auf den Ubootbau um. Hamburgs Werften waren sehr häufig das Ziel schwerer Luftangriffe. Dennoch ist auch auf ihnen bis Kriegsende die Fertigung nie völlig zum Erliegen gekommen. Nach dem Kriegsende zerstörten und demontierten die Siegermächte alles, was der Bombenkrieg übriggelassen hatte. Hier ein Blick von oben auf die Werftanlagen von Blohm & Voß. Die Aufnahme stammt von 1927.

Hamburg war kein Liegehafen für Marineeinheiten, aber es gab im Frieden immer wieder Gelegenheiten für Marinebesuche. Eine solche bot sich am 14. Februar 1939 anläßlich des Stapellaufes des Schlachtschiffes BISMARCK. Hier ist das an den Landungsbrücken festgemachte Panzerschiff ADMIRAL SCHEER zu sehen.

Blohm & Voss' berühmtestes Schiff: Schlachtschiff BISMARCK hier im August 1940 kurz vor der Indienststellung an der Ausrüstungspier. Links im Hintergrund das gerade zu Wasser gekommene Fahrgastschiff VATERLAND, dessen Bau danach gestoppt wurde. Rechts im Hintergrund die charakteristische Helgenkulisse dieser Werft.

Kurz nach Kriegsende: Blick auf die Helgen von Blohm & Voss mit zahlreichen Ubootneubauten vom Typ XXI.

Auch diese Bilder entstanden kurz nach dem Kriegsende. Zu sehen sind die Helgenanlagen von Blohm & Voss, auf denen weit vorangekommene Typ XXI-Uboote liegen. Im benachbarten Ross-Hafen blickt man rechts auf den zur Hamburger Howaldtswerft gehörenden Hachmanns-Kai mit einem halb gesunkenen Schwimmdock davor. Weiter hinten das nach einem Luftangriff ausgebrannte ehemalige KDF-Fahrgastschiff ROBERT LEY mit Steuerbordschlagseite; es hatte im Krieg zuerst als Lazarett- und dann als Wohnschiff für Kriegsmarineangehörige gedient. Ganz im Hintergrund das Kraftwerk Neuhof.

Bremen war kein Liegehafen für schwimmende Einheiten, aber es spielte für den Kriegsschiffbau eine wichtige Rolle. Auf seiner größten Werft, der "Deschimag" (damals und nach dem Kriege wieder bis zur Schließung in den 80er Jahren als AG "Weser" bekanntgeworden) wurden Kreuzer und kleinere Einheiten gebaut. Im Krieg ist die Werft mit Zerstörer- und hauptsächlich Uboot-Aufträgen betraut worden. Hier der Zerstörer Z 26 auf der Helling liegend; die Aufnahme dürfte kurz vor dem am 2. April 1940 erfolgten Stapellauf entstanden sein.

Zerstörerbau auf der "Deschimag"-Werft: Z 23 während des ersten Ausrüstungsabschnitts. Im Hintergrund der noch unfertige Schwere Kreuzer SEYDLITZ.

Die Helgen der "Deschimag"-Werft in den frühen 30er Jahren von einem Luftschiff aus gesehen. Rechts die Großhelling, auf der das 1928 zu Wasser gekommene 51 000 BRT-Fahrgastschiff BREMEN gebaut wurde. Auf der gleichen Helling ist 1939 der Kiel eines Superschlachtschiffes der "H"-Klasse gelegt worden.

Die Friedrich-Lürssen-Werft in Vegesack bei Bremen wurde die berühmteste deutsche Schnellboot-Werft und ist es bis zur Gegenwart geblieben. Hier ein Blick auf das Werftareal in den späten 20er Jahren.

Flensburg spielte im Ausbildungswesen der Kriegsmarine eine bedeutungsvolle Rolle. Wer in der Kriegsmarine die Offizierslaufbahn einschlug, den führte der Weg über die Marineschule in Mürwik. Darüber hinaus gab es dort noch die Torpedoschule, die Marinenachrichtenschule und die Steuermannsschule. Dieser Komplex ist – im Mai 1945 kurz nach Kriegsende aufgenommen – im Hintergrund zu sehen. Im Vordergrund an der "Württembergbrücke" mehrere Schnellboote, dahinter – an der "Blücherbrücke" festgemacht – die Fahrgastschiffe CARIBIA (innen) und PATRIA (außen). Auf der PATRIA wurde Großadmiral Dönitz als letzter deutscher Reichspräsident am 23. Mai 1945 von den Alliierten abgesetzt und verhaftet.

Swinemünde war neben Bremerhaven und Wilhelmshaven im Frieden Hauptliegehafen von Zerstörern. Im Krieg erhielt es Bedeutung als Ausrüstungs- und Nachschubhafen. Diese von der alliierten Luftaufklärung geschossene Aufnahme zeigt die Belegung am 26. Juli 1943. Am Bauhof haben mehrere Schiffe festgemacht, die beiden Pfeile verweisen auf den Kreuzer NÜRNBERG. Swinemünde wurde von den Polen annektiert und heißt seither Swinoujscie.

Lageplan von Swinemünde (Vorkriegsstand)

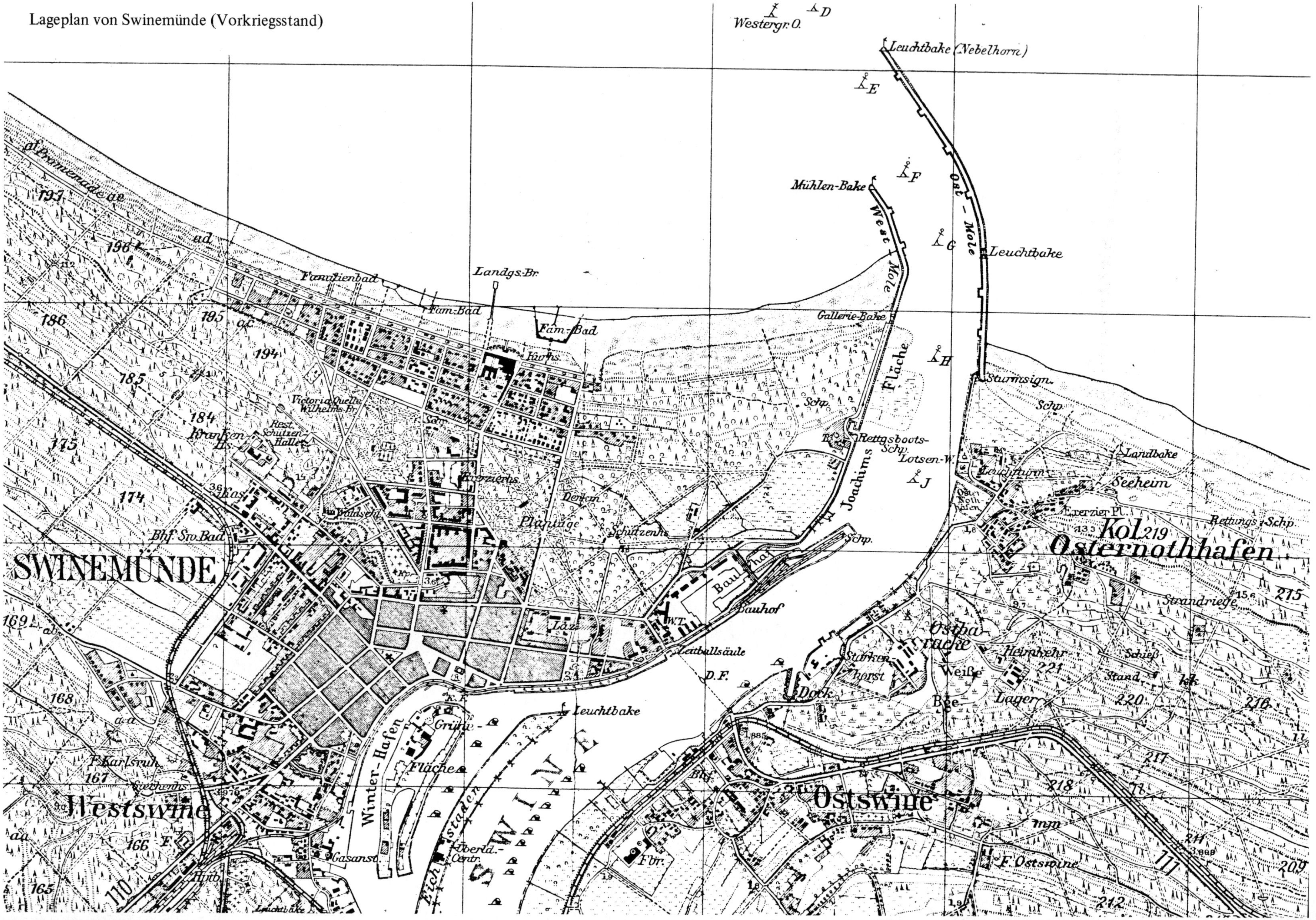

Die AG "Neptun" in Rostock – ein Werftunternehmen, dessen Entstehung bis auf das Jahr 1748 zurückzuführen ist – war schon während des Ersten Weltkrieges zum Kriegsschiffbau herangezogen worden und hatte ab 1938 wieder Anteil daran. Dort entstanden Uboote, Minensuchboote und Tender. 1945 geriet die durch Bombenangriffe stark in Mitleidenschaft gezogene Werft in den sowjetischen Einflußbereich. Anfangs wurde sie für Reparaturarbeiten herangezogen. Diese 1948 entstandene Aufnahme zeigt dort ehemals deutsche Kriegsschiffe, die 1945 den Sowjets als Beute zugesprochen wurden. Von links nach rechts der Flottenbegleiter F 7, dann die Zerstörer Z 33 und Z 20 sowie schließlich ein Zerstörer sowjetischer Bauart.

Der Anteil der 1854 von Ferdinand Schichau in Elbing gegründeten gleichnamigen Werft am deutschen Kriegsschiffbau war bemerkenswert. Vor dem Ersten Weltkrieg und während des Zweiten Weltkrieges wurden dort in stattlichen Stückzahlen Torpedoboote gebaut. Diese Bilder zeigen die Elbinger Schichau-Werft mit ihren Helgen im Kriegsjahr 1943 und das Ausrüstungsbecken am Elbing-Fluß; im Hintergrund längsseits eines Schwimmdocks eines der neuen Flotten-Torpedoboote.

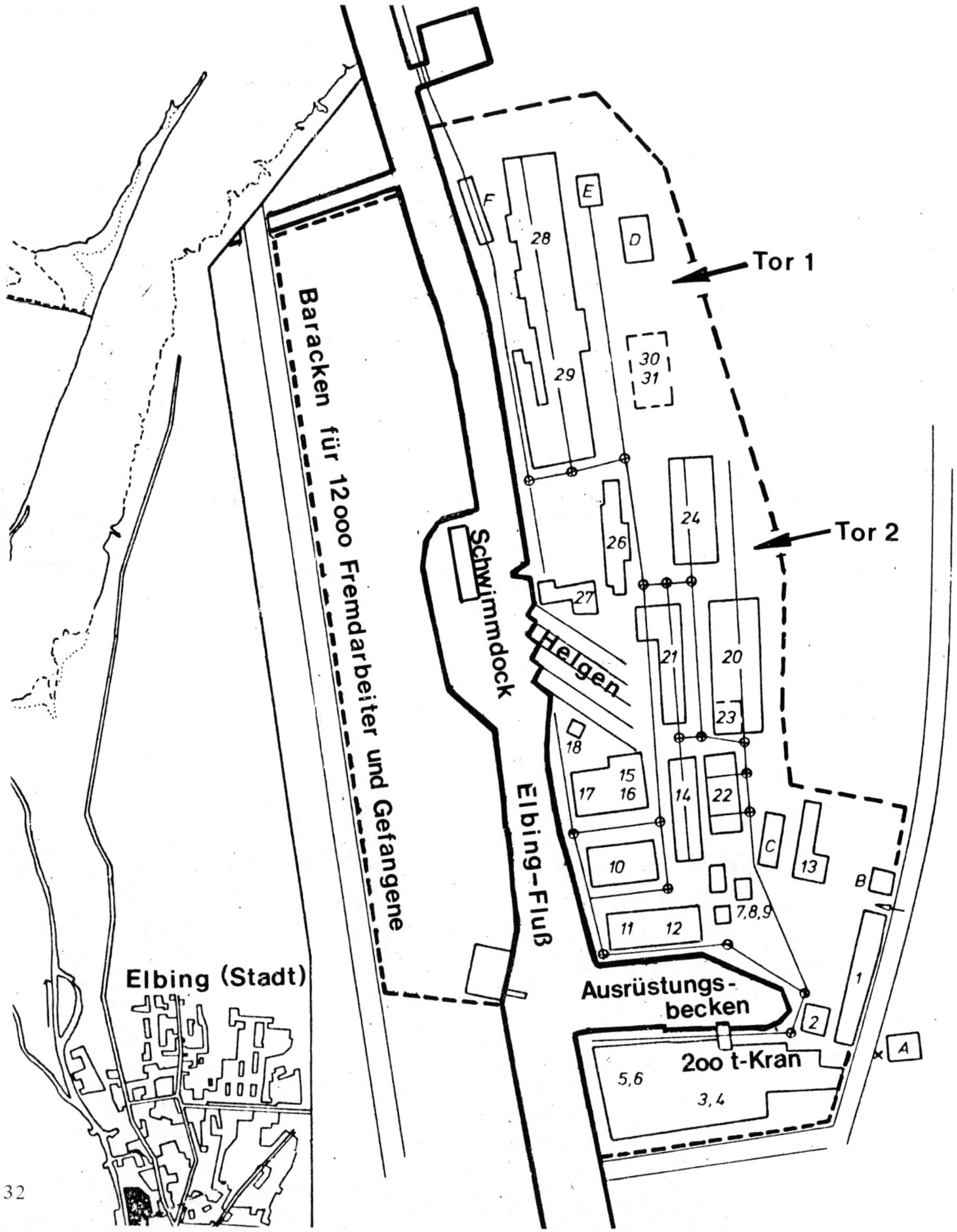

Lageplan der Schichau-Werft in Elbing nach dem Stand von Anfang 1945 (nach einer polnischen Vorlage in "Budownictwo Okretowe" Nr. 12/1986)

Es bedeuten:

1	=	Projektbüro
2	=	Direktionsgebäude
3, 4, 5, 6	=	Turbinenwerkstätten
7, 8, 9	=	Büro für Bauaufsicht
10	=	Schlafgebäude für Schiffsbesatzungen
11, 12	=	Ausrüstungsabteilung
13	=	Ambulanz
14	=	Magazin
15, 16, 17	=	Schlosserei
18, 19	=	Meisterbüro
20	=	Mechanische Werkstätten
21	=	Schiffbauhalle
22	=	Tischlerei
23	=	Werkstattbüro
24	=	Mechanische Werkstätte
26	=	Gießerei für Buntmetalle
27	=	Stahlgießerei
28	=	Eisengießerei
29	=	Stahlgießerei
30, 31	=	Elektrowerkstätten
A	=	Gemeinschaftsgebäude
B	=	Wachgebäude
C	=	Garagenbau
D	=	Vorratslager
E	=	Dampfkraftwerk
F	=	Magazin für Formteile

Nicht als Stützpunkt oder Liegehafen spielte Danzig seine maritime Rolle, sondern durch seine Schiffbauindustrie. Das größte Unternehmen war die 1890 gegründete Schichau-Werft; ursprünglich als Zweigbetrieb der Elbinger Stammwerft vorgesehen, wuchs sie schnell über diese hinaus und entwickelte sich zur Großwerft. Vor und während des Ersten Weltkrieges wurden von ihr Großkampfschiffe gebaut. Nach 1918 erlosch dort jedoch der Kriegsschiffbau für nahezu zwanzig Jahre, doch konnte der Bau ziviler Schiffe weiterbetrieben werden. Zurückzuführen war dies auf die 1920 auf Betreiben Polens zustandegekommene Herauslösung Danzigs aus dem deutschen Reichsverband und ihres neuen Status als Freie Stadt. Nach der 1939 vollzogenen Wiedereingliederung ist dann auch der Kriegsschiffbau wieder aufgenommen worden; die Schichau-Werft baute während des Zweiten Weltkrieges Uboote in größeren Stückzahlen. Während und besonders gegen Ende des Zweiten Weltkrieges wurden die Danziger Werften durch Luftangriffe stark in Mitleidenschaft gezogen und nahmen dann noch einmal schwere Schäden bei den Endkämpfen 1945. Nach dem Krieg wurde Danzig von den Polen annektiert und heißt seither Gdansk. Seine Werften sind wiederaufgebaut worden, diese haben es im kommunistischen Machtbereich mit ihren Erzeugnissen zu einigem Ansehen gebracht. – Wenn deutsche Kriegsschiffe Danzig anliefen, machten sie gewöhnlich in Neufahrwasser fest – und dies kam selten genug vor wegen des benachbarten Gotenhafen. Hier die beiden Schulschiffe SCHLESIEN und SCHLESWIG-HOLSTEIN in den ersten Septembertagen 1939.

Die Helgengerüste der Danziger Schichau-Werft; links am Bildrand der 60 m hohe 250 t-Hammerkran am Ausrüstungsbecken, damals so etwas wie ein zweites Wahrzeichen von Danzig.

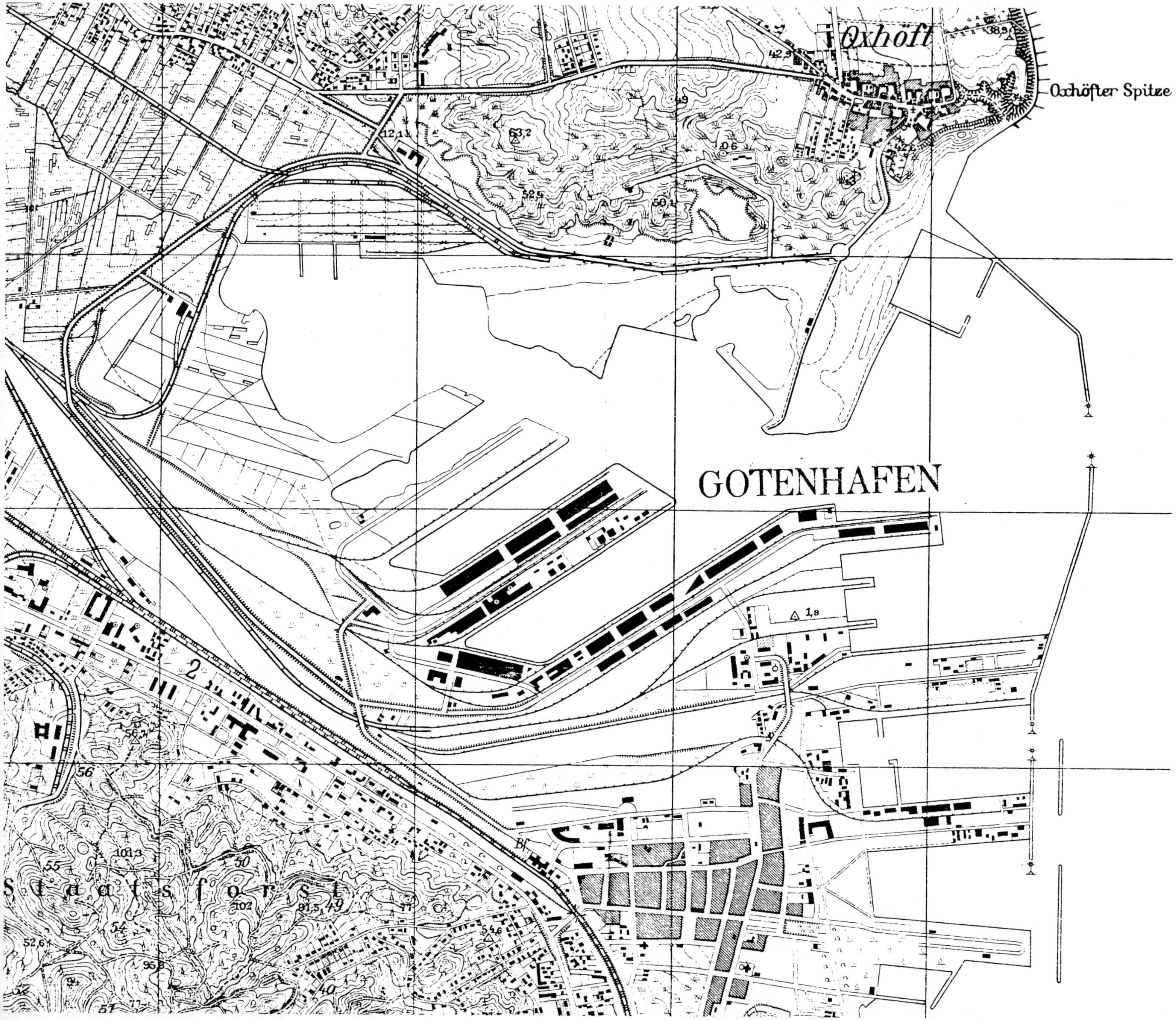

Aus dem kleinen, an der Danziger Bucht gelegenen Fischerdorf Gdingen war nach dem Ersten Weltkrieg Gdynia entstanden, ein von den Polen großzügig angelegter Handelshafen. Nach seiner Eingliederung in das deutsche Reichsgebiet im September 1939 nahm das nunmehrige Gotenhafen mehr und mehr die Rolle eines Hauptmarinestützpunktes in der Ostsee an. Seine Abseitslage vom westlichen Kriegsschauplatz begünstigte dort die Heranbildung des Ubootfahrer-Nachwuchses und die Durchführung von Werftliegezeiten und Reparaturen von Kriegsschiffen in einmaliger Weise, weil es außerhalb des Einflugbereiches der alliierten Bomber lag. Erst ab Ende 1943 wurde dies anders. Durch mehrere Luftangriffe und die Endkämpfe des Jahres 1945 trug Gotenhafen stärkere Schäden davon, wurde aber danach von den Polen wieder aufgebaut und noch weiter ausgebaut.

Die Hafen- und Kaianlagen von Gotenhafen, aufgenommen von einem alliierten Aufklärungsflugzeug im Oktober 1943, einen Tag nach dem ersten großen Luftangriff. In den einzelnen Hafenbecken zahlreiche Schiffe, festgemacht an den Piers.

Gotenhafen im Herbst 1942, hier mit dem Schweren Kreuzer LÜTZOW, der gerade einläuft. Links ganz im Hintergrund das Schlachtschiff SCHARNHORST.

Dieses am 20. August 1942 von einem alliierten Aufklärungsflugzeug geschossene Bild zeigt einen Teil der weiträumigen Hafenanlagen von Gotenhafen. Der Pfeil auf der linken Seite verweist auf das Schlachtschiff SCHARNHORST. Auf der gegenüberliegenden Seite – Oxhöft – ist das an drei Stichbrücken festgemachte Fahrgastschiff HANSA (es diente als Wohnschiff) zu sehen, dahinter die WILHELM GUSTLOFF, Kasernenschiff bei der II. Ubootlehrabteilung.

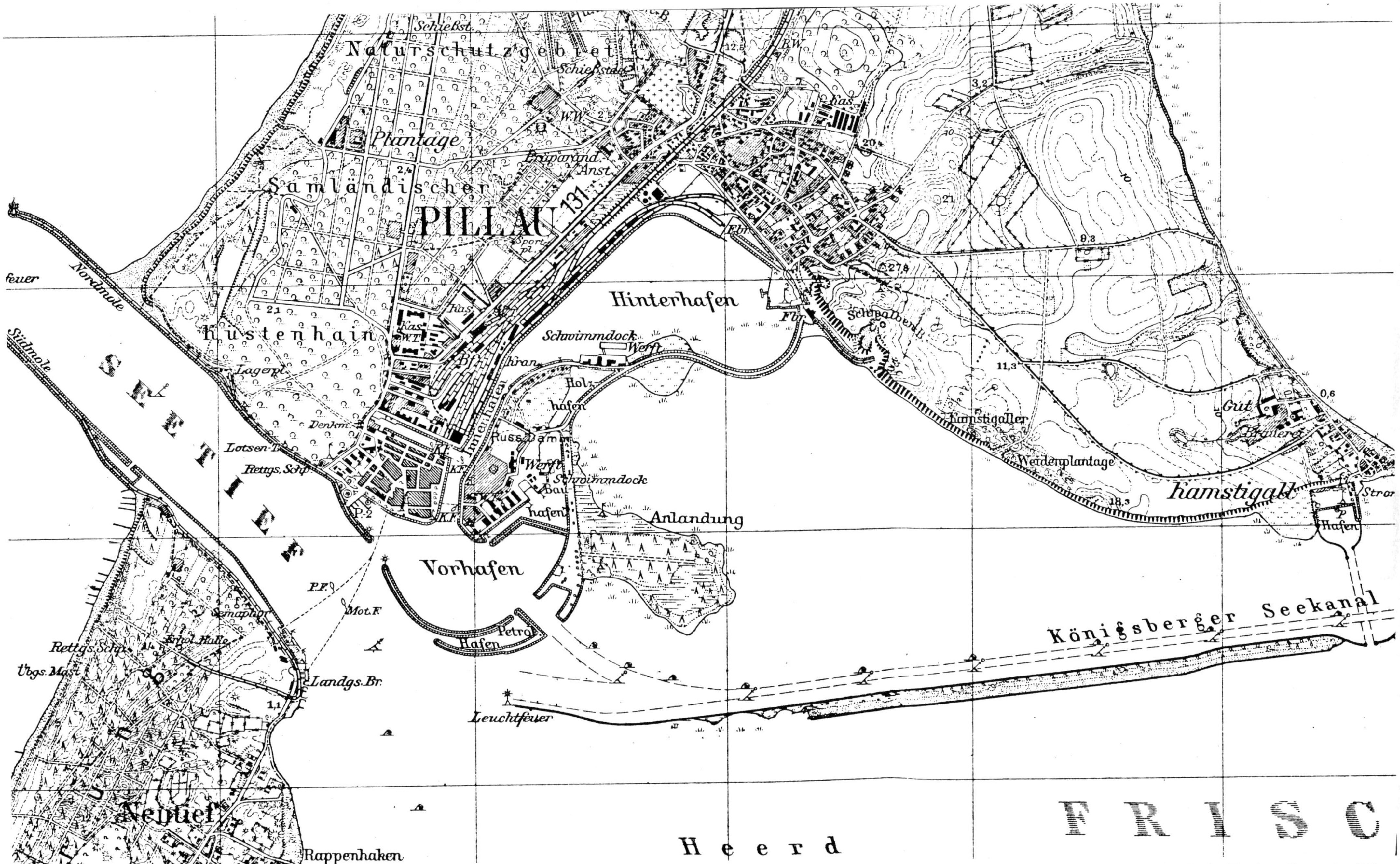

Pillau, als Fischereihafen ebenso von Bedeutung wie als Marinegarnison, wurde bereits im 17. Jahrhundert Kriegshafen. Ab Anfang dieses Jahrhunderts erhielt es durch die Fertigstellung des Königsberger Seekanals eine Schlüsselposition. 1945 spielte Pillau als Fluchthafen für die nach dem Westen strebende ostdeutsche Bevölkerung eine dramatische Rolle.

Norwegen bot mit seinen zahlreichen weit in das Land einschneidenden Fjorden gute Versteckmöglichkeiten für Kriegsschiffe. Beispiele dafür waren der Altafjord mit seinem Nebenarm Kaafjord nördlich von Tromsö, die Bogenbucht bei Narvik, der Foettenfjord bei Drontheim und der Skjomenfjord, ebenfalls bei Narvik. Die dort eingerichteten Liegeplätze waren meist durch Netzsperren gegen Ubootangriffe gesichert, Flak- und Nebeleinheiten gaben zusätzlichen Schutz vor Luftangriffen. Ungeachtet dieser Sicherungsmaßnahmen versuchten die Engländer immer wieder, die dort versammelten schweren Einheiten der Kriegsmarine auszuschalten. Dabei mußten sie eine Reihe von Fehlschlägen hinnehmen, aber zuletzt gelang es ihnen doch noch, ihr wichtigstes Ziel, das Schlachtschiff TIRPITZ, zur Strecke zu bringen. Ein solcher Liegeplatz ist hier zu sehen; links im Hintergrund der Schwere Kreuzer ADMIRAL SCHEER, im Vordergrund eine Netzsperre.

La Pallice an der französischen Atlantikküste wurde ein von den Überwasserstreitkräften und Ubooten vielbenutzter Stützpunkt. Hier – aufgenommen im Sommer 1941 – der Zerstörer Z 24. Auch ein großer Ubootbunker ist dort gebaut worden.

Brest, Lorient und andere französische Häfen dienten der Kriegsmarine von Sommer 1940 ab als neue Stützpunkte; damit war die seestrategische Ausgangslage entscheidend verbessert worden, der Zugang zum Atlantik frei. Insbesondere war es Brest, wo ein leistungsfähiges Marinearsenal und Dockgelegenheiten für die großen Einheiten zur Verfügung standen. Diese Aufnahme vermittelt einen Blick auf Brest vom Flugzeug aus. Hier ist der Schwere Kreuzer ADMIRAL HIPPER im Trockendock liegend zu sehen.

So bot sich der Kriegshafen Brest den deutschen Einheiten während der Zeit der Besetzung dar. Diese Aufnahme ist von Bord eines Zerstörers entstanden und zeigt im Hintergrund den Zerstörer KARL GALSTER (Z 20). Der Hammerkran ganz im Hintergrund kennzeichnet weitere Marineanlagen am Fluß La Penfeld.

Links: Lorient war ein hauptsächlich von Ubooten genutzter Stützpunkt. Hier ein Blick auf Stadt und Hafen.

Unten: In Lorient wurden mehrere Ubootbunker gebaut. Hier "Keroman 3", ein sogenannter "Naßbunker" (weil die Uboote in seine Boxen mit eigener Kraft einfahren konnten), Standardtyp der deutschen Ubootbunker. Ein völlig anderer Typ war der dortige "Trockenbunker": Die einzustellenden Uboote gelangten über eine Slipanlage trocken auf einem Längs- und Quergleissystem in ihre Einstellplätze. Ihr Aufslippen erfolgte zusammen mit einem Schwerlastfahrgestell, auf das sie eingeschwommen werden mußten.

Die stetig an Heftigkeit zunehmenden Luftangriffe auf Ubootstützpunkte zwangen dazu, für die Uboote Schutzbauten zu errichten. Solche entstanden in Frankreich (Brest 20 Boxen, Lorient 28 Boxen, St. Nazaire 21 Boxen, La Pallice 14 Boxen und Bordeaux 12 Boxen) und in Norwegen (Bergen 9 Boxen, Drontheim 8 Boxen). Aber auch im Heimatkriegsgebiet mußten solche gebaut werden, so in Hamburg ("Elbe-2" bei den Howaldtswerken mit 2 Boxen und "Fink-2" bei der Deutschen Werft Werk Finkenwerder mit 5 Boxen), Kiel ("Kilian" bei den Howaldtswerken mit 2 Boxen und "Konrad" bei den Deutschen Werken mit "Seehund"-Fertigungsstätten) und Bremen ("Hornisse" bei der Deschimag-Werft und "Valentin" in Farge, beide als Fertigungsstätten für den Ubootbau). Die Errichtung solcher Ubootbunker wurde bereits im Oktober 1940 befohlen und im Frühjahr 1941 in Frankreich begonnen. Schon gegen Ende 1941 waren die ersten von ihnen – in Lorient und La Pallice – verwendungsbereit. Diese Bunker hatten eine Deckenstärke bis zu 6,50 m und später sogar von acht bis zehn Metern. Bomben konnten ihnen im allgemeinen zunächst nichts anhaben. Erst die mehr als zehn Tonnen schweren "Grand Slam" – die 1944 gegen die Bunker in Brest eingesetzt wurden – vermochten sie zu durchschlagen. Diese Bilder zeigen die Ubootbunker in Bordeaux und St. Nazaire in unterschiedlichen Baustadien.

DIE ANGEHÖRIGEN DER KRIEGSMARINE MIT DEN HÖCHSTEN TAPFERKEITSAUSZEICHNUNGEN

Die folgende, in chronologischer Ordnung nach dem Tage der Verleihung angelegte Übersicht nennt alle Soldaten der Kriegsmarine, die mit dem Ritterkreuz des Eisernen Kreuzes ausgezeichnet worden sind. Hinter dem Namen und dem Dienstgrad zum Zeitpunkt der Verleihung angegeben ist die jeweilige Dienststellung des Inhabers, in der er sich die Auszeichnung verdient hat. Darüber hinaus angegeben sind die danach folgenden höheren Stufen des Ritterkreuzes; es bedeuten EL = Ritterkreuz mit Eichenlaub, ELS = Ritterkreuz mit dem Eichenlaub mit Schwertern, und ELSB = Ritterkreuz mit dem Eichenlaub mit Schwertern und Brillanten.

30. 9. 1939	Dr. h.c. Raeder, Erich, Großadmiral, Oberbefehlshaber der Kriegsmarine
18. 10. 1939	Prien, Günther, Kapitänleutnant, Uboot-Kommandant; 12. 10. 1940 EL (gefallen 7. 3. 1941)
1. 3. 1940	Schultze, Herbert, Kapitänleutnant, Uboot-Kommandant; 12. 6. 1941 EL
20. 4. 1940	Schniewind, Otto, Vizeadmiral, Chef des Stabes der Seekriegsleitung
21. 4. 1940	Dönitz, Karl, Konteradmiral, Befehlshaber der Uboote; 7. 4. 1943 EL
9. 5. 1940	Saalwächter, Alfred, Generaladmiral, Oberbefehlshaber des Marinegruppenkommandos West
9. 5. 1940	Bey, Erich, Kapitän zur See, Chef einer Zerstörerflottille (gefallen 26. 12. 1943)
9. 5. 1940	Hartmann, Werner, Korvettenkapitän, Uboot-Kommandant; 5. 11. 1944 EL
16. 5. 1940	Schuhart, Otto, Kapitänleutnant, Uboot-Kommandant
16. 5. 1940	Bartels, Hans, Kapitänleutnant, Mboot-Kommandant (tödlich verunglückt 31. 7. 1945)
16. 5. 1940	Opdenhoff, Hermann, Oberleutnant z.S., Sbootkommandant (gefallen 21. 3. 1945)
31. 5. 1940	Grundmann, Erich, Kapitänleutnant (Ing.), Flottillen-Ingenieur in einer Rboot-Flottille
31. 5. 1940	Godenau, Arthur, Stabsobersteuermann, Rboot-Kommandant
31. 5. 1940	Rixecker, Karl, Stabsobersteuermann, Rboot-Kommandant
14. 6. 1940	Carls, Rolf, Admiral, Oberbefehlshaber Marinegruppenkommando Ost (gefallen 15. 4. 1945)
14. 6. 1940	Lütjens, Günter, Vizeadmiral, Befehlshaber der Aufklärungsstreitkräfte (gefallen 27. 5. 1941)
14. 6. 1940	Schmundt, Hubert, Konteradmiral, Befehlshaber der Aufklärungsstreitkräfte und Führer der Kampfgruppe Bergen
17. 6. 1940	Birnbacher, Heinz, Kapitänleutnant, Chef einer Sboot-Flottille
31. 7. 1940	Rollmann, Wilhelm, Kapitänleutnant, Uboot-Kommandant (gefallen 6. 11. 1943)
4. 8. 1940	Berger, Fritz, Fregattenkapitän, Chef einer Zerstörer-Flottille
4. 8. 1940	Wolff, Max-Eckart, Korvettenkapitän, Zerstörer-Kommandant
4. 8. 1940	Petersen, Rudolf, Korvettenkapitän, Chef einer Sboot-Flottille; 14. 6. 1944 EL
4. 8. 1940	Kretschmer, Otto, Kapitänleutnant, Uboot-Kommandant; 4. 11. 1940 EL, 26. 12. 1941 ELS
14. 8. 1940	Liebe, Heinrich, Kapitänleutnant, Uboot-Kommandant; 10. 6. 1941 EL
14. 8. 1940	Lemp, Fritz-Julius, Kapitänleutnant, Uboot-Kommandant (gefallen 9. 5. 1941)
14. 8. 1940	Fimmen, Kurt, Oberleutnant z.S., Sboot-Kommandant
14. 8. 1940	Freiherr von Mirbach, Götz, Oberleutnant z.S., Sboot-Kommandant; 14. 6. 1944 EL
29. 8. 1940	Rösing, Hans, Korvettenkapitän, Chef einer Uboot-Flottille
29. 8. 1940	Frauenheim, Fritz, Kapitänleutnant, Uboot-Kommandant
5. 9. 1940	Endraß, Engelbert, Oberleutnant z.S., Uboot-Kommandant; 10. 6. 1941 EL (gefallen 21. 12. 1941)
19. 9. 1940	Kuhnke, Günter, Kapitänleutnant, Uboot-Kommandant
24. 9. 1940	Schepke, Joachim, Kapitänleutnant, Uboot-Kommandant; 20. 12. 1940 EL (gefallen 1. 12. 1940)
6. 10. 1940	Böhmer, Kurt, Kapitän z.S., Chef des Stabes der Sicherung der Nordsee (gefallen 1. 10. 1944)
6. 10. 1940	Thoma, Kurt, Korvettenkapitän, Chef einer Mboot-Flottille
6. 10. 1940	von Kamptz, Gerhard, Korvettenkapitän, Chef einer Rboot-Flottille; 14. 4. 1943 EL
7. 10. 1940	Jenisch, Hans, Oberleutnant z.S., Uboot-Kommandant
17. 10. 1940	Bonte, Friedrich, Kapitän z.S. und Kommodore, Führer der Zerstörer und der Kampfgruppe Narvik (gefallen 10. 4. 1940)
21. 10. 1940	Ruge, Friedrich, Kapitän z.S. und Kommodore, Führer der Minensuchboote West
21. 10. 1940	Oehrn, Victor, Kapitänleutnant, Uboot-Kommandant
21. 10. 1940	Suhren, Gerd, Oberleutnant (Ing.), Leitender Ingenieuroffizier eines Ubootes

24. 10. 1940 Bleichrodt, Heinrich, Kapitänleutnant, Uboot-Kommandant; 23. 9. 1942 EL

24. 10. 1940 Lüth, Wolfgang, Oberleutnant z.S., Uboot-Kommandant; 13. 11. 1942 EL, 15. 4. 1943 ELS, 9. 8. 1943 ELSB (tödlich verunglückt 14. 5. 1945)

31. 10. 1940 von Ruckteschell, Hellmuth, Korvettenkapitän d.Res., Hilfskreuzer-Kommandant; 22. 12. 1942 EL

3. 11. 1940 Erdmenger, Hans, Korvettenkapitän, Zerstörer-Kommandant (gefallen 28. 12. 1943)

3. 11. 1940 Suhren, Reinhard, Oberleutnant z.S., 1. Wachoffizier auf Uboot; 31. 12. 1941 EL, 1. 9. 1942 ELS

5. 11. 1940 Petersen, Heinrich, Stabsobersteuermann, Wachoffizier auf Uboot

30. 11. 1940 Stohwasser, Hans, Konteradmiral, Befehlshaber der Sicherung der Ostsee

7. 12. 1940 Rogge, Bernhard, Kapitän z.S., Hilfskreuzer-Kommandant; 31. 12. 1941 EL

11. 12. 1940 Schütze, Victor, Korvettenkapitän, Uboot-Kommandant; 14. 7. 1941 EL

18. 12. 1940 Kaden, Wolfgang, Kapitänleutnant d.Res., Kommandant eines Ujägers (gefallen 9. 7. 1942)

22. 12. 1940 Kähler, Otto, Kapitän z.S., Hilfskreuzer-Kommandant; 15. 9. 1944 EL

22. 12. 1940 Krüder, Ernst-Felix, Kapitän z.S., Hilfskreuzer-Kommandant; EL 15. 11. 1941 (gefallen 8. 5. 1941)

14. 1. 1941 von Stockhausen, Hans-Gerrit, Korvettenkapitän, Uboot-Kommandant (gefallen 15. 1. 1943)

18. 1. 1941 Kummetz, Oskar, Konteradmiral, Führer der Kampfgruppe Oslo

18. 1. 1941 Thiele, August, Kapitän z.S., Kommandant des Schweren Kreuzers LÜTZOW; 8. 4. 1945 EL

18. 1. 1941 Heye, Hellmuth, Kapitän z.S., Kommandant des Schweren Kreuzers ADMIRAL HIPPER

21. 2. 1941 Krancke, Theodor, Kapitän z.S., Kommandant des Schweren Kreuzers ADMIRAL SCHEER; 18. 10. 1944 EL

25. 2. 1941 Töniges, Werner, Oberleutnant z.S., Sboot-Kommandant; 13. 11. 1942 EL

26. 2. 1941 Meisel, Wilhelm, Kapitän z.S., Kommandant des Schweren Kreuzers ADMIRAL HIPPER

26. 2. 1941 Moehle, Karl-Heinz, Kapitänleutnant, Uboot-Kommandant

26. 2. 1941 Lehmann-Willenbrock, Heinrich, Kapitänleutnant, Uboot-Kommandant; 31. 12. 1941 EL

12. 3. 1941 Bütow, Hans, Kapitän z.S., Führer der Torpedoboote

12. 3. 1941 Klug, Bernd-Georg, Kapitänleutnant, Sboot-Kommandant; 1. 1. 1944 EL

26. 3. 1941 Oesten, Jürgen, Kapitänleutnant, Uboot-Kommandant

4. 4. 1941 Schulz, Wilhelm, Kapitänleutnant, Uboot-Kommandant

23. 4. 1941 Zürn, Erich, Oberleutnant (Ing.), Leitender Ingenieuroffizier auf Uboot

25. 4. 1941 Feldt, Klaus, Oberleutnant z.S., Sboot-Kommandant; 1. 1. 1944 EL

8. 5. 1941 Christiansen, Georg, Oberleutnant. z.S., Sboot-Kommandant; 13. 11. 1943 EL

14. 5. 1941 Kuppisch, Herbert, Kapitänleutnant, Uboot-Kommandant (gefallen 27. 8. 1943)

15. 5. 1941 Wohlfahrt, Herbert, Kapitänleutnant, Uboot-Kommandant

23. 5. 1941 Schewe, Georg, Kapitänleutnant, Uboot-Kommandant

25. 5. 1941 Wolfram, Eberhard, Konteradmiral, Befehlshaber der Sicherung der Nordsee

27. 5. 1941 Schneider, Adalbert, Korvettenkapitän, 1. Artillerieoffizier auf Schlachtschiff BISMARCK (gefallen 27. 5. 1941)

29. 5. 1941 Korth, Klaus, Kapitänleutnant, Uboot-Kommandant

20. 6. 1941 Topp, Erich, Oberleutnant z.S., Uboot-Kommandant; 11. 4. 1942 EL, 17. 8. 1942 ELS

24. 6. 1941 Hessler, Günter, Kapitänleutnant, Uboot-Kommandant

28. 7. 1941 Forstmann, Gustav, Korvettenkapitän, Chef einer Rboot-Flottille

28. 7. 1941 Metzler, Jost, Kapitänleutnant, Uboot-Kommandant

3. 8. 1941 Breithaupt, Fritz, Korvettenkapitän d.Res., Chef einer Mboot-Flottille; 10. 2. 1944 EL (gefallen 25. 12. 1944)

3. 8. 1941 Palmgren, Karl, Korvettenkapitän d.Res., Kommandant von Sperrbrechern; 11. 7. 1944 EL

3. 8. 1941 Wuppermann, Siegfried, Oberleutnant z.S., Sboot-Kommandant; 14. 4. 1943 EL

21. 8. 1941 Weyher, Kurt, Fregattenkapitän, Hilfskreuzer-Kommandant

30. 8. 1941 Schnee, Adalbert, Kapitänleutnant, Uboot-Kommandant; 15. 7. 1942 EL

4. 9. 1941 Dobberstein, Werner, Kapitänleutnant, Chef einer Rboot-Flottille

8. 10. 1941 Porath, Rudolf, Leutnant z.S. d.Res., Kommandant eines Vorpostenbootes

15. 11. 1941 Weniger, Karl, Kapitän z.S., Führer einer Sicherungsdivision (gefallen 1. 10. 1941)

17. 11. 1941 Mützelburg, Rolf, Kapitänleutnant, Uboot-Kommandant; 15. 7. 1942 EL (gefallen 11. 9. 1942)

18. 11. 1941 Mengersen, Ernst, Kapitänleutnant, Uboot-Kommandant

29. 11. 1941 Eyssen, Robert, Konteradmiral, Kommandant eines Hilfskreuzers

4. 12. 1941 Detmers, Theodor, Fregattenkapitän, Kommandant eines Hilfskreuzers

10. 12. 1941 Guggenberger, Friedrich, Kapitänleutnant, Uboot-Kommandant; 8. 1. 1943 EL

26. 12. 1941 Scholtz, Klaus, Korvettenkapitän, Uboot-Kommandant; 10. 9. 1942 EL

26. 12. 1941 Bigalk, Gerhard, Kapitänleutnant, Uboot-Kommandant (gefallen 18. 7. 1942)

27. 12. 1941 Lindemann, Ernst, Kapitän z.S., Kommandant des Schlachtschiffes BISMARCK (gefallen 27. 5. 1941)

27. 12. 1941 Dr. Brill, Karl-Friedrich, Korvettenkapitän d.Res., Kommandant eines Minenschiffes und Führer einer Minenschiff-Gruppe; 18. 11. 1943 EL (gefallen 22. 10. 1943)

27. 12. 1941 Goetzke, Axel, Leutnant z.S. d.Res., Rboot-Kommandant (gefallen 14. 9. 1941)

31. 12. 1941 Rehm, Hans, Korvettenkapitän, Chef einer Mboot-Flottille

31. 12. 1941 Kentrat, Eitel-Friedrich, Kapitänleutnant, Uboot-Kommandant

31. 12. 1941 Gysae, Robert, Kapitänleutnant, Uboot-Kommandant; 31. 5. 1943 EL

4. 1. 1942 Bätge, Niels, Kapitänleutnant, Chef einer Sboot-Flottille (gefallen 12. 12. 1944)

23. 1. 1942 Hardegen, Reinhard, Kapitänleutnant, Uboot-Kommandant; 23. 4. 1942 EL

27. 1. 1942 Freiherr von Tiesenhausen, Hans-Diedrich, Kapitänleutnant, Uboot-Kommandant

13. 3. 1942 Clausen, Nicolai, Kapitänleutnant, Uboot-Kommandant (gefallen 15. 5. 1943)

16. 3. 1942 Bauer, Ernst, Kapitänleutnant, Uboot-Kommandant

21. 3. 1942 Ciliax, Otto, Vizeadmiral, Befehlshaber der Schlachtschiffe

21. 3. 1942 Hoffmann, Kurt Cäsar, Kapitän z.S., Kommandant des Schlachtschiffes SCHARNHORST

27. 3. 1942 Mohr, Johann, Kapitänleutnant, Uboot-Kommandant; 13. 1. 1943 EL (gefallen 3. 4. 1943)

28. 3. 1942 Ites, Otto, Oberleutnant z.S., Uboot-Kommandant

23. 4. 1942 Zapp, Robert-Richard, Korvettenkapitän, Uboot-Kommandant

5. 6. 1942 Cremer, Erich, Kapitänleutnant, Uboot-Kommandant

13. 6. 1942 Merten, Karl-Friedrich, Korvettenkapitän, Uboot-Kommandant; 16. 11. 1942 EL

14. 6. 1942 Brökelmann, Jost, Korvettenkapitän, Chef einer Rboot-Flottille

19. 6. 1942 Kraus, Hans Werner, Kapitänleutnant, Uboot-Kommandant

28. 6. 1942 Rostin, Erwin, Kapitänleutnant, Uboot-Kommandant (gefallen 1. 7. 1942)

9. 7. 1942 Schultze, Heinz-Otto, Kapitänleutnant, Uboot-Kommandant (gefallen 25. 11. 1943)

23. 7. 1942 Kemnade, Friedrich, Kapitänleutnant, Chef einer Sboot-Flottille; 27. 5. 1943 EL

3. 8. 1942 Bergelt, Karl, Korvettenkapitän, Chef einer Mboot-Flottille

10. 8. 1942 Lassen, Georg, Oberleutnant z.S., Uboot-Kommandant; 7. 3. 1943 EL

12. 8. 1942 Rosenbaum, Helmut, Kapitänleutnant, Uboot-Kommandant (gefallen 10. 5. 1944)

13. 8. 1942 Piening, Adolf, Kapitänleutnant, Uboot-Kommandant

19. 8. 1942 Schonder, Heinrich, Kapitänleutnant, Uboot-Kommandant (gefallen 28. 6. 1943)

24. 8. 1942 Thurmann, Karl, Korvettenkapitän, Uboot-Kommandant (gefallen 28. 11. 1943)

1. 9. 1942 Kals, Ernst, Korvettenkapitän, Uboot-Kommandant

17. 9. 1942 Hartenstein, Werner, Korvettenkapitän, Uboot-Kommandant (gefallen 12. 3. 1943)

17. 9. 1942 Krech, Günther, Kapitänleutnant, Uboot-Kommandant

1. 10. 1942 Fricke, Kurt, Admiral, Chef des Stabes der Seekriegsleitung (gefallen 2. 5. 1945)

13. 10. 1942 Bögel, Hermann, Leutnant z.S. d.Res., Mboot-Kommandant

20. 10. 1942 von Bülow, Otto, Kapitänleutnant, Uboot-Kommandant; 26. 4. 1943 EL

22. 10. 1942 Witte, Helmut, Kapitänleutnant, Uboot-Kommandant

27. 10. 1942 Strelow, Siegfried, Kapitänleutnant, Uboot-Kommandant (gefallen 15. 7. 1943)

6. 11. 1942 Poske, Fritz, Korvettenkapitän, Uboot-Kommandant

27. 11. 1942 Emmermann, Carl, Kapitänleutnant, Uboot-Kommandant; 4. 7. 1943 EL

27. 11. 1942 Müller-Stöckheim, Günter, Kapitänleutnant, Uboot-Kommandant (gefallen 16. 7. 1943)

2. 12. 1942 Dommes, Wilhelm, Kapitänleutnant, Uboot-Kommandant

3. 12. 1942 Holst, Waldemar, Korvettenkapitän, Chef einer Rboot-Flottille

3. 12. 1942	Wunderlich, Friedrich, Korvettenkapitän z.V., Chef einer Ujagd-Flottille
7. 12. 1942	Johannesson, Rolf, Kapitän z.S., Zerstörer-Kommandant
17. 12. 1942	Witt, Hans, Kapitänleutnant, Uboot-Kommandant
17. 12. 1942	Henke, Werner, Oberleutnant z.S., Uboot-Kommandant; 4. 7. 1943 EL (gefallen 15. 6. 1944)
29. 12. 1942	Rasch, Hermann, Kapitänleutnant, Uboot-Kommandant
31. 12. 1942	Gumprich, Günther, Kapitän z.S., Hilfskreuzer-Kommandant (gefallen 17. 10. 1943)
9. 1. 1943	Schacht, Harro, Korvettenkapitän, Uboot-Kommandant (gefallen 14. 1. 1943)
16. 1. 1943	Achilles, Albrecht, Kapitänleutnant, Uboot-Kommandant (gefallen 27. 9. 1943)
16. 1. 1943	Schneider, Herbert, Kapitänleutnant, Uboot-Kommandant (gefallen 24. 2. 1943)
21. 1. 1943	Bramesfeld, Heinrich, Kapitän z.S., Führer einer Sicherungsdivision
21. 1. 1943	Heyse, Ulrich, Kapitänleutnant, Uboot-Kommandant
21. 1. 1943	Brandi, Albrecht, Kapitänleutnant, Uboot-Kommandant; 11. 4. 1943 EL, 9. 5. 1944 ELS, 24. 11. 1944 ELSB
9. 2. 1943	Freiherr von Forstner, Siegfried, Kapitänleutnant, Uboot-Kommandant (gefallen 22. 10. 1943)
10. 2. 1943	Bielig, Gerhard, Kapitänleutnant (Ing.), Leitender Ingenieuroffizier auf Uboot
17. 2. 1943	Jörß, Karl, Bootsmannsmaat, Flakleiter auf Transporter
14. 3. 1943	Würdemann, Erich, Kapitänleutnant, Uboot-Kommandant (gefallen 14. 7. 1943)
17. 3. 1943	Reche, Reinhart, Kapitänleutnant, Uboot-Kommandant
24. 3. 1943	Trojer, Hanns-Hartwig, Oberleutnant z.S., Uboot-Kommandant (gefallen 2. 10. 1943)
26. 3. 1943	Gelhaus, Harald, Kapitänleutnant, Uboot-Kommandant
27. 3. 1943	Neitzel, Karl, Karovettenkapitän, Uboot-Kommandant
27. 3. 1943	Seibicke, Günter, Kapitänleutnant, Uboot-Kommandant ge-(fallen 3. 6. 1943)
27. 3. 1943	Folkers, Ulrich, Kapitänleutnant, Uboot-Kommandant (gefallen 6. 5. 1943)
11. 4. 1943	Mecke, Karl-Konrad, Kapitän z.S., Kommandeur eines Marine-Flak-Regimentes
12. 4. 1943	Heidtmann, Hans, Kapitänleutnant, Uboot-Kommandant
16. 4. 1943	Möhlmann, Helmut, Kapitänleutnant, Uboot-Kommandant
22. 4. 1943	Büchting, Hermann, Kapitänleutnant, Sboot-Kommandant
30. 4. 1943	Jahn, Gunter, Kapitänleutnant, Uboot-Kommandant
30. 4. 1943	Bargsten, Klaus, Kapitänleutnant, Uboot-Kommandant
30. 4. 1943	Franken, Wilhelm, Kapitänleutnant, Uboot-Kommandant (gefallen 13. 1. 1945)
3. 5. 1943	Fischer, Karl-Heinz, Steuermannsmaat, Steuermann in einer Vorposten-Flottille
3. 5. 1943	Flügel, Otto, Steuermannsmaat, Steuermann in einer Vorposten-Flottille
8. 5. 1943	Rechel, Kurt, Fregattenkapitän, Zerstörer-Kommandant
8. 5. 1943	Dr. Fischer, Walther, Korvettenkapitän d.Res., Chef einer Vorposten-Flottille
19. 5. 1943	Pollmann, Otto, Leutnant z.S. d.Res., Kommandant eines Ujägers; 25. 4. 1944 EL
15. 6. 1943	Schulze-Hinrichs, Alfred, Kapitän z.S., Chef einer Zerstörer-Flottille
15. 6. 1943	Smidt, Karl, Kapitän z.S., Zerstörer-Kommandant
15. 6. 1943	Saltzwedel, Martin, Korvettenkapitän, Zerstörer-Kommandant
3. 7. 1943	Maurer, Otto, Korvettenkapitän, Chef einer Rboot-Flottille
3. 7. 1943	Heydemann, Günther, Kapitänleutnant, Uboot-Kommandant
5. 7. 1943	Weber, Horst, Oberleutnant z.S., Sboot-Kommandant
8. 7. 1943	Markworth, Friedrich, Kapitänleutnant, Uboot-Kommandant
8. 7. 1943	Müller, Karl, Kapitänleutnant, Sboot-Kommandant
14. 7. 1943	Staats, Georg, Kapitänleutnant, Uboot-Kommandant (gefallen 12. 11. 1943)
12. 8. 1943	Karcher, Karl-Ehrhart, Oberleutnant z.S., Sboot-Kommandant
18. 8. 1943	Kelbling, Gerd, Kapitänleutnant, Uboot-Kommandant (gefallen 13. 12. 1943)
19. 8. 1943	von Schrader, Otto, Admiral, Kommandierender Admiral norwegische Westküste (Freitod 19. 7. 1945)
3. 9. 1943	Freiherr von Liebenstein, Gustav, Fregattenkapitän d.Res., Chef einer Landungsdivision und Seetransportchef Messina-Straße
4. 9. 1943	Panknin, Herbert, Kapitänleutnant (Ing.), Leitender Ingenieuroffizier auf Uboot
4. 9. 1943	Lechtenbörger, Willi, Oberleutnant (Ing.), Leitender Ingenieuroffizier auf Uboot (gefallen 27. 8. 1943)
4. 9. 1943	Krey, Heinz, Leutnant (Ing.), Leitender Ingenieuroffizier auf Uboot (gefallen 23. 5. 1943)
21. 9. 1943	Maus, August, Kapitänleutnant, Uboot-Kommandant
20. 10. 1943	Schöneboom, Dietrich, Oberleutnant z.S., Uboot-Kommandant (gefallen 23. 10. 1943)

27. 10. 1943	Landfermann, Carl-August, Oberleutnant (Ing.), Leitender Ingenieuroffizier auf Uboot
29. 10. 1943	Kohlauf, Franz, Korvettenkapitän, Chef einer Torpedoboot-Flottille (gefallen 26. 4. 1944)
14. 11. 1943	Rohweder, Hellmuth, Kapitänleutnant (Ing.), Leitender Ingenieuroffizier auf Uboot
19. 11. 1943	Freiherr von Schlippenbach, Egon-Reiner, Kapitänleutnant, Uboot-Kommandant
20. 11. 1943	Kieseritzky, Gustav, Vizeadmiral, Kommandierender Admiral Schwarzes Meer (gefallen 19. 11. 1943)
26. 11. 1943	Fenski, Horst-Arno, Oberleutnant z.S., Uboot-Kommandant
30. 11. 1943	Franke, Heinz, Kapitänleutnant, Uboot-Kommandant
12. 12. 1943	Künzel, Karl-Friedrich, Oberleutnant z.S., Sboot-Kommandant und -Gruppenführer
13. 12. 1943	Müller, Albert, Kapitänleutnant, Sboot-Kommandant
19. 12. 1943	Teichert, Max-Martin, Kapitänleutnant, Uboot-Kommandant (gefallen 12. 5. 1943)
22. 12. 1943	Klassmann, Helmut, Kapitänleutnant, Chef einer Rboot-Flottille
22. 12. 1943	Schmidt, Klaus-Degenhard, Oberleutnant z.S., Sboot-Kommandant (gefallen 22. 12. 1944)
23. 12. 1943	Dr. Brandt, Günther, Korvettenkapitän d.Res., Chef einer Ujagd-Flottille
6. 1. 1944	Hellmann, Paul, Handelsschiffkapitän, Kapitän eines Sperrbrechers
27. 1. 1944	Koitschka, Siegfried, Oberleutnant z.S., Uboot-Kommandant
3. 2. 1944	Hellriegel, Hans-Jürgen, Kapitänleutnant, Uboot-Kommandant (gefallen 2. 7. 1944)
11. 2. 1944	Lüdden, Siegfried, Kapitänleutnant, Uboot-Kommandant (gefallen 13. 1. 1945)
9. 3. 1944	Wessels, Johann-Friedrich, Kapitänleutnant (Ing.), Leitender Ingenieuroffizier auf Uboot
21. 3. 1944	Poel, Gustav, Kapitänleutnant, Uboot-Kommandant
28. 3. 1944	Mehl, Waldemar, Kapitänleutnant, Uboot-Kommandant
31. 3. 1944	Eick, Alfred, Oberleutnant z.S., Uboot-Kommandant
23. 4. 1944	Olschewski, Georg, Oberleutnant (Ing.), Leitender Ingenieuroffizier auf Uboot
24. 4. 1944	Wulff, Erich, Oberleutnant z.S., Kommandant eines Vorpostenbootes
14. 5. 1944	Hölzerkopf, Arnulf, Korvettenkapitän, Chef einer Mboot-Flottille (gefallen 11. 8. 1944)
15. 5. 1944	Meendsen-Bohlken, Wilhelm, Konteradmiral, Befehlshaber des Deutschen Marinekommandos Italien
15. 5. 1944	Kaeding, Walter, Obersteuermann und Wachoffizier auf Uboot
17. 5. 1944	Brinkmann, Helmuth, Vizeadmiral, Kommandierender Admiral Schwarzes Meer
17. 5. 1944	Schulz, Otto, Konteradmiral, Seekommandant Krim
20. 5. 1944	Hofmann, Horst, Obersteuermann und Wachoffizier auf Uboot
22. 5. 1944	Wiebe, Karl-Heinz, Kapitänleutnant (Ing.), Leitender Ingenieuroffizier auf Uboot
1. 6. 1944	von Schroeter, Horst, Oberleutnant z.S., Uboot-Kommandant
7. 6. 1944	Hoffmann, Heinrich, Korvettenkapitän, Chef einer Torpedoboot-Flottille; 11. 7. 1944 EL
9. 6. 1944	Oesterlin, Albert, Korvettenkapitän d.Res., Chef einer Küstenschutz-Flottille (gefallen 22. 1. 1944)
10. 6. 1944	Dr. Rall, Viktor, Korvettenkapitän d.Res., Chef einer Vorposten-Flottille
14. 6. 1944	Johannsen, Kurt, Kapitänleutnant, Chef einer Sboot-Flottille (gefallen 14. 6. 1944)
14. 6. 1944	Ohmsen, Walter, Oberleutnant M.A., Chef einer Marinebatterie
24. 6. 1944	von Gartzen, Wirich, Korvettenkapitän, Chef einer Torpedoboot-Flottille
24. 6. 1944	Loewer, Kurt, Korvettenkapitän d.Res., Chef einer Vorposten-Flottille
26. 6. 1944	Hennecke, Walter, Konteradmiral, Seekommandant Normandie
26. 6. 1944	Gelbhaar, Rudi, Oberleutnant M.A. d.Res., Chef einer Marinebatterie
29. 6. 1944	Martienssen, Ekkehard, Oberleutnant z.S. d.Res., Kommandant eines Vorpostenbootes
3. 7. 1944	Freiherr von Mauchenheim gen. Bechtolsheim, Theodor, Kapitän z.S., Chef einer Zerstörerflottille
3. 7. 1944	Anhalt, Wilhelm, Kapitänleutnant, Chef einer Rboot-Flottille
3. 7. 1944	von Haxthausen, Elmershaus, Kapitänleutnant, Chef einer Artillerieträger-Flottille
6. 7. 1944	Gerhold, Walter, Schreiberobergefreiter, Einmanntorpedo-Fahrer
8. 7. 1944	Krieg, Johann, Oberleutnant z.S., Chef einer Kleinkampf-Flottille
8. 7. 1944	König, Reinhard, Oberleutnant (Ing.), Leitender Ingenieuroffizier auf Uboot

8. 7. 1944	Sieder, Heinz, Oberleutnant z.S., Uboot-Kommandant (gefallen 26. 8. 1944)
11. 7. 1944	Nau, Herbert, Kapitänleutnant, Chef einer Rboot-Flottille (gefallen 22. 8. 1944)
18. 7. 1944	Fleige, Karl, Oberleutnant z.S., Uboot-Kommandant
22. 7. 1944	Marbach, Karl-Heinz, Oberleutnant z.S., Uboot-Kommandant
5. 8. 1944	Berrer, Herbert, Oberfernschreibmeister, Einzelkämpfer im K-Verband
11. 8. 1944	Stuckmann, Hermann, Oberleutnant z.S., Uboot-Kommandant (gefallen 23. 8. 1944)
12. 8. 1944	Pinkepank, Georg, Korvettenkapitän, Chef einer Rboot-Flottille
12. 8. 1944	Klünder, Erich, Korvettenkapitän, Chef einer Mboot-Flottille
12. 8. 1944	Muser, Alfred, Kapitänleutnant, Chef einer Rboot-Flottille
12. 8. 1944	Vetter, Alfred, Leutnant (V.), Gruppenführer in einer Kleinkampf-Flottille
12. 8. 1944	Dammeier, Heinrich, Stabsobermaschinist auf Uboot
18. 8. 1944	Endell, Werner, Kapitän z.S., Hafenkommandant
26. 8. 1944	Böhme, Friedrich, Kapitän z.S., Einsatzleiter der Kleinkampf- in Frankreich
26. 8. 1944	Lange, Hans-Günther, Kapitänleutnant, Uboot-Kommandant; 29. 4. 1945 EL
26. 8. 1944	Schulz, Karl, Oberleutnant z.S. d.Res., Kommandant eines Vorpostenbootes
5. 9. 1944	Jesse, Rudolf, Oberleutnant z.S. d.Res., Mboot-Kommandant
6. 9. 1944	Nordt, Otto, Kapitänleutnant, Chef einer Rboot-Flottille
7. 9. 1944	Blasberg, Kurt, Oberleutnant z.S., Gruppenführer in Mboot-Flottille
7. 9. 1944	Seuss, Richard, Oberleutnant M.A. d.Res., Chef einer Marinebatterie; 2. 9. 1944 EL
10. 9. 1944	Jungnickel, Edgar, Oberleutnant z.S. d.Res., Kommandant eines Ujägers
17. 9. 1944	Timm, Heinrich, Korvettenkapitän, Uboot-Kommandant
24. 9. 1944	Witt, Hermann, Kapitän z.S., Hafenkommandant
24. 9. 1944	Knuth, Hermann, Kapitän z.S., Führer einer Sicherungsdivision
24. 9. 1944	Lehmann, Paul, Korvettenkapitän d.Res., Chef einer Mboot-Flottille
29. 9. 1944	Burchardi, Theodor, Vizeadmiral, Kommandierender Admiral Ostland; 8. 4. 1945 EL
1. 10. 1944	Schaar, Gerd, Oberleutnant z.S., Uboot-Kommandant
3. 10. 1944	Schneider, Gerd-Dietrich, Oberleutnant z.S., Chef einer Artillerieträger-Flottille
5. 10. 1944	Tellgmann, Eugen, Oberleutnant z.S. d.Res., Kommandant eines Vorpostenbootes
6. 10. 1944	Hossfeld, Hans, Kapitänleutnant M.A., Kommandeur einer Marineartillerieabteilung; 25. 11. 1944 EL (gefallen 25. 11. 1944)
13. 10. 1944	Szyskowitz, Joachim, Kapitän z.S., Hafenkommandant (gefallen 4. 9. 1944)
18. 10. 1944	Förster, Hans-Joachim, Oberleutnant z.S., Uboot-Kommandant (gefallen 24. 2. 1945)
22. 10. 1944	Wünning, Joachim, Korvettenkapitän d.Res., Kommandant eines Minenschiffs (gefallen 22. 9. 1944)
28. 10. 1944	Lange, Werner, Vizeadmiral, Kommandierener Admiral Ägäis
30. 10. 1944	Meentzen, Wilhelm, Kapitänleutnant, Torpedoboot-Kommandant
30. 10. 1944	Brasack, Paul, Kapitänleutnant, Uboot-Kommandant
1. 11. 1944	Garbers, Heinrich, Leutnant z.S. d.Res., Führer von Sonderunternehmungen
3. 11. 1944	Bastian, Helmut, Kapitänleutnant, Führer einer Sprengboot-Flottille
5. 11. 1944	Thorwest, Friedrich-Wilhelm, Fregattenkapitän d.Res., Chef einer Geleitflottille (gefallen 1. 11. 1944)
5. 11. 1944	Schneider, Walter-Erich, Kapitänleutnant, Chef einer Mboot-Flottille
5. 11. 1944	Guhrke, Heinz, Oberleutnant z.S., Torpedoboot-Kommandant (gefallen 31. 10. 1944)
5. 11. 1944	Trautwein, Heinz, Oberleutnant z.S. d.Res., Kommandant eines Ujägers (gefallen 1. 11. 1944)
5. 11. 1944	Wenke, Klaus, Oberleutnant z.S. d.Res., Kommandant eines Ujägers (gefallen 1. 11. 1944)
8. 11. 1944	Werther, Helmuth, Oberleutnant z.S. d.Res., Gruppenführer in Küstenschutzflottille
25. 11. 1944	Haag, Heinz, Oberleutnant z.S., Sboot-Kommandant
27. 11. 1944	von Blanc, Adalbert, Fregattenkapitän, Führer einer Sicherungsdivision; 7. 5. 1945 EL
3. 12. 1944	Dr. Kieffer, Emil, Korvettenkapitän d.Res., Chef einer Mboot-Flottille
10. 12. 1944	Mühlbauer, Rudolf, Oberbootsmannsmaat, Brückenmaat auf Uboot
21. 12. 1944	Pulst, Günther, Oberleutnant z.S., Uboot-Kommandant

28. 12. 1944	Dominik, Hans, Fregattenkapitän, Chef einer Torpedoboot-Flottille
28. 12. 1944	Brauneis, Erich, Fregattenkapitän, Chef einer Landungs-Flottille
31. 12. 1944	Philipp, Hans-Otto, Korvettenkapitän d.Res., Chef eines Küstensicherungsverbandes
4. 1. 1945	Thomsen, Rolf, Kapitänleutnant, Uboot-Kommandant; 29. 4. 1945 EL
17. 1. 1945	Lucht, Ernst, Konteradmiral, Befehlshaber der Sicherung der Nordsee
21. 1. 1945	Hechler, Ernst, Korvettenkapitän, Uboot-Kommandant
23. 1. 1945	Dobratz, Kurt, Kapitän z.S., Uboot-Kommandant
6. 2. 1945	Limbach, Johann, Oberleutnant z.S., Wachoffizier auf Uboot
11. 2. 1945	Hess, Hans-Georg, Oberleutnant z.S., Uboot-Kommandant
4. 3. 1945	Paul, Friedrich-Karl, Korvettenkapitän, Chef einer Torpedoboot-Flottille
11. 3. 1945	Schirlitz, Ernst, Vizeadmiral, Festungskommandant
11. 3. 1945	Mohr, Carl-Friedrich, Kapitänleutnant, Chef einer Mboot-Flottille
21. 3. 1945	Karl, Otto, Oberleutnant z.S., Kommandant eines Artillerieleichters
23. 3. 1945	Westphalen, Otto, Oberleutnant z.S., Uboot-Kommandant
25. 3. 1945	Dr. Fenn, Paul, Kapitän z.S. M.A., Kommandeur eines Marine-Flakregimentes
25. 3. 1945	Maes, Friedrich, Kapitänleutnant M.A., Batteriechef in Marineflak-Abteilung (gefallen 19. 3. 1945)
31. 3. 1945	Lichtenberg, Philipp, Kapitänleutnant (Ing.), Leitender Ingenieuroffizier auf Uboot
31. 3. 1945	Johannsen, Hans, Oberleutnant (Ing.), Leitender Ingenieuroffizier auf Uboot
10. 4. 1945	Zymalkowski, Felix, Korvettenkapitän, Chef einer Sboot-Flottille
20. 4. 1945	Dr. Stamer, Heinz, Korvettenkapitän z.V., Chef einer Vorpostenflottille
20. 4. 1945	Heynsen, Rudolf, Korvettenkapitän d.Res., Chef einer Mboot-Flottille
20. 4. 1945	Sardemann, Hermann, Oberleutnant M.A. d.Res., Batteriechef in Marine-Flakregiment
20. 4. 1945	Witt, Heinrich, Oberleutnant M.A. d.Res., Batteriechef in Marine-Flakregiment
21. 1. 1945	Reinicke, Hans-Jürgen, Kapitän z.S., Kommandant des Schweren Kreuzers PRINZ EUGEN
21. 4. 1945	Praßdorf, Heinz, Obermaschinist auf Uboot
30. 4. 1945	Michahelles, Hans, Konteradmiral, Festungskommandant
2. 5. 1945	Matzen, Jens, Kapitänleutnant, Chef einer Sboot-Flottille
2. 5. 1945	Schroeteler, Heinrich, Kapitänleutnant, Uboot-Kommandant
9. 5. 1945	Hoff, Carl, Kapitänleutnant, Chef einer Rboot-Flottille
9. 5. 1945	Jäckel, Obersteuermann, Steuermann auf Uboot
10. 5. 1945	Weinlig, Werner, Kapitänleutnant, Torpedoboot-Kommandant
10. 5. 1945	Temming, Hans, Kapitänleutnant, Torpedoboot-Kommandant
11. 5. 1945	Lehmann, Hans, Oberleutnant z.S. d.Res., Uboot-Kommandant
28. 5. 1945	Merks, Hans-Joachim, Kapitänleutnant, Chef einer Rboot-Flottille
17. 6. 1945	Feller, Wolfgang, Oberleutnant z.S. d.Res., Gruppenführer in Mboot-Flottille

DEUTSCHE VERSENKUNGSERFOLGE GEGEN KRIEGSSCHIFFE 1939 – 1945

In der folgenden Übersicht sind die von deutscher Seite während des Zweiten Weltkrieges erzielten Versenkungserfolge gegen Kriegsschiffe zusammengefaßt. Diese beschränken sich auf die damaligen Haupt-Kampfschiffstypen, also Schlachtschiffe, Flugzeugträger, Kreuzer, Zerstörer und Uboote. Berücksichtigt sind dabei ausschließlich die durch gezielte Angriffe von Überwassereinheiten oder Ubooten zustandegekommenen Erfolge. Mit aufgenommen wurden der Vollständigkeit wegen auch die von der Luftwaffe erzielten Versenkungen. Nicht erfaßt sind durch Minentreffer und Havarien erfolgte Verluste. Die Übersicht ist typweise in chronologischer Folge erstellt.

Abkürzungen der Nationalitäten: AU = Australien, CA = Kanada, FR = Frankreich, GB = Großbritannien, IT = Italien, NL = Niederlande, NO = Norwegen, NS = Neuseeland, PL = Polen, SU = Sowjetunion, US = Vereinigte Staaten von Amerika

Abkürzungen für Luftwaffeneinheiten: K.G. = Kampfgeschwader, St.G. = Sturzkampfgeschwader, L.G. = Lehrgeschwader. Soweit Flugzeuge Versenkungserfolge erzielt haben, erfolgte dies stets durch Bombenwurf. Ausnahmen – z. B. Gleitbomben – sind vermerkt.

Schiffsname	Stapellauf-Jahr	Nationalität	Standard-Verdrängung (ts)	Verlustdatum – Verlustort – Verlustursache
1. Schlachtschiffe				
ROYAL OAK	1914	GB	29 150	14. 10. 1939 Scapa Flow durch U 47
HOOD	1918	GB	41 200	24. 5. 1941 Nordatlantik/Dänemarkstraße im Gefecht mit Schlachtschiff BISMARCK
BARHAM	1914	GB	31 100	25. 11. 1941 östliches Mittelmeer nahe Sollum durch U 331
ROMA	1940	IT	41 650	9. 9. 1943 Mittelmeer nahe Sardinien durch Flugzeuge des K.G. 100 (Gleitbomben)
2. Flugzeugträger				
COURAGEOUS	1916	GB	22 500	17. 9. 1939 Nordatlantik durch U 29
GLORIOUS	1916	GB	22 500	8. 6. 1940 Nordmeer durch Schlachtschiffe GNEISENAU und SCHARNHORST
ARK ROYAL	1937	GB	22 600	13. 11. 1941 westl. Mittelmeer nahe Gibraltar durch U 81
AUDACITY *)	1939	GB	11 000	22. 12. 1941 Nordatlantik durch U 751
EAGLE	1918	GB	22 600	11. 8. 1942 Mittelmeer südl. der Balearen durch U 73
AVENGER *)	1940	GB	8 200	15. 11. 1942 Mittelatlantik durch U 155
BLOCK ISLAND *)	1944	US	18 906	29. 5. 1944 Nordatlanktik durch U 549

*) = Geleitflugzeugträger

Sechs Wochen nach Kriegsbeginn traf die britische Marine ein schwerer Verlust: U 47 (Kommandant: Kapitänleutnant Prien) drang in die Bucht von Scapa Flow ein und versenkte in zwei Anläufen das britische Schlachtschiff ROYAL OAK. Von dessen Besatzung fanden 833 Mann den Tod; U 47 kehrte unbehelligt in die Heimat zurück. Diese Friedensaufnahme zeigt die ROYAL OAK in einem Stützpunkt der Home Fleet; ihre Bewaffnung bestand aus acht 38,1 cm-Geschützen in vier Zwillingstürmen.

Gegenüberliegende Seite: Der Schlachtkreuzer HOOD galt zu seiner Zeit als das größte Kriegsschiff der Welt, war aber nicht mehr das kampfstärkste. Auf die Meldung hin, daß das Schlachtschiff BISMARCK in See gegangen ist, verließ er am 21. Mai 1941 Scapa Flow; drei Tage später kam es zur Begegnung in der Dänemarkstraße. Nur fünf Minuten nach Gefechtsbeginn brach die HOOD tödlich getroffen in zwei Teile und versank. Von ihrer 1 416 Mann starken Besatzung überlebten nur drei.

Am 25. November 1941 erzielte U 331 (Kommandant: Oberleutnant z.S. von Tiesenhausen) auf dem im östlichen Mittelmeer operierenden Schlachtschiff BARHAM auf kurze Distanz drei Torpedotreffer. Explodierend und kenternd ging dieses in die Tiefe. 861 Mann der Besatzung fanden den Tod, nur 450 Mann konnten gerettet werden.

Nachdem Italien im September 1943 vor den westlichen Alliierten kapituliert hatte, lief die Masse der italienischen Flotte den Waffenstillstandsbedingungen gemäß aus ihren Häfen aus, um sich internieren zu lassen. Daraufhin wurden deutscherseits Flugzeuge des K.G. 30 zum Angriff auf die überlaufenden Einheiten angesetzt. Diese trafen mit neuartigen Gleitbomben mehrere Einheiten, darunter das erst 1942 fertiggestellte Schlachtschiff ROMA. Es erhielt zwei Voll- und einen Nahtreffer, wurde in zwei Teile gerissen und sank. 1 254 Besatzungsangehörige fanden dadurch den Tod.

Den ersten Erfolg gegen ein großes Kriegsschiff erzielte U 29 (Kommandant: Kapitänleutnant Schuhart) kurz nach Kriegsbeginn: Westlich von Irland versenkte es den Flugzeugträger COURAGEOUS. Bei diesem handelte es sich um einen früheren Schlachtkreuzer, der in den 20er Jahren zum Flugzeugträger umgebaut worden war. 514 Besatzungsangehörige fanden auf ihm den Tod.

Die GLORIOUS war ein Schwesterschiff der COURAGEOUS. Auch ihre Kriegslaufbahn wurde frühzeitg beendet: Im Juni 1940 sank sie unter den Salven der Schlachtschiffe SCHARNHORST und GNEISENAU vor Nordnorwegen. Von ihm gab es nur 43 Überlebende.

Die ARK ROYAL gehörte zu den modernen britischen Flugzeugträgern. Bis zu ihrem Untergang im November 1941 war sie an zahlreichen Operationen beteiligt, u. a. an der Jagd auf das Schlachtschiff BISMARCK. Die Bilder zeigen sie einmal kurz nach Indienststellung und zum anderen unmittelbar vor ihrem Untergang.

Der Flugzeugträger EAGLE war ebenfalls als Schlachtschiff auf Kiel gelegt worden und wurde in den 20er Jahren zum Flugzeugträger umgebaut. Er sank am 11. August 1942 im Mittelmeer, tödlich getroffen von einem Torpedo-Viererfächer (U 73, Kommandant: Kapitänleutnant Rosenbaum).

Der Hilfsflugzeugträger AUDACITY war deutscher "Abstammung". Bei ihm handelte es sich um das deutsche Frachtschiff HANNOVER, das 1940 von den Engländern als Prise aufgebracht worden war. Auf ihm konnten sechs Flugzeuge untergebracht werden. (Am 21. Dezember 1941 durch Torpedo U 751 versenkt: Kapitänleutnant Bigalk.)

Schiffsname	Stapel-lauf-Jahr	Natio-nalität	Standard-Verdrän-gung (ts)	Verlustdatum – Verlustort – Verlustursache

Abkürzungen der Nationalitäten: AU = Australien, CA = Kanada, FR = Frankreich, GB = Großbritannien, IT = Italien, NL = Niederlande, NO = Norwegen, NS = Neuseeland, PL = Polen, SU = Sowjetunion, US = Vereinigte Staaten von Amerika

Abkürzungen für Luftwaffeneinheiten: K.G. = Kampfgeschwader, St.G. = Sturzkampfgeschwader, L.G. = Lehrgeschwader. Soweit Flugzeuge Versenkungserfolge erzielt haben, erfolgte dies stets durch Bombenwurf. Ausnahmen – z. B. Gleitbomben – sind vermerkt.

3. Kreuzer

CURLEW	1917	GB	4 190	26. 5. 1940 Norwegen nahe Skaanland durch Flugzeuge des K.G. 30
SOUTHAMPTON	1936	GB	9 100	11. 1. 1941 mittleres Mittelmeer durch Flugzeuge des St.G. 2
FIJI	1939	GB	8 525	22. 5. 1941 östl. Mittelmeer nahe Kreta durch Flugzeuge des L.G. 2
GLOUCESTER	1937	GB	9 100	22. 5. 1941 östl. Mittelmeer nahe Kreta durch Flugzeuge des L.G. 1
CALCUTTA	1918	GB	4 290	1. 6. 1941 östl. Mittelmeer nahe Alexandria durch Flugzeuge des L.G. 1
CHERVONA UKRAYNA	1915	SU	6 934	12. 11. 1941 Sewastopol durch Flugzeuge
SYDNEY	1934	AU	6 830	19. 11. 1941 Indischer Ozean westl. Australien im Gefecht mit Hilfskreuzer KORMORAN
DUNEDIN	1918	GB	4 850	24. 11. 1941 Südatlantik durch U 124
GALATEA	1934	GB	5 220	14. 12. 1941 östl. Mittelmeer vor Alexandria durch U 557
NAIAD	1939	GB	5 600	11. 3. 1942 östl. Mittelmeer nahe Kreta durch U 565
EDINBURGH	1938	GB	10 260	2. 5. 1942 Barentssee durch U 456 lahmgeschossen, von Zerstörern Z 24 und Z 25 versenkt
TRINIDAD	1940	GB	8 525	15. 5. 1942 Nordmeer durch Flugzeuge des K.G 30 schwer beschädigt, selbstversenkt
HERMIONE	1939	GB	5 600	16. 6. 1942 Mittelmeer südl. Kreta durch U 205
CHARYBDIS	1940	GB	5 600	23. 10. 1943 Westausgang Kanal im Gefecht mit Flottentorpedobooten T 23 und T 27
SPARTAN	1942	GB	5 950	29. 1. 1944 Mittelmeer vor Anzio durch Gleitbomben deutscher Flugzeuge
PENELOPE	1935	GB	5 270	18. 2. 1944 Mittelmeer vor Anzio durch U 410
DRAGON	1917	GB *)	4 850	8. 7. 1944 Normandieküste durch "Marder"-Kleinkampfmittel *) Polnische Besatzung

Bei Ubootoperationen gegen die Konvois PQ. 15 und QP. 11 im Nordmeer wurde der britische Leichte Kreuzer EDINBURGH von U 456 (Kommandant: Kapitänleutnant Teichert) mit zwei Torpedos angeschossen, blieb aber schwimmfähig. Auf ihn angesetzte Zerstörer erzielten einen weiteren Torpedotreffer, der ihm den Rest gab: Der Kreuzer mußte am 2. Mai 1942 aufgegeben werden.

Ein ähnliches Schicksal widerfuhr dem Kreuzer TRINIDAD: Am 29. März 1942 war er von einem Zerstörertorpedo getroffen worden, konnte aber nach Murmansk eingebracht werden, wo eine behelfsmäßige Reparatur erfolgte. Mitte Mai 1942 lief er von dort aus, wurde frühzeitig von der deutschen Luftaufklärung erfaßt und wurde Ziel heftiger Luftangriffe. Dabei trug er so schwere Bombenschäden davon, daß er am 15. Mai 1942 aufgegeben werden mußte.

Am 19. November 1941 konnte der Kreuzer SYDNEY den westlich des australischen Kontinents operierenden deutschen Hilfskreuzer KORMORAN stellen. Keiner von ihnen überlebte, beide trugen so schwere Schäden davon, daß sie aufgegeben werden mußten.

Der Flakkreuzer SPARTAN war im Januar 1944 bei der amerikanischen Landung im Raum Anzio-Nettuno eingesetzt. Dort erhielt er am 29. Januar einen Gleitbombentreffer und ging verloren.

Kurz vor Kriegsbeginn erfolgte in England der Umbau älterer Kreuzer zu Flakkreuzern. Einer von diesen war die CURACOA, ein Schwesterschiff der am 26. Mai 1940 in Norwegen verlorengegangenen CURLEW.

Die NAIAD gehörte zu einer bei Kriegsbeginn noch im Bau befindlichen Serie starker Flakkreuzer und sank im März 1942 durch einen Ubootorpedo.

Die GLOUCESTER, ein Leichter Kreuzer der ab 1936 gebauten SOUTHAMPTON-Klasse, sank im Mai 1941 bei den Operationen um Kreta durch Bombentreffer.

PENELOPE, einer der Mitte der 30er Jahre gebauten Leichten Kreuzer mit nur sechs 15,2 cm-Geschützen. Er ging am 18. Februar 1944 durch Torpedotreffer verloren.

Schiffsname	Stapel-lauf-Jahr	Natio-nalität	Standard-Verdrän-gung (ts)	Verlustdatum – Verlustort – Verlustursache

Abkürzungen der Nationalitäten: AU = Australien, CA = Kanada, FR = Frankreich, GB = Großbritannien, IT = Italien, NL = Niederlande, NO = Norwegen, NS = Neuseeland, PL = Polen, SU = Sowjetunion, US = Vereinigte Staaten von Amerika

Abkürzungen für Luftwaffeneinheiten: K.G. = Kampfgeschwader, St.G. = Sturzkampfgeschwader, L.G. = Lehrgeschwader. Soweit Flugzeuge Versenkungserfolge erzielt haben, erfolgte dies stets durch Bombenwurf. Ausnahmen – z. B. Gleitbomben – sind vermerkt.

4. Monitore

TERROR	1916	GB	7 200	22. 2. 1941 in Bengasi/Afrika durch Flugzeuge des St.G. 3 schwer beschädigt, beim Abschleppen gesunken

Monitor TERROR, erbaut während des Ersten Weltkrieges und bestimmt zur Beschießung militärischer Ziele an der von den Deutschen besetzten flandrischen Küste, hatte als Hauptbewaffnung zwei 38,1 cm-Geschütze. Im Zweiten Weltkrieg war er im Mittelmeerraum eingesetzt und ging dort am 24. Februar 1941 verloren.

Schiffsname	Stapel-lauf-Jahr	Natio-nalität	Standard-Verdrän-gung (ts)	Verlustdatum – Verlustort – Verlustursache

Abkürzungen der Nationalitäten: AU = Australien, CA = Kanada, FR = Frankreich, GB = Großbritannien, IT = Italien, NL = Niederlande, NO = Norwegen, NS = Neuseeland, PL = Polen, SU = Sowjetunion, US = Vereinigte Staaten von Amerika

Abkürzungen für Luftwaffeneinheiten: K.G. = Kampfgeschwader, St.G. = Sturzkampfgeschwader, L.G. = Lehrgeschwader. Soweit Flugzeuge Versenkungserfolge erzielt haben, erfolgte dies stets durch Bombenwurf. Ausnahmen – z. B. Gleitbomben – sind vermerkt.

5. Zerstörer

WICHER	1928	PL	1 540	3. 9. 1939 Ostsee/Hela durch Flugzeuge
EXMOUTH	1934	GB	1 460	21. 1. 1940 Nordsee/Moray-Firth durch U 22
DARING	1932	GB	1 375	18. 2. 1940 Nordsee östl. Pentlant Firth durch U 23
GLOWWORM	1935	GB	1 355	8. 4. 1940 Nordsee westl. Drontheim im Gefecht mit Schwerem Kreuzer ADMIRAL HIPPER
GURKHA	1937	GB	1 870	9. 4. 1940 Nordsee westl. Stavanger durch Flugzeuge des K.G. 30
HARDY	1936	GB	1 505	10. 4. 1940 Narvik im Gefecht mit deutschen Zerstörern
HUNTER	1936	GB	1 340	10. 4. 1940 Narvik im Gefecht mit deutschen Zerstörern
AFRIDI	1937	GB	1 870	3. 5. 1940 Nordsee durch Flugzeuge des St.G. 1
BISON	1928	FR	2 436	3. 5. 1940 Nordsee durch Flugzeuge des St.G. 1
GROM	1936	PL	1 975	5. 5. 1940 Narvik durch Flugzeuge des K.G. 100
VAN GALEN	1928	NL	1 316	10. 5. 1940 Rotterdam durch Flugzeuge des K.G. 4
VALENTINE	1917	GB	1 090	15. 5. 1940 Scheldemündung durch Flugzeuge
WHITLEY	1918	GB	1 100	19. 5. 1940 Scheldemündung durch Flugzeuge
L'ADROIT	1927	FR	1 378	21. 5. 1940 Dünkirchen durch Flugzeuge
ORAGE	1924	FR	1 319	23. 5. 1940 westl. Boulogne durch Flugzeuge
JAGUAR	1923	FR	2 126	23. 5. 1940 Kanal durch Schnellboote S 21 und S 23

Schiffsname	Stapel-lauf-Jahr	Natio-nalität	Standard-Verdrän-gung (ts)	Verlustdatum – Verlustort – Verlustursache

Abkürzungen der Nationalitäten: AU = Australien, CA = Kanada, FR = Frankreich, GB = Großbritannien, IT = Italien, NL = Niederlande, NO = Norwegen, NS = Neuseeland, PL = Polen, SU = Sowjetunion, US = Vereinigte Staaten von Amerika

Abkürzungen für Luftwaffeneinheiten: K.G. = Kampfgeschwader, St.G. = Sturzkampfgeschwader, L.G. = Lehrgeschwader. Soweit Flugzeuge Versenkungserfolge erzielt haben, erfolgte dies stets durch Bombenwurf. Ausnahmen – z. B. Gleitbomben – sind vermerkt.

Schiffsname	Stapellauf-Jahr	Nationalität	Standard-Verdrängung (ts)	Verlustdatum – Verlustort – Verlustursache
CHACAL	1924	FR	2 126	24. 5. 1940 nahe Boulogne durch Flugzeuge
WESSEX	1918	GB	1 100	24. 5. 1940 nahe Calais durch Flugzeuge
GRAFTON	1935	GB	1 335	29. 5. 1940 im Kanal durch U 62
GRENADE	1935	GB	1 335	29. 5. 1940 vor Dünkirchen durch Flugzeuge
WAKEFUL	1918	GB	1 100	29. 5. 1940 westl. Dünkirchen durch Schnellboot S 30
BOURRASQUE	1925	FR	1 319	30. 5. 1940 vor Nieuport durch Heeresartillerie
SIROCCO	1925	FR	1 319	31. 5. 1940 durch Schnellboote S 23 und S 26
FOUDROYANT	1929	FR	1 378	1. 6. 1940 vor Dünkirchen durch Flugzeuge
BASILISK	1930	GB	1 360	1. 6. 1940 westl. Dünkirchen durch Flugzeuge
HAVANT	1939	GB	1 400	1. 6. 1940 westl. Dünkirchen durch Flugzeuge
KEITH	1930	GB	1 400	1. 6. 1940 vor Dünkirchen durch Flugzeuge
ACASTA	1929	GB	1 350	8. 6. 1940 Nordmeer im Gefecht mit Schlachtschiffen
ARDENT	1929	GB	1 350	GNEISENAU und SCHARNHORST
WHIRLWIND	1917	GB	1 100	5. 7. 1940 Atlantik südwestl. Irland durch U 34
BRAZEN	1930	GB	1 360	20. 7. 1940 vor Dover durch Flugzeuge
CODRINGTON	1929	GB	1 540	27. 7. 1940 vor Dover durch Flugzeuge
WREN	1919	GB	1 120	27. 7. 1940 vor Suffolk durch Flugzeuge

Schiffsname	Stapel-lauf-Jahr	Natio-nalität	Standard-Verdrän-gung (ts)	Verlustdatum – Verlustort – Verlustursache

Abkürzungen der Nationalitäten: AU = Australien, CA = Kanada, FR = Frankreich, GB = Großbritannien, IT = Italien, NL = Niederlande, NO = Norwegen, NS = Neuseeland, PL = Polen, SU = Sowjetunion, US = Vereinigte Staaten von Amerika

Abkürzungen für Luftwaffeneinheiten: K.G. = Kampfgeschwader, St.G. = Sturzkampfgeschwader, L.G. = Lehrgeschwader. Soweit Flugzeuge Versenkungserfolge erzielt haben, erfolgte dies stets durch Bombenwurf. Ausnahmen – z. B. Gleitbomben – sind vermerkt.

DELIGHT	1932	GB	1 375	29. 7. 1940 im Kanal durch Flugzeuge
DAINTY	1932	GB	1 375	24. 2. 1941 östl. Mittelmeer vor Tobruk durch Flugzeuge des St.G. 3
EXMOOR	1940	GB	1 000	25. 2. 1941 Kanal vor Lowestoft durch Schnellboot S 30
PSARA	1932	GR	1 329	13. 4. 1941 vor Piräus durch Flugzeuge
HIDRA	1931	GR	1 329	22. 4. 1941 vor Piräus durch Flugzeuge
LEON	1911	GR	1 013	22. 4. 1941 vor Piräus durch Flugzeuge
DIAMOND	1932	GB	1 375	27. 4. 1941 nahe Peloponnes durch Flugzeuge
WRYNECK	1917	GB	1 100	27. 4. 1941 vor Piräus durch Flugzeuge
JUNO	1938	GB	1 690	21. 5. 1941 vor Kreta durch Flugzeuge
GREYHOUND	1935	GB	1 335	22. 5. 1941 östl. Mittelmeer nahe Kreta durch Flugzeuge
KASHMIR	1939	GB	1 690	23. 5. 1941 östl. Mittelmeer nahe Kreta durch Flugzeuge des St.G. 2
KELLY	1938	GB	1 690	23. 5. 1941 östl. Mittelmeer nahe Kreta durch Flugzeuge des St.G. 2
MASHONA	1937	GB	1 870	28. 5. 1941 Atlantik westl. Irland durch Flugzeuge des K.G. 77
IMPERIAL	1936	GB	1 370	29. 5. 1941 östl. Mittelmeer nahe Kreta durch Flugzeuge
HEREWARD	1936	GB	1 370	29. 4. 1941 östl. Mittelmeer nahe Kreta durch Flugzeuge des St.G. 2
WATERHEN	1918	AU	1 100	29. 6. 1941 östl. Mittelmeer vor Tobruk durch Flugzeuge
STREMITELNYY	1936	SU	1 660	20. 7. 1941 Eismeer nahe Polarnoye durch Flugzeuge des K.G. 30

Schiffsname	Stapel-lauf-Jahr	Natio-nalität	Standard-Verdrän-gung (ts)	Verlustdatum – Verlustort – Verlustursache

Abkürzungen der Nationalitäten: AU = Australien, CA = Kanada, FR = Frankreich, GB = Großbritannien, IT = Italien, NL = Niederlande, NO = Norwegen, NS = Neuseeland, PL = Polen, SU = Sowjetunion, US = Vereinigte Staaten von Amerika

Abkürzungen für Luftwaffeneinheiten: K.G. = Kampfgeschwader, St.G. = Sturzkampfgeschwader, L.G. = Lehrgeschwader. Soweit Flugzeuge Versenkungserfolge erzielt haben, erfolgte dies stets durch Bombenwurf. Ausnahmen – z. B. Gleitbomben – sind vermerkt.

KARL MARKS	1914	SU	1 354	8. 8. 1941 östl. Ostsee nahe Reval durch Flugzeuge
FRUNZE	1914	SU	1 300	21. 9. 1941 Schwarzes Meer nahe Halbinsel Tendre durch Flugzeuge
BATH	1918	NS	1 060	19. 8. 1941 Nordatlantik durch U 204
BROADWATER	1919	GB	1 190	18. 10. 1941 Nordatlantik durch U 101
COSSACK	1937	GB	1 870	23. 10. 1941 Mittelatlantik westl. Gibraltar durch U 563
REUBEN JAMES	1918	US	1 190	31. 10. 1941 Nordatlantik durch U 552
SOVERSHENNYY	1939	SU	1 686	12. 11. 1941 in Sewastopol durch Flugzeuge
STANLEY	1919	GB	1 190	19. 12. 1941 Mittelatlantik westl. Azoren durch U 574
GURKHA	1937	GB	1 870	17. 1. 1942 östl. Mittelmeer nördl. von Sidi Barani durch U 133
MATABELE	1937	GB	1 870	17. 1. 1942 Barentssee durch U 454
BELMONT	1919	GB	1 190	31. 1. 1942 Nordatlantik südöstl. Nova Scotia durch U 82
MAORI	1937	GB	1 870	12. 2. 1942 in Malta durch Flugzeuge
VORTIGERN	1917	GB	1 090	15. 3. 1942 Kanal vor Cromer durch Schnellboot S 104
JAGUAR	1938	GB	1 690	26. 3. 1942 östl. Mittelmeer vor Sidi Barani durch U 652
LEGION	1939	GB	1 920	26. 3. 1942 Mittelmeer nahe Malta durch Flugzeuge
LANCE	1940	GB	1 920	9. 4. 1942 Malta durch Flugzeuge
KINGSTON	1939	GB	1 690	11. 4. 1942 Malta durch Flugzeuge

Schiffsname	Stapel-lauf-Jahr	Natio-nalität	Standard-Verdrän-gung (ts)	Verlustdatum – Verlustort – Verlustursache

Abkürzungen der Nationalitäten: AU = Australien, CA = Kanada, FR = Frankreich, GB = Großbritannien, IT = Italien, NL = Niederlande, NO = Norwegen, NS = Neuseeland, PL = Polen, SU = Sowjetunion, US = Vereinigte Staaten von Amerika

Abkürzungen für Luftwaffeneinheiten: K.G. = Kampfgeschwader, St.G. = Sturzkampfgeschwader, L.G. = Lehrgeschwader. Soweit Flugzeuge Versenkungserfolge erzielt haben, erfolgte dies stets durch Bombenwurf. Ausnahmen – z. B. Gleitbomben – sind vermerkt.

Schiffsname	Stapel-lauf-Jahr	Natio-nalität	Standard-Verdrän-gung (ts)	Verlustdatum – Verlustort – Verlustursache
JACKAL	1938	GB	1 690	11. 5. 1942 Mittelmeer südl. Kreta durch Flugzeuge des L.G. 1
KIPLING	1939	GB	1 690	11. 5. 1942 Mittelmeer südl. Kreta durch Flugzeuge des L.G. 1
LIVELY	1941	GB	1 920	11. 5. 1942 Mittelmeer südl. Kreta durch Flugzeuge des L.G. 1
SVOBODNYY	1939	SU	1 686	10. 6. 1942 Sewastopol durch Flugzeuge
HASTY	1936	GB	1 335	15. 6. 1942 Mittelmeer nördl. Derna durch Schnellboot S 55
NESTOR	1940	GB	1 690	15. 6. 1942 Mittelmeer nordwestl. Derna durch Flugzeuge des St.G. 3
WILD SWAN	1919	GB	1 120	17. 6. 1942 Nordatlantik südl. Irland durch Flugzeuge
BEZUPREZHNYY	1936	SU	1 660	26. 6. 1942 Schwarzes Meer vor Yalta durch Flugzeuge
TASHKENT	1937	SU	2 893	2. 7. 1942 Novorossiysk durch Flugzeuge
BDITELNYY	1936	SU	1 660	2. 7. 1942 Novorossiysk durch Flugzeuge
BERKELEY	1940	GB	1 000	19. 8. 1942 Kanal nahe Dieppe durch Flugzeuge
ZULU	1937	GB	1 870	14. 9. 1942 östl. Mittelmeer nahe Tobruk durch Flugzeuge
SIKH	1937	GB	1 870	14. 9. 1942 vor Tobruk durch Artillerie von Land
OTTAWA	1931	CA	1 375	14. 9. 1942 Nordatlantik durch U 91
SOMALI	1937	GB	1 870	20. 9. 1942 Eismeer durch U 703
VETERAN	1919	GB	1 120	26. 9. 1942 Nordatlantik durch U 404
MARTIN	1940	GB	1 920	10. 11. 1942 Mittelmeer nordöstl. Algier durch U 431

Schiffsname	Stapel-lauf-Jahr	Natio-nalität	Standard-Verdrän-gung (ts)	Verlustdatum – Verlustort – Verlustursache

Abkürzungen der Nationalitäten: AU = Australien, CA = Kanada, FR = Frankreich, GB = Großbritannien, IT = Italien, NL = Niederlande, NO = Norwegen, NS = Neuseeland, PL = Polen, SU = Sowjetunion, US = Vereinigte Staaten von Amerika

Abkürzungen für Luftwaffeneinheiten: K.G. = Kampfgeschwader, St.G. = Sturzkampfgeschwader, L.G. = Lehrgeschwader. Soweit Flugzeuge Versenkungserfolge erzielt haben, erfolgte dies stets durch Bombenwurf. Ausnahmen – z. B. Gleitbomben – sind vermerkt.

ISAAC SWEERS	1940	NL	1 628	13. 11. 1942 Mittelmeer nahe Algier durch U 431
PENYLAN	1942	GB	1 050	3. 12. 1942 Kanal durch Schnellboot S 115
PORCUPINE	1941	GB	1 540	9. 12. 1942 Mittelmeer nordöstl. Oran durch U 602
BLEAN	1942	GB	1 050	11. 12. 1942 Mittelmeer westl. Oran durch U 443
FIREDRAKE	1934	GB	1 360	16. 12. 1942 Nordatlantik durch U 211
PARTRIDGE	1941	GB	1 540	18. 12. 1942 Mittelmeer westl. Oran durch U 565
ACHATES	1929	GB	1 337	31. 12. 1942 Nordmeer im Gefecht mit Schwerem Kreuzer ADMIRAL HIPPER
HARVESTER	1939	GB	1 400	11. 3. 1943 Nordatlantik durch U 432
LIGHTING	1940	GB	1 920	12. 3. 1943 Mittelmeer nördl. Bizerta durch Schnellboote S 55 und S 158
BEVERLEY	1918	GB	1 190	11. 4. 1943 Nordatlantik durch U 188
ESKDALE	1942	GB	1 050	14. 4. 1943 Kanal nahe Lizard Head durch Schnellboote S 65 und S 112
MADDOX	1917	US	1 060	10. 7. 1943 Mittelmeer südl. Sizilien durch Flugzeuge
PUCKERIDGE	1941	GB	1 050	6. 9. 1943 Mittelmeer östl. Gibraltar durch U 617
ROWAN	1938	US	1 590	10. 9. 1943 Mittelmeer nahe Salerno durch Schnellboot
ST. CROIX	1919	CA	1 190	20. 9. 1943 Nordatlantik südl. Island durch U 305
INTREPID	1936	GB	1 370	26. 9. 1943 Mittelmeer nahe Leros durch Flugzeuge
VASILLISSA OLGA	1938	GR	1 414	26. 9. 1943 Mittelmeer nahe Leros durch Flugzeuge

Schiffsname	Stapel-lauf-Jahr	Natio-nalität	Standard-Verdrän-gung (ts)	Verlustdatum – Verlustort – Verlustursache
Abkürzungen der Nationalitäten: AU = Australien, CA = Kanada, FR = Frankreich, GB = Großbritannien, IT = Italien, NL = Niederlande, NO = Norwegen, NS = Neuseeland, PL = Polen, SU = Sowjetunion, US = Vereinigte Staaten von Amerika				
Abkürzungen für Luftwaffeneinheiten: K.G. = Kampfgeschwader, St.G. = Sturzkampfgeschwader, L.G. = Lehrgeschwader. Soweit Flugzeuge Versenkungserfolge erzielt haben, erfolgte dies stets durch Bombenwurf. Ausnahmen – z. B. Gleitbomben – sind vermerkt.				
EURO	1927	IT	1 092	1. 10. 1943 Mittelmeer nahe Leros durch Flugzeuge
KHARKOV	1936	SU	2 225	
BESPOSHADNYY	1937	SU	1 660	6. 10. 1943 Schwarzes Meer südl. der Krim durch Flugzeuge des St.G. 77
SPOSOBNYY	1939	SU	1 686	
ORKAN	1942	PL	1 920	8. 10. 1943 Nordatlantik durch U 378
PANTHER	1941	GB	1 550	9. 10. 1943 Mittelmeer nahe Scarpanta durch Flugzeuge
BUCK	1939	US	1 764	9. 10. 1943 Mittelmeer vor Salerno durch U 616
BRISTOL	1941	US	1 839	13. 10. 1943 Mittelmeer nahe Algerien durch U 371
LIMBOURNE	1942	GB	1 050	23. 10. 1943 Westausgang Kanal im Gefecht mit T 22
BORIE	1919	US	1 190	2. 11. 1943 Ostatlantik durch Rammstoß von U 405
BEATTY	1941	US	1 839	6. 11. 1943 Mittelmeer westl. Oran durch Flugzeuge des K.G. 26
DULVERTON	1941	GB	1 050	13. 11. 1943 östl. Mittelmeer/Ägäis durch Flugzeuge (Gleitbombentreffer)
HURRICANE	1939	GB	1 400	24. 12. 1943 Nordatlantik durch U 415
LEARY	1918	US	1 090	24. 12. 1943 Nordatlantik durch U 275 und U 382
JANUS	1938	GB	1 690	23. 1. 1944 Mittelmeer nahe Anzio durch Flugzeuge (Gleitbombentreffer)
HARDY (II)	1943	GB	1 710	30. 1. 1944 Nordmeer durch U 278
WARWICK	1917	GB	1 100	20. 2. 1944 Westausgang Kanal durch U 413

Schiffsname	Stapel-lauf-Jahr	Natio-nalität	Standard-Verdrän-gung (ts)	Verlustdatum – Verlustort – Verlustursache

Abkürzungen der Nationalitäten: AU = Australien, CA = Kanada, FR = Frankreich, GB = Großbritannien, IT = Italien, NL = Niederlande, NO = Norwegen, NS = Neuseeland, PL = Polen, SU = Sowjetunion, US = Vereinigte Staaten von Amerika

Abkürzungen für Luftwaffeneinheiten: K.G. = Kampfgeschwader, St.G. = Sturzkampfgeschwader, L.G. = Lehrgeschwader. Soweit Flugzeuge Versenkungserfolge erzielt haben, erfolgte dies stets durch Bombenwurf. Ausnahmen – z. B. Gleitbomben – sind vermerkt.

MAHRATTA	1942	GB	1 920	25. 2. 1944 Nordmeer durch U 956
INGLEFIELD	1936	GB	1 544	25. 2. 1944 Mittelmeer nahe Anzio durch Flugzeuge
LEOPOLD	1943	US	1 253	9. 3. 1944 Nordatlantik südl. Island durch U 255
LAFOREY	1941	GB	1 920	30. 3. 1944 Mittelmeer nahe Sizilien durch U 223
LANSDALE	1939	US	1 839	20. 4. 1944 Mittelmeer nördl. Algier durch Flugzeuge K.G. 26
ATHABASCAN	1941	CA	1 870	29. 4. 1944 Kanal nordöst. Quessant im Gefecht mit T 27, T 28 und T 29
FECHTELER	1943	US	1 432	5. 5. 1944 Mittelmeer durch U 967
SVENNER	1943	NO	1 710	6. 6. 1944 Kanal im Gefecht mit Torpedobooten MÖWE, T 28, FALKE und JAGUAR
MEREDITH (II)	1943	US	2 610	9. 6. 1944 Kanal/Normandieküste durch Flugzeuge
GLENNON	1942	US	1 839	10. 6. 1944 Kanal/Normandieküste durch Küstenartillerie
BOADICEA	1930	GB	1 360	13. 6. 1944 Kanal nahe Portland durch Flugzeuge (Gleitbombentreffer)
ISIS	1936	GB	1 370	20. 7. 1944 Kanal/Seine-Bucht durch Kleinkampfmittel ("Marder")
FISKE	1943	US	1 253	2. 8. 1944 Nordatlantik durch U 804
QUORN	1940	GB	1 000	3. 8. 1944 Kanal/Seine-Bucht durch Kleinkampfmittel ("Marder")
DEYATELNYY	1918	SU	1 190	16. 1. 1945 Eismeer durch U 997
LA COMBATTANTE	1942	FR	1 050	23. 2. 1945 Nordsee durch Kleinst-Uboot ("Seehund")
FREDERIC C. DAVIS	1943	US	1 253	24. 4. 1945 Nordatlantik durch U 546

Die FURY, ein Schwesterschiff des im Dezember 1941 durch einen Ubboottorpedo verlorengegangenen Zerstörers FIREDRAKE.

FORESIGHT, ein Schwesterschiff der FURY, hier im September 1941 im Mittelmeer mit dem Schlachtschiff BARHAM im Hintergrund.

Der Zerstörer GLOWWORM sank im April 1940 vor Norwegen im Gefecht mit einem weit überlegenen Gegner. Seine Besatzung leistete heroischen Widerstand bis zuletzt.

Gegenüberliegende Seite: Die COSSACK, ein Zerstörer der "Tribal"-Klasse, wurde im Februar 1940 durch ihr völkerrechtswidriges Eindringen in norwegische Hoheitsgewässer und ihren Raid gegen den deutschen Versorger ALTMARK bekannt. Ein Jahr später war sie an der Jagd auf das Schlachtschiff BISMARCK beteiligt, bald darauf fiel sie einem Ubootttorpedo zum Opfer.

L03

Der britische Zerstörer LAFOREY war einer der neuesten und kampfstärksten der Royal Navy. Erstmalig auf britischen Zerstörern war hier die Hauptartillerie in geschlossenen Türmen untergebracht. Die LAFOREY ging im Frühjahr 1944 durch einen Uboottorpedo verloren.

Die HAVANT gehörte zu einer kurz vor Kriegsausbruch von Brasilien in Auftrag gegebenen Zerstörerserie und wurde im September 1939 beschlagnahmt, um für die britische Marine fertiggestellt zu werden. Schon im Juni 1940 sank sie während des Dünkirchen-Desasters.

JACKAL war ein Zerstörer der I- und K-Klasse und erlag Bombentreffern.

BEDOUIN, ein Schwesterschiff des Zerstörers COSSACK, wurde im Juni 1942 das Opfer eines von einem italienischen Flugzeug geworfenen Lufttorpedos.

Trotz ihres hohen Alters – sie stammten noch aus dem Ersten Weltkrieg – hatten die amerikanischen Vierschornstein-Zerstörer einen hohen Anteil an der Schlacht im Atlantik und erlitten beträchtliche Verluste. England kaufte 1940 fünfzig dieser alten Zerstörer von den USA, um seine Zufuhrschiffahrt gegen die deutschen Uboote schützen zu können.

Schiffsname	Stapel-lauf-Jahr	Natio-nalität	Standard-Verdrän-gung (ts)	Verlustdatum – Verlustort – Verlustursache

Abkürzungen der Nationalitäten: AU = Australien, CA = Kanada, FR = Frankreich, GB = Großbritannien, IT = Italien, NL = Niederlande, NO = Norwegen, NS = Neuseeland, PL = Polen, SU = Sowjetunion, US = Vereinigte Staaten von Amerika

Abkürzungen für Luftwaffeneinheiten: K.G. = Kampfgeschwader, St.G. = Sturzkampfgeschwader, L.G. = Lehrgeschwader. Soweit Flugzeuge Versenkungserfolge erzielt haben, erfolgte dies stets durch Bombenwurf. Ausnahmen – z. B. Gleitbomben – sind vermerkt.

6. Uboote

SEAHORSE	1932	GB	640	7. 1. 1940 Nordsee/Deutsche Bucht durch Boote der 1. Minensuchflottille
UNDINE	1937	GB	540	7. 1. 1940 Nordsee/Deutsche Bucht durch Minensuchboote M 1201, M 1204 und M 1207
STARFISH	1933	GB	640	9. 1. 1940 Nordsee/Deutsche Bucht durch Minensuchboot M 7
THISTLE	1938	GB	1 090	10. 4. 1940 nördl. Nordsee durch U 4
TARPON	1939	GB	1 090	14. 4. 1940 vor südnorwegischer Küste durch Minensuchboot M 6
STERLET	1937	GB	670	18. 4. 1940 vor südnorwegischer Küste durch Ujäger UJ 125, UJ 126 und UJ 128
DORIS	1927	FR	615	9. 5. 1940 Nordsee/Doggerbank durch U 9
SHARK	1934	GB	670	6. 7. 1940 nördl. Nordsee durch Minensuchboote M 1803, M 1806 und M 1807
NARWHAL	1935	GB	1 520	30. 7. 1940 vor südnorwegischer Küste durch Flugzeuge
SPEARFISH	1936	GB	670	1. 8. 1940 Nordsee durch U 34
0 22	1940	NL	934	21. 11. 1940 Nordsee/Skagerrak durch Ujäger UJ 177 und UJ 1102
S 3	1936	SU	840	24. 6. 1941 östl. Ostsee nahe Steinort durch Torpedo von Schnellboot S 35
S 10	1940	SU	840	25. 6. 1941 östl. Ostsee/Irbenstraße durch Torpedos von Schnellbooten S 59 und S 60
M 94	1937	SU	205	21. 7. 1941 östl. Ostsee nahe Kap Ristna durch U 140
S 6	1937	SU	840	30. 8. 1941 Ostsee/Finnischer Meerbusen durch Flugzeuge
M 74	1935	SU	205	23. 9. 1941 Ostsee/Kronstadt durch Flugzeuge

Schiffsname	Stapel-lauf-Jahr	Natio-nalität	Standard-Verdrän-gung (ts)	Verlustdatum – Verlustort – Verlustursache

Abkürzungen der Nationalitäten: AU = Australien, CA = Kanada, FR = Frankreich, GB = Großbritannien, IT = Italien, NL = Niederlande, NO = Norwegen, NS = Neuseeland, PL = Polen, SU = Sowjetunion, US = Vereinigte Staaten von Amerika

Abkürzungen für Luftwaffeneinheiten: K.G. = Kampfgeschwader, St.G. = Sturzkampfgeschwader, L.G. = Lehrgeschwader. Soweit Flugzeuge Versenkungserfolge erzielt haben, erfolgte dies stets durch Bombenwurf. Ausnahmen – z. B. Gleitbomben – sind vermerkt.

L 1	1931	SU	1 040	11. 1941 in Leningrad durch Artillerie von Land
D 6	1929	SU	930	12. 11. 1941 Schwarzes Meer/Sewastopol durch Flugzeuge
M 175	1937	SU	205	10. 1. 1942 Nordmeer nahe Nordkap durch U 584
ŠČ 210	1936	SU	586	13. 3. 1942 Schwarzes Meer/vor Krimküste durch Flugzeuge
P 39	1941	GB	540	26. 3. 1942 Mittelmeer/Malta durch Flugzeuge
PANDORA	1929	GB	1 475	1. 4. 1942 Mittelmeer/Malta durch Flugzeuge
P 36	1941	GB	540	1. 4. 1942 Mittelmeer/Malta durch Flugzeuge
ŠČ 401	1935	SU	578	24. 4. 1942 Nordmeer vor Tanafjord durch Ujäger UJ 1101 und UJ 1110
S 32	1939	SU	840	26. 6. 1942 Schwarzes Meer östl. Feodosiya durch Flugzeuge
M 173	1938	SU	205	24. 8. 1942 Nordmeer nahe Baasfjord durch Ujäger UJ 1101, U 1108 und UJ 1112
TRITON	1928	GR	750	16. 11. 1942 Mittelmeer/Ägäis durch Ujäger UJ 2102
ŠČ 212	1936	SU	578	17. 12. 1942 Schwarzes Meer nahe Sulina durch Ujäger XANTEN
K 3	1938	SU	1 480	21. 3. 1943 Nordmeer nahe Baasfjord durch Ujäger UJ 1102, UJ 1106 und UJ 1111
P 615	1940	GB	624	18. 4. 1943 Südatlantik vor Freetown durch U 123
SPLENDID	1942	GB	715	21. 4. 1943 Mittelmeer nahe Capri durch Zerstörer HERMES
ŠČ 408	1941	SU	590	26. 5. 1943 Ostsee/Finnischer Meerbusen durch 31. Minensuchflottille
ŠČ 406	1940	SU	590	1. 6. 1943 Ostsee nahe Steinskär durch 24. MFP-Flottille

Abkürzungen der Nationalitäten: AU = Australien, CA = Kanada, FR = Frankreich, GB = Großbritannien, IT = Italien, NL = Niederlande, NO = Norwegen, NS = Neuseeland, PL = Polen, SU = Sowjetunion, US = Vereinigte Staaten von Amerika

Abkürzungen für Luftwaffeneinheiten: K.G. = Kampfgeschwader, St.G. = Sturzkampfgeschwader, L.G. = Lehrgeschwader. Soweit Flugzeuge Versenkungserfolge erzielt haben, erfolgte dies stets durch Bombenwurf. Ausnahmen – z. B. Gleitbomben – sind vermerkt.

Schiffsname	Stapel-lauf-Jahr	Natio-nalität	Standard-Verdrän-gung (ts)	Verlustdatum – Verlustort – Verlustursache
M 106	1941	SU	205	5. 7. 1943 Nordsee vor Nordkap durch Ujäger UJ 1206, UJ1212, UJ 1217
S 12	1940	SU	840	15. 8. 1943 Ostsee/Finnischer Meerbusen vor Keri durch Marinefährprähme und Hilfsminensuchboote
S 9	1939	SU	840	5. 9. 1943 Ostsee/Finnischer Meerbusen vor Porkkala durch Ujäger
M 36	1938	SU	205	11. 9. 1943 Schwarzes Meer vor Sewastopol durch Ujäger
D 4	1929	SU	930	4. 12. 1943 Schwarzes Meer nahe Yevpatoriya durch Ujäger UJ 102, UJ 103
Š Č 216	1940	SU	590	17. 12. 1944 Schwarzes Meer nahe Kap Tarchankut durch Ujäger UJ 106
L 6	1931	SU	1 040	18. 4. 1944 Schwarzes Meer nordöstl. Konstanza durch Ujäger UJ 103
S 4	1936	SU	840	6. 1. 1945 Ostsee/Danziger Bucht durch Flottentorpedoboot T 33

Das während des Krieges in Deutschland wohl am meisten bekanntgewordene britische Uboot war die SEAL. Im Mai 1940 hatte sie durch eine Minendetonation Schäden erlitten und konnte von deutschen Kräften aufgebracht und eingeschleppt werden.

ŠČ 407, ein Schwesterboot der im Krieg verlorengegangenen sowjetischen Uboote ŠČ-401 und ŠČ-406.

Ein Uboot der sowjetischen S-Klasse, von der im Krieg mehrere verlorengingen.

UNIFORMEN, DIENSTGRAD- UND LAUFBAHNABZEICHEN UND ABZEICHEN FÜR SONDERAUSBILDUNG

Dienstanzug mit großer Ordensschnalle (Oberleutnant (Ing.))

Dienstanzug (Obersteuermann)

Kleiner Dienstanzug für Marinebeamte (Marineintendanturinspektor)

Paradeanzug für Paraden an Land (Matrosengefreiter)

Dienstanzug vom 1. Oktober bis 19. April (Obermaschinenmaat)

Seeoffiziere

Ingenieuroffiziere (Ing.)

Artilleriewaffenoffiziere (W)

Sperrwaffenoffiziere (W)

Verwaltungsoffiziere (V)

Sanitätsoffiziere

Offiziere der Marineartillerie (MA)

Offiz. d. techn. Nachrichtenwesens (TN)

Torpedotechnische Offiziere (T)

Großer Gesellschaftsanzug (Generaladmiral)

Kleiner Dienstanzug (Vizeadmiral (Ing.))

Kleiner Gesellschafts-/Ausgehanzug (Admiralarzt)

Großer Gesellschaftsanzug für Beamte

Dienstanzug mit Achselband (K.z.S.)

Dienstanzug (Kapitänleutnant (MA))

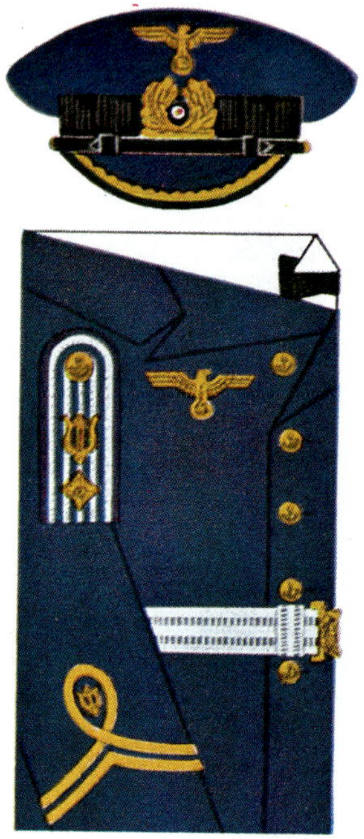

Dienstanzug (Obermusikmeister)

Dienstanzug (Kapitän zur See (W)

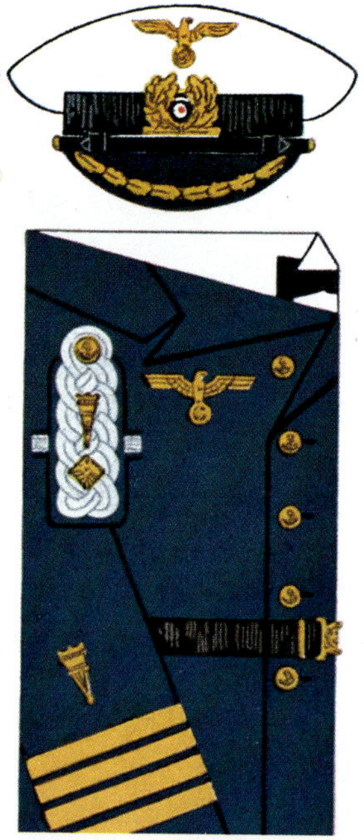

Ausgehanzug (Fregattenkapitän (W) (Sperrwaffen)

Kleiner Dienstanzug (Korvettenkapitän (V))

Feldgrauer Dienstanzug der Marineartillerie

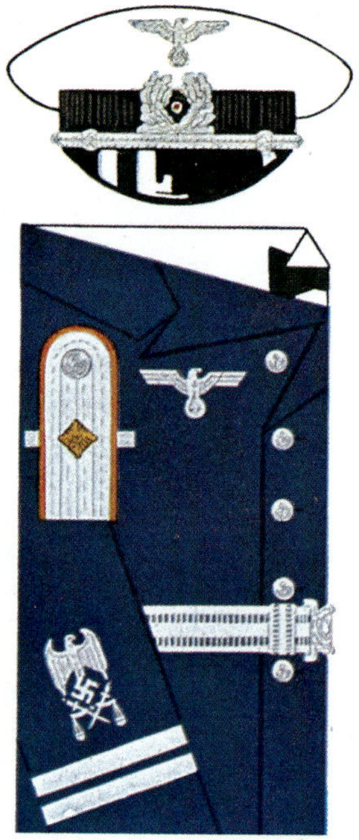

Dienstanzug – Marinejustizinspektor

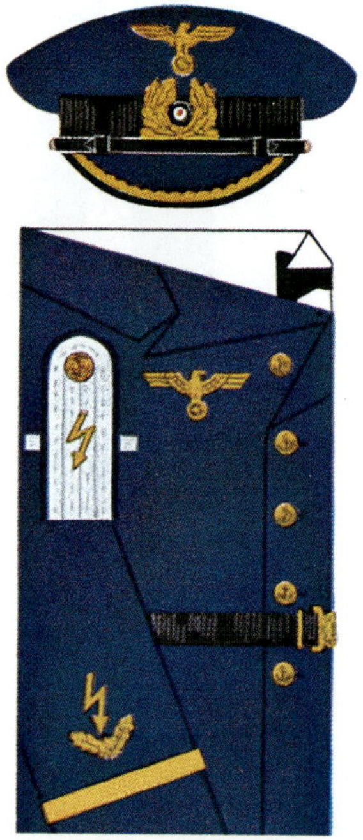

Ausgehanzug (Leutnant (MN) der Reserve)

Feldgrauer Dienstanzug der Marineartillerie (Waffenmeister)

Von links nach rechts:

Dienstanzug (Oberfähnrich zur See)

Feldanzug der Marineartillerie (Hauptfeldwebel)

Dienstanzug (Obersteuermann)

Ausgehanzug (Maschinist)

Hinweis zu Seite 182:

Dienstgradabzeichen des Generaladmirals (ein handbreiter und vier mittelbreite Ärmelstreifen) nur als Oberbefehlshaber der Kriegsmarine, sonst – siehe Seite 184 – nur außer dem handbreiten nur drei mittelbreite Ärmelstreifen!

Von links nach rechts:

Dienstanzug (Fähnrich (Ing.))

Parade-Dienstanzug (Oberbootsmannsmaat) als Fahnenträger)

Dienstanzug (Signalmaat als Oberfeldwebelanwärter bei Flottenkommando)

Ausgehanzug (Matrosengefreiter)

Feldgrauer Exerzieranzug (Matrose)

DIENSTGRADABZEICHEN

Großadmiral

Generaladmiral

Admiral

Vizeadmiral

Konteradmiral (Ing.)

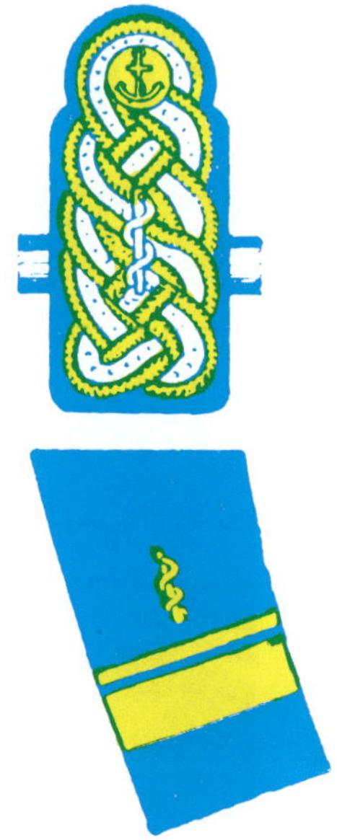
Admiralarzt

Kapitän zur See und
Kommodore

Kapitän zur See (W)
(Artilleriewaffen)

Korvettenkapitän
(W) (Sperrwaffen)

Korvettenkapitän
(Ing.)

Marineoberstabsarzt

Kapitänleutnant
(MA)

Oberleutnant (T)

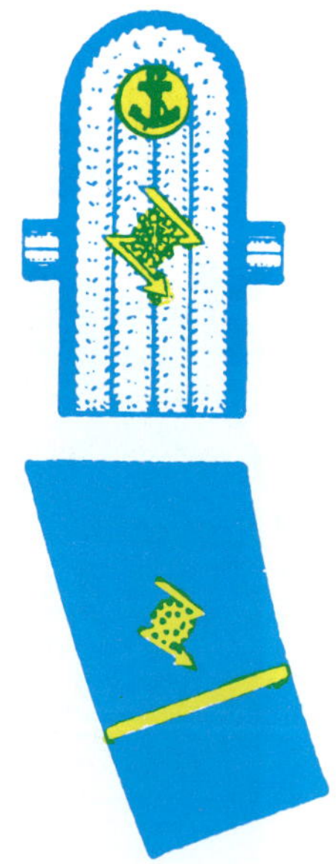
Leutnant (TN)

Bootsmann (Feldwebel)

Maschinist (Feldwebel)

Verwaltungs-stabsfeldwebel

Stabszimmer-meister (Stabs-feldwebel)

Oberfähnrich (Ing.)

Fähnrich zur See

Oberwaffenwart (Oberfeldwebel)

Sanitätsober-feldwebel

Stabsoberstück-meister (Stabs-oberfeldwebel)

Marineunterarzt des Beurlaubten-standes

Bootsmannsmaat

Obermaschinenmaat

Obersteuermanns-maat

Feuerwerksmaat

Verwaltungsmaat

Mechanikermaat

Matrosengefreiter als geprüfter Unter-offizieranwärter

Seekadett

Gefreiter

Obergefreiter

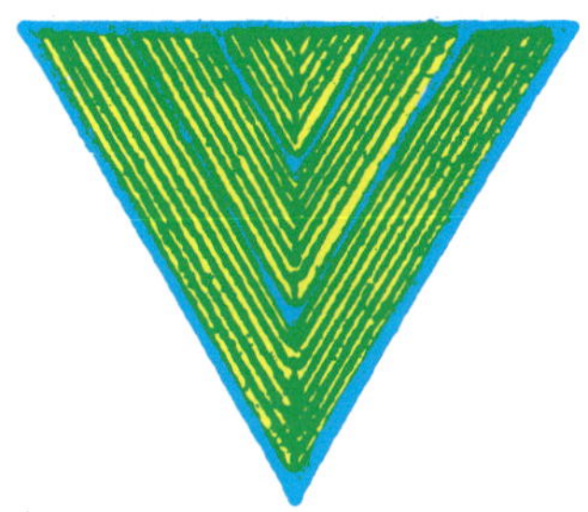
Hauptgefreiter

Stabsgefreiter

Oberstabsgefreiter

LAUFBAHNABZEICHEN

Seemännische Laufbahn

Maschinenlaufbahn

Steuermannslaufbahn

Signallaufbahn

Funklaufbahn

Fernschreiblaufbahn

Zimmermannslaufbahn

Feuerwerkerlaufbahn

Artilleriemechanikerlaufbahn

Torpedomechanikerlaufbahn

Sperrwaffenmechanikerlaufbahn

Verwaltungslaufbahn

Sanitätslaufbahn

Schreiberlaufbahn

Musiklaufbahn

Marineartillerielaufbahn

Kraftfahrlaufbahn

Flugmeldelaufbahn

ABZEICHEN FÜR SONDERAUSBILDUNG

Geschützführer Seeziel/Fla-Artillerie (kleine Einheiten)

Geschützführer Mittelartillerie (Schiffe und Zerstörer)

Geschützführer Schwere Artillerie

Schütze bzw. Beobachter leichte Fla-Artillerie

Geschützführer leichte Fla-Artillerie

Geschützführer schwere Fla-Artillerie

Entfernungsmesser mit Seeziel-E-Meß-ausbildung

Entfernungsmesser mit Seeziel- und Fla-Artillerieaus-bildung

Entfernungsmesser mit Unteroffizier-lehrgang

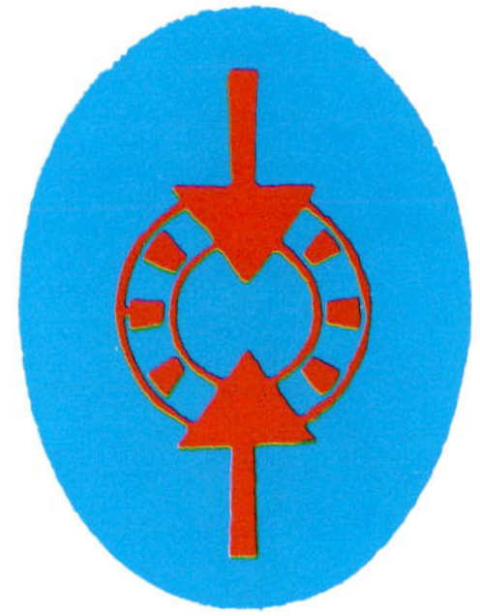

Waffenleitvor-mann

Waffenleitvor-mann (Artillerie, Flak, Küste)

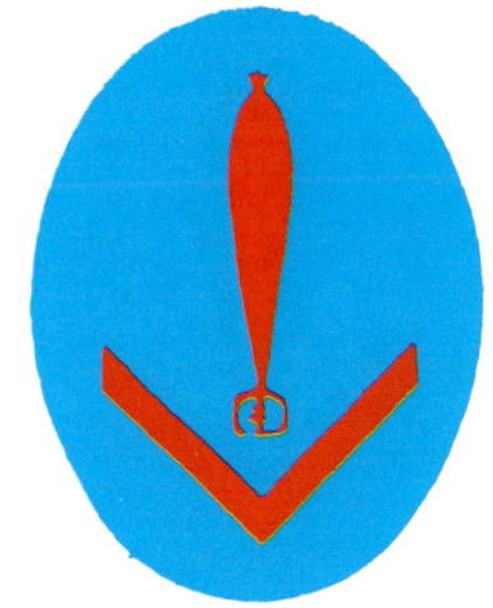

Torpedowaffen-leitvormann

Torpedowaffen-leitvormann II

Sperrmann

Sperrvormann

Schiffstaucher

Torpedotaucher

Uboot- und Ber-gungstaucher

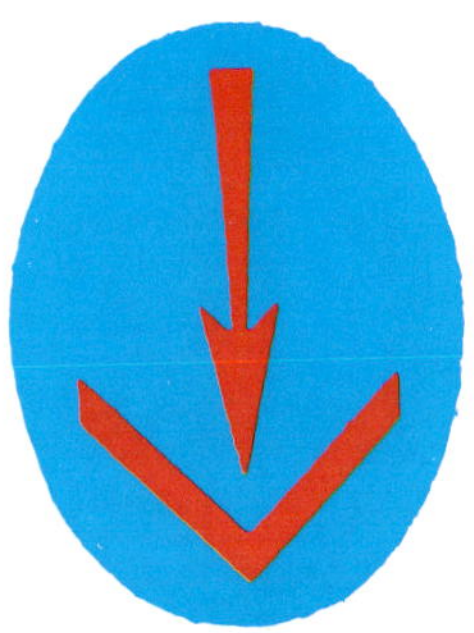

Unterwasserhorcher

Unterwasserhor-cher (Lehrgang für Unteroffiziere)

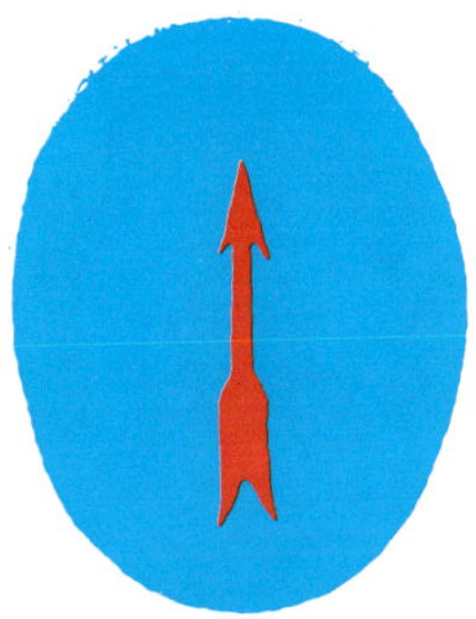

Flak-Horcher (Truppenausbil-dung)

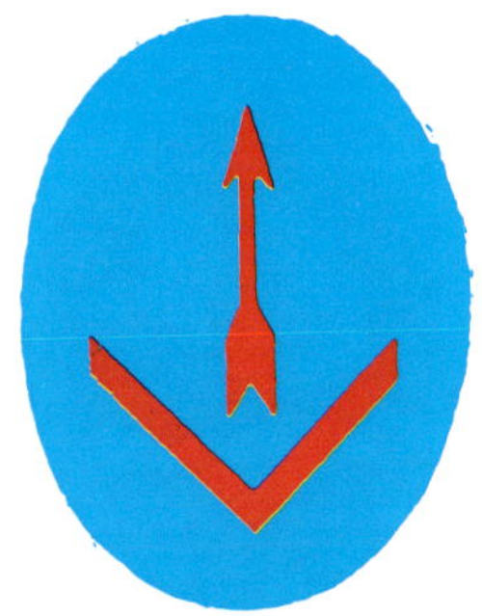

Flak-Horcher

Flak-Scheinwerfer-führer

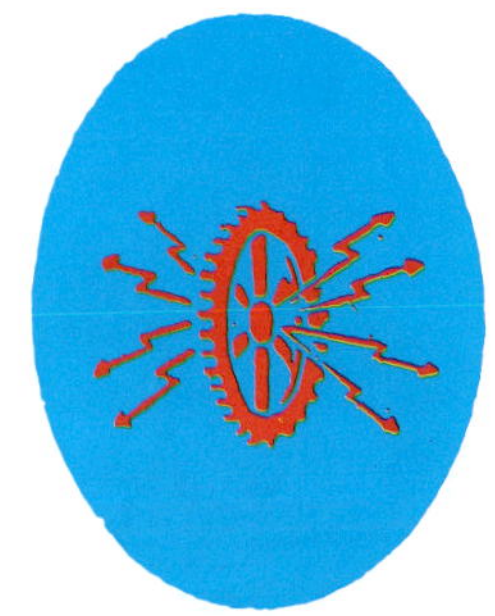

Technischer Scheinwerferlehr-gang Küste

Elektrotechnik-
Lehrgang III

Elektrotechnik-
Lehrgang II

Motorenlehrgang
III

Motorenlehrgang
II

Geschützführer
Küste (Truppen-
ausbildung)

Geschützführer
Küste

Fla-Geschützführer
(Truppenausbil-
dung)

Spielmann

SONDERABZEICHEN

Oben links: Dienstabzeichen des Wach-
offiziers

Oben rechts: Wachtmeister-Abzeichen
(Armbinde)

Oben: Beispiel für Ärmelabzeichen: Ma-
trosenhauptgefreiter als Unteroffizier-
diensttuer mit Sonderausbildung als
Schiffstaucher, kommandiert zum Stab
eines Geschwaders

AUSZEICHNUNGEN DER KRIEGSMARINE

Uboot-Kriegsab-
zeichen

Kriegsabzeichen für
Minensuch-, Uboot-
jagd- und Siche-
rungsverbände

Zerstörer-Kriegsab-
zeichen

Flotten-Kriegsab-
zeichen

Schnellboot-Kriegs-
abzeichen

Kriegsabzeichen für
Hilfskreuzer

BILDNACHWEIS

Sammlung Barilli 16; Bundesarchiv 77; Bibliothek für Zeitgeschichte 5; Blohm & Voß 4; Sammlung Breyer 95; Bünsen 3; Dieterle 1; Sammlung Dressler 21; Deutsche Werke Kiel 3; Freund 2; Frischkorn 2; van Ginderen 3; Gröner 2; Germaniawerft Kiel 1; Hartz 2; Helmus 4; Hoffmann 1; Kludas 2; Sammlung Koop 10; Sammlung Nerlich 6; PK-Aufnahmen 6; RAF 2; Schäfer 15; Schmalenbach 3; Urbahns 7; U.S. Fleet Air Base 1; Vent 1, Weltbild 1.
Zeichnungen: S. Breyer und Archiv Breyer.

Das Bild auf Seite 4 dieses Teils zeigt das Schlachtschiff BISMARCK zu Anfang des Jahres 1941, auf Seite 3 wird der Schiffsfriedhof in der Heikendorfer Bucht bei Kiel gezeigt, aufgenommen im Sommer 1945 mit dem Schweren Kreuzer ADMIRAL HIPPER als größtem Schiff, und auf Seite 6 ist das Panzerschiff DEUTSCHLAND auf Probefahrt zu sehen. Das Bild auf Seite 7 zeigt den Vorsteven des Schweren Kreuzers LÜTZOW, der 1940 an die Sowjetunion verkauft worden ist.

QUELLEN- UND LITERATURNACHWEIS ZU TEIL 4

Bidlingmeier: Der Einsatz der schweren Kriegsmarine-Einheiten im ozeanischen Zufuhrkrieg, Neckargemünd 1963

Bredemeier: Schlachtschiff SCHARNHORST, Jugenheim 1962

Brennecke: Schlachtschiff TIRPITZ, Hamm 1953

Brennecke: Eismeer, Atlantik, Ostsee, Herford 1963

Breyer, Koop: Von der EMDEN zur TIRPITZ (2 Bände), München 1980/81

Dülffer: Weimar, Hitler und die Marine, Düsseldorf 1973

Gröner: Die deutschen Kriegsschiffe 1835–1945, Band 1, München 1982

Hadeler: Der Flugzeugträger, München 1968

Hildebrand, Röhr, Steinmetz: Die deutschen Kriegsschiffe – Biographien – ein Spiegel deutscher Marinegeschichte von 1815 bis zur Gegenwart, Herford 1979–1982

Hubatsch: Die deutsche Besetzung von Norwegen und Dänemark, Göttingen 1952

Kähler: Schlachtschiff GNEISENAU, Herford 1979/1988

Lohmann, Hildebrand: Die deutsche Kriegsmarine, Bad Nauheim 1956–61

Peter: Schlachtkreuzer SCHARNHORST, Darmstadt 1951

Prager: Panzerschiff DEUTSCHLAND/Schwerer Kreuzer LÜTZOW, Herford 1981

Rohwer, Hümmelchen: Chronik des Seekrieges 1939–45, Oldenburg 1968

Ruge: Der Seekrieg 1939–45, Stuttgart 1954

Schmalenbach: PRINZ EUGEN . . . unter 3 Flaggen, Herford 1978

Wagner (Hrsg.): Lagevorträge des Oberbefehlshabers der Kriegsmarine vor Hitler 1939–45, München 1971

Witthöft: Lexikon zur deutschen Marinegeschichte, Herford 1977/78

DIE DEUTSCHE KRIEGSMARINE

SIEGFRIED BREYER/GERHARD KOOP

Teil 4 **1935 - 1945**

**Schlachtschiffe · Panzerschiffe · Kreuzer ·
Entstehung, Einsatz und Ende der »Dickschiffe«**

INHALT VON TEIL 4

VORWORT ZU TEIL 4

> "In diesem Kriege, der etwa acht Jahre vor dem Zeitpunkt ausbrach, zu dem wir leidlich die 35% gemäß dem Flottenvertrag vom 18. Juni 1935 gebaut haben konnten – in diesem Kriege kann das Wenige, was fertig ist oder noch kriegsbereit wird, nur anständig kämpfend untergehen."

Dies schrieb der Oberbefehlshaber der Kriegsmarine, Großadmiral Raeder, unter dem Eindruck der zwei Tage nach Beginn der deutschen militärischen Operationen gegen Polen in den Krieg eintretenden Westmächte, von denen Großbritannien die beherrschende Seemacht der Welt war und auch Frankreich eine noch den Deutschen weit überlegene Flotte unterhielt. Zu Beginn dieses neuen Krieges in Europa bestand die deutsche Flotte aus nur zwei Schlachtschiffen, drei Panzerschiffen, zwei Schweren und sechs Leichten Kreuzern sowie 34 Zerstörern und Torpedobooten und 57 Ubooten. Ihr gegenüber verfügten die Gegner über ein Vielfaches an schwimmendem Material. Es gehörte sicher nicht viel Weitblick dazu, schon zu diesem Zeitpunkt den Ausgang des ungleichen Waffengangs abzusehen.

Dieser Teil berichtet über die großen Einheiten der Kriegsmarine, also über ihre Schlachtschiffe, Panzerschiffe und Kreuzer, und zwar unter Einschluß all jener, die nicht mehr fertig wurden oder überhaupt nur Projekte blieben.

Das langfristige Ziel der damaligen deutschen Außenpolitik war die Verständigung mit Großbritannien; zunächst sah es so aus, als sollten sich diese Hoffnungen erfüllen. Ein Markstein dafür war das 1935 abgeschlossene deutsch-britische Flottenabkommen. Hitlers Grundidee war es, daß die Engländer ihm freie Hand in Osteuropa gäben, wenn er für ihre überseeischen Interessen einträte und somit zum Bestand ihres Weltreiches beitrüge. Diese Hoffnungen erfüllten sich jedoch nicht, nachdem die Engländer sich über die von ihnen 1938 in bezug auf den Anschluß Österreichs an das Reich und wenige Monate später durch die Eingliederung des Sudetenlandes gegebenen Konzessionen hinaus nicht länger mehr zu Zugeständnissen bereit erklärten. Als Hitler schließlich erkennen mußte, daß England zu den Gegnern des Reiches gezählt werden mußte, befahl er einen großzügigen Ausbau der Kriegsmarine. Dieser Ausbau bedeutete eine konsequente Durchführung eines strategischen Denkens, das in diesem Ausmaß der vergangenen Kaiserlichen Marine fremd geblieben war. Aber dieses gigantische Vorhaben kam nicht über seine Anfänge hinaus. Der bald danach ausbrechende Krieg machte ihn zunichte. Anders als beim relativ hochgerüsteten Landheer und der neu aufgebauten schlagkräftigen Luftwaffe kam dieser Krieg im Blickfeld der Marine viel zu früh.

Der vorliegende Teil will vor allem die politisch-militärisch-technische Entwicklung der großen deutschen Kriegsschiffe nachzeichnen und bedient sich dabei in erster Linie der Bilddokumentation. Zugleich aber soll eine Aufbauleistung dokumentiert werden, wie sie in einem Zeitraum von nur zwei Jahrzehnten nicht größer und gewaltiger sein konnte und an deren Beginn der schon bei der Indienststellung nicht mehr recht zeitgemäße Kreuzer EMDEN stand, von dem aus der Weg bis hin zu den Schlachtschiffen BISMARCK und TIPRITZ führte, die noch heute als Inbegriff der großen deutschen Kriegsschiffe gelten müssen.

DIE DEUTSCHE MARINE BIS 1934

Als am 30. Januar 1933 die zu einer Koalition zusammengeschlossenen Nationalsozialisten und Deutschnationalen mit Hitler als Reichskanzler die Regierungsgeschäfte übernahmen, verfügte das Reich über eine bewaffnete Macht – die "Reichswehr" –, welche aus 100.000 Mann Reichsheer und 15.000 Mann Reichsmarine bestand (Luftstreitkräfte waren nicht gestattet). So hatten es die Siegermächte in dem am 28. Juni 1919 in Versailles abgeschlossenen Friedensvertrag festgelegt, der in weiten Kreisen der Nation eher als Diktat denn als friedenförderndes und friedenerhaltendes Vertragswerk empfunden wurde und in der Tat den Keim für neues Unheil in sich barg, das nur zwei Jahrzehnte später zunächst über Europa und dann über weite Teile der Welt hereinbrach.
Was dieser Vertrag der Marine beließ, hatte kaum noch militärischen Wert. Ihre aus modernen Schiffen bestehende Hochseeflotte hatte sie nach dem Waffenstillstand nach Scapa Flow in die Internierung überführen müssen; sie endete dort am 21. Juni 1919 durch Selbstversenkung. Ein Großteil des noch in den Heimathäfen liegenden und inzwischen demobilisierten Flottenbestandes mußte danach ebenfalls abgeliefert werden und wurde unter den Siegermächten aufgeteilt. Übrig blieb am Ende nur eine Handvoll weitgehend veralteter, von keinem Gegner mehr ernstgenommener Einheiten.
Dies waren im wesentlichen die Vertragsbestimmungen von Versailles, soweit davon die Marine und ihre größeren Einheiten betroffen waren:
Der Artikel 181 setzte ihre zahlenmäßige Stärke fest. Demnach durfte sie höchstens sechs Linienschiffe der DEUTSCHLAND- und BRAUNSCHWEIG-Klasse, sechs Kleine Kreuzer und 24 Zerstörer und Torpedoboote im Dienst und je zwei weitere Linienschiffe und Kleine Kreuzer sowie vier Zerstörer und Torpedoboote als Reserve umfassen.
Im Artikel 183 war die Kopfstärke der Marine festgelegt: 15.000 Mann insgesamt, davon nicht mehr als 1.500 Offiziere und Deckoffiziere.
Der Artikel 190 regelte die Größe und Zulässigkeit zukünftiger Ersatzbauten. Darin wurde festgelegt, daß Panzerschiffe [1] keine größere Wasserverdrängung als 10.000 t haben durften. Für Kreuzer wurden 6.000 t festgelegt, für Zerstörer 800 t und für Torpedoboote 200 t. Mit Ausnahme in einem Verlustfall durften die vorhandenen entsprechenden Schiffseinheiten erst dann ersetzt werden, wenn seit ihrem Stapellauf 20 Jahre (Panzerschiffe und Kreuzer) bzw. 15 Jahre (Zerstörer und Torpedoboote) vergangen waren.

Nach Artikel 191 war der Bau und Erwerb von Ubooten verboten. Weitere Artikel begrenzten die an Bord und in der Reserve befindlichen Mengen an Waffen, Munition und Kriegsmaterial, schrieben die Dienstzeit der Marineangehörigen vor und zwangen zur Schleifung von Küstenbefestigungen.
Mit diesem Vertrag war die Marine in einem Maße geknebelt, daß eine kontinuierliche Modernisierung nur schwerlich oder überhaupt nicht durchführbar schien. Das ihr belassene Schiffsmaterial stammte aus der Zeit der Jahrhundertwende und hatte, soweit es überhaupt noch fahrbereit war, kaum noch praktischen Wert. Es lag daher auf der Hand, daß die Ersatzfrage alsbald akut werden mußte, zumal für alle Linienschiffe und Kreuzer die Voraussetzungen des Artikels 190 in Kürze eintreten würden oder überhaupt bereits gegeben waren. Damals verfügte die Reichsmarine an größeren Einheiten (in Klammern dahinter jeweils das Stapellaufdatum) über den folgenden Bestand:

Linienschiffe		Kleine Kreuzer	
BRAUNSCHWEIG	(20.12.1902)	NIOBE	(18. 7.1899)*)
ELSASS	(26. 5.1903)	NYMPHE	(21.11.1899)*)
HESSEN	(18. 9.1903)	THETIS	(3. 7.1900)
LOTHRINGEN	(27. 5.1904)*)	AMAZONE	(6.10.1900)
HANNOVER	(29. 9.1905)	MEDUSA	(5.12.1900)
SCHLESIEN	(28. 5.1906)	ARCONA	(22. 4.1902)
SCHLESWIG-HOLSTEIN	(17.12.1906)	HAMBURG	(25. 7.1903)
PREUSSEN	(30.10.1903)*)	BERLIN	(22. 9.1903)

Die nach dem verlorengegangenen Krieg und wegen der auferlegten hohen Reparationen mehr als desolate Finanzlage des Reiches setzte jedoch ganz enge Grenzen und machte die Hoffnungen und Forderungen der Marine zunichte, ihr Schiffsmaterial innerhalb einer überschaubaren Zeitspanne durch Neubauten ersetzen zu können. Vielmehr mußte sie sich auf nicht absehbare Zeit mit dem Vorhandenen zufriedengeben und daraus das Beste herauszuholen versuchen.

*) = Reserveschiffe

1) Die Bezeichnung "Panzerschiff" war bis dahin in der deutschen Marine nicht offiziell, sondern richtete sich nach der Terminologie des Versailler Vertrages, der von "Cuirassés" sprach, also von Panzerschiffen.

Im Januar 1925 brachte die Reichsmarine das 20 Jahre alte Linienschiff HESSEN wieder in Fahrt, nachdem dieses schon Ende 1916 außer Dienst gestellt und desarmiert worden war. Die HESSEN hatte noch an der Skagerrakschlacht teilgenommen, aber dabei hatte sich in gravierender Weise herausgestellt, daß Schiffe ihres Typs den zeitgemäßen Ansprüchen nicht mehr gewachsen waren und für die Flotte eher eine Belastung darstellten als eine Unterstützung. Nach fast zehn Jahren aktiver Reichsmarinezeit wurden dann auf ihr Flagge und Wimpel niedergeholt. Auf diesem Bild ist sie im Mai 1931 in Hamburg zu sehen, wo sie zur Skagerrakfeier festgemacht hatte.

Das Linienschiff SCHLESIEN, hier genau von Backbord querab gesehen. Ursprünglich hatte dieses Schiff, wie auch seine Schwesterschiffe, drei Schornsteine, doch wurden die beiden vorderen anläßlich der 1926/27 vorgenommenen Modernisierungsarbeiten zusammengefaßt; dies war im Zusammenhang mit dem Ausbau von acht der zwölf kohlenbefeuerten Kessel und ihrem Ersatz durch ebensoviele Öl-kessel erfolgt. Die restlichen Kohlekessel wurden erst 1939 ausgebaut.

Das Linienschiff SCHLESWIG-HOLSTEIN diente von Februar 1926 bis September 1935 – also fast zehn Jahre lang – als Flottenflaggschiff. Seiner Wiederindienststellung war ein ähnlicher Modernisierungsumbau vorausgegangen wie jener der SCHLESIEN. Eine für die frühen 30er Jahre noch seltene Luftaufnahme zeigt die SCHLESWIG-HOLSTEIN von einem Zeppelin aus gesehen.

Das Linienschiff SCHLESIEN nahm ebenfalls noch an der Skagerrakschlacht teil und wurde danach wie seine Schwesterschiffe aus der Front gezogen. In den ersten Jahren der Reichsmarine-Ära lag sie in Reserve. Nachdem sie einem bescheideneren Modernisierungsumbau unterzogen worden war, begann für sie mit der Indienststellung im März 1927 eine neue Periode aktiven Daseins. Hier sieht man die SCHLESIEN von einer Brücke des Nord-Ostsee-Kanals, aufgenommen genau von achtern.

Im Mai 1927 stattet Reichspräsident von Hindenburg erstmals der Marine einen Besuch ab. Hierzu schifft er sich auf der erst zwei Monate zuvor wieder in Dienst gestellten SCHLESIEN ein, die ihn nach Flensburg bringt, wo er die Marineschule in Mürwik besucht. Auf diesem Bild sieht man die SCHLESIEN vor der Marineschule liegen, nachdem der Reichspräsident von Bord gegangen ist. Im Vortopp weht die Flagge des Befehlshabers der Seestreitkräfte der Nordsee (BSN), zu dieser Zeit ein Konteradmiral.

Noch ein anderes altes Linienschiff diente als ferngelenktes Zielschiff, nämlich die um die Jahrhundertwende gebaute ZÄHRINGEN. Sie war bereits 1916 aus dem aktiven Bestand der Kaiserlichen Marine herausgenommen worden und diente nur noch als Exerzier- und Heizerschulschiff. 1926–27 wurde sie dann auf der Wilhelmshavener Marinewerft zum ferngelenkten Zielschiff umgebaut. Von den Bestimmungen des Versailler Vertrages war sie infolge ihres hohen Alters und Zustandes nicht mehr berührt worden. Das Bild zeigt die ZÄHRINGEN kurz nach dem Umbau.

Bei ihrer Wiederindienstnahme durch die Reichsmarine erhielten die beiden Linienschiffe SCHLESIEN und SCHLESWIG-HOLSTEIN eine ihrer Rolle als nunmehr stärkste Kampfschiffe der Flotte angemessene Flakbewaffnung. Aber dafür standen nur Geschützmodelle zur Verfügung, die schon kurz vor Beginn des Ersten Weltkrieges einführungsreif geworden und inzwischen durch die Entwicklung weitgehend überholt waren. Auf diesem Bild sind die beiden Steuerbord-8,8-cm-Flak auf einem dieser Schiffe zu sehen; sie wurden erst 1944 gegen moderneres Geschützmaterial ausgewechselt.

Mitte der 30er Jahre schieden die beiden alten Linienschiffe SCHLESIEN und SCHLESWIG-HOLSTEIN aus dem aktiven Flottendienst aus und wurden zu Kadettenschulschiffen umgebaut. Als solche unternahmen sie bis 1939 zahlreiche ausgedehnte Ausbildungsreisen, die sie bis nach Übersee führten. Hier sieht man die SCHLESIEN als nunmehriges Kadettenschulschiff; die Aufnahme stammt von etwa 1937/38.

Die am 12. November 1934 vollzogene Außerdienststellung bedeutete für das Linienschiff HESSEN nicht das Ende seiner Laufbahn. Ungeachtet dessen, daß es am 31. März 1935 aus der Liste der Kriegsschiffe gestrichen wurde, blieb es der Marine erhalten, aber in einer anderen Konfiguration: Im April 1935 begann auf der Kriegsmarinewerft Wilhelmshaven der Umbau zum ferngelenkten Zielschiff. Dabei wurde sie um ca. 10 m verlängert, erhielt einen ausgedehnteren Panzerschutz und Korkfüllungen in einzelnen Räumen und Abteilungen. Die Maschinen- und Ruderanlagen wurden auf Fernlenkung über Funk umgestellt und das Schiffsäußere völlig verändert. Der Umbau war nach zweijähriger Dauer abgeschlossen, ab Juli 1937 gehörte sie – von jetzt an unter Reichsdienstflagge fahrend – dem Fernlenkverband an. Das erste Übungsschießen auf sie erfolgte bereits im August 1937, und zwar durch den Kreuzer LEIPZIG. Die HESSEN überdauerte den Krieg und wurde im Januar 1946 an die Sowjetunion abgeliefert, wo sie unter dem Namen TSEL noch einige Jahre lang weiterverwendet wurde. Das Bild zeigt die HESSEN im Winter 1941/42 in der eisbedeckten Ostsee.

Total veraltet war der Kreuzer NYMPHE, der um die Jahrhundertwende gebaut worden war, aber schon bei Kriegsausbruch 1914 nur noch für den Vorpostendienst herangezogen wurde. Gleichwohl sah sich die Reichsmarine gezwungen, ihn wieder in Fahrt zu bringen. Dies erfolgte 1924, nachdem an ihm einige Modernisierungsarbeiten vorgenommen worden waren. Dieses im März 1926 aufgenommene Bild zeigt den wieder in Dienst gestellten Veteranen in Fahrt.

Der Kleine Kreuzer ARCONA, ein Schwesterschiff von NYMPHE und AMAZONE und ebenso betagt wie jene, diente nach einer kurzen aktiven Dienstzeit bei der Reichsmarine seit 1923 als Wohnschiff und fristete sein Dasein in verschiedenen Häfen, zuletzt in Wilhelmshaven. Unter dem Eindruck der sich stetig verschärfenden alliierten Luftkriegsführung wurde beschlossen, die vielfach über die Nordsee anfliegenden Bomberverbände schon vom Küstenvorfeldbereich aus zu bekämpfen, wozu Schwimmende Flakbatterien in entsprechenden Positionen vor Anker gelegt werden sollten. Für diese Verwendung boten sich diese alten, längst stillgelegten Kreuzerveteranen an. Einer von diesen war die ARCONA, die mit fünf 10,5-cm-Flak und einer Anzahl von Maschinenwaffen ausgerüstet wurde. Ein "Flakkreuzer" ist sie allerdings dadurch nicht geworden, denn sie hatte schon lange keine Maschinenanlage mehr und konnte daher nur noch im Schlepp bewegt werden.

Ebenso alt und verbraucht wie die NYMPHE war die AMAZONE, als sie im Dezember 1923 von der Reichsmarine wieder in Fahrt gebracht wurde, nachdem sie schon 1917 den aktiven Dienst verlassen hatte. Ihr Dasein bei der Reichsmarine endete Anfang 1930, doch blieb sie als Wohnschiff bis über das Kriegsende hinaus erhalten, zunächst in Kiel liegend, später in Wilhelmshaven und zuletzt in Bremen. Dieses 1946 in Bremen aufgenommene Bild zeigt sie als Wohnschiff für Flüchtlinge. Ihr Dasein endete Mitte der 50er Jahre durch Verschrottung.

Der erste Neubaukreuzer

Zwar frühzeitig – nämlich im Haushalt von 1921, also drei Jahre nach Kriegsende – wurde mit dem "Kreuzer A" ein erster Neubau (ausgewiesen als Ersatz für die überalterte NIOBE) bewilligt.[2] Dieser blieb jedoch in mehr als einer Beziehung ein Behelf: Einerseits war es wegen Personalmangels in der Marine-Konstruktionsabteilung nicht möglich, alsbald einen völlig neuen Entwurf zu erarbeiten (weshalb man sich gezwungen sah, an Konstruktion und Linienriß der letzten Kriegskreuzer anzuknüpfen), und andererseits verhinderten die Alliierten einen Kampfwertzugewinn, indem sie die Entwicklung und Fertigung eines neuen 15-cm-Geschützes verhinderten, von dem acht Stück in Mittschiffs-Doppellafetten-Aufstellung vorgesehen waren. So mußte auch in dieser Hinsicht auf Vorhandenes zurückgegriffen werden, das schon längst nicht mehr zum Modernsten zählte. Damit entstand ein Schiff, dessen tatsächlicher Kampfwert in keinem Verhältnis zur Baukosteninvestition stand – ohne Zweifel ein von den Siegern gewollter Effekt zur Schwächung der deutschen Marine noch über die Bestimmungen des Versailler Vertrages hinaus. Der "Kreuzer A" kam nur langsam voran, weil die mehr als knappen Geldmittel "gestreckt" werden mußten (was allerdings der Sicherung der Arbeitsplätze auf der beauftragten Werft zugute kam). Erst Anfang 1925 konnte er zu Wasser gebracht werden, dabei erhielt er in Fortführung der Tradition des 1914 verlorengegangenen Kreuzers EMDEN dessen Namen.

Zu den bereits genannten Schwächen dieses ersten Kreuzers der neuen deutschen Marine kamen weitere hinzu: Seine Antriebsanlage ließ nur 29,5 kn Höchstfahrt zu, und ein Teil der Kessel hatte noch Kohlenfeuerung – dies alles zu einer Zeit, in der die meisten anderen Marinen längst im Kreuzerbau zu ausschließlich ölbeheizten Kesseln übergegangen waren und die Geschwindigkeit nicht unter 30 kn lag. Eines aber hatte die neue EMDEN ihren ausländischen "Artgenossen" voraus: Auf sie gehen die Anfänge der elektrischen Schweißung im Schiffbau zurück, die in Deutschland bald in hoher Blüte stehen sollte und den Vorteil einer deutlichen Gewichtseinsparung mit sich brachte. Aber dies war nicht im Zuge eines Innovationsstrebens erfolgt, sondern eher als Improvisation: Weil wegen der Besetzung des Ruhrgebietes durch die Alliierten die erforderlichen Form- und Profilstähle ausblieben, mußten greifbare Winkelstähle genutzt werden, deren Kanten mit den Platten verschweißt wurden. Die dabei gemachten Erfahrungen und die zutage tretenden Resultate waren ermutigend genug, um die Entwicklung der Elektroschweißtechnik im Schiffbau mit Vehemenz voranzutreiben.

[2] Ursprünglich hatte nach den Vorstellungen der Marine ein im Krieg begonnener, dann aber unvollendet liegengebliebener Kreuzer der CÖLN (II)-Klasse fertiggebaut werden sollen, was erheblich billiger gekommen wäre. Aufgrund des Einspruchs der Siegermächte mußte davon Abstand genommen werden.

Die in Spanten heranwachsende EMDEN auf der Helling, umgeben von dem hölzernen Leerspantengerüst.

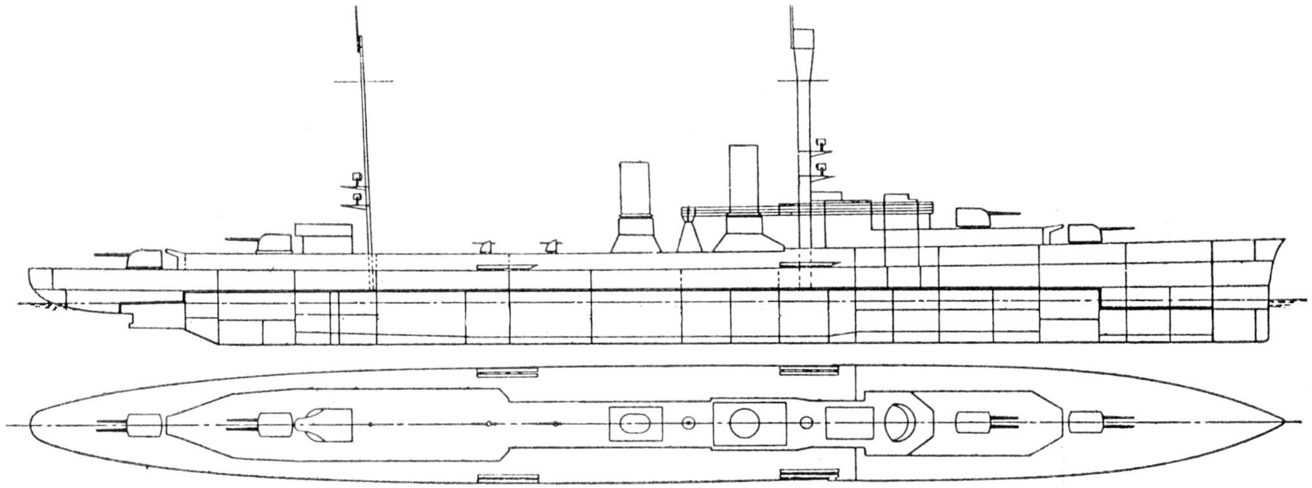

So sollte der Kreuzer EMDEN nach der ursprünglichen Planung aussehen: die 15-cm-Geschütze in Doppellafetten mit Schutzschilden und vier Zweier-Torpedorohrsätzen. Aber die von den Siegermächten eingesetzte Abrüstungskommission erhob hiergegen Widerspruch und erzwang so eine Entwurfsänderung: Die Zahl der 15-cm-Geschütze durfte zwar beibehalten werden, aber die Aufstellung konnte nurmehr in Einzellafetten erfolgen, wobei die Hälfte in Breitseitaufstellung auf den Seitendecks untergebracht werden mußte; die Zahl der Torpedorohrsätze wurde auf zwei verringert.

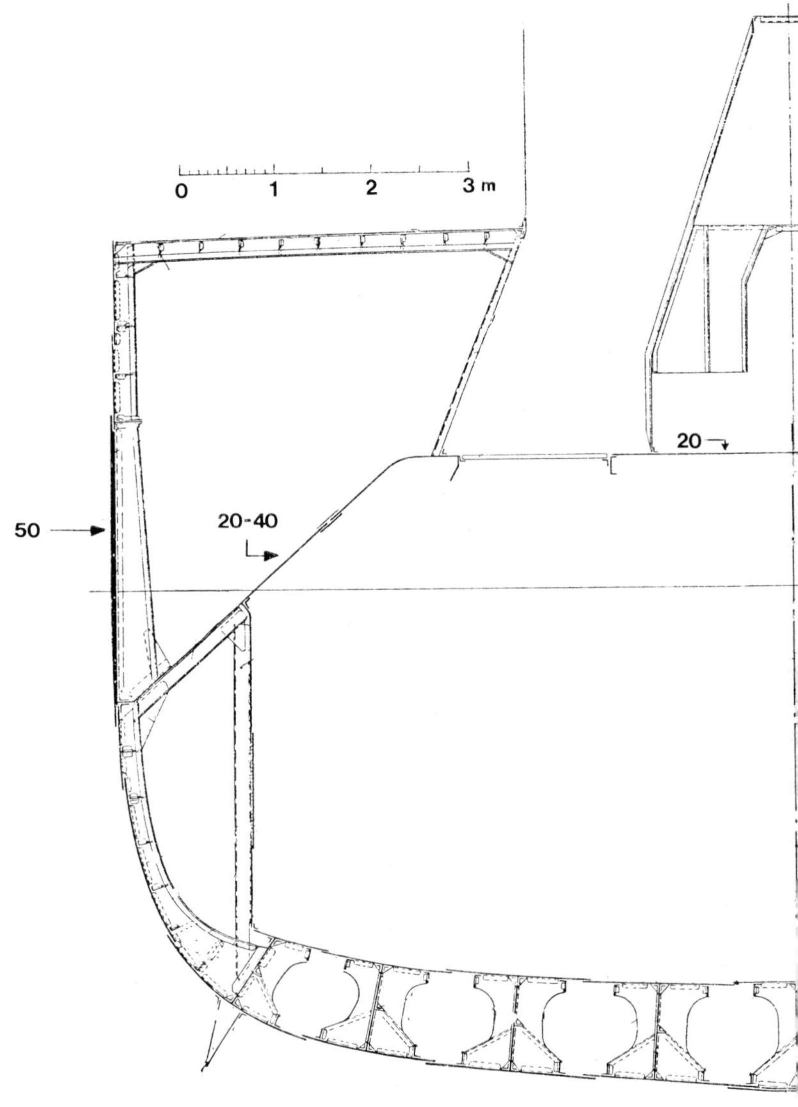

Bei der vorgegebenen Schiffsgröße der EMDEN blieben für die Panzerung des Kreuzerneubaus nur bescheidenere Gewichtsanteile übrig. Damit entsprach er in etwa dem Standard der im Kriege gebauten Kreuzer, doch konnte im Gegensatz zu diesen bei ihm der Seitenpanzer nur eine Dicke von 50 mm erhalten, während seine Vorgänger auf 60 mm kamen. Dieser Schnitt durch die Hauptspantebene zeigt die Anordnung und Dicken der Panzerung (die Zahlen beziehen sich auf Millimeter).

Die Schiffskörperkonstruktion des Kreuzers EMDEN nähert sich ihrem Abschluß. Deutlich zu sehen sind die Unterbauten für die vorderen 15-cm-Geschütze. Im Bereich der auf den vorderen Seitendecks vorgesehenen 15-cm-Geschütze fehlen noch deren Unterbauten; ihre Positionen werden sie zu beiden Seiten des zum Kommandostand führenden Panzerrohres haben, wo die Decksbalken noch fehlen.

Die fehlenden Baugerüste und der Girlandenschmuck machen es deutlich: Der Kreuzer EMDEN ist stapellaufbereit.

So sah der Kreuzer EMDEN nach seiner Indienststellung aus. Weil der Vormars und die Schornsteine sich als Störfaktoren für seine Stabilität erwiesen, erfolgte noch im selben Jahr ein Abbau der zu hohen Toppgewichte, wozu der Röhrenmast und die beiden Schornsteine verkürzt wurden.

Der Kreuzer EMDEN in einem Trockendock in Auckland/Neuseeland im Juni/Juli 1929 anläßlich seiner fast genau ein Jahr dauernden Weltreise 1928/1929.

Die EMDEN in einem der Trockendocks der Wilhelmshavener Marinewerft. An der Backbordseite sind – auf Bootsmannsstühlen stehend – Besatzungsangehörige mit Außenbordarbeiten beschäftigt.

Die "K-Kreuzer"

Nachdem der Schiffbau-Etat von nur knapp 8 Millionen Reichsmark im Haushaltsjahr 1924 im Jahr darauf auf etwa die dreifache Größe angestiegen war, konnte ein zweiter Kreuzerneubau in Auftrag gegeben werden. Ihm folgten im Haushaltsjahr 1926 zwei weitere, nachdem dieser Posten eine Höhe von mehr als 50 Millionen Reichsmark erreicht hatte. Diese drei Neubauten – sie führten die Haushaltsbezeichnungen "Kreuzer B", "Kreuzer C" und "Kreuzer D" – waren als Ersatzbauten für die veralteten Kleinen Kreuzer THETIS, MEDUSA und ARCONA eingesetzt und stellten trotz ihrer größenmäßigen Beschränkung einen im Ausland viel beachteten Kreuzertyp dar: Bei ihm war die elektrische Schweißung des Schiffskörpers gewinnbringend in der Gewichtsrechnung auf mehr als 80 v. H. ausgedehnt worden, er erhielt eine separate Marschmotorenanlage, und seine Hauptartillerie wurde in geschlossenen Türmen mit je drei Rohren untergebracht.

Die drei Kreuzer erhielten die Namen der im Ersten Weltkrieg verlorengegangenen Kreuzer KÖNIGSBERG, KARLSRUHE und KÖLN und wurden deshalb inoffiziell vielfach als "K-Kreuzer" bezeichnet. Sie kamen in den Jahren 1929 und 1930 in Dienst und stellten für die Reichsmarine einen wesentlichen Kräftefaktor dar.

Einen wesentlichen Fortschritt – nicht zuletzt auch der gerade fertig gewordenen EMDEN gegenüber – bedeuteten die 1925 und 1926 in Bau gegebenen 6.000-t-Kreuzer. Als erster lief am 26. April 1927 der "Kreuzer B" vom Stapel, der auf den Namen KÖNIGSBERG getauft wurde. Das Bild auf der gegenüberliegenden Seite zeigt ihn, wie er gerade von der Helling gleitet. Am linken Bildrand die Nachbarhelling, auf welcher schon am "Kreuzer D" gebaut wird, der im Jahr danach zu Wasser kam. Auf dieser Seite sieht man den gerade aufgeschwommenen Schiffskörper, wie er von Schleppern an die Ausrüstungspier verholt wird.

Der Auftrag für den "Kreuzer C" – den zweiten seiner Klasse – erging an die Deutschen Werke in Kiel; zu Wasser kam er im August 1927, wobei er auf den Namen KARLSRUHE getauft wurde. Hier sieht man ihn gerade beim Aufschwimmen.

Der Stapellauf des "Kreuzers D" erfolgte im Mai 1928. Er bekam den Namen KÖLN zugeordnet; mit ihm wurde die Dreierserie komplett, die als die "K-Kreuzer" in der deutschen Marinegeschichte einen festen Platz belegen. Die Taufrede hielt Konrad Adenauer, damals Oberbürgermeister der Stadt Köln und nach dem Kriege erster deutscher Bundeskanzler. Auf diesem Bild sieht man links die ablaufende KÖLN und auf der Nachbarhelling den wenige Wochen zuvor begonnenen "Kreuzer E" mit dem ihn umgebenden Leerspantengerüst.

Der Kreuzer KÖLN in der Anfangsphase seiner Ausrüstungsarbeiten. Die Aufnahme stammt von etwa Anfang 1929. Vor dem Vorschiff der KÖLN heben sich Brückenhaus und Schornsteine des Torpedobootes WOLF ab, das sich der Fertigstellung nähert.

Der Leichte Kreuzer KÖLN kurz nach seiner Indienststellung, hier den Nord-Ostsee-Kanal passierend. In der ursprünglichen Ausführung galt seine Stabilität noch als zufriedenstellend, aber später verschlechterte sich diese infolge der nachträglich vorgenommenen hochliegenden Einbauten von mehr als 23 t Gesamtgewicht.

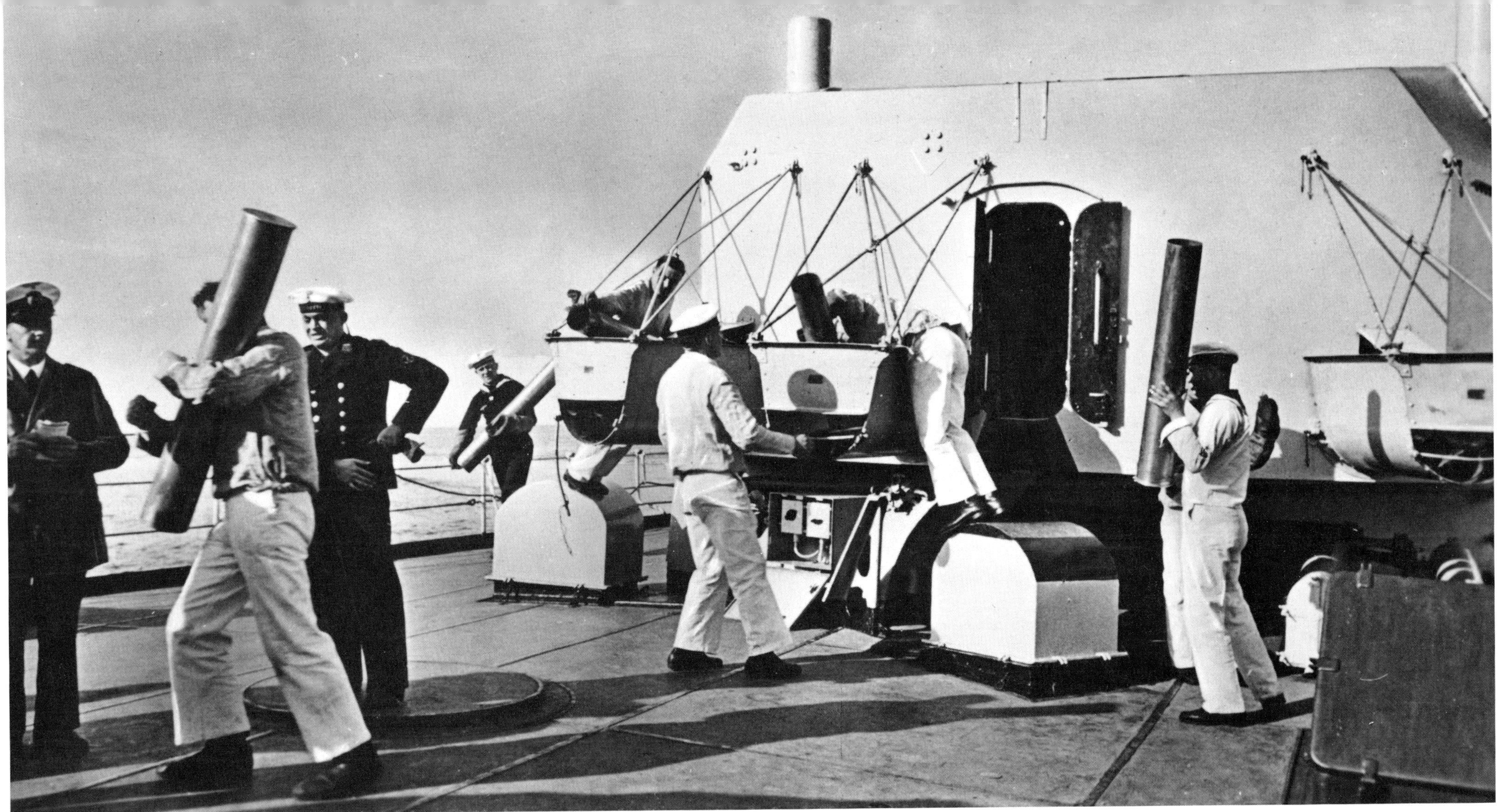

In artilleristischer Hinsicht stellten sich die "K-Kreuzer" als bemerkenswert innovative Lösung dar: Sie waren – neben den etwa gleichzeitig entstehenden viel größeren amerikanischen Kreuzern der PENSACOLA-Klasse – die ersten Kreuzer der Welt, deren Artillerie in Drillingstürmen zusammengefaßt war. Zu dieser Lösung hatten jene Zwänge geführt, die in Versailles festgeschrieben worden waren und die Größe beschränkten. Entscheidend kam es daher darauf an, Gewicht zu sparen, wo immer es möglich war. Zwillingstürme wären zwar eine naheliegende Möglichkeit gewesen, aber weil eine Beschränkung auf drei von solchen von der Geschützzahl her von vornherein Unterlegenheit jedem der damals als Gegenspieler anzusehenden Kreuzer bedeutet und andererseits eine Vermehrung auf vier Türme ein größeres Schiff gefordert hätte, kam man auf Drillingstürme. Ungewohnt war auch ihre Aufstellung: Indem die beiden hinteren Türme aus der Mittschiffslängsachse herausgenommen wurden, erhielten sie die Möglichkeit, mit größter Rohrerhöhung über Schornsteine und Vormars hinweg oder knapp daran vorbei nach voraus zu schießen, um das Vorausfeuer des vorderen Turms zu unterstützen. Hier die beiden achteren 15-cm-Drillingstürme des Kreuzers KÖNIGSBERG. Diese Aufnahme wurde am 26. August 1930 gemacht (linke Seite). Auf dem Bild auf dieser Seite blickt man auf den überhöht angeordneten der achteren Türme des Kreuzers KÖLN, der offenbar gerade ein Übungsschießen hinter sich gebracht hat; Besatzungsangehörige transportieren die Kartuschhülsen ab. Diese wurden nach dem Schuß aus dem Turm ausgeworfen und fielen dabei in Wannen, die zu diesem Zweck an die Turmrückwand angehängt worden waren. Auf diese Weise konnten sie einer Wiederverwendung zugeführt werden, anstatt über Bord zu gehen. Jeder dieser Türme hatte ein Gewicht von mehr als 135 t.

Der Kreuzer KARLSRUHE,elbaufwärts fahrend zu einem Besuch von Hamburg. Die Aufnahme ist vermutlich im Sommer 1933 entstanden. Von ihren Schwesterschiffen war die KARLSRUHE gut zu unterscheiden: Das entscheidende Merkmal dafür war der zweigeschossige Artilleriemars auf dem Röhrenmast.

Im April 1934 in Höhe von Blankenese fotografiert: Der elbaufwärts fahrende Kreuzer KÖNIGSBERG, der anschließend für vier Tage in Hamburg festmachte. Der vorgeheißte Doppelrahmen weist ihn als "Wegerechtler" aus: Entgegenkommende Schiffe sind ausweichpflichtig.

Die in den Friedensjahren zwischen den beiden großen Kriegen durchgeführten Ausbildungsfahrten waren nicht selten Übersee- oder gar Weltreisen und begannen und endeten stets mit einem Zeremoniell, das vielfach "großer Bahnhof" genannt wird. Hier wird am 30. November 1931 in Kiel der Kreuzer KARLSRUHE verabschiedet. Seine Reise brachte ihn zu den Westindischen Inseln und weiter nach Mexiko und Venezuela, dann durch den Panamakanal nach Honolulu/Hawaii und an die amerikanische Westküste und dann südwärts um Kap Hoorn nach New York und nach Europa zurück – insgesamt rund 38.000 Seemeilen wurden zurückgelegt, was einer 1 1/2-fachen Weltumrundung entsprach. Im Vordergrund blickt man auf den Backbord-Torpedorohrsatz.

Rückkehr von einer Auslandsausbildungsreise: Der Kreuzer KARLSRUHE beim Anlegen an die Tirpitzmole des Kieler Marinehafens. Diese Reise hatte 35 Wochen gedauert und kam einer Weltumrundung gleich: Sie führte durch das Mittelmeer via Suezkanal in den Indischen Ozean bis nach Australien und weiter über den Pazifik an die Westküste der Vereinigten Staaten; auf der Weiterreise passierte der Kreuzer den Panamakanal und besuchte die amerikanische Ostküste, von der aus er über Spanien in die Heimat zurückkehrte. Seine Rückkehr an diesem Junitag des Jahres 1935 wurde als großes Ereignis gefeiert. An der Innenseite der Mole liegen vier Torpedoboote, die der "Raubvogel"-Klasse angehören.

Die Panzerschiff-Entwicklung

Bei der Bemessung der Wasserverdrängung auf höchstens 10.000 t für neu zu bauende Panzerschiffe hatten die Siegermächte offenbar insgeheim die Hoffnung, daß es den deutschen Konstrukteuren nicht gelingen würde, daraus einen brauchbaren Typ zu entwickeln. Anfänglich schien es tatsächlich so, als würden sich diese Erwartungen erfüllen, denn die Ersatzfrage mußte, weil keine akzeptable Lösung in Sicht war, vertagt werden. Bewegung kam erst in diesen Sachkomplex, als ein sog. "Linienschiffskreuzer" vorgeschlagen wurde; es war eine Art von Symbiose zwischen einem Linienschiff und einem Kreuzer. Zwar wurde ein solcher Typ anfänglich noch verworfen, aber 1927 gab die Front seiner Gegner nach und man entschloß sich, diesen Typ als Übergangslösung zu akzeptieren und zwei Schiffe zu bauen, um dann aber über den Bau von stärkeren, in erster Linie standfesteren Schiffen zu beraten und zu entscheiden. Dies hätte jedoch fraglos eine Lockerung der Versailler Beschränkungen zur Voraussetzung gehabt.

So entstand ab Anfang 1929 das unter den im Reichstag vertretenen Parteien heftig umstrittene "Panzerschiff A" als Ersatzbau für die PREUSSEN. Es lief zwei Jahre später, auf den Namen DEUTSCHLAND getauft, vom Stapel. Seine Indienststellung erfolgte am 1. April 1933, genau zwei Monate nach dem "Machtwechsel". Ihrer Kampfkraft wegen wurde die DEUTSCHLAND im Ausland bewundernd-belächelnd als "Taschen-Schlachtschiff" bezeichnet. Was sie zu einer höchst bemerkenswerten Konstruktion werden ließ, war ihre Grundkonzeption, den Schlachtschiffen (von drei Ausnahmen abgesehen) an Geschwindigkeit und den Kreuzern an Artillerie überlegen zu sein. Der Weg dazu wurde durch mannigfaltige Fortschritte in der technischen Entwicklung gewiesen. Es waren dies einmal die Vorteile der elektrischen Schweißung und der dadurch zu erreichenden Gewichtseinsparung, und zum anderen das Erfahrungsgut im Umgang mit vielen hundert Uboot-Dieselmotoren während des Krieges; letzteres gab dann den Anstoß zur Entwicklung des Großdiesels als Alleinantrieb des neuen Panzerschiffs. Auch bei der Entwicklung des Panzermaterials gab es Fortschritte, die beim Entwurf bereits berücksichtigt werden konnten. Indessen war man sich in der Marineleitung darüber klar, daß diese "Trumpfkarte" nur für eine begrenzte Zeit ihre überragende Stellung einnehmen konnte. Mit der 1936 zu Ende gehenden, im Zuge der internationalen Flottenverträge vereinbarten Schlachtschiffbaupause würde man sie einbüßen.

Gleichwohl wurde im Haushalt von 1931 ein zweites und im Haushalt von 1932 auch noch ein drittes Panzerschiff in Auftrag gegeben. Das "Panzerschiff B" wies der DEUTSCHLAND gegenüber schon einige defensive Verstärkungen und Verbesserungen auf, wodurch seine Wasserverdrängung um einige hundert Tonnen zunahm. Noch mehr Tonnagesteigerung aber gab es bei dem "Panzerschiff C", das nach Standardrechnung um mehr als 1.700 t schwerer wurde als die bereits auf 10.600 t kommende DEUTSCHLAND; dessen ungeachtet wurde die Wasserverdrängung dieser drei Panzerschiffe amtlich stets mit 10.000 t angegeben. Dies ließ sich regierungs- und marineseitig durchaus vertreten, da keines dieser Schiffe einen Zugewinn an Kampfkraft – also an Bewaffnung – aufzuweisen hatte. Das "Panzerschiff B" kam am 1. April 1933 als ADMIRAL SCHEER zu Wasser (am gleichen Tag stellte die DEUTSCHLAND in Dienst), und das "Panzerschiff C" folgte am 30. Juni 1934 als ADMIRAL GRAF SPEE. Durch sie wurden die alten Linienschiffe LOTHRINGEN und BRAUNSCHWEIG ersetzt.

Das "Panzerschiff A" nach seiner endgültigen Planung im Schnitt. Es bedeuten: M = Motorenraum, G = Getrieberaum.

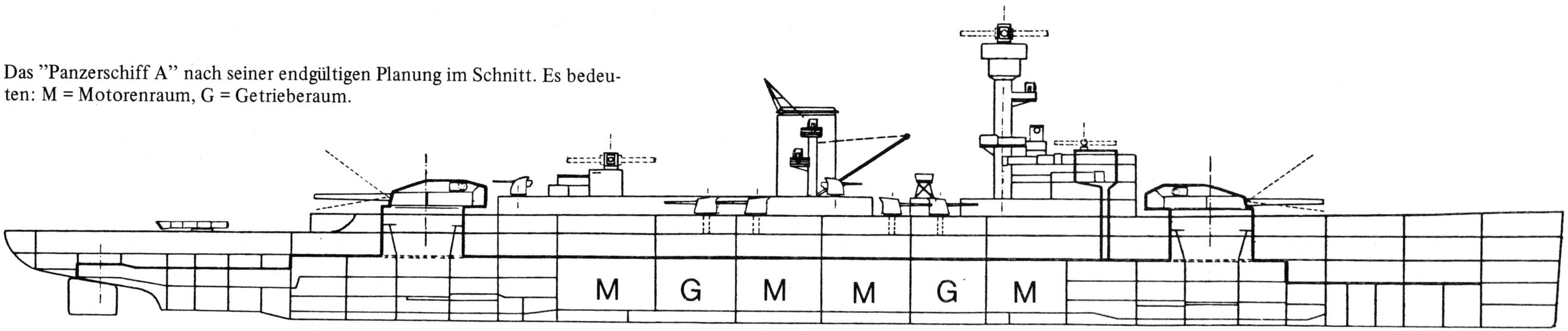

Nachdem das "Panzerschiff A" im Februar 1929 auf Kiel gelegt worden war, dauerte es noch mehr als zwei Jahre bis zum Stapellauf. Am 19. Mai 1931 war es soweit. Dieser Akt erhielt durch die Anwesenheit von Reichspräsident von Hindenburg noch eine besondere Note. Dabei gab es eine Panne besonderer Art: Noch bevor der Reichspräsident seine Rede beendet und den Taufakt vollzogen hatte, setzte sich der Schiffskörper in Bewegung und glitt in das Wasser, so, als ob er nicht früh genug in sein Medium gelangen könnte.

Der Bau des "Panzerschiffes A" war im Reich auf das heftigste umstritten und wurde von der politischen Linken mit einem beispiellosen Aufwand von Agitprop-Mitteln bekämpft und zu Fall zu bringen versucht. Demgegenüber verwiesen die befürwortende Reichsregierung und nahestende Parteien und Kreise unter anderem auf die von den Siegermächten propagierte und zugesicherte, letztlich aber nicht eingehaltene allgemeine Abrüstung. Veröffentlichungen wie dieses Beispiel sollten dabei deutlich machen, daß Deutschland lediglich an Stelle von veraltetem Schiffsmaterial einen ersten Ersatzbau beschafft (der in bezug auf Größe und Kampfkraft engsten Bestimmungen unterliegt), während Frankreich mit seinem mehr als doppelt so großen und viel stärkeren Schlachtschiffneubau DUNKERQUE als eine weit überzogene "Antwort" kontert.

Etwas länger als ein Jahr nach der Kiellegung des "Panzerschiffes A" erfolgte der Baubeginn des Artillerieschulschiffes "Ersatz DRACHE". Dieses war als Versuchsschiff für die völlig neue Maschinenanlage des Panzerschiffneubaus bestimmt und erhielt als erstes größeres Überwasser-Kriegsschiff Dieselmotoren als Antrieb; es war nicht – wie bis vor wenigen Jahren zugrundegelegt – die "genau halbe Anlage" des "Panzerschiffes A". In Wirklichkeit waren es zwar ebenfalls acht Motoren, aber diese gehörten einer anderen Type an und erbrachten insgesamt nur etwa halb soviel Leistung. Erprobt werden sollten auf diesem Neubau nicht die Motoren als solche, sondern die Anlagen in ihrer Gesamtheit und dabei hauptsächlich ihre Schaltungsmöglichkeiten. Dieses Bild entstand beim Stapellauf des neuen Artillerieschulschiffes am 24. Januar 1931, wobei es den Namen BREMSE erhielt.

27. Februar 1933: Das Panzerschiff DEUTSCHLAND nach dem erstmaligen Verlassen der Bauwerft im Nord-Ostsee-Kanal auf dem Wege zur Abnahmefahrt, die in der Nordsee vorgenommen wurde. Hier fährt das Schiff noch unter der Handelsflagge. Im Vortopp ist die Werftflagge gesetzt, und dies bedeutet, daß die Fahrt unter der Verantwortung der Werft von Werftpersonal erfolgt.

Nur wenige Wochen dauerte es, bis nach dem Stapellauf des auf den Namen DEUTSCHLAND getauften ersten Panzerschiffes ein zweites auf Kiel gelegt wurde. Dieses – das "Panzerschiff B" – war als Ersatzbau für das Linienschiff LOTHRINGEN in Bau gegeben worden und nicht weniger umstritten als das erste, konnte aber schließlich doch mit einer nur hauchdünnen Mehrheit im Reichstag durchgebracht werden. Gegenüber der DEUTSCHLAND wurden bei ihm einige Verbesserungen und Verstärkungen vorgenommen, was zu einer – amtlich jedoch stets verschwiegenen – Mehrverdrängung von knapp 1.000 ts führte. Auf diesem Bild ist das "Panzerschiff B" genau von achtern zu sehen, offenbar von einem Baukran aus aufgenommen. Die oberen Decks sind bereits geschlossen, Öffnungen bestehen nur noch im Bereich der Maschinenanlagen und der beiden schweren Türme, deren Unterbauten noch nicht montiert sind. Dieses Bild dürfte in der zweiten Hälfte des Jahres 1932 entstanden sein.

Zu Seite 31: Für die Reichsmarine war der 1. April 1933 ein ganz besonderes Datum: An diesem Tage erfolgte die Indienststellung des Panzerschiffes DEUTSCHLAND und der Stapellauf des "Panzerschiffes B", das auf den Namen ADMIRAL SCHEER getauft wurde. Das obere Bild zeigt das Antreten der Besatzung auf dem Achterschiff der DEUTSCHLAND zur Indienststellungszeremonie; gut erkennbar sind hier die beiden Vierlings-Torpedorohrsätze, denen die kalottenförmige Abdeckung noch fehlt. Auf dem Bild unten gleitet das auf den Namen ADMIRAL SCHEER getaufte zweite Panzerschiff in sein Element.

Das "Gesicht" des Panzerschiffes DEUTSCHLAND: Ein kompakter Brückenaufbau mit einem massiven Röhrenmast als Träger von Feuerleitmitteln und dahinter ein einzelner Schornstein. Damit wurde der mit den "K-Kreuzern" begonnene "new look" im damaligen deutschen Kriegsschiffbau konsequent fortgeführt.

Das Panzerschiff ADMIRAL SCHEER an der Pier des Ausrüstungshafens der Marinewerft Wilhelmshaven im Herbst 1934 vor der Indienststellung. Es fehlen u. a. noch die E-Meßdrehhauben, das Katapult, das Ladegeschirr und ein Teil der FlaWaffen.

Das Panzerschiff ADMIRAL SCHEER wurde im November 1934 in Dienst gestellt. Hier ist es etwa ein Jahr danach in der Kieler Förde, an der Festmachertonne liegend, zu sehen, schon mit der neuen, am 7. November 1935 eingeführten Reichskriegsflagge und dem Hoheitsadler als Heckemblem.

Das Panzerschiff ADMIRAL SCHEER war die erste schwimmende Einheit der Kriegsmarine, die von Anbeginn mit einem Bordflugzeug ausgerüstet war und über eine Flugzeugschleuder verfügte. Auf dem Panzerschiff DEUTSCHLAND ist diese Einrichtung erst im Sommer 1935 installiert worden. Beide Panzerschiffe unterschieden sich – obwohl im Grundentwurf nahezu baugleich – im äußeren Design beträchtlich voneinander: Während die DEUTSCHLAND noch mit einem schlanken, für die damalige deutsche Entwurfspraxis charakteristischen Röhrenmast ausgerüstet wurde, ging man von ADMIRAL SCHEER ab zu einem kompakten Turm über; sein Vorteil bestand darin, daß sein Inneres bedeutend mehr umschlossenen Raum – weil in mehreren Ebenen übereinander – bot, als es sonst möglich gewesen wäre. Auf diese Weise konnten bestimmte Räume in seinem Inneren errichtet und so das Innenschiff entlastet werden. Andererseits ist durch eine solche Turmmastform die Silhouette beträchtlich vergrößert worden, was im Gefecht dem Gegner zugute kommen konnte. Für diese viel fülligere Mastform wurde logischerweise an Oberdeck eine größere Grundfläche benötigt, was den Abstand zum Schornstein verringerte. Dies war der Grund, weshalb auf der DEUTSCHLAND das Katapult v o r dem Schornstein installiert wurde, während es auf ADMIRAL SCHEER und ADMIRAL GRAF SPEE hinter diesem angeordnet werden mußte. Diese Bilder zeigen jeweils das Mittelschiff der beiden ersten Panzerschiffe, oben die DEUTSCHLAND und unten die ADMIRAL SCHEER.

Zu Seite 32, rechts unten: Das Panzerschiff DEUTSCHLAND im Kieler Hafen, an der Festmachertonne liegend. Aus dieser Perspektive kommen die an beiden Seiten ausgebrachten Backspieren zum Vorschein. An ihnen haben Beiboote festgemacht; die Verbindung zum Schiff erfolgt über Jakobsleitern.

Das im Oktober 1932 auf Kiel gelegte "Panzerschiff C" war das dritte und letzte seiner Art und zugleich das am meisten verbesserte. Als es am 30. Juni 1934 zu Wasser kam, erhielt es den Namen ADMIRAL GRAF SPEE. Auf dem Bild links oben beginnt es gerade, sich in Bewegung zu setzen, darunter das abgelaufene Schiff.

Die Kreuzer LEIPZIG und NÜRNBERG

In der Kreuzer-Ersatzfrage tat sich die Reichsmarine etwas leichter als es bei den Panzerschiffen der Fall war. Schon mit dem Haushalt 1927 war der Bau eines fünften Schiffes, dem "Kreuzer E", ermöglicht worden. Dieser konnte im Frühjahr 1928 begonnen werden und lief im Herbst 1929, auf den Namen LEIPZIG getauft, vom Stapel; zwei Jahre danach konnte er in Dienst gestellt werden. Obwohl seine Wasserverdrängung nur wenig größer war als die der "K-Kreuzer", hatten bei ihm einige Verbesserungen vorgenommen werden können, vor allem im schiffbaulichen Bereich (größere Breite) und in der Antriebsanlage, deren Leistungsfähigkeit insgesamt gesehen etwas größer war als die der "K-Kreuzer".

Nach der LEIPZIG gab es eine mehrjährige Unterbrechung des Kreuzerbaus: Von deren Auftragserteilung im Jahr 1928 dauerte es rund fünf Jahre, bis der sechste Kreuzer in Auftrag gegeben wurde. Dies war in erster Linie auf die in der Marineleitung herrschende Unsicherheit zurückzuführen, ob der Bau der auf 6.000 t Wasserverdrängung begrenzten Kreuzer fortgesetzt oder aber auf bessere Möglichkeiten gewartet werden sollte, die ein Heraufgehen der Verdrängung erlaubten. Die Gründe zu solch abwartender Haltung lagen vor allem in den Festigkeitsproblemen, die bei den bisher gebauten Kreuzern als Folge ihrer doch etwas zu leichten Bauweise aufgetreten waren, als sie im Atlantik operierten und dort auf eine ungewohnt schwere See stießen.

Im April 1928 konnte der fünfte Neubaukreuzer auf Kiel gelegt werden. Er – der die Haushaltsbezeichnung "Kreuzer E" führte und als Ersatzbau für den Kleinen Kreuzer NYMPHE bewilligt worden war – stellte einen verbesserten Nachfolger der "K-Kreuzer" dar. Was ihn von diesen schiffbaulich jedoch unterschied, war seine größere Breite: Mit 16,3 m war diese um 0,9 m größer als jene der "K-Kreuzer", und dies noch bei einer um 3,2 m geringeren Länge in der Konstruktionswasserlinie. Dadurch bekam der Schiffskörper eine etwas größere, aber – wie sich alsbald herausstellte – noch immer nicht ausreichende Festigkeit. Äußerlich wurde das Design der "K-Kreuzer" fast unverändert übernommen; aber anstatt zweier getrennter Schornsteine erhielt dieser Kreuzer einen einzigen, in dem alle Rauchgasführungen zusammengeführt waren. Der Stapellauf des "Kreuzers E" wurde am 18. Oktober 1929, dem Jahrestag der Völkerschlacht bei Leipzig, vorgenommen, und dabei erhielt er auch den Namen LEIPZIG.

Alle Neubauten der Leichten Kreuzer – mit Ausnahme der EMDEN – hatten insofern eine unorthodoxe Aufstellung ihrer Hauptartillerie, als deren größerer Teil auf dem Achterschiff konzentriert war. Dies hatte seinerzeit gute Gründe: Die Kreuzer waren als taktische Aufklärer konzipiert, und in dieser Rolle mußte stets damit gerechnet werden, daß beim Fühlunghalten am Gegner rasch aus dem Verfolger ein Verfolgter wird, der ablaufend – dem Gegner also das Achterschiff zeigend – einer stärkeren Feuerkraft bedurfte, um sich diesen vom Leibe halten zu können. Hier der Kreuzer LEIPZIG zu Anfang der 30er Jahre mit Blick auf den vorderen Drillingsturm und die Brückenaufbauten.

Bei dem Kreuzer LEIPZIG war von der diagonal versetzten Anordnung der achteren 15-cm-Drillingstürme wieder abgegangen worden; statt dessen wurden diese wieder in "klassischer" Weise im Längszentrum postiert, wo sie bei Unterwassertreffern etwas weniger exponiert waren. Diese Anordnung auf der LEIPZIG ist hier zu sehen. Das Bild entstand während der Werftliegezeit in der Kriegsmarinewerft Wilhelmshaven, im Trockendock IV liegend, die vom 17. Februar bis zum 14. April 1936 dauerte.

Zu einem Besuch in England – dem ersten nach dem Krieg – im Juli 1934: Die beiden Kreuzer KÖNIGSBERG (an der Pier festgemacht) und LEIPZIG im Hafen von Portsmouth. In den frühen 30er Jahren waren deutsche Kriegsschiffe häufiger in Auslandshäfen anwesend und ihre Besatzungsangehörigen gerne gesehene und wohlgelittene Gäste.

Am 15. November 1932 – ein Vierteljahr vor Hitlers Berufung zur Regierungsbildung – genehmigte der damals amtierende Reichswehrminister, General von Schleicher, einen sog. "Umbauplan" der Reichsmarine. Anlaß dazu war deren keineswegs reibungsloser Aufbau in den vergangenen Jahren. Dieser wurde immer wieder beeinträchtigt durch die wechselnden politischen Verhältnisse, die stets eine Rückwirkung auf die Bereitstellung von Geldmitteln für Schiffsneubauten mit sich brachten. Für notwendig angesehen wurde daher das Festlegen auf einen genau ausgearbeiteten Plan, der entsprechend der von Versailles zugestandenen Anzahl von Schiffen einerseits und deren auf 20 Jahre festgelegten Nutzungsdauer andererseits eine kontinuierliche Neubautenfolge zuließe. Solange allerdings wie bisher die Zuweisung von Mitteln nur jährlich vorgenommen würde, blieben länger- und selbst mittelfristige Planungen nur unter sehr erschwerten Umständen (oder überhaupt nicht) durchsetzbar. Es lag daher im Bestreben der Marineführung, zu einer Lösung zu kommen, bei welcher die finanziellen Möglichkeiten des Reiches mit den Erfordernissen der Marine in Einklang stehen und damit einen plan- und überschaubaren Flottenausbau zulassen würden.

Dieser Umbauplan hatte – unter Anrechnung der bereits erledigten und laufenden Neubauvorhaben – einen Bestand von sechs Linien- bzw. Panzerschiffen, einem Flugzeugträger und sechs Kreuzern zum Endziel. Darüber hinaus sah er den Bau neuer Zerstörer und kleinerer Einheiten sowie die Aufstellung von Marinefliegerkräften und die Schaffung einer Ubootwaffe vor; all dies war mit einer deutlichen Aufstockung des Personalbestandes verbunden. Zu dieser Zeit befanden sich bereits fünf Neubaukreuzer im Dienst und drei Panzerschiffe in Bau. Damit standen an großen Einheiten noch drei Panzerschiffe, ein Flugzeugträger und ein Kreuzer offen.

Hitler übernahm zwar diesen Plan, wußte aber zunächst – hauptsächlich England gegenüber – den Eindruck einer Forcierung der Marinerüstung zu vermeiden. Schon im Frühjahr 1933 gab er Admiral Raeder zu verstehen, daß er einen Interessenausgleich mit Großbritannien dergestalt anstrebe, mit diesem zu einer vertraglichen Übereinkunft über die Marinerüstung zu kommen, welche die Tonnage der deutschen Marine auf etwa ein Drittel der britischen beschränkte. Er wollte dadurch deutlich machen, daß von seiten des Reiches eine erneute Gegnerschaft zu England nicht in Betracht käme.

Dreimal wurde bei der Kriegsmarine der Jahrestag der Seeschlacht bei den Falkland-Inseln – in deren Nähe war am 8. Dezember 1914 das von Vizeadmiral Graf von Spee geführte Kreuzergeschwader einer britischen Übermacht erlegen – zum Anlaß für einen Stapellauftermin genommen. Erstmals geschah dies 1934 mit dem "Kreuzer F", zwei Jahre später mit dem "Schlachtschiff E" und abermals zwei Jahre später mit dem "Flugzeugträger A" (bemerkenswerterweise alle bei den Deutschen Werken Kiel!). Hier ist der Stapellauf des "Kreuzers F" am 8. Dezember 1934 zu sehen, der, auf den Namen NÜRNBERG getauft, von seiner Helling gleitet.

Hitlers Regierungsantritt schuf für die unter ihm einsetzende Wiederaufrüstung völlig neue Bedingungen. Primär wirkten sich diese auf das Reichsheer aus und noch mehr auf die Schaffung einer Luftwaffe. Gleichwohl blieben auch für die Marine noch genügend Geldmittel, die es ihr im Haushaltsjahr 1933 ermöglichten, eine Anzahl von Schiffen in Bau zu geben. Neben 23 kleinen Einheiten reichten die Mittel für einen sechsten Nachkriegskreuzerneubau ("Kreuzer F") aus, der nach der ursprünglichen Zeitplanung erst 1935 hätte begonnen werden sollen. Angesichts der haushaltsmäßig unerwartet günstigen Lage wurde er jetzt vorgezogen und noch im Herbst 1933 auf Kiel gelegt. Wegen der seit der Inangriffnahme der LEIPZIG herrschenden Stagnation in der Kreuzerplanung mußte der "Kreuzer F" jedoch weitgehend auf deren Basis gebaut werden, denn für eine Neukonstruktion reichte die Zeit nicht aus. Das lag unter anderem auch daran, daß sich die Marinekonstruktionsabteilung bereits intensiv mit der Planung von Schweren Kreuzern beschäftigte, so daß die Entwicklung von neuen Leichten Kreuzern mehr oder weniger dilatorisch betrieben wurde. Das führte dazu, daß die den "K-Kreuzern" innewohnenden und bei der LEIPZIG teilweise fortbestehenden Schwächen auf diesen Kreuzerneubau übertragen wurden. Daran änderte auch das erhöhte Deplacement nicht viel, das von 6.000 ts bei den "K-Kreuzern" und 6.310 ts bei der LEIPZIG auf nunmehr über 7.000 ts hochgezogen wurde; die Mehrverdrängung schlug fast ausschließlich bei der Panzerung und den Schutzeinrichtungen zu Buche.[1)]
Der Kreuzerneubau kam, auf den Namen NÜRNBERG getauft, im Dezember 1934 zu Wasser und konnte bereits ein Jahr später in Dienst gestellt werden.

1) Schon beim Bau der "K-Kreuzer" nutzte die deutsche Kriegsmarine die günstigere Definition der mit dem Washingtoner Flottenabkommen geschaffenen "Standardverdrängung" (in Deutschland auch als "Typverdrängung" bezeichnet), die nach englischen tons (1 ts = 1.016 kg) berechnet wurde. Dieser gegenüber wies die Definition der nach metrischen Tonnen (1 t = 1.000 kg) rechnenden "Konstruktionsverdrängung" Nachteile auf.

Im November 1935 erhielt die Kriegsmarine ihren sechsten Nachkriegskreuzer, die NÜRNBERG. Sie war zugleich das letzte ihr zugelaufene Schiff dieser Kategorie, denn keiner der nach ihr noch begonnenen Leichten Kreuzer wurde mehr fertiggestellt. Dieses Bild zeigt die noch nicht in Dienst gestellte NÜRNBERG in dem ihrer Bauwerft benachbarten Marinearsenal in Kiel während der Endausrüstung: zu diesem Zeitpunkt sind die E-Meßbasen und die Torpedorohrsätze noch nicht eingebaut.

Die NÜRNBERG war der erste von Anfang an mit einer Bordflugzeugkomponente ausgerüstete Kreuzer der Kriegsmarine. Auf diesem Bild ist er, an der Blücherbrücke in Kiel liegend, mit einer He-60 auf dem Katapult zu sehen.

Der Kreuzer NÜRNBERG als Flaggschiff des Befehlshabers der Aufklärungsstreitkräfte (BdA). Von den unter den Zwängen von Versailles gebauten Kreuzern galt er als der am besten gelungene, obwohl auch er noch an deren Schwächen litt.

Stärkere Panzerschiffe

Bald nachdem das dritte 10.000-ts-Panzerschiff auf Kiel gelegt worden war, begann in der Marineleitung die Diskussion darüber, wie das "Panzerschiff D" als viertes seiner Kategorie auszusehen habe. Seine Inbaugabe stand planungsgemäß für den Herbst 1934 an. Admiral Raeder, der schon beim "Panzerschiff C" durch eine Steigerung der Wasserverdrängung auf etwa 18.000 ts eine deutliche Stärkung seiner Standfestigkeit in Betracht gezogen hatte (was freilich einer Umkonstruktion bedurft hätte, die einen beträchtlichen Zeitverlust mit sich bringen mußte), ließ nunmehr Untersuchungen anstellen, die sich auf dieses Ziel konzentrierten.

In dieser Zeit machte Frankreich von seinem ihm im Flottenabkommen von Washington eingeräumten Recht Gebrauch, das ihm noch während der vereinbarten Baupause den Bau zweier Schlachtschiffe zugestand. Das erste von diesen, die DUNKERQUE, wurde im Dezember 1932 auf Kiel gelegt und war unverkennbar und unverhohlen die "Antwort" auf den deutschen Panzerschiffbau und damit deren Gegenspieler. Hohe Kommandostellen innerhalb der Marineführung forderten deshalb, daß das "Panzerschiff D" der DUNKERQUE zumindest ebenbürtig werden müsse.

Hitler – der zwar der Inbaugabe des vierten Panzerschiffes zustimmte – wandte sich jedoch gegen eine Verstärkung der Hauptbewaffnung, sowohl der Rohrzahl nach als auch im Kaliber und hielt solchen Absichten Bedenken außenpolitischer Natur entgegen.

Im Sommer des Jahres 1933 befahl daher Admiral Raeder, die Projektarbeiten für das "Panzerschiff D" zum Abschluß zu bringen. Bei diesem sollte die Hauptbewaffnung jener seiner Vorgänger entsprechen, aber eine wesentliche Stärkung der defensiven Kampfwerte vorgenommen werden. Als die Entwurfsarbeiten gegen Ende 1933 zum Abschluß gebracht worden waren, sahen diese ein mit 20.000 ts doppelt so großes Schiff mit angemessener Panzerung vor, das wie seine Vorgänger mit 28-cm-Geschützen ausgerüstet war, aber anstelle des Motorantriebs Dampfturbinen erhalten sollte, mit denen es auf 29 kn Geschwindigkeit kommen konnte. Das aber war ein deutlicher Rückschritt, denn gerade durch den Motorantrieb waren die 10.000-ts-Panzerschiffe ein so gelungener Schiffstyp geworden. Zu dieser Zeit waren jedoch Dieselmotoren mit einer dem vergrößerten Panzerschiff angemessenen Leistung noch in der Entwicklung und benötigten bis zur Fertigungsreife noch etliche Jahre. Notgedrungen kam daher nur Dampfturbinenantrieb in Betracht.

Der Auftrag für das "Panzerschiff D" erging bald nach Beginn des Jahres 1934, und im Oktober folgte der Bauauftrag für das "Panzerschiff E" als fünftem Neubau innerhalb dieser Schiffskategorie. Schon im Februar 1934 wurde die Kiellegung beider Neubauten vorgenommen.

Am 27. Juni 1934 hielt Admiral Raeder einen Vortrag vor Hitler über die Marineentwicklung; einer der Tagesordnungspunkte war die von der Marine nur höchst widerstrebend hingenommene Hauptbewaffnung der gerade eben begonnenen Panzerschiff-Neubauten. Mit einer solchen wie der in Aussicht genommenen gäbe es für die deutschen Schiffe – so Raeder – keinerlei Chancen gegenüber der französischen DUNKERQUE. Dem pflichtete Hitler zwar bei, doch beharrte er auf seinem Standpunkt, das 28-cm-Kaliber beizubehalten. Statt dessen empfahl er, die Hauptartillerie um drei Rohre zu vermehren. Eine solche Stückzahl machte von vornherein drei statt der bisherigen zwei Drillingstürme notwendig.

Dieses für Raeder überraschende Zugeständnis veranlaßte diesen, von dem bisherigen Bauplan abzurücken, denn die Vermehrung um einen Turm zwang kompromißlos zu einer völligen Neukonstruktion. Diese bedeutete zwar eine Verzögerung von etwa 20 Monaten, doch mußte sie infolge Fehlens anderer Lösungsmöglichkeiten in Kauf genommen werden. So wurde am 5. Juli 1934 die Einstellung der Bauarbeiten verfügt; das bereits verbaute Material ist sofort danach abgebrochen worden, um die Helgen neu belegen zu können.

Panzerschiff DEUTSCHLAND im Mai 1934 in Hamburg. Auf der Decke des vorderen 28-cm-Turmes als Fliegererkennungszeichen ein aufgemalter weißer Kreis auf schwarzem Grund, wie es während des Ersten Weltkrieges die großen Einheiten der Hochseeflotte führten. Rechts das gerade einlaufende Seebäderschiff COBRA, das im Zweiten Weltkrieg als Minenschiff eingesetzt wurde.

Die Wiedereinführung der allgemeinen Wehrpflicht am 16. März bedeutete für das Reich die Rückgewinnung seiner durch Versailles verlorengegangenen Wehrhoheit. Ein am 21. Mai beschlossenes und am 28. Mai verkündetes Gesetz setzte die bisherigen Bezeichnungen "Reichswehr", "Reichsheer" und "Reichsmarine" außer Kraft und führte an deren Stelle die "Wehrmacht" ein, deren drei Teile das "Heer", die "Kriegsmarine" und die neu aufgestellte "Luftwaffe" sind.

Am 4. Juni beginnen aufgrund der von Deutschland ausgehenden Initiativen in London Verhandlungen mit der britischen Regierung über eine angebotene freiwillige Selbstbeschränkung der eigenen Flottenstärke. Diese Verhandlungen enden am 18. Juni mit dem Abschluß des deutsch-britischen Flottenvertrages. Seine wesentlichsten Punkte sind:

1.) Die zukünftige Stärke der deutschen Flotte gegenüber der Gesamtflotte des Britischen Reiches soll in einem Verhältnis von 35:100 stehen.
2.) Dieses Verhältnis bezieht sich auf die zu dieser Zeit durch die Flottenabkommen zu Washington (1922) und London (1930) festgeschriebene Gesamttonnage der britischen Seestreitkräfte. Für den Fall, daß diese Festlegung in Zukunft entfällt, soll die deutsche Gesamttonnage 35 v. H. der tatsächlichen britischen Gesamttonnage nicht überschreiten.
3.) Das Stärkeverhältnis 35:100 findet Anwendung auf die Tonnage jeder beizubehaltenden Schiffskategorie.
4.) Das vereinbarte Stärkeverhältnis wird von den Baumaßnahmen anderer Staaten nicht beeinflußt. Sollte das allgemeine Gleichgewicht der Seerüstung – wie es in der Vergangenheit beibehalten wurde – durch irgendwelche anormalen und außerordentlichen Baumaßnahmen anderer Mächte heftig gestört werden, so erhält die deutsche Regierung das Recht, die britische Regierung aufzufordern, die auf diese Weise neu entstandene Lage zu prüfen. Das Verhältnis 35:100 soll aber aufrechterhalten bleiben, falls zwischen Großbritannien und dem Reich nichts Gegenteiliges vereinbart wird.
5.) Kreuzer und Zerstörer dürfen für Deutschland als eine Kategorie gelten, solange andere Seemächte dieselbe Regelung beibehalten.
6.) Deutschland hat das Recht, die gleiche U-Boot-Tonnage zu besitzen wie die Mitglieder des Britischen Weltreiches, ohne jedoch das Stärkeverhältnis von 35:100 hinsichtlich der Gesamttonnage zu überschreiten. Deutschland wird jedoch nicht über 45 v. H. der britischen U-Boot-Tonnage hinausgehen, wenn dazu nicht besondere Umstände Anlaß geben. In einem solchen Fall wird Deutschland die britische Regierung unterrichten und die Angelegenheit zum Gegenstand freundschaftlicher Erörterungen machen, bevor sie ihr Recht auf Parität ausübt.

Durch dieses Abkommen gewinnen die Bestimmungen der Flottenverbände zu Washington (1922) und London (1930) auch für Deutschland Gültigkeit.

Im Juni 1935 umfaßt die deutsche Marine zwei Panzerschiffe, zwei alte Linienschiffe, fünf Leichte Kreuzer und zwölf Torpedoboote mit einer Gesamttonnage von rund 107.000 ts (ohne Hilfsschiffe). Demgegenüber verfügt die Royal Navy zum gleichen Zeitpunkt über

15 Schlachtschiffe und Schlachtkreuzer
6 Flugzeugträger
19 Schwere Kreuzer
36 Leichte Kreuzer
169 Zerstörer und
54 U-Boote

mit einer Gesamttonnage von rund 1,2 Millionen Tonnen. Nach dem jetzt abgeschlossenen Flottenabkommen darf damit die deutsche Marine zukünftig eine Gesamttonnage von etwa 421.000 ts unterhalten (gegenüber nur etwa 144.000 ts nach Versailles); dies aber bedeutet, daß sie ihre Stärke um gut das Dreifache erhöhen darf.

Unter Zugrundelegung jener Flottenstärken, die für Großbritannien nach den in Washington und London abgeschlossenen Seerüstungsabkommen als Obergrenzen festgeschrieben sind, durfte Deutschland dadurch folgende Tonnagezahlen beanspruchen:

Schiffskategorie		**Großbritannien**	**Deutsches Reich**
Schlachtschiffe	ts	525.000	183.750
Flugzeugträger	ts	135.000	47.250
Schwere Kreuzer	ts	146.800	51.380
Leichte Kreuzer	ts	192.200	67.270
Zerstörer	ts	150.000	52.500
U-Boote	ts	52.700	18.445
Gesamttonnage	ts	1.201.700	420.595

Abzüglich der bereits verbauten Tonnage konnten damit ausgeschöpft werden:

Schlachtschiffe:	153.750 ts
Flugzeugträger:	47.250 ts
Schwere Kreuzer:	51.380 ts
Leichte Kreuzer:	32.000 ts
Zerstörer:	43.000 ts
U-Boote:	18.445 ts

Dies ermöglichte den Bau von etwa vier bis fünf Schlachtschiffen, zwei Flugzeugträgern, fünf Schweren Kreuzern, vier bis fünf Leichten Kreuzern und 23 bis 28 Zerstörern.

Bald nach dem Abschluß dieses Vertragswerkes gibt die Reichsregierung für das Jahr 1935 folgende Bauvorhaben bekannt:

2 Panzerschiffe ("D" und "E") von 26.000 t mit 28-cm-Geschützen,
2 Kreuzer ("G" und "H") von 10.000 t mit 20,3-cm-Geschützen,
16 Zerstörer von 1.625 t mit 12,7-cm-Geschützen und
28 U-Boote von 250, 500 und 750 t.

Damit erhält die Wiederaufrüstung zur See einen bedeutenden Auftrieb und gegenüber Versailles ihre Legalisierung zugleich.
In Vorwegnahme des Abschlusses dieses Vertragswerkes war bereits am 6. Mai bei den Deutschen Werken in Kiel das "Panzerschiff E" auf Stapel gelegt worden.
Am 11. Juni beginnt in Kiel eine groß aufgezogene "Marine-Volkswoche", zu der dort fast die gesamte Flotte versammelt ist. Die Besucherzahlen zeigen, daß die Öffentlichkeit wieder mit großem Interesse am Marinewesen Anteil nimmt.
Drei Tage vor dem Abschluß des deutsch-britischen Flottenvertrages, am 15. Juni, wird auf der Marinewerft in Wilhelmshaven das zweite 26.000-ts-Schiff ("Panzerschiff D") auf Kiel gelegt (die Bezeichnung "Panzerschiff" wird wenig später durch "Schlachtschiff" ersetzt). Es folgen am 6. Juli auf der Werft von Blohm & Voß in Hamburg der Baubeginn des "Kreuzers H" und am 15. August bei den Deutschen Werken in Kiel der des "Kreuzers G". Diese Großbauvorhaben sind möglich geworden, nachdem im Haushaltsjahr 1935 für den Marine-Etat 287 Millionen Reichsmark (1934: 172,3 Millionen) bereitstehen.
Seine Verbundenheit mit der Kriegsmarine zeigt Hitler erneut, als er sich am 26. August auf dem Kreuzer KÖLN einschifft und an mehrtägigen Schießübungen der Flotte teilnimmt.
Am 2. November kann der Kreuzer NÜRNBERG in Dienst gestellt werden. Er ist der sechste Nachkriegskreuzer.

Am 7. November wird erstmals die neu eingeführte Reichskriegsflagge gesetzt, die von da ab alle Einheiten der Kriegsmarine führen.

Ein vom 22. November datierender Schiffbauersatzplan der Kriegsmarine macht die Termine für große Schiffseinheiten deutlich:

Haushaltsjahr	**Vorgesehener Baubeginn**		**Vorgesehene Indienststellung**	
	(in Klammern die tatsächlich erreichten Termine)			
1935	"Panzerschiff D"	(1935)	Panzerschiff ADMIRAL GRAF SPEE	(1936)
	"Panzerschiff E"	(1935)	Kreuzer NÜRNBERG	(1935)
	"A-Kreuzer G"	(1935)		
	"A-Kreuzer H"	(1935)		
1936	"Panzerschiff F"	(1936)		
	"Flugzeugträger A"	(1936)		
	"Flugzeugträger B"	(1936)		
	"A-Kreuzer J"	(1936)		
	"B-Kreuzer a"	(1938)		
1937	"Panzerschiff G"	(1936)	"Panzerschiff D"	(1939)
	"A-Kreuzer K"	(1936)	"Panzerschiff E"	(1938)
	"B-Kreuzer b"	(1938)	"A-Kreuzer H"	(1939)
1938	"Panzerschiff H"	(1939)	"A-Kreuzer G"	(1939)
	"A-Kreuzer L"	(1936)		
	"B-Kreuzer c"	(1938)		
1939	"B-Kreuzer d"	(1938)	"Panzerschiff F"	(1940)
	"B-Kreuzer e"	(1939)	"Flugzeugträger A"	(–)
			"Flugzeugträger B"	(–)
			"A-Kreuzer J"	(1940)
			"B-Kreuzer a"	(–)
			"B-Kreuzer b"	(–)
1940	"B-Kreuzer f"	(1939)	"Panzerschiff G"	(1941)
			"A-Kreuzer K"	(–)
			"B-Kreuzer c"	(–)
1941	"B-Kreuzer g"	(–)	"Panzerschiff H"	(–)
			"A-Kreuzer L"	(–)
			"B-Kreuzer d"	(–)
			"B-Kreuzer e"	(–)

Als "A-Kreuzer" galten gemäß den bestehenden Flottenverträgen die Kreuzer der Kategorie "A", für die eine Typverdrängung von höchstens 10.000 ts und ein Höchstkaliber von 20,3 cm vereinbart worden waren; sie wurden sinngemäß als "Heavy Cruisers" bezeichnet, also als "Schwere Kreuzer". "B-Kreuzer" waren Kreuzer von ebenfalls höchstens 10.000 ts Typverdrängung, aber mit Geschützen von nicht mehr als 15,5 cm Kaliber; sie wurden als "Light Cruisers" bezeichnet, also "Leichte Kreuzer". – Die zu dieser Zeit in Aussicht genommenen "B-Kreuzer" wurden interimsmäßig mit kleinen Buchstaben bezeichnet und erhielten erst 1937/38 ihre Haushaltsbezeichnungen ("a" = "M", "b" = "N", "c" = "O", "d" = "P", "e" = "Q", "f" = "R"; für "g" wäre "S" an der Reihe gewesen.

Zwar können – wie hier dargestellt – die Kiellegungen teilweise vorgezogen werden, aber es gelingt nicht, die Schiffe zu den vorgesehenen Terminen in Dienst zu stellen. Zu groß sind die Schwierigkeiten, die sowohl im Konstruktionsamt wie bei den Werften infolge der sich überstürzenden Entwicklung ausgelöst werden.

Der Kreuzer KÖLN, zusammen mit dem Panzerschiff ADMIRAL SCHEER, im Juni 1935 in Kiel anläßlich der "Marine-Volkswoche". Der auf der KÖLN zu sehende schwere Bordkran macht deutlich, daß jetzt die bisher noch fehlende Bordfluganlage vorhanden ist.

Die vierte Auslandsreise des Kreuzers KARLSRUHE dauerte nahezu acht Monate und führte nach Nord- und Südamerika, wobei Kap Hoorn umrundet wurde. Hier sieht man die KARLSRUHE am 20. April 1935 in Cristobal in der Panamakanalzone.

Schon frühzeitig wurden auf den für den Kriegsschiffbau herangezogenen und auch auf den dafür in Aussicht genommenen Werften bauliche Erweiterungen und Kapazitätssteigerungen erforderlich; insbesondere betrafen diese Maßnahmen die Helgen. Ein Beispiel dafür bietet die vormalige Kaiserliche Werft in Kiel, aus der nach dem Kriege die Deutschen Werke entstanden waren. 1931 wurde dort begonnen, die bisher in der Länge nur 126,80 m messende Helling II auf 206 m zu verlängern und sie damit an die benachbarte Helling I anzugleichen; auf ihr wurde nach Fertigstellung im November 1933 der Kreuzer NÜRNBERG begonnen. Ebenfalls 1931 – nach dem Ablauf des Panzerschiffes DEUTSCHLAND – ist auch die Helling I in Angriff genommen und von Grund an neu hergerichtet worden, um künftig größere Gewichte aufnehmen zu können. Diese Arbeiten konnten gegen Ende 1933 zum Abschluß gebracht werden, so daß die Helling rechtzeitig zur Kiellegung des "Panzerschiffes D" im Februar 1934 zur Verfügung stand. Nachdem dieser Neubau vorzeitig dem Abbruch verfallen war, dauerte es mehr als ein Jahr, bis die Kiellegung des späteren Schlachtschiffes GNEISENAU folgen konnte. Als dieses Ende 1936 glücklich zu Wasser gekommen war und die Kiellegung des "Flugzeugträgers A" heranstand, stellte es sich heraus, daß sie für dessen Länge schon nicht mehr ausreichend war. Als Notlösung wurde daher die Helling nach vorn auf über 270 m verlängert, was durch eine Überbrückung der Werft-Hauptverkehrsstraße geschah. Diese Bilder zeigen einmal Pfahlrammen bei der Arbeit auf der Sohle von Helling II (oben) und den Neubau der Helling I, einmal von vorn (unten) und einmal von hinten gesehen (gegenüberliegende Seite).

Am 6. Januar wird das dritte Panzerschiff, ADMIRAL GRAF SPEE, in Dienst gestellt. Mit ihm ist die überraschend gut gelungene, aber dennoch aus damaliger Sicht nur als Übergangslösung akzeptierte Panzerschiff-Serie vorläufig abgeschlossen. Ihr wirklicher militärischer Wert wird sich erst später herausstellen.
Der 23. April bringt bei der Kieler Krupp-Germania-Werft die Kiellegung des "Kreuzers J" als drittem "A-Kreuzer". Dieser stellt eine modifizierte Version der mit dem "Kreuzer G" als Typschiff heranwachsenden Serie von Schweren Kreuzern dar.
Am 29. Mai findet in der Kieler Förde aus Anlaß der Einweihung des Marine-ehrenmals Laboe eine große aufgezogene Flottenparade statt; an ihr nehmen erstmals alle drei Panzerschiffe und die Kreuzer NÜRNBERG, KÖLN und KÖNIGSBERG teil.
Am 1. Juli wird auf der Werft von Blohm & Voß in Hamburg ein weiterer Kiel gestreckt; es handelt sich dabei um das "Schlachtschiff F". Seine Typverdrängung wird amtlich niemals anders als mit 35.000 ts angegeben, was den qualitativen Beschränkungen der geltenden Flottenverträge entspricht. Aber schon die erste Phase der Entwurfsarbeiten – diese begannen Anfang 1934 – hatte erkennen lassen, daß diese Größe unzureichend war. Gleichwohl befiehlt Admiral Raeder, daß bei diesem Schiff ausdrücklich von dieser Verdrängungsgröße auszugehen ist, auch wenn sie in Wirklichkeit – bis über 40.000 ts – größer ist. Offenbar werden Überprüfungen des Deplacements für unmöglich gehalten, so daß es im wesentlichen nur darauf ankam, die wirklichen Daten und Fakten so streng wie möglich geheimzuhalten. Die ersten Entwürfe sahen zwar noch 33- oder 35-cm-Geschütze vor, aber am 9. Mai 1935 war die Entscheidung für 38-cm-Geschütze gefallen, was ein Hochgehen der Typverdrängung bis auf etwa 45.000 ts nach sich ziehen mußte.
Der in Spanien ausbrechende und rasch um sich greifende Bürgerkrieg bringt für die Kriegsmarine neue Aufgaben. Kriegsschiffe werden zunächst zum Schutze deutscher Staatsbürger und deutscher Interessen eingesetzt, erstmals am 24. Juli mit dem Panzerschiff DEUTSCHLAND. Sehr bald verlagern sich diese Einsätze auf die Unterstützung der als befreundet geltenden "National-Spanier" gegenüber den "Rot-Spaniern", die deutscherseits als feindliche Macht angesehen werden.
Während der im August in Berlin abgehaltenen Olympischen Sommerspiele mit den Segelregattawettbewerben in der Kieler Bucht laufen mehrere Kriegsschiffe anderer Staaten in Kiel ein. Zu diesen gehört der italienische Schwere Kreuzer GORIZIA als größtes Schiff.

Am 3. Oktober läuft auf der Marinewerft Wilhelmshaven das "Schlachtschiff D" vom Stapel und wird auf den Namen SCHARNHORST getauft. Seine Fertigstellung ist für den 1. Juni 1938 terminiert. Erstmals nimmt Hitler an einem solchen Akt teil. Einen Monat später, am 2. November, wird auf der gleichen Helling der Kiel des "Schlachtschiffes G" gestreckt, ein Schwesterschiff von "Schlachtschiff F". Zu diesem Zeitpunkt ist seine Indienststellung für den 1. Oktober 1940 vorgesehen.
Am 8. Dezember läuft – wiederum in Anwesenheit Hitlers – bei den Deutschen Werken in Kiel das "Schlachtschiff E" vom Stapel und erhält dabei den Namen GNEISENAU; seine Fertigstellung soll zum 30. Dezember 1937 erfolgen. 20 Tage später, am 28. Dezember, erfolgt auf der gleichen Helling die Kiellegung des "Flugzeugträgers A", dessen Fertigstellung zum 1. April 1939 angesetzt ist. Mit diesem Schiffstyp betritt die Kriegsmarine absolutes Neuland. Gleichwohl gelingt es dem Konstruktionsamt, einen durchaus brauchbaren Typ zu entwerfen.

Das Jahr 1936 schließt mit dem Baubeginn des "Kreuzers K" am 29. Dezember auf der Deschimag-Werft in Bremen. Dieser war zusammen mit dem Schwesterschiff "Kreuzer L" aufgrund der verfügbar gewordenen erhöhten Geldmittel im Haushaltsjahr 1936 eingesetzt und als "B-Kreuzer" von 10.000 ts Typverdrängung durchkonstruiert, d. h. für 15-cm-Geschütze vorgesehen. Zu dieser Zeit war den Engländern gegenüber bereits die Zusage erteilt worden, daß man sich deutscherseits mit drei "A-Kreuzern" zufriedengeben wolle. Der Bau der beiden zusätzlichen 10.000-ts-Kreuzer in dieser Konfiguration war am 8. Juni 1936 entschieden worden. Im Entwurf waren sie den drei im Bau befindlichen "A-Kreuzern" sehr ähnlich, nur mit dem Unterschied, daß sie an Stelle von 20,3-cm-Zwillingstürmen für 15-cm-Drillingstürme ausgelegt waren. Ungeachtet der deutschen Zusage gegenüber den Engländern entscheidet Hitler am 14. November – also noch vor der Kiellegung des ersten Schiffes –, daß beide Kreuzer mit 20,3-cm-Geschützen auszurüsten sind und damit als "A-Kreuzer" gelten werden. Den britischen Vertragspartnern wird gleichwohl übermittelt, daß man deutscherseits vorläufig nicht an den Bau weiterer "A-Kreuzer" denke, wohl aber bei den jetzt in Bau gegebenen 10.000-ts-"B-Kreuzern" damit rechnet, daß sie später auf 20,3-cm-Geschütze umgerüstet werden müssen.

Am 6. Januar 1936 wird in Wilhelmshaven das dritte Panzerschiff, ADMIRAL GRAF SPEE, in Dienst gestellt, womit die Serie komplett ist. Hier die Besatzung beim "Rührt Euch!" unmittelbar nach der ersten Flaggenparade. Der ausgebrachte Backbord-Schraubenschutz macht deutlich, wie weit die Propeller aus dem schlanken Achterschiff heraustreten.

In Berücksichtigung seiner ihm zugedachten Rolle als Flottenflaggschiff zeigte das Panzerschiff ADMIRAL GRAF SPEE im Vergleich zu seinem Schwesterschiff ADMIRAL SCHEER ein etwas abweichendes Aussehen. Dies wurde besonders am Turmmast deutlich. In ihm untergebracht waren die Navigationsbrücke, der Funkraum, die Admiralsräume mit der Admiralsbrücke und das Kartenhaus mit der Signalbrücke. Auf der untersten Brückennock befand sich auf jeder Seite ein Torpedo-E-Meßgerät; die etwas größere Brücke darüber gehörte zum Navigationsbereich und war mit Kreiselkompaß, Peilvisiersäulen, Maschinentelegraf und anderen Geräten ausgestattet. Die nächsthöhere Nock gehörte zur Admiralsbrücke, deren Zentrum im Turmmastinneren – hinter den vier Fenstern – lag. Darüber angeordnet die Scheinwerfer und der Vormars mit der großen E-Meß-Drehhaube. Die Signalbrücke ist aus dieser Perspektive nicht zu sehen.

Das Panzerschiff ADMIRAL GRAF SPEE bei der Artillerieausbildung: Der achtere 28-cm-Turm und die auf dem hinteren Kommandostand befindliche E-Meß-Drehhaube haben nach Steuerbord geschwenkt; auch die Steuerbordgeschütze der Mittelartillerie sind in Tätigkeit.

Das Jahr 1936 brachte für das jetzt als "Kriegsmarinestadt" bezeichnete Kiel ereignisreiche Tage. Am 29. Mai erfolgte aus Anlaß der Einweihung des in Laboe geschaffenen Marineehrenmals eine große Flottenparade vor Hitler, an der ein großer Teil der Flotte teilnahm. Im Juni schloß sich die "Marine-Volkswoche" an, und im August folgten die anläßlich der Olympiade in Kiel veranstalteten Segelregattawettbewerbe. Auf diesem Bild sind Ende Mai die drei Panzerschiffe an ihren Festmachertonnen im Kieler Hafen zu sehen, links ADMIRAL SCHEER, im Hintergrund ADMIRAL GRAF SPEE und rechts – mit dem Heck dem Betrachter zugewendet – die DEUTSCHLAND.

Der in Spanien ausgebrochene Bürgerkrieg brachte für die Kriegsmarine Aufgaben, auf die sie bisher kaum vorbereitet war. Zu den ersten in den dortigen Gewässern eingesetzten Einheiten gehörten die Panzerschiffe DEUTSCHLAND und ADMIRAL SCHEER. Die hier gezeigten Bilder stammen aus dieser Zeit. Auf dem Bild links ist der Röhrenmast des Panzerschiffes DEUTSCHLAND mit der 10,5-m-E-Meßdrehhaube im Topp, dem Scheinwerfer darunter und der 7-m-E-Meßbasis auf dem Brückenhausdach zu sehen. Das Bild rechts zeigt den Turmmast des Panzerschiffes ADMIRAL SCHEER; gut erkennbar ist hier das in den Farben Schwarz-Weiß-Rot aufgemalte Band quer über den vorderen 28-cm-Turm. Es diente als Fliegererkennungszeichen.

Der italienische Schwere Kreuzer GORIZIA war das größte ausländische Kriegsschiff, welches während der Olympiade 1936 einen deutschen Hafen angelaufen hatte. Hier sieht man die GORIZIA vor der typischen Kulisse der Kieler Innenförde.

Das "Schlachtschiff D" läuft am 3. Oktober 1936 – auf den Namen SCHARNHORST getauft – in Wilhelmshaven in Anwesenheit Hitlers vom Stapel. Auf dem Werftgelände hat sich eine vieltausendfache Zuschauermenge eingefunden. Hier läuft das Schiff unter den Klängen der Nationalhymnen ab.

Nur knapp acht Wochen nach dem Stapellauf des Schlachtschiffes läuft am 8. Dezember 1936 das "Schlachtschiff E" vom Stapel und erhält den Namen GNEISENAU. Beide sind die Traditionsträger der genau 22 Jahre zuvor in der Seeschlacht bei den Falkland-Inseln gesunkenen Großen Kreuzer gleichen Namens.

Gegenüberliegende Seite: 6. Februar 1937 auf der Werft von Blohm & Voß in Hamburg: Der eben auf den Namen ADMIRAL HIPPER getaufte "Kreuzer H" hat sich in Bewegung gesetzt und gleitet in sein Element. Rechts von ihm auf der Helling liegt das KdF-Fahrgastschiff WILHELM GUSTLOFF; dieses wird drei Monate später zu Wasser kommen. Mit ADMIRAL HIPPER entsteht der erste Schwere Kreuzer der Kriegsmarine.

DAS JAHR 1937

Das Marinebauprogramm für 1937 sieht insgesamt 43 Einheiten vor; es sind durchweg leichtere Schiffe und Hilfsfahrzeuge. Hieran wird deutlich, daß die beauftragten Werften noch vollauf mit den ihnen in den Vorjahren zugegangenen Aufträgen beschäftigt sind und ihre Kapazitäten nur langsam zu steigern vermögen. Auch in den Hauptliegehäfen waren bedeutende infrastrukturelle Maßnahmen noch längst nicht abgeschlossen. So hatten im Juni 1935 die Planungen einer neuen, der IV. Einfahrt in Wilhelmshaven begonnen, weil die vorhandenen Schleusen für die sich abzeichnende Größe neuer Schlachtschiffe nicht mehr ausreichend erschienen. Noch im gleichen Jahr war mit dem Bau eines neuen 60.000-t-Schwimmdocks begonnen worden und darüber hinaus wurden Projekte für Schwimmdocks bis zu 85.000 t Tragfähigkeit in Angriff genommen. Gleichzeitig wird damit begonnen, große Depots zur Bevorratung von Brennstoff, Proviant und Bekleidung anzulegen.
Am 6. Februar läuft bei Blohm & Voß in Hamburg der "Kreuzer H" vom Stapel; er ist der erste Schwere Kreuzer der Kriegsmarine und führt ab jetzt den Namen ADMIRAL HIPPER.
Am 19. Mai wird die Kriegsmarine von einem schweren Schlag getroffen: Bei ihrem vierten Spanien-Einsatz wird das gerade auf der Reede vor Ibiza ankernde Panzerschiff DEUTSCHLAND durch zwei von republikanischer Seite eingesetzte Flugzeuge angegriffen und erhält zwei Bombentreffer. Diese haben zwar kaum Ausfälle von Gefechtswerten zur Folge, verursachen aber schwere personelle Verluste: 23 Tote und 83 Verwundete (von denen noch acht nachträglich den Tod erleiden). Zur Vergeltung erhält das Panzerschiff ADMIRAL SCHEER den Befehl, die Hafenanlagen von Almeria zu beschießen.
Am 8. Juni wird bei den Deutschen Werken in Kiel der "Kreuzer G" zu Wasser gelassen. Er ist nach ADMIRAL HIPPER der zweite Schwere Kreuzer der Kriegsmarine und wird auf den Namen BLÜCHER getauft.
Am 17. Juli wird mit Großbritannien ein weiteres Flottenabkommen abgeschlossen, mit dem das Reich dem am 25. März 1936 in London zwischen Großbritannien, den USA und Frankreich ausgehandelten Flottenvertrag beitritt; letzterer löst die auslaufenden Verträge von Washington (1922) und London (1930) ab und enthält im wesentlichen drei Teile:

1. Festlegung der Begriffsbestimmungen bei den einzelnen Schiffskategorien.
2. Neu eingeführte und einige wenige beibehaltene qualitative Begrenzungsbestimmungen.
3. Vereinbarungen über den gegenseitigen Austausch von marinerüstungsrelevanten Daten.

Die für das deutsch-britische Verhältnis wichtigste Vorschrift ist einmal die für "A-Kreuzer" ausgehandelte Baupause; diese hat zum Inhalt, daß solche Schiffe bis zum 31. Dezember 1942 nicht in Bau gegeben werden dürfen. Zum anderen wird für "B-Kreuzer" eine obere Verdrängungsgrenze von 8.000 ts festgelegt.
Am 2. August erfolgt auf der Deschimag-Werft in Bremen die Kiellegung des "Kreuzers L", ein Schwesterschiff des gegen Ende auf der gleichen Werft begonnenen "Kreuzers K".
Am 21. Dezember genehmigt Raeder einen neuen Bauplan, der sechs Schlachtschiffe ("H" bis "N") enthält. Dieser Plan trägt der von britischer Seite angekündigten Vermehrung der eigenen Schlachtschiff-Tonnage Rechnung. Gleichwohl liegen nur drei Einheiten (und allenfalls eine vierte) im Rahmen des 35-v.H.-Limits.

Beim vierten Spanieneinsatz des Panzerschiffes DEUTSCHLAND kommt es am 29. Mai 1937 zu einem schwerwiegenden Zwischenfall: Das auf der Reede vor Ibiza liegende Panzerschiff wird überraschend von zwei republikanischen Flugzeugen angegriffen, die auf ihm zwei 50-kg-Bombentreffer erzielen. Diese richten vor allem in den Wohndecks große Schäden an und führen zu einem Brand, dem an Oberdeck das auf dem Katapult gezurrte Bordflugzeug zum Opfer fällt. Insgesamt gibt es 31 Tote und zahlreiche Verwundete. Dieses Bild ist unmittelbar nach dem Angriff entstanden und zeigt die im Gang befindlichen Feuerlöscharbeiten an Oberdeck. Die Aufnahme ist auf dem Backborddeck mit Blick nach achteraus entstanden; links am Bildrand blickt man auf den vorderen 28-cm-Turm, dahinter der Brückenaufbau mit der beigeklappten Brückennock.

Das Panzerschiff DEUTSCHLAND nach der Behebung der am 29. Mai 1937 erlittenen Bombentrefferschäden, aufgenommen im Sommer 1937 an der Gazellebrücke in Wilhelmshaven (heute: Bonte-Brücke).

Anläßlich der Inthronisation von George V. zum britischen König fand auf der Reede von Spithead traditionsgemäß eine Flottenschau statt, an der neben zahlreichen Schiffen der Royal Navy auch Kriegsschiffe anderer Staaten teilnahmen. Zu diesen gehörte auf deutscher Seite das Panzerschiff ADMIRAL GRAF SPEE. Auf seinem Vortopp weht aus diesem Anlaß der Union Jack.

Bei der Begegnung vermutlich mit einem Urlauberschiff der KdF-Flotte im Juni 1937 aufgenommen: Der Kreuzer NÜRNBERG auf dem Marsch in die spanischen Gewässer. Die im Vortopp gesetzte Flagge eines Vizeadmirals ist ungewöhnlich: Die NÜRNBERG diente zu dieser Zeit dem Befehlshaber der Aufklärungsstreitkräfte (BdA) – stets ein Konteradmiral – als Flaggschiff. Zu jener Zeit befand sich in dieser Dienststellung Konteradmiral Boehm; er war aber am 23. Juni 1937 – also zur Aufnahmezeit – zum Vizeadmiral befördert worden.

Am 8. Juni 1937 lief in Kiel der "Kreuzer G" vom Stapel. Er erhielt den Namen BLÜCHER und kam im Spätsommer 1939 in Dienst.

Panzerschiff ADMIRAL SCHEER an der Festmachertonne im Kieler Hafen. Die damaligen großen deutschen Kampfschiffe hatten stets zwei Bugankerklüsen an der Backbordseite, aber nur eine an Steuerbord.

Der Kreuzer EMDEN in seinem letzten Aussehen. Das Bild ist etwa 1937 entstanden.

Am 26. April führt die offizielle Bekanntgabe der britischen Flottenbaupläne zu einer schlimmen Enttäuschung auf deutscher Seite: Zwar sind die Engländer dabei, sieben neue Schlachtschiffe zu bauen, doch wollen sie – was bisher im Reich völlig außer acht gelassen worden war und dennoch hätte sehr naheliegen müssen – dafür sieben ihrer alten Schlachtschiffe ausrangieren. Dieses Vorhaben wird nicht zu der von deutscher Seite erwarteten Tonnageerhöhung auf etwa 760.000 ts führen, sondern mit nur 490.000 ts (gegen bisher etwa 443.000 ts) wesentlich geringer ausfallen. Von dieser neuen Größenordnung ausgehend, steht dem Reich damit nur eine gesamtzulässige Schlachtschifftonnage von 171.500 ts zu (erwartet worden waren 266.000 ts). Davon sind – unter Anrechnung der drei Panzerschiffe – bereits 152.000 ts verbraucht, so daß nur noch knapp 20.000 ts verfügbar sind. Es wird daher ein Tonnagetransfer aus einer anderen Schiffskategorie erwogen, um die Inbaugabe des "Schlachtschiffes H" vertragsgebunden abzusichern. Die Hoffnung, drei weitere Schlachtschiffe ("J", "K" und "L") im Rahmen der 35-v.H.-Quote bauen zu können, wird sich damit nicht erfüllen.

Am 20. Mai stellt in Wilhelmshaven der Leichte Kreuzer KARLSRUHE außer Dienst, um als erster seiner Klasse umgebaut zu werden.

Der 21. Mai bringt die Indienststellung des ersten Schlachtschiffes, GNEISENAU, mit einer Bauverzögerung von ca. fünf Monaten.

Im Laufe des Frühjahres muß man in der deutschen Führung mehr und mehr zur Kenntnis nehmen, daß das größte Hindernis einer deutsch-britischen Verständigung in der Haltung der Londoner Regierung liegt, die nicht gewillt ist, dem Reich die geforderte freie Hand in Osteuropa zu gewähren. Gegen Ende Mai beginnt Generaladmiral Raeder zu erkennen, daß die Entwicklung der außenpolitischen Lage darauf hinausläuft, daß neben Frankreich auch England zu den kommenden Gegnern gerechnet werden muß. Diese Situation gibt Anlaß, das Konzept einer zukünftigen Kriegführung nach Westen hin mit England als Hauptgegner umzustellen. Dies findet in einer Studie über die Möglichkeiten einer Seekriegführung gegen England vom Sommer 1938 ihren Niederschlag; sie fundiert auf dem Grundgedanken einer nach Hitlers Willen zu begründenden Weltmachtstellung und damit zur Schaffung einer dafür hinreichend gerüsteten Flotte. Von hier ab bis zum "Z-Plan" verläuft ein geradliniger Weg.

Am 30. Juni vereinbaren die dem Londoner Flottenvertrag von 1936 beigetretenen Mächte – Großbritannien, die USA und Frankreich – die Erhöhung des Größenlimits von Schlachtschiffen von bisher 35.000 ts auf nunmehr 45.000 ts.

Am gleichen Tag wird ein Protokoll zum deutsch-britischen Flottenabkommen von 1937 unterzeichnet, wonach deutscherseits die 45.000-ts-Höchstgrenze anerkannt und als verbindlich erklärt wird.
Bei einer Sitzung am 19. August im Oberkommando der Kriegsmarine in Anwesenheit von Generaladmiral Raeder steht weiterhin die Schlachtschifffrage im Mittelpunkt. Dabei geht es nicht mehr allein um die sechs projektierten Einheiten der "H"-Klasse, sondern um Steigerungsmöglichkeiten für den Serienbau. Dabei wird errechnet, daß jährlich 2 1/3 Schlachtschiffe gebaut werden könnten, wenn die Howaldtswerke Hamburg in dieses Programm mit einbezogen werden. Ein Referentenentwurf ergibt, daß nach den bis Ende 1945 fertig werdenden Schiffen der "H"-Klasse zwei weitere bis Ende 1946, drei im Jahr 1947, zwei im Jahr 1948, drei im Jahr 1949, eines im Jahr 1950 und vier im Jahr 1951 in Dienst gestellt werden könnten, so daß bis zu diesem Zeitpunkt 21 Schlachtschiffe verfügbar wären. In diesem Entwurf wird deutlich, daß zum zweiten Mal in der deutschen Geschichte eine auf dem Schlachtschiff-Serienbau beruhende Flottenaufrüstung eine Rolle spielt. In einem weiteren Tagesordnungspunkt geht es um neue Panzerschiffe, doch werden darüber noch keine Beschlüsse gefaßt.
Der 22. August steht im Zeichen des Staatsbesuches von Nikolaus von Horthy, einem früheren Admiral der K. und K. Kriegsmarine und nunmehrigen Reichsverweser des befreundeten Ungarn. Vor ihm und Hitler findet in Kiel der Stapellauf des "Kreuzers J" statt, der auf den Namen PRINZ EUGEN getauft wird. Diese Namensgebung erfolgt als Ausdruck dessen, daß die Kriegsmarine nach dem Anschluß Österreichs an das Deutsche Reich im März 1938 die Traditionspflege der ehemaligen K. und K. Kriegsmarine übernommen hat und fortführt. Im Anschluß an den Stapellauf findet in der Kieler Bucht eine Flottenparade – die größte der deutschen Nachkriegszeit und zugleich die letzte ihrer Art – statt, an der fast alle großen Einheiten und zahlreiche kleinere teilnehmen.
Im September gerät die Sudetenkrise auf ihren Höhepunkt. Vorsorglich läuft am 20. September das Panzerschiff DEUTSCHLAND in voller Kriegsbereitschaft in den Atlantik aus, um dort für die Handelskriegführung bereitzustehen. Im Oktober soll ein zweites Panzerschiff folgen, doch entfällt dessen Entsendung mit der Beilegung der Krise.

Der anläßlich der Besprechung im August aufgekommene Gedanke an neue Panzerschiffe setzt unmittelbar danach eine rege Tätigkeit im Oberkommando der Kriegsmarine in Gang. Anfang September ist man sich über die Grundzüge des neuen Panzerschifftyps im klaren; dabei wird an eine Typverdrängung zwischen etwa 18.000 und 20.000 ts gedacht. Am 29. Oktober erfolgt im Oberkommando der Kriegsmarine eine weitere Besprechung, wobei es zu dem Vorschlag kommt, neben den projektierten Schlachtschiffen auch Panzerschiffe in Bau zu geben; dabei wird herausgestellt, daß – wenn jährlich zwei Schlachtschiffe und vier Panzerschiffe in Bau gegeben würden – bis Mitte 1947 sechs Schlachtschiffe und zwölf Panzerschiffe verwendungsbereit sein könnten. Am 30. Oktober billigt Raeder den neuen Panzerschifftyp und fordert einen schlagartigen Bau in möglichst großer Zahl, um vorzeitige britische Gegenmaßnahmen zu verhindern. Eine Vorlage Raeders vom 1. November bei Hitler enthält zwei Alternativvorschläge:

1. Entweder sind zwei Schlachtschiffe ("H" und "J") wie geplant bis Ende 1943 und vier Panzerschiffe bis spätestens Mitte 1944 fertigzustellen oder
2. müssen die Schlachtschiffe zurückgestellt und alle Kraft auf die Panzerschiffe gelegt werden, so daß von diesen bereits Anfang 1943 vier Einheiten vorhanden sein werden.

Hitler entscheidet sich nicht eindeutig, sondern setzt gegen Raeders Planvorstellungen ein "Sowohl-als-auch"-Vorgehen. Am 7. November fordert Raeder in einer Vorlage an das Oberkommando der Wehrmacht unter Berufung auf die "Führerentscheidung", daß der Ausbau der Marine in dem bisher vorgesehenen Umfang und Tempo ohne jede Einschränkung mit allem Nachdruck als besonders dringlich zu fördern sei; dabei seien über das von Hitler gebilligte Bauprogramm hinaus noch bestimmte weitere Schiffstypen einzugliedern, die für die möglichen zukünftigen Kriegsaufgaben besonders wertvoll erscheinen; damit gemeint sind ganz offensichtlich die neuen Panzerschiffe.
Am 8. Dezember läuft in Kiel der "Flugzeugträger A" vom Stapel und erhält dabei den Namen GRAF ZEPPELIN. Dem Zeremoniell wohnen Hitler und Göring, der Oberbefehlshaber der Luftwaffe, bei. Im Herbst ist auf der Kieler Krupp-Germania-Werft der "Flugzeugträger B" auf Kiel gelegt worden.

Am 21. Mai 1938 konnte die Kriegsmarine ihr erstes Schlachtschiff, die GNEISENAU, in Dienst stellen. Dieser Termin war unter den Zwängen der Maikrise – in dem schwelenden Konflikt um die sudetendeutschen Gebiete hatte die Tschechoslowakei die Mobilmachung ihrer Armee ausgelöst – vorgezogen worden; das Schiff war noch keinesfalls völlig fertiggestellt. Hier ist der Augenblick festgehalten, an dem erstmalig die Kriegsflagge gehißt wird. Vor der charakteristischen Kieler Uferkulisse sieht man genau hinter dem Flaggenstock der GNEISENAU das Fernlenkzielschiff HESSEN und weiter rechts den Zerstörer THEODOR RIEDEL (Z 6).

Das Schlachtschiff GNEISENAU war zum Zeitpunkt der Indienststellung noch keineswegs fertig. Zahlreiche Restarbeiten mußten zwischen den Ausbildungstörns erledigt werden. Eine solche Szenerie vermittelt dieses Bild: An dem an der Festmachertonne A 3 im Kieler Hafen liegenden Schlachtschiff werden mit Hilfe eines Schwimmkrans letzte Arbeiten verrichtet. Links im Hintergrund ist das Panzerschiff ADMIRAL GRAF SPEE zu sehen.

30. Juni 1938: Das Schlachtschiff GNEISENAU hat gerade seine Jungfernfahrt angetreten. Diese führt um die Shetlands herum nach den Hebriden und weiter durch den Pentland Firth hindurch an den Orkneys vorbei zurück in die Nordsee und weiter nach Kiel, das am 8. Juli erreicht wird. Hier sieht man das Schlachtschiff kurz nach dem Auslaufen in der spiegelglatten Ostsee. Die aus dem Schornstein entweichenden dichten Rauchschwaden deuten auf Fahrerhöhung hin: Dampf auf alle Kessel.

Je neuer das Schiff, umso strenger der "Schmadding" – diese Erfahrung wurde in der Kriegsmarine immer wieder gemacht. Hier sind Angehörige einer seemännischen Division auf dem Schlachtschiff GNEISENAU bei Reinschiffarbeiten; die Aufsicht übt die "Seemännische Nummer Eins" (im Marinejargon als "Schmadding" bezeichnet) aus, ein Oberbootsmann. Dieses Bild entstand auf dem Backbordseitendeck mit Blick nach achteraus. Im Vordergrund der vordere 15-cm-Zwillingsturm, dahinter (fast mit der Bordkante abschneidend) das vordere der beiden 15-cm-Einzelgeschütze, darüber 10,5-cm-Zwillingsflak mit einem der kreiselstabilisierten Fla-Leitstände, die im Bordjargon als "Wackeltöpfe" bezeichnet wurden.

Ab 1936 war der Kreuzer KÖNIGSBERG der Inspektion der Marineartillerie unterstellt und fuhr für diese als Artillerieschulschiff. Als gegen Mitte der 30er Jahre die Umrüstung von den veralteten Einzel-8,8-cm-Flak L/45 auf die neu entwickelte 8,8-cm-Flak L/76 C/32 in Doppellafette C/32 vorgenommen wurde, erhielt die KÖNIGSBERG als einziger "K-Kreuzer" nicht die seitlich postierten Doppellafetten, so daß zunächst nur die achtere vorhanden war. Die seitlichen Positionen blieben bis 1939 unbesetzt. 1937 wurde die KÖNIGSBERG mit einem Funkmeßortungsgerät ausgerüstet. Dieses hatte schon die einer Matratze nahekommende Form und war an der Stirnseite einer auf dem Brückenaufbau ausgebauten Bedienungskabine installiert. Auf dem Bild rechts sieht man die KÖNIGSBERG bei einem Übungsschießen; im Vordergrund blickt man auf die zu dieser Zeit unbesetzte Position der Steuerbord-8,8-cm-Doppelflak. Auf der anderen Aufnahme läßt sich die Funkmeßausrüstung gut erkennen (oben).

Um die Brückenbauwerke des Nord-Ostsee-Kanals passieren zu können, mußte auf den größten Einheiten der Kriegsmarine die Höhe des Großmastes veränderbar sein. Dieser Forderung wurde dadurch entsprochen, daß die (dünnere) Stenge teleskopartig in den (dickeren) Untermast eingefahren werden konnte; dies geschah über einen Seilzugmechanismus. Auf dieser frühen Aufnahme des Schlachtschiffes GNEISENAU sieht man die in den Großmast eingefahrene Stenge.

Die erst 1935 installierte Flugzeugschleuder auf dem Kreuzer KÖLN wurde bereits 1937 wieder ausgebaut. Soweit es heute noch nachvollziehbar ist, hatte diese Maßnahme ihren Grund darin, daß wegen der Bildung von Haarrissen im Aufbaudeck zusätzliche Verstärkungen vorgenommen werden mußten, die eine Zunahme hochliegender Gewichte und dadurch eine Verschlechterung der Stabilität nach sich zogen. Es blieb daher nichts anderes übrig, als alle entbehrlichen Gewichte abzubauen; hiervon betroffen war die Flugzeugschleuder. Solche Verstärkungen waren auf den Schwesterschiffen KARLSRUHE und KÖNIGSBERG nicht vorgenommen worden, weshalb ihre Flugzeugschleudern an Bord blieben. Diese Aufnahme zeigt die KÖLN noch mit der Flugzeugschleuder. Im Vordergrund blickt man auf eine 3,7-cm-Doppelflak C/30.

Das an einer Festmachertonne liegende Schlachtschiff GNEISENAU, aufgenommen im Juni 1938 im Kieler Hafen. Die Vielzahl der auf dem Vorschiff versammelten Besatzungsangehörigen deutet auf ein Antreten zur Musterung hin.

Das Einsetzen des Bordflugzeuges auf dem Kreuzer NÜRNBERG wird geübt. Der Bordkran hat das Bordflugzeug, eine He-60, an den Haken genommen und hievt es aus dem Wasser.

22. August 1938: Der Stapellauf des "Kreuzers J". Dieser Akt wird in Anwesenheit Hitlers und seines ungarischen Staatsgastes Nikolaus von Horthy vollzogen. Von Horthy diente in der k. und k. Kriegsmarine und trat als Admiral ab, als 1918 das Ende der Donaumonarchie und damit auch der k. und k. Marine gekommen war. Nach dem im März 1938 vollzogenen Anschluß Österreichs an das Deutsche Reich übernahm die Kriegsmarine die Tradition der einstigen Seemacht Österreich-Ungarn, bei der es mehrere Schiffe (zuletzt ein Schlachtschiff) gegeben hatte, die den Namen PRINZ EUGEN führten. Der "Kreuzer J" erhielt daher den Namen PRINZ EUGEN. Die Bilder zeigen einmal den zum Stapellauf bereitliegenden Schiffskörper auf einer der Helgen der Kieler Krupp-Germania-Werft kurz vor dem Eintreffen Hitlers und seines Staatsgastes (auf dieser Seite) und wie er nach dem Aufschwimmen von Schleppern an die Ausrüstungspier verholt wird (auf der gegenüberliegenden Seite).

Prinz Eugen

Aus Anlaß des Staatsbesuches von Admiral Nikolaus von Horthy, dem Reichsverweser Ungarns, fand am 22. August 1938 in der Kieler Bucht eine Flottenparade statt. Sie war die größte in der deutschen Nachkriegszeit und die letzte ihrer Art zugleich. Die in Kiellinie formierte Flotte wurde von dem Schlachtschiff GNEISENAU angeführt; auf ihrem Großmast war zu Ehren des Staatsgastes die Flagge der ehemaligen k. und k. Kriegsmarine gesetzt (oberes Bild). Das Bild darunter zeigt das über die Toppen geflaggte Schlachtschiff GNEISENAU im Kieler Hafen beim Einschiffen Hitlers und von Horthys; aus diesem Anlaß wird Salut geschossen. Der GNEISENAU folgen die Panzerschiffe ADMIRAL GRAF SPEE, ADMIRAL SCHEER und DEUTSCHLAND, die Kreuzer NÜRNBERG, LEIPZIG und KÖLN, 12 Zerstörer sowie Torpedoboote, Geleitboote, Minensuchboote, Schnellboote und Unterseeboote (gegenüberliegende Seite).

Der Kreuzer NÜRNBERG lag im August 1938 anläßlich des groß aufgezogenen Staatsbesuches von Admiral Nikolaus von Horthy in Kiel und nahm im Anschluß an den Stapellauf des Kreuzers PRINZ EUGEN an der großen Flottenparade in der Kieler Bucht teil. Hier sieht man die NÜRNBERG an ihrer Festmachertonne in der Nähe der Kieler Howaldtswerke. Im Vordergrund blickt man auf die Bugzier eines der beiden neueren Segelschulschiffe, HORST WESSEL oder ALBERT LEO SCHLAGETER.

Im Oktober 1938 geht das Schlachtschiff GNEISENAU in seine Bauwerft, um Rest- und Umbauarbeiten erledigen zu lassen. Als diese im Dezember 1938 abgeschlossen sind, bietet sich das Schiff in einer wesentlich veränderten Erscheinungsform dar: Dies liegt einmal an der neuen Vorstevenform und zum anderen an der aufgesetzten, schräg abgeschnittenen Schornsteinkappe. Diese Änderungen waren nicht aus "kosmetischen" Gründen vorgenommen worden, sondern hatte reale Hintergründe: Schon bei den ersten Fahrten hatte sich gezeigt, daß das Vorschiff bei Fahrt gegen die See außerordentlich naß war, also viel Wasser übernahm, und das in einem Ausmaß, daß zeitweilig die Einsatzbereitschaft der vorderen Türme in Frage gestellt war. Aus diesem Grund wurde der Spantenausfall des Vorschiffes so verstärkt,

daß überkommende Seen möglichst abgewiesen wurden; im Zusammenhang damit erhielt das Schiff den sog. "Atlantiksteven". Der Aufsatz auf dem Schornstein sollte den Bereich von Turmmast und Brückenaufbauten vor Rauchgasverwirbelungen schützen. Auf dem Bild oben rechts sind diese Änderungen gut erkennbar. Das andere Bild der GNEISENAU zeigt sie an der Festmachertonne A 10 im Kieler Hafen, hier schon mit den neuen Ankerklüsen; diese Änderung war erst nach dem Vorstevenumbau vorgenommen worden, weil die Buganker in den bisherigen tiefliegenden Klüsen sich als Verursacher von Spritzwasser auswirkten. Im Hintergrund ist das Helgengerüst der Howaldtswerke Kiel-Dietrichsdorf zu sehen.

Am 20. September – die Sudetenland-Krise hat ihren Höhepunkt erreicht und der Kriegsausbruch erscheint unvermeidbar – läuft das Panzerschiff DEUTSCHLAND in den Atlantik aus. Offiziell wird von einer Übungsreise gesprochen, aber in Wirklichkeit ist das Panzerschiff in volle Kriegsbereitschaft versetzt, hat Vorräte für 60 Seetage an Bord und stützt sich zudem auf zwei ebenfalls in See gegangene Versorgungsschiffe. Seine Aufgabe ist es, im Falle eines Kriegsausbruches gegen die Versorgungsschiffahrt des Gegners zu operieren. Nachdem durch das Münchener Abkommen der Friede in letzter Stunde gerettet werden kann, kehrt die DEUTSCHLAND am 20. Oktober in die Heimat zurück. Diese Aufnahme ist in jenen Wochen entstanden und wurde von Bord eines Zerstörers aus gemacht. Noch immer vorhanden ist auf dem Panzerschiff die schwarz-weiß-rote "Banderole" an den 28-cm-Türmen als Fliegererkennungszeichen.

Bei ihrer vierten Auslandsausbildungsreise gerät der Kreuzer KARLSRUHE im März 1936 im Pazifik in einen schweren Sturm. Dadurch werden seine Verbände so schweren Beanspruchungen ausgesetzt, daß sich Risse und Brüche bemerkbar machen. Die Schäden haben ein derartiges Ausmaß, daß das kalifornische San Diego angelaufen werden muß, um Reparaturen durchzuführen. Durch diese Erfahrungen – die ein Jahr später auch auf dem Kreuzer LEIPZIG gemacht werden – wird deutlich, daß die "Vertragskreuzer" (mit Ausnahme der EMDEN) wegen ihrer zu leichten Bauweise für ozeanische Bedingungen ungeeignet sind. Zwar genügte ihre Stabilität zu Anfang ihrer Dienstzeit durchaus, aber nachträgliche Einbauten hatten zu einem immer enger werdenden Spielraum geführt. Es wird daher beschlossen, die Verbände der betroffenen fünf Kreuzer im Zuge eines größeren Umbaus zu verstärken und damit die Lebensdauer um etwa zehn Jahre zu verlängern. Nach einem vom November 1937 stammenden Plan soll im Mai 1938 als erster Kreuzer die KARLSRUHE in die Werft, und danach sind NÜRNBERG, KÖLN und KÖNIGSBERG sowie als letzte die LEIPZIG vorgesehen. Diese von dem Luftschiff GRAF ZEPPELIN gemachte Aufnahme stammt von 1935 und zeigt den Kreuzer KARLSRUHE in Kiel-Wik liegend. Hier wird die extrem schlanke Form des Schiffskörpers besonders gut sichtbar. Der KARLSRUHE gegenüber liegen vier Torpedoboote, am oberen Bildrand ist das Achterschiff des Artillerieschulschiffes BREMSE zu sehen.

Graf Zeppelin

Am 8. Dezember 1938 läuft in Kiel der "Flugzeugträger A" vom Stapel. Seine Planung hatte das Marinekonstruktionsamt vor völlig neue, überaus schwierige Aufgaben gestellt. Die für den Start und die Landung der Flugzeuge erforderlichen Einrichtungen mußten völlig neu entwickelt werden, ohne auf irgendwelchen Erfahrungen aufbauen zu können. Die von Göring befehligte Luftwaffe war an Flugzeugträgern nicht sonderlich interessiert, weil er marineeigene Luftstreitkräfte ohnehin ablehnte. So kam es, daß während der Entwurfsphase noch nicht einmal auch nur ansatzweise Klarheit über das zukünftige Trägerflugzeug bestand. Seine Abmessungen, Gewichte und Leistungsparameter mußten von den Marinekonstrukteuren geschätzt werden, um einen Ausgangspunkt zu erhalten. Diese Bilder zeigen den Stapellauf des Flugzeugträgers – er erhielt den Namen GRAF ZEPPELIN – aus verschiedenen Perspektiven. Auf dieser Seite, rechts, der aufgeschwommene Träger. Wie dieser nach seiner Fertigstellung hätte aussehen sollen, zeigt das eingeblendete Phantombild auf der gegenüberliegenden Seite.

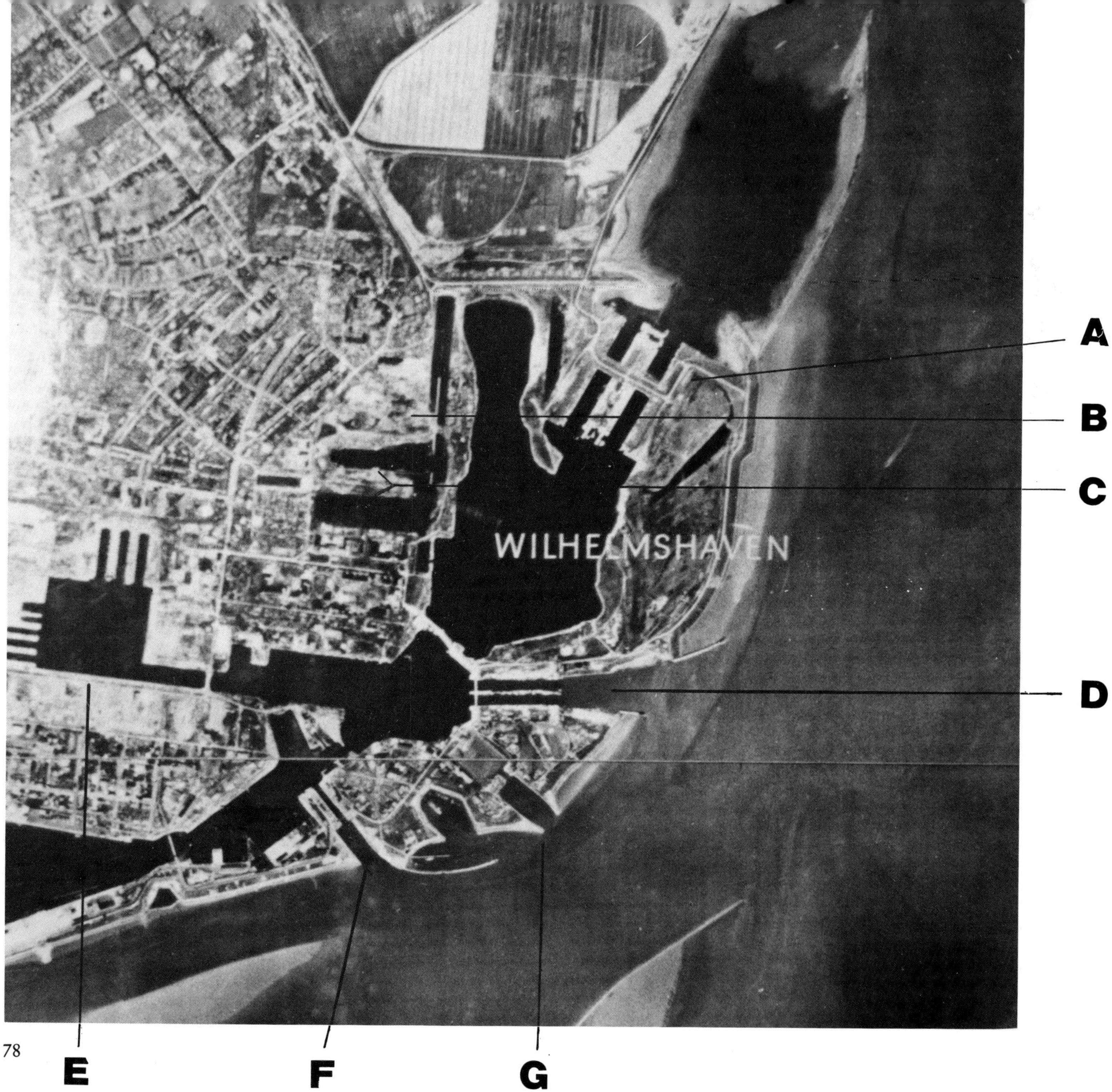

Die gegen Mitte der 30er Jahre einsetzende Aufrüstung der Kriegsmarine konnte sich nicht allein auf die Abwicklung von Schiffbauprogrammen beschränken; vielmehr waren dazu auch infrastrukturelle Maßnahmen erforderlich, um der anwachsenden Flotte den notwendigen logistischen Rückhalt zu sichern. Ein gravierendes Beispiel bot Wilhelmshaven als tideabhängiger Hauptliegehafen im Nordseebereich. Zusätzlich zu den dort bereits stehenden drei Einfahrten wurde 1936 eine neue in Angriff genommen, die aus zwei Kammern bestehende IV. Einfahrt. Unmittelbar daran angrenzend war ein riesiges Areal, auf dem mit dem Bau einer neuen Werft – der sog. "Nordwerft" – begonnen wurde. Diese sollte für den Bau größter Einheiten genutzt werden (auf der Luftaufnahme mit "B" gekennzeichnet). Drei große Trockendocks von jeweils etwa 350 m Länge und 60 m Breite wurden dafür vorgesehen, zwei davon sind begonnen worden, aber keines von ihnen wurde fertiggestellt (C). Diese aus der alliierten Luftaufklärung stammende Aufnahme aus dem Krieg zeigt die bestehenden und in Arbeit befindlichen Einrichtungen (E = Kriegsmarinewerft, F = I. Einfahrt, G = II. Einfahrt, D = III. Einfahrt). Im Kriege wurden die Planungen noch weitergehend geführt: Nördlich der neu errichteten IV. Einfahrt (A) war eine weitere, noch größere vorgesehen, die V. Einfahrt.

DAS JAHR 1939

Der 7. Januar steht im Zeichen der Indienststellung des zweiten Schlachtschiffes, SCHARNHORST. Seine Fertigstellung war mit zwölfmonatiger Verzögerung erfolgt.
Am 19. Januar kommt in Bremen der "Kreuzer K" zu Wasser und erhält den Namen SEYDLITZ. Seine Indienststellung soll nach den Planvorgaben am 1. September 1940 erfolgen. Der britischen Regierung ist im Dezember 1938 in einer Note mitgeteilt worden, daß das Reich seine im Juli 1938 ausgesprochene Beschränkung auf drei "A-Kreuzer" als gegenstandslos ansieht und von seinem Recht auf fünf solcher Schiffe Gebrauch macht und die als "B-Kreuzer" angekündigten und entworfenen Neubauten "K" und "L" deshalb als "A-Kreuzer" fertiggestellt werden. Begründet wird dieses Vorgehen mit dem in der Sowjetunion angelaufenen Bau von 8.000-ts-Kreuzern mit 18-cm-Geschützen, die in dieser Konfiguration als "A-Kreuzer" anzusehen sind.
Am 23. Januar erfolgt die Berufung von Konteradmiral Werner Fuchs zum Sonderbeauftragten für den Bau der dieselmotorbetriebenen Schlachtschiffe des "H"-Typs. Er erhält weitreichende Vollmachten, die in diesem Umfang und Ausmaß einmalig sind. Seine Aufgabe ist, Sorge dafür zu tragen, daß der Bau dieser Schiffe möglichst gleichzeitig oder zeitlich nur gering versetzt in kürzestmöglicher Zeit durchgeführt wird.
Nachdem im Winter 1938/39 der Oberbefehlshaber der Kriegsmarine Hitler zwei Alternativpläne zum Aufbau der Flotte vorgelegt hat, kommt es am 27. Januar zur Entscheidung: Der eine Plan ist auf den Zufuhrkrieg mit Panzerschiffen und Ubooten abgestellt und verhältnismäßig schnell und billig zu verwirklichen. Der zweite Plan verheißt wesentlich weitergehende Wirkungsmöglichkeiten, ist aber teurer und nur längerfristig durchzuführen. Hitler entscheidet sich für die zweite Alternativlösung, den "Z-Plan" und befiehlt, den von ihm angeordneten Ausbau der Kriegsmarine allen anderen Aufgaben, einschließlich des Rüstungsbedarfs von Heer und Luftwaffe und der Exportwirtschaft, mit absolutem Vorrang vorzuziehen.

Der "Z-Plan" sieht an großen Schiffseinheiten vor:

	Gesamt-zahl	**1939**	**Zulauf in den Jahren 40**	**41**	**42**	**43**	**44**	**45**	**46**	**47**
Schlachtschiffe	(10)									
"D", "E"	2	2								
"F", "G"	2		1	1						
"H", "J", "K", "L", "M", "N"	6						4		2	
Flugzeugträger	(4)									
"A", "B"	2		1	1						
"C", "D"	2								1	1
Panzerschiffe	(15)									
alte	3									
"P-1"–"P-12"	12					4		4		2
Schwere Kreuzer	(5)									
"G", "H", "J", "K", "L"		2	3							
Leichte Kreuzer	(18)									
"M", "N", "O", "P", "Q", "R" "S", "T", "U", "V", "W", "X"	12				3		1	1	3	12
Spähkreuzer	(22)									
"SP-1"–"SP-22"	22				2	4	3	3	3	5

Im Endziel soll die Kriegsmarine einen Schiffsbestand von ca. 800 Einheiten haben und einen Personalbestand von 201.000 Mann erreichen. Für die Jahre 1939–45 sind dafür 33 Milliarden Reichsmark vorgesehen. Hitler versichert Raeder, daß er bis 1946 die Kriegsmarine nicht für seine politischen Ziele benötigen wird.
Der Plan enthält eine Anzahl von Schiffstypen, wie sie die deutsche Kriegsmarine bisher nicht besaß. Es waren dies insbesonders:

Schlachtschiffe in einer Größe von mehr als 50.000 ts Typverdrängung mit acht 40,6-cm- und zwölf 15-cm-Geschützen, sechs Bordflugzeugen, Motorenantrieb für 30 kn Geschwindigkeit mit einem Fahrbereich von über 19.000 sm;

Panzerschiffe von über 22.000 ts mit sechs 28-cm- und vier 15-cm-Geschützen, zwei Bordflugzeugen, Motorenantrieb für 33 bis 34 kn Geschwindigkeit mit einem Fahrbereich von 25.000 sm;

Flugzeugträger mit rund 23.000 ts, 40 Flugzeugen, Dampfantrieb für 33,8 kn Geschwindigkeit und 8.000 sm Fahrbereich.

Leichte Kreuzer von knapp 8.000 ts mit acht 15-cm-Geschützen, acht Torpedorohren, zwei Bordflugzeugen, gemischtem Antrieb aus Motoren und Dampfturbinen für 35,5 kn Geschwindigkeit und 8.000 sm Fahrbereich;

Spähkreuzer von 5.800 ts mit sechs 15-cm-Geschützen, zehn Torpedorohren, gemischtem Antrieb aus Motoren und Dampfturbinen für 36 kn Geschwindigkeit und 8.00 sm Fahrbereich.

Der strategische Einsatz dieser weitgehend neuen Flotte zielt auf Englands Abhängigkeit von seinen überseeischen Zufuhren und damit auf seine am meisten verletzbare Stelle:

* Im Küstenvorfeld durch den Einsatz von Minen und im weiteren Vorfeld durch den von Ubooten zu führenden Tonnagekrieg;
* im Nordseebereich durch die Präsenz von starken Seestreitkräften als "fleet in being", einer Flotte also, die allein durch ihr Vorhandensein Kräfte des Gegners bindet und sie von anderen Fronten abzieht;
* im ozeanischen Raum durch den Einsatz von Panzerschiffen und Kreuzern (einschließlich Hilfskreuzern) vornehmlich gegen Geleitzüge. Dadurch soll der Gegner gezwungen werden, zu deren Sicherung schwere Einheiten einzusetzen. Gegen letztere sollen Kampfgruppen aus jeweils mehreren Schlachtschiffen des "H"-Typs, einem Flugzeugträger, Kreuzern und Zerstörern als Sicherung angesetzt werden, um sie aufzureiben und die Geleitzüge schutzlos zu machen.

Am 14. Februar wird in Hamburg das "Schlachtschiff F" vom Stapel gelassen; es erhält den Namen BISMARCK.

Die Haushaltsbezeichnungen der großen Kampfschiffe:

Panzerschiffe/Schlachtschiffe

A = DEUTSCHLAND
B = ADMIRAL SCHEER
C = ADMIRAL GRAF SPEE
D = SCHARNHORST
E = GNEISENAU
F = BISMARCK
G = TIRPITZ
H = . . .
J = . . .
K = . . .
L = . . .
M = . . .
N = . . .
O = . . .
P = . . .
Q = . . .

Panzerschiffe (neu)

P 1 bis P 12 = . . .

Flugzeugträger

A = GRAF ZEPPELIN
B = . . .
C = . . .
D = . . .

Kreuzer

A = EMDEN
B = KÖNIGSBERG
C = KARLSRUHE
D = KÖLN
E = LEIPZIG
F = NÜRNBERG
G = BLÜCHER
H = ADMIRAL HIPPER
J = PRINZ EUGEN
K = SEYDLITZ
L = LÜTZOW
M = . . .
N = . . .
O = . . .
P = . . .
Q = . . .
R = . . .
S = . . .
T = . . .
U = . . .
V = . . .
W = . . .
X = . . .

Am 10. März erfolgt auf der Krupp-Germania-Werft in Kiel die Kiellegung des "Kreuzers O" mit Indienststellungstermin zum 1. August 1942. Die beiden ersten Einheiten dieser Klasse, "M" und "N", waren schon gegen Ende 1938, resp. Anfang 1939, in Kiel bzw. Wilhelmshaven mit Indienststellungstermin zum 1. Dezember 1943 bzw. 1. Oktober 1943 begonnen worden.
Am 23. März ist die Kriegsmarine an der Wiedereingliederung des nach dem Ersten Weltkrieg an Litauen gefallenen Memellandes beteiligt. Aus diesem Anlaß begibt sich ein starker Flottenverband nach dort und ankert demonstrativ auf der Reede vor Memel. Zu dem Verband gehören die Panzerschiffe DEUTSCHLAND (auf der sich Hitler eingeschifft hat), ADMIRAL SCHEER und ADMIRAL GRAF SPEE, drei Kreuzer sowie Zerstörer, Torpedoboote und Minensuchboote.
Am 1. April steht in Wilhelmshaven der Stapellauf des "Schlachtschiffes G" im Mittelpunkt der Ereignisse. Nach dessen Taufe auf den Namen TIRPITZ und dem Ablauf begibt sich Hitler an Bord des im Großen Hafen festgemachten Schlachtschiffes SCHARNHORST, wo Raeder zum Großadmiral befördert wird. Am Nachmittag hält Hitler auf dem Wilhelmshavener Rathausplatz eine Rede, wobei er den von ihm angestrebten deutsch-britischen Ausgleich bekräftigt und dabei das 1935 abgeschlossene Flottenabkommen erwähnt; für den Fall, daß England nichts mehr an einem solchen Ausgleich gelegen sei, droht er die Aufkündigung des Abkommens an.
Am 28. April nimmt Hitler in einer Reichstagsrede Stellung zu einer Note des amerikanischen Präsidenten Rooesevelt; in dieser sind Hitler und Mussolini aufgefordert worden, an 30 aufgezählte Staaten in Europa und Vorderasien Nichtangriffsgarantien zu geben. In dieser Rede kündigt Hitler das 1935 abgeschlossene Flottenabkommen mit Großbritannien auf, weil dazu die Voraussetzungen nicht mehr bestehen. Als Grund dafür bezeichnet er die britische "Einkreisungspolitik".
Am 29. April stellt die Kriegsmarine mit mehr als 14 Monaten Verzögerung ihren ersten Schweren Kreuzer, ADMIRAL HIPPER, in Dienst.
Der 1. Juli bringt in Bremen den Stapellauf des "Kreuzers L", der den Namen LÜTZOW erhält. Seine Indienststellung ist zum 1. Februar 1941 vorgesehen.
Schon am 15. Juli kann bei Blohm & Voß in Hamburg der Kiel des ersten von sechs Super-Schlachtschiffen ("Schlachtschiff H") gestreckt werden, neun Monate früher als es ohne die neugeschaffene Dienststelle des Sonderbeauftragten für den Schlachtschiffbau möglich gewesen wäre. Genau einen Monat danach, am 15. August, kann bei der Deschimag-Werft in Bremen das "Schlachtschiff J" auf Kiel gelegt werden. Die Indienststellung der beiden Einheiten ist für den 1. August 1943 bzw. 1. Oktober 1943 geplant.
Am 21. und 24. August laufen die Panzerschiffe ADMIRAL GRAF SPEE und DEUTSCHLAND aus Wilhelmshaven aus, um im Atlantik auf Warteposition zu gehen und weitere Befehle abzuwarten. Jedem der beiden Panzerschiffe ist ein Versorgungstanker beigegeben.
1. September: Das am 25. August in den Hafen von Danzig-Neufahrwasser eingelaufene Kadettenschulschiff SCHLESWIG-HOLSTEIN eröffnet mit seinen Salven auf die polnisch besetzte Westerplatte die militärischen Operationen gegen Polen. Von den größeren Schiffseinheiten sind zunächst die Kreuzer NÜRNBERG, LEIPZIG und KÖLN im Ostseebereich gegen Polen bereitgestellt, doch werden sie schon am 2. September in den Nordseebereich verlegt.
3. September: Mit dem Ablauf eines gemeinsam von Großbritannien und Frankreich gestellten Ultimatums betrachten sich beide Staaten als mit dem Reich im Krieg befindlich. Am gleichen Tag beginnen die Kreuzer NÜRNBERG, LEIPZIG, KÖLN, KÖNIGSBERG und EMDEN gemeinsam mit Zerstörern, Torpedobooten und Minenschiffen mit dem Auslegen der "Westwall"-Minensperren in der Nordsee.
Am 4. September greifen britische Bomber das auf Schillig-Reede ankernde Panzerschiff ADMIRAL SCHEER erfolglos an, während andere die in Wilhelmshaven liegenden Schiffe anfliegen. Dabei erleidet der Kreuzer EMDEN Schäden und Personalverluste. Ihr weiterer Angriff richtet sich gegen die in Brunsbüttel liegenden Schlachtschiffe SCHARNHORST und GNEISENAU, doch werden sie durch gut liegendes Abwehrfeuer zur Umkehr gezwungen.
Vom 25. bis 27. September unterstützen die beiden Kadettenschulschiffe SCHLESIEN und SCHLESWIG-HOLSTEIN den Angriff auf die von den Polen gehaltene Halbinsel Hela durch Feuer auf Artilleriestellungen.
Am 26. September erfolgt die Freigabe der Operationen für die im August ausgelaufenen Panzerschiffe, von denen ADMIRAL GRAF SPEE im Südatlantik und DEUTSCHLAND im Nordatlantik stehen.
Am 20. September kann in Kiel der zweite Schwere Kreuzer, BLÜCHER, mit einer Bauverzögerung von 14 Monaten in Dienst gestellt werden.
Im September und Oktober werden die Arbeiten an den auf den Helgen liegenden großen Einheiten eingestellt. Anstelle des "Z-Planes" tritt ein Kriegsbauplan, der sich vor allem auf Uboote konzentriert. Nicht von dem Baustopp betroffen sind die weiter vorangekommenen Einheiten, so die Schlachtschiffe BISMARCK und TIRPITZ, der Schwere Kreuzer PRINZ EUGEN und zunächst auch noch der Flugzeugträger GRAF ZEPPELIN sowie die Schweren Kreuzer SEYDLITZ und LÜTZOW.
Ein in der Zeit vom 7. bis 9. Oktober bis zur Südspitze Norwegens reichender Vorstoß des Schlachtschiffes GNEISENAU und des Kreuzers KÖLN mit Zerstörern verläuft ohne Feindberührung.
Das im August 1939 abgeschlossene politische Arrangement mit der Sowjetunion hat im Oktober erste Folgen für die Kriegsmarine: Eine sowjetische Kommission fordert die Überlassung der beiden noch unfertigen Kreuzer SEYDLITZ

und LÜTZOW und ihren Fertigbau mit deutscher Hilfe. Großadmiral Raeder lehnt den Verkauf von SEYDLITZ ab, ist aber bereit, die im Ausbau weniger weit vorangekommene LÜTZOW abzugeben.
Am 13. November wird in Wilhelmshaven der Kreuzer KARLSRUHE wieder in Dienst gestellt, nachdem er einem großen Umbau unterzogen worden war.
Am 17. November kehrt das Panzerschiff DEUTSCHLAND – das zwei Tage zuvor auf Hitlers Befehl hin umbenannt worden ist und den Namen LÜTZOW erhielt, um den bevorstehenden Verkauf des Schweren Kreuzers LÜTZOW an die Sowjetunion zu tarnen – von seinem Atlantikunternehmen zurück und läuft in Gotenhafen ein, nachdem es am 5. November den Rückkehrbefehl erhalten und den Durchbruch durch die Dänemarkstraße geschafft hat. Seine Erfolgsbilanz ist mit zwei versenkten und einem aufgebrachten Frachter karg.
In der Zeit vom 21. bis 22. November operieren das nunmehrige Panzerschiff LÜTZOW und die Kreuzer KÖLN und LEIPZIG zusammen mit Torpedobooten im Skagerrak, um Handelskrieg zu führen.
Vom 21. bis zum 27. November unternehmen die Schlachtschiffe SCHARNHORST und GNEISENAU einen Vorstoß in den Nordatlantik; durch diesen soll das im Südatlantik operierende Panzerschiff ADMIRAL GRAF SPEE entlastet werden. Dabei stoßen sie am 23. November zwischen Island und den Faröer-Inseln auf den britischen Hilfskreuzer RAWALPINDI, der nach kurzem Artilleriegefecht von SCHARNHORST versenkt wird. Am 26. November durchbrechen beide Schlachtschiffe unbemerkt die Shetland-Bergen-Enge und treffen ohne eigene Verluste in der Heimat ein. Zur Ablenkung von diesem Schlachtschiffvorstoß operieren am 24./25. November das Panzerschiff LÜTZOW und die Kreuzer KÖLN und LEIPZIG mit Torpedobooten erneut im Skagerrak.
Vom 4. bis 6. Dezember führt der Kreuzer NÜRNBERG ein Minenunternehmen vor Kristiansand durch.
Am 13. Dezember werden die zur Aufnahme von fünf von einer Minenoperation an der britischen Ostküste zurückkehrenden Zerstörer auf und ab stehenden Kreuzer NÜRNBERG, LEIPZIG und KÖLN von britischen Ubooten angegriffen. Die LEIPZIG erhält einen Torpedotreffer mittschiffs, NÜRNBERG einen ins Vorschiff. Die erheblich schwerer beschädigte LEIPZIG wird nach Hamburg geschleppt und dockt bei Blohm & Voß ein, die NÜRNBERG läuft zur Reparatur Kiel an.
Ebenfalls am 13. Dezember kommt es vor der La Plata-Mündung zu einer Gefechtsbegegnung des Panzerschiffes ADMIRAL GRAF SPEE mit einem aus drei Kreuzern bestehenden britischen Verband. Zwar kann ADMIRAL GRAF SPEE seinen Gegnern teils schwere Schäden zufügen, erleidet aber selbst Beschädigungen, deren Schwere den Anlaß gibt, Montevideo anzulaufen, um dort Reparaturen durchzuführen.
Weil Uruguays Regierung, nicht zuletzt auf britischen diplomatischen Druck hin, nicht bereit ist, einem längeren Aufenthalt des Panzerschiffes zuzustimmen und die zugestandene Frist zur Behebung der Schäden nicht ausreicht und zudem ein Ausbruch in den freien Seeraum mit dem Ziel einer Rückkehr in die Heimat unmöglich erscheint, wird das Schiff am 17. Dezember gesprengt. Damit ist der 13. Dezember in doppelter Hinsicht ein Schicksalstag für die großen Einheiten der Kriegsmarine geworden: Er bringt die ersten längerfristigen Ausfälle und führt zum ersten Totalverlust dieses Krieges.

Das Panzerschiff ADMIRAL SCHEER zu Anfang des Jahres 1939 im Kieler Hafen liegend.

14.290 ts

6–28 cm
8–15 cm

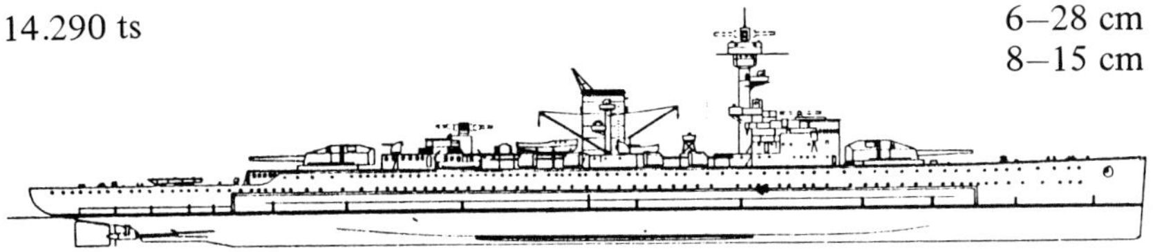

Panzerschiff DEUTSCHLAND

38.100 ts

9–28 cm
12–15 cm

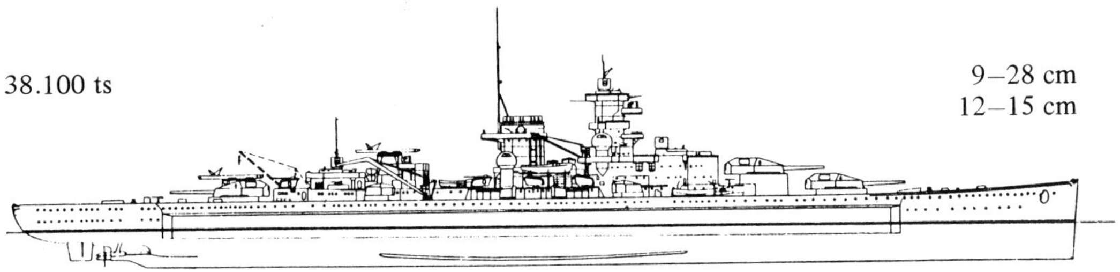

Schlachtschiff GNEISENAU

50.300 ts

8–38 cm
12–15 cm

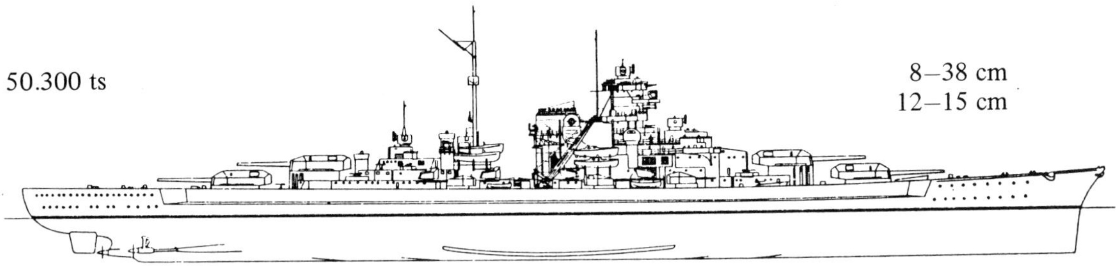

Schlachtschiff BISMARCK

62.600 ts

8–40,6 cm
12–15,0 cm

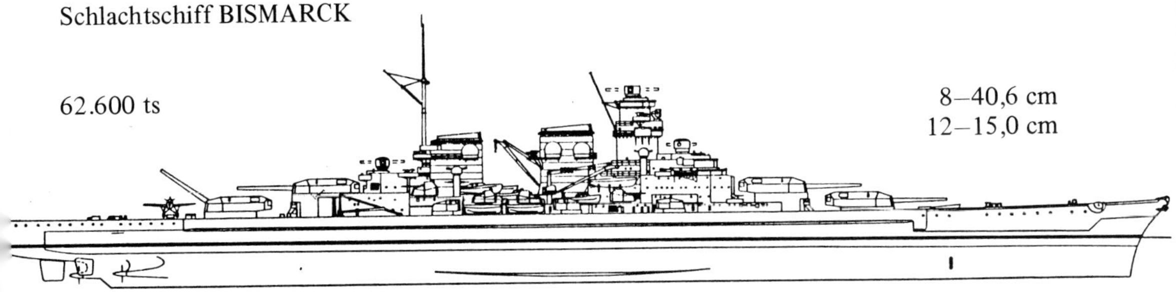

Schlachtschiff "H"

Diese vergleichende Darstellung soll den Größen- und Kampfkraftaufwuchs vom Panzerschiff DEUTSCHLAND bis zum Schlachtschiff "H" deutlich machen. Vermerkt ist jeweils die Einsatzverdrängung (links) und die Bewaffnung an schwerer und mittlerer Artillerie (rechts).

7. Januar 1939: Die Indienststellung des Schlachtschiffes SCHARNHORST in Wilhelmshaven. Dieses hat an der Pier des Ausrüstungshafens gegenüber der Schleuseninsel festgemacht. Das eine Bild zeigt die auf der Schanz angetretene Besatzung nach der Rede des Kommandanten, Kapitän zur See Ciliax (er steht auf einer auf dem achteren 28-cm-Turm aufgebauten Bühne) in dem Augenblick, in dem unter Abspielen der Nationalhymnen die Kriegsflagge gehißt wird (oben). Das zweite Bild ist von der Gegenseite aus aufgenommen worden; hier ist der Bug des neuen Schlachtschiffes mit der am Flaggenstock gesetzten Gösch zu sehen.

DIE DEUTSCHE KRIEGSMARINE NACH DEM »Z-PLAN« VON 1939
dargestellt an den großen und mittleren Einheiten

SCHLACHTSCHIFFE: 13

6 »H«-Klasse

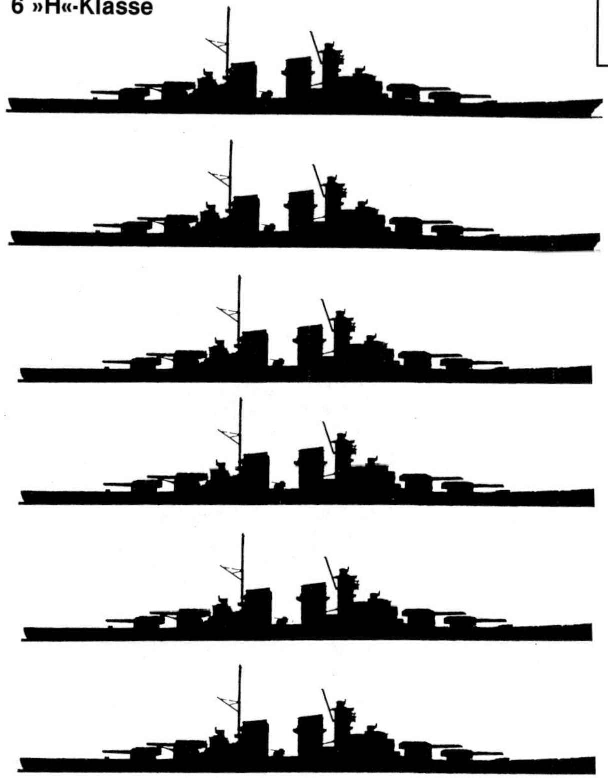

3 »O«-Klasse

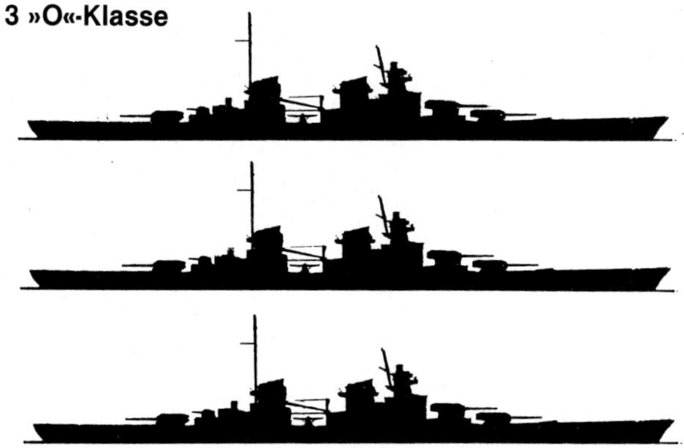

2 BISMARCK-Klasse

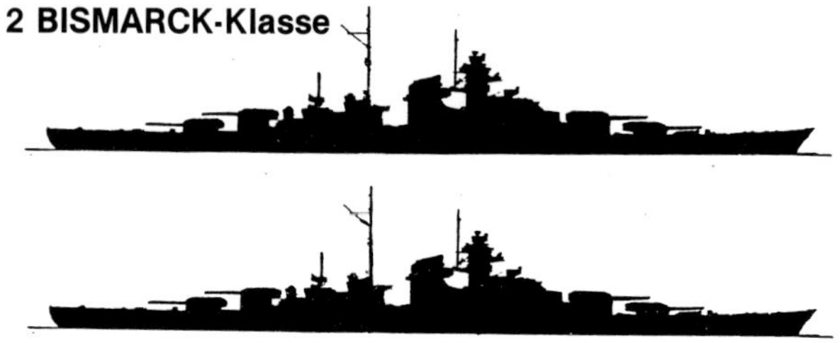

2 SCHARNHORST-Klasse

FLUGZEUGTRÄGER: 4

2 GRAF ZEPPELIN-Klasse

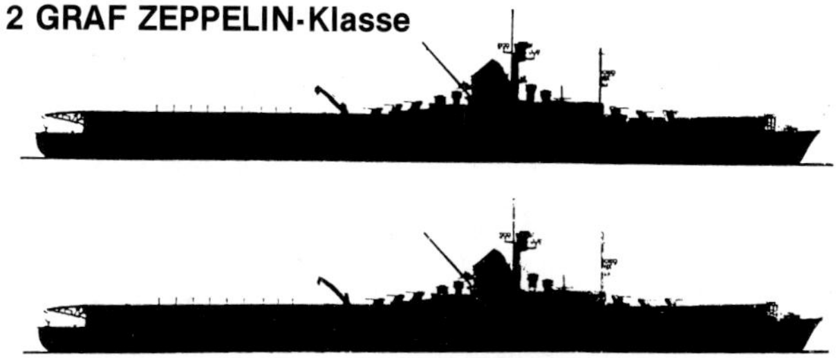

2 weitere Träger

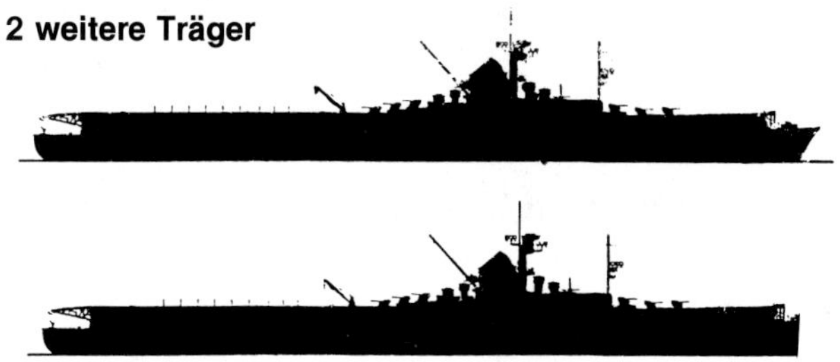

NEUE PANZERSCHIFFE: 12

12 »P-1«-Klasse

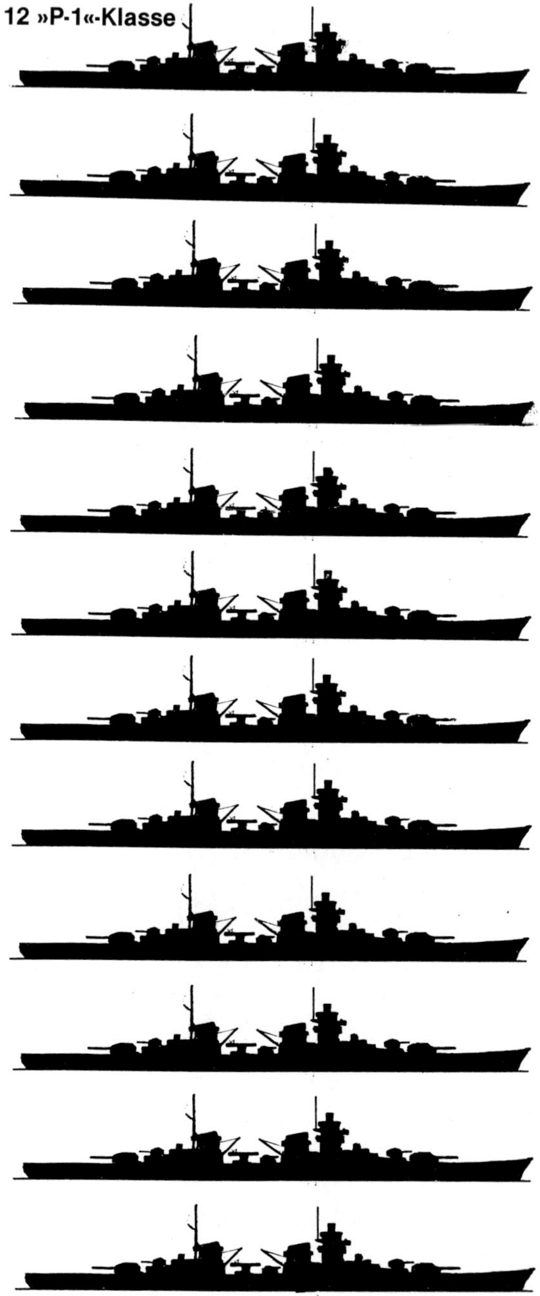

ALTE PANZERSCHIFFE: 3

3 DEUTSCHLAND-Klasse

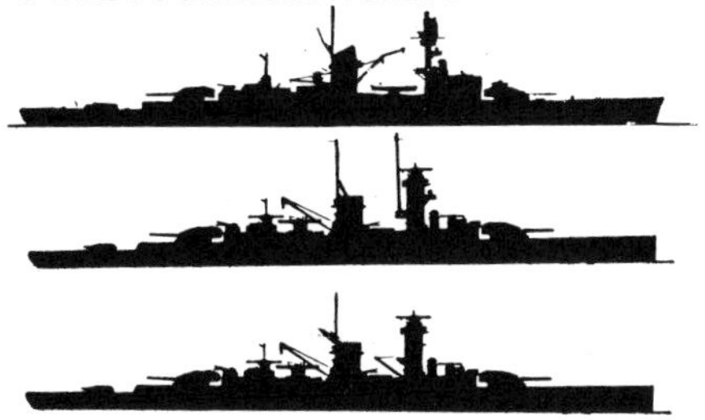

SCHWERE KREUZER: 5

2 ADMIRAL HIPPER-Klasse

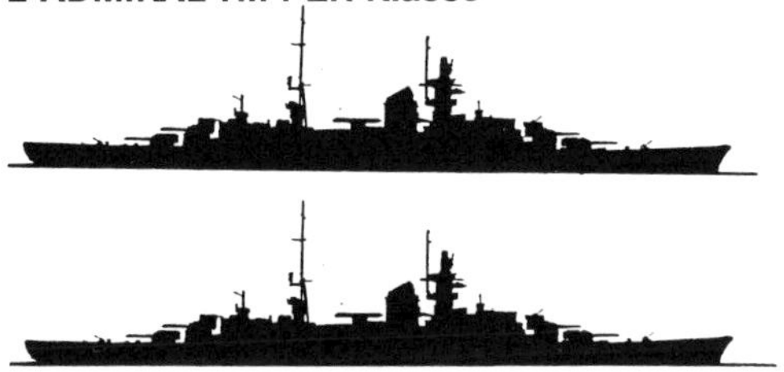

3 PRINZ EUGEN-Klasse

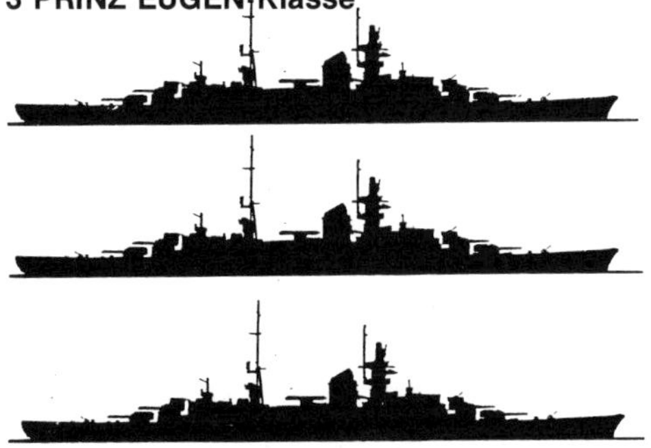

LEICHTE KREUZER: 18

12 »M«-Klasse

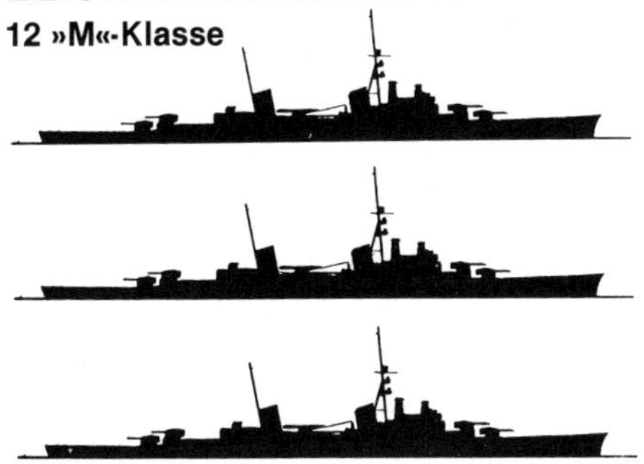

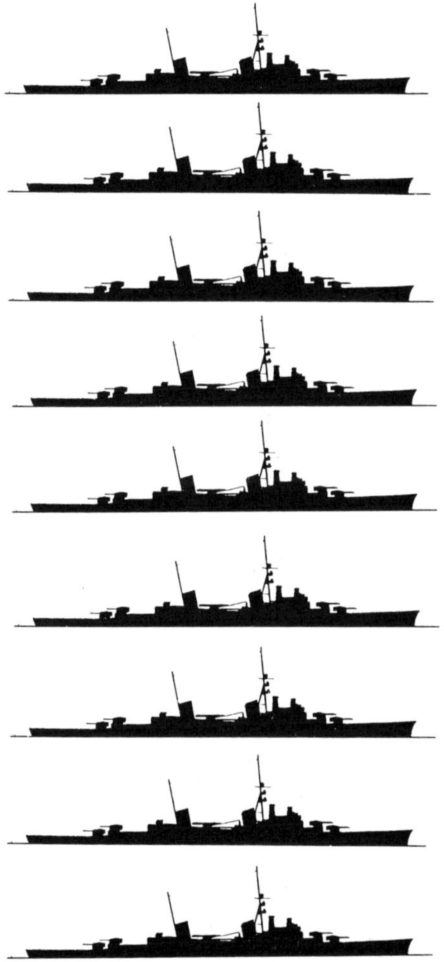

3 KÖNIGSBERG-Klasse

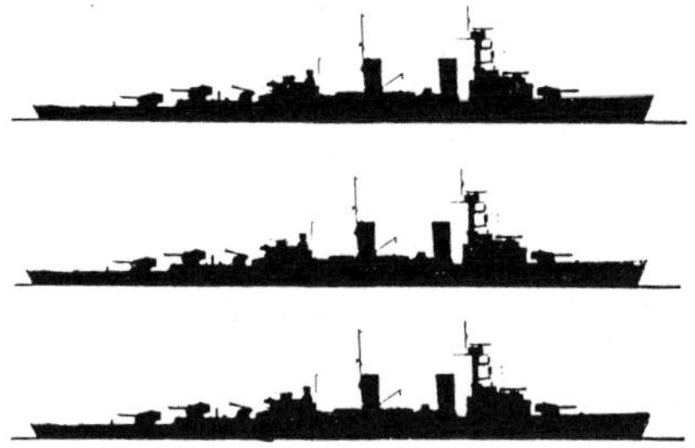

1 EMDEN-Klasse

1 LEIPZIG-Klasse

1 NÜRNBERG-Klasse

SPÄHKREUZER: 22

22 SP-1-Klasse

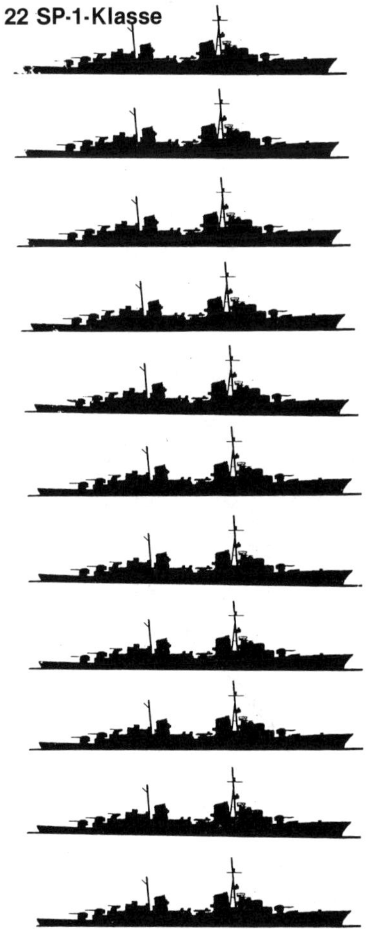

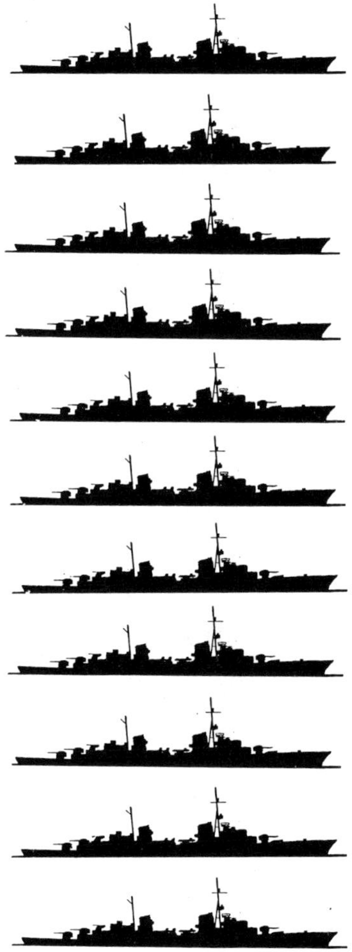

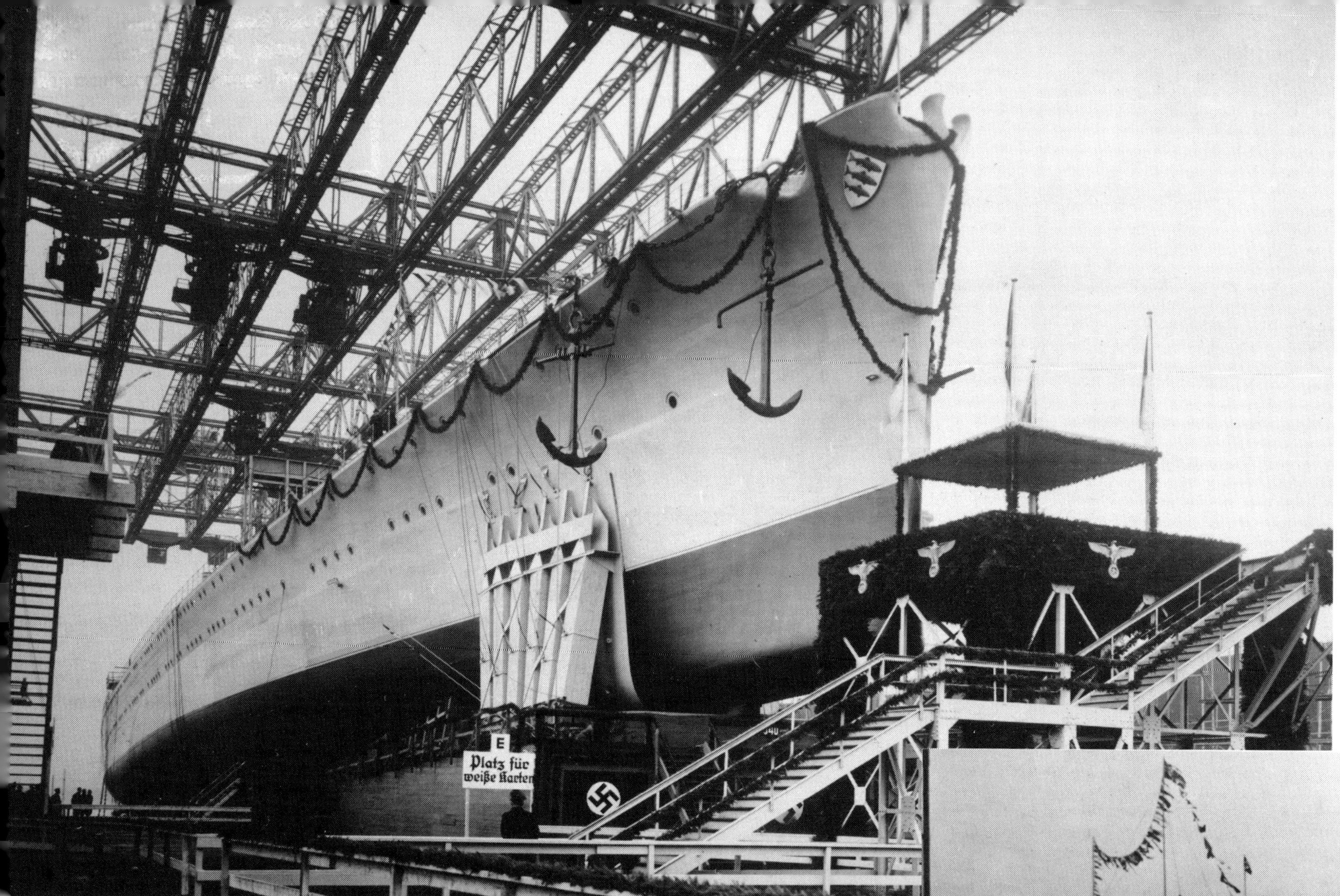

Am 19. Januar 1939 läuft der "Kreuzer K" vom Stapel und wird auf den Namen SEYDLITZ getauft. Diese Bilder zeigen ihn einmal noch auf der Helling liegend (oben) und beim Aufschwimmen (rechts). Wie die drei vorangegangenen Schweren Kreuzer hatte auch dieser zum Zeitpunkt des Stapellaufes noch die ursprüngliche Vorstevenform.

Im Februar 1939 bei einer der ersten Probefahrten in der Jademündung aufgenommen: Schlachtschiff SCHARNHORST.

Der 14. Februar 1939 war für die Kriegsmarine ein besonders herausragender Tag: Ihr erstes, den neuzeitlichen gegnerischen Großkampfschiffen ebenbürtiges Schlachtschiff, die BISMARCK, kam zu Wasser. Zu diesem Akt erschien Hitler mit großem Gefolge. Zehntausende von Hamburgern und Zugereisten verfolgten von allen möglichen Positionen an Land und auf der Elbe das imponierende Schauspiel. Diese Bilder zeigen den Schiffskörper beim Ablaufen . . .

. . . und, von Schleppern an den Haken genommen, kurz nach dem Aufschwimmen.

Nur sechs Wochen nach dem Ablauf des Schlachtschiffes BISMARCK lag auch das Schwesterschiff zum Stapellauf bereit. Für die Wilhelmshavener war es monatelang ein interessanter Anblick, den scharf geschwungenen Vorsteven des "Schlachtschiffes G" immer höher wachsen zu sehen, bis er schließlich weit über die Schiffbauhalle an der Gökerstraße ragte (oben). Nach der Taufe auf den Namen TIRPITZ gleitet der Schiffskörper in sein Element (unten) und schwimmt schließlich auf (gegenüberliegende Seite).

Nach dem Stapellauf der TIRPITZ begibt sich Hitler auf das im Hipper-Hafen am Fliegerdeich festgemachte Schlachtschiff SCHARNHORST, auf dem er Raeder zum Großadmiral ernennt. Auf dem großen Bild meldet ihm gerade der Kommandant der SCHARNHORST, Kapitän zur See Ciliax; links die Fallreepswache, in der Mitte Teile des Offizierskorps der SCHARNHORST und rechts ein Musikzug und eine Ehrenformation unter präsentiertem Gewehr. Das andere Bild (oben) zeigt ihn zusammen mit dem eben ernannten Großadmiral Raeder (mit Admiralsstab in der Rechten) an Deck der SCHARNHORST.

Das Schlachtschiff SCHARNHORST unterbricht im April 1939 seinen Ausbildungstörn und läuft in Kiel ein, wo es an der Festmacherboje A 12 seinen Liegeplatz einnimmt. Hier sind Angehörige einer seemännischen Division dabei, das Schiff festzumachen. Auf diesem Bild wird auch die Anfälligkeit für Spritzwasserbildung durch die aus tiefliegenden Klüsen herausragenden Anker verständlich (Mitte).

Auf dem oberen Bild ist das Schlachtschiff an seinem Liegeplatz zu sehen. Das untere Bild ist aus fast gleicher Perspektive entstanden und zeigt das Schiff, aus einem besonderen Anlaß über die Toppen geflaggt, beim Salutschießen. Dieser besondere Anlaß war offenbar der 20. April 1939, als Hitler seinen 50. Geburtstag beging, der überall im Reich mit Paraden und Kundgebungen gefeiert wurde.

Reinschiff auf dem Schlachtschiff SCHARNHORST. Im Hintergrund blickt man auf den achteren 28-cm-Drillingsturm, dessen Rohre zur äußeren Reinigung in die tiefste Lage abgesenkt sind. Gut erkennbar ist der Unterbau der auf dem hinteren 28-cm-Turm befindlichen Flugzeugschleuder. Diese wurde im Februar oder März 1940 abgebaut, weil sie für den Turm mehr Behinderungen brachte als Nutzen für das Schiff. Die Aufnahme ist wahrscheinlich gegen Ende 1939 auf der Wilhelmshaven-Reede entstanden.

Am 29. April 1939 wurde in Hamburg der erste Schwere Kreuzer, ADMIRAL HIPPER, in Dienst gestellt. Die Schaffung dieses Kriegsschifftyps war nicht problemfrei verlaufen, sondern von erheblichen Schwierigkeiten begleitet. Diese waren auf die Hektik zurückzuführen, unter der die Entwicklung litt. So mußte wegen Änderungen an der Hochdruck-Heißdampfanlage der Schiffskörper verbreitert werden, nachdem er zu Wasser gekommen war. Aber auch nach der Fertigstellung mußten Schwachstellen hingenommen werden; die am meisten bedeutsame war der für einen Atlantikeinsatz viel zu geringe Fahrbereich. Gerade während der Operationen im Krieg trat dieser Mangel immer wieder in teils drastischer Form zutage. Im März 1939 verließ der neue Kreuzer erstmals seine Bauwerft zu Erprobungen; hier sieht man ihn im Schlepp querab von Tollerort. Am achteren Mast ist die Werftflagge gesetzt.

Mitte April 1939 liefen Teile der Flotte zu Übungen im Nord- und Mittelatlantik aus, die mit dem Anlaufen von Häfen im westlichen Mittelmeer verbunden waren. Neben Zerstörern und Ubooten nahmen daran das Panzerschiff ADMIRAL GRAF SPEE und die Kreuzer LEIPZIG, NÜRNBERG und KÖLN teil. Diese Bilder entstanden bei jenen Übungen und zeigen den Kreuzer LEIPZIG. Auf diesem hat der Befehlshaber der Aufklärungsstreitkräfte (BdA) seine Flagge gesetzt. Das eine Bild zeigt das Mittelschiff des Kreuzers LEIPZIG; Besatzungsangehörige blicken interessiert auf das offenbar in nur geringer Höhe vorbeifliegende Flugzeug, von dem aus diese Aufnahme gemacht wurde. Auf dem Katapult ist eine He-60 zu erkennen (oben). Das andere Bild ist vermutlich vom selben Flugzeug aus gemacht worden; ein Hinweis dafür könnten die dicht gedrängt stehenden Besatzungsangehörigen auf der gleichen Position wie auf dem Bild zuvor geben.

Ab Ende Juni bis in den August 1939 hinein werden in Wilhelmshaven Rest- und Umbauarbeiten an dem Schlachtschiff SCHARNHORST vogenommen. Dabei erfolgen aus den gleichen Gründen wie auf dem Schwesterschiff GNEISENAU Änderungen des Vorschiffes einschließlich des Vorstevens sowie am Schornstein. Zugleich wird die Flugzeughalle nach Ausbau des bisherigen Schleuderturms um ca. 8 m verlängert und die Flugzeugschleuder auf ein über das Hallendach greifende Trägergestell umgesetzt. Die am stärksten zutagetretende Änderung der Silhouette wird aber durch die Umsetzung des Großmastes bewirkt; dieser erhält seinen neuen Platz hinter der Flugzeughalle. Hier ist die SCHARNHORST nach abgeschlossenem Umbau zu sehen; die Aufnahme entstand im August 1939 in Kiel.

Diese Aufnahme macht den Entwicklungssprung vom Panzerschiff zum Schlachtschiff deutlich: vorn die DEUTSCHLAND, im Hintergrund die GNEISENAU. Die Aufnahme entstand vermutlich im Frühjahr 1939.

Schlachtschiff SCHARNHORST, hier über die Toppen geflaggt. Die Aufnahme dürfte am 20. April 1939 gemacht worden sein, Hitlers Geburtstag.

Das Schlachtschiff BISMARCK im September 1940 im Kieler Hafen. Die Ausrüstung ist noch nicht komplett.

Schwerer Kreuzer PRINZ EUGEN im Oktober 1940 in Kiel. Das linke Bild zeigt die beiden vorderen, nach Steuerbord geschwenkten 20,3-cm-Türme. Auf dem Bild rechts sind ebenfalls die vorderen Türme zu sehen, dahinter Brücke und Turmmast. Beachtenswert sind die als Fliegererkennungszeichen rot gepönten Turmdecken.

Als "Super-Schlachtschiffe" werden sie häufig im in- und ausländischen Nachkriegs-Fachschrifttum bezeichnet, aber dieser Terminus ist eigentlich verfehlt: Die Schlachtschiffe der "H"-Klasse waren artilleristisch schwächer (acht 40,6-cm-Geschütze gegenüber neun Geschützen gleichen Kalibers auf den damals neuen US-Schlachtschiffen) und können deshalb insoweit keine herausragende Position beanspruchen. In bezug auf die defensiven Eigenschaften stand die noch heute vorhandene amerikanische IOWA-Klasse der "H"-Klasse nur wenig nach, wenn vom Gesamtpanzergewicht ausgegangen wird (19.000 t gegenüber 20.570 t bei der "H"-Klasse). Allein mit ihrem Fahrbereich wären die neuen deutschen Schlachtschiffe führend gewesen: Mit einem Vorrat von 8.700 t Dieselkraftstoff sollten sie bei 19 kn Marschgeschwindigkeit 19.200 sm zurücklegen können, bei geringeren Fahrtstufen entsprechend mehr. Aber – und diese Überlegung bleibt bis heute in der gesamten in- und ausländischen Fachliteratur unausgesprochen – diese neuen Großkampfschiffe und die zahlreichen weiteren im "Z"-Plan" vorgesehenen Schiffseinheiten hätten einen so großen Bedarf an Öl erfordert, daß daran gezweifelt werden muß, ob dessen Beschaffung in ausreichendem Maß möglich gewesen wäre, wenn man die damalige wirtschaftliche Lage des Reiches zugrundelegt: Zum einen reichte die eigene Kohlenförderung nicht aus, um genügend synthetische Brennstoffe produzieren zu können, und zum anderen fehlte es infolge der absoluten Priorität der Rüstung vor der Exportwirtschaft an Möglichkeiten, genügend Devisen zu erwirtschaften, um das im Ausland zu beschaffende Öl bezahlen zu können. Selbst wenn in genügendem Maße Zahlungsmittel vorhanden gewesen wären, hätte an eine andere Gefahr gedacht werden müssen – an die Möglichkeit eines Boykotts der großen und meist in britischer oder amerikanischer Hand befindlichen Ölgesellschaften. Unter dem Eindruck eines neuen deutschen Großflottenbaus hätten mit Sicherheit die Engländer nicht nur mit einer eigenen Flottenaufrüstung geantwortet, sondern sie würden mit Sicherheit ihren Einfluß auf die Ölgesellschaften ausgenutzt haben, um sie zum Boykott gegenüber dem Reich zu veranlassen, so daß letztlich nur die Ölquellen in Südosteuropa und Vorderasien übriggeblieben wären, die zu beherrschen und auszubeuten nur durch Kriegführung möglich gewesen wäre. Aus dieser Sicht muß der "Z"-Plan als äußerst fragwürdig, ja eigentlich schon als utopisch angesehen werden.

Nach den Planungen von Anfang bis Frühjahr 1939 war vorgesehen, die ersten drei der Panzerschiffe neuer Art mit den 28-cm-Türmen der Schlachtschiffe SCHARNHORST und GNEISENAU zu bewaffnen, wenn letztere auf 38-cm-Geschütze umgerüstet werden, was für 1940/41 in Aussicht genommen war und ihren Ausfall für etwa zwei Jahre zur Folge hätte. Mitte 1939 mußte man jedoch einsehen, daß wegen der angespannten politischen Lage diese Umrüstung nicht fristgemäß vorgenommen werden konnte. Zu dieser Zeit befanden sich aber die für SCHARNHORST und GNEISENAU vorgesehenen 38-cm-Geschütze in der Fertigung. Ein Vorschlag, die ersten drei der neuen Panzerschiffe anstatt der vorgesehenen sechs 28-cm-Geschütze mit jeweils vier 38 cm zu bewaffnen, wurde verworfen. Statt dessen beschloß man, einen neuen Schlachtschifftyp von hoher Geschwindigkeit und nur mäßiger Panzerung zu entwickeln und drei Schiffe – Baubezeichnungen "O", "P" und "Q" – in Bau zu geben. Diese sollten bei einer Einsatzverdrängung von etwas über 35.000 ts eine aus sechs 38-cm-Geschützen bestehende Hauptbewaffnung erhalten und mit einer aus Getriebeturbinen und Dieselmotoren bestehenden kombinierten Antriebsanlage ausgerüstet werden und 33 bis 36 kn Spitzenfahrt erreichen. Dieses Bild zeigt, wie die Schlachtschiffe "O", "P" und "Q" hätten aussehen sollen.

Im Frühjahr 1938 wurde der Bau neuer Leichter Kreuzer eingeleitet. Die ersten sechs Schiffe – Baubezeichnungen "M", "N", "O", "P", "Q" und "R" – wurden 1938/39 in Auftrag gegeben, aber nur drei sind noch auf Stapel gelegt worden, jedoch wurden kurz nach Kriegsausbruch die Aufträge sistiert und die Arbeiten an ihnen eingestellt. Die für den Handelskrieg vorgesehenen Kreuzer sollten über 10.000 ts Einsatzverdrängung erreichen und eine aus Getriebeturbinen und Dieselmotoren bestehende kombinierte Antriebsanlage erhalten und 33 bis 36 kn Höchstfahrt erreichen. Als Hauptbewaffnung waren acht 15-cm-Geschütze vorgesehen, dazu neben der Fla-Bewaffnung noch acht Torpedorohre und ein oder zwei Bordflugzeuge. Auf dem Bild ist ein Kreuzer der Serie "M" bis "P" dargestellt; ab "Q" war ein verbesserter Entwurf vorgesehen.

FLAGGEN – STANDER – KOMMANDOZEICHEN

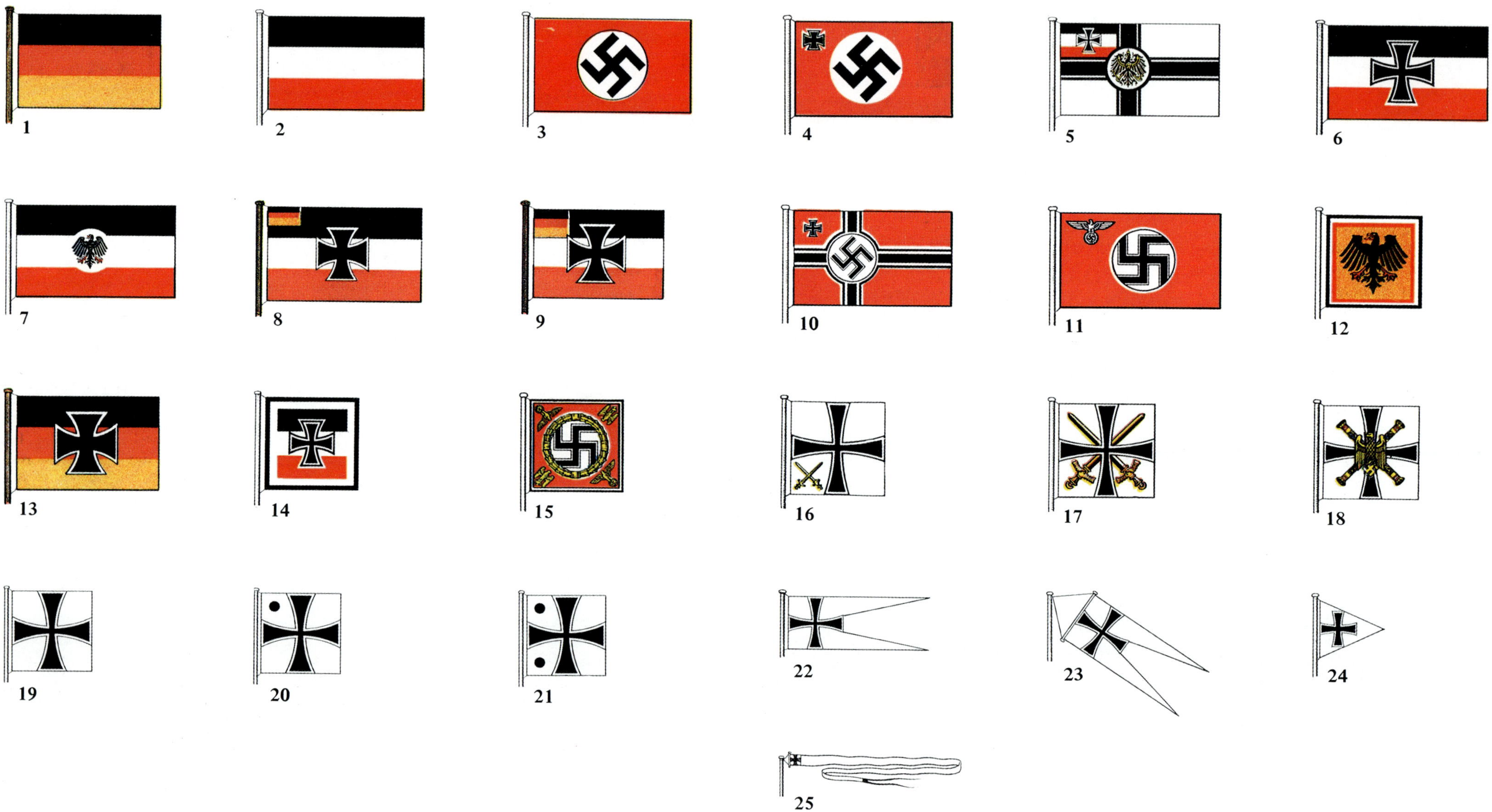

Erläuterungen siehe Seite 191

Im Zuge seiner im Juni 1939 beginnenden Einfahr- und Ausbildungszeit lief der Schwere Kreuzer ADMIRAL HIPPER im Juli Reval an, die Hauptstadt des zu dieser Zeit noch unabhängigen Estland. Im August war er in Kiel zu sehen. Auf dem unteren Bild wird er von drei Schleppern verholt; rechts im Hintergrund das gerade umgebaute Schlachtschiff SCHARNHORST und hinter dem Kreuzer das Helgengerüst der Howaldtswerke Kiel-Dietrichsdorf. Auf dem anderen Bild ist er in Kiel an einer Festmachertonne liegend zu sehen.

In ihrem architektonischen Stil zeigen die Schweren Kreuzer gravierende Übereinstimmungsmerkmale mit den Schlachtschiffen SCHARNHORST und GNEISENAU. Zum Vorschein kommen diese ganz besonders im Bereich von Brückenaufbauten, Turmmast und Schornstein. Zu den beiden gemeinsamen Stilelementen gehören auch die halbkugelförmigen Fla-Leitstände auf jeder Seite. Das Bild zeigt ADMIRAL HIPPER offenbar noch vor der Indienststellung am Ausrüstungskai der Bauwerft.

Die Brückenaufbauten des Schlachtschiffes SCHARNHORST. Diese Aufnahme entstand wahrscheinlich kurz vor Kriegsbeginn bei der Verlegung nach Brunsbüttel und ist im Nord-Ostsee-Kanal gemacht worden.

Am 1. Juli 1939 liegt der "Kreuzer L" zum Stapellauf bereit. Diese Bilder entstanden bei den letzten Vorbereitungen; Gäste und Zuschauer haben sich noch nicht eingefunden, aber der Girlandenschmuck deutet darauf hin, daß das Ereignis unmittelbar bevorsteht. Im Gegensatz zu den vier bereits zu Wasser gekommenen Schweren Kreuzern hat der "Kreuzer L" – der den Namen LÜTZOW erhält – den Atlantiksteven schon auf der Helling erhalten.

Gegenüberliegende Seite: Ab Sommer 1939 werden die Schlachtschiffe, Panzerschiffe und Kreuzer auf neue Bordflugzeuge umgerüstet. An Stelle der bisher verwendeten He-60 erhalten sie die wesentlich leistungsfähigeren Ar-196. Das Bild oben links ist 1939 auf dem Schlachtschiff GNEISENAU aufgenommen worden und zeigt das probeweise Einsetzen einer ihrer neuen Ar-196 mit dem Backbordkran auf die Schleuder. Auf dem Bild darunter ist auf der SCHARNHORST das Hantieren an einer ihrer Ar-196 zu sehen. Das nächste Bild (oben rechts) erlaubt einen Blick in den gerade geöffneten Hangar der SCHARNHORST und zeigt eine zum Umsetzen auf die Schleuder bereitstehende Ar-196, deren Tragflächen noch beigeklappt sind; gut erkennbar ist dabei der dreiteilige Schiebedeckel des Hangars. Auf dem letzten Bild ist die inzwischen auf die Schleuder gesetzte Ar-196 zu sehen (unten rechts).

Schon im Sommer 1939 beginnt der "Z-Plan" zu greifen: Am 15. Juli wird auf dem Helgen 9 der Werft von Blohm & Voß (von der fünf Monate zuvor das Schlachtschiff BISMARCK ablief) der Kiel von "Schlachtschiff H" gestreckt. Zu gleicher Zeit ist dort – schon 1938 begonnen – ein großes Trockendock ("Elbe 17") im Bau, in dem nach seiner für 1942 in Aussicht genommenen Fertigstellung das zweite Super-Schlachtschiff des "Z-Planes" ("M") gebaut werden soll. Das Bild stammt vom 21. Juli 1939 und zeigt die wenige Tage zuvor gestreckten Kielplatten des zukünftigen Schlachtschiffes. Auf dem unteren Bild verweist der Pfeil auf die Helling 9 mit den im Herbst 1939 vorzeitig stillgelegten Anfängen des Neubaus. Diese Aufnahme ist am 24. August 1940 entstanden, als das am 29. Oktober 1938 begonnene 36.000-BRT-Fahrgastschiff VATERLAND zu Wasser kam. Gegen Ende des Jahres 1941 ist das Material von "Schlachtschiff H" abgebrochen worden, um die Helling künftig für den Ubootbau auszunutzen.

Vier Wochen nach der Kiellegung des "Schlachtschiffes H" ist auch die Bremer Deschimag-Werft so weit: Dort wird am 15. August 1939 der Kiel von "Schlachtschiff J" gestreckt. Das Bild zeigt die Mittelkielplatte auf der noch anderweitig belegten Helling. Was bis zur Einstellung der Bauarbeiten an Material verbaut wurde, verfiel im November 1941 dem Abbruchbefehl. Wie schon Blohm & Voß, hatte sich auch die Deschimag verpflichten müssen, ein großes Baudock zu errichten, in dem als erstes Schiff das "Schlachtschiff N" gebaut werden sollte. Dieses Dock ist jedoch nie fertig geworden, seine Anfänge mußten nach Kriegsende gesprengt werden.

Woran die Mehrheit der Nation bis fast zur letzten Stunde nicht hatte glauben wollen, trat am 1. September 1939 ein: Ein neuer Krieg, zunächst auf Polen beschränkt und bald darauf ganz Europa umfassend, beginnt seinen Lauf zu nehmen. Das in Danzig-Neufahrwasser liegende Kadettenschulschiff SCHLESWIG-HOLSTEIN eröffnete ihn mit seinen Salven. Zu den ersten Bildern des neuen Krieges gehörte die von ihr unter Feuer genommene, brennende Westerplatte bei Danzig, die von polnischen Soldaten hartnäckig verteidigt wurde (gegenüberliegende Seite, rechts). Das andere vom 14. September 1939 stammende Bild zeigt das Kadettenschulschiff vor der inzwischen bezwungenen Westerplatte (oben).

Ihre ersten Kriegstoten hatte die Kriegsmarine auf dem Kreuzer EMDEN zu beklagen, der am 4. September bei dem ersten Angriff britischer Bomber in Wilhelmshaven Beschädigungen erlitt, die personelle Verluste mit sich brachten.

Für die Auslegung der "Westwall"-Minensperren gleich nach Kriegsbeginn wurden alle verfügbaren Schiffseinheiten gebraucht, die dafür geeignet waren. In besonderer Weise galt dies für die Leichten Kreuzer, die je nach Minenmodell 90 bis 120 Minen an Bord nehmen konnten. Angesichts der knappen Zahl von Kriegsschiffen mußten dabei auch die als Schulschiffe verwendeten Kreuzer EMDEN und KÖNIGSBERG eingesetzt werden. Diese Bilder zeigen die KÖNIGSBERG in der Deutschen Bucht; die Bilder sind wahrscheinlich kurz nach Kriegsbeginn aufgenommen worden. Die FlaWaffen des Kreuzers sind besetzt. Die Umrüstung auf das neue Bordflugzeug, Ar-196, ist hier noch nicht erfolgt; auf der Schleuder befindet sich noch die alte He-60.

Am 20. September 1939 stellte der zweite Schwere Kreuzer, BLÜCHER, in Dienst, ebenfalls mit größerer Verzögerung. Im Gegensatz zu seinem Schwesterschiff ADMIRAL HIPPER hatte er schon den "Atlantikbug"; dieser war erst kurz vor der Fertigstellung angesetzt worden. Auf diesem Bild ist er bei einer seiner Erprobungsfahrten zu sehen; zu diesem Zeitpunkt führt er noch sein Bugwappen. Der Schornstein ist noch ohne Aufsatz.

Eine der letzten Aufnahmen des Schweren Kreuzers BLÜCHER; sie zeigt ihn Anfang 1940, am Seebahnhof von Gotenhafen liegend, wo er einen seiner Ausbildungstörns unterbrach.

Das Schlachtschiff GNEISENAU im Herbst 1939, vermutlich nach Rückkehr von dem Oktober-Vorstoß. Das von seiner Flugzeugschleuder aus aufgenommene Bild läßt gerade eben erkennen, daß das Funkmeßortungsgerät an der Vormars-Drehhaube bereits installiert ist (links). Die obere Aufnahme zeigt die stark qualmende GNEISENAU querab von einem Zerstörer bei heftigem achterlichen Wind (wahrscheinlich erfolgt gerade Brennerwechsel, um höhere Leistung zu erreichen).

Gegenüberliegende Seite: Nach einem rund 1 1/2 Jahre dauernden, größeren Umbau wurde am 13. November der Kreuzer KARLSRUHE wieder in Dienst gestellt. Dieser Werftauftrag hatte die Beseitigung der vorhandenen schlechten Stabilität zum Ziel. Erreicht worden ist das durch eine Verbreiterung, die sich auf etwa zwei Drittel der Schiffskörperlänge ausdehnte. Diese Maßnahme beseitigte nicht nur die gefährlichen Schwächen, sondern ließ auch eine Verbesserung des Seitenschutzes zu, weil für die neue Außenhaut 10 bis 14 mm dickes "Wotan hart"-Panzermaterial verwendet wurde. Die Schiffskörperbreite stieg um 1,60 m auf nunmehr 16,80 m an, die Einsatzverdrängung um 650 ts auf 8.350 ts. Die Bilder zeigen den umgebauten Kreuzer im Werftbereich (oben) im Torpedobootshafen (unten links) und noch einmal mit Blick auf das Mittelschiff aus nächster Nähe (unten rechts).

Als das von Kapitänleutnant Günter Prien geführte Uboot U 47 – dieses war in den stark bewachten britischen Flottenstützpunkt Scapa Flow eingedrungen und hatte dort das Schlachtschiff ROYAL OAK versenkt – im Oktober 1939 nach Kiel zurückkehrte, hatten die Besatzungen der dort liegenden Flotteneinheiten zu seiner Begrüßung Paradeaufstellung eingenommen. Hier passiert U 47 das Schlachtschiff SCHARNHORST.

Am 6. November 1939 geht der Schwere Kreuzer ADMIRAL HIPPER zu Rest- und Umbauarbeiten in seine Hamburger Bauwerft. Dort werden u. a. auch das Vorschiff und der Vorsteven geändert; die Gründe für diese Maßnahme sind die gleichen wie schon zuvor bei den Schlachtschiffen SCHARNHORST und GNEISENAU. Gleiches trifft auch auf die auf dem Schornstein installierte Schrägkappe zu. Die Arbeiten werden am 12. Januar 1940 beendet, anschließend verlegt der Kreuzer nach Wilhelmshaven, wo im Februar 1940 diese Aufnahme entsteht. Gut zu sehen ist hier die neu installierte Schrägkappe des Schornsteines.

Im November 1939 operieren die Schlachtschiffe SCHARNHORST und GNEISENAU in der nördlichen Nordsee und stoßen in den Nordatlantik vor. Dabei treffen sie auf den britischen Hilfskreuzer RAWALPINDI; dieser wird von SCHARNHORST durch Artillerieeinsatz versenkt. Anschließend treten die beiden Schlachtschiffe den Rückmarsch an, durchbrechen während eines orkanartigen Sturms die Shetland-Bergen-Enge und kehren in die Heimat zurück. Auf britischer Seite wird die Versenkung der RAWALPINDI zunächst dem Panzerschiff DEUTSCHLAND zugeschrieben; erst später stellt sich heraus, welche Einheiten es in Wirklichkeit waren. Rechts die SCHARNHORST im kriegsmäßigen Aussehen, hier schon mit einem Funkmeßortungsgerät (an der Vormarsdrehhaube) ausgerüstet. Unten rechts noch einmal die SCHARNHORST, diesmal vom Turmmast aus gesehen während forcierter Fahrt in einem der strengen Eiswinter des Krieges. Links daneben die GNEISENAU beim Scharfschießen ihrer vorderen Türme.

Am 13. Dezember 1939 kommt es vor der La Plata-Mündung zu einer Begegnung des dort auf der Suche nach einem Geleitzug operierenden Panzerschiffes ADMIRAL GRAF SPEE mit einem Verband von drei britischen Kreuzern. Dabei kann das Panzerschiff auf dem Schweren Kreuzer EXETER so schwere Treffer erzielen, daß er außer Gefecht gesetzt wird. Darüber hinaus werden die Leichten Kreuzer AJAX und ACHILLES beschädigt. Andererseits muß das Panzerschiff selbst Treffer einstecken, die sich als so schwerwiegend erweisen, daß ein Platz angelaufen werden muß, um Reparaturen durchzuführen. Die Wahl fällt auf das nahegelegene uruguayische Montevideo. Dieses von einem unbekannten Maler dargestellte Gefechtsbild will das Geschehen veranschaulichen. Das Bild ist mit großer Akuratesse gefertigt, nur in einem Punkt hat sich der Künstler geirrt: ADMIRAL GRAF SPEE hatte keinen Doppeldecker als Bordflugzeug an Bord, sondern eine Arado-196, die als Eindecker konstruiert war.

Um die Gefechtsschäden zu beheben, lief das Panzerschiff ADMIRAL GRAF SPEE den Hafen von Montevideo an. Dort wurden ihm von der Regierung Uruguays – wohl letztlich auf britischen diplomatischen Druck hin – die geforderten zwei Wochen Liegezeit abgelehnt und lediglich drei Tage zugestanden. Das war zu wenig, um die Schäden auch nur einigermaßen beheben zu können. Diese Bilder sind in jenen drei Tagen während des Aufenthaltes in Montevideo entstanden.

Als kurz vor Ablauf der Dreitagefrist das Panzerschiff ADMIRAL GRAF SPEE aus Montevideo auslief, glaubten die zahlreichen Beobachter, daß es versuchen werde, die vor der La Plata-Mündung aufgebaute britische Blockade zu durchbrechen und den Rückmarsch in die Heimat zu wagen. In Wirklichkeit trat das Panzerschiff seine letzte Fahrt an: Kurz nachdem seine Besatzung befehlsgemäß das Schiff verlassen hatte, zerrissen es zwei schwere Explosionen und verwandelten es in ein brennendes Wrack – vorbereitete Sprengladungen hatten ihre Wirkung nicht verfehlt. Diese Bilder zeigen das Auslaufen des Panzerschiffes am 17. Dezember und das aus ihm gewordene Wrack.

DAS JAHR 1940

Am 1. Februar 1940 wird in Wilhelmshaven mit dem Umbau des Ex-Panzerschiffes und nunmehrigen Schweren Kreuzers ADMIRAL SCHEER begonnen. Zu einem aufsehenerregenden Zwischenfall kommt es am 16. Februar in norwegischen Hoheitsgewässern: Ungeachtet der Neutralität Norwegens dringt der britische Zerstörer COSSACK in den Jössingfjord ein, wohin sich das deutsche Versorgungsschiff ALTMARK auf der Flucht vor ihm zurückgezogen hatte. Auf ihr befinden sich mehr als 300 britische Seeleute von Schiffen, die das Panzerschiff ADMIRAL GRAF SPEE versenkt hatte; diese sind später an die ALTMARK abgegeben worden, die der GRAF SPEE als Versorger zugeteilt war. Nach der Selbstversenkung des Panzerschiffes tritt die ALTMARK den Rückmarsch in die Heimat an. Besatzungsangehörige der COSSACK entern die ALTMARK mit Waffengewalt und befreien die Gefangenen. Auf der ALTMARK finden dabei sechs unbewaffnete Besatzungsangehörige den Tod.

Vom 18. bis 20. Februar dauert das Flottenunternehmen "Nordmark" gegen den Geleitzugverkehr zwischen Skandinavien und England. Es führt bis zur Höhe der Shetland-Norwegen-Enge und bleibt ergebnislos. Beteiligt daran sind die Schlachtschiffe SCHARNHORST und GNEISENAU, der Schwere Kreuzer ADMIRAL HIPPER und zwei Zerstörer.

Der Monat April bringt für die Kriegsmarine eine Aufgabe, der sie angesichts ihrer schwachen Kräfte kaum gewachsen scheint: In einem kühnen Unternehmen soll sie außer in Dänemark auch in Norwegen Landeköpfe bilden und diese gegen die fast gleichzeitig beginnenden britischen Operationen sichern; diese laufen darauf hinaus, selbst in Norwegen Fuß zu fassen und das Reich vor allem von der Erzzufuhr abzuschneiden. Es werden dazu unter Aufbietung aller verfügbaren Kräfte mehrere Kriegsschiffgruppen zusammengestellt, deren Zielhäfen an Dänemarks West- und Ostküste und an der norwegischen Küste von Oslo bis Narvik liegen.

Dies sind die einzelnen Kriegsschiffgruppen und ihre Zielhäfen:

1. die Kriegsschiffgruppe 1 mit zehn Zerstörern gegen Narvik;
2. die Kriegsschiffgruppe 2 mit dem Schweren Kreuzer ADMIRAL HIPPER und vier Zerstörern gegen Trondheim;
3. die Kriegsschiffgruppe 3 mit den Leichten Kreuzern KÖLN und KÖNIGSBERG, dem Artillerieschulschiff BREMSE sowie Torpedobooten und Schnellbooten gegen Bergen;
4. die Kriegsschiffgruppe 4 mit dem Leichten Kreuzer KARLSRUHE und Torpedobooten gegen Kristiansand;
5. die Kriegsschiffgruppe 5 mit den Schweren Kreuzern LÜTZOW (ex DEUTSCHLAND) und BLÜCHER, dem Leichten Kreuzer EMDEN sowie Torpedobooten und Räumbooten gegen Oslo;
6. die Kriegsschiffgruppe 6 mit Minensuchbooten gegen Egersund;
7. die Kriegsschiffgruppe 7 mit dem Kadettenschulschiff SCHLESWIG-HOLSTEIN und kleineren Einheiten gegen Nyborg und Korsör;
8. die Kriegsschiffgruppen 8 bis 11 mit kleineren Einheiten gegen weitere dänische Häfen.

Die Schlachtschiffe GNEISENAU und SCHARNHORST operieren als Deckungsgruppe für die nach Narvik und Trondheim marschierenden Gruppen. Während des Marsches stößt der Schwere Kreuzer ADMIRAL HIPPER auf den britischen Zerstörer GLOWWORM; dieser wehrt sich tapfer; steuerlos geworden rammt er kurz vor seinem Untergang den deutschen Kreuzer, der erhebliche Schäden davonträgt. Die GLOWWORM gehörte zu einer britischen Zerstörergruppe, die mit dem Schlachtkreuzer RENOWN zusammen als Deckung für andere Seestreitkräfte eingesetzt und deren Auftrag ein Minenunternehmen vor der norwegischen Küste war.

Am 9. April 1940 kommt es vor dem Vestfjord zu einer Begegnung der Schlachtschiffe GNEISENAU und SCHARNHORST mit der RENOWN. Diese wird zwar zweimal von 28-cm-Granaten getroffen, doch detonieren diese nicht. Dafür erhält GNEISENAU drei Treffer, die Tote und Verwundete fordern und den Ausfall des Vormarsleitstandes mit sich bringen.

Ebenfalls am 9. April geht im Oslofjord der neue Schwere Kreuzer BLÜCHER unter, nachdem er schwere Artillerie- und Torpedotreffer erhalten hat, die aus nächster Nähe von norwegischen Küstenbatterien erzielt wurden. Am selben Tag erhält der aus Kristiansand ausgelaufene und sich auf dem Rückmarsch in die Heimat befindliche Kreuzer KARLSRUHE von dem britischen Uboot TRUANT einen Torpedotreffer und wird so schwer beschädigt, daß er aufgegeben werden muß. Am 10. April fliegen britische Sturzbomber Bergen an; ihnen gelingt es, den Kreuzer KÖNIGSBERG durch Bombentreffer so schwer zu beschädigen, daß er sinkt.

Am 11. April wird der auf dem Rückmarsch befindliche Schwere Kreuzer LÜTZOW (ex DEUTSCHLAND) von dem britischen Uboot SPEARFISH torpediert und bleibt fahr- und manövrierunfähig liegen, weil sein Achterschiff abgeknickt ist. Es glingt aber, das Schiff einzubringen.

Die auf dem Rückmarsch in die Heimat befindliche Deckungsgruppe mit den Schlachtschiffen SCHARNHORST und GNEISENAU sowie dem Schweren Kreuzer ADMIRAL HIPPER wird am 12. April von der britischen Luftaufklärung erfaßt, doch finden die gegen sie angesetzten 92 britischen Bomber ihre Ziele nicht.

Alle drei Schweren Einheiten zusammen mit vier Zerstörern führen alsbald das Unternehmen "Juno" durch, das als Entlastungsvorstoß für die im Raum Narvik hart bedrängten deutschen Heerestruppen angelegt ist. Dabei stoßen sie am 8. Juni westlich von Harstad auf Räumungstransporte der Engländer. Dabei werden ein Tanker (OILPIONEER), ein Truppentransporter (ORAMA) und ein Trawler (JUNIPER) versenkt. Nachdem ADMIRAL HIPPER und die vier Zerstörer detachiert worden sind, treffen die Schlachtschiffe auf den britischen Flugzeugträger GLORIOUS mit den Begleitzerstörern ACASTA und ARDENT. Alle drei Schiffe sinken unter dem deutschen Artilleriefeuer, aber zuvor kann ACASTA noch einen Torpedotreffer auf SCHARNHORST erzielen. Dieser zwingt den deutschen Verband zum Anlaufen von Trondheim. Von dort aus laufen am 10. Juni GNEISENAU und ADMIRAL HIPPER mit ihren vier Zerstörern zu einem Vorstoß in das Nordmeer aus, treffen aber keine Ziele und kehren am 10. Juni nach Trondheim zurück. Am 20. Juni tritt die torpedobeschädigte SCHARNHORST den Rückmarsch in die Heimat an; am selben Tag wird die gemeinsam mit ADMIRAL HIPPER zu einer Operation auf die britische "Northern Patrol" ausgelaufene GNEISENAU von dem britischen Uboot CLYDE angegriffen und erhält einen Torpedotreffer, der ihr Vorschiff zerstört. Nach notdürftiger Abdichtung in Trondheim läuft die GNEISENAU zum Rückmarsch in die Heimat aus, die sie am 27. Juli erreicht.

Am 25. Juli operiert der Schwere Kreuzer ADMIRAL HIPPER im Nordmeer, um Handelskrieg zu führen. Er findet jedoch keine Ziele und tritt am 9. August den Rückmarsch in die Heimat an.

Am 1. August wird in Kiel der Schwere Kreuzer PRINZ EUGEN in Dienst gestellt, am 24. August folgt in Hamburg die Indienststellung des Schlachtschiffes BISMARCK.

Im Sommer bereitet sich die Wehrmacht für das Unternehmen "Seelöwe" vor. Die Kriegsmarine soll dabei den Seetransport der Landungstruppen übernehmen. Zu deren Sicherung wären zu dieser Zeit an großen Einheiten jedoch nur vier Kreuzer – ADMIRAL HIPPER, NÜRNBERG, KÖLN und EMDEN – einsatzbereit.

Am 24. September läuft aus Kiel der Schwere Kreuzer ADMIRAL HIPPER aus, um in den Atlantik durchzubrechen und dort Handelskrieg zu führen. Maschinenstörungen zwingen ihn jedoch zum vorzeitigen Abbruch des Unternehmens. Am 30. September kehrt HIPPER nach Kiel zurück.

Am 23. Oktober läuft der nunmehrige Schwere Kreuzer ADMIRAL SCHEER aus Gotenhafen aus; sein Ziel ist der Atlantik, wo er Handelskrieg führen soll. In der Nacht zum 1. November kann er ungesehen die Dänemarkstraße passieren und in den Atlantik durchbrechen. Schon am 5. November erzielt er einen ersten Erfolg, als er auf einen britischen Geleitzug stößt und außer sechs Frachtern noch den britischen Hilfskreuzer JERVIS BAY versenkt.

Ende Dezember stößt ADMIRAL HIPPER auf einen stark gesicherten Konvoi, dabei kommt es am 25. Dezember zu einem kurzen Gefecht mit dem britischen Schweren Kreuzer BERWICK. Wegen der starken Sicherung des Geleitzuges einerseits und wegen des eigenen schlechten Maschinenzustandes andererseits bricht HIPPER den Angriff ab und läuft am 27. Dezember in Brest ein.

Am 28. Dezember laufen die Schlachtschiffe SCHARNHORST und GNEISENAU aus, um in den Atlantik durchzubrechen und dort ebenfalls Handelskrieg zu führen. Dabei geraten sie in einen schweren Sturm, der insbesondere auf der GNEISENAU beträchtliche Schäden verursacht. Die Operation wird daher abgebrochen; am 2. Januar 1941 erreichen die Schlachtschiffe wieder die eigenen Gewässer.

Gegenüberliegende Seite: Von etwa Mitte Januar 1940 bis in den März hinein wurden die Operationen der deutschen Seestreitkräfte infolge starker Vereisung der Ostsee und der Nordsee stark behindert. Daher mußten antriebsstarke Einheiten als Eisbrecher eingesetzt werden. Mit dieser Aufgabe wurden die ex-Linienschiffe SCHLESIEN und SCHLESWIG-HOLSTEIN betraut; beide leisteten dabei, ungeachtet ihres hohen Alters, Hervorragendes. Hier ist die SCHLESIEN zu sehen, einmal beim Passieren des Nord-Ostsee-Kanals (links) und zum anderen beim Einbringen eines Front-Ubootes; bei letzterem handelt es sich um U 37. Beide Aufnahmen widersprechen der bisher vielfach verbreiteten und in Fachwerken vertretenen Ansicht, daß gleich nach Kriegsbeginn die gesamte Mittelartillerie ausgebaut wurde, um damit Hilfskreuzer auszurüsten.

Am 1. Februar 1940 begann in der Kriegsmarinewerft Wilhelmshaven der Umbau des früheren Panzerschiffes und jetzigen Schweren Kreuzers ADMIRAL SCHEER. Ursprünglich war nur eine Generalüberholung der Motorenfundamente beabsichtigt, an denen sich Risse gezeigt hatten. Über diese Arbeiten hinaus wurde das äußere Aussehen des Schiffes stark verändert. Die Bilder zeigen ADMIRAL SCHEER im Februar 1940 in der Kriegsmarinewerft Wilhelmshaven, in der sie kurz zuvor eingetroffen ist.

Das Versorgungsschiff ALTMARK wurde von dem britischen Zerstörer COSSACK im Jössingfjord geentert, um die auf ihm gefangengehaltenen britischen Seeleute zu befreien. Bei diesen handelte es sich um die Besatzungsangehörigen der von dem Panzerschiff ADMIRAL GRAF SPEE versenkten Schiffe. Dieses Bild entstand im Jössingfjord und zeigt die ALTMARK vom nahen Ufer aus.

Die nach Jahresbeginn 1940 einsetzende, außerordentlich strenge Frostperiode setzte den schwimmenden Einheiten der Kriegsmarine sehr zu und brachte Erscheinungen mit sich, die sehr selten waren. Ein Beispiel dafür boten diese Einheiten, die im Februar 1940 an dem Flottenunternehmen "Nordmark" teilnahmen und hier offenbar auf dem Rückmarsch zu sehen sind: oben das Schlachtschiff GNEISENAU, unten der Schwere Kreuzer ADMIRAL HIPPER; Oberdeck und Aufbauten sind von einem festen Eispanzer überzogen. Gegen das Festfrieren von Türmen und Geräten half nur das ständige In-Bewegung-halten durch Betätigen der Schwenkwerke und Höhenrichtmaschinen.

Am 18. Februar 1940 läuft die Flotte zu ihrem Unternehmen "Nordmark" aus. Beteiligt daran sind die Schlachtschiffe SCHARNHORST und GNEISENAU, der Schwere Kreuzer ADMIRAL HIPPER und zwei Zerstörer. Der Auftrag lautet, gegen den Geleitzugverkehr zwischen Skandinavien und England zu operieren. Weil die Suche nach Zielen erfolglos bleibt, wird der Rückmarsch angetreten; am 20. Februar kehrt der Verband nach Wilhelmshaven zurück. Das untere Bild zeigt die beiden Schlachtschiffe kurz nach dem Einlaufen im eisbedeckten Hipper-Hafen, im Vordergrund die SCHARNHORST und dahinter die GNEISENAU. Auf dem zweiten Bild sind die Vorsteven der beiden Schlachtschiffe in gleicher Formation zu sehen (oben rechts). Das obere Bild links ist ebenfalls im Hipper-Hafen entstanden und zeigt, wie die SCHARNHORST mit Schlepperhilfe an ihren Liegeplatz verholt wird.

6. April 1940 in Cuxhaven: Vor dem am Steubenhöft festgemachten Schweren Kreuzer ADMIRAL HIPPER treffen Gebirgsjäger ein, um an Bord untergebracht zu werden. Bald darauf tritt der Kreuzer seinen Marsch nach Norden an, der ihn nach Trondheim führen soll.

Auf dem Marsch nach Norden trifft der Schwere Kreuzer ADMIRAL HIPPER auf den von seinem Verband abgekommenen britischen Zerstörer GLOWWORM. Dieser leistet dem weit überlegenen Kreuzer erbitterte Gegenwehr, überlebt aber den ungleichen Kampf nicht. Diese Bilder sind dabei von HIPPER aus gemacht worden.

Bei dem Gefecht mit dem Zerstörer GLOWWORM blieb ADMIRAL HIPPER von Schäden nicht verschont. Diese waren entstanden, als der schwer beschädigte und mittlerweile steuerlos gewordene Zerstörer in spitzem Winkel den Kreuzer rammte und ihm mit seinem zerfetzten Kiel die Außenhaut aufriß. Durch das Leck drangen über 500 t in das Schiff ein. Auch oberhalb der Wasserlinie gab es dabei Schäden: Der entlangschlierende Zerstörer kam mit dem Steuerbordkutter, der vorderen 10,5-cm-Doppelflak und dem darunter angeordneten Torpedorohrsatz in Berührung und riß diese aus ihren Fundamenten. Die Bilder zeigen die Steuerbordseite des Kreuzers; oben die Beschädigungen an Oberdeck, darunter die aufgerissene und deformierte Außenhaut.

Unten rechts: Nach der ursprünglichen Planung des Unternehmens "Weserübung" hätte der Schwere Kreuzer LÜTZOW (ex DEUTSCHLAND) der gegen Trondheim angesetzten Truppe angehören sollen. Ein am 6. April aufgetretener Motorschaden zwang jedoch zur Umdisposition: Anstatt gegen Trondheim wurde die LÜTZOW nunmehr zur Forcierung von Oslo angesetzt, und zwar zusammen mit dem ganz neuen Schweren Kreuzer BLÜCHER und dem alten Kreuzer EMDEN. Dieses Bild zeigt sie bei der Passage des Nord-Ostsee-Kanals am 7. April auf dem Weg in die Kieler Bucht, dem Aufstellungsplatz der "Kriegsschiffgruppe 5".

Für das Unternehmen "Weserübung" mußte die Kriegsmarine alles verfügbare Schiffsmaterial aufbieten, darunter den ganz neuen, noch nicht voll eingefahrenen Schweren Kreuzer BLÜCHER. Die Ausbildung auf ihm hatte wegen der Eislage in Ostsee und Nordsee nicht rechtzeitig zum Abschluß gebracht werden können, er galt daher nur "Klar für einfache Aufgaben". In der Dröbak-Enge wurde er von Geschützen und Torpedobatterien norwegischer Küstenbefestigungen getroffen und ging unter. Noch heute liegt er dort in etwa 90 m Wassertiefe.

Der Kreuzer KÖNIGSBERG war schon beim Eindringen in den Korsfjord von norwegischen Küstenbatterien unter Feuer genommen worden und hatte dabei drei 21-cm-Treffer erhalten; außer Toten und Verwundeten gab es dadurch Ausfälle in der Maschinenanlage, durch welche die Geschwindigkeit auf 24 kn herabgesetzt wurde. Aus diesem Grund sollte der Kreuzer zunächst in Bergen bleiben, um für die Hafenverteidigung von Nutzen zu sein. Dort wurde er am 10. April 1940 von britischen Sturzbombern angegriffen und so schwer beschädigt, daß er alsbald sank. Dieses Bild zeigt ihn in der ersten Novemberwoche 1939 in der Ostsee bei gemeinsamen Übungen. Auf parallelem Kurs der Kreuzer LEIPZIG und – ganz im Hintergrund – ein weiterer Kreuzer, die NÜRNBERG.

Auch der gerade aufwendig umgebaute Kreuzer KARLSRUHE ging bei dem Unternehmen "Weserübung" verloren. Er hatte mittschiffs an der Steuerbordseite einen Torpedotreffer erhalten; weil er nicht länger zu halten war, wurde das Torpedoboot GREIF dazu bestimmt, ihn mit einem Torpedo zu versenken. Dieses Bild des Kreuzers ist etwa zwei Monate vor seinem Untergang in der Wilhelmshavener Werft entstanden.

Die bei dem Gefecht mit dem britischen Zerstörer GLOWWORM von ADMIRAL HIPPER erlittenen Schäden wurden noch im April 1940 in der Kriegsmarinewerft Wilhelmshaven beseitigt. Dieses Bild zeigt ADMIRAL HIPPER im dortigen 40.000-t-Schwimmdock.

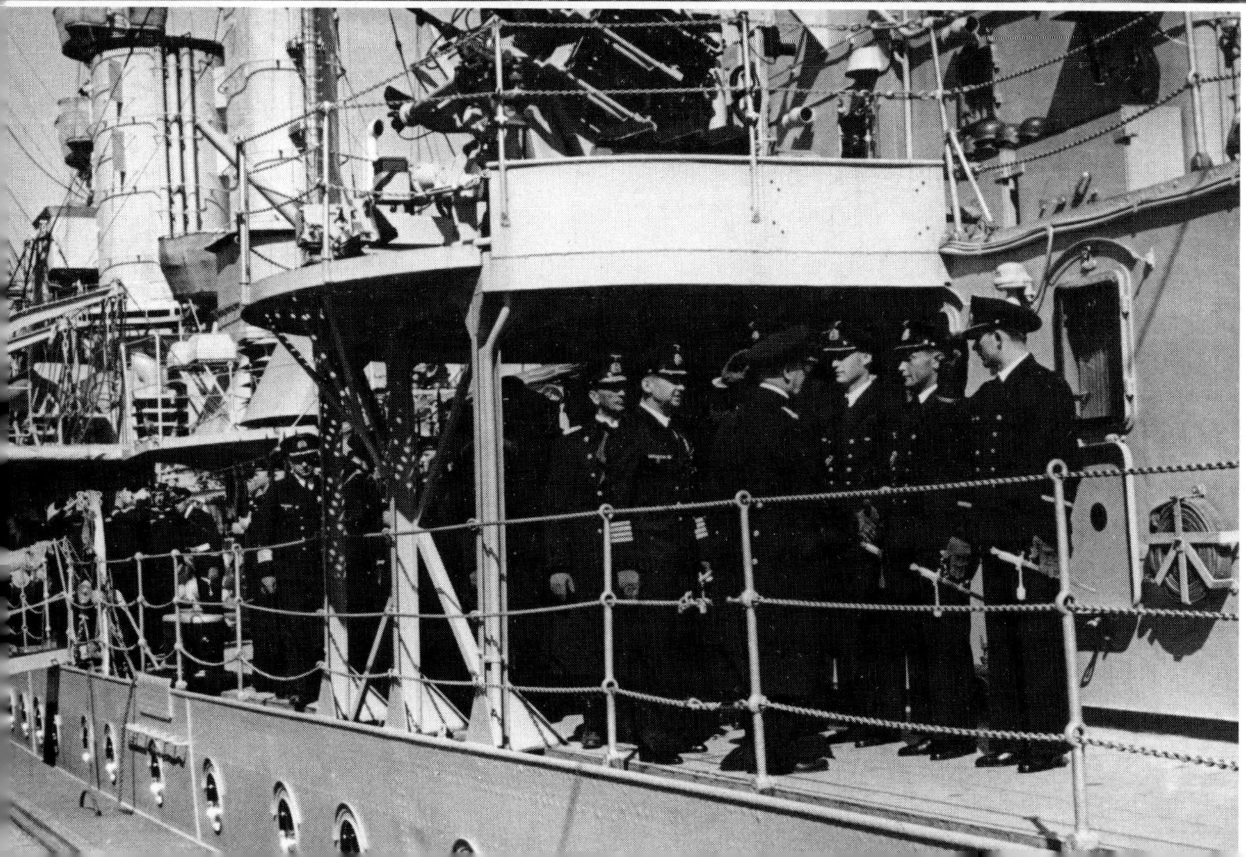

Auf dem Rückmarsch von Oslo wurde der Schwere Kreuzer LÜTZOW (ex Panzerschiff DEUTSCHLAND) von einem britischen Ubboottorpedo im Achterschiff getroffen und blieb fahr- und manövrierunfähig liegen. Von herbeigerufenen Vorpostenbooten gesichert, ist er dann von Schleppern an den Haken genommen worden und erreichte am 13. April Kiel.

Nach der verlustreichen Besetzung Oslos wird der Kreuzer EMDEN einige Wochen dort belassen, um als Funkverbindungszentrale von Nutzen zu sein. Anläßlich einer ersten Norwegenreise stattete ihm am 17. Mai Großadmiral Raeder einen Besuch ab; hier wird ihm auf dem Backbordseitendeck das Offizierkorps vorgestellt. Oberhalb davon die Backbord-2-cm-Vierlingsflak, welche die EMDEN als eines der ersten Schiffe erhalten hatte.

Nachdem die Verhandlungen um den Verkauf des unfertigen Schweren Kreuzers LÜTZOW an die Sowjetunion abgeschlossen worden waren, wurde dieser zur Überführung vorbereitet (oberes Bild) und verließ am 15. April im Schlepp seine Bauwerft, um via Nord-Ostsee-Kanal nach Leningrad zu verlegen. Dabei ist die untere Aufnahme – vermutlich noch auf der Weser – entstanden.

8. Juni 1940: Bei dem Unternehmen "Juno" treffen die Schlachtschiffe SCHARNHORST und GNEISENAU auf den von zwei Zerstörern gesicherten, westlichen Kurs steuernden britischen Flugzeugträger GLORIOUS. Diesem gelingt es nicht mehr, seine Flugzeuge in die Luft zu bekommen, er sinkt nach schweren Treffern. Diese Aufnahme ist bei dem Gefecht mit der GLORIOUS entstanden und zeigt die vorderen Türme der SCHARNHORST beim Feuern auf die GLORIOUS.

Nach der Durchführung der Operation "Juno" liefen die Schlachtschiffe SCHARNHORST und GNEISENAU sowie der Schwere Kreuzer ADMIRAL HIPPER in den Trondheimfjord ein. Dort sind diese Bilder entstanden, die einmal die GNEISENAU mit ADMIRAL HIPPER davor und SCHARNHORST dahinter (links) und zum anderen die SCHARNHORST mit zwei Zerstörern zeigen.

Bis die im Sommer 1940 durch Torpedotreffer beschädigten Schlachtschiffe wieder einsatzfähig wurden, dauerte es mehrere Monate. Erst ab Spätherbst waren beide wieder klar. Instandgesetzt worden sind sie bei den Deutschen Werken in Kiel. Diese Aufnahmen zeigen sie jeweils in dem dortigen 40.000-t-Schwimmdock liegend; links die GNEISENAU, rechts die SCHARNHORST.

Am 24. August 1940 erfolgt in Hamburg die Indienststellung des Schlachtschiffes BISMARCK. Oben liegt das Schiff dazu bereit. Im Hintergrund erhebt sich das mächtige Helgengerüst der Werft von Blohm & Voß. Auf dem Bild darunter wird dem über das Seefallreep an Bord gekommenen Kommandanten, Kapitän zur See Ernst Lindemann, gemeldet. An Oberdeck ist dazu die gesamte Besatzung angetreten; zu sehen davon sind links Teile des Offizierkorps und rechts eine Ehrenformation unter präsentiertem Gewehr.

Nach nur wenigen Monaten Werftliegezeit verließ der Schwere Kreuzer ADMIRAL SCHEER am 30. Juli 1940 die Werft und begann unverzüglich mit dem üblichen Einfahr- und Ausbildungsabschnitt. Äußerlich zeigte er eine neue, dem Schwesterschiff LÜTZOW (ex DEUTSCHLAND) angeglichene Silhouette. Diese Bilder zeigen ihn aus verschiedenen Perspektiven im Sommer 1940 in Kiel. Die Turmdecken sind zur Fliegerkennung dunkel (weinrot ?) gepönt.

Der im Dezember 1939 durch einen Ubоottorpedotreffer beschädigte Leichte Kreuzer NÜRNBERG ist nach Reparatur bei den Deutschen Werken in Kiel im Frühjahr 1940 wieder einsatzbereit. Er wird Ende Juni nach Trondheim beordert, um bei der Rückführung des ebenfalls durch einen Ubоottorpedo beschädigten Schlachtschiffes GNEISENAU zusammen mit anderen Einheiten dessen Sicherung zu übernehmen. Am 28. Juli trifft der Kreuzer mit seinem Schützling in Kiel ein. Dieses Bild zeigt ihn im Frühsommer 1940 vor der charakteristischen norwegischen Landschaftskulisse.

Am 1. August 1940 wird in Kiel die PRINZ EUGEN in Dienst gestellt, der dritte Schwere Kreuzer und der letzte, der noch fertiggestellt worden ist. Diese Bilder zeigen ihn beim Verlassen seiner Bauwerft.

Mitte September 1940 verläßt das Schlachtschiff BISMARCK seine Bauwerft und verlegt durch den Nord-Ostsee-Kanal in die Ostsee, um dort mit Erprobungen und Ausbildung zu beginnen. Zu diesem Zeitpunkt ist das Schlachtschiff noch nicht voll ausgerüstet, es fehlen vor allem noch die optischen Großgeräte. Dieses Bild zeigt die BISMARCK, wie sie gerade von der Ausrüstungskaje der Werft von Blohm & Voß (links im Hintergrund) abgelegt und das Elbe-Fahrwasser erreicht hat.

Nach seiner Indienststellung absolvierte der Schwere Kreuzer PRINZ EUGEN in der Ostsee einen umfangreichen Probefahrt- und Ausbildungsabschnitt. Die Aufnahme rechts entstand von einem seiner Bordflugzeuge aus bei der Erprobung. Das andere Bild ist im Herbst 1940 bei der Begegnung mit einem anderen Schiff entstanden und zeigt den Kreuzer von genau querab.

Schlachtschiff GNEISENAU nach der Reparatur des am 20. Juni 1940 erhaltenen Ubootorpedotreffers. Die untere Bulley-Reihe ist jetzt aus Sicherheitsgründen dichtgeschweißt. Das Bild dürfte im November oder Dezember 1940 aufgenommen worden sein.

Ende September 1940 trifft das Schlachtschiff BISMARCK in Gotenhafen ein, um von hier aus den Ausbildungs- und Erprobungsabschnitt zu erledigen. Mitte Oktober 1940 erfolgt die Seeklarbesichtigung und im gleichen Monat die Maschinenerprobung erstmals bis Höchstfahrt. Dieses Bild zeigt die BISMARCK gegen Ende 1940 in Gotenhafen; es fehlen noch die E-Meß-Drehhauben auf Brückenaufbau, Turmmast und achterem Stand.

Im September 1940 unternahm die Seekriegsleitung einen neuen Anlauf, mit schweren Einheiten Tonnagekrieg im Atlantik zu führen. Mit diesem Operationsziel verließ der Schwere Kreuzer ADMIRAL HIPPER am 24. September 1940 Kiel; auf dem Weg nach Norden traten jedoch westlich von Stavanger Maschinenstörungen auf, die mit Bordmitteln nicht zu beseitigen waren. Diese gaben den Anlaß, das Unternehmen abzubrechen und in die Heimat zurückzukehren. Dieses Bild ist in Kristiansand aufgenommen worden, das der Kreuzer auf dem Rückmarsch angelaufen hatte.

Die BISMARCK gegen Ende 1940 auf der Elbe mit Kurs auf Brunsbüttel. Bis auf die auf dem Brückenhausaufbau vorgesehene E-Meß-Drehhaube ist jetzt die Feuerleitausrüstung komplett.

Nachdem der Schwere Kreuzer ADMIRAL SCHEER im Oktober 1940 die heimatlichen Gewässer verlassen hatte, gelang es ihm in der Nacht zum 1. November 1940, ungesehen die Dänemarkstraße zu durchbrechen. In einer sieben Monate dauernden Operation legte er mehr als 45.000 sm zurück. Dabei stieß er aus dem Südatlantik bis in den Indischen Ozean vor. Diese Aufnahme zeigt ihn bei der Beölung durch das Troßschiff NORDMARK, von dem aus dieses Bild entstanden ist. Im Hintergrund ist der Hilfskreuzer THOR zu sehen, der im Südatlantik mit ADMIRAL SCHEER ein Treffen verabredet hatte. Das Bild stammt vom Januar 1941.

Bevor das Schlachtschiff SCHARNHORST zusammen mit seinem Schwesterschiff GNEISENAU zum Unternehmen "Berlin" auslief, absolvierte es im Herbst 1940 in der Ostsee ein umfangreiches Ausbildungsprogramm. Von SCHARNHORST aus ist dabei diese Aufnahme gemacht worden, die sie bei Fahrübungen mit den Kreuzern NÜRNBERG und LEIPZIG zeigt. Die NÜRNBERG führt hier schon den für diesen Kriegsabschnitt charakteristischen Tarnanstrich.

Nachdem die Maschinenstörungen beseitigt waren, lief der Schwere Kreuzer ADMIRAL HIPPER ein zweites Mal aus. Diesmal gelang das Unternehmen: In der Nacht zum 7. Dezember 1940 passierte er in einem heftigen Sturm die Dänemarkstraße. Auf dem Marsch nach Süden stieß HIPPER auf ein britisches Geleit, dessen Sicherung u. a. aus einem Schweren Kreuzer bestand. Dieser wurde überrascht und mußte mehrere Treffer hinnehmen. Als ihm zwei Zerstörer zu Hilfe kamen, brach HIPPER das Gefecht ab und nahm Kurs auf Brest, wo am 27. Dezember 1940 die Anker fielen. Dieses Bild zeigt HIPPER beim Katapultieren eines seiner Bordflugzeuge; die Aufnahme entstand auf der Reede von Brest. Für Atlantikeinsätze war ADMIRAL HIPPER wegen seines sehr eingeschränkten Fahrbereichs denkbar ungeeignet; statt des erwarteten Fahrbereichs von 7.900 sm bei 19 kn Marschfahrt wurden nur 4.430 sm erreicht.

Vier Tage nach dem Auslaufen des Schweren Kreuzers ADMIRAL HIPPER unternehmen nach den Weisungen der Seekriegsleitung auch die Schlachtschiffe SCHARNHORST und GNEISENAU den Versuch, in den Atlantik auszubrechen. Dabei geraten sie in einen orkanartigen Sturm, der schon ADMIRAL HIPPER schwer zu schaffen gemacht hatte. Auf GNEISENAU entstehen durch diesen Sturm beträchtliche Schäden, so Störungen bei der Artillerie und Deformierungen von Festigkeitsverbänden. In der Hoffnung, daß diese Schäden in Trondheim behoben werden können, gehen beide Schlachtschiffe zunächst im Korsfjord bei Bergen vor Anker. Dort aber erreicht sie der Rückrufbefehl in die Heimat. Dieses Bild zeigt die GNEISENAU am 30. Dezember 1940 im Schärengebiet des Korsfjordes vor Anker liegend. Nur wenige Stunden nach dieser Aufnahme wird sie wieder auslaufen und am 2. Januar 1941 in Gotenhafen eintreffen.

Am 22. Januar wiederholen die Schlachtschiffe SCHARNHORST und GNEISENAU ihren Ausbruchsversuch in den Atlantik (Operation "Berlin"). Am 4. Februar gelingt es ihnen, unbemerkt die Dänemarkstraße zu passieren.
Am 1. Februar läuft aus Brest der Schwere Kreuzer ADMIRAL HIPPER aus, um ein zweites Mal im Atlantik zu operieren. Dabei stößt er, durch Fühlungshaltersignale eigener Uboote herangeführt, am 12. Februar auf einen ungesicherten Geleitzug, versenkt sieben Schiffe und beschädigt zwei weitere. Am 14. Februar läuft er wieder in Brest ein.
Am 22. Februar versenken SCHARNHORST und GNEISENAU aus einem aufgelösten Geleitzug fünf Schiffe. Zwei Wochen später stoßen sie auf einen weiteren Geleitzug. Als sich herausstellt, daß dieser von dem artilleristisch überlegenen Schlachtschiff MALAYA gesichert wird, brechen sie den Angriff ab. Am 15. März stoßen sie auf die zerstreuten Schiffe eines anderen Geleitzuges und versenken 13 Schiffe. Bei der Bergung von Überlebenden eines versenkten Schiffes wird GNEISENAU von dem britischen Schlachtschiff RODNEY überrascht, doch kann sie sich diesem dank ihrer höheren Geschwindigkeit entziehen.
Am 25. Februar wird in Wilhelmshaven das Schlachtschiff TIRPITZ in Dienst gestellt. Es ist die letzte Schwere Einheit der Kriegsmarine, die in diesem Krieg noch fertiggestellt wird.
Am 15. März 1941 tritt der Schwere Kreuzer ADMIRAL HIPPER den Rückmarsch in die Heimat an, durchbricht am 23. März die Dänemarkstraße und trifft am 28. März 1941 in Kiel ein.
Am 20. März 1941 versucht das britische Gibraltargeschwader (Schlachtkreuzer RENOWN, Flugzeugträger ARK ROYAL und Leichter Kreuzer SHEFFIELD) erfolglos, die auf dem Marsch durch die Biskaya befindlichen deutschen Schlachtschiffe abzufangen. Diese laufen am 22. März in Brest ein.
In der Nacht zum 27. März passiert der heimkehrende Schwere Kreuzer ADMIRAL SCHEER unbemerkt die von britischen Kreuzern kontrollierte Dänemarkstraße und trifft am 1. April in Kiel ein.
In der Nacht zum 31. März unternimmt die RAF einen ersten konzentrierten Angriff auf die in Brest liegenden Schweren deutschen Einheiten, vermag jedoch keine Treffer zu erzielen. In der Nacht zum 4. April wiederholt sie den Angriff, wiederum ohne Erfolg. Am 6. April jedoch wird GNEISENAU von einem Lufttorpedo eines britischen Torpedobombers getroffen.
Am 10. April erhält die inzwischen eingedockte GNEISENAU vier Bombentreffer, die beträchtliche Schäden anrichten.
In der Nacht zum 5. Mai fliegt die RAF einen neuen Angriff auf Brest, kann aber diesmal keine Treffer erzielen.

Mit dem Auslaufen am 18. Mai aus Gotenhafen nimmt das deutsche Flottenunternehmen "Rheinübung" seinen Lauf. Beteiligt daran sind das neue Schlachtschiff BISMARCK sowie der ebenfalls neue Schwere Kreuzer PRINZ EUGEN. Nach den Plänen der Seekriegsleitung sollen diese gemeinsam mit SCHARNHORST und GNEISENAU im Atlantik gegen britische Geleitzüge operieren. Beide Schiffe ergänzen am 21. Mai bei Bergen ihre Brennstoffvorräte und laufen am Abend des gleichen Tages wieder aus. Sie sind inzwischen von der britischen Aufklärung erfaßt, worauf die Royal Navy mit starken Kräften in See geht, um ihnen den Weg zu versperren. Am 23. Mai sichten britische Kreuzer die deutschen Einheiten in der Dänemarkstraße. Um sie abzufangen, ändert eine aus dem Schlachtkreuzer HOOD, dem ganz neuen Schlachtschiff PRINCE OF WALES und vier Zerstörern bestehende Gruppe ihren Kurs und trifft am Morgen des 24. Mai auf ihre Gegner. Fünf Minuten nach Gefechtsbeginn explodiert die HOOD unter den Salven von BISMARCK und PRINZ EUGEN, worauf die PRINCE OF WALES abdreht.
Bei diesem Gefecht erhält BISMARCK drei Treffer, durch welche ihre Geschwindigkeit herabgesetzt wird, Brennstoffzellen leck werden und Öl austreten lassen; PRINZ EUGEN ist hingegen unbeschädigt geblieben. Den Briten gelingt es, Fühlung zu den deutschen Schiffen zu halten. In der Nacht zum 25. Mai greifen Flugzeuge des Flugzeugträgers VICTORIOUS an und erzielen auf der BISMARCK einen Torpedotreffer, ohne allerdings Ausfälle von Gefechtswerten zu verursachen. In der gleichen Nacht wird PRINZ EUGEN zur selbständigen Weiterführung der Operation entlassen und läuft unbemerkt ab. Nachdem die Fühlung vorübergehend verlorengeht, wird die BISMARCK am 26. Mai von einem Flugboot entdeckt. Bei dem Ansatz des Flugzeugträgers ARK ROYAL gelingt es dessen Flugzeugen, zwei Lufttorpedotreffer auf der BISMARCK zu erzielen. Einer trifft deren Ruderanlage und macht sie manövrierunfähig. In der Nacht zum 27. Mai greifen erfolglos britische Zerstörer an. Der Endkampf bricht am Morgen des 27. Mai an: Die herangekommenen britischen Schlachtschiffe KING GEORGE V. und RODNEY schießen die BISMARCK zusammen, die sich bis zum Ausfall des letzten Geschützes zur Wehr setzt. Dennoch bleibt sie an der Wasseroberfläche. Nachdem die britischen Schlachtschiffe wegen Brennstoffmangels den Rückmarsch antreten müssen, setzen Kreuzer die Beschießung fort und können auf dem zum Wrack gewordenen Schlachtschiff noch mehrere Torpedotreffer erzielen. Dieses sinkt erst nach dem Hochgehen der von der Besatzung vorbereiteten Sprengladung. Auf ihm finden rund 2.100 Mann der Besatzung den Tod, nur 115 Überlebende können gerettet werden.

Am 12. Juni versucht der Schwere Kreuzer LÜTZOW (ex DEUTSCHLAND) in den Atlantik auszubrechen, um die durch Schwere Einheiten zu führende Tonnagekriegführung aufrechtzuerhalten. Auf dem Marsch wird der Kreuzer von der britischen Aufklärung erfaßt; gegen ihn setzen die Engländer Torpedobomber an, von denen es einem gelingt, ihn mittschiffs mit einem Lufttorpedo zu treffen. Hierdurch fällt ein Teil der Antriebsanlage aus, und eingedrungenes Wasser verursacht starke Schlagseite. Dennoch kann er eingebracht werden und erreicht am 14. Juni Kiel, wo er bei den Deutschen Werken eindockt.
Im Juli verlegt das Schlachtschiff SCHARNHORST nach La Pallice, um sich der zunehmenden Luftgefährdung zu entziehen. Dort wird es am 24. Juli bei einem Angriff der RAF durch Bombentreffer schwer beschädigt; zur Reparatur wird das Schiff im August nach Brest zurückgeführt.

In dieser Zeit hat das Reich den Höhepunkt seines expansiven Machtstrebens erreicht: Norwegen, Dänemark, die Benelux-Länder, Frankreich, Jugoslawien und Griechenland sind besetzt, und der am 22. Juni gegen die Sowjetunion begonnene Feldzug bringt so große erste Erfolge, daß der siegreiche Abschluß eines neuen "Blitzkrieges" in greifbarer Nähe zu liegen scheint. Damit bliebe am Ende nur noch ein Gegner übrig: Großbritannien. Der "Endsieg" scheint in diesen Wochen so gewiß, daß die Kriegsmarine über den Ausbau nach dem Krieg nachzudenken beginnt. In einer Denkschrift vom 31. Juli fordert die Seekriegsleitung eine Flottenstärke, die weit über den "Z-Plan" von 1939 hinausläuft und offensichtlich das Ziel hat, das Reich zur ersten Seemacht der Welt aufsteigen zu lassen. Diese Forderungen lauten wie folgt:

1. Schlachtflotte:

25 Großkampfschiffe
8 Flugzeugträger/Flugdeckkreuzer
50 Kreuzer
400 Uboote

2. Handelsschutzflotte:

50 Kreuzer

3. Heimatstreitkräfte:

150 Zerstörer
50 Torpedoboote
250 Minensuch- und Räumboote
100 Schnellboote
20 Minenschiffe
20 Flakkreuzer
100 Ubootjäger

Diese Stärke soll in zwölf bis höchstens 15 Jahren ab Kriegsende erreicht werden.

Am 4. September verlegt der Schwere Kreuzer ADMIRAL SCHEER von Kiel vorübergehend nach Oslo. Am 5. und am 8. September wird er erfolglos von RAF-Bombern angegriffen. Kurz darauf verlegt er nach Swinemünde und wird in die "Baltenflotte" eingegliedert, deren Aufstellung erfolgt ist, um dem vermuteten Ausbruch der sowjetischen Ostseeflotte in die Ostsee entgegenzuwirken. Der "Baltenflotte" gehören das Schlachtschiff TIRPITZ (Flaggschiff), der Schwere Kreuzer ADMIRAL SCHEER und die Leichten Kreuzer NÜRNBERG, LEIPZIG, KÖLN und EMDEN an.
In der Nacht zum 14. September unternimmt die RAF erneut einen Angriff auf die in Brest liegenden Schweren Einheiten; er bleibt wiederum erfolglos.
Bei den Operationen gegen die Baltischen Inseln unterstützen vom 25. bis 27. September die Kreuzer LEIPZIG und EMDEN sowie Torpedoboote durch Artilleriefeuer die Einnahme der Halbinsel Sworbe.
Bei der Einnahme der Insel Dagö trägt der Kreuzer KÖLN vom 12. bis 14. Oktober durch Artilleriefeuer zum Gelingen der Operationen bei.
Am Ende des Kriegsjahres 1941 sind an Schlachtschiffen und Kreuzern noch verfügbar:
Schlachtschiff TIRPITZ in der Ostsee,
Schlachtschiffe SCHARNHORST und GNEISENAU in Brest,
Schwere Kreuzer ADMIRAL SCHEER und ADMIRAL HIPPER in der Ostsee,
Schwerer Kreuzer PRINZ EUGEN in Brest,
Schwerer Kreuzer LÜTZOW in der Werft,
Leichte Kreuzer NÜRNBERG, LEIPZIG, KÖLN und EMDEN in der Ostsee.

Bei dem von Januar bis März 1941 durchgeführten Unternehmen "Berlin" stießen die daran beteiligten Schlachtschiffe SCHARNHORST und GNEISENAU bis in den Mittelatlantik vor und standen am 7. März bei den Kanarischen Inseln an der südlichsten Position ihres Unternehmens. Diese Bilder wurden in jenen Tagen und Wochen gemacht: auf der gegenüberliegenden Seite die SCHARNHORST, links darunter die GNEISENAU bei der Begegnung mit U 124 am 5. März und daneben noch einmal die SCHARNHORST mit Blick vom Turmmast auf die Backbordseite mit feuerbereiter 10,5-cm-Doppelflak. Auf dieser Seite oben die GNEISENAU kurz vor dem Einlaufen in die Gewässer von Brest und darunter die GNEISENAU mit Blick vom Vormars nach achtern: im Vordergrund der Schornstein.

Am 25. Februar 1941 wurde in Wilhelmshaven das Schlachtschiff TIRPITZ in Dienst gestellt. Diese Aufnahme zeigt sie vor der Indienststellung; die optische Ausrüstung ist noch nicht komplett.

Das Schlachtschiff TIRPITZ in der Holtenauer Schleuse des Nord-Ostsee-Kanals. Die Aufnahme entstand 1941 während der Einfahr- und Ausbildungszeit in der Ostsee, die durch Aufenthalte bei den Deutschen Werken in Kiel zu Restarbeiten mehrmals unterbrochen wurde. Während der Werftliegezeit sollten Tarnnetze das Schiff vor der Gegnersichtung schützen.

Der Schwere Kreuzer ADMIRAL HIPPER war die einzige schwere Einheit, die zweimal im Atlantik eingesetzt wurde. Seine Erfolgsbilanz stand nicht hinter jener der Schlachtschiffe zurück: acht Schiffe mit über 38.000 BRT versenkt, drei weitere teils schwer beschädigt. Die Bilder zeigen ihn in Brest im Trockendock (oben) und auf der Reede vor Brest.

Im März 1941 durchbrach der Schwere Kreuzer ADMIRAL HIPPER, vom Gegner unbeobachtet, die Dänemarkstraße und lief am 28. März in Kiel ein. Diese beiden Bilder sind dabei entstanden: der mit hoher Fahrt laufende Kreuzer, von der Back aus gesehen (links), und am Heck mit bereitliegenden Wasserbomben, die in Kippmulden lagern (oben).

Nach dem Einlaufen in Brest waren die schweren Einheiten immer heftiger werdenden Luftangriffen ausgesetzt. Wiederholt wurden sie getroffen und erlitten neben empfindlichen personellen Verlusten teils schwerere Schäden. Unter allen Umständen versuchten die Briten, einen neuen Atlantikeinsatz der dort liegenden Schiffe zu verhindern. Diese britische Luftaufnahme aus dem Spätsommer 1941 zeigt einen gerade stattfindenden Angriff von "Halifax"-Bombern. Auf dem oberen Bild sind zwei von ihnen (mit Ziffer 1 kenntlich gemacht) beim Zielanflug auf die in den Trockendocks liegenden Schlachtschiffe SCHARNHORST (3) und GNEISENAU (4) zu sehen, die gerade an PRINZ EUGEN (2) vorbeigeflogen sind. Die Einnebelung der Schiffe ist in vollem Gang, aber noch sind sie von oben zu sehen. Auf dem Bild darunter ist die Vernebelung schon dichter geworden, und die beiden Schlachtschiffe (6, 7) sind kaum noch zu sehen. Nur PRINZ EUGEN (4) ist noch einigermaßen zu erkennen. Die Ziffern 1 bis 3 zeigen Bombeneinschläge, die Ziffer 8 fallende Bomben. Auf dem Bild oben rechts sind die Schlachtschiffe im Dezember 1941 erneut nebeneinander in den Docks (oben die GNEISENAU) zu sehen, wenige Wochen, bevor sie den spektakulären Rückmarsch in die Heimat antraten.

Gegenüberliegende Seite unten:
Das Schlachtschiff GNEISENAU kurz nach dem Einlaufen in Brest, hier noch mit den Siegeswimpeln an den Masten, die von den Erfolgen des Unternehmens "Berlin" künden. Beide Schlachtschiffe hatten dabei 22 Schiffe mit einer Tonnage von über 115.000 BRT versenken können. Als dieses Bild aufgenommen wurde, hatte der Flottenstab bereits ein anderes Unternehmen im Visier: Mitte April sollten SCHARNHORST und GNEISENAU Brest wieder verlassen und zu dem dann ebenfalls im Atlantik eingetroffenen Schlachtschiff BISMARCK stoßen und gemeinsam Handelskrieg führen. Dabei sollte den bei den Geleitzügen stehenden schweren Einheiten nicht mehr ausgewichen werden, sondern der Kampf mit ihnen aufgenommen werden.

In diesem Dock wurde die GNEISENAU am 10. April 1941 von vier Bomben getroffen. Die Personalausfälle waren erheblich: 88 Tote und zahlreiche Verwundete.

Das Schlachtschiff SCHARNHORST war wegen des Luftkriegrisikos am 23. Juli 1941 von Brest nach La Pallice verlegt worden, wo man es vor Luftangriffen sicherer hielt. Aber dieses Manöver war den Briten nicht entgangen: Schon am 24. Juli griffen RAF-Bomber an und erzielten auf ihm fünf Bombentreffer, die so schwere Schäden verursachten, daß das Schiff mangels einer Dockgelegenheit nach Brest zurückverlegt werden mußte. Diese Aufnahme zeigt sie gegen Ende des Jahres 1941, als sie nach Durchführung der Reparaturen das Dock wieder verlassen konnte.

Am 5. Mai 1941 besichtigte Hitler die in Gotenhafen liegenden Schlachtschiffe BISMARCK und TIRPITZ. Ersteres hatte auf der Reede vor Gotenhafen Anker geworfen, letzteres am Seebahnhof festgemacht. Mit dem Flottentender HELA gelangte Hitler an Bord der BISMARCK, auf der er einige Einrichtungen besichtigte und sich vom Flottenchef, Vizeadmiral Lütjens, einen Vortrag über die Erfahrungen beim Einsatz von Schlachtschiffen im Atlantik halten ließ. Das Bild links oben entstand vom Flottentender HELA aus, offenbar nachdem Hitler die BISMARCK wieder verlassen hatte. Auf dem Bild darunter schreitet Hitler auf der TIRPITZ die Front der angetretenen Besatzung ab.

Unmittelbar vor Beginn des Unternehmens "Rheinübung" stattete der Flottenchef, Vizeadmiral Lütjens, dem Kreuzer PRINZ EUGEN einen Besuch ab und schritt die Front der an Oberdeck angetretenen Besatzung ab. 42 Minuten später wurden die Leinenverbindungen zum Land gelöst, der Kreuzer legte ab. Zunächst ankerte er auf der Reede, dann unternahm er mit dem Schlachtschiff BISMARCK Fahrübungen, und in den Abendstunden begannen beide mit dem Marsch nach Westen. Dieses Bild ist am 18. Mai 1941 auf PRINZ EUGEN entstanden. Hinter Lütjens der Kommandant der Kreuzers, Kapitän zur See Brinkmann.

Am 2. April 1941 erließ die Seekriegsleitung die operative Weisung zum Einsatz des Schlachtschiffes BISMARCK. Dieser Weisung folgte am 22. April der vom Flottenkommando stammende Operationsbefehl über die Durchführung des Unternehmens, das die Tarnbezeichnung "Rheinübung" führte. Hier ist die BISMARCK, am Seebahnhof in Gotenhafen liegend, kurz vor dem Auslaufen zu sehen, das am 18. Mai 1941 erfolgte (oberes Bild). Das Bild darunter ist von dem Schweren Kreuzer PRINZ EUGEN aus aufgenommen worden, als beide durch die Ostsee mit Kurs nach Norwegen marschierten.

Gegenüberliegende Seite oben und rechts: Am 21. Mai 1941 erreichten das Schlachtschiff BISMARCK und der Schwere Kreuzer PRINZ EUGEN den Grimstadfjord bei Bergen, um Brennstoff zu ergänzen. Dort wurde auf beiden die Tarnbemalung durch einen dunkelgrauen Anstrich ersetzt. Auf dem oberen Bild ist die BISMARCK – aufgenommen von Bord der PRINZ EUGEN – zu sehen. Die Luftaufnahme rechts wurde am gleichen Tag von einem britischen Aufklärungsflugzeug aus über dem Grimstadfjord gemacht; die BISMARCK ist am rechten Bildrand zu sehen.

Unten links: Das Schlachtschiff BISMARCK feuert nach dem Untergang der HOOD auf das Schlachtschiff PRINCE OF WALES.

Das Unternehmen "Rheinübung" endete am 1. Juni 1941 mit dem Einlaufen des Schweren Kreuzers PRINZ EUGEN in Brest, das auf den Bildern dieser Seite zu sehen ist. In den zurückliegenden 14 Tagen hatte der Kreuzer eine Strecke von 7.000 sm mit einer Durchschnittsgeschwindigkeit von 21 kn zurückgelegt und dabei 6.410 Kubikmeter Heizöl verbraucht.

Zu der im Spätsommer 1941 aufgestellten "Baltenflotte" gehörten außer dem Schlachtschiff TIRPITZ und dem Schweren Kreuzer ADMIRAL SCHEER die Leichten Kreuzer NÜRNBERG, LEIPZIG, KÖLN und EMDEN. Dabei unterstützten Ende September 1941 die Kreuzer EMDEN und LEIPZIG den deutschen Angriff auf die Halbinsel Sworbe durch Artilleriefeuer auf sowjetische Stellungen. Mitte Oktober 1941 unterstützte die KÖLN die Kämpfe um Dagö durch Beschießung sowjetischer Stellungen beim Kap Ristna. Diese Bilder zeigen die Kreuzer KÖLN (jeweils an der Spitze) und EMDEN beim Verbandsfahren in der Ostsee (oben) und die KÖLN bei der Beschießung von Zielen auf Dagö (unten).

Am 14. Januar verläßt das Schlachtschiff TIRPITZ die Deutsche Bucht und verlegt nach Norwegen; im Faettenfjord bei Trondheim nimmt es seinen ersten Liegeplatz ein.
Am 12. Februar werden die Schlachtschiffe SCHARNHORST und GNEISENAU sowie der Schwere Kreuzer PRINZ EUGEN aus Brest in die Heimat zurückgeführt (Unternehmen "Cerberus"). In einer auf Überraschung des Gegners angelegten Operation durchbrechen sie den Ärmelkanal, dabei erhalten GNEISENAU zwei und SCHARNHORST einen Grundminentreffer, doch bleiben beide fahrbereit. Am Morgen des 13. Februar haben alle drei Einheiten die Deutsche Bucht erreicht, SCHARNHORST geht zur vorläufigen Reparatur nach Wilhelmshaven, GNEISENAU läuft Kiel an. Die Rückführung aus Brest hat zwei Gründe: Erstens wegen der an Stärke stetig zunehmenden Gefährdung aus der Luft und zweitens, weil Hitler darauf drängt, mit Schweren Einheiten in Norwegen präsent zu werden, er erwartet dort gegnerische Operationen. Mit der Rückverlegung Schwerer Einheiten aus dem Westraum ist die Zeit ihres Einsatzes im Atlantik endgültig vorbei.
Vom 21. bis 23. Februar verlegen die Schweren Kreuzer ADMIRAL SCHEER und PRINZ EUGEN nach Norwegen. Auf dem Marsch wird PRINZ EUGEN von dem britischen Uboot TRIDENT angegriffen und erhält einen Torpedotreffer, der sein Heck zerstört. Der Kreuzer wird in den Lofjord eingebracht und dort soweit instandgesetzt, daß er zur endgültigen Reparatur in die Heimat überführt werden kann.
In der Nacht zum 27. Februar greifen britische Bomber Kiel an und erzielen auf dem in den Deutschen Werken in einem Schwimmdock liegenden Schlachtschiff GNEISENAU einen verhängnisvollen Bombentreffer: Dieser bringt Pulver zum explosionsartigen Abbrennen und wirft den Turm "Bruno"aus seiner Führung. Der Brand greift um sich und erstreckt sich auf das gesamte Vorschiff, das ausglüht.
Vom 6. bis 12. März wird das Schlachtschiff TIRPITZ gegen zwei Eismeer-Geleitzüge eingesetzt, doch verfehlt es infolge schlechter Sicht seine Ziele und wird zurückgerufen. Auf dem Rückmarsch greifen Torpedoflugzeuge des britischen Flugzeugträgers VICTORIOUS an, doch können sie keine Treffer auf der TIRPITZ erzielen.
Vom 19. bis 20. März 1942 wird die Verlegung des Schweren Kreuzers ADMIRAL HIPPER aus der Heimat nach Norwegen durchgeführt; der Kreuzer erreicht wohlbehalten Trondheim.
Am 31. März greift die RAF erstmals das im Faettenfjord bei Trondheim liegende Schlachtschiff TIRPITZ an; einen Erfolg kann sie nicht verbuchen. Am 28. und am 29. April 1942 wiederholt die RAF ihre Angriffe und bleibt abermals erfolglos.
Vom 9. bis 10. Mai verlegt der Schwere Kreuzer ADMIRAL SCHEER von Trondheim nach Narvik.
Am 13. Mai 1942 wird der Fertigbau des Flugzeugträgers GRAF ZEPPELIN befohlen. Zugleich wird der Umbau des nahezu vor der Fertigstellung stehenden Schweren Kreuzers SEYDLITZ zum Flugzeugträger in Angriff genommen. Mit ihnen sollen zukünftig die Operationen gegen die Geleitzüge im Nordatlantik und im Eismeer unterstützt werden.
Am 16. Mai beginnt die Rückführung des im Lofjord provisorisch reparierten Schweren Kreuzers PRINZ EUGEN in die Heimat (Unternehmen "Zauberflöte"). Am 17. Mai wird er von zahlreichen britischen Torpedoflugzeugen angegriffen, doch vermag er alle Torpedolaufbahnen auszumanövrieren und trifft am gleichen Tag in Kiel ein.
Vom 18. bis 20. Mai verlegt der Schwere Kreuzer LÜTZOW aus der Ostsee nach Trondheim und läuft am 24./25. Mai weiter nach Narvik.
Am 2. Juli verlegt das Schlachtschiff TIRPITZ in den Altafjord und nimmt zusammen mit den Schweren Kreuzern ADMIRAL HIPPER, ADMIRAL SCHEER und LÜTZOW an den Operationen gegen das britische Großgeleit "PQ-17" teil (Unternehmen "Rösselsprung"). Der Ansatz der Schweren Einheiten wird jedoch vorzeitig abgebrochen, weil inzwischen Flugzeuge und Uboote an das Geleit herangekommen sind und sich dieses weitgehend aufgelöst hat. Am 6. Juli kehren die Schweren Einheiten zu ihren Liegeplätzen zurück.
Vom 13. Juli bis zum 6. August verlegt der Leichte Kreuzer KÖLN von Oslo nach Narvik, um den beim Anlaufen des Unternehmens "Rösselsprung" durch eine Grundberührung ausgefallenen Schweren Kreuzer LÜTZOW abzulösen; dieser kehrt im August in die Heimat zurück.
Vom 24. bis 28. September führt der Schwere Kreuzer ADMIRAL HIPPER von Nordnorwegen aus eine offensive Minenunternehmung durch, bei der er bis zur Nordwestküste von Novaya Semlya vordringt.
Vom 23. bis 24. Oktober verlegt das Schlachtschiff TIRPITZ in den Faettenfjord bei Trondheim zurück, um dort Reparaturen durchführen zu lassen.
Ab 5. November operiert der Schwere Kreuzer ADMIRAL HIPPER mit Zer-

störern gegen den sowjetischen Schiffsverkehr an der Eismeerküste und kehrt am 9. November 1942 nach Narvik zurück.
Am 30. November wird der Flugzeugträger GRAF ZEPPELIN von Gotenhafen nach Kiel geschleppt, wo er am 5. Dezember 1942 eintrifft. Sein Fertigbau wird alsbald bei den Deutschen Werken in Angriff genommen.
Nach durchgeführter Reparatur verlegt vom 10. bis 17. Dezember der Schwere Kreuzer LÜTZOW von Gotenhafen unangefochten in den Altafjord zurück.
Am 30. Dezember geht gegen ein von der Luftaufklärung erfaßtes Geleit eine aus den Schweren Kreuzern ADMIRAL HIPPER und LÜTZOW sowie Zerstörern zusammengestellte Kampfgruppe vom Altafjord aus in See (Unternehmen "Regenbogen"). Die Kreuzer stoßen dabei nahe der Bäreninsel auf die Sicherung des Geleitzuges. Dabei erhält ADMIRAL HIPPER drei Treffer, die einen Brand entfachen und seine Geschwindigkeit herabsetzen. Auf Grund der schlechten Sichtverhältnisse und der deshalb nicht zu klärenden Lage und in Erfüllung eines an die Kampfgruppe übermittelten Befehles, kein unnötiges Risiko einzugehen, wird das Gefecht abgebrochen.

Zur Gegnertäuschung bediente man sich in Brest eines "Double": Aus drei kleinen französischen Küstenfrachtschiffen wurde dort eine Attrappe des Schweren Kreuzers PRINZ EUGEN hergerichtet und an einer anderen Stelle des Hafens vor Anker gelegt. So sah das "Double" von PRINZ EUGEN aus.

Rechts: Anfang 1942 waren die in Brest liegenden Einheiten soweit wieder hergestellt, daß damit begonnen werden konnte, sie einsatzfähig zu machen. Dazu gehörte auch die Erprobung der in Brest eingebauten Torpedorohre. Auf diesem Bild ist die GNEISENAU, an der Pier liegend, beim Torpedoschießen zu sehen; im Hintergrund liegt die SCHARNHORST.

Nach wochenlangen Minenräumarbeiten im Kanal und in der südlichen Nordsee läuft in der Nacht zum 12. Februar 1942 das Unternehmen "Cerberus" an: die Rückführung der schweren Einheiten aus Brest. Nach Hitlers Weisung sollen sie nunmehr in Norwegen eingesetzt werden, das er in zunehmendem Maße bedroht sieht und ihres Schutzes bedarf. Das Unternehmen ist ganz auf den Überraschungseffekt eingestellt und gelingt. Die britischen Gegenmaßnahmen kommen zu spät und können abgeschlagen werden. Wohl erhalten SCHARNHORST und GNEISENAU Grundminentreffer, doch bleiben beide fahr- und manövrierfähig. Am Morgen des 13. Februar erreicht der Verband die heimischen Gewässer. Die Bilder zeigen den in Kiellinie formierten Verband mit dem Zerstörer RICHARD BEITZEN im Vordergrund und dem Schlachtschiff SCHARNHORST dahinter (oben links) und darunter das Schlachtschiff GNEISENAU. Das Bild rechts ist während dieser Operation auf dem Vorschiff des Kreuzers PRINZ EUGEN entstanden und zeigt ihn in voller Abwehrbereitschaft.

Bei dem Unternehmen "Cerberus" kam der als Schlußschiff des Verbandes laufende Kreuzer PRINZ EUGEN einige Zeit nach Passieren der Dover-Calais-Enge mit nachstoßenden britischen Zerstörern in Berührung, die anzugreifen versuchten, aber abgewehrt werden konnten. Diese Phase ist auf dem Bild links festgehalten; einer der achteren Türme des PRINZ EUGEN hat gerade gefeuert.

Rechts: Am 14. Januar 1942 verläßt das Schlachtschiff TIRPITZ die heimischen Gewässer und verlegt nach Norwegen. Seinen ersten Liegeplatz nimmt es im Faettenfjord bei Trondheim ein. Das Bild zeigt ihn dort im Juni 1942.

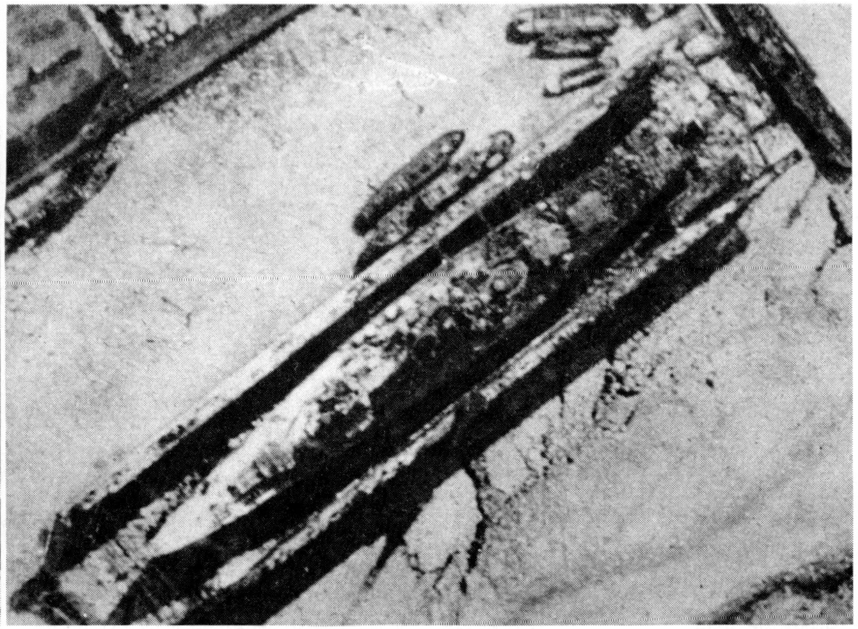

Das durch Grundminentreffer beschädigte Schlachtschiff GNEISENAU ging am 14. Februar 1942 in das 40.000-t-Schwimmdock der Deutschen Werke Kiel, um unverzüglich mit den Instandsetzungsarbeiten beginnen zu können. Diese Dockliegezeit wurde ihm zum Verhängnis: Bei einem Angriff der RAF in der Nacht zum 27. Februar erhielt es einen Bombentreffer von verheerender Wirkung; die Bombe durchschlug im Vorschiff die beiden oberen Decks und detonierte auf dem Panzerdeck an einer Schwachstelle, so daß es zu einer Kettenreaktion kam, bei welcher das gesamte Vorschiff ausbrannte und der vordere 28-cm-Turm aus seiner Führung geworfen wurde. Dabei fanden 112 Besatzungsangehörige den Tod. Das Bild rechts ist bei einem nachfolgenden Aufklärungsflug der RAF entstanden und zeigt die GNEISENAU nach dem verhängnisvollen Angriff noch im Dock liegend. Im Frühjahr 1942 wurde das Schwesterschiff SCHARNHORST im gleichen Dock repariert. Das linke Bild ist am 3. Juni 1942 vom Anleger in Kiel-Gaarden aus entstanden und zeigt die in dem Dock liegende SCHARNHORST.

Am 21. Februar 1942 beginnt die Verlegungsoperation der Schweren Kreuzer ADMIRAL SCHEER und PRINZ EUGEN nach Norwegen. Sie werden frühzeitig von der britischen Aufklärung erfaßt und bald darauf von Flugzeugen attackiert, doch können diese keine Treffer erzielten. Am 23. Februar kommt jedoch das britische Uboot TRIDENT an den Verband heran und kann auf PRINZ EUGEN einen Torpedotreffer erzielen, der dieser das Heck zerstört, indem es abknickt (Bild rechts oben). Die Aufnahme links zeigt das Einbringen des schwer getroffenen Kreuzers in den Lofjord bei Trondheim; über ihm zur Sicherung zwei Me-110-Zerstörerflugzeuge. Der Schwere Kreuzer blieb zunächst ebenfalls im Lofjord und nahm dort dicht unter Land und gut getarnt einen Liegeplatz ein (Bild rechts unten).

Gegenüberliegende Seite unten:
Das Schlachtschiff TIRPITZ: seit 1942 die stärkste und von den Gegnern am meisten gefürchtete Flotteneinheit im Großraum Norwegen.

Im Lofjord wurde dem durch einen Torpedotreffer lahmgelegten Kreuzer PRINZ EUGEN eine Notruderanlage angepaßt, um in die Heimat zurückgeführt werden zu können. Dieses Unternehmen lief unter der Tarnbezeichnung "Zauberflöte" und begann am 16. Mai 1942 im Sicherungsgeleit zweier Zerstörer und zweier Torpedoboote. Diesen Verband griffen am 17. Mai britische Torpedobomber an, insgesamt 27 Maschinen. Dabei wurden zusammen mehr als 30 Torpedolaufbahnen gezählt, denen der Kreuzer trotz seiner eingeschränkten Fahr- und Manövriereigenschaften sämtlich ausweichen konnte. Hierbei bewährte sich die Notruderanlage hervorragend. Die Angreifer erlitten schwere Verluste, allein von der Schiffsflak auf PRINZ EUGEN wurden sieben Maschinen abgeschossen. Dabei wurde auch die Schwere Artillerie eingesetzt, die mit Zonenmunition Sperrfeuer schoß. Auf dem linken Bild ist PRINZ EUGEN beim Marsch durch die Trondheimer Fjordwelt zu sehen, voraus die Zerstörer Z 25 und PAUL JACOBI. Das Bild oben rechts zeigt eine feuerbereite 3,7-cm-Doppelflak auf dem Kreuzer, und auf dem Bild darunter ist der Einsatz seiner vorderen Türme gegen die Torpedobomber-Pulks zu sehen.

Die Arbeiten an dem Flugzeugträger GRAF ZEPPELIN waren im April 1940 eingestellt worden, unter anderem weil die für ihn bestimmte Artilleriebewaffnung in die Küstenverteidigung des gerade eben besetzten Norwegen eingegliedert werden mußte, wo sie wegen erwarteter britischer Gegenmaßnahmen dringender gebraucht wurde als auf dem Träger, dessen Indienststellung frühestens gegen Ende 1940 zu erwarten gewesen wäre. Nachdem sich in den ersten Kriegsjahren das Flugzeug als sehr erfolgreiches Seekriegsmittel erwiesen hatte, drängte auch die Seekriegsleitung auf die baldige Fertigstellung von GRAF ZEPPELIN. Sein Weiterbau wurde im Mai 1942 verfügt, gleichzeitig erging die Weisung, den kurz vor der Fertigstellung stehenden Schweren Kreuzer SEYDLITZ zum Flugzeugträger umzubauen und den Umbau von geeigneten Handelsschiffen zu Hilfsflugzeugträgern vorzubereiten. Auf dem oberen Bild wird im Dezember 1942 der Flugzeugträger GRAF ZEPPELIN von Gotenhafen nach Kiel geschleppt, um dort fertiggebaut zu werden. Für ihn hätten neue 15-cm-Geschütze bereitgestellt werden müssen, weil die ursprünglich für ihn bestimmten in Norwegen stationiert wurden; auf dem Bild rechts ist einer seiner 15-cm-Doppeltürme beim Einbau in eine norwegische Batteriestellung zu sehen. (Von diesem bereits in Band 3 dieser Reihe publizierten Bild wurde jetzt bekannt, daß es sich um einen 15-cm-Turm von GRAF ZEPPELIN handeln soll.) Wie die SEYDLITZ als Flugzeugträger hätte aussehen sollen, zeigt das Bild links, auf dem ein nach authentischen Plänen gearbeitetes Modell zu sehen ist.

Das Unternehmen "Rösselsprung" richtete sich gegen britische Operationen mit den Geleitzügen PQ. 17 und QP. 13. Durchgeführt werden sollte es von zwei Kampfgruppen, die in der Bogenbucht bei Narvik zusammengezogen wurden. Zur Kampfgruppe I gehörten das Schlachtschiff TIRPITZ und der Schwere Kreuzer ADMIRAL HIPPER sowie vier Zerstörer und zwei Torpedoboote, während die zweite Gruppe aus den Schweren Kreuzern ADMIRAL SCHEER und LÜTZOW sowie sechs Zerstörern formiert wurde. Nachdem beide Gruppen am 5. Juli 1942 in See gegangen waren, erreichte sie wenige Stunden später der Rückrufbefehl der Seekriegsleitung. Indessen waren Uboote an den weitgehend aufgelösten Geleitzug herangekommen, und die Luftwaffe griff mit Flugzeugen an, wobei zahlreiche Schiffe versenkt worden konnten. Die Aufnahme oben entstand in der Bogenbucht bei Narvik und zeigt im Vordergrund die gerade aus Trondheim eingetroffene TIRPITZ (im Hintergrund Schwerer Kreuzer ADMIRAL SCHEER). Auf dem linken Bild ist die auslaufende Kampfgruppe I mit dem Schweren Kreuzer ADMIRAL HIPPER an der Spitze zu sehen; dieses Bild wurde von der TIRPITZ aus gemacht.

Unten: Der Schwere Kreuzer ADMIRAL SCHEER verließ am 16. August 1942 die Bogenbucht bei Narvik und nahm Kurs auf die Barentssee. Dabei stieß er weit bis in die Karasee vor. Ziel dieses Unternehmens – es führte die Tarnbezeichnung "Wunderland" – war die Störung der sowjetischen Arktis-Schiffahrt. Dabei versenkt ADMIRAL SCHEER einen sowjetischen Eisbrecher und beschädigte zwei weitere Schiffe schwer; außerdem nahm er die Hafenanlagen von Port Dikson unter Feuer, das von den Sowjets als Hauptstützpunkt ihrer Arktis-Schiffahrt genutzt wurde. Am 30. August traf SCHEER wieder in der Bogenbucht bei Narvik ein. Diese Aufnahme ist vermutlich kurz vor oder nach dem Unternehmen "Wunderland" entstanden.

Links oben: Beim Auslaufen zum Unternehmen "Rösselsprung" war der Schwere Kreuzer LÜTZOW auf Grund geraten und hatte Schäden am Schiffsboden erlitten. Zur Reparatur verlegte er im August 1942 in die Heimat. Am 13. Dezember traf er wieder in Nordnorwegen ein. Wenig später, am 30./31. Dezember 1942, nahm er zusammen mit dem Kreuzer ADMIRAL HIPPER am Unternehmen "Regenbogen" teil. In dem Gefecht mit den britischen Deckungskräften erhielt ADMIRAL HIPPER drei Treffer, die beträchtliche Schäden zur Folge hatten; LÜTZOW selbst blieb unbeschädigt. Wegen unklarer Lage, schlechter Sicht und vor allem wegen eines Funkspruchs der Seekriegsleitung brach der Verband das Gefecht ab und kehrte in seine Ausgangsbasis zurück. Dieses Bild der LÜTZOW wurde von Bord der TIRPITZ aus aufgenommen und ist im Winter 1942/43 im Kaafjord entstanden.

Am 7. November 1942 wurde die vor dem Krieg begonnene IV. Einfahrt in Wilhelmshaven eingeweiht und auf den Namen "Raeder-Schleuse" getauft. Von da ab konnte die Ostkammer genutzt werden, die Westkammer blieb noch durch einen Damm blockiert und sollte erst etwas später freigegeben werden, doch ist es dazu nicht mehr gekommen. Das erste größere Schiff, das die "Raeder-Schleuse" passierte, war der Kreuzer EMDEN. Die IV. Einfahrt hatte für die Durchschleusung größter Schlachtschiffe dienen sollen, die dort auf der geplanten Nordwerft gebaut werden sollten. Das Bild ist auf dem in der Raeder-Schleuse liegenden Kreuzer EMDEN entstanden, der von Raeder an diesem Tag besichtigt wurde.

Am 10. Januar laufen das Schlachtschiff SCHARNHORST und der wiederhergestellte Schwere Kreuzer PRINZ EUGEN aus, um nach Norwegen zu verlegen. Dabei werden sie frühzeitig von der britischen Luftaufklärung erfaßt und kehren um.

Das befehlsgemäß abgebrochene Gefecht am 30./31. Dezember 1942 nahe der Bäreninsel führt bei Hitler zu heftigen Zornesausbrüchen gegenüber den nach seiner Meinung überflüssigen großen Marineeinheiten und zu dem Befehl, sie alle außer Dienst zu stellen und ihre Geschütze als Küstenbatterien zu verwenden. Zugleich sollen auch alle Arbeiten an den noch im Bau befindlichen großen Einheiten eingestellt werden. Dies führt zu dem Abgang Großadmirals Raeder. Seinem Nachfolger Dönitz gelingt es jedoch, bei Hitler eine wesentliche Lockerung dieses Befehles durchzusetzen und die großen Einheiten so vor der Verschrottung zu bewahren. Bei den unfertigen Schiffen – betroffen davon sind das nach einem Bombentreffer ausgefallene und zum Umbau vorbereitete Schlachtschiff GNEISENAU, der Flugzeugträger GRAF ZEPPELIN und der im Umbau zum Flugzeugträger befindliche Schwere Kreuzer SEYDLITZ – bleibt es bei dem "Führerbefehl".

In Konsequenz dieses Befehls werden am 17. Februar und am 28. Februar jedoch die Kreuzer KÖLN und ADMIRAL HIPPER außer Dienst gestellt.

Am 8. März wiederholt das Schlachtschiff SCHARNHORST – diesmal ohne PRINZ EUGEN – seinen Versuch, nach Norwegen zu verlegen. Am 9. März erreicht es ohne Feindberührung die Bogenbucht bei Narvik. Im gleichen Monat werden alle Schweren Einheiten in den Altafjord verlegt, von wo aus sie die stärkste Wirkung als "fleet in being" haben. Für sie alle tritt aber jetzt das Brennstoffproblem in eine immer kritischer werdende Phase.

Am 6. September beginnt mit dem Auslaufen aus dem Altafjord das Unternehmen "Sizilien". Es richtet sich gegen die von den Alliierten auf Spitzbergen errichteten Stützpunkte. Beteiligt daran sind die Schlachtschiffe TIRPITZ und SCHARNHORST und neun Zerstörer. Nachdem das Operationsziel erreicht ist, treten die Schiffe den Rückmarsch an und erreichen am 9. September den Altafjord.

Im September beginnen die Engländer mit Aktionen, welche die Ausschaltung der Schweren Einheiten in Nordnorwegen zum Ziel haben. Bei der vom 21. bis 22. September durchgeführten Operation "Source" haben die eindringenden Kleinst-Uboote den Auftrag, Grundminen unter den Schlachtschiffen TIRPITZ und SCHARNHORST und dem Schweren Kreuzer LÜTZOW abzuwerfen. Es gelingt ihnen, in den mit der TIRPITZ belegten Netzkasten einzudringen und ihre Minen zu deponieren. Bei der Detonation entstehen auf der TIRPITZ schwere Schäden und haben ihren Ausfall auf mehrere Monate zur Folge.

Am 23. September verläßt der Schwere Kreuzer LÜTZOW den Altafjord, um in die Ostsee zurückzukehren. Obwohl von der britischen Luftaufklärung erfaßt, erreicht er am 1. Oktober 1943 unangefochten Gotenhafen.

Am 25. Dezember verläßt eine aus dem Schlachtschiff SCHARNHORST und fünf Zerstörern bestehende Kampfgruppe den Altafjord. Ihr Auftrag ist, einen von Westen anmarschierenden Konvoi anzugreifen. Schwere See und schlechte Sichtverhältnisse behindern den Verband in einem Ausmaß, daß die Zerstörer entlassen werden müssen und SCHARNHORST, allein auf sich gestellt, das Unternehmen weiterführt. Dabei gerät sie zunächst an den britischen Kreuzer NORFOLK; dieser erzielt einen Artillerietreffer, der eines ihrer Funkmeßortungsgeräte zerstört und sie nahezu "blind" werden läßt. Dennoch gelingt es der SCHARNHORST, sich vom Gegner zu lösen. Kurz darauf stößt sie auf eine von Westen her anmarschierende Ferndeckungsgruppe, die ihr den Weg zu verlegen versucht. Zu dieser Gruppe gehört als stärkste Einheit das Schlachtschiff DUKE OF YORK. Dieses erzielt zwar einige Treffer auf SCHARNHORST, doch kann sich diese noch einmal lösen, worauf die Fühlung verlorengeht. Aber danach wird sie von britischen Zerstörern wiederhergestellt; diesen gelingt es, an die SCHARNHORST heranzukommen und vier Torpedotreffer zu erzielen, wodurch sie bewegungslos liegenbleibt. Die inzwischen wieder herankommenden Einheiten der Ferndeckungsgruppe schießen die SCHARNHORST zusammen, und zusätzlich wird diese von zehn bis elf Torpedos getroffen. Um 19.45 Uhr des 26. Dezember sinkt SCHARNHORST; von ihrer mehr als 1.900 Mann starken Besatzung gibt es nur 36 Überlebende.

Am Ende dieses Kriegsjahres verfügt die Kriegsmarine nur noch über ein Schlachtschiff (TIRPITZ, zu dieser Zeit nicht einsatzfähig), vier Schwere Kreuzer und vier Leichte Kreuzer. Von den Kreuzern befinden sich LÜTZOW in der Werft, ADMIRAL HIPPER und KÖLN sind außer Dienst gestellt, und ADMIRAL SCHEER und PRINZ EUGEN gehören ebenso wie NÜRNBERG, LEIPZIG, KÖLN und EMDEN dem sog. "Ausbildungsverband der Flotte" an.

Am 9. Januar 1943 läuft das Unternehmen "Fronttheater" an; sein Ziel ist die Verlegung des Schlachtschiffes SCHARNHORST und des Schweren Kreuzers PRINZ EUGEN nach Norwegen. Bald nach dem Inseegehen wird der Verband von der britischen Luftaufklärung erfaßt. Weil mit massierten Angriffen aus der Luft gerechnet wird, kehrt der Verband um. Erst im März glückt die Verlegung der SCHARNHORST (diesmal ohne PRINZ EUGEN). Am 8. März läuft diese aus Gotenhafen aus und erreicht nach Zwischenaufenthalten in Bergen und Trondheim am 12. März die Bogenbucht bei Narvik. Dieses Bild zeigt die SCHARNHORST im Frühjahr 1943 in See; beachtenswert sind an ihr die hell abgesetzten Schiffsenden. Diese sollten eine visuelle Verkürzung der Silhouette zur Folge haben, um den Gegner zu irritieren.

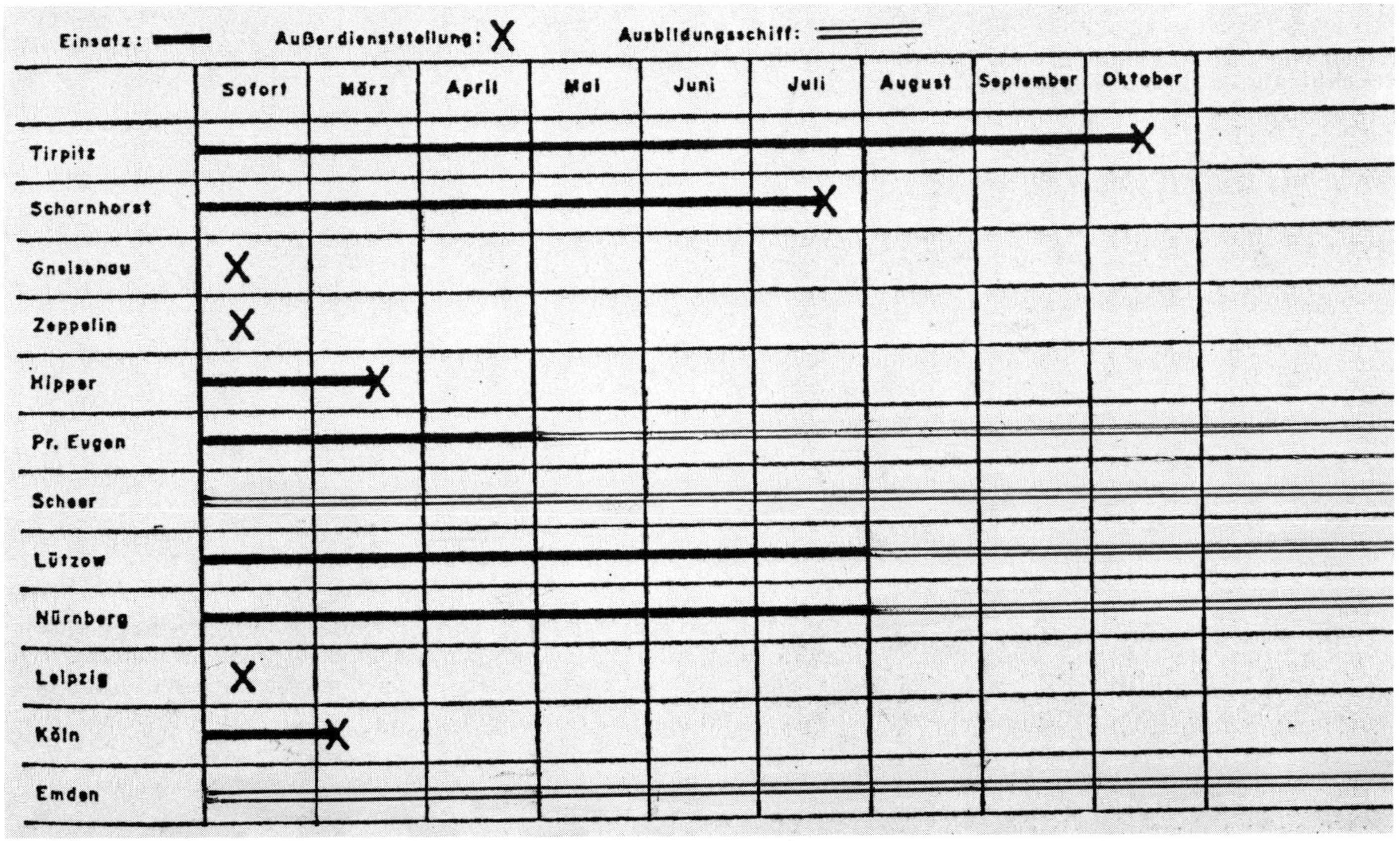

Wegen des unergiebig gebliebenen, weisungsgemäß abgebrochenen Gefechts am 31. Dezember 1942 bei der Häreninsel (Unternehmen "Regenbogen"), verstieg sich Hitler zu dem Befehl, die großen Kriegsschiffe außer Dienst zu stellen, weil sie aus seiner Sicht unnütz seien. Ausgenommen wurden nur jene Einheiten, die für die Ausbildungstätigkeit von Wert waren. Wie und mit welchen Fristen dem Befehl Hitlers nachgekommen werden sollte, zeigt diese von der Seekriegsleitung befehlsgemäß erstellte erste Übersicht.

Der Außerdienststellungsbefehl Hitlers bedeutete für die wenigen unvollendeten großen Einheiten das endgültige "Aus". Betroffen davon war der Flugzeugträger GRAF ZEPPELIN, an dem im Dezember 1942 nach jahrelanger Unterbrechung die Arbeiten gerade wieder aufgenommen worden waren, um ihn nunmehr fertigzustellen. Dieses im April 1943 aufgenommene Bild zeigt ihn beim Abschleppen aus Kiel nach Stettin.

In dem knappen Jahr seiner Präsenz in Norwegen vollzog sich das Leben an Bord der dort dislozierten großen Einheiten nach den überkommenen Regeln der Bordroutine. Die Flaggenparade gehörte zum täglichen Zeremoniell. Wo – wie hier auf dem Schlachtschiff SCHARNHORST – ein Bordmusikzug bestand, war die Flaggenparade bei bestimmten Anlässen mit dem Abspielen der Nationalhymne verbunden.

Das Ziel des Unternehmens "Sizilien" war die Zerstörung der für die Alliierten kriegswichtigen Anlagen auf der Spitzbergen-Inselgruppe. Durchgeführt wurde es von den Schlachtschiffen TIRPITZ und SCHARNHORST sowie neun Zerstörern. Auf dem linken Bild verläßt die TIRPITZ am 6. September 1943 die nordnorwegische Fjordlandschaft. Hauptziel des Unternehmens war Barentsburg, der größte Ort auf der Inselgruppe; das untere Bild zeigt das brennende Barentsburg am frühen Morgen des 8. September. Das Bild des Schlachtschiffes SCHARNHORST (oben) entstand mutmaßlich bei diesem Unternehmen.

Um die schwer ringende Ostfront zu entlasten, befahl Großadmiral Dönitz am 25. Dezember 1943 den Einsatz einer Kampfgruppe gegen den mit Kurs auf Murmansk anmarschierenden Geleitzug JW.55B. Zu diesem Verband gehörten das Schlachtschiff SCHARNHORST und fünf Zerstörer. Letztere mußten allerdings bald nach dem Auslaufen entlassen werden, weil sie die schwere See nicht halten konnten. Allein auf sich gestellt, operierte die SCHARNHORST weiter und kam dabei mit britischen Flotteneinheiten in Gefechtsberührung, denen sie letztlich erlag. Wie die britische Tagespresse über dieses dramatische Gefecht berichtete, zeigen diese beiden Darstellungen der Endphase: Dem Schlachtschiff DUKE OF YORK gelang es am 26. Dezember um 4.50 Uhr, der SCHARNHORST den Weg zu verlegen und einige Treffer auf ihr zu erzielen, doch verlor es dann wieder den Kontakt zu ihr (Bild oben links). Zerstörer der Royal Navy fanden sie jedoch wieder und erzielten auf ihr mehrere Torpedotreffer, so daß sie liegenblieb. Die dann herankommenden Überwasserkräfte mit dem Schlachtschiff DUKE OF YORK und dem Kreuzer JAMAICA als Kern schossen sie zusammen, bis aus ihr ein brennendes Wrack geworden war, das bald danach unterging. Diese Phase zeigt das untere Bild.

Oben rechts: Überlebende Besatzungsangehörige der SCHARNHORST auf dem Katapultdeck der DUKE OF YORK. Ihre durchnäßten Uniformstücke haben sie gegen britische Uniformstücke getauscht.

Am 11./12. Februar fliegen sowjetische Bomber einen Angriff auf das nach den Grundminentrefferschäden gerade wieder einsatzbereit gewordene Schlachtschiff TIRPITZ. Einen Erfolg erzielen sie nicht.
Am 3. April versuchen die Engländer erneut, die TIRPITZ auszuschalten. In der Operation "Tungsten" greifen die Flugzeuge von sechs britischen Flugzeugträgern an und erzielen 15 Bombentreffer, die schwere Schäden an Oberdeck und in den Aufbauten verursachen und zahlreiche Tote und Verwundete unter der Besatzung fordern.
Neue Trägerraids folgen am 15. Mai (wegen schlechter Wetterverhältnisse vorzeitig abgebrochen), 17. Juli (wegen starker Einnebelung erfolglos), 22. August (keine Treffer), 24. August (zwei unbedeutende Treffer) und 29. August (wegen starker Einnebelung keine Treffer).
Am 19. August kommt es erstmals seit 1941 in der Ostsee zum Einsatz Schwerer Einheiten: Gegen die durchgebrochenen sowjetischen Angriffsspitzen am Rigaer Meerbusen verschafft der Schwere Kreuzer PRINZ EUGEN durch seinen Artillerieeinsatz der deutschen Front bei Tukkum Luft.
Im September übernimmt die RAF die Aufgabe, das Schlachtschiff TIRPITZ auszuschalten. Erstmals werden dazu am 15. September viermotorige "Lancaster"-Bomber eingesetzt, die mit 5,4 t schweren "Tallboy"-Bomben angreifen. Dabei erhält die TIRPITZ im Vorschiff einen Treffer, wodurch ihre Seefähigkeit aufgehoben wird. Am 15. Oktober verlegt die TIRPITZ nordwärts, um als "feste Batterie" die deutschen Absetzbewegungen aus Lappland zu dekken.
Am 10. Oktober greifen die Schweren Kreuzer PRINZ EUGEN und LÜTZOW im Raum Memel in die Landkämpfe ein und bringen der deutschen Abwehrfront vorübergehend Entlastung.
Am 15. Oktober kommt es in der Danziger Bucht zu einer schweren Kollision: Bei schlechten Wetterverhältnissen und durch Nebel behindert, rammt der Schwere Kreuzer PRINZ EUGEN vor der Halbinsel Hela den im Fahrwasser zufällig gestoppt liegenden Kreuzer LEIPZIG und verkeilt sich mit diesem. Für beide Schiffe bedeutet dies den mehrwöchigen Ausfall.
Am 29. Oktober wird die auf ihrem neuen Liegeplatz nahe Tromsö liegende TIRPITZ erneut von "Lancaster"-Bombern angegriffen. Durch einen Nahtreffer erleidet sie Wassereinbruch, bleibt aber weiterhin schwimmfähig.
Am 23./24. Oktober beschießt der Schwere Kreuzer LÜTZOW zusammen mit Zerstörern und Torpedobooten sowjetische Stellungen auf Sworbe und bei Memel und verschafft den hart bedrängten deutschen Truppen für einige Zeit Entlastung.
Am 12. November greifen ein drittes Mal britische "Lancaster"-Bomber die TIRPITZ an; diese kentert nach mehreren Treffern, dabei finden 1.204 Besatzungsangehörige den Tod.
Bei den Kämpfen um Sworbe greifen am 20. und 21. November der gerade wiederhergestellte Schwere Kreuzer PRINZ EUGEN und am 22. bis 24. November der Schwere Kreuzer ADMIRAL SCHEER ein und erzielen bei ihren Artillerieeinsätzen nachhaltige Wirkung.

Von den schweren Einheiten der Kriegsmarine spielte nach dem Untergang der SCHARNHORST nur noch die TIRPITZ eine von den Alliierten wirklich ernstgenommene Rolle. Es wurde daher immer wieder versucht, das letzte deutsche Schlachtschiff auszuschalten. Diese Absichten erhielten im Frühjahr 1944 neuen Auftrieb, als sich abzeichnete, daß das im September 1943 durch Grundminentreffer schwer beschädigte Schlachtschiff in Bälde wieder einsatzbereit sein wird. Diese Aufnahme zeigt die TIRPITZ in ihrem Netzkäfig während der Reparaturarbeiten nach den Grundminentreffern.

Bei der Operation "Tungsten" am 3. April 1944 wurde die gerade eben wieder hergestellte TIRPITZ erneut schwer getroffen. Sie erhielt bei diesem Angriff fünfzehn 725-kg- und 230-kg-Bombentreffer. Zwar durchschlug keine von diesen das Panzerdeck, aber die Schäden an den Aufbauten waren schwer genug. Noch schwerer wogen die personellen Verluste: Rund 400 Tote und Verwundete kostete dieser Angriff, rund ein Fünftel der gesamten TIRPITZ-Besatzung. Auf dem oberen Bild beginnt gerade die Einnebelung, auf dem Bild auf der rechten Seite hat die TIRPITZ gerade die ersten Treffer erhalten. Wie die britische Kriegspresse den Angriff schilderte, wird auf dem nebenstehenden Bild deutlich. Die darin eingetragenen Ziffern bedeuten: 1 – 6 = Bombentreffer; 7 = eine Landmole; 8 = eine Pontonbrücke zum Schiff; 9 = die Torpedonetzsperre.

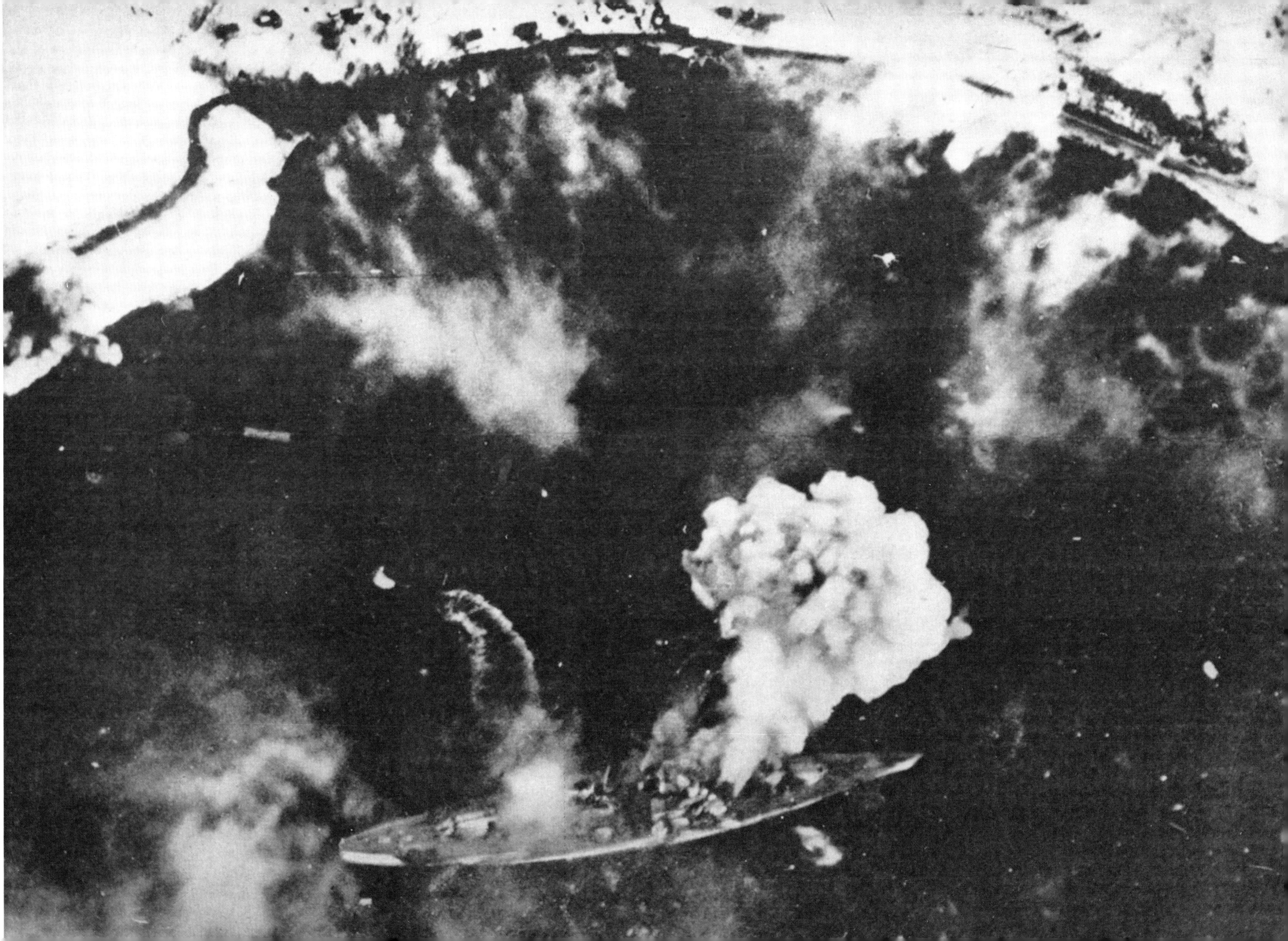

Mit dem Vorrücken der Roten Armee begann sich im Sommer 1944 die Lage im Ostseebereich dramatisch zu wandeln. Als im August die sowjetischen Divisionen zum Rigaer Meerbusen vorgestoßen waren, verschaffte die Kriegsmarine den in Bedrängnis gekommenen Heeresverbänden vorübergehend Entlastung: Der Schwere Kreuzer PRINZ EUGEN stoppte die anrollenden Sowjets bei Tukkum durch massiven Artillerieeinsatz. Dieses Bild zeigt den Kreuzer im Kriegsjahr 1944 in der Ostsee.

Unbeschadet ihrer mehrfachen, teils schweren Schäden und auch unbeschadet des 1944 herrschenden notorischen Brennstoffmangels spielte die TIRPITZ auch weiterhin die Rolle einer "fleet in being": Allein durch ihr Vorhandensein und die von ihr ausgehende Bedrohung wurden auf britischer Seite zahlreiche Seestreitkräfte gebunden, die auf anderen Seekriegsschauplätzen fehlten. Je länger der Krieg dauerte, um so klarer wurde aber auch, daß die Tage der TIRPITZ gezählt waren. Ihre Flak mußte daher in ständiger Gefechtsbereitschaft gehalten werden (oben links). Um die Frühwarnung zu verbessern, wurden im Laufe des Jahres 1944 Nach- und Umrüstungsarbeiten vorgenommen (die Pfeile auf dem unteren Bild verweisen auf eine neu installierte Funkmeßantenne an der vorderen Drehhaube und auf ein "Würzburg"-Gerät am hinteren Flaleitstand). Das Bild oben rechts stammt vom Frühjahr 1944 und zeigt die TIRPITZ bei ihrem letztmaligen Auslaufen zu Verbandsübungen mit der 4. Zerstörerflottille.

15. Oktober 1944 in der Danziger Bucht: Im Nebel hat der Schwere Kreuzer PRINZ EUGEN den zufällig gestoppt liegenden Kreuzer LEIPZIG mittschiffs gerammt und sich mit ihm verkeilt (links oben). Nachdem PRINZ EUGEN freigekommen ist, bleibt die LEIPZIG glücklicherweise schwimmfähig, auf dem unteren Bild ist die Kollisionsstelle genau zu sehen. Die Schäden am Bug von PRINZ EUGEN werden auf dem Bild oben rechts deutlich. Zur Reparatur geht PRINZ EUGEN nach Gotenhafen in die Werft und wird in Rekordzeit instandgesetzt; das Bild auf der gegenüberliegenden Seite zeigt ihn unter Tarnmatten im dortigen Schwimmdock kurz vor Abschluß der Reparaturen.

Am 12. November 1944 erfüllt sich das Schicksal der TIRPITZ. Zum dritten Mal griffen britische "Lancaster"-Bomber mit 5,4 t schweren "Tall Boy"-Bomben an, und diesmal hatten sie Erfolg: Mehrere Direkt- und Nahtreffer brachten das Schiff zum Kentern. Als die "Lancaster" abflogen, bot sich ihnen dieses Bild.

Am 13. Januar führt der Kreuzer NÜRNBERG gemeinsam mit dem Minenschiff LINZ im Skagerrak eine defensive Minenoperation durch.
Zur Unterstützung der deutschen Heerestruppen greifen am 8. Februar der Schwere Kreuzer LÜTZOW und am 9. und 10. Februar der Schwere Kreuzer ADMIRAL SCHEER in die Kämpfe im Raum Frauenburg ein.
Am 9. März unterstützt der Schwere Kreuzer ADMIRAL SCHEER zusammen mit Zerstörern und Torpedobooten die deutsche Verteidigungsfront im Raum um Wollin durch Artillerieeinsatz.
Ab 10. März unterstützen der Schwere Kreuzer PRINZ EUGEN und ab 15. zusätzlich das Kadettenschulschiff SCHLESIEN die Verteidigung im Raum Danzig-Gotenhafen und tragen dadurch zum Zeitgewinn bei, um zahlreiche Flüchtlinge abtransportieren zu können. Am 23. März löst der Schwere Kreuzer LÜTZOW die wegen Munitionsmangels ablaufende SCHLESIEN ab; ab 25. März trägt auch der behelfsmäßig fahrbereit gemachte Kreuzer LEIPZIG zur artilleristischen Verteidigung bei. Wegen Brennstoff- und Munitionsmangels werden am 3. April der Schwere Kreuzer ADMIRAL HIPPER und am 8. April der Schwere Kreuzer LÜTZOW abgezogen.
Am 30. März wird in Wilhelmshaven bei einem amerikanischen Luftangriff der Kreuzer KÖLN schwer getroffen und sinkt auf den Grund des Hafenbeckens.
In der Nacht zum 10. April greifen RAF-Bomber die Hafenanlagen von Kiel an. Zu dieser Zeit liegen bei den Deutschen Werken drei große Einheiten: Der eingedockte Schwere Kreuzer ADMIRAL HIPPER wird schwer beschädigt, der im Ausrüstungsbecken festgemachte Schwere Kreuzer ADMIRAL SCHEER kentert, und der Kreuzer EMDEN trägt ernsthafte Schäden davon.
Der in der Kaiserfahrt bei Swinemünde liegende Schwere Kreuzer LÜTZOW sinkt am 16. April bei einem Angriff britischer "Lancaster"-Bomber nach Nahtreffern von 5,4 t schweren "Tallboy"-Bomben auf den flachen Grund, seine Aufbauten bleiben oberhalb der Wasserfläche.
Am 25. April sprengt ein Marinekommando den bei Stettin liegenden unfertigen Flugzeugträger GRAF ZEPPELIN.
Das Kadettenschulschiff SCHLESIEN läuft am 3. Mai bei der Greifswalder Oie auf eine Luft-Grundmine und wird schwer beschädigt nach Swinemünde geschleppt und dort auf Grund gesetzt.
Ehe sie am 4. Mai gesprengt wird, greift die LÜTZOW mit ihrer behelfsmäßig wieder klargemachten Artillerie am 22. April noch einmal in die Kämpfe an Land ein und stoppt vorübergehend die Angriffsspitzen der Roten Armee.
Als am 8. Mai die deutsche Kapitulation erfolgt, liegen die wenigen überlebenden großen Einheiten in Häfen an der dänischen Ostküste; PRINZ EUGEN und NÜRNBERG in Kopenhagen und LEIPZIG in Apenrade.

Zu Beginn des Kriegsjahres 1945 ist die Zahl der großen Einheiten stark geschrumpft: Keine Schlachtschiffe mehr, nur noch drei Schwere Kreuzer und vier Leichte Kreuzer. In der Ostsee erwachsen ihnen mit dem Vordringen der sowjetischen Armeen neue Aufgaben: Immer wieder werden sie dazu eingesetzt, sowjetische Angriffsspitzen und Bereitstellungen unter Feuer zu nehmen, um so den Heerestruppen Luft zu verschaffen. Aber die Wirkung hält nirgendwo länger als allenfalls einige Stunden an, zu stark ist der gegnerische Angriffsdruck. Zwar sind die eingesetzten Kreuzer artilleristisch in der Überlegenheit, aber sie haben sich laufend mit sowjetischen Kampfflugzeugen herumzuschlagen, die immer wieder angreifen. Hier ist der Kreuzer PRINZ EUGEN beim Feuern der vorderen 4-cm-Flak zu sehen.

Zu den 1945 in der Ostsee eingesetzten großen Einheiten gehörte der Schwere Kreuzer LÜTZOW. Mehrmals in diesem Krieg war er schwer getroffen worden, gleichwohl blieb er bis in die letzten Kriegstage erhalten, wobei er noch mehrfach wirkungsvoll in das Kampfgeschehen an Land eingreifen konnte. Das obere Bild zeigt ihn beim Auslaufen aus Gotenhafen vermutlich im Spätherbst 1944; auf dem unteren Bild feuert der vordere 28-cm-Turm eine Salve auf sowjetische Landziele.

In den letzten Wochen des Krieges nahm die SCHLESIEN noch einmal aktiv am Kampfgeschehen teil: Mit ihrer Artillerie feuerte sie im März 1945 auf Verbände der Roten Armee im hart umkämpften Großraum Danzig – Gotenhafen – Zoppot. Als sie ihre Munition verschossen hatte, verlegte sie unter Mitnahme von etwa 1.000 Verwundeten nach Swinemünde; auf dem Marsch nach dort erhielt sie einen Minentreffer. Sie konnte aber auf die Reede von Swinemünde geschleppt werden, doch waren die Schäden so schwer, daß das Schiff bei der Räumung von Swinemünde gesprengt werden mußte. Diese Aufnahme entstand Anfang 1945 vor dem Brückenkopf vor Zoppot bei der Beschießung sowjetischer Angriffsspitzen.

Als der Krieg sein Ende findet, gibt es unter den großen Einheiten nur drei "Überlebende": den Schweren Kreuzer PRINZ EUGEN und die Leichten Kreuzer NÜRNBERG und LEIPZIG. Alle anderen waren in den letzten Tagen und Wochen der gegnerischen Luftkriegführung zum Opfer gefallen: der Schwere Kreuzer ADMIRAL HIPPER in einem Dock (oben links), der Schwere Kreuzer ADMIRAL SCHEER (oben rechts), der Leichte Kreuzer KÖLN (unten links) und der Leichte Kreuzer EMDEN (unten rechts).

DIE LEBENSLÄUFE DER GROSSEN EINHEITEN

Schlachtschiff GNEISENAU

1934 25. Januar Erteilung Bauauftrag an Deutsche Werke, Kiel, 14. Februar erste Kiellegung; Baustopp am 5. Juli und anschließend Abbruch des verbauten Materials.

1935 6. Mai zweite Kiellegung (Bau-Nr. 235).

1936 8. Dezember Stapellauf.

1938 21. Mai Indienststellung, dann Ausbildung und Erprobungen, am 22. August Flottenparade anläßlich Stapellauf PRINZ EUGEN, anschließend Ausbildung und Schießen im Atlantik, ab November (bis März 1941) sporadisch Flottenflaggschiff.

1939 7. bis 10. September und 21. bis 27. November Flottenvorstöße mit SCHARNHORST; wegen Seeschäden Dock- und Werftzeit bei Deutsche Werke, Kiel, im Dezember.

1940 Januar Ausbildung und Schießabschnitt in der Ostsee, im Februar Flottenvorstoß mit SCHARNHORST und kurze Werftzeit in Wilhelmshaven.
Vom 7. bis 12. April Teilnahme am Norwegenunternehmen als Deckung für Landungsunternehmen, gemeinsam mit SCHARNHORST, im April Dockzeit in Wilhelmshaven, am 5. Mai Verlegung nach Kiel, dabei Minentreffer; Dokken in Kiel. 4. bis 10. Juni Flottenvorstoß mit SCHARNHORST, anschließend Einlaufen Trondheim. Von dort am 10. Juni erneut Flottenvorstoß mit dem Schweren Kreuzer ADMIRAL HIPPER und vier Zerstörern. Am 11. Juni wieder Trondheim.
Am 20. Juni erneuter Flottenvorstoß, dabei Torpedotreffer, Notreparatur in Trondheim, am 25. Juli Rückmarsch nach Kiel, dabei Sicherung durch Leichten Kreuzer NÜRNBERG, Zerstörer und Torpedoboote. Von Juli bis Dezember Werftzeit bei Deutsche Werke Kiel.
Am 28. Dezember Versuch des Atlantikdurchbruchs abgebrochen.

1941 22. Januar Auslaufen aus Kiel, Durchbruch in den Atlantik gelungen, Handelskrieg gemeinsam mit SCHARNHORST. 22. März Einlaufen in Brest. 6. April durch Luftangriff schwere Bombenschäden und Lufttorpedotreffer.

1942 11. bis 12. Februar Rückmarsch nach Deutschland: Kanaldurchbruch, dabei einen Minentreffer erhalten. Am 12. Februar Eintreffen auf Brunsbüttel-Reede und weiter via Nord-Ostsee-Kanal nach Kiel zu den Deutschen Werken.
Am 26./27. Februar während Dockliegezeit durch Luftangriff schwerste Schäden, bis April kampfunfähig in Kiel liegend, am 4. April Überführung nach Gotenhafen zur Wiederherstellung und gleichzeitiger Umrüstung der Artillerie. Dort am 1. Juli Außerdienststellung.

1943 Baustopp, Auflieger.

1945 27./28. März als Blockschiff gesprengt und versenkt.

Schlachtschiff SCHARNHORST

1934 25. Januar Erteilung Bauauftrag an Kriegsmarinewerft Wilhelmshaven.
14. Februar erste Kiellegung, Baustopp am 5. Juli und anschließend Abbruch des verbauten Materials.

1935 15. Juni zweite Kiellegung (Bau-Nr. 125).

1936 3. Oktober Stapellauf.

1939 7. Januar Indienststellung, dann erste Probefahrten in der Jademündung. 1. April anläßlich Stapellauf TIRPITZ Hitler mit fast gesamter Reichsregierung und mehr als 100 Ehrengästen an Bord zur Beförderung Raeders zum Großadmiral. Im Anschluß bis Juni Ausbildung und Erprobungen in der Ostsee. Juli/August Restarbeiten in Wilhelmshaven, dabei Vorstevenumbau, Änderungen der Katapultbasis und Umsetzen des Großmastes. Bei Kriegsausbruch Einlaufen in Wilhelmshaven und Aufstockung der Besatzung auf Kriegsstärke. Am 20. September Verlegung nach Kiel, dort Einbau eines FuMB-Gerätes. Danach Gefechtsausbildung. Im November Rückmarsch auf die Jade. 21. November Flottenvorstoß mit GNEISENAU. Dabei nordwestlich der Faröer-Inseln Versenkung des britischen Hilfskreuzers RAWALPINDI am 23. November. Am 28. November wieder auf Wilhelmshaven-Reede.

1940 18. bis 20. Feburar Teilnahme an Unternehmen "Nordmark" und im April mit GNEISENAU Deckung für Norwegenunternehmen, dabei am 9. April Gefecht mit britischem Schlachtkreuzer RENOWN. Aufgrund des schweren Wetters zahlreiche Störungen und Ausfälle der vorderen Türme durch überkommende See, desgleichen Schäden in den Schiffsverbänden des Vorschiffs und in der Maschinenanlage. 12. April bis 10. Mai auf Wilhelmshaven-Reede und in Kriegsmarinewerft Wilhelmshaven, dann Verlegung nach Kiel. Am 4. Juni Flottenvorstoß mit GNEISENAU und ADMIRAL HIPPER sowie Zerstörern in das Nordmeer, Versenkung des britischen Tankers OIL PIONEER, des Truppentransporters ORAMA und des Trawlers JUNIPER. Versenkung des britischen Flugzeugträgers GLORIOUS und der ihn sichernden Zerstörer ACASTA und ARDENT. Ein von der ACASTA geschossener Torpedo trifft dabei die SCHARNHORST achtern an Steuerbordseite, Maschinenausfall, 48 Tote. Am 9. Juni Ankern auf Trondheim-Reede, Notreparatur. Am 20. Juni Rückmarsch in die Heimat; vom 23. Juni bis September Werftinstandsetzung bei den Deutschen Werken Kiel, dann Ausbildung in der Ostsee. Am 28. Dezember erster Versuch, in den Atlantik durchzubrechen, abgebrochen.

1941 22. Januar Durchbruch in den Atlantik mit GNEISENAU gelungen; Handelskrieg, am 22. März Einlaufen in Brest. Dort laufende Luftangriffe, daher Besatzung bis auf Sicherheitswachen an Land untergebracht. Nach Maschinenüberholung am 23. Juli Verlegung nach La Pallice. Auch dort Luftangriffe, insgesamt fünf Bombentreffer in der Folgezeit, Rückverlegung nach Brest.

1942 11. bis 12. Februar Kanaldurchbruch, Rückmarsch nach Deutschland, dabei zwei Minentreffer erhalten. Am 13. Februar Einschleusen Wilhelmshaven, Großadmiral Raeder und Admiral Schniewind an Bord. Nach kurzem Dokken in Wilhelmshaven Verlegung nach Deutsche Werke, Kiel. Wegen bedrohlicher Luftlage Besatzung erneut von Bord. Am 1. April Kommandantenwechsel, ab Juli Standproben, dann Verlegung nach Gotenhafen, von dort Ausbildung und Erprobungen, ab 22. Dezember wieder einsatzklar.

1943 10. Januar gemeinsamer Marsch mit PRINZ EUGEN nach Norwegen abgebrochen, Rückkehr nach Gotenhafen, am 7. März erneuter Marsch nach Norwegen und am 9. März Ankern in Bogenbucht Narvik, wo am 11. März auch LÜTZOW und NÜRNBERG und am 22. März auch TIRPITZ eintreffen. 22. März Verlegung in Altafjord, Liegeplatz Langfjord, im April Wechsel des Platzes mit der LÜTZOW im Kaafjord. 6. September Teilnahme am Unternehmen "Sizilien" gegen Spitzbergen, Rückkehr am 9. September, am 21. September Übungsschießen, dann Ankern bei Insel Aarö. Am 22. September aufgrund des Angriffes Kleinst-Uboote auf die TIRPITZ Verlegung in den Langfjord; wegen schlechten Ankergrundes neuen Ankerplatz im Fjordinnern eingenommen, dann erneut Kaafjord und schließlich wieder Langfjord. Am 24. Dezember Ansatz auf einen gemeldeten Geleitzug in Begleitung der 4. Zerstörerflottille, die später wegen der Wetterlage entlassen wird. Am 26. Dezember durch britische überlegene Seestreitkräfte mit dem Schlachtschiff DUKE OF YORK als stärkstem Schiff gestellt, dabei nach mindestens 14 bis 15 Torpedotreffern und mindestens 13 x 35,6-cm-Treffern gesunken (1803 Tote, nur 36 gerettet).

Schlachtschiff BISMARCK

1935 16. November Erteilung des Bauauftrages an Blohm & Voß, Hamburg.

1936 1. Juli Kiellegung (Bau-Nr. 509).

1939 14. Februar Stapellauf.

1940 24. August Indienststellung, 14. September Auslaufen aus Hamburg, Verlegung in die Ostsee zur Einzelausbildung, in Kiel Abstimmarbeiten der Artillerie, am 28. September in Begleitung von SPERRBRECHER 13/MINERVA Marsch nach Gotenhafen, von hier aus Ausbildung und Erprobungen in der Danziger Bucht. Am 23. Oktober erstmals Maschinenerprobung mit Höchstfahrt (in der Meile 30,8 kn). Mitte Oktober Seeklarbesichtigung und im November Schießen. Am 5. Dezember Rückmarsch nach Hamburg zu Restarbeiten im Geleit von SPERRBRECHER 6/MAGDEBURG.

1941 24. Januar Abschluß Restarbeiten, wegen kritischer Eislage Auslaufen zur Verlegung in die Ostsee erst am 6. März. Von Kiel im Geleit von SPERRBRECHER 36/PHOENIX und Linienschiff SCHLESIEN als Eisbrecher nach Gotenhafen, dort am 17. März auf Reede geankert. Weitere Ausbildung bis 2. April, dann gemeinsame Übungen mit Schwerem Kreuzer PRINZ EUGEN. Nach Munitionsergänzung in Gotenhafen Auslaufen und nach Rückkehr am 5. Mai Besuch Hitlers mit Gefolge (Übersetzen mit Flottentender HELA), jedoch ohne den Oberbefehlshaber der Kriegsmarine Großadmiral, Raeder. Nach weiteren Übungen mit der PRINZ EUGEN (z. B. Brennstoffergänzung in See) nochmals in Gotenhafen zur Brennstoffübernahme, am 18. Mai Auslaufen im Geleit der 5. Minensuchflottille, der SPERRBRECHER 13/MINERVA und SPERRBRECHER 31/SCHWAN sowie der Zerstörer Z 23, Z 24, HANS LODY und FRIEDRICH ECKHOLDT nach Norwegen. Beginn Unternehmen "Rheinübung". Nach Kurzaufenthalt in den Fjorden bei Bergen am Abend des 21. Mai Auslaufen und Kurs auf die Dänemarkstraße zum Durchbruch in den Atlantik. Am 23. Mai erste Sichtung durch britische Kreuzer und am 24. Mai Versenkung des britischen Schlachtkreuzers HOOD. Das diesen begleitende Schlachtschiff PRINCE OF WALES dreht ab. Nach Detachierung der PRINZ EUGEN am Abend wird die BISMARCK am 27. Mai nach einem die Ruderanlage treffenden und ihre Manövrierunfähigkeit bewirkenden Lufttorpedotreffer im konzentrischen Feuer britischer Schlachtschiffe zusammengeschossen und nach Zünden vorbereiteter Sprengladungen und Öffnen der Seeventile gesunken. Von der Besatzung einschließlich Flottenstab finden 1.977 Mann den Tod.

Schlachtschiff TIRPITZ

1935 16. November Bauauftrag an die Kriegsmarinewerft Wilhelmshaven.

1936 28. Oktober Kiellegung (Bau-Nr. 128).

1939 1. April 1939 Stapellauf.

1941 25. Februar Indienststellung, anschließend Auslaufen nach Kiel, von dort weiter nach Gotenhafen: Einzelausbildung, Gefechtsausbildung, Schießen, Erprobungen. Am 5. Mai, in Gotenhafen an der Pier liegend, von Hitler und großem Gefolge besichtigt (siehe BISMARCK). Im September der sogenannten "Baltenflotte" zugeteilt, danach wieder Ausbildung.

1942 12. Januar Rückmarsch in die Nordsee. Nach Versorgung auf Wilhelmshaven-Reede in der Nacht vom 14./15. Januar Verlegungsmarsch nach Norwegen, am 16. Januar Ankunft Trondheim, Ankern in einem der umliegenden Fjorde. Am 6. März Ansatz zum Unternehmen "Sportpalast" gegen die Geleitzüge PQ 12/QP 8. abgebrochen, auf dem Rückmarsch Torpedoangriffe britischer Flugzeuge abgewehrt, keine Schäden erlitten. Am 9. März Einlaufen in die Bogenbucht bei Narvik. Am 9. März Rückmarsch nach Trondheim in den Faettenfjord. Wegen akutem Brennstoffmangel Liegezeit dort im Netzkasten. Am 30./31. Januar, 30./31. März, 27./28. und 28./29. April jeweils Luftangriffe ohne Schäden und Verluste überstanden. Mit dem 2. Juli Verlegung in den Altafjord, dort mehrfach Wechseln des Ankerplatzes. Am 5. Juli Ansatz gegen die Geleitzüge PQ 17/QP 13. Operation nach vorzeitigem Ausfall einiger Einheiten abgebrochen und am 7. Juli wieder Ankern in der Bogenbucht. Am 23. Oktober Rückverlegung in den Faettenfjord/Trondheim zur Werftüberholung durch Werkstattschiff, ab 28. Dezember wieder fahrbereit.

1943 Mit dem 24. Januar wieder gefechtsbereit, am 11. März erneute Verlegung in die Bogenbucht und am 22. März weiter in den Altafjord. Vom 6. bis 9. September Einsatz zum Unternehmen gegen Spitzbergen (Operation "Sizilien"), dann wieder Liegeplatz im Kaafjord, einem Seitenarm des Altafjords. Dort am 22. September von britischen Kleinst-Ubooten angegriffen. Reparatur der schweren Beschädigungen durch Werkstattschiff NEUMARK und ca. 1.000 Werftarbeiter, die zu diesem Zweck aus der Heimat herangeführt werden.

1944 Im März Einsatzbereitschaft wieder hergestellt, am 15. März Auslaufen zu den Erprobungen, Rückkehr in den Altafjord. Am 3. April Angriff britischer Trägerflugzeuge, starke Beschädigungen und hohe Personalverluste bei der Flak: 132 Tote, 270 Verwundete. Am 1. Juli wieder klar für Erprobungen. Am 17. Juni erneuter Trägerflugzeugangriff, viele Nahtreffer. Weitere folgen am 21., 24. und 28. August. Dennoch ist das Schiff am 16. September wieder klar für Erprobungen. Weil mit Trägerflugzeugen ein endgültiges Ausschalten der TIRPITZ nicht möglich erscheint, erhält die RAF den Auftrag, die viermotorigen "Lancaster"-Bomber mit den neuen 5,4 ts schweren "Tall-Boy"-Superbomben einzusetzen. Am 15. September erfolgt deren erster Angriff, der schwere Schäden im Vorschiff verursacht und die Seefähigkeit aufhebt. Im Zusammenhang mit der beginnenden Räumung Lapplands wird beschlossen, die TIRPITZ als Schwimmende Batterie nach Tromsö zu verlegen, um die Absetzbewegungen zu decken. Diese Verlegung erfolgt am 15. Oktober. Dort wird sie am 12. November erneut von "Lancaster"-Bomben angegriffen und kentert nach schweren Treffern, 1.204 Besatzungsangehörige finden dabei den Tod.

Flugzeugträger GRAF ZEPPELIN

1936 28. Dezember Kiellegung bei Deutsche Werke, Kiel (Bau-Nr. 252).

1938 8. Dezember Stapellauf.

1940 29. April Baustopp, im Juli Verlegung nach Gotenhafen, dort Auflieger.

1942 16. März Befehl für Weiterbau, jedoch nur schleppend angelaufen. 5. Dezember Verlegung nach Kiel zu Deutsche Werke; zunächst Wulstanbau.

1943 30. Januar erneuter Baustopp, im April Verlegung nach Stettin.

1945 24. April durch Bomben versenkt.

1946 Im März von den Sowjets gehoben, überholt.

1947 Im September im Schlepp nach Leningrad.

Panzerschiff DEUTSCHLAND – Schwerer Kreuzer LÜTZOW

1929 5. Februar Kiellegung bei Deutsche Werke, Kiel (Bau-Nr. 219).

1931 19. Mai Stapellauf in Anwesenheit von Reichspräsident Generalfeldmarschall von Hindenburg.

1932 Dezember erste Standproben.

1933 Januar erste Fahrversuche, am 19. Januar erste Werftprobefahrt, am 8. Februar die zweite. Am 27. Februar Auslaufen aus Kiel nach Cuxhaven, ab dort Abnahmefahrt in See und Einlaufen in die Marinewerft Wilhelmshaven zur Endausrüstung. 1. April Indienststellung mit Besatzung des Leichten Kreuzers EMDEN (474 Mann) plus 85 Mann Erststamm der Probe- und Überführungsfahrt. Mai Jungfernfahrt nach Seeklarbesichtigung auf Wilhelmshaven-Reede via Skagen nach Kiel. Während der Fahrt Einzelausbildung. Am 22. Mai während Kieler Flottenschau Hitler an Bord, dann Auslaufen aus Kiel mit Kurs auf Norwegen, weiter über Island und Faröer-Inseln zur Dauerhöchstfahrt. Am 31. Mai Skagerrakgedenken in See an der Untergangsstelle des Kreuzers WIESBADEN. Am 1. Juni Einlaufen in Wilhelmshaven. Am 5. Juni Auslaufen aus der Ostsee: Meilenfahrt vor Pillau (28,2 kn), im Anschluß Ausbildung und Schießen, dabei Besuche von Ostseehäfen. 31. Dezember Abschluß der Erprobungen.

1934 Ab Januar Ausbildung, im April Hitler eingeschifft, Fahrt nach Norwegen, im Anschluß Besuch von Hamburg, am 31. Mai dort Skagerrakparade, dann Flottenmanöver. Vom 9. bis 23. Juni Atlantikreise mit Leichtem Kreuzer KÖLN: Schießen, nachfolgend weitere Auslandsbesuche in Göteborg und Leith/

Schottland. Vom 13. Dezember bis 21. Februar 1935 Werftliegezeit in Wilhelmshaven.

1935 14. März Auslaufen aus Wilhelmshaven nach Südamerika: Motorenerprobung bei Dauerfahrt, Rückkehr Wilhelmshaven am 19. April nach 12.286 sm und 32 Seetagen ohne Störungen. Im Sommer bei Deutsche Werke, Kiel, zum Einbau des Katapults, dann Seeausbildung mit Bordflugzeugen. August Flottenschießen mit Hitler, Göring und Gefolge an Bord. Am 19. Oktober mit dem Panzerschiff ADMIRAL SCHEER Atlantikreise, Treffen mit Leichtem Kreuzer EMDEN. Ab 9. November Werftliegezeit in Wilhelmshaven.

1936 29. bis 31. Mai in Kiel zur Einweihung des Ehrenmals Laboe, Flottenparade vor Hitler und dem Diplomatischen Korps. 6 bis 17. Juni Fahrt rund um Großbritannien, anschließend Besuch von Kopenhagen. Danach Schießabschnitt in Ostsee und Nordsee. Am 23. Juli Einlaufen in Wilhelmshaven, Ausrüstung für Spanieneinsatz: Auslaufen am 24. Juli mit ADMIRAL SCHEER. Einsatz rund um Spanien, am 31. August zurück in Wilhelmshaven. Vom 1. Oktober bis 21. November erneut im Spanieneinsatz.

1937 31. Januar Auslaufen von Kiel nach Spanien, zurück in Wilhelmshaven am 24. März. Werftliegezeit, dabei Abbau Scheinwerfermasten, Aufbau eines Scheinwerferpodestes am Schornstein, Änderung des Schornsteins: Antennenausleger, neuer Flugzeugkran, an Steuerbord Aufstellung eines Bordkrans als Ersatz für Ladebaum. 10. Mai Auslaufen nach Spanien ins Mittelmeer, dort gemeinsame Übungen mit Briten und Italienern, zeitweilig auch ein U.S.-Kreuzer dabei. 29. Mai auf der Reede von Ibiza Angriff rotspanischer Flugzeuge, zahlreiche Schäden, abends Anker auf und Treffen mit ADMIRAL SCHEER. Am 30. Mai Einlaufen Gibraltar, Abgabe von 20 Schwerverwundeten und 34 weiterer Verletzter. Am 31. Mai werden die 23 Gefallenen in Gibraltar von Bord gegeben und dort am 1. Juni im großen (britischen) Rahmen beigesetzt. Aufgrund einer Weisung Hitlers werden die Beigesetzten in der Nacht zum 12. Juni an Bord zurückgebracht, um in die Heimat überführt zu werden. Am 16. Juni Einlaufen in Wilhelmshaven, 17. Juni dort großer Staatsakt zur Beisetzung der Toten. Bis Juli Reparatur in Wilhelmshaven, dann Schießen und Übungen. 5. Oktober Auslaufen aus Wilhelmshaven nach Spanien, dabei im November Besuch in Italien. Rückkehr nach Deutschland am 11. Februar 1938.

1938 Vom 24. Juli bis 15. August erneuter Spanieneinsatz. Ab 20. September Atlantikreise, dabei Erprobung des seit Herbst 1937 am Vormars montierten FuMB-Gerätes. Im Oktober Übungen mit Unterseebooten im Atlantik, während dieser Zeit Besuche zahlreicher ausländischer Häfen in diesem Bereich. 20. Oktober Einlaufen in Wilhelmshaven, im Anschluß Verwendung in der Ostsee, dort u. a. als Zielschiff für Torpedoschule fahrend.

1939 6. Februar Auslaufen nach Spanien und in den Atlantik zum Schießen bis 26. Februar. Am 23. März Teilnahme an der Eingliederung des Memellandes.
17. April erneute Reise in den Atlantik zur Gefechtsausbildung; Verbandsübungen mit Troßschiffen, Einlaufen in das Mittelmeer, Teilnahme am großen FdU-Manöver, am 16. Mai nach Wilhelmshaven zurückgekehrt. Im Juni Flottenmanöver; danach Motorenüberholung in Wilhelmshaven. 24. August Auslaufen aus Wilhelmshaven auf Warteposition im Gebiet von Island/Nordmeer/Nordatlantik, dabei mehrfache Versorgung aus Troßschiff WESTERWALD. Erst mit dem 27. September Freigabe Handelskrieg. Am 25. Oktober erneute Versorgung aus WESTERWALD. Aufgrund eines Orkans und Störungen in der Maschinenanlage durch über die Lüfter eingedrungenes Wasser sowie Rissen in den Aufbauten Rückmarsch aus dem Atlantik/Höhe Bermudas in die Heimat. Am 16. November Einlaufen in Gotenhafen. Am 15. November auf Drängen Hitlers Umbenennung in LÜTZOW. Am 21. November Rückmarsch nach Wilhelmshaven, am 30. November in Gotenhafen eingetroffen. Ab 6. Dezember Werftliegezeit in Danziger Werft.

1940 Ab 15. Februar offiziell "Schwerer Kreuzer". Ab Mitte Februar Ausbildung, Schießen und Verbandsübungen bis April. Verlegung nach Wilhelmshaven, von dort Auslaufen am 6. April und via Kiel weiter nach Norwegen. Am 9. April bei Forcierung des Oslo-Fjordes Artillerietreffer erhalten (vier Tote an Bord). Auf Rückmarsch am 11. April U-Boot-Torpedotreffer im Achterschiff erhalten, dadurch 15 Tote an Bord, im Schlepp nach Kiel, 537 Mann Waffenpersonal werden zuvor ausgeschifft und mit der RUGARD weiterbefördert. Am 8. August Außerdienststellung.

1941 31. März Indienststellung, danach Ausbildung und Erprobungen. Am 12. Juni Auslaufen aus Kiel; beim Versuch, in den Atlantik durchzubrechen, Lufttorpedotreffer erhalten, Rückkehr nach Kiel in Deutsche Werke, Reparatur bis Jahresende.

1942 18. Januar Auslaufen aus Kiel nach Gotenhafen, Ausbildung, Schießen, Übungen in der Ostsee, im April Einbau eines FuMB-Gerätes. Am 21. April Besuch des OBdM, Großadmiral Raeder, ab 10. Mai wieder einsatzbereit. In der Zeit vom 16. bis 26. Mai etappenweise Verlegung nach Norwegen, dort verschiedene Ankerplätze: Kristiansand/Kvarenesfjord, Bergen/Grimstadfjord, Trondheim/Lofjord, Narvik/Bogenbucht. Am 2. Juli Ansatz gegen den Geleitzug PQ 17, aber vorzeitiger Abbruch wegen Grundberührung. Rückmarsch nach Trondheim zur vorläufigen Reparatur. Im August Rückkehr in die Ostsee, dann in Deutsche Werke Kiel zur endgültigen Reparatur. Anschließend Ausbildung in der Ostsee. Am 8. Dezember von Gotenhafen nach Norwegen verlegt, am 13. Ankern in der Bogenbucht bei Narvik. Später Verlegung in Altafjord/Kaafjord. Am 31. Dezember Geleitzuggefecht, abgebrochen wegen der dabei auf dem Schweren Kreuzer ADMIRAL HIPPER entstandenen Gefechtsschäden.

1943 1. Januar Ankern im Kaafjord; später Ausbildung und Verbandsübungen bis hinauf zur Barentsee. Wegen häufiger Ausfälle in der E-Anlage volle Gefechtsbereitschaft nicht möglich (Anlage erst im August wieder klar). Am 23. September Rückmarsch in die Heimat zur Werftliegezeit in Libau.

1944 Am 5. März Auslaufen aus Libau zu Erprobungen; erstmals ab 11. März Kadetten an Bord. Ausbildung in der Ostsee und Verbandsübungen. Ab 9. August in Gotenhafen Umarmierung: die 3,7-cm-Flak wird durch 4-cm-Bofors ersetzt, Aufstellung vermehrter 2-cm-Flak. Ab Ende September Einsatz im Ostseebereich bei Landzielbeschuß zur Unterstützung des Heeres.

1945 Am 6. März Verlegung nach Swinemünde, von dort nochmals zur Landzielbeschießung im Danziger Raum. Ab 9. April wieder in Swinemünde. Am 16. April durch schwere Bomben auf Grund gesetzt, am 3./4. Mai vom Restbordkommando endgültig gesprengt.

Panzerschiff/Schwerer Kreuzer ADMIRAL SCHEER

1931 25. Juni Kiellegung bei Marinewerft Wilhelmshaven (Bau-Nr. 123).

1933 1. April Stapellauf.

1934 12. November Indienststellung mit Besatzung des gleichzeitig außer Dienst stellenden alten Linienschiffes HESSEN.

1935 18. April: Mit Seeklarbesichtigung Abschluß der Ausbildung und Erprobung. Oktober bis November Atlantikerprobungen.

1936 Mai Teilnahme Flottenparade zur Einweihung des Marineehrenmals Laboe, im Juni Fahrt um Großbritannien zusammen mit der DEUTSCHLAND, dann Besuch in Stockholm. Am 24. Juli zusammen mit der DEUTSCHLAND nach Spanien, im August in die Heimat zurück, Flottendienst. Vom 2. Oktober bis 3. Dezember erneuter Spanieneinsatz.

1937 Vom 15. März bis 7. April, 9. Mai bis 1. Juli und 30. Juli bis 11. Oktober weitere Spanieneinsätze, dann Flottendienst.

1938 Vom 19. März bis 29. Juni nochmaliger Spanieneinsatz, am 22. August Teilnahme an Flottenparade in Kieler Bucht.

1939 Februar Aufenthalt in Hamburg anläßlich des Stapellaufs des Schlachtschiffes BISMARCK, im März Teilnahme an Wiedereingliederung des Memelgebietes und von April bis Mai Atlantikeinsatz. Am 4. September auf Wilhelmshaven-Reede Ziel britischer Bomber, nach Verlegung in die Ostsee Ausbildung.

1940 Ab 1. Februar Umbau bei Kriegsmarinewerft Wilhelmshaven, zugleich Umbenennung in Schwerer Kreuzer. 31. Juli Auslaufen aus Wilhelmshaven nach Gotenhafen, Übungen mit Troßschiff NORDMARK. 23. Oktober Auslaufen aus Gotenhafen, via Brunsbüttel/Nordsee am 28. Oktober Durchbruch in den Atlantik, Handelskriegführung (Erfolg: 17 Schiffe mit 113.233 BRT versenkt bzw. aufgebracht).

1941 1. April Einlaufen in Kiel, Werftliegezeit bis 1. Juli, danach Ausbildung, Erprobungen. Am 4. September Verlegung nach Oslo, ab 23. September jedoch zurück und der "Baltenflotte" zugeteilt. Anschließend Werftliegezeit in Hamburg bei Blohm & Voß, dann zurück in die Ostsee.

1942 20. Februar Verlegungsmarsch mit PRINZ EUGEN nach Norwegen, verschiedene Liegeplätze: Grimstadfjord/Lofjord/Bogenbucht und Kaafjord. 16. bis 30. August Unternehmen 'Wunderland' in die Kara-See, im November Rückverlegung in die Heimat, im Dezember Werftaufenthalt in Wilhelmshaven, dann Verlegung in die Ostsee, anschließend Verwendung als Ausbildungsschiff.

1943 Einsatz im Verband der Ausbildungsschiffe.

1944 Ab Oktober Landzielbeschießungen im Ostseebereich.

1945 März Verlegung nach Kiel zu Deutsche Werke, dort in der Nacht zum 10. April Bombentreffer erhalten und gekentert.

Panzerschiff ADMIRAL GRAF SPEE

1932 23. August Erteilung Bauauftrag an Marinewerft Wilhelmshaven. 1. Oktober Kiellegung (Bau-Nr. 124).

1934 30. Juni Stapellauf.

1936 6. Januar Indienststellung, Probefahrten, Meilenfahrten, Ausbildung, Schießen. Am 9. Mai bei Flotte. 29. Mai Teilnahme an Flottenparade in Kiel anläßlich der Einweihung des Marineehrenmals Laboe. Im Juni Atlantikerprobungen. Anschließend Ablösung der DEUTSCHLAND und ADMIRAL SCHEER in Spanien, Auslaufen aus Wilhelmshaven am 20. August, Rückkehr am 9. Oktober. Am 13. Dezember erneuter Spanieneinsatz.

1937 14. Februar Rückkehr aus Spanien; vom 2. März bis 6. Mai erneut in Spanien. 15. bis 22. Mai Teilnahme an der internationalen Flottenparade auf Spithead-Reede aus Anlaß der Krönung von George V. zum britischen König. 23. Juni bis 7. August wieder Spanieneinsatz. Herbst Teilnahme an den Flottenmanövern, dabei Besuche von Häfen in Schweden und Norwegen.

1938 7. bis 18. Februar nochmaliger Spanieneinsatz; Juni/Juli Ausbildungsreise in norwegische Gewässer, im August Teilnahme an Flottenparade in Kieler Bucht, danach Werftliegezeit. Im Oktober/November Atlantikeinsatz.

1939 Ab 1. Januar Wilhelmshaven als neuer Heimathafen. 22. bis 24. März Teilnahme an der Wiedereingliederung des Memelgebietes. April/Mai Atlantikübungen mit Ubooten, dabei Besuch ausländischer Häfen. Ende Mai Teilnahme am Empfang der "Legion Condor" bei Rückkehr aus Spanien in Hamburg. 21. August Auslaufen aus Wilhelmshaven auf Warteposition im Südatlantik. Am 26. September Freigabe Handelskrieg (Erfolg: 9 Schiffe mit 50.089 BRT versenkt). Am 13. Dezember Kreuzergefecht in der La Plata-Mündung. Am 17. Dezember durch Eigensprengung selbstzerstört.

Schwerer Kreuzer ADMIRAL HIPPER

1934 30. Oktober Erteilung Bauauftrag bei Blohm & Voß, Hamburg.

1935 6. Juli Kiellegung (Bau-Nr. 501).

1937 6. Februar Stapellauf.

1939 März Probefahrten, April Abnahmefahrt, 29. April Indienststellung. Ab Juni Ausbildung und Erprobungen, Schießen, ab Ende August Wachaufgaben Ostsee und dann wieder Erprobungen, Ausbildung, schließlich Kaliberschießen auf Zielschiff HESSEN. Ab November Restarbeiten bei Bauwerft.

1940 Januar Verlegung in die Ostsee, weitere Erprobungen und Ausbildung, durch Eislage starke Behinderungen, ab Mitte Januar Wilhelmshaven. 18. Februar Teilnahme an erfolglosem Flottenvorstoß nach Norden. März Verlegung nach Cuxhaven, Vorbereitung für Norwegenunternehmung: 6. April Auslaufen, am 8. April Versenkung des britischen Zerstörers GLOWWORM, dabei selbst beschädigt. Am 9. April Besetzung Trondheim, am 12. April wieder in Wilhelmshaven: Docken und Reparatur. 4. Juni Auslaufen Kiel für Flottenvorstoß, dabei Versenkung des Trawlers JUNIPER und des Transporters ORAMA, am 9. Juni Einlaufen in Trondheim. Am 20. Juni weiterer Flottenvorstoß mit GNEISENAU, aber vorzeitige Rückkehr wegen torpedierter GNEISENAU. Am 25. Juli Auslaufen zum Handelskrieg im Nordmeer, am 8. August Rückmarsch nach Wilhelmshaven in die Werft. 24. September Ausbruchsversuch in den Atlantik abgebrochen. Werftliegezeit Hamburg, dann Ausbildung in Ostsee, im November in Kiel, dann via Nordostseekanal in die Nordsee, am 6. Dezember Durchbruch in den Atlantik: Handelskrieg, am 27. Dezember Einlaufen in Brest.

1941 1. Februar Auslaufen zum Handelskrieg, 12. Februar Angriff auf einen Geleitzug, am 14. Februar Einlaufen in Brest. Am 15. März Auslaufen und Durchbruch in die Heimat, Rückkehr nach Kiel am 28. März. Bis Dezember Werftzeit, danach Erprobungen und Ausbildung Ostsee.

1942 Januar und Februar weitere Ausbildung und Werftzeit, am 19. März Verlegung nach Trondheim, dort bis 13. Juni im Lofjord liegend, dann Verlegung nach Narvik/Bogenbucht. Geplanter Flottenvorstoß im Juli aufgegeben, desgleichen ein im September geplanter Einsatz. Bis Mitte September weiterhin in Bogenbucht, dort Ausbildung und Übungen, dann Verlegung in den Altafjord bzw. Kaafjord. Jedoch kein Einsatz gegen Geleitzüge, dafür Minenunternehmung gegen Nordwestküste von Novaya Semlya. Bis Dezember außer wiederholtem Wechseln der Liegeplätze in den einzelnen Fjorden und damit verbundenen Übungen keine weiteren Einsätze. Am 30. Dezember (bis 1. Januar 1943) zusammen mit LÜTZOW Unternehmen 'Regenbogen', dabei im Gefecht beschädigt. Operation wird Fehlschlag.

1943 Wieder Altafjord, im Februar Rückmarsch in die Heimat, 7. Februar in Kiel eingelaufen, am 11. Februar Verlegung nach Wilhelmshaven zu der durch Hitler befohlenen, am 28. Februar vollzogenen Außerdienststellung. Am 1. März Übergabe an die Kriegsmarinewerft, im April wegen Luftgefahr nach Pillau geschleppt.

1944 Im März Wiederindienststellung, von April bis August Erprobungen in der Ostsee, ab September eingeschränkt einsatzbereit, als Kadettenausbildungsschiff verwendet.

1945 Teile der Besatzung werden im Panzergrabenbau im Raum Danzig/Gotenhafen eingesetzt. Am 30. Januar mit Flüchtlingen an Bord Verlegung nach Kiel, dort ab 1. Februar bei Deutsche Werke. Am 3. April im Dock liegend schwere Bombenschäden, sechs Tote, am 9. April weitere drei Volltreffer. Anfang Mai durch Eigensprengung weitere Zerstörung, im Juli in die Heikendorfer Bucht geschleppt, dort ab 1948 abgebrochen.

Schwerer Kreuzer BLÜCHER

1934 30. Oktober Erteilung Bauauftrag an Deutsche Werke, Kiel.

1935 15. August Kiellegung (Bau-Nr. 246).

1937 8. Juni Stapellauf.

1939 20. September Indienststellung, Erprobungen und Ausbildung in der Ostsee.

1940 Obwohl noch nicht voll kriegsbereit (weil Ausbildung wegen durch Eislage bedingter Unterbrechungen nicht abgeschlossen) im April Teilnahme am Norwegenunternehmen, dazu Anfang April von Kiel nach Swinemünde verlegt. Am 9. April im Oslofjord durch norwegische Küstenbatterien versenkt.

Schwerer Kreuzer PRINZ EUGEN

1935 16. November Bauauftrag an Germaniawerft, Kiel.

1936 23. April Kiellegung (Bau-Nr. 564).

1938 22. August Stapellauf in Anwesenheit Hitlers und des ungarischen Reichsverwesers, Admiral von Horthy.

1940 1. August Indienststellung, bis Ende August Einzelausbildung, Erprobungen, Endausrüstung. Anfang September Erprobung der Bordflugzeuge, dann weitere Erprobungen in der Ostsee, dabei abwechselnd als Zielschiff fahrend und Schießen. Dezember Restarbeiten in der Bauwerft, am 18. Dezember Ende der Erprobungen.

1941 Januar bis April Gefechtsausbildung und Schießen auf Zielschiff HESSEN. Im April nochmals Restarbeiten bei der Bauwerft, dann Marsch nach Gotenhafen, dabei erstmals Höchstfahrt (32,837 kn) gelaufen. Ab 17. April erste

Verbandsübungen mit der BISMARCK. Am 23. April Marsch nach Kiel. Trotz Sperrbrechergeleit in der Kieler Bucht Minennahtreffer, Eindocken in Werft. 11. Mai Marsch nach Gotenhafen, am 18. Mai Flottenchef, Admiral Lütjens, an Bord, anschließend Verlegen auf Reede und abends mit BISMARCK Marsch nach Westen. Am 21. Mai Ankern im Korsfjord/Kalvenesbucht, Brennstoffergänzung aus Tanker WOLLIN, abends Auslaufen und Treffen mit BISMARCK. Am 24. Mai Durchbruch in den Atlantik, nach Gefecht mit der HOOD und deren Versenkung abends detachiert zum Handelskrieg. Aufgrund vieler Maschinenstörungen am 1. Juni vorzeitiges Einlaufen Brest. In Brest laufende Fliegerangriffe, dabei am 2. Juli schwere Bombentreffer erhalten (60 Tote, 31 Schwerverletzte).

1942 11. Februar Kanaldurchbruch gemeinsam mit GNEISENAU und SCHARNHORST, am 13. Februar Ankern in Brunsbüttel. Am 15. Besichtigung durch Admiral Schniewind. Am 20. Februar Marsch nach Norwegen mit Schwerem Kreuzer ADMIRAL SCHEER, dabei am 23. in Höhe von Trondheim U-Boot-Torpedotreffer Achterschiff erhalten. Einlaufen in Trondheim-Reede/Lofjord Ab 25. Februar Notreparatur mit Hilfe des Werkstattschiffes HUASCARAN, mit Notrudereinrichtung am 16. Mai Marsch nach Kiel, dort ab 22. Mai Anbau neues Heck bei Deutsche Werke, Kiel. Am 27. Oktober Auslaufen Kiel nach Gotenhafen. Bis November Erprobungen, dann Schießen und ab Mitte November gemeinsame Übungen mit LÜTZOW.

1943 Ab 6. Januar wieder einsatzbereit. Ein erneuter Marsch nach Norwegen wird am 9. Januar abgebrochen, ein zweiter am 23. Januar ebenfalls. Das Schiff bleibt in der Ostsee, stationiert in Gotenhafen; Einsatz als Ausbildungsschiff. Ab 1. Oktober wieder aktiver Fronteinsatz, allerdings mit einer zusätzlich aus Kadetten bestehenden Besatzung.

1944 Im Juni Aufenthalt in finnischen Gewässern, im August Landzielschießen vor der Kurlandfront, im September Finnlandeinsatz ('Tanne-Ost') und 'Befreiung' deutscher Schiffe in der Aaland-See. Im Oktober Landzielschießen im Raum Memel, dabei am 15. Kollision mit Kreuzer LEIPZIG durch Rammen. Eindocken in Gotenhafen und Anbau eines neuen Bugs. Im November erneuter Landzielbeschuß vor Sworbe und ab Ende Dezember auf Ziele im Raum Königsberg und Samland.

1945 Januar Landzielbeschuß im Raum Königsberg und Samland, im März und April im Raum Danzig, Gotenhafen und Hela. Am 10. April Marsch nach Kopenhagen. 7. Mai Außerdienststellung, aber am 24. bzw. 25. Mai Verlegungsmarsch mit NÜRNBERG nach Wilhelmshaven, dort am 26. Mai eingeschleust. Am 14. Dezember Überführung nach Bremerhaven.

1946 Ab 5. Januar unter amerikanischer Flagge. Unter Beibehaltung des Namens führt das Schiff ab jetzt die Kennung USS IX 300. 13. Januar Marsch in die USA, dort zahlreiche Erprobungen. 1. Mai Aussteigen der deutschen Restbesatzung (134 Mann). Am 10. Mai Marsch nach Honolulu, von dort mit Schlepperhilfe ins Bikini-Atoll verbracht, als Atombombenziel für Versuche am 1. Juli und 25. Juli verwendet, dabei keine wesentlichen Schäden erhlitten. Strahlenverseucht ins Kwajalein-Atoll geschleppt, dort ab 16. Dezember langsam zunehmende Schlagseite aufgrund undicht werdender Verschlüsse. Am 22. Dezember nach Steuerbord auf 156° gekentert.

Schwerer Kreuzer SEYDLITZ

1936 29. Dezember Kiellegung bei Deschimag, Bremen (Bau-Nr. 940).

1939 19. Januar Stapellauf, Auflieger in der Werft, da weitere Verwendung zunächst noch unklar.

1942 26. August Umbau zum Flugzeugträger befohlen, Arbeiten wegen angespannter Kriegslage jedoch nur schleppend vorankommend.

1943 Januar, Baustopp, anschließend Verlegung im Schlepp nach Königsberg.

1945 10. April in Königsberg durch Sprengladungen auf Grund gesetzt.

Schwerer Kreuzer LÜTZOW (I)

1937 Kiellegung bei der Deschimag, Bremen (Bau-Nr. 941).

1939 1. Juli Stapellauf, Auflieger und Verkauf an die UdSSR.

1940 15. April im Schlepp nach Leningrad gebracht, dort in PETROPAVLOVSK umgetauft und Weiterbau begonnen, aber nie zu Ende gebracht.

Leichter Kreuzer EMDEN

1921 8. Dezember Kiellegung bei Marinewerft Wilhelmshaven (Bau-Nr. 100).

1925 7. Januar Stapellauf.
15. Oktober Indienststellung, danach Erprobungen, Einzelausbildung, Schießen, Seeklarbesichtigung, Restarbeiten.

1926 Erprobungen, Meilenfahrten, Gefechtsausbildung, Schießen in Nord- und Ostsee. Weitere Restarbeiten (wie im Mai Änderung Gefechtsmast und Schornsteine), Gefechtsbesichtigung, Kaliberschießen, im September Manöverteilnahme. 11. November Auslaufen Wilhelmshaven zur ersten Auslandsreise (zunächst Umrundung Afrikas mit Anlaufen zahlreicher Häfen).

1927 Auf der Weiterreise Kurs auf Japan (dabei Besuch der Untergangsstelle des Kleinen Kreuzers EMDEN bei den Cocos-Inseln) und weiter nach Indonesien und USA, dann Südamerika mit Besuchen in Chile und Brasilien, dort am 24. Dezember eingetroffen.

1928 Auf Weiterreise Besuche in Westindien, über den Atlantik zurück in die Heimat (Einlaufen Wilhelmshaven am 14. März). Zur Prüfung der Seekadetten Verlegung nach Flensburg, und von April bis Juni Werftzeit in Wilhelmshaven. Dann Verwendung in der Flotte als Zielschiff für Torpedoschule und Schiffsartillerieschule für Schießausbildung. Daneben Ausbildung, Erprobungen, Meilenfahrten, Kaliberschießen. Im August in Bremen wegen Stapellauf des Schnelldampfers BREMEN, im Anschluß wieder Verwendung für verschiedene Aufgaben der Flotte, im Herbst Manöverteilnahme.

1928/29 Am 5. Dezember Auslaufen Wilhelmshaven zur 2. Auslandsreise: Mittelmeer – Suez-Kanal – Ostafrika – Seychellen – Indonesien – Neuseeland – Samoa – Hawaii – USA – Mittelamerika – Spanien.

1929 13. Dezember Einlaufen Wilhelmshaven, danach Werftliegezeit.

1930 Ab Januar wieder Ausbildung, und am 13. Januar Auslaufen zur 3. Auslandsreise nach Westindien, Besuche zahlreicher Inseln und Häfen, weiter nach den USA. Am 13. Mai wieder Einlaufen Wilhelmshaven. Bis Dezember Ausbildung, Fachschule für Stammbesatzung, dann Schießen, Einzelausbildung für neu eingeschiffte Kadetten. Am 1. Dezember Auslaufen Wilhelmshaven zur 4. Auslandsreise. Erstes Reiseziel: Mittelmeer.

1931 1. Januar vor Anker Suda-Bucht, weiter nach Port Said – Suez-Kanal – Indischer Ozean – Hinterindien – Philippinen – China – Japan – Besuch Wrack EMDEN (I) – Indonesien – Südafrika – Westafrika – Spanien. Am 8. Dezember Einlaufen Wilhelmshaven.

1932 Ganzjährig Verwendung im Rahmen der Flotte: Übungen, Ausbildung, Schießen, auch als "Komparse" für Filmaufnahmen; Manöver, Erprobungen.

1933 20. Februar bis 16. März: 5. Auslandsreise nach Funchal und Las Palmas. 31. März Außerdienststellung und großer Umbau bei Marinewerft Wilhelmshaven.

1934 29. September Wiederindienststellung. Nach Erprobungen und Einzelausbildung am 10. November Auslaufen Wilhelmshaven zur 6. Auslandsreise. Am 21. Dezember Einlaufen Kapstadt.

1935 2. Januar Auslaufen Kapstadt, weiter nach Ostafrika – Seychellen – Ceylon – Indischer Ozean – Suez-Kanal – Spanien – Portugal. Am 14. Juni Einlaufen in Wilhelmshaven. Anschließend Ausbildung in Heimatgewässern: Ost- und Nordsee, Erprobungen und Besichtigungen. 23. Oktober Auslaufen aus Wilhelmshaven zur 7. Auslandsreise mit Ziel Mittelamerika, dann Panama-Kanal – Hawaii – Mexiko – Mittelamerika – Panama-Kanal – USA – Kanada.

1936 11. Juni Rückkehr nach Wilhelmshaven. Im Anschluß kurze Werftzeit in Wilhelmshaven und dann Einzelausbildung, Erprobungen und Ausrüstung für nächste Reise. 10. Oktober Auslaufen zur 8. Auslandsreise. Ziel ist Mittelmeer, weiter nach den Dardanellen, Besuch in Varna/Bulgarien (dabei König Boris an Bord), dann Istanbul, weiter Port Said – Suez-Kanal – Indischer Ozean – Singapur – Thailand – Japan – China – Indien – Suez-Kanal –

1937 Im April Teilnahme an den Kontrollfahrten um Spanien. 22. April Rückkehr nach Wilhelmshaven, anschließend Reise nach Flensburg (Ausschiffen der Kadetten und Prüfung), dann kurze Werftzeit in Wilhelmshaven. Danach Verwendung in der Flotte für verschiedene Aufgaben, außerdem Übungen und Ausbildung, Einsatz als Zielschiff. 11. Oktober Auslaufen Wilhelmshaven zur 9. Auslandsreise. Dabei zunächst Einsatz für Kontrollfahrten in spanischen Gewässern. Am 12. November Passage Suez-Kanal, dann Ceylon – Indonesien – China – zurück in das Rote Meer – Mittelmeer – Jugoslawien – Griechenland – Spanien.

1938 23. April Rückkehr nach Wilhelmshaven, anschließend kurze Werftzeit. Nach Ausbildung, Schießen und Meilenfahrt am 26. Juli Auslaufen Wilhelmshaven zur 10. Auslandsreise: Azoren – Bermudas, am 21. September Rückkehr nach Wilhelmshaven. 10. Oktober Auslaufen aus Wilhelmshaven zur 11. Auslandsreise, Ziel Mittelmeer. Hier Besuche in Konstanza, Varna und Istanbul (dort Teilnahme Beisetzung Atatürk), dann Griechenland und Spanien. Am 16. Dezember Rückkehr Wilhelmshaven.

1939 Verwendung als Zielschiff, Durchführung von Schießen, Einsatz im Rahmen der Flotte. 3. September Auslegen von Minensperren in der Nordsee bis Monatsende, dabei am 4. September in Wilhelmshaven durch abgeschossenes Flugzeug getroffen: 11 Tote und 18 Verwundete (die ersten Verluste der Kriegsmarine!). Ab 2. Dezember Werftliegezeit Wilhelmshaven.

1940 Ab 3. Januar Ausbildung, ab 6. April Teilnahme an Besetzung Norwegens, vorläufiges Verbleiben in Oslo als Funkverbindung nach Deutschland bis Ende Mai. Am 17. Mai Großadmiral Raeder an Bord. Im Juni wieder in der Ostsee, ab November Werftliegezeit in Wilhelmshaven.

1941 15. Februar Ende Werftliegezeit, ab Juni Verwendung in Norwegen: Oslo/Horten, im September Einsatz bei der 'Baltenflotte'. Ab November bei Ausbildungsverband der Flotte.

1942 Juni bis November Werftliegezeit in Wilhelmshaven, dabei Einweihung der neuen IV. Einfahrt am 7. November, danach zurück in die Ostsee.

1943 Einsatz als Ausbildungsschiff.

1944 Ab September Sonderaufgaben im Kattegat/Skagerrak: Minenoperationen und Geleitaufgaben, ab 23. Dezember Verlegung in die östliche Ostsee. Ab 25. Dezember Werftliegezeit bei Schichau-Werft, Königsberg: Generalüberholung.

1945 25. Januar im Schlepp nach Pillau (an Bord die Sarkophage des Generalfeldmarschalls von Hindenburg und seiner Gattin sowie zahlreiche Traditionsfahnen, diese in Pillau an die PRETORIA übergeben). Weiterfahrt nach Kiel in die Werft, dort am 6. Februar festgemacht. 13./14. April Luftangriff, dabei Treffer auf dem Schiff (das schon am 11. März durch Brandbomben getroffen worden war) sowie weitere am 3. und 10./11. April. 14. April Abschleppen in die Heikendorfer Bucht, dort auf Grund gesetzt. Außerdienststellung am 26. April. An Bord verbleiben nur die Seemännische Nr. 1 und 20 Mann seemännisches Personal, die übrige Besatzung kam in den Landeinsatz. Am 3. Mai erfolgte die Sprengung.

Leichter Kreuzer KÖNIGSBERG

1926 12. April Kiellegung bei Marinewerft Wilhelmshaven (Bau-Nr. 108).

1927 26. März Stapellauf.

1929 17. April Indienststellung, anschließend Erprobungen in der Nordsee, dann Verlegung in die Ostsee, dort weitere Erprobungen, Ausbildung und Besichtigung. Im August Restarbeiten in Wilhelmshaven, im Oktober nach Spanien anläßlich der Weltausstellung in Barcelona. Am 17. Dezember Entlassung aus Probefahrtverhältnis.

1930 2. April bis 19. Juni: Erste Auslandsreise bis in das Mittelmeer mit Besuchen von Italien (Catania), Jugoslawien (Split), Spanien (Vigo, Almeria) und Portugal (Lissabon).

1931 Januar bis März bei Deutsche Werke Kiel, dann wieder Flottenverwendung. Im Mai in Kiel anläßlich des Stapellaufes des Panzerschiffes DEUTSCHLAND, anschließend Gefechtsübungen mit dem Reichspräsidenten von Hindenburg an Bord. Danach wieder Flottenverwendung mit "Bäderreise" in der Ostsee sowie Besuch Norwegens. Ab 28. Dezember Werftliegezeit.

1932 Ab Februar wieder Flotteneinsatz mit Schießen, Verbandsreisen und Besuch von Stockholm.

1933 Januar bis Dezember Flottenverwendung mit Verbandsreisen, Manöver, Schießen, Fachschule für Stammbesatzung, Besichtigung, Ausbildung.

1934 Januar/Februar Werftliegezeit, danach Probefahrten, Schießausbildung, Verbandsreisen mit Anlaufen zahlreicher Häfen, unter anderem Kristiansand, Portsmouth, Reval, außerdem zur Verfügung der Torpedoschule.

1935 Flottenverwendung, Verbandsübungen, Schießen, Besuch in Gdingen, Ausbildung, Manöver.

1936 Januar/Februar Werftliegezeit, ab 23. Februar zur Verfügung der Artillerieinspektion, im Juni Besuch von Helsinki, ab November Spanieneinsatz.

1937 15. Januar Rückkehr aus Spanien. Im Sommer Norwegenreise, dann bis Jahresende Verwendung als Schulkreuzer für Torpedoschule.

1938 Verwendung als Schulkreuzer, außerdem Verbandsübungen mit der Flotte und Ubooten (im Juni).

1939 Im Januar Besuch in Bremen anläßlich des Stapellaufs von SEYDLITZ, danach Werftliegezeit. Ab Februar Zielschiff für Torpedoschule, dann zur Verfügung der Schiffsartillerieschule. Im Mai Besuch in Finnland und Schweden. Ab Juni wieder Torpedoschule und Ubootschule. Mit Kriegsausbruch dem Verband der Aufklärungsstreitkräfte bzw. den Ostseestreitkräften zugeteilt, dann Verlegung Wilhelmshaven: Minenoperation 'Westwallsperre'. Ende September wieder Ostsee. Im November Verbandsübungen und zurück in die Nordsee/Wilhelmshaven.

1940 Am 7./8. April Auslaufen Wilhelmshaven nach Bergen: Norwegenunternehmen. Beim Einlaufen drei 21-cm-Treffer, in Bergen verblieben. Am 10. April durch Bombentreffer britischer Sturzbomber versenkt. 11 Tote.

1942 17. Juli gehoben, abgeschleppt und abgewrackt.

Leichter Kreuzer KARLSRUHE

1926 27. Juli Kiellegung bei Deutsche Werke, Kiel (Bau-Nr. 207).

1927 20. August Stapellauf.

1929 15. Oktober erste Probefahrt, am 27. Oktober unter Handelsflagge Verlegung von Kiel in Marinewerft Wilhelmshaven zur Endausrüstung, dabei Abnahme durch die Marine. 6. November Indienststellung.

1930 Januar bis März Erprobungen in der Ostsee, ab Mai Einsatz als Schulkreuzer. 24. Mai Auslaufen Wilhelmshaven zur 1. Auslandsreise: Mittelmeer – Suez-Kanal – Ostafrika – Kap der Guten Hoffnung – Westafrika – Südamerika – Spanien. Am 12. Dezember in Kiel zurück, Verlegung nach Wilhelmshaven.

1931 Bis November Flottenverwendung. Am 30. November Auslaufen Wilhelmshaven zur 2. Auslandsreise: Westindien – Mittelamerika – Panama-Kanal – Südamerika – Kap Hoorn – New York.

1932 8. Dezember Einlaufen Kiel; Verlegung nach Wilhelmshaven.

1933 Flottendienst. Am 14. Oktober Auslaufen Wilhelmshaven zur 3. Auslandsreise: Mittelmeer – Ostasien – Indien – Indonesien – Hawaii – USA – Panama-Kanal – USA.

1934 16. Juni Einlaufen Kiel von der Weltreise. Am 22. Oktober Auslaufen Kiel zur 4. Auslandsreise: Südamerika – Kap Hoorn – Süd-, Mittel- und Nordamerika – Kanada. In Peru/Callâo Teilnahme an 400-Jahresfeier, weiter vie Panama-Kanal nochmals USA und Spanien.

1935 15. Juni Rückkehr nach Kiel. Am 21. Oktober Auslaufen zur 5. Auslandsreise: Südafrika – Seychellen – Indonesien – China – Japan – USA. Dort in San Diego Werftüberholung wegen Sturmschäden.

1936 Rückkehr am 13. Juni. Damit Ende der Schulschiffzeit, ab 1. Juli wieder den Aufklärungsstreitkräften unterstellt. Flottenverwendung, ab 27. Dezember Auslaufen aus Kiel in den Atlantik: Tanger – spanische Gewässer – Portugal.

1937 Rückkehr von Atlantik- und Spanienreise am 22. Februar nach Kiel. Nach Werftliegezeit März/April bei Deutsche Werke Kiel wieder Flottendienst in Nord- und Ostsee. 17. Juni Auslaufen Kiel zum Spanieneinsatz, bereits am 30. Juni Rückkehr. Wieder Flottendienst.

1938 20. Mai Außerdienststellung in Wilhelmshaven zum Umbau in der dortigen Kriegsmarinewerft.

1939 13. November Indienststellung für Erprobungen.

1940 Teilnahme am Norwegenunternehmen, Besetzung Kristiansand. Am 9. April nach Auslaufen durch brit. Ubootorpedo schwer beschädigt. Weil Schiff nicht länger zu halten war, erhielt Torpedoboot GREIF den Befehl, es durch Torpedoschuß zu versenken.

Leichter Kreuzer KÖLN

1926 7. August Kiellegung bei Marinewerft Wilhelmshaven (Bau-Nr. 116).

1928 23. Mai Stapellauf.

1930 15. Januar Indienststellung, ab 4. Juli Beginn der Erprobungen, Einzelausbildung in der Ostsee, teilweise auch in der Nordsee. Am 14./15. Oktober der Oberbürgermeister der Patenstadt Köln, Dr. Adenauer, an Bord. 28. Oktober Auslaufen aus Wilhelmshaven zur Atlantikerprobung mit Artillerieversuchskommando, Treffen mit der KARLSRUHE. 5. Dezember Rückkehr nach Wilhelmshaven.

1931 Ausbildung und Erprobungen in der Ostsee: Schießen, ab März Flakerprobungen in der Deutschen Bucht, im April Torpedoschießen in Eckernförder Bucht. Im Mai anläßlich Stapellauf Panzerschiff DEUTSCHLAND in Kiel liegend. Im Juni Sommerreise nach Norwegen, dann Verbandsübungen Nordsee – Skagerrak – Ostsee. Bis Jahresende Gefechtsausbildung, Schießen und Sonderaufgaben für die Flotte.

1932 7. Januar Auslaufen Atlantik für Erprobungen Artillerieversuchskommando bis 29. Januar, dann wieder Heimatdienst mit Fachschule für Stammbesatzung, Schießen, Ausbildung, Besichtigung. Laufender Wechsel zwischen Ost- und Nordsee. Im Herbst stattete Hitler als Führer der NSDAP dem Kreuzer in Wilhelmshaven einen Besuch ab. Am 8. Dezember Auslaufen zur 1. Auslandsreise als Schulkreuzer: Mittelmeer – Alexandria – Suez-Kanal – Indien – Indonesien – Australien – Pazifik – Japan – Tsingtau – China – Indonesien – Ceylon – Suez-Kanal – Griechenland – Italien – Spanien.

1933 12. Dezember Einlaufen Wilhelmshaven, dabei Empfang durch den nunmehrigen Reichskanzler Adolf Hitler.

1934 Flottendienst. Am 9. Juni Auslaufen aus Wilhelmshaven zur Atlantikerprobung mit Panzerschiff DEUTSCHLAND. Rückkehr am 28. Juni nach Wilhelmshaven. Verlegung nach Kiel, Flottendienst, dabei Anlaufen verschiedener Häfen an der Ostseeküste. Am 28. August erhält der 15-cm-Turm A die Bezeichnung 'Helgoland'. November bis Dezember Werftzeit in Wilhelmshaven.

1935 Flottendienst in Ost- und Nordsee, Teilnahme an der Marine-Volkswoche in Kiel im Juni.

1936 Flottendienst in Nord- und Ostsee, im Februar Einsatz im Fischereischutzdienst. Am 15. April Auslaufen nach Portugal und in den Atlantik bis Mitte Mai. Im Juni Teilnahme an den Einweihungsfeierlichkeiten für das Marineehrenmal Laboe mit Flottenparade, dann wieder Flottendienst mit "Bäderreise". 27. Juli Auslaufen Wilhelmshaven zum Spanieneinsatz bis 26. August. Vom 5. Oktober bis Dezember erneuter Spanieneinsatz.

1937 5. Januar Auslaufen Kiel nach Spanien, Rückkehr am 15. März nach Kiel. Bis 12. Mai Deutsche Werke, Kiel, und am 7. Juni erneutes Auslaufen zum Spanieneinsatz. Rückkehr von Spanien am 29. Juni. Kurzer Flottendienst, und vom 30. Juli bis 8. Oktober erneuter Spanieneinsatz. Danach bis Jahresende in der Heimat verblieben.

1938 Januar/Februar bei Deutsche Werke Kiel; Flottendienst in Ostsee und Nordsee, ferner Ausbildung, Schießen, Minenwurfübungen, Gefechtsübungen. Im August Teilnahme an der Flottenparade anläßlich des Stapellaufs von PRINZ EUGEN. Ab 31. Oktober Werftliegezeit bei Deutsche Werke Kiel.

1939 März Teilnahme an der Eingliederung des Memelgebietes, dann Flottendienst: Ausbildung, Schießen. Vom 13. April bis 16. Mai Atlantikübungen. Bei Kriegsausbruch in Kiel, Auslaufen dort am 1. September nach Wilhelmshaven; Minenoperationen in der Nordsee (Westwallsperren). Ab 10. Oktober wieder in Kiel, Handelskriegführung im Skagerrak. Am 12. Dezember mit NÜRNBERG und LEIPZIG in der westlichen Nordsee in Auffangstellung für rückkehrende Zerstörer.

1940 8. April Auslaufen Wilhelmshaven zur Norwegenunternehmung: Besetzung von Bergen. Am 11. April unbeschädigt nach Wilhelmshaven zurückgekehrt.

1941 Im Herbst der Baltenflotte zugeteilt. Teils noch 1941, teils schon 1942. Versuche mit Bordhubschrauber FL 282 "Kolibri" in der Ostsee.

1942 Februar bis Mai Werftliegezeit in Wilhelmshaven, anschließend Verlegung nach Norwegen. Über Oslo nach Narvik, dort eingetroffen am 6. August als Ablösung für Schweren Kreuzer LÜTZOW. 10. September Verlegung in den Altafjord.

1943 Februar mit ADMIRAL HIPPER Rückmarsch nach Kiel. Dort gemäß Führerbefehl am 17. Februar Außerdienststellung.

1944 Januar Aufstellung eines Besatzungsstammes, Verlegung des Kreuzers im Schlepp nach Königsberg. 1. April Indienststellung, da jedoch noch Werftliegezeit in Königsberg, erst ab 1. Juli Verwendung als Schulschiff für See- und Ingenieur-Kadetten. Im Oktober in Swinemünde Übernahme von Minen und Marsch nach Norwegen. Wegen der starken Luftbedrohung jedoch kein Einsatz. Nach Luftangriffen auf den Kreuzer im Raum Oslo zurückverlegt zur Generalüberholung in die Heimat.

1945 9. Januar Verlegungsmarsch via Kiel nach Wilhelmshaven, dort ab 14. Januar in die Werft. Bei Luftangriff am 30. März versenkt, auf Grund liegend bleiben die 15-cm-Türme klar, werden provisorisch mit Strom versorgt und schießen kurz vor der Kapitulation noch auf Panzeransammlungen im Raum Varel. Die offizielle Außerdienststellung erfolgte am 5. April. Die an Bord bleibenden Turmbesatzungen wurden dem Festungskommandanten unterstellt.

Leichter Kreuzer LEIPZIG

1928 18. April Kiellegung bei Marinewerft Wilhelmshaven (Bau-Nr. 117).

1929 18. Oktober Stapellauf.

1931 8. Oktober Indienststellung, im Anschluß Erprobungen, Ausbildung in der Deutschen Bucht, ab November Verlegungsmarsch in die Ostsee für weitere Erprobungen, Schießen, Meilenfahrt. Ab 18. Dezember Restarbeiten in Wilhelmshaven.

1932 12. Februar Verlegung in die Ostsee, Fortsetzung der Erprobungen und Ausbildung (Schwerpunkt: Motorenerprobungen), ab Herbst Flotte und Teilnahme an Verbandsübungen sowie Fortsetzung Erprobungen für Artillerieversuchskommando, Torpedoversuchskommando.

1933 Weitere Erprobungen und Einzelausbildung. 21. Februar Auslaufen aus Wilhelmshaven in den Atlantik zur Artillerieerprobung durch Artillerieversuchskommando und Torpedoschießen. Im März zurück in Wilhelmshaven und Werftliegezeit. Neben weiteren Erprobungen und Teilnahme am Stapellauf des Panzerschiffes ADMIRAL SCHEER auch Verbandsübungen in Nord- und Ostsee. 22. Mai Einschiffen Hitlers, Görings und Chef Marineleitung, Reichswehrminister und Flottenchef sowie Goebbels zur Teilnahme an Nachtkaliberschießen und Flakschießen. Im Juli Besuch des dänischen Königs an Bord auf Aarhus-Reede. Flottendienst mit Gefechtsausbildung und Verbandsübungen sowie Flottenmanöver. Ab November Werftliegezeit in Wilhelmshaven.

1934 Flottendienst mit Übungen, Gefechtsausbildung, Schießen und Besichtigungen. 9. Juli Auslaufen Wilhelmshaven mit KÖNIGSBERG: Besuch in Portsmouth, dann Ausbildung im Atlantik – Irische See – Hebriden und Nordsee. Flottendienst mit unterschiedlicher Verwendung bis Jahresende.

1935 Januar/Februar in Wilhelmshaven: Fachschule Stammbesatzung. Anschließend Flottenverwendung in der Ostsee, Schießen, Übungen, Erprobungen. Im Juni Teilnahme an der Marine-Volkswoche in Kiel. Bis Jahresende weiter Flottendienst wie zuvor.

1936 Ausbildung und Fahrübungen in der Deutschen Bucht, EMeß- und Ortungsübungen mit KÖLN, weitere Verwendung im Ostseebereich für Flotte als Zielschiff beim Torpedoschießen. Am 1. Februar erstmals Erprobungen mit der neu eingebauten Flugzeugschleuder. 15. April Auslaufen aus Wilhelmshaven mit NÜRNBERG und KÖLN zur Atlantikerprobung, Bordflugzeugerprobungen, EMeß-, Koppel- und Ortungsversuche. Ab 8. Mai wieder in Wilhelmshaven, anschließend Flottendienst in der Ostsee, am 29. Mai Teilnahme Flottenparade anläßlich der Einweihung des Marineehrenmals Laboe. 20. August Auslaufen zum Spanieneinsatz. Rückkehr nach Wilhelmshaven am 10. Oktober. Werftliegezeit.

1937 21./22. Januar Werftprobefahrt, weitere Erprobungen und Ausbildung in der Ostsee. Am 9. März Auslaufen aus Kiel zum Spanieneinsatz. Am 19. Mai Rückkehr nach Kiel. Bereits am 1. Juni erneut nach Spanien bis zum 29. Juni. Bis Jahresende wieder Flottendienst mit Übungen, Ausbildung, Schießen.

1938 Verwendung als Zielschiff und für Versuche der Nachrichten- und Sperrwaffenversuchskommandos. Minenwurfübungen, Schießen und Brennstoffergänzungsversuche mit dem Zerstörer Z 2/GEORG THIELE. Fahrübungen mit KARLSRUHE, Zielschiff für Uboote, Schleppversuche mit NÜRNBERG, Gefechtsausbildung. März bis Mai Werftzeit bei Deutsche Werke Kiel. Am 22. August Teilnahme an Flottenparade anläßlich Stapellauf von PRINZ EUGEN. Verbandsübungen mit ADMIRAL SCHEER. Am 8./9. Dezember in Kiel liegend anläßlich des Stapellaufes von GRAF ZEPPELIN. Ab 17. Dezember Werftliegezeit bei Deutsche Werke Kiel.

1939 Ende Werftliegezeit am 15. März, danach Flottendienst, am 17. April Auslaufen aus Kiel in den Atlantik: Flottenverbandsübungen bis 18. Mai. Wieder Flottendienst. Ab 24. August Seeüberwachung westliche und mittlere Ostsee. 2. September Marsch nach Wilhelmshaven. Minenübernahme und Minenoperationen in der Deutschen Bucht, Verlängerung der "Westwall"-Sperren, Ende September wieder zurück in die Ostsee, Fortsetzung des Flottendienstes: Schießen, Seeausbildung. November Gefechtsübungen, am 7. November Kollision mit Schulschiff BREMSE. Mitte November erneut in die Nordsee, Minenunternehmungen von Altenbruch-Reede aus. Dann Handelskrieg Skagerrak und Kattegat mit LÜTZOW. 10. Dezember Auslaufen Wilhelmshaven-Reede in die Nordsee, Aufnahme rückkehrender Zerstörer, dabei am 13. Torpedotreffer durch brit. Uboot. Im Schlepp zurück nach Hamburg zu Blohm & Voß, dort Notreparatur.

1940 Anfang Februar Verlegung nach Kiel in die Werft. 27. Februar Außerdienststellung. Erneute Indienststellung am 1. Dezember und zur Endausrüstung in die Danziger Werft. Ab Mitte Dezember Erprobungen, Ausbildung, dann Gotenhafen.

1941 Januar bis Juni Ausbildung, Erprobungen, Gefechtsausbildung, Schießen, Flottendienst. Am 11. Juni mit LÜTZOW und EMDEN nach Oslo und Horten bis 7. Juli, danach erneut Seeausbildung in der Ostsee. September der Baltenflotte zugeteilt, dann wieder Seeausbildung bis Jahresende.

1942 Flottendienst im Ostseeraum.

1943 Nach Werftüberholung in Libau gemäß Führerbefehl dort am 4. März Außerdienststellung. Bereits am 1. August erneut in Dienst gestellt, Verwendung als Ausbildungsschiff für Steuermannslehrgänge, Navigationslehrgänge und Kadetten.

1944 Ausbildungsverband Flotte, Verbandsübungen, am 15. Oktober Kollision mit PRINZ EUGEN vor Hela, am 18. Oktober Eindocken in Gotenhafen. Kaum noch fahrbereit, nicht mehr einsatzfähig. Notreparatur mit Bordmitteln!

1945 Ab 10. März gefechtsbereit für Schießen mit Turm C auf sowjetische Bereitstellungen, sowohl aus Gotenhafen als auch von der Reede bis zum 24. März, dann Munition verschossen. Am 25. März Verholen auf Hela-Reede und mit etwa 500 Flüchtlingen und Verwundeten an Bord nach Apenrade/Dänemark verlegt. 7. Mai offizielle Außerdienststellung mit Kapitulation in Apenrade, gemäß Beschluß der Westmächste am 30. Juni Verlegung nach Wilhemshaven, dort Auflösung Kommando LEIPZIG am 23. Dezember (an Bord verbleibt technisches Wartungspersonal), Weiterverwendung als Wohnschiff für die GMSA.

1946 2. Januar Auslaufen Wilhelmshaven nach Libau, dort Ankunft am 6. Januar. Dann in Dienst als ADMIRAL MAKAROV.

Leichter Kreuzer NÜRNBERG

1933 4. November Kiellegung bei Deutsche Werke, Kiel (Bau-Nr. 234).

1934 8. Dezember Stapellauf.

1935 2. November Indienststellung, anschließend Erprobungen.

1936 Januar bis März Erprobungen, Einzelausbildung, im April und Mai Atlantikerprobungen, dann Flottendienst, Restarbeiten. Im Juni Verbandsübungen in der Ostsee, von August bis Oktober Spanieneinsatz und nochmals im November/Dezember.

1937 Von April bis Mai erneuter Spanieneinsatz, anschließend Verbandsübungen. Von Juni bis August wieder Spanieneinsatz, im Anschluß Verbandsübungen und Flottendienst in Heimatgewässern.

1938 Flottendienst und zur Verfügung verschiedener Erprobungskommandos. 22. August Teilnahme an der Flottenparade nach dem Stapellauf von PRINZ EUGEN und an den nachfolgenden Manövern.

1939 Einzelausbildung. Im Februar in Hamburg beim Stapellauf BISMARCK und im März Teilnahme an der Rückgliederung des Memellandes. Im Mai Besuch Schwedens und Norwegens, dann wieder Verbandsübungen, Gefechtsausbildung, Flottendienst, Schießen. Ab Ende August Warteposition in der westlichen und mittleren Ostsee, am 31. August Marsch in die Nordsee, Teilnahme an Minenunternehmungen, im Oktober bei Deutsche Werke Kiel bis November. Wieder Nordsee, dort am 12. Dezember von brit. Uboot torpediert.

1940 Bis 29. April bei Deutsche Werke Kiel: Instandsetzung, dann Verlegung nach Norwegen: Trondheim und Elvegardsmoon. Im Juli Sicherungsgeleit für GNEISENAU nach Kiel, im Dezember Minenuntersuchung im Skagerrak und Kattegat mit KÖLN und Torpedobooten.

1941 Ab 7. Februar kein operativer Einsatz mehr, Verwendung als Ausbildungsschiff in der Ostsee. Im September der Baltenflotte zugeteilt.

1942 Dienst als Schulschiff. Im November nochmals Verlegung nach Norwegen, am 2. Dezember in Narvik.

1943 Im Mai Rückmarsch nach Deutschland, wieder Ausbildungsverband Flotte.

1944 Wie zuvor: Ab Herbst Einsatz bei Landzielbeschießungen.

1945 3. Januar Auslaufen Swinemünde ins Kattegat für Minenunternehmungen im Skagerrak. Bis Kapitulation in dänischen Gewässern. Bei Kapitulation in Kopenhagen liegend. Am 25. Mai Verlegung nach Wilhelmshaven, dort am 18. Dezember von der UdSSR übernommen.

1946 2. Januar Auslaufen Wilhelmshaven nach Libau, dort Ankunft am 6. Januar. Dann in Dienst als ADMIRAL MAKAROW.

DIE FLAGGEN DER KRIEGSMARINE 1935–1945

(siehe Seite 104 im Farbteil)

Nr.	Bezeichnung	Gesetzt von – bis	Bemerkungen
1	Nationalfahne schwarz-rot-gold	1919 – 1933	Wurde nur an Land gesetzt, alle Fahnen, die an Bord von Schiffen wehen, werden als Flaggen bezeichnet.
2	Nationalflagge schwarz-weiß-rot	1. 4.1868 – 1922	Als Heckflagge auf Handelsschiffen, von 1922 mit schwarz-rot-goldenem Obereck, ab 1933 wieder ohne dieses Obereck. War anfangs neben (3) geduldet.
3	Nationalflagge	1933 – 1935	Zusätzlich an der Steuerbord-Signalrah auf Handelsschiffen gesetzt. Ab 1935 allein gültige Flagge auf Handelsschiffen, mit dem 5. Oktober 1935 auch als Göschflagge auf den Kriegsschiffen.
4	Handelsflagge	1935 – 1945	Gesetzt auf Handelsschiffen, deren Kapitän Reserveoffizier der Kriegsmarine war.
5	Reichskriegsflagge	1.10.1867 – 1. 1.1922	Am 1. Oktober 1867 erstmalig gesetzt für die Norddeutsche Bundesmarine, mit geringen heraldischen Änderungen des Adlers (1892) und des Balkenkreuzes (1903) auch für die Kaiserliche Marine gültig. Ab 1922 auf Kriegsschiffen zu besonderen Anlässen, wie 31. Mai jeden Jahres, gesetzt. Geführt als Heckflagge oder an der Gaffel des hinteren Mastes oder der Gaffel im hinteren Masttopp.
6	Gösch der Reichskriegsflagge	1871 – 1. 1.1922 15. 3.1933 – 7.11.1935	Geführt auf dem Vorsteven oder Bugspriet.
7	Reichsdienstflagge	1871 – 1935	
8	Reichskriegsflagge	1. 1.1922 – 15. 3.1933	Vom 15. März 1933 bis 7. November 1935 wurde diese Flagge und (9) dann ohne das schwarz-rot-goldene Obereck geführt.
9	Gösch zur Reichskriegsflagge	1. 1.1922 – 15. 3.1933	
10	Reichskriegsflagge	7.11.1935 – 9. 5.1945	
11	Reichsdienstflagge	1935 – 1945	

Nr.	Bezeichnung	Gesetzt von – bis	Bemerkungen
12	Standarte des Reichspräsidenten	1919 – 1934	
13	Flagge des Reichswehrministers	1920 – 1933	
14	Standarte des Reichswehrministers	1933 – 1935	
15	Standarte des Führers und Reichskanzlers	1934 – 1945	Gesetzt im Großtopp.
16	Flagge eines Generaladmirals	1936 – 1945	Gesetzt im Großtopp
17	Flagge eines Generaladmirals	1936 – 1939	Als Oberbefehlshaber der Kriegsmarine, gesetzt im Großtopp.
18	Flagge eines Großadmirals	1939 – 1945	Gesetzt im Großtopp.
19	Flagge eines Admirals		Gesetzt im Großtopp.
20	Flagge eines Vizeadmirals		Gesetzt im Vortopp.
21	Flagge eines Konteradmirals		Gesetzt im Kreuztopp.
22	Stander eines Kommodore	bis 1945	Gesetzt im Großtopp, wenn als Dienstalterstander gesetzt, dann an der obersten Signalrah oder an der Marsrah.
23	Flottillenstander, später Führerstander	bis 1945	Gesetzt im Großtopp (im Marinejargon auch als 'Badehose' bezeichnet).
24	Divisionsstander, später Flottillenstander, ehemals Halbflottillenstander, aber auch Gruppenstander	bis 1945	Als Divisions-, Flottillen- bzw. Halbflottillenstander im Großtopp, als Gruppenstander an der oberen Signalrah wehend.
25	Kommandantenwimpel		Gesetzt im Großtopp.